POLYGLOTT Apa Guide

Brasilien

Unser Brasilien-Spezialist

Anton Jakob lebt als freier Autor und Produktmanager bei München. Seit mehr als 30 Jahren bereist er Südamerika. Er organisiert Studien- und Trekkingreisen nach Lateinamerika und führt regelmäßig Gruppen zwischen Mexiko und Feuerland, von der Osterinsel bis Manaus und durch die abwechslungsreiche Bergwelt der Anden. Er kennt sowohl den Kontinent als auch die Mentalität der Menschen sehr gut. In diesem Jahr war er in Brasilien unterwegs und hat brandneue Tipps für Sie recherchiert.

Polyglott APA Guide Brasilien
Ausgabe 2010/2011

Autoren: Hugh O'Shaughnessy, Bruna Rocha, Tom Murphy, Steve Yolen, Sue Steward, Christopher Pickard, Jorge Mendez, Karina Dammo, Ricardo Mendonça, Michael Clifford, Joby Williams, Brian Nicholson, Moyra Ashford, Sol Biderman, Sue Branford, Patrick Cunningham, Jane Egginton, Elizabeth Herrington, Richard House, Richard Ladle, Michael Small, Edwin Taylor, Robin Daniel Frommer, Martina Moersberger, Trudie Trox.

Deutsche Bearbeitung: Anton Jakob
Redaktion: Bettina Schümann
Karten und Pläne: Berndtson & Berndtson Productions
Typographie: Ute Weber, Geretsried
Titeldesign-Konzept: Studio Schübel Werbeagentur GmbH, München

Alle Informationen stammen aus zuverlässigen Quellen und wurden sorgfältig geprüft. Für ihre Vollständigkeit und Richtigkeit können wir jedoch keine Haftung übernehmen. Ergänzende Anregungen, für die wir dankbar sind, bitten wir zu richten an:
Apa Publications c/o Langenscheidt KG, Postfach 40 11 20, 80711 München. E-Mail: redaktion@polyglott.de

Polyglott im Internet:
www.polyglott.de

© Englische Ausgabe APA Publications GmbH & Co. Verlag KG Singapore Branch
© Deutsche Ausgabe Langenscheidt KG, Berlin und München
ISBN 978-3-8268-1203-3

Zeichenerklärung

S M U	S-Bahn, Metro, U-Bahn
✉	Post
🚌	Busbahnhof
⊕ ✈	Flughafen
🚗	Auto-Bahnverladung
🚢	Schiffsverbindung
⛴	Autofähre
⛪ †	Kirche
†	Kloster
✡	Synagoge
☪	Moschee
†††	Friedhof
ΥΥΥ	Moslemischer Friedhof
	Jüdischer Friedhof
✵	Aussichtspunkt
∴	Antike Ruinenstätte
🏰	Burg, Schloß
🏚	Burgruine, Schloßruine
🎐	Windmühle
1	Denkmal
⏀	Turm
⚑	Leuchtturm
	Nationalpark
★ ❶ Ⓐ	Sehenswürdigkeit

REISEMAGAZIN
Für Sie ausgewählt ... 6

HINTERGRUND
Brasiliens Schätze ... 23

Geografie
Amazonas, Traumstrände und der Süden ... 25
◆ Thema: Regenwald unter Druck ... 28

Geschichte
Geschichte im Überblick ... 34
500 Jahre Brasilien ... 39
◆ Thema: Brasilien unter Dom Pedro II. ... 42
Brasiliens Wirtschaft ... 53

Die Menschen
Menschen aller Hautfarben ... 63
Die Ureinwohner – 500 Jahre Unterdrückung ... 70
Religion, Heilige und Volkshelden ... 75
Körperkult ... 83
Karneval ... 89
Feste in Brasilien ... 95
◆ Thema: Boi-Bumba ... 99
Die Küche – Fisch, Fleisch und Früchte ... 100
Im Bild Kulinarisches ... 102
König Fußball ist Brasilianer ... 105

Kunst und Kultur
Musik und Tanz ... 108
◆ Thema: Seu Jorge ... 114
Kino ... 118
◆ Thema: TV Globo ... 121
Kunst und Künstler ... 123
Moderne Architektur ... 130

KARTEN
Brasilien Übersicht ... Klappe vorne
Rio Gesamtplan ... Klappe hinten

Brasilien ... 140
Rio de Janeiro – Innenstadt ... 144
Copacabana und Ipanema ... 159
São Conrado und Barra da Tijuca ... 164
Bundesstaat Rio de Janeiro ... 174
São Paulo ... 190
Bundesstaat São Paulo ... 204
Minas Gerais und Espírito Santo ... 212
Ouro Preto ... 214
Der Nordosten ... 224
Salvador – Hafen und Oberstadt ... 240
Recife ... 258
Amazonien ... 284
Belém – Altstadt und Zentrum ... 288
Manaus ... 292
Brasília – Innenstadt ... 308
Der Westen ... 318
Der Süden ... 320

UNTERWEGS

Brasilien erleben

Der Südosten 143
Rio de Janeiro (Stadt) – Bundesstaat Rio – São Paulo (Stadt und Bundesstaat) – Minas Gerais und Espírito Santo
◆ Thema: Rios Favelas 168
Im Bild Koloniale Pracht des brasilianischen Barock 208

Der Nordosten 225
Bahia – Salvador da Bahia – Sergipe und Alagoas – Recife und Pernambuco – Fernando de Noronha – Von Paraíba nach Maranhão
◆ Thema: Afro-brasilianische Küche 235
Im Bild Afro-brasilianische Kultur 248
◆ Rio São Francisco 252

Der Amazonas 283
Belém – Ilha de Marajó – Macapá – Santarém – Manaus – Roraima
◆ Thema: Das versunkene El Dorado 290
◆ Thema: Ein gescheiterter Plan 296
Im Bild Die Reichtümer des Amazonas 300

Der zentrale Westen 305
Brasílias und Goiás – Im Pantanal – Die Iguaçu-Wasserfälle
◆ Thema: Öko-Touren und Lodges 323

Südbrasilien 329
Paraná und Curitiba – Bundesstaat Santa Catarina – Rio Grande do Sul und Porto Alegre
◆ Thema: Der brasilianische Wein 336

REISESERVICE
Übersicht Reiseservice 343
Sprache und Mini-Dolmetscher 372

Register 375
Bildnachweis 383

Für Sie ausgewählt

Atemberaubende Ausblicke, wunderschöne tropische Strände, historische Kolonialstädte, jede Menge Fauna, eine verführerische Auswahl an Restaurants, und ein Festkalender der weltweit seinesgleichen sucht. All das hat Brasilien zu bieten. Diese Auswahl an Highlights hilft Ihnen, das Beste zu finden.

Beste Aussichten

◆ **Corcovado, Rio de Janeiro** Rio verlassen, ohne eine Zugfahrt auf den Buckligen Berg gemacht zu haben, wo die riesige Christusstatue die Arme über die Traumstadt ausbreitet, ist unmöglich. Siehe Seite 161

◆ **Zuckerhut, Rio de Janeiro** Manche streiten, welche Aussicht auf Rio besser ist – Unsinn, beide sind einfach ein absolutes Muss! Vorteil am Zuckerhut: Die Seilbahn fährt bis 22 Uhr, einen romantischeren Platz am Abend gibt es kaum ... Siehe Seite 157

◆ **Pai-Inácio-Berg** In der Region von Chapada Diamantina, einer der schönsten in Bahia, gibt es unglaubliche Aussichtspunkte inmitten tropischer Vegetation. Siehe Seite 233

◆ **Paranapiacaba** Der Name bedeutet Meerblick in der Tupí-Guaraní-Sprache, und das ist wörtlich zu nehmen. Siehe Seite 204

◆ **Curitiba nach Morretes** Faszinierende Ausblicke auf den Atlantischen Regenwald bietet die atemberaubende, gut dreistündige Fahrt entlang der Steilhänge der Serra do Mar mit dem Nostalgiezug in Paraná. Siehe Seite 332

Geschichte und Kultur

◆ **Pelourinho, Salvador** Nach der Meinung der UNESCO befindet sich hier das wichtigste Ensemble kolonialer Kultur des 17. und 18. Jhs. in Amerika. Siehe Seite 241

◆ **Belém** Die Amazonas-Stadt mit einem Touch Jugendstil wurde reich mit dem Kautschuk-Boom und hat immer noch eine Menge Stil. Siehe Seite 286

◆ **Parati** Eines der neuesten, doch bedeutensten Literatur-Festivals wird alljährlich im August in dieser bezaubernden kleinen Kolonialstadt an der Küste abgehalten. Siehe Seite 182

◆ **Petrópolis** Von Kaiser Pedro II. 1840 als erfrischende Sommerresidenz gegründet, bringt Petrópolis Sie in eine vergangene Zeit zurück. Siehe Seite 173

◆ **Ouro Preto** Gold und Diamanten machten Ouro Preto reich und finanzierten eine barocke Architektur, die von der UNESCO als Weltkulturerbe anerkannt ist. Siehe Seite 214

◆ **Congonhas do Campo** Die kleine Stadt ist der Ort, in dem der unvergleichliche Aleijadinho zwei seiner größten Werke vollbrachte, ebenfalls UNESCO-geschützt. Siehe Seite 218

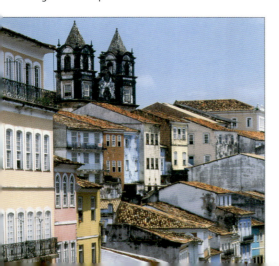

Oben: Die Christusstatue auf dem Corcovado in Rio
Links: Das restaurierte Pelourinho-Viertel in Salvador

Spektakuläres Tierleben

◆ **Pantanal** Heimat von 650 Vogelarten, viele davon Watvögel wie der Riesenstorch und der Löffelreiher. Heimat auch von Säugetieren wie den Capivaras, den weltweit größten Nagetieren, sowie Tausenden von Kaimanen. Siehe Seite 317
◆ **Amazonas** Im Amazonasgebiet gibt es 30 % aller bekannten Pflanzen- und Tierarten, inklusive 2500 Fischarten, 50 000 Pflanzenarten und Millionen von Insekten. Siehe Seite 283
◆ **Sooretama Reserva Biologica** Schützt den Regenwald und eine Vielzahl von Pflanzen und Tieren. Allein 370 verschiedene Vogelarten sind dokumentiert. Siehe Seite 221
◆ **Fernando de Noronha** Im Meer rund um die Insel gibt es eine Vielzahl von Delfinen, Haien und bunten Tropenfischen. Siehe Seite 266

Top Shopping Tipps

◆ **Barra Shopping** Soll Lateinamerikas größtes Einkaufszentrum sein in Barra da Tijuca, Rio. Jedenfalls gibt es hier alles, was das Herz begehrt, mit Air-Condition. Siehe Seite 170
◆ **Juwelen** Eine große und sehr innovative Kollektion an Schmuck hat Pepe Torras in der Avenida Ataúlfo de Paiva 135, Rio. Siehe Seite 361
◆ **Kunsthandwerk** Eine wunderbare Auswahl an indianischem Kunsthandwerk und CD's findet man bei Amoa Konoya Arte Indígena, Rua João Moura 1002, São Paulo. Siehe Seite 362
◆ **Modern Sound** »Die« Adresse für Fans brasilianischer und internationaler Musik. Selbst ausgesprochene Raritäten findet man in der Rua Barata Ribeiro 502 in Copacabana in Rio. Siehe Seite 362

Die besten Strände

◆ **Búzios** Tropische Pracht, weißer Sand, kristallklares Wasser, Palmen und Kokosnüsse. Siehe Seite 177
◆ **Lopes Mendes, Ilha Grande, Rio State** Ein wunderbarer, völlig unverbauter Strand im Nationalpark, 4 km weißer Strand. Siehe Seite 182
◆ **Costa Verde** Die 400 km lange Küstenstraße zwischen Rio und Santos führt an unzähligen Traumstränden vorbei. Siehe Seite 180
◆ **Taipús de Fora, Bahia** Auf der abgelegenen Halbinsel Maraú gilt dieser Strand für viele als einer der schönsten Brasiliens. Siehe Seite 229
◆ **Praia do Forte** Tausende Kokospalmen an 12 km Strand mit weißem Sand, 85 km nördlich von Salvador gelegen. Mit Meeresschildkröten-Schutzprogramm. Siehe Seite 230
◆ **Praia Pajuçara, Maceió, Alagoas** Die Strände bei Maceió sind berühmt für ihr transparentes, smaragdgrünes Wasser. Praia Pajuçara wird bei Ebbe zu einem großen Schwimmbecken im Schutz des Korallenriffs. Siehe Seite 255
◆ **Jericoacoara, Ceará** Ceará hat unzählige Traumstrände, einer der besten ist vielleicht Jericoacoara. Nationalpark seit 2002, ist es ein magischer Ort, von vielen als einer der schönsten zehn auf dieser Erde beschrieben. Siehe Seite 277

Oben links: Hier gab's Nachwuchs bei den Capybaras **Oben:** An der Praia do Forte werden die Meeresschildkröten gehegt und gepflegt
Links: Der unermessliche Reichtum des Landes an Gold und Edelsteinen schürte die Träume der Eroberer und machte Brasilien groß

Reisemagazin

Die schönsten Feste

◆ **Rio Karneval** Rio de Janeiro ist berühmt für seinen riesigen, ausschweifenden Karneval, der größte und schillerndste der Welt. Siehe Seite 90
◆ **Salvador, Bahia** Der Karneval in Salvador ist anders. Hier feiern die Bahianer ein exzentrisches und sehr lautes Fest mit den Trio Elétricos im Mittelpunkt. Siehe Seite 93
◆ **Boi-Bumba** Die letzten drei Tage im Juni sind die wichtigsten für das Parintins-Volksfest in Amazonien, ein gigantisches Straßenfest mit Aufführungen rund um die Legende vom Ochsen Boi-Bumba. Eine echte Konkurrenz zum Karneval in seiner faszinierenden Mischung aus indianischer, europäischer und afrikanischer Kultur – typisch brasilianisch eben. Siehe Seite 99
◆ **Juni Feste** An den katholischen Festtagen zu Johannes (23./24.6.) und Peter (28./29.6.) werden in vielen Städten beleuchtete Ballons in den Himmel geschickt, Freudenfeuer entfacht und Feuerwerke veranstaltet. Siehe Seite 95
◆ **Bom Jesus dos Navegantes** Dieses traditionelle Fest der Seeleute findet an Neujahr am Hafen Boa Viagem in Salvador statt. Eine Prozession kleiner Schiffe, geschmückt mit Fahnen und Wimpeln, tragen den Gott der Seefahrer zur Hafenkirche. Siehe Seite 96
◆ **Círio de Nazaré** Eine rund vierstündige Prozession zieht alljährlich am zweiten Sonntag im Oktober, von der Kathedrale in Belém zur Kirche der verehrten Maria von Nazareth. Siehe Seite 97
◆ **Reveillon** Eine der populärsten und größten Silvesterfeiern Amerikas findet am Strand von Copacabana mit einem Riesenfeuerwerk statt. Weiß gekleidete Candomblé-Priesterinnen bringen kleine Boote, gefüllt mit Blumen und Geschenken zu Wasser, als Gaben für die Meeresgöttin Yemanjá. Siehe Seite 98

Outdoor-Abenteuer

◆ **Fernando de Noronha** Die Trauminsel für Taucher und Schnorchler. Delfine, Wasserschildkröten und Tropenfische leben hier. Auch ein gesunkenes Wrack gibt es zu entdecken. Siehe Seite 266
◆ **Iguaçu Wasserfälle** An Bord von robusten, 20-sitzigen Schlauchbooten kann man die ungeheure Kraft der Fälle von unten her erleben. Siehe Seite 327
◆ **Amazonas** Trekking im Regenwald, Kanufahrten, Piranhafischen oder Kaimanjagd mit der Taschenlampe. Siehe Seite 297
◆ **Ilha do Mel, Paranaguá** Diese Insel ist ein autofreies Naturreservat mit natürlichen Schwimmbecken, Grotten und einsamen Stränden. Durch die einfache, unverfälschte Natur ist die Insel sehr beliebt bei Campern. Siehe Seite 333
◆ **Parque Nacional de Brasília** In Savanne und niederem Buschwald leben Vögel, Affen, Ameisenbären, Opossum und Gürteltiere. Natürliche Wasserbecken laden zum Bad. Siehe Seite 314

Oben: Beim Karneval in Rio.
Links: Bei einer Bootstour auf dem Amazonas oder einem seiner zahlreichen Zuflüsse gibt es viele Tiere und seltene Pflanzen zu sehen

Gourmet-Tipps

◆ **Gero, Rio** 2002 eröffnet, wurde Gero bald zu einem der bekanntesten Gourmettempel der Stadt. Siehe Seite 171

◆ **Locanda della Mimosa, Petrópolis** Danio Braga gilt als einer der besten Köche in Brasilien, aus gutem Grund. Er verlässt die ausgetretenen Pfade und begeistert mit neuen Kreationen. Siehe Seite 185

◆ **Banana da Terra, Parati** Meeresfrüchte mit lokalen Einflüssen, gewagte Kombinationen, die beeindrucken. Siehe Seite 185

◆ **Cantaloup, São Paulo** Ein allseits beliebter Favorit: kreative, moderne Küche in renovierter Fabrik. Siehe Seite 207

◆ **Sorriso da Dadá, Salvador** Große bahianische Küche in netter Umgebung. Siehe Seite 247

◆ **Famiglia Giuliano, Recife** In »mittelalterlichem« Schloss serviert man eine exzellente Feijoada. Siehe Seite 265

◆ **Alice, Brasília** Ein französisches Bistro, das unter den zahlreichen Restaurants der Hauptstadt zu den besten gehört. Siehe Seite 315

Die besten Museen

◆ **Museu de Arte Contemporânea, Niterói** Vor allem das Gebäude, das diese Ausstellung beheimatet, ist sehenswert – es ist eine Arbeit des berühmten brasilianischen Architekten Oscar Niemeyer. Siehe Seite 156

◆ **Museu de Ciêna e Técnica, Ouro Preto** Die Sammlung dieses Museums ist mit 23 000 wertvollen Erzen und Kristallen eine der größten der Welt. Siehe Seite 217

◆ **Museu Afro-Brasileiro, Salvador** Eine faszinierende Kollektion von Objekten, welche die enorme Bedeutung der afrikanischen Kultur für Bahia dokumentieren. Siehe Seite 234

◆ **Museu do Homem do Nordeste, Recife** Das Museum ist ein Tribut an die Kulturgeschichte dieser Region. Siehe Seite 253

◆ **Museu de Arte de São Paulo (masp)** Rembrandt, Goya und Monet sind nur einige der europäischen Künstler, die hier repräsentiert sind. Auch ein Überblick über die brasilianische Kunst ist zu sehen. Siehe Seite 192

Oben: Caipirinha ist in Brasilien eine Art Nationalgetränk
Oben rechts: Museu de Arte Contemporânea

SPARTIPPS

◆ **Airpasses:** Eine gute Idee für eine Rundreise in Brasilien, denn ohne Flugzeug geht in diesem riesigen Land nichts. Der Airpass muss aber außerhalb Brasiliens gekauft werden. Der Preis hängt von der Anzahl der Flüge, der Saison und der Region ab, die Gültigkeitsdauer beträgt in der Regel 21 Tage und schließt 4–5 Städte ein. Er kann nur für Flüge der Linie genutzt werden, bei der man den Pass gekauft hat.

◆ **Kilo-Restaurants:** Eine sehr gute Möglichkeit, preiswert und gut die noch unbekannte Landesküche zu probieren. Man zahlt einen Fixpreis nach Gewicht, egal ob man Fleisch, Fisch oder Salat auf den Teller lädt. Vor allem in den Großstädten häufig zu finden.

◆ **Gratis-Konzerte:** Die Tageszeitung »O Globo« in Rio hat freitags eine Beilage mit dem gesamten, sehr umfangreichen Freizeitprogramm der Stadt; das gleiche gilt für die Freitagsbeilage des »Folha de São Paulo« für die Megacity. »Veja« ist eine nationale Illustrierte, etwa eine Mixtur aus Stern und Spiegel, die Beilage »Vejinha« bietet einen Überblick über besondere Events im ganzen Land.

◆ **Kirchen:** In vielen Kirchen Brasiliens ist der Eintritt frei (Ausnahme Minas Gerais, Olinda und Salvador) mit der Möglichkeit, repräsentative Kunst und Architektur gratis zu bestaunen. Dort, wo Eintritt verlangt wird, ist dieser eher gering.

Hotels

Doppelzimmer mit Frühstück:
- ● = bis 39 US-$
- ●● = 40–79 US-$
- ●●● = 80–179 US-$
- ●●●● = über 180 US-$

◆ **Pousada Ilha do Papagaio**
Palhoça, Santa Catarina, Tel. 48-3286-1242, www.papagaio.com.br ●●●
Das Inselhotel bietet erholsame Ruhe und erlesenen Komfort. Da die 21 Bungalows der kleinen, aber feinen Anlage über das Eiland verstreut sind, lassen sich Geselligkeit und Privatsphäre ganz individuell dosieren.

◆ **Praia do Forte Eco Resort**
Avenida Presidente Castelo Branco 400, Praia do Forte, Bahia, Tel. 0800-718-888, Tel. 71-3676-4000, Fax 71-3676-1112, www.ecoresort.com.br ●●●●
Feinsandiger Palmenstrand erstreckt sich auf einer Länge von 12 km zwischen dem Eco Resort und dem Atlantik. Verschiedene Restaurants sowie Snack- und Strandbar stehen den Gästen ebenso zur Verfügung wie mehrere Pools, der parkartig angelegte Garten und ein bestens ausgestatteter Komplex für Beauty, Fitness und Erholung.

◆ **Marina Park Hotel**
Av. Pres. Castelo Branco 400, Fortaleza, Ceará, Tel. 85-4006-9595, Fax 85-3253-1803, www.marinapark.com.br ●●●–●●●●
Im Jachthafen des 5-Sterne-Hotels ankern Segelboote aus Madeira, Miami, Jersey und Weil am Rhein. Das gut geführte Hotel verfügt über 315 großzügig bemessene Gästezimmer mit Klimaanlage, vier Tennisfelder, Pool, mehrere Bars sowie über das vom Küchenchef Dairton Caldas seit vier Jahren geleitete Top-Restaurant La Marine.

◆ **Sagu Mini Resort**
Praia Brava, Vila de Abraão, Ilha Grande, Tel. 24-3361-5660, Fax 24-3361-9530, www.saguresort.com, sagu@saguresort.com ●●●
Auf der traumhaften, autofreien Insel ist das liebevoll, sehr individuell gestaltete Mini-Resort der ideale Ort, um die Seele baumeln zu lassen. Vom Frühstückstisch schweift der Blick über die ruhige Bucht, abends bieten Bar und Restaurant Exquisites für den anspruchsvollen Gaumen.

◆ **Transamérica Ilha de Comandatuba**
Praia de Comandatuba, Una, Bundesstaat Bahia, Tel. 73-3686-1122, Fax 3686-1477, www.transamerica.com.br ●●●–●●●●
Das 363 Zimmer-Resort mit 21 km langen Sandstränden vor der Haustür liegt von Porto Seguro 276 km entfernt. Um die luxuriöse Abgeschiedenheit mit rascher Erreichbarkeit zu kombinieren, wurde Ende der 1990er-Jahre, nur 2 km vom Hotel entfernt, eigens eine private Landebahn für kleine Charterflugzeuge eingerichtet. Der parkartige Garten des Resorts erstreckt sich unter einem Palmenhain und nimmt neben großzügigen Pools und Sportfeldern auch einen 18-Loch-Golfplatz auf. Leihboote sowie Ausrüstung für alle Arten von Wassersport können gemietet werden, auch zum Hochseefischen.

◆ **Pousada Villa Paolucci**
Rua do Chafariz, Tiradentes, Bundesstaat Minas Gerais, Tel. 32-3355-1350, www.villapaolucci.com.br ●●
Das historische Stammhaus dieser Fazenda wurde im Jahr 1740 errichtet. Es ist nur knapp 500 m vom kolonialen Ortskern des häufig für Filmaufnahmen genutzten Städtchens Tiradentes entfernt. Erst seit 1999 werden zehn geräumige und im Stil des 18. Jhs. möblierte Gästezimmer vermietet. Außerdem stehen Sauna, Pool, Tennisplätze und ein Restaurant zur Verfügung. Zu dem Anwesen gehören ein See sowie 800 ha Atlantischen Regenwalds.

◆ **Pousada Solar dos Deuses**
Largo do Cruzeiro do São Francisco 12, Salvador, Bahia, Tel. 71-3321-1789, www.solardosdeuses.com.br ●●–●●●
Ende 2005 eröffnet, bietet dieser sympathische Logenplatz Einblicke in das bunte Leben der historischen Altstadt. Die Pousada nimmt zwei Stockwerke eines restaurierten Stadthauses aus dem 17. Jh. ein und verfügt über fünf komfortable Suiten sowie zwei kleinere Standardzimmer. Das Interieur der gemütlichen Pousada ist durchgehend in gediegenem Kolonialstil gestaltet.

Für Sie ausgewählt ♦ 11

Restaurants

Menü ohne Getränke:
- ● = bis 5 US-$
- ●● = 6–11 US-$
- ●●● = 12–25 US-$
- ●●●● = über 25 US-$

♦ **Yemanjá**
Av. Otávio Mangabeira 4655, Jardim Armação, Salvador, Bahia, Tel. 71-3461-9010, tgl. 11.30 bis 24 Uhr ●●–●●●
Nahezu alle Spezialitäten der afro-brasilianischen Küche haben eine direkte Verbindung zu den Orixá-Gottheiten. Ein Restaurant, das sich den Namen von Yemanjá, der Meeresgöttin, leiht, muss also geradezu auf Fisch und Meeresfrüchte nach bahianischen Rezepten spezialisiert sein. Zu den Zutaten gehören Kokosmilch, geschrotete Erdnüsse, getrocknete Shrimps, feuriger Malaguetta-Pfeffer und das »Dendê«-Palmöl.

♦ **Antiquarius**
Rua Aristides Espínola 19, Leblon, Rio de Janeiro, Tel. 21-2294-1049, www.antiquarius.com.br, tgl. 12 bis 24 Uhr ●●●●
Das mehrfach mit Preisen ausgezeichnete Spitzenrestaurant sieht sich ganz den Originalrezepten der traditionellen portugiesischen Küche verpflichtet. In Rio seit Jahren die erste Adresse für ausgefallene lusitanische Gerichte und exzellente Fischspezialitäten. Große Auswahl portugiesischer Spitzenweine.

♦ **Olympe (das frühere Claude Troisgros)**
Rua Custódio Serrão 62, Jardim Botânico, Rio de Janeiro, Tel. 21-2537-8582, Mo–Fr 12–15.30 und 19.30–0.30 Uhr, Sa 19.30–0.30 Uhr ●●●●
Der wichtigste Protagonist moderner französischer Küche in Rio wird im brasilianischen Gastronomieführer »Guia Quatro Rodas« seit 1988 stets mit drei Sternen ausgezeichnet. Küchenchef Claude Troisgros nutzt viele einheimische Zutaten, deren teils nur saisonale Verfügbarkeit die Speisekarte einem kontinuierlichen Wandel unterwirft.

♦ **Oficina do Sabor**
Rua do Amparo 335, Olinda, Pernambuco, Tel. 81-3429-3331, Di–Fr 12–16, 18–24 Uhr, Sa 12–1 Uhr, So 12–17 Uhr ●●●
Küchenchef César Santos kreiert seine innovativen Speisen ausschließlich mit Zutaten aus Pernambuco; manche der Spezialitäten werden nicht nur mit Jerimum-Kürbis zubereitet, son-dern auch gleich darin serviert, z. B. Languste und Shrimps mit Maracuja-Soße.

♦ **Koyama**
Rua Treze de Maio 1050, Bela Vista, São Paulo, Tel. 11-3283-1833, Mo–Sa 12–14.30 und 19–23 Uhr ●●–●●●
São Paulo beherbergt die größte japanische Kommune außerhalb Nippons. So ergibt es sich fast zwangsläufig, dass hier auch die besten japanischen Restaurants zu finden sind. Die ausgezeichneten Spezialitäten werden nach Rezepten aus der japanischen Kaiserstadt Kyoto aus importiertem Zutaten zubereitet.

♦ **Portoalegrense**
Av. Pará 913, São Geraldo, Porto Alegre, Rio Grande do Sul, Tel. 51-3343-2767, Mo–Sa 11.30–14 und 19 bis 23 Uhr ●
Ein für die Barbecue- und Gaúcho-Metropole Porto Alegre relativ kleines, fast familiäres Grillrestaurant. Dennoch gilt es derzeit als eine der besten Churrascarias der Großstadt am Rio Guaíba. Saftiges Rindfleisch, hausgemachte Wurst und Lamm werden exakt nach der jeweiligen Vorgabe der Gäste gegrillt und erst am Tisch vom Spieß geschnitten.

♦ **Chico Mineiro**
Rua Alagoas 626, Savassi, Belo Horizonte, Minas Gerais, Tel. 31-3261-3237, Mo–Fr 11.30–15 und 17.30–1, Sa, So 11.30 bis 1 Uhr ●●
Seit 1984 bereitet das im beliebten Stadtteil Savassi gelegene Restaurant zu moderaten Preisen gehaltvolle Speisen zu, deren Rezepte aus der Region, dem gebirgigen Minas Gerais, stammen. An Wochenenden werden die würzigen Fleisch- und Geflügelgerichte nebst Beilagen zu einem Buffet zusammengestellt; dann treffen sich kleine Grüppchen aus den umliegenden Vierteln auf der Straßenterrasse des Restaurants, sie essen und trinken stundenlang und singen und musizieren spontan gemeinsam.

♦ **Lá Em Casa / O Outro**
Av. Governador José Malcher 247, Nazaré, Belém, Pará, Tel. 91-3223-1212,

12 ◆ Reisemagazin

Mo–Sa 12–15 und 19 bis 24 Uhr, So 11.30–16 Uhr
◗◗–◗◗◗
Seit 1972 ist das Lá Em Casa das führende Lokal in Belém do Pará. Seither verstehen es Ana Maria Martins und Küchenchef Paulo Martins, ihr Sohn, Gerichte der Region wie z. B. Pato no tucupi desfiado (Ente in gelbem Kräutersud) und Picadinho de tambaqui (gewürfelter Amazonas-Fisch an Reis) meisterhaft zuzubereiten.

◆ **Colher de Pau**
Rua dos Tabajaras 412, Iracema, Fortaleza, Bundesstaat Ceará, Tel. 85-3267-3773, tgl. 11 bis 24 Uhr ◗–◗◗
An der beliebtesten Flaniermeile in Fortalezas Viertel Iracema und eine vorzügliche Adresse, um in angenehmer Umgebung Carne de Sol zu probieren, die Fleischspezialität aus dem Nordosten Brasiliens. Die Tische auf der zur Straße gewandten Terrasse sind die beliebtesten, denn nur von hier genießt man die Sicht auf das bunte Treiben entlang der Rua dos Tabajaras.

Shopping

◆ **Indianisches Kunsthandwerk / Artíndia**
Artíndia-Läden werden von der staatlichen Indianerschutzbehörde Funai unterhalten und mit handgefertigtem Federschmuck, Kunsthandwerk und Gebrauchsgegenständen aus den Reservaten der brasilianischen Ureinwohner beliefert. Alle Waren tragen einen Herkunftshinweis, sind echt und meist teurer als die auf den Märkten – aber es sind eben faire Preise für gute Arbeit. Die Läden gibt es z. B. in Rio, São Paulo, Manaus, Cuiabá, Brasília und Belém.

◆ **Toca do Vinicius**
Rua Vinicius de Moraes 129, Loja C, Ipanema, Rio de Janeiro, www.tocadovinicius.com.br, Mo–Sa 9–23 Uhr, So 10–17 Uhr
Der Dichter Vinicius De Moraes schrieb die Texte zum weltberühmten Bossa Nova wie »A Garota da Ipanema«. An ihn und an die Blütezeit des Bossa Nova erinnern Einrichtung und Dekoration dieses gut sortierten Buch- und Plattenladens. Zu den Exponaten zählen Gegenstände aus dem Nachlass von Moraes.

◆ **T-Shirts made in Brasil: Centro Comercial Hering**
Rua 15 de Novembro 759, Blumenau, Santa Catarina, www.hering store.com.br
Die Firma Hering wurde im Jahr 1880 von deutschen Einwanderern in Blumenau gegründet und ist heute der größte Textilproduzent Brasiliens. Im Centro Comercial Hering, mitten in Blumenau, lassen sich Baumwollerzeugnisse bester Qualität preiswert erstehen.

◆ **Keramikerzeugnisse aus Caruaru**
Rua Mestre Vitalino, Caruaru, Pernambuco
Caxixis werden die Miniaturfigürchen genannt, die bis heute in Caruaru (150 km westl. von Recife) in Familienbetrieben aus bemaltem Ton gefertigt werden. Die volkstümlichen Arbeiten werden heute zwar meist in Serie produziert, haben aber nichts von Ihrer ursprünglichen, witzigen Originalität verloren.

◆ **Künstlerviertel in Olinda**
Rua do Amparo, Olinda, Bundesstaat Pernambuco.
Zahlreiche Bewohner von Olindas Rua do Amparo sind Maler, Objektkünstler oder Bildhauer. Im Souterrain ihrer geräumigen Altstadthäuser haben sie ganzjährig geöffnete Ateliers und Verkaufsräume eingerichtet. Ein idealer Ausgangspunkt für den Streifzug durch das Viertel ist die Pousada Peter (Tel. 81-3439-2171, Rua do Amparo 199).

◆ **Mercado Ver-o-Peso**
Boulevard Castilhos França/Cais do Porto, Belém, Pará, Mo–Sa 4–12 Uhr

Für Sie ausgewählt ◆ 13

Am Hafen von Belém erlebt man den beeindruckendsten Markt der gesamten Amazonas-Region: Exotische Heilkräuter, Ex-votos und allerlei Wundermittel für kommerziellen Erfolg, gegen verschiedenste körperliche Gebrechen oder gegen die Untreue des Partners sind nur ein besonders augenfälliger Teil des faszinierenden Warenangebots.

◆ **Barra World Shopping**
Av. Alfredo Balthazar da Silveira 580, Barra da Tijuca, Rio de Janeiro, www.barraworld.com, Mo 15–22.30, Di–So 10.30–22.30 Uhr
Einkäufe werden fast zur Nebensache, wenn die Cariocas ins Barra World Shopping fahren, denn die Mega-Mall mit 637 Shops auf zwei Stockwerken ist gleichzeitig ein Themenpark mit zahlreichen Nachbildungen europäischer Wahrzeichen wie Eiffelturm und venezianischen Palästen. Plätze, Gärten, Bars, Restaurants, Theater, Konzertbühnen, Kinos und eine Eisbahn laden zum Bummeln ein.

◆ **Einkaufsparadies in Rio: Rua Visconde de Pirajá, Ipanema**
Arezzo: (Damenschuhe) Rua Visconde de Pirajá 295, Ipanema, Rio de Janeiro, www.arezzo.com.br, Mo–Fr 9–19 Uhr, Sa 9–14 Uhr
Gilson Martins: (Designer-Handtaschen) Rua Visconde de Pirajá 462, Ipanema, Rio de Janeiro, www.gilsonmartins.com.br, tgl.10–20 Uhr
Mr. Cat: (Schuhe) Rua Visconde de Pirajá 414, Loja D, Ipanema, Rio de Janeiro, www.mrcat.com.br, Mo–Fr 9–20 Uhr, Sa 9–16 Uhr
Hier schlägt das Herz der modebewussten Dame höher. Entlang der Rua Visconde de Pirajá im Herzen Ipanemas kauft man Designerschuhe und Lederaccessoires besonders vorteilhaft: Das Sortiment ist topmodisch und im Vergleich zu Europa relativ preisgünstig.

Aktiv

◆ **Auf allen Vieren zum Traumstrand**
Trip Time, Rua João Cordeiro 824, Sala A, Iracema, Fortaleza, Ceará, Tel. 85-3254-6816, Fax 3254-4709, www.triptime.com.br
Cearás Hauptstadt Fortaleza markiert die Nahtstelle zwischen der Costa do Sol Nascente (Küste der aufgehenden Sonne) und der westlich gelegenen Costa do Sol Poente (Küste der untergehenden Sonne) – zusammen mehr als 630 km herrlicher Sandstrände! Gründlicher als an Bord eines Offroadfahrzeugs kann man Cearás atemberaubende Atlantikküste wohl kaum erkunden. Trip Time verfügt über eine Flotte von sechs Geländewagen, beispielsweise Land Rover. Sie kommen regelmäßig bei ein- und mehrtägigen Exkursionen zwischen Canoa Quebrada und Jericoacoara zum Einsatz.

◆ **Per Seilbahn in die Unterwelt**
Parque Nacional de Ubajara, Rodovia da Confiança, Ubajara, Ceará, Tel. 88-3634-1388, tgl. 8–17, Seilbahn 9–14.30 Uhr
Brasiliens kleinster Nationalpark (563 ha) wartet mit einer besonderen Attraktion auf: dem Abstieg zum Schutzgebiet und seiner 1120 m langen Tropfsteinhöhle mit Hilfe einer Seilbahn. Der Ubajara-Park liegt wie eine Oase inmitten der trockenen Sertão-Landschaft. Sein angenehmes Klima – nachts sinken die Temperaturen auf 17 °C machen den überschaubaren Park zum bevorzugten Ziel für Trekking-Gruppen und Bergwanderer.

◆ **Amazonas per Boot**
Viverde Tourismo, Rua das Guariúbas 47, Parque Acariquara, Manaus, Amazonas, Tel. 92-3248-9988, Fax 92-3639-5404
amazonas@viverde.com.br, www.viverde.com.br
Im brasilianischen Staat befindet sich der größte Regenwald der Erde. Schiffbare Wasserläufe mit einer Gesamtlänge von mehr als 20 000 km sind die traditionellen Verkehrswege in diesem einzigartigen Ökosystem – gerade für an Flora und Fauna interessierte Touristen bieten sie die beste Möglichkeit, in kurzer Zeit viel zu sehen. Die Agentur Viverde vermittelt über ihr Portal ein- und mehrtägige Exkursionen und Charterboote aller namhaften Anbieter wie Amazon Clipper, Amazon Nut Safari, Amazonia Expedition, Iates Santana und Iberostar Grand Amazon.

◆ **Nostalgie-Dampf in Minas Gerais**
Bahnhof (Estação Ferroviária) von São João del Rei, Avenida Hermílio Alves 366, Minas Gerais, Tel. 32-3371-8485, Fr–So Abfahrt jeweils um 10 und 15 Uhr, Rückfahrt um 13 und 17 Uhr
Schlepptenderloks nordamerikanischer Baldwin-Bauart samt historischem Wagenmaterial pendeln regelmäßig auf der 12 km langen Schmalspurstrecke zwischen der Kleinstadt São João del Rei und dem Dörflein Tiradentes, einem filmreifen Relikt aus der Kolonialzeit. Am Zielbahnhof wird die Lok mit Hilfe einer per Muskelkraft betriebenen Drehscheibe in

14 ♦ Reisemagazin

die neue Fahrtrichtung gewendet.

♦ **Tanzen bis der Boden Löcher hat**
Pier Bahia, Avenida Contorno s/n, Stadtteil Comércio, Salvador da Bahia, Tel. 71-9132-7345, www.pierbahia.com.br, Veranstaltungen: Mai–Karneval
Salvador ist das Epizentrum brasilianischer Tanzmusik. Axé und Samba-Reggae sind hier zu Hause, neue Sounds und Rhythmen werden meist hier kreiert. Viele Stars haben sich daher eigene Spielstätten in Bahias Hauptstadt gesucht. Pier Bahia zählt bei Live-Darbietungen zu den meistbesuchten Tanzböden der Stadt.

♦ **Per Schlauchboot zu den Wasserfällen von Iguaçu**
Macuco Safari, Rodovia das Cataratas, km 21, Foz do Iguaçu, Paraná, Tel. 45-3574-4244, 9963-3857, www.macucosafari.com.br, Mo 13–17, Di–So 8–17 Uhr
Insgesamt knapp zwei Stunden dauert die kombinierte Urwald- und Schlauchbootfahrt zu den spektakulären Wasserfällen von Iguaçu. Ziel der ungefähr 25-minütigen Bootspartie ist die mit mächtigem Getöse zu Tal stürzende Kaskade Salto Três Mosqueteiros. Je näher man den Fällen kommt, umso mehr gleicht das von roter Erde getrübte Wasser einer ungestüm brodelnden Suppe in einem riesigen Hexenkessel. Hin und wieder bockt das große Schlauchboot wie ein Rodeo-Pferd, schon deshalb müssen alle Passagiere Schwimmwesten tragen.

♦ **Tauchen vor Fernando de Noronha**
Atlantis Divers, Vila dos Remédios, Fernando de Noronha, Pernambuco, Tel./Fax 81-3619-1371, www.atlantisnoronha.com.br
Brasiliens einzige PADI-zertifizierte Tauchbasis, Atlantis Divers, operiert von der Hauptinsel des Fernando de Noronha-Archipels aus. Die 360 km von Natal entfernte Inselgruppe wird von Meeresschildkröten zur Eiablage und von Delfinen sowie mehreren Haiarten zur Aufzucht ihrer Jungtiere genutzt. Sie steht unter sehr strengem Naturschutz. Unverbaute Strände und die bis zu 50 m weit reichende Sicht unter Wasser rechtfertigen aber jeden Aufwand der brasilianischen Naturschutzbehörde Ibama und die Nationalparkgebühren.

♦ **Tierbeobachtung im Pantanal**
Refúgio Ecológico Caiman, Miranda, Mato Grosso do Sul, Tel. 67-3242-1450 und 11-3079-6622, www.caiman.com.br, ideale Reisezeit: Juni bis September
Nur während der Trockenzeit offenbart das Pantanal seinen ungeheuren Tierreichtum. Die Zuflüsse des bis tief nach Bolivien und Paraguay hinein reichenden Sumpfgebiets schwemmen während der Regenzeit tonnenweise Sedimente – Dünger für die Pflanzen, Nahrung für die mehr als 260 hier heimischen Fischarten – in die weit verzweigte Wasserwildnis. Sobald der Pegelstand im Pantanal sinkt und die Seen und Lagunen allmählich zu Tümpeln mutieren, wandelt sich das 230 000 km² große Sumpf- und Schwemmland zum gedeckten Tisch für Kaimane, Reiher und Wasserschweine.

Feste

♦ **Rodeio Crioulo Nacional**
Canela, Rio Grande do Sul, erste Januarhälfte
Gaúcho-Folklore wird überall in Rio Grande do Sul in Ehren gehalten. Im Süden Brasiliens weiß man sich den spanischsprachigen Nachbarn kulturell weit näher als beispielsweise einem Landsmann aus dem Nordosten. Zu den schönsten Festen der stolzen Gaúchos zählt der im Gebirgsort Canela alljährlich im Januar ausgerichtete Rodeio Crioulo Nacional: ein buntes Folklorefest mit Rodeo- und Lasso-Meisterschaften, mit Musik, Tanz und viel Gegrilltem.

♦ **Festa da Yemanjá**
Ortsteil Rio Vermelho, Salvador da Bahia, 2. Februar
Die Meeresprozession zu Ehren Yemanjás, der von den Anhängern der afro-

brasilianischen Candomblé-Religion mit Hingabe verehrten »Mutter aller Orixás«, zählt zu den eindrucksvollsten Festen Salvadors. Körbeweise werden Gaben für die als eitel und Luxus liebend bekannte Meeresgöttin am Strand von Rio Vermelho gesammelt: Blumen, Parfums, Seifen, Kämme, Spiegel und Lippenstifte. Frauen stellen das Gros unter den weiß gekleideten Gläubigen; die Uferpromenade erstickt in Schaulustigen. Am Spätnachmittag sticht eine kleine Flotte in See, angeführt von einem winzigen geschmückten Kahn, mit hohen Würdenträgerinnen des Candomblé an Bord, um die Opfergaben weit draußen der See zu übergeben und die Gunst der Göttin des Meeres zu gewinnen.

◆ **Feta do Divino Espírito Santo**
Pirenópolis, Goiás, Ende Mai/Anfang Juni
Die zwölftägige Festa do Divino Espírito Santo erinnert an die »Mauren und Christen« genannten Straßenfeste Andalusiens. Tatsächlich geht die mit Ross und Reiter im pittoresken Feststaat simulierte Schlacht – Cavalhada genannt – auf eine Initiative portugiesischer Jesuiten im Jahr 1819 zurück. Neben einer Prozession gehören auch Böllerschüsse und Tänze, wie Congadas und Pastorinhas, zu den immer populärer werdenden Feiern, die im letzten Jahr bereits 15 000 Besucher anlockten.

◆ **Festa do Peão de Boiadeiro**
Barretos, Bundesstaat São Paulo, zweite Augusthälfte
Die Hochburg der brasilianischen Country & Western-Musik heißt Barretos. Alljährlich zieht das zehntägige Fest in der 430 km nördlich von São Paulo gelegenen Stadt 1,5 Mio. Besucher an. Den Abschluss des mehrwöchigen Viehtriebs, bei dem riesige Rinderherden aus dem benachbarten Goiás nach Barretos getrieben werden, feiert man hier mit Musik und Volkstänzen sowie mit Rodeo-Wettkämpfen.

◆ **Toyomatsuri**
Praça da Liberdade, Stadtteil Liberdade, São Paulo, 14. Dezember
Mehr als eine Million waschechte Japaner – wenn auch meist mit brasilianischem Pass – leben mitten in der größten südamerikanischen Wirtschaftsmetropole. Alljährlich am 14. Dezember steht São Paulos Stadtviertel Liberdade ganz im Zeichen eines bunten Straßenfests. Ältere Damen tragen stolz winzige, klappernde Holzsandalen, farbenprächtige Kimonos mit weiten Ärmeln und große Hüte aus gespanntem und lackiertem Papier; Gruppen junger Frauen und Männern bugsieren mit vielkehlig lauten Marschkommandos schwere Shinto-Schreine durch die zur Praça da Liberdade führende Straße. Das Gewicht des vergoldeten Schreins macht es den eng gedrängten Trägern schwer, vorwärts zu kommen, alle setzen auf Zuruf den gleichen Fuß einen Schritt vorwärts.

◆ **Missa dos Vaqueiros**
Serrita, Bundesstaat Pernambuco, dritte Juliwoche
Seit 1971 treffen sich die Cowboys aus dem Sertão in Sítio das Lages bei Serrita zu einem Feldgottesdienst, der Missa dos Vaqueiros. So halten die traditionell mit Lederhut, -jacke, -wams und -hose bekleideten und von Wind und Wetter gegerbten Vaqueiros die Erinnerung an den hier 1954 ermordeten Raimundo Jacó wach. Raimundo war Viehtreiber wie sie und Vetter des noch immer in ganz Brasilien berühmten Komponisten Luiz Gonzaga, dem »König des Baião«. Wahrscheinlich ist es nur dessen Popularität zuzuschreiben, dass sich alljährlich Hunderte Cowboys aus Pernambuco, Ceará, Piaui, Bahia und anderen nordostbrasilianischen Staaten auf den Ritt in den 534 km westlich von Recife gelegenen Ort zur Messe machen.

◆ **Círio de Nazaré**
Belém, Bundesstaat Pará, zweiter Sonntag im Oktober
Der Círio de Nazaré, die größte christliche Prozession ganz Nordbrasiliens wird in Belém seit 1793 feierlich begangen. Fast drei Wochen lang wird die Hafenstadt von Pilgern überschwemmt; Schätzungen gehen davon aus, dass sich während des Fests zu Ehren der auf wundersame Weise gefundenen Statuette der Schutzheiligen »Nossa Senhora de Nazaré« die Zahl der in der Stadt weilenden Menschen verdoppelt. Seit 1885 wird bei der Prozession neben der Statue auch ein dickes, mehrere Häuserzeilen langes Seil mitgeführt. Viele Pilger versuchen, das Tau zu berühren, um künftiges Glück zu erbitten.

Brasiliens Schätze

Unbeschwert und temperamentvoll ist der Lebensstil der Brasilianer. Im Land des schönsten Karnevals gilt es, den Augenblick zu nutzen – und dann den Schatz zu heben, wenn man ihn entdeckt hat ...

In seiner Monographie *Brasilien, ein Land der Zukunft* beschrieb Stefan Zweig, der 1934 aus seinem Londoner Exil nach Brasilien weiterzog, dieses faszinierende Land und seine Menschen. Das Nebeneinander von Moderne und Rückständigkeit, die üppige Natur und die landschaftliche Schönheit dieses riesigen tropischen Landes sowie die relative Gleichheit der unterschiedlichen Rassen mussten ihm, dem exilierten Europäer, wie das Paradies auf Erden erscheinen: »Brasilien ist unglaublich, ich könnte heulen wie ein Schlosshund, dass ich hier wieder weg soll.«

Seit seiner Entdeckung durch die Portugiesen übt Brasilien einen geradezu magischen Reiz aus. Wurden die Eroberer noch von Brasilholz, Gold, Kautschuk und Kaffee angelockt, sind die Besucher heute von den abwechslungsreichen Szenarien dieses vitalen Landes fasziniert: Es wartet mit mitreißenden Rhythmen, kilometerlangen Traumstränden, spektakulärer Natur und exotischen Gaumenfreuden ebenso auf, wie es seine Gäste mit einer offenen Herzlichkeit empfängt.

Brasilien besitzt eine der heterogensten Populationen der Welt. Viele Brasilianer wohnen in modernen Großstädten, immer weniger verharren in der Abgeschiedenheit ländlicher Provinz. Wenige leben in üppigem Luxus, viele andere im Elend und Schmutz der Slums. Die einen arbeiten in hochtechnisierten Betrieben, andere sind wie ihre Urväter gezwungen, durch Brandrodung dem Regenwald Felder abzutrotzen. Archaische Strukturen und moderne Metropolen, Feudalherren und Bettler, Indianer und Goldsucher, afrikanische, europäische und japanische Kulte finden sich innerhalb der Grenzen ein- und desselben Landes.

Was Brasilien trotz aller Gegensätze zusammenhält, sind die portugiesische Sprache, König Fußball, die Religion (rund 70 % der Brasilianer sind römisch-katholisch) und der Traum aller Einwohner, dass ihre Nation eines Tages zu den einflussreichen Ländern zählen wird. Und – trotz aller Rückschläge auf dem Weg zu nationaler Größe sind die Brasilianer ein fröhlicher Menschenschlag: lebenslustig und begeisterungsfähig. ∎

Vorherige Seiten: Unendlich scheinende Weiten des Amazonasurwalds – Blick auf Rio de Janeiro – Ein neuer Tag beginnt an der Copacabana
Links und Oben: Gesichter Brasiliens

Amazonas, Traumstrände und der Süden

Brasilien umfasst ein riesiges Gebiet mit so großen topografischen, sozialen und wirtschaftlichen Unterschieden, dass man nur schwer von einer Einheit sprechen kann.

Es ist das fünftgrößte Land der Erde: 4345 km lang und 4330 km breit, nimmt Brasilien nahezu die Häfte des südamerikanischen Kontinents ein. Fast 24-mal fände die Bundesrepublik Deutschland auf dem brasilianischen Territorium Platz, das die Ausmaße eines Kontinents hat. Noch immer bestehen im Norden und zentralen Westen weite unerschlossene Gebiete und der Großteil der gut 190 Millionen Brasilianer siedelt entlang der 7700 km langen Atlantikküste mit ihren herrlichen Sandstränden – vom Bundesstaat Maranhão im äußersten Norden bis Rio Grande do Sul im Süden des Landes an der Grenze zu Argentinien.

Regionen und Bundesstaaten

Brasilien ist eine föderative Republik mit 26 Bundesstaaten. Die Landeshauptstadt Brasília umgibt ein Bundesdistrikt. Das Land ist administrativ in fünf Großregionen eingeteilt: den Norden, Nordosten, Mittelwesten, Südosten und den Süden.

Die beiden größten Regionen sind gleichzeitig am dünnsten besiedelt: Der Norden, das Gebiet des ausgedehnten Amazonas-Regenwaldes, beansprucht 42 % des brasilianischen Territoriums – eine Fläche von der Größe Westeuropas, auf der jedoch weniger Menschen als in den Niederlanden leben. Und südlich des Amazonas erstreckt sich – beherrscht von einem weiten Hochplateau – der Mittelwesten, der 22 % der Fläche Brasiliens bedeckt. In dieser Region hat sich die Einwohnerzahl seit den 1970er-Jahren zwar verdoppelt, liegt aber auch heute bei nicht mehr als 14 %.

Links: Einer von vielen: Traumstrand in Bahia
Oben: Artenvielfalt im Galeriewald

Dschungellandschaft des Nordens

Manche Teile des Amazonasgebiets sind noch nicht erschlossen und bergen vielleicht die letzten Geheimnisse unserer Zeit. Es ist der größte tropische Regenwald der Erde mit einem Fünftel der Süßwasserreserven der Welt. Durch die von hier bis in den mittleren Westen der USA strömenden Winde kommt dem Amazonasbecken eine zentrale Bedeutung für das weltweite Klimageschehen zu. Aus der Luft betrachtet, gleichen Amazoniens dampfende Urwälder einem weiten grünen Pflanzenmeer. Vom Fluss aus gesehen, wirken seine Galeriewälder an den Ufern wie eine undurchdringliche Mauer. Man blickt in ewige Dunkelheit, da das Sonnenlicht das Laub der hohen Bäume kaum durchdringt.

Flüsse als Verkehrswege

Praktisch alle Siedlungen und Städte des Amazonasgebiets entstanden entlang den Flüssen, den lange Zeit einzigen Transport- und Verkehrswegen der Region. Heute leben hier gut 3 Millionen Menschen: neben den letzten Indios überwiegend Mestizen, von Brasilianern aus anderen Landesteilen *caboclos* genannt. Viele ernähren sich von dem, was ihnen die Natur bietet: als Fischer, Sammler oder Kautschukzapfer.

In den letzten 30 Jahren lockte die Bundesregierung mit großzügigen Subventionen Viehzüchter und Farmer, aber auch rücksichtslose Bodenspekulanten in die Amazonasregion. Die Interessen der Rinderbarone kollidierten bald schon mit denen der traditionellen Waldbewohner. Nicht wenige Großgrundbesitzer bedienten sich skrupelloser Revolverhelden, um ihr Land zu vergrößern. Viele Ureinwohner und Caboclos wanderten in die Slums der Großstädte ab.

Ausbildungsprogramme

Hoffnung setzt man auf jene Bauern, in deren Ausbildung investiert wurde. In staatlichen und internationalen Projekten lernten sie Anbaumethoden und Ernteverfahren kennen, die das empfindliche ökologische Gleichgewicht Amazoniens schonen – meist angewendet in kleine-

WOFÜR STARB CHICO MENDES?

Chico Mendes, legendärer Gewerkschaftsführer und Kautschukzapfer, setzte sich konsequent gegen die Vernichtung des Regenwaldes ein. Seine Ermordung im abgelegenen Bundesstaat Acre machte 1988 weltweit Schlagzeilen. Unter dem Druck der internationalen Öffentlichkeit wurden der Fazendero Darli Alvez da Silva und sein Sohn für den Mord zur Verantwortung gezogen – ungewöhnlich angesichts der äußerst labilen Rechtsverhältnisse und der Richter, die größtenteils schon seit der Militärdiktatur im Amt waren.

Im Verlauf des Gerichtsverfahrens kamen 15 weitere Morde zur Sprache, die der Silva-Clan begangen haben soll. Der Prozess zeigte auf schockierende Weise auf, was viele geahnt hatten: Abgelegene Farmen waren auch noch an der Schwelle zum 21. Jh. rechtsfreier Raum. Für die Verbrechen, die man ihnen nachweisen konnte, wurden Vater und Sohn zu jeweils 19 Jahren Gefängnis verurteilt, unter ungeklärten Umständen gelang es jedoch beiden, aus der Haft zu entkommen. Über ihren Aufenthaltsort gab und gibt es bis heute nur vage Spekulationen.

Obwohl durch die medienwirksamen Aktivitäten der Kautschukzapfer Anfang der 1990er-Jahre Schutzgebiete eingerichtet wurden, ist der Regenwald Amazoniens bis heute alarmierenden Schädigungen ausgesetzt.

ren Betrieben. Ziel ist es, die Caboclo-Bevölkerung davon zu überzeugen, dass ein intakter Wald wertvoller ist als ein gerodeter. Ließe sich diese Erkenntnis in der Praxis durchsetzen, gehörten Brandrodung und Wanderfeldbau endlich der Vergangenheit an.

Unermessliche Bodenschätze

Amazoniens Erde birgt gewaltige Bodenschätze. Allein in der *Serra dos Carajás*, im Osten des Bundesstaates Pará, lagert mehr Eisenerz, als die Stahlwerke der Welt in den nächsten 500 Jahren verarbeiten können. Zusammen mit den Bauxit-, Gold-, Kaolin-, Zinn- und noch uner-

Hauptstadt aus der Retorte

Die Hauptstadt Brasília wurde in den 1950-er Jahren im Zentralplateau aus dem Boden gestampft, um die Region wirtschaftlich zu erschließen. Brasília hat heute über 2,5 Millionen Einwohner, hat sich jedoch anders entwickelt, als ihre Planer Lúcio Costas und Oscar Niemeyer sich einst erhofft hatten. Wie in anderen südamerikanischen Großstädten auch wuchern an ihren Rändern riesige Armenviertel. Und in Brasílias trostlosen Satellitenstädten – Ceilândia, Guara, Planaltina, Sobbradinho und Taguatinga – ist Fortschritt ein Fremdwort: Die Menschen sterben hier an simplen Infektionen.

schlossenen Niobiumvorkommen könnte das Eisen eine bessere Zukunft Amazoniens finanzieren. Bleibt zu hoffen, dass der Abbau dieser Bodenschätze umsichtiger geschieht als in Carajás. Dort wird ein Großteil des Erzes noch mit Holzkohle verhüttet und die Köhler holen ihr Brennholz direkt aus dem Regenwald.

Der Mittelwesten

Im Mittelwesten, dem zweiten dünn besiedelten Großraum Brasiliens, hat sich der Fortschritt seit den stürmischen 1970er- und 1980er-Jahren nun wieder verlangsamt.

Links: Traditionelle Amazonasboote vor Anker
Oben: Schäumende Wassermassen der Iguaçu-Fälle

Fruchtbarer Boden

Der Mittelwesten hat keine natürlichen Grenzen wie das Amazonasgebiet. Die Hochebene des *Planalto Central* liegt auf durchschnittlich 1200 m über dem Meeresspiegel. Sie wird von Wäldern und Feuchtsavannen, den *Cerrados*, durchzogen. Der Boden dieser Grassteppe ist äußerst fruchtbar. Unter den Händen südbrasilianischer Bauern entstanden hier blühende Güter mit der weltweit größten Sojabohnenproduktion und einigen der größten Viehherden des Landes. Straßen und Brücken wurden gebaut, der Mais- und Baumwollanbau verbessert und zunehmend ziehen auch qualifizierte Menschen in den Mittelwesten, der langsam eine stärkere Anbindung an den Rest des Landes erfährt.

REGENWALD UNTER DRUCK

Ein Aufenthalt im Regenwald ist ein Erlebnis für alle Sinne. Die hohe Luftfeuchtigkeit scheint nur im ersten Augenblick unangenehm, für die Haut vieler Menschen ist sie ein wahrer Jungbrunnen. Wer aus der ausgedörrten Savanne oder von der Sonne verbrannten Rodungsflächen den Urwald betritt, ist von der angenehmen Kühle im Schatten des dichten Laubdachs überrascht. Die Luft erfrischt, es duftet nach feuchtem Moos. Mit Einbruch der Dunkelheit beginnen Millionen von Fröschen und Zikaden ihr Konzert und in der Ferne vernimmt man die bellenden Rufe zankender Brüllaffen.

Angesichts der unvermindert fortgesetzten Brandrodungen werden kommende Generationen dieses Schau- und Hörspiel kaum mehr aus erster Hand erleben können. Allein von 1994 bis 1995 verschwanden nahezu 3 Millionen Hektar Wald für immer, doppelt so viel wie noch zu Beginn der 1990er-Jahre. Planierraupen, Profitgier und hoher Siedlungsdruck drängen den Dschungel immer weiter zurück – derzeit beklagt das brasilianische Umweltministerium einen jährlichen Verlust an Urwaldfläche von der Größe der halben Schweiz oder einem Viertel von Österreich. Eine Umweltkatastrophe von Ausmaßen, die die Welt noch nicht erlebt hat. Im Gegensatz zu den 1980er-Jahren nimmt jedoch kaum jemand Notiz von dieser Katastrophe.

Vor Brasiliens Entdeckung reichte der Urwald vom Amazonas bis nach Santa Catarina; die gesamte Küste zwischen Recife und Rio de Janeiro war vom Atlantischen Regenwald, der Mata Atlântica, bedeckt. Schon die erste Besiedlung wirkte sich auf den Waldbestand aus; mit Rodungen schufen sich die Kolonisten Platz – zunächst nur entlang der Küste. Da Brasiliens Bevölkerung weiter wächst und eine grundlegende Bodenreform auch unter der Regierung Lula nicht in Sicht ist, kann sich der Druck auf den verbliebenen Wald nur weiter verstärken. Von Großgrundbesitzern und Kleinbauern auf gerodetem Land gelegte Brände geraten häufig außer Kontrolle und zerstören – gewollt oder ungewollt – weitläufige Urwald-Flächen.

2007 verlautete aus Brasília die optimistische Botschaft, dass die Abholzung des Amazonaswaldes gestoppt sei. Umso schockierter zeigte sich die Regierung, als Satellitenbilder im Jahr darauf eine dramatische Beschleunigung des Raubbaus bezeugten. Im 2. Halbjahr 2007 wurde viermal soviel gerodet wie im gleichen Zeitraum 2004. Der Amazonas-Regenwald ist insgesamt um ca. 20 % geschrumpft, allein seit 1970 gingen 700 000 km^2 Wald unwiderruflich verloren – eine Fläche, größer als Deutschland, Italien und die Schweiz zusammen! Anfang 2008 beschloss die Regierung neue Maßnahmen: Genehmigungen zur Abholzung wurden ausgesetzt, Kredite an Viehzüchter und Sojabauern nun an Umweltauflagen geknüpft.

Gut 200 Arten von Säugetieren tummelten sich einst im brasilianischen Dschungel. Heute sind Fischotter, Jaguar und Kaiman vom Aussterben bedroht. Größere Tiere lassen sich am Amazonas generell nur selten beobachten. Da sich die bunt gefiederten Papageien meist in den Kronen verbergen und die im Unterholz lebenden Vögel durch ihre braune, graue oder schwarze Farbe gut getarnt sind, könnte gar der Eindruck entstehen, die Tierwelt des brasilianischen Regenwalds bestünde fast nur aus Heerscharen von Käfern, aus Milliarden von Mücken und Schmetterlingen sowie im Gänsemarsch umherziehenden Blattschneideameisen.

Hält man sich aber längere Zeit im Regenwald auf, stellt man erstaunt fest, dass trotz der Zerstörungen die meisten Tierarten den Raubbau am Regenwald überlebt haben. Die höchsten Baumwipfel konnten ihre Geheimnisse bewahren. Sie zählen zu den letzten kaum erforschten Bereichen der Erde. 10 bis 30 Millionen unbekannter Insekten vermuten Wissenschaftler allein in den Kronen der Baumriesen. Im Amazonasbecken treffen manche Forscher schon kurze Zeit nach ihrer Ankunft auf neue Spezies. ∎

Oben: Überflutete Regenwälder am Rio Negro

Geografie ♦ 29

Der Nordosten
Brasiliens drittgrößte Region, der dicht bevölkerte Nordosten, nimmt 18 % der Landesfläche ein. Mit seinen riesigen Zuckerrohrplantagen bildete er einst das wirtschaftliche und politische Zentrum des Landes. Heute aber haben ihm die industrialisierten Süd- und Südoststaaten den Rang abgelaufen.

Vier Klimazonen
Brasiliens Nordosten besteht aus vier klimatisch unterschiedlichen Zonen: In Maranhão vereinen sich Merkmale des Nordostens und des Amazonasgebiets. Vom Staat Rio Grande do Norte bis

Strahlend weiße Sandstrände
Wie anders dagegen das Bild an der Atlantikküste: Die schönsten Strände reihen sich hier wie Perlen auf einer Schnur aneinander. Schlanke Kokospalmen wiegen sich im Wind, smaragdgrünes Meer lädt zum erfrischenden Bad – fast jede Bucht hat einen Traumstrand.

Mit ausreichend Niederschlag gesegnet, ist die Küste auch das landwirtschaftliche Zentrum des Nordostens. Es wird Zuckerrohr und, bei Ilhéus, Kakao angebaut. Zuwanderer aus dem Landesinnern strömen in die Küstenstädte, auf der Suche nach besseren Arbeitsmöglichkeiten. Die Industrie spielt hier – mit Ausnahme der

nach Bahia verläuft an der Küste ein 100 bis 200 km breiter, fruchtbarer Landstrich, die *Zona da mata*, an den sich im Osten eine Übergangszone mit halbwegs ertragreichen Böden anschließt, der *Agreste*; dahinter folgt der *Sertão*, das bitterarme Hinterland, das immer wieder von Dürrekatastrophen erschüttert wird. Seine Böden sind ausgetrocknet, und wenn die Flüsse zur Regenzeit Wasser führen, überfluten sie das Gebiet, auf dem nur dorniges Buschwerk, die *Caatinga*, gedeiht. Im Jahr 2000 erlebte der Sertão die schlimmste Dürrekatastrophe der letzten 70 Jahre. Hunderttausende hungernder *nordestinos* wanderten für immer in die Städte ab.

Oben: Verkehrshindernis im Mittelwesten

chemischen Industrie in Salvador de Bahia – eine untergeordnete Rolle; es fehlt das Kapital für Investitionen in Fertigungsbetriebe. Dafür ist der Tourismus zur festen Größe geworden: Die Strände und das ganzjährig tropisch-warme Klima sind das Kapital des Nordostens.

Der Südosten
São Paulo, Rio de Janeiro und Belo Horizonte, die drei größten Metropolen Brasiliens, liegen im Südosten, der zwar nur 11 % des Staatsgebiets ausmacht, aber 45 % der Gesamtbevölkerung beheimatet. Diese Region gliedert sich landschaftlich in einen schmalen Küstenstreifen und eine Hochebene, die zum Meer hin steil abfällt. Der Gebirgszug *Serra do Mar* verläuft ent-

lang der gesamten Küste und nimmt letzte Waldinseln des weitgehend abgeholzten Küstenregenwalds *Mata Atlântica* auf. Die einstmals dichte Vegetation dieses Gebiets wird durch Industrialisierung, Urbanisation und Umweltbelastungen immer weiter zurückgedrängt. Nur im Süden Paranás blieben noch einige Restbestände dieses einmaligen Ökosystems erhalten.

Mit Ausnahme der Hafenstädte Rio und Santos konzentriert sich die Bevölkerung des Südostens auf die Hochebene mit einer Durchschnittshöhe von 700 m. Das Hügelland mit seinem gemäßigten Klima, das klar zwischen Winter und Sommer unterscheidet, ist seit dem Beginn des Industriezeitalters das Zentrum des Wirtschaftswachstums in Brasilien.

Minas Gerais, das einzige Bundesland im Südosten ohne Zugang zum Meer, verdankt reichen Bodenschätzen seine Erschließung. Die lateritrote Erde ist der weithin sichtbare Hinweis auf umfangreiche Eisenerzvorkommen. Im 18. Jh. wurde hier weltweit am meisten Gold geschürft. Erst später entwickelte sich die Region zum führenden Eisenerz- und Edelsteinproduzenten Brasiliens.

Der Süden

Der Süden zählt mit nur 7 % der Landesfläche zu den kleinsten Regionen des Landes, ist aber die Heimat von 15 % der Bevölkerung Brasiliens. Jenseits des Wendekreises des Steinbocks gelegen, ist der Süden das einzige Gebiet Brasiliens mit subtropischem Klima und vier Jahreszeiten. Im Winter kann es hier bitterkalt werden – alle Jubeljahre fällt sogar Schnee. Nicht zuletzt wegen dieses Klimas zogen Paraná, Santa Catarina und Rio Grande do Sul, die drei Staaten des Südens, zu Beginn des 20. Jhs. Scharen von Einwanderern aus Italien, Deutschland, Österreich, Polen, Rußland und der Ukraine an. Deren Nachkommen bilden heute das für die Gegend so typische Völkergemisch.

Ackerbau und Viehzucht machten diese Staaten zur Speisekammer Brasiliens, in der vor allem Weizen, Mais, Sojabohnen – vorwiegend aus genverändertem Saatgut – sowie Reis angebaut und Rinder auf riesigen Weideflächen gezüchtet werden. In der westlichen Hälfte von Rio Grande stehen inmitten der Prärie Brasiliens größte Landgüter. Den Ostteil kennzeichnen Berglandschaften mit tiefen bewaldeten Tälern, in denen deutsche und italienische Einwanderer Weinberge kultivierten. Ihre Nachfahren keltern auch heute noch Brasiliens Weine (s. S. 336). Neben dem Farmland sorgten auch ausgedehnte Pinienwälder, die Holz für die Bauindustrie lieferten, für Wohlstand. Mittlerweile sind diese jedoch fast abgeholzt.

Die Westgrenze der drei Staaten bilden Uruguay und der Rio Paraná, das zweitgrößte Flusssystem des Landes. Die Wassermassen des Rio Paraná werden in Itaipú, einem der größten Wasserkraftwerke der Erde, für die Industrie des Südens und Südostens genutzt (s. S. 327). ■

RIESIGE WEIDEN IM SÜDEN

Das Grasland von Rio Grande do Sul dient als Weideland für rund 14 Millionen Rinder und 10 Millionen Schafe, die Fleisch von exzellenter Qualität hervorbringen. Wer einmal ein brasilianisches *rodizio* (s. S. 100) genoss, kann dies bestätigen.

Leder- und Schuhproduzenten sind die logischen Nutznießer der vertilgten Fleischberge. Ein Teil der Schafe sind Karakulschafe, die ursprünglich aus den Steppen Turkistans stammen und in den 1980er-Jahren eingeführt wurden. Sie haben langes, vorwiegend schwarzes Fell. Ihre Besonderheit: Wie der Höcker des Dromedars dient ihr Schwanz als Fettspeicher für schlechte Zeiten.

Oben: Kaffeeernte, auch heute noch mühsam
Rechts: Die Stadt Ouro Preto, barockes Weltkulturerbe

Geschichte im Überblick

8000 v. Chr.
Indianische Ureinwohner hinterlassen an der Küste in Form sogenannter Sambaqui-Muschelhaufen erste Spuren menschlicher Besiedlung.

1492
Auf der Suche nach einem neuen Seeweg nach Indien entdeckt Christoph Kolumbus einen neuen Kontinent: Amerika.

1494
Portugal und Spanien streiten um Anteile in der Neuen Welt. Im *Vertrag von Tordesillas* wird das noch gar nicht erforschte Brasilien – durch einen Schiedsspruch von Papst Alexander VI. – der portugiesischen Einflusszone zugeschlagen.

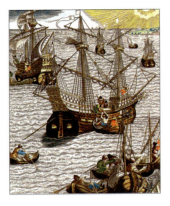

Entdeckung und Kolonialzeit

1500
Unter Führung des Admirals Pedro Álvares Cabral betreten die Portugiesen brasilianischen Boden; die Tupí-Indianer leisten keinen Widerstand.

1501/02
Der Florentiner Amerigo Vespucci erforscht für Portugals Krone die brasilianische Atlantikküste. Markante Buchten und Orte tauft er auf die Namen von Schutzheiligen.

1532
Martim Alfonso de Souza gründet mit São Vicente bei Santos die erste europäische Siedlung auf brasilianischem Boden. Der portugiesische König João III. teilt die Kolonie in 15 *Capitanias* (Provinzen) ein.

1538
Da Indianer ihre Gefangennahme nicht lange überleben, werden aus Westafrika die ersten schwarzen Sklaven herbeigeschafft – für den Abbau von Brasilholz und die Arbeit auf den Zuckerrohrplantagen werden Arbeitskräfte benötigt.

1549
Generalgouverneur Tomé de Sousa macht Salvador zur ersten Hauptstadt Brasiliens. Die Jesuiten erhalten per königliches Dekret den Auftrag, Indianer zu christianisieren.

1580–1640
Portugal gerät unter spanische Herrschaft und wird von den Habsburgern regiert.

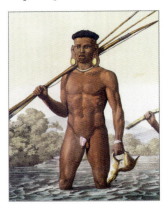

ab 1600
Stoßtrupps der *Bandeirantes* durchstreifen auf der Jagd nach indianischen Sklaven das Hinterland und vergrößern den brasilianischen Einflussbereich weit über die im Vertrag von Tordesillas vorgesehene Grenze hinaus.

1630–1654
Die niederländische Westindien-Kompanie erobert weite Teile von Pernambuco, Alagoas und Rio

Grande do Norte. Zuckerrohr löst Brasilholz als wichtigstes Ausfuhrprodukt ab.

1630–1699
Entflohene Sklaven gründen in Brasilien freie Niederlassungen, sogenannte Quilombos. Die größte und berühmteste war *Palmares* – hier lebten zeitweise 20 000 bis 30 000 Menschen. Die Portugiesen können sie erst nach erbitterten Kämpfen niederschlagen.

1695
Goldfunde in Minas Gerais. 35 Jahre später werden im Norden auch Diamanten entdeckt. Die Region wird zum wirtschaftlichen Zentrum Brasiliens.

1727
Francisco de Mello Palheta schmuggelt aus Westafrika die ersten Kaffeebohnen nach Brasilien.

1763
Rio de Janeiro wird Hauptstadt Brasiliens.

1789
In Ouro Preto verschwören sich die Mitglieder der *Inconfidência Mineira* gegen Portugal.

1808
Portugals König João VI. flieht mit seinem 15 000 Personen umfassenden Hofstaat vor Napoleon nach Brasilien, wo er den Freihandel erlaubt und Schulen sowie Universitäten fördert. Rio de Janeiro ist nun Hauptstadt des Königreichs Portugal.

1815
Nach der Niederlage Napoleons bei Waterloo wird Brasilien auf dem Wiener Kongress der Status eines Königreichs zuerkannt.

Vorherige Seiten: Naive Darstellung Salvadors, gemalt von Calixto Sales

Das Kaiserreich

1821
König João VI. kehrt nach Lissabon zurück und ernennt seinen Sohn Dom Pedro zum Regenten von Brasilien.

1822
Die portugiesische *Cortes* will Brasilien zur Kolonie zurückstufen. Doch der Regent Dom Pedro antwortet mit dem Ausruf »*Independência ou morte!*« (Unabhängigkeit oder Tod). Er wird als Pedro I. zum Kaiser gekrönt (siehe Bild oben).

1840
Pedro d'Alcântara wird mit 15 Jahren zum Kaiser Dom Pedro II. (s. S. 42) gekrönt, weil überall auflodernde separatistische Aufstände die Einheit Brasiliens bedrohen.

1850
São Paulos Kaffee wird als Exportgut wichtiger als Baumwolle und Zuckerrohr aus dem Nordosten, der allmählich verarmt.

1853–1888
Ab 1853 führt Brasilien keine Sklaven mehr ein und verbietet 1888 als letztes Land der Erde die Sklaverei vollständig.

Die Republik

1889
Marschall Fonseca besetzt im Handstreich Rio. Dom Pedro II. geht ins Exil. Brasilien erlebt die erste Militärdiktatur.

1894
Mit Prudente de Morais wird erstmals ein Zivilist zum Präsidenten gewählt. Über 4 Millionen Arbeitskräfte wandern aus Europa und Japan ein. Kaffee und Kautschuk boomen.

36 ♦ Hintergrund

1914
Brasiliens Kautschuk-Monopol bricht zusammen, nachdem der Engländer Henry Wickham Gummibaumsamen außer Landes geschmuggelt hatte.

1930–1945
Nach Tumulten in der Bevölkerung (s. Bild S. 35 unten) verhilft das Militär Getúlio Vargas an die Macht. Während seiner Regierung verwischen sich die Trennungslinien zwischen demokratischem und faschistischem Gedankengut. Er führt einen gesetzlichen Mindestlohn ein.

1942
Auf Druck der USA tritt Brasilien an der Seite der Alliierten in den Zweiten Weltkrieg ein.

1950–54
Der populistische Vargas wird ein zweites Mal Präsident, diesmal durch demokratische Wahlen.

1953
Gründung der staatseigenen Ölgesellschaft Petrobas.

1954
Mit dem legendären Fußballstar Pelé im Team (s. Bild links unten) gewinnt Brasilien die Fußballweltmeisterschaft in Stockholm.

1956
Präsident Juscelino Kubitschek entwirft einen Fünf-Jahres-Plan zur schnellen Industrialisierung des Landes.

1960
Kubitschek weiht die neue Hauptstadt Brasília ein.

Militärdiktatur

1964
Wegen seiner linksorientierten Politik wird Präsident Goulart vom Militär gestürzt. General Castelo Branco verwandelt Brasilien in eine Militärdiktatur.

1969
General Medici greift hart gegen Oppositionelle und die Stadtguerilla durch. Doch die Wirtschaft erfährt einen blühenden Aufschwung. Ein großes Straßenbauprogramm wird gestartet, um den Amazonas zu besiedeln.

1982
Unter internationalem Druck verabschiedet Präsident Figueiredo ein liberaleres Wahlgesetz und lockert die Pressezensur.

Demokratischer Neubeginn

1985
Die Militärdiktatur ist nach 20 langen Jahren überwunden. Doch der zum Präsidenten bestimmte Tancredo Neves stirbt, bevor er sein Amt antreten kann. Daher übernimmt der Vizepräsident José Sarney das Amt (siehe Bild unten).

1986
Sarney versucht erfolglos, die Inflation von 300 % unter Kontrolle zu bringen.

1988
Eine neue Verfassung tritt in Kraft – allerdings ohne die ersehnte Landreform. Den Indios werden die vollen Bürgerrechte zugesprochen. Gewerkschaftsführer Chico Mendes wird in Acre von Fazenderos ermordet (s. S. 26).

1990
Fernando Collor de Mello gewinnt die ersten direkten Präsidentschaftswahlen seit der Diktatur. Brasilien erhofft sich grundlegende Reformen sowie Maßnahmen gegen Inflation und Korruption. Doch zwei Jahre nach seiner Wahl wird Collor wegen passiver Bestechung seines Amtes enthoben.

1992
Auf dem UN-Gipfel von Rio, an dem 172 Regierungen teilnehmen, wird die Klimaschutzkonvention ins Leben gerufen.

1994
Formel-1-Fahrer und Nationalheld Ayrton Senna stirbt nach einem Unfall beim Grand Prix von San Marino.

1994
Brasilien wird Fußballweltmeister.

1994
Wahl Fernando Henrique Cardosos. Seine Einführung der neuen Währung Real bändigt zunächst die Inflationsrate. Doch nach der Wiederwahl Cardosos fünf Jahre später muss der Real um die Hälfte abgewertet werden.

2000
Brasilien feiert sein 500-jähriges Bestehen.

2002
Luiz Inácio da Silva, genannt Lula, wird im vierten Anlauf Brasiliens erster linksorientierter Präsident seit 40 Jahren – und der erste Präsident überhaupt, der aus einer Arbeiterfamilie stammt (s. Bild unten).

2002
Brasilien kann als bisher einziges Land zum fünften Mal den Fußballweltmeisterschaftstitel für sich verbuchen.

2003
Schon bei seiner Vereidigung im Januar des Jahres verkündet Lula den Start des Anti-Hunger-Programms *Fome zero*.

2004
Wie Deutschland, Japan und Indien bewirbt sich auch Brasilien um einen ständigen Sitz im UN-Sicherheitsrat.

2005
Dorothy Stang, eine 73-jährige Nonne US-amerikanischer Herkunft, wird ermordet. Sie hatte sich gegen die maßlose Abholzung des Regenwaldes und für die Rechte der Landlosen engagiert. Wie Chico Mendes wurde Dorothy Stang über ihren Tod hinaus zu einer Symbolfigur der Umweltschutzbewegung.

2005/2006
Schwere Korruptionsvorwürfe belasten die Regierung Lula. Einige Regierungsmitglieder treten zurück. Dennoch wird Lula 2006 wieder gewählt.

2007
Präsident Lula gibt bekannt, das brasilianische Atomprogramm einschließlich der Anreicherung von Uran und dem Bau eines Atom-U-Bootes ausweiten zu wollen.

2008
Die engagierte Umweltministerin Marina Silva tritt wegen fehlender Unterstützung zurück.

2009
Die VR China wird Brasiliens wichtigster Außenhandelspartner. Weltweite Finanzkrise: Der Außenwert des Real bricht um 40 % ein.

500 Jahre Brasilien

Das einzige Land Lateinamerikas, in dem portugiesisch gesprochen wird, stieg im 19. Jahrhundert sogar zum Kaiserreich auf. Vom Rohstofflieferanten mauserte es sich bereits zum Industriestaat. Nun entwickelt es sich in großen Schritten zu einem tropischen Giganten, mit dem zu rechnen sein wird.

Die Fähigkeit der Brasilianer, Konflikte durch Kompromisse zu entschärfen, ist sprichwörtlich. Ohne die Gelassenheit seiner Bewohner und deren Bereitschaft, sich auch mit misslichen Umständen zu arrangieren, wäre Brasilien aufgrund seiner extremen sozialen Gegensätze wahrscheinlich längst ein Pulverfass. Der kollektive Langmut mag erklären, dass sich selbst so einschneidende Veränderungen wie die Abkehr vom kolonialen Mutterland in Brasilien weitgehend friedlich vollzogen.

Entdeckung und Kolonialzeit

Im Jahr 2000 feierte Brasilien mit großem Aufwand seine Entdeckung durch den Portugiesen Pedro Álvares Cabral vor 500 Jahren. Am 22. April 1500 nahmen Admiral Cabral (1467 bis 1520) und seine Marinesoldaten südlich von Porto Seguro brasilianischen Boden für Portugal in Besitz. Da man gerade die Osterwoche schrieb, taufte Cabral den markantesten Berg *Monte Pascoal* (Osterberg).

Ursprünglich sollte Cabrals vorzüglich ausgerüstetes Geschwader Indien ansteuern; es kam jedoch auf dem Weg zum Kap der Guten Hoffnung vom Kurs ab. Historiker vertreten heute die Ansicht, dass sich der Entdecker nicht zufällig von der üblichen Route entfernte – er habe von Anfang an die Absicht verfolgt, für die portugiesische Krone Neuland zu gewinnen.

Die Spanier Vincente Yañes Pizón und Diego de Lepe erwähnten bereits 1499 bzw. 1500 in ihren Reiseaufzeichnungen eine große Insel unterhalb des Äquators, und vermutlich kannte Cabral die Berichte über die Expeditionen seiner Konkurrenten. Tatsächlich glaubte auch der adelige portugiesische Seefahrer, er hätte eine Insel entdeckt und nannte sie *Terra de Vera Cruz* (Land des wahren Kreuzes). Den Beweis, dass es sich nicht um ein Eiland, sondern um den Küstenabschnitt eines riesigen Kontinents handelte, erbrachte die nächste, von Portugals König Manuel ausgerüstete und vom Florentiner Amerigo Vespucci geleitete Expedition.

Terra do Brasil – Land des Brasilholzes

Schon in seinen ersten Berichten erwähnte Amerigo Vespucci das *pau brasil* oder Brasilholz, aus dem sich ein in Europa bald äußerst begehrter

Links: Ehrenvolles Begräbnis Pedros II. im Jahr 1891
Oben: Die Gründung São Paulos in der Darstellung von Oscar Pereira da Silva (1554)

roter Farbstoff gewinnen ließ. Der Name des ersten wichtigen Exportguts übertrug sich auf das ganze Land: 1511 erhielt Portugals Kolonie den Namen »Terra do Brasil«.

Die erste Hauptstadt: Salvador da Bahia

Ab 1534 verfolgte König João III. systematisch das Ziel, durch Grundstücksschenkungen die brasilianische Küste zu besiedeln und so vor dem Zugriff konkurrierender Seemächte zu sichern: Die Kolonie wurde in 15 *Capitanias* (Provinzen) aufgeteilt und als Erblehen an portugiesische Adlige vergeben. Die mit weitreichenden Hoheitsrechten ausgestatteten Besitzer der Capitanias sollten den Boden urbar machen und auf eigene Kosten Siedlungen anlegen.

Obwohl sich das System der Capitanias nicht bewährte und ihre Autonomie durch die Ernennung von Tomé de Sousa zum Generalgouverneur der Kolonie ab 1549 beschnitten wurde, ist Brasilien seit deren Gründung und teilweise noch heute durch Latifundienwirtschaft und feudale Herrschaftsstrukturen geprägt. Tomé de Sousa wählte die neu gegründete Stadt Salvador da Bahia, die 214 Jahre lang die Hauptstadt Brasiliens bleiben sollte, als Amtssitz. Unter seiner Federführung erlebte die Kolonie einen ersten Aufschwung.

Franzosen und Niederländer

Die Portugiesen ließen nichts unversucht, ihre Macht in Brasilien zu festigen. Dennoch besetzten im Jahr 1555 Franzosen die Guanabara-Bucht, an der heute der Hafen Rio de Janeiros liegt. Ihr Brückenkopf sollte Ausgangspunkt zur Bildung einer französischen Kolonie in Südamerika sein. Es gelang den Franzosen jedoch nicht, in Europa genügend Kolonisten für die geplante Siedlung zu rekrutieren, und so konnten die von Mem de Sá angeführten portugiesischen Truppen die französischen Eindringlinge zwölf Jahre später vernichtend schlagen und vorübergehend aus Brasilien vertreiben.

Als Portugal 1580 für 60 Jahre unter spanische Herrschaft geriet, sahen sich seine überseeischen Provinzen plötzlich neuen Feinden gegenüber. Eine Flotte der niederländischen Westindien-Kompanie nahm 1630 Pernambuco in Nordostbrasilien ein. Die Region blühte auf. Zuckerrohr-Plantagen erwirtschafteten Gewinne, und als der deutsche Fürst Moritz von Nassau 1637 zum Generalgouverneur von Pernambuco bestellt wurde, ließ er die Stadt Recife zum »Venedig des Nordostens« gestalten.

Moritz von Nassau erkannte, dass es Pernambuco trotz der 1538 begonnenen Einfuhr afrikanischer Sklaven vor allem an Arbeitskräften mangelte. Deshalb gewährte er Einwanderern die Religionsfreiheit; im Gegensatz zu seinen Nachfolgern verstand er es auch, zwischen protestantischen Niederländern, katholischen Portugiesen und den von Madeira stammenden Juden zu vermitteln. Die Direktoren der Westindischen Kompanie fürchteten schon, er könne sich ein eigenes Königreich schaffen. Als Moritz von Nassau 1643, der holländischen Anfeindun-

JESUITEN UND DIE INDIOS

Ab 1549 kamen jesuitische Missionare in direktem Auftrag der portugiesischen Krone ins Land: Sie sollten die Indios christianisieren.

Das taten sie denn auch. In Missionsschulen tauften und unterrichteten sie ihre indianischen Zöglinge. Dabei handelten sie aber nach der Devise, dass Indianer – zumal getaufte – zu schützen und nicht zu versklaven seien. Dieser moralische Standpunkt, brachte sie in Konflikt mit den Interessen der Kolonialmacht, die billige Arbeitskräfte brauchte.

In Lissabon fürchtete man gar die Entstehung eines Staates im Staate und ordnete 1760 schließlich an, die Jesuiten wieder zu vertreiben.

gen überdrüssig, seinen Abschied nahm, dauerte es noch ganze elf Jahre, bis die Portugiesen »Neu-Holland« den Garaus machten.

Ausdehnung nach Westen

Das 1554 von dem Jesuiten José de Anchieta gegründete São Paulo war im 17. Jh. Ausgangspunkt großangelegter Beutezüge bewaffneter Stoßtrupps, die sich *Bandeirantes* (Fahnenträger) nannten. Ganze Banden von Abenteurern durchkämmten das unerschlossene Binnenland nach Indianern, um sie zu versklaven.

Im Süden schützten zunächst die Missionen der portugiesischen Jesuiten die Urbevölkerung vor den Übergriffen der Bandeirantes. Diese führten ihre Menschenjagden daher vor allem im Westen und Nordwesten des brasilianischen Hinterlands durch. An den Gestaden des Rio Paraná und des Paranapanema stießen die Horden aus São Paulo auf Missionsstationen spanischer Jesuiten. Ein königlicher Befehl vom 18. September 1628 untersagte ihnen ausdrücklich jede Anfeindung der Paraná-Missionen. Schließlich waren Portugal und Spanien zu dieser Zeit unter den Habsburgern ein Reich und die Indios getaufte Christen. Dennoch brandschatzten die Bandeirantes vier Missionen der Spanier und versklavten nach zeitgenössischen Schätzungen gut 5000 Indios, von denen nach neunmonatigem Marsch nur 1500 lebend in São Paulo ankamen.

Da diese Verbrechen trotz der Proteste der Jesuiten beim Gouverneur in Salvador ungeahndet blieben, vernichteten die Bandeirantes kurz darauf auch die restlichen Jesuiten-Missionen am Paraná. Damit war der letzte Widerstand gegen das weitere Vordringen der Bandeirantes nach Westen gebrochen.

Brasiliens Anteil an Südamerika wuchs daraufhin weit über die im Vertrag von Tordesillas 1494 zwischen Portugal und Spanien festgelegte, von Norden nach Süden verlaufende Interessengrenze hinaus.

Auch als Portugal nach 1640 seine Unabhängigkeit wiedererlangte, blieben die von den Bandeirantes eroberten Gebiete – das heutige Goiás, Mato Grosso und das weite Hinterland São Paulos – ungeachtet aller Proteste der Spanier brasilianisch. Erst 1750, im Vertrag von Madrid, erkannten die Spanier die durch die Eroberungszüge der Bandeirantes verschobenen Grenzen formal an.

Goldrausch in Minas Gerais

Brasiliens Volkswirtschaft war bis ins 18. Jh. einseitig auf Ackerbau und Viehzucht ausgerichtet. Boden und Reichtum konzentrierten sich in den

Ganz links: Aufseher und Sklaven auf einer Kaffeeplantage
Oben: Unabhängigkeit oder Tod, gemalt von Pedro Americo

BRASILIEN UNTER DOM PEDRO II.

Dom Pedro II. regierte 49 Jahre lang, von 1840 bis 1889. Dank seines großen diplomatischen Geschicks erlebte Brasilien in dieser Zeit eine lange Phase politischer Stabilität.

Pedro II. strahlte eine große Autorität aus. Seine Lebensführung war schlicht. Mit seinem stattlichen Vollbart wirkte er wie ein Großbürger im Kaiserrock. Geboren in Rio, genoss er eine klassische Erziehung. Er war stark beeinflusst von seiner Mutter, der Habsburgerin Leopoldine, die dem Volk weit näher stand als sein entrückter Vater, der sich zudem eine Mätresse hielt. Pedro

heiratete Teresa Christina, die Tochter des sizilianischen Königs Franz II. Mit ihr hatte er vier Kinder, zwei Söhne verstarben früh.

Die ausgesprochene Wertschätzung des Monarchen durch sein Volk erlaubte es Pedro II., regionale Unruhen zu beenden und die Macht der Zentralregierung im ganzen Land wiederherzustellen. Er war ein gebildeter Mann und unternahm mehrere Reisen nach Europa, wo er in Bayreuth Wagners »Parsifal« erlebte und in Mykene die Ausgrabungen Schliemanns besuchte. Seiner in Südamerika wohl einzigartigen Kollektion altägyptischer Mumien verdankt Rios Nationalmuseum seine wertvollsten Exponate. Faszinierenden Einblick in die vielfältigen Interessen des Monarchen vermittelt auch ein Besuch der von ihm erbauten neo-klassizistischen Sommerresidenz in Petrópolis (s. S. 173).

Gelang es Pedro II., den inneren Frieden wiederherzustellen und dem Fortschritt den Weg zu ebnen, so führte seine südamerikanische Hegemonialpolitik auch zu mehreren Kriegen mit Uruguay, Argentinien und Paraguay. Zwischen 1851 und 1870 sah sich Brasilien in drei Waffengänge verwickelt. 1851 galt es, den freien Zugang zum Rio de la Plata und seinen Nebenflüssen zu sichern. Die von Pedro II. nach Uruguay entsandten Truppen errangen einen raschen Sieg und brachten eine Brasilien hörige Regierung an die Macht. Gemeinsam griffen beide Länder Argentinien an und stürzten dort den Diktator Juan Manuel Rosas.

Weniger erfolgreich verlief 1864 ein erneuter Waffengang gegen Uruguay. Paraguays Regierungschef Francisco Solano Lopez war mit Uruguay verbündet und erklärte Brasilien und Argentinien den Krieg. Ab 1865 sah sich Paraguay der von Argentinien, Brasilien und Uruguay gebildeten militärisch überlegenen »Dreierallianz« gegenüber. Der Feldzug sollte bis 1870 dauern. Paraguay unterlag, nachdem die Hälfte seiner männlichen Bevölkerung gefallen war. Brasilien war durch diesen Krieg geschwächt – Dom Pedro II. benötigte fortan die Unterstützung der führenden Generäle.

Ausgerechnet seine historisch bedeutendste Leistung, die Sklavenbefreiung im Jahr 1888, kostete Pedro II. den Thron. Brasilien war in der zweiten Hälfte des 19. Jhs. noch vorwiegend ein Agrarland. Sklaven waren von elementarer Bedeutung, und bis 1853 legten Sklavenschiffe aus Westafrika in Brasilien an. England versuchte ab 1850 den internationalen Sklavenhandel auf den Meeren zu unterbinden. Die Bewegung zur Sklavenbefreiung wurde ab 1860 immer stärker. 1871 erließ der Kaiser das Gesetz des *Ventre Livre*, des »freien Bauches«, das den Neugeborenen der Sklavinnen die Freiheit gewährte. 1885 waren alle Sklaven ab 60 Jahre frei (wenige erreichten allerdings jemals dieses Alter), zuvor noch ließ der Kaiser alle seine privaten Sklaven frei. Am 13. Mai 1888 setzte Prinzessin Isabel die *Lei Aurea*, das »Goldene Gesetz«, durch, das die Sklaverei auch in Brasilien endlich vollkommen abschaffte.

Diese Entscheidung brachte die Großgrundbesitzer gegen den Kaiser auf. Sie sahen wie auch die Militärs ihre Interessen in der Regierung nicht ausreichend vertreten. 1889 wurde Pedro II., der beliebteste Politiker, den Brasilien je hervorgebracht hat, in einem unblutigen Staatsstreich entmachtet und ins Exil gezwungen. Im Alter von 66 Jahren starb er in Paris, wo er mit königlichen Ehren bestattet wurde. ■

Oben: Dom Pedro II. – beliebt, gebildet und weitsichtig

Händen weniger Großgrundbesitzer. Erst die Entdeckung wertvoller Bodenschätze änderte die einseitige wirtschaftliche Struktur Brasiliens. In den Gebirgszügen des Zentralplateaus stießen die Bandeirantes auf Gold und lösten einen Goldrausch aus. Mit ihm zog Wohlstand ein in dieser Region, die den Nordosten mit seinen Zuckerrohrplantagen bald schon in den Schatten stellte (siehe auch Exkurs).

Unabhängigkeit und Monarchie

In der zweiten Hälfte des 18. Jhs. regte sich die erste Unabhängigkeitsbewegung des Landes. Die Forderung der portugiesischen Krone, die Goldsteuer weiter zu erhöhen, brachte das Fass 1789 zum Überlaufen: Einflussreiche Bürger aus Ouro Preto, Geistliche und der Dragonerfähnrich Joaquim José da Silva Xavier – mit Spitznamen *Tiradentes* – zettelten einen Aufstand, die *Inconfidência Mineira,* an. Ihre Verschwörung, die auf die Unabhängigkeit vom kolonialen Mutterland abzielte, wurde jedoch verraten und Tiradentes 1792 in Rio hingerichtet.

Zu weiteren separatistischen Bestrebungen kam es zunächst nicht, nachdem die Kolonie und das Mutterland unversehens die Rollen tauschten: Mit englischem Geleitschutz floh der portugiesische König 1807 samt seinem Hofstaat vor den in Portugal einmarschierenden napoleonischen Truppen ins Exil nach Rio. Aus der kolonialen Provinz war urplötzlich der Mittelpunkt des portugiesischen Weltreichs geworden: König João VI. förderte das Bauwesen und die Universitäten Brasiliens, Zeitungen wurden gedruckt, Bibliotheken gegründet.

Als João 1821 nach Portugal zurückkehrte, übertrug er seinem Sohn Dom Pedro die Herrschaft über das Königreich Brasilien. Das portugiesische Parlament, die *Cortes*, wollte Brasilien wieder in kolonialer Abhängigkeit sehen. Aber Pedro erkannte, dass die Brasilianer dies niemals akzeptieren würden, und verkündete am 7. September 1822 Brasiliens Unabhängigkeit von Portugal. Noch im selben Jahr wurde er als Dom Pedro I. zum ersten brasilianischen Kaiser gekrönt. Mit der Vertreibung der letzten portugiesischen Garnison Ende 1823 war die Unabhängigkeit Brasiliens gesichert. Im folgenden Jahr erkannten die USA als erste Nation das Kaiserreich an. 1825 wurden die Beziehungen zum Mutterland Portugal wieder normalisiert.

Oben: Straßenbau in Rio, gemalt von Jean Baptiste Debret

Kaiser Dom Pedro I.

In den ersten Jahren der Unabhängigkeit hatte Brasilien große innere Konflikte auszutragen. Anstatt eine zukunftsweisende liberale Politik zu verfolgen, die seine Untertanen sich wünschten, beharrte Dom Pedro I. auf den Privilegien eines absoluten Monarchen. Erst unter starkem öffentlichem Druck ließ er Parlamentswahlen zu, was die Situation aber kaum entschärfte.

1826 starb in Lissabon João VI., der König Portugals und Vater Pedros I. Zunächst widersetzte sich der Kaiser dem Ruf der dortigen Monarchisten, ins Mutterland zurückzukehren. Der endlosen politischen Machtkämpfe müde,

GOLD UND FREIHEIT

Der Goldrausch lockte scharenweise Glücksritter in das Gebiet des heutigen Staates Minas Gerais und führte zur ersten großflächigen Besiedlung des Binnenlandes. Neue Ortschaften entstanden in den Bergen, und bis 1750 erreichte die Stadt Ouro Preto bereits eine Einwohnerzahl von 80 000.

Die Goldfunde von Minas Gerais machten Brasilien im 18. Jh. zum weltweit größten Lieferanten des begehrten Edelmetalls. Den Löwenanteil des Reichtums schöpfte Portugal ab – das war auch den Kolonisten, die sich bereits mehr als Brasilianer denn als Portugiesen fühlten, schmerzlich bewusst. Rufe nach Unabhängigkeit wurden immer lauter.

dankte Dom Pedro I. 1831 schließlich doch ab und übernahm die Krone in Portugal. Zuvor bestimmte er seinen erst fünfjährigen Sohn Pedro d'Alcântara zum Nachfolger. Ein Regentschaftsrat führte von 1831 bis 1840 für den unmündigen Thronfolger die Regierungsgeschäfte.

Dschungelkrieg in Belém und Pará

Mit Revolten und Militäraufständen im Amazonasgebiet und im Süden waren diese zehn Jahre die turbulenteste Dekade in der Geschichte des Landes. Zwischen 1835 und 1840 tobte in Belém und weiten Teilen von Pará der blutige Volksaufstand *Cabanagem*. Auch im Süden gefährde-

Der lange Schatten der Militärs

Nach dem Sturz der Monarchie bestimmte das Militär den politischen Kurs Brasiliens fast 100 Jahre lang – von 1889 bis 1985. Generäle standen an der Spitze der beiden ersten Regierungen der Republik. Als mit Prudente de Morais 1894 ein ziviler Präsident das Amt übernahm, war das Land hoch verschuldet. Der zweite zivile Präsident, Manuel Ferraz de Campos Salles (1898 bis 1902), handelte das erste Moratorium für brasilianische Auslandsschulden aus und verhinderte den finanziellen Kollaps. Salles und sein Nachfolger Paulo Rodrigues Alves (1902–06) gelten bis heute als vorbildliche Präsidenten.

ten Separatisten die nationale Einheit Brasiliens: Über zehn Jahre, bis 1845, zog sich in Rio Grande do Sul die *Revolução Farroupilha* (Revolution in Lumpen) hin: Die schlecht ausgerüsteten berittenen Trupps der Farroupilha rekrutierten sich immer mehr aus zerlumpten Sklaven, denen ihre ehemaligen Herren für einen Sieg die Freiheit versprochen hatten. Trotzdem konnten die mit dem Mut der Verzweiflung fechtenden »Schwarzen Lanzenreiter« erst durch Verrat in einem Hinterhalt aufgerieben werden.

Angesichts dieser Lage waren die mächtigen Kreise im Land 1840 bereit, den erst 15-jährigen Pedro II. für volljährig zu erklären und ihm die Macht zu übergeben. Er sollte Brasiliens beliebtester und letzter Herrscher werden (s. S. 42).

EINWANDERUNGSBOOM

Zwischen 1900 und 1930 erlebte Brasilien tiefgreifende Veränderungen. Aus Asien und Europa strömten zahlreiche Einwanderer ins Land, die meisten aus Japan, Italien und Deutschland. Sie siedelten sich vor allem in São Paulo an, das wegen der vielen Farmen und der aufstrebenden Industrie in der Region Arbeitskräfte benötigte.

São Paulo besaß die größten Kaffeeplantagen des Landes und stieg zum neuen wirtschaftlichen Zentrum auf. Dank seiner reichen Erzvorkommen folgte Minas Gerais an zweiter Stelle, dort steht es bis heute. Die alten Zentren Bahia und Pernambuco gerieten nun ökonomisch und politisch ins Abseits.

Wirtschaftliche Probleme und Staatsstreich

Nach dem Ersten Weltkrieg, in dem Brasilien Deutschland zwar den Krieg erklärte, an dem es aber nicht aktiv teilgenommen hatte, stand das Land vor großen ökonomischen Problemen. Unkontrollierte Staatsausgaben und Korruption führten zu Unruhen. Auch das Militär ließ wieder die Muskeln spielen. Im Jahr 1922 organisierte es einen Umsturzversuch, 1924 eine auf São Paulo begrenzte Revolte.

Wortführer der Unzufriedenen in den Kasernen war eine Gruppe junger Offiziere. Sie unterhielt enge Beziehungen zur städtischen Mittelschicht, die gegen die reichen Großgrundbesitzer von São Paulo und Minas Gerais politische Unterstützung suchte. Die Krise erreichte ihren Höhepunkt, als 1930 Júlio Prestes, der Kandidat der Oberschicht, gegen den Kandidaten der Opposition, Getúlio Vargas, den Gouverneur von Rio Grande do Sul, die Wahl gewann. Die Opposition weigerte sich, das Wahlergebnis anzuerkennen. In Minas Gerais, Rio Grande do Sul und im Nordosten brachen Aufstände aus. Innerhalb von zwei Wochen hatten die Militärs das ganze Land unter ihrer Kontrolle, stürzten den Präsidenten und setzten Getúlio Vargas als Interimspräsidenten ein.

Die Ära Vargas

Der schnelle Aufstieg des Getúlio Vargas läutete eine neue Ära ein. Vargas sah sich als Vertreter der mittleren und unteren Schichten der Großstadtbevölkerung. Doch der Umschwung brachte dem Land keineswegs mehr Demokratie, denn Vargas war vor allem bestrebt, seine persönliche Macht zu sichern. Allerdings widersetzte er sich der Tradition der politischen Kontrolle durch die Oligarchen. Auf einen Schlag verloren die Kaffeebarone São Paulos und Großgrundbesitzer anderer Regionen ihre Macht. 25 Jahre lang hielt Vargas sich mit nationalistischer Rhetorik an der Spitze Brasiliens.

Daneben profitierte Vargas von der Industrialisierung und – er schuf eine erste Sozialgesetzgebung für sein Land: Mindestlöhne, eine gesetzliche Sozial- und Krankenversicherung, bezahlten Urlaub und Mutterschaftsurlaub. Er ließ zwar erstmals auch Gewerkschaften zu, unterstellte sie aber der Kontrolle der Bundesregierung. In der Verfassung von 1934 ließ Vargas die Kompetenzen der Regierung noch erweitern. Im selben Jahr, in dem seine »Interimspräsidentschaft« endete, wurde er vom Kongress zum Präsidenten gewählt. Seine Amtszeit war auf vier Jahre beschränkt, doch weigerte sich Vargas 1938, die Macht abzugeben.

Diktatorische Vollmachten

Ein Jahr zuvor hatte Vargas das Gerücht der Gefahr eines kommunistischen Umsturzversuchs in die Welt gesetzt, um mit Unterstützung der Militärs den Kongress zu entmachten. Schließlich ersetzte er die Verfassung von 1934 durch

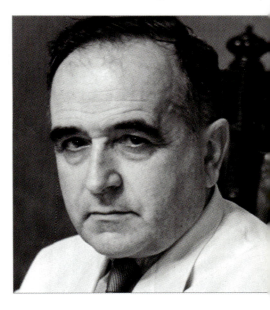

eine neue, die ihm diktatorische Vollmachten sicherte. Wachsender Widerstand gegen Vargas' repressive Politik drohte, ihn schon zu stürzen, doch rettete er seine Haut, indem er Deutschland 1942 den Krieg erklärte.

Brasilien war das einzige lateinamerikanische Land, das am Zweiten Weltkrieg teilnahm. Die Verluste blieben mit 450 Toten relativ gering, und der Feldzug auf Seiten der Sieger lenkte die Öffentlichkeit von der Innenpolitik ab.

Machtkampf mit dem Militär

Nach dem Ende des Krieges stand Vargas jedoch schnell wieder im Zentrum der Kritik. Die Militärs zwangen ihn 1945, oppositionelle Parteien zuzulassen und Neuwahlen anzusetzen.

Links: Einweihung der Avenida Paulista in São Paulo
Oben: Getúlio Vargas im Jahr 1938

Während er mit der Opposition verhandelte, um einen Staatsstreich zu verhindern, forderte er seine Hintermänner in der Arbeiterbewegung auf, sich mit den Kommunisten zu einer Volkspartei zu vereinigen, die ihn im Amt halten sollte. Da die Militärs befürchteten, Vargas könnte dieser politische Winkelzug gelingen, jagten sie ihn am 29. Oktober 1945 aus dem Amt.

Bei der folgenden Wahl wurde Vargas' früherer Kriegsminister, General Eurico Gaspar Dutra, für eine fünfjährige Amtsperiode zum Präsidenten gewählt. Doch noch einmal, 1950, kehrte Vargas an die Schalthebel der Macht zurück, diesmal als vom Volk gewählter Präsident.

Kubitschek – der Visionär

Vargas' Selbstmord ebnete neuen Politikern den Weg: Juscelino Kubitschek aus Minas Gerais und Jânio Quadros aus São Paulo nahmen beide den gleichen Weg zur Präsidentschaft: Sie wurden erst Bürgermeister der Hauptstädte und dann Gouverneure ihrer Bundesstaaten. Populismus, Nationalismus und politisch aktive Militärs, die drei Dominanten brasilianischer Politik, spielten in der Karriere von Juscelino Kubitschek wie in der von Jânio Quadros eine wichtige Rolle. Neue Faktoren kamen hinzu: Die politische Entwicklung war nun stärker an das Wirtschaftswachstum, Brasiliens aktivere

Außenpolitik und die internationale wirtschaftliche Verflechtung gebunden.

Als Juscelino Kubitschek, ein weit blickender, dynamischer Politiker, der Brasilien auf den Stand einer Weltmacht zu bringen gedachte, 1955 zum Präsidenten gewählt wurde, versprach er der Bevölkerung kühn »binnen fünf Jahren 50 Jahre Fortschritt«. Zum ersten Mal stand ein Mann an der Spitze Brasiliens, dessen wichtigstes Ziel das Wirtschaftswachstum des Landes war. Unter Kubitscheks Führung machte die Industrialisierung gewaltige Fortschritte. Er holte ausländische Automobilfirmen als Investoren nach Brasilien, Fernstraßen wurden gebaut, Wasserkraftwerke mit staatlichen Mitteln finanziert, und auch der brasilianische Wes-

VARGAS' ENDE

Vargas – eingebunden in demokratische Spielregeln? Das konnte nicht gut gehen. Seine alten Methoden griffen hier nicht, und der ehemalige Diktator konnte die politischen Kräfte des Landes nicht mehr unter Kontrolle bringen: Trotz populistischer Maßnahmen schwand sein Rückhalt im Volk.

Ein missglückter Anschlag auf einen wichtigen politischen Gegner, den einer seiner Mitarbeiter geplant haben sollte, beendete die Ära Vargas. Vor die Wahl gestellt, zurückzutreten oder erneut aus dem Amt gejagt zu werden, traf der Präsident seine letzte eigene Entscheidung: Am 24. August 1954 nahm er sich im Regierungspalast von Rio das Leben.

ten sollte wirtschaftlich erschlossen werden. Der Staat beteiligte sich erstmals direkt am Ausbau der Infrastruktur des Landes.

Hauptstadt aus der Retorte

Kubitscheks ehrgeizigstes Projekt aber war Brasília. Die Verlegung der Bundeshauptstadt ins Herz des Landes wurde für Kubitschek zur Obsession. Kaum im Amt, ließ er erste Entwürfe anfertigen. Die besten Architekten des Landes arbeiteten das Projekt aus (s. S. 307). Mit Brasília wollte der Präsident die Entwicklung der öden Zentralebene des Landes fördern.

Sein Hauptstadtprojekt sah die Versetzung Tausender von Beamten von Rio nach Brasília vor, was ihm den Widerstand zahlreicher Bürokraten einbrachte. Sie zeigten wenig Lust, die urbanen Annehmlichkeiten der Metropole Rio de Janeiro gegen ein Leben im abgelegenen Hinterland Brasiliens einzutauschen.

Der Präsident ließ sich jedoch nicht beirren. Von 1957 bis 1960 wurden die Bauarbeiten mit ganzer Kraft vorangetrieben, und Kubitschek konnte gegen Ende seiner Amtszeit am 21. April 1960 »seine« Hauptstadt einweihen. Brasília zeigte allerdings wie alle Großprojekte von pharaonischer Dimension durchaus zwiespältige Wirkungen: Einerseits wurde die Stadt zum unübersehbaren Symbol einer von Kubitschek auf Fortschritt getrimmten Nation, andererseits förderte ihr Bau Korruption und Inflation. Der finanzielle Kraftakt führte fast zum Staatsbankrott. Kubitschek kam 1961 bei einem Verkehrsunfall ums Leben.

Jânio Quadros – ein Intermezzo

Sein Nachfolger Jânio Quadros machte einen Besen zum Symbol seiner Wahlkampagne und versprach, das Land von der Korruption zu säubern. In seiner kurzen Amtszeit setzte dann aber eine Krise ein, die Brasiliens hoffnungsvoller Demokratie ein vorzeitiges Ende bereitete. Quadros konnte nicht halten, was er versprochen hatte. Statt dessen regierte er selbstherrlich und vertrat skurrile Auffassungen. Die Steigerung dessen bot sein Abgang: Am 25. August 1961 – nur sieben Monate nach seinem Amtsantritt – erklärte er, »finstere Mächte« hätten sich gegen ihn verbündet und trat zurück.

Links: Staatspräsident Juscelino Kubitschek bei der Einweihungsfeier der neuen Hauptstadt Brasília
Oben: General Emílio Medici, Staatspräsident 1969–1974

Goulart – gescheiterter Reformer

Sein Nachfolger, Vizepräsident João Belchior Marquês Goulart, war zu diesem Zeitpunkt auf Staatsbesuch in der VR China. Natürlich sprachen sich die Minister für Heer, Marine und Luftwaffe sofort gegen seinen Amtsantritt aus. Aber Goulart gelang es, sich die Unterstützung militärischer Kräfte in seinem Heimatstaat Rio Grande do Sul zu sichern. Da sie einen Bürgerkrieg fürchteten, erlaubten die Generäle Goulart schließlich, die Präsidentschaft anzutreten, schränkten seine Machtbefugnisse jedoch erheblich ein. Durch diesen faulen Kompromiss verzögerten sich selbst überfällige politische

Entscheidungen so lange, dass dem Präsidenten 1963 per Volksentscheid wieder größere Befugnisse zugestanden wurden.

Goulart nutzte die Gunst der Stunde und brachte auf vielen Gebieten soziale Reformen auf den Weg. Außerdem stärkte er die unteren Kommandoebenen der Streitkräfte und ging ein

>
> Jânio Quadros verblüffte selbst seine Anhänger, als er politische Kontakte zu Ostblockländern aufnahm, und die Militärs brachte er vollends gegen sich auf, als er dem kubanischen Revolutionär Che Guevara das »Kreuz des Südens«, Brasiliens höchsten Orden, verlieh.

Bündnis mit linksgerichteten Gewerkschaften ein. Mit einer umfassende Bodenreform plante Goulart, die kolonialen Strukturen endgültig zu durchbrechen.

Seine politischen Gegner brandmarkten Goulart als Kommunisten. Ende März 1964 überstürzten sich die Ereignisse: Die ungebremste Inflation führte landesweit zu Streikwellen. Als Marinesoldaten revoltierten, tauschte Goulart die Admiralität eigenmächtig aus, woraufhin Magalhães Pinto, der Gouverneur von Minas Gerais, dem Präsidenten den Gehorsam aufkündigte und die Armee putschte. Der Umsturz ging ohne Blutvergießen vor sich – Goulart floh am 2. April ins Exil nach Uruguay – und in Brasilien wagte bis heute kein Politiker mehr, das »heiße Eisen« Landreform anzupacken.

Im Zeichen der Militärdiktatur

Zum vierten Mal seit 1945 hatte das Militär für einen Machtwechsel gesorgt, doch diesmal blieben die Generäle an der Macht. 21 Jahre lang wurde Brasilien von einem Militärregime beherrscht. Fünf Armeegeneräle wechselten sich während dieser Zeit an der Staatsspitze ab. Der erste war Humberto de Alencar Castelo Branco. Er leitete umfassende Sparmaßnahmen ein und drosselte die Staatsausgaben. So stellte er die Weichen für ökonomische Stabilität und kräftiges Wachstum in den folgenden Jahren.

In seiner Regierungszeit wurden unabhängige politische Parteien verboten und durch ein Zwei-Parteien-System ersetzt, wobei die eine Partei (Arena) die Regierung und die andere (MDB) die Opposition repräsentierte. Bürgermeister und Gouverneure wurden von den Generälen ernannt und auch alle Präsidenten des Militärregimes von der Armee bestimmt.

Pressezensur, Terror und Gegenterror

Während der Präsidentschaft des nächsten Generals, Artur da Costa e Silva, erließen die Militärs eine neue Verfassung. Sie ordneten den Kongress damit so eindeutig der Exekutive un-

ter, dass es zu einer Welle des Widerstands mit Demonstrationen und Terroranschlägen kam. Costa e Silva löste 1968 den Kongress auf und schränkte die bürgerlichen Rechte stark ein. Zur Wahrung der nationalen Sicherheit hatten die staatlichen Organe jetzt jederzeit das Recht, Verdächtige ohne Haftbefehl unter Arrest zu stellen. Die Presse musste sich der Zensur beugen, woraufhin einfallsreiche Redakteure Zeitungen mit leeren Seiten drucken ließen. Als das Regime auch dagegen vorging, druckte man Kochrezepte und andere absurde Artikel. Viele Journalisten verließen das Land. Das Militärregime bekämpfte alle oppositionellen Kräfte. Brasiliens Stadtguerilla wurde zerschlagen, Regimekritiker festgenommen und oft auch gefoltert.

Wirtschaftsboom unter der Diktatur

Die repressive Politik erlebte ihren traurigen Höhepunkt unter General Emilio Garrastazu Medici, der Costa e Silva nachfolgte. Medicis Regime brachte Brasilien neben gravierenden Menschenrechtsverletzungen allerdings auch ein beachtliches Wirtschaftswachstum, das sich in der Regierungszeit seines Nachfolgers General Ernesto Geisel (1974–1979) fortsetzte.

Internationale Kredite in kaum vorstellbarer Höhe ermöglichten das »brasilianische Wunder«, wie diese Hochkonjunktur der 1970er-Jahre genannt wurde. Der Boom brachte dem Land bis dahin unbekannten Wohlstand und verschaffte Facharbeitern und Angestellten kräftige Lohnerhöhungen. Die Mehrzahl der Brasilianer schien mit der Wachstumspolitik der Militärs zufrieden und war bereit, die Einschränkung ihrer politischen Rechte hinzunehmen.

Liberalisierung und Rezession

Zu Beginn der 1980er-Jahre flachte Brasiliens mit Krediten finanziertes Wirtschaftswachstum ab. Lateinamerikas Finanzkrise kulminierte im Schuldenmoratorium Mexikos. Auch Brasilien erhielt vom Ausland keine neuen Kredite mehr; Zins- und Tilgungszahlungen für frühere Anleihen zehrten die Geldreserven des Staates auf.

Als General João Figueiredo 1979 sein Amt antrat, versprach er, Brasilien zur Demokratie zurückzuführen und verkündete eine Amnestie für alle politischen Häftlinge. Er ließ die Pressezensur aufheben und die Gründung neuer politischer Parteien zu. Gouverneure und Kongressabgeordnete wurden wieder frei gewählt.

Trotz dieser wiedererlangten politischen Freiheiten änderte sich nichts an der gedrückten Stimmung, die das Land während der von 1981 bis 1983 andauernden Rezession ergriffen hatte. Das Vertrauen der brasilianischen Bevölkerung in den wirtschaftlichen Kurs der Militärs kehrte sich nun in offene Ablehnung ihrer Politik um.

Rückkehr zur Demokratie

Im Januar 1985 bestimmte ein Wahlausschuss Tancredo Neves zu Brasiliens erstem zivilem Präsidenten nach 21 Jahren Militärdiktatur. Die Bevölkerung knüpfte an die Wahl des von allen politischen Kräften akzeptierten und verdienten Politikers hohe Erwartungen. Doch in der Nacht vor der Vereidigung erkrankte er und starb. José Sarney, politischer Ziehsohn der Militärs und Neves' designierter Vizepräsident, übernahm das Präsidentenamt – ohne gewählt zu sein.

Auf zu großem Fuß gelebt

Die ökonomischen Schwierigkeiten des Landes gipfelten Anfang 1986 in einer jährlichen Inflationsrate von 330 %. Die Linken drängten auf die sofortige Wahl eines neuen Präsidenten, aber Sarney konnte durch seinen *Plano Cruzado* an Popularität gewinnen: Er fror die Preise ein, ließ jedoch weitere Erhöhungen der Gehälter zu und

löste damit landesweit einen wahren Konsumrausch aus. Bei den anschließenden Wahlen errang die Regierungspartei (PMDB) haushohe Siege. Doch dann kehrte die Inflation mit noch größerer Wucht zurück. Mehr denn je sehnte eine ganze Nation die Direktwahl eines neuen Präsidenten herbei.

Eine neue Verfassung

Zur selben Zeit wurde an einer neuen, demokratischen Verfassung gearbeitet. Sie garantierte unter anderem das Recht auf freie Meinungsäußerung, sicherte den Indios Rechte auf eigenes Land zu und verankerte auch die Rechte der Arbeiter. Letzeres war vor allem auf den Einfluss der Arbeiterpartei (PT) zurückzuführen,

Links: Die brasilianische Offshore-Förderung von Öl ist weltweit technologisch führend
Oben: Präsident Fernando Collor (1990–92)

die Teil der Verfassungsgebenden Versammlung war. Nicht durchzusetzen war hingegen eine umfassende Landreform.

Erste freie Präsidentschaftswahlen

Bei den Neuwahlen 1989 machten zwei Außenseiter das Rennen unter sich aus: Luíz Inácio da Silva, genannt »Lula«, Vertreter der linksgerichteten Arbeiterpartei (PT, siehe Exkurs unten), und sein Gegenspieler Fernando Collor de Mello, der Kandidat der Konservativen. Collor wurde im Wahlkampf nicht müde, vor einer angeblichen »kommunistischen Gefahr« seitens Lulas zu warnen und trug einen knappen Sieg davon.

Der neue erste Mann im Staat wirkte jugendlich und dynamisch, schien imstande, die Inflation Brasiliens entschlossen zu bekämpfen. Die nationale Presse überhäufte den Regierungschef mit Vorschusslorbeeren. Tatsächlich überraschte Collor mit der Ernennung des Ökologen José Lutzenberger zum Umweltschutzbeauftragten und einer auf 18 Monate befristeten »Zwangsanleihe« von 80 % der nationalen Sparguthaben. Collors Sparpolitik löste in Brasilien jedoch eine nachhaltige Rezession aus, zu der sich schon bald eine galoppierende Inflation gesellte: Im Jahr 1993 schätzte man die Jahresrate der Hyperinflation auf 2100 %!

Triumph der Demokratie

Als der hochbetagte Abgeordnete Ulysses Guimarães aufdeckte, dass Collors engste Verbündete ungeachtet der Sparmaßnahmen den Staat durch illegale Finanzmanipulationen um Millionen Dollar betrogen hatten, bezogen das Abgeordnetenhaus und die Mittelklasse gegen den Präsidenten Front. Guimarães kam kurz darauf zusammen mit seiner Ehefrau und anderen Insassen bei einem mysteriösen Hubschrauberabsturz um. Collor bat um ein Vertrauensvotum, sah sich aber statt dessen mit einem Amtsenthebungsverfahren wegen Korruptionsverdachts konfrontiert. Sein Stellvertreter Itamar Franco übernahm die Amtsgeschäfte. In den Augen der Brasilianer war die Anklage gegen Collor ein Triumph der Demokratie.

Cardoso und der Plano Real

Bei den Wahlen im Jahr 1994 konnte sich Fernando Henrique Cardoso durchsetzen. Cardosos

---

AN DER BASIS REGT SICH WAS – LULA

Die neue Stimmung der Liberalisierung verlieh einem charismatischen politischen Aufsteiger geradezu Flügel: Lula.

Luíz Inácio Lula da Silva wurde 1945 als siebtes von acht überlebenden Kindern in Caetés, im verarmten Nordosten des Landes geboren. Seine Eltern waren Analphabeten. »Die Menschen standen morgens auf und hatten weder Brot noch Geld, um sich Brot zu kaufen«, erzählt Luna über seine Herkunft. »Wenn es regnete, bauten meine Geschwister und ich einen Damm aus Sand, um das Wasser aufzufangen. Unsere einzige Alternative war ein verdreckter Weiher.« Der Vater verließ die Familie und die Mutter zog mit den Kindern nach São Paulo, wie Tausende Nordestiños dies täglich tun. Schon früh trug Lula als Schuhputzer, Straßenverkäufer und Bote zum Familienunterhalt bei. Mit 14 begann er als Metallarbeiter, besuchte später Abendkurse zur Weiterbildung.

1966 stellte ihn ein Industrieunternehmen als Dreher ein. Damals begann er, sich gewerkschaftlich zu engagieren. 1972 wurde er Gewerkschaftssekretär, 1975 Gewerkschaftsvorsitzender. 1980 gründete Lula zusammen mit anderen Linken die Arbeiterpartei, Partido dos Trabalhadores (PT) und wurde 1986 mit einem Rekordergebnis als Abgeordneter in den Kongress Brasiliens gewählt.

500 Jahre Brasilien ◆ 51

Popularität basierte auf dem Erfolg seines Plans, den er noch als Finanzminister einführte, den *Real,* die neue Landeswährung, eng an den US-Dollar zu binden. Der Präsident verfolgte den von Collor begonnenen Weg der Privatisierung weiter, orientierte die brasilianische Wirtschaft an den Konditionen des Weltmarkts und nahm auch Massenentlassungen und Sozialabbau in Kauf. Der Real profitierte davon kaum, sein Kurs wurde in der Zwischenzeit mehrmals abgewertet. Dennoch verhalf FHC, wie der Präsident in der heimischen Presse etwas respektlos, aber landestypisch kurz genannt wurde, dem Land zu internationalem Ansehen: Er war

Lula wird Präsident

In jeder Präsidentschaftswahl seit 1989 trat Luíz Inácio da Silva als Kandidat für die PT an und wurde jeweils Zweiter. Im vierten Anlauf schließlich, im Jahr 2002, wurde er mit erdrutschartigen 61,48 % der Stimmen der erste linksgerichtete Präsident Brasiliens.

Er gab nach einer Zeit der Privatisierungen dem Engagement des Staates wieder mehr Gewicht, rief das Anti-Hunger-Programm *Fome zero* ins Leben und initiierte eine Alphabetisierungskampagne sowie das Sozialprogramm *Bolsa Familia,* das etwa elf Millionen sozial schwache Familien finanziell unterstützt. Wäh-

Staatsmann, Diplomat und Wirtschaftsexperte gleichermaßen, bis heute ist er gern gesehener Redner auf internationalen Foren.

Im Oktober 1998 wurde FHC für vier Jahre wiedergewählt, im folgenden Jahr erlitt seine Wirtschaftspolitik einen herben Rückschlag, als der Real die Hälfte seines Wertes einbüßte. In seinem letzten Regierungsjahr, 2002, stieg die Inflation offiziell auf 12,5 % und das Bruttosozialprodukt sank um 3,7 % – ein erstes Anzeichen für eine mögliche Rezession.

Links: Banco Mercantil de São Paulo, ein Zentrum des Finanz- und Handelskapitals des Landes
Oben: Lula distanziert sich von dem stark linksgerichteten venezolanischen Staatspräsidenten Hugo Chávez

rend Lulas Amtszeit sank die Inflationsrate von anfänglich 12,5 % auf rund die Hälfte.

2006 wurde Lula erneut mit über 60 % der Stimmen gewählt – trotz der massiven Korruptionsvorwürfe gegen seine Regierung. Einige prominente Minister traten zurück. Die Landlosenbewegung Sem Terra beschimpft Lula als Verräter, da die Landverteilung nach wie vor ungerecht ist.

Unterdessen ereilten auch Brasilien die Folgen der weltweiten Finanzkrise von 2008/09. Im Frühjahr 2009 sackten die brasilianischen Aktienkurse stark ab und im Sommer brach der Außenwert des Real um ganze 40 % ein. Wie Präsident Lula und das Land diese neue Krise meistern werden, bleibt abzuwarten. ∎

Brasiliens Wirtschaft

Ein wahres Wechselbad von Wirtschaftsboom, Rezession und Phasen der Restabilisierung durchlebte das Land in den vergangenen Jahrzehnten. Mittlerweile aber zeigt der Markt ein beständiges, zuverlässiges Wachstum und Brasilien beginnt, sich in der internationalen Staatengemeinschaft zunehmend zu behaupten.

Brasilien zählt nicht nur zu den bevölkerungsreichsten und größten Nationen, es bildet auch einen der potentesten Absatzmärkte der Erde. Das Land besitzt gewaltige Rohstoffvorkommen, von denen viele noch darauf warten, erschlossen zu werden. Im Südosten Brasiliens dehnt sich eines der größten Industriegebiete der Welt aus. Das Erstaunlichste an diesem Schwellenland ist jedoch, dass es viele Entwicklungsschritte seiner Wirtschaft so schnell und unspektakulär vollzogen hat. Die geographische Lage, die relativ große Entfernung von den Nachrichtenzentren der Welt und die Neigung, die eigenen Leistungen unter Wert darzustellen, sind der Grund dafür, dass vieles aus der brasilianischen Erfolgsgeschichte noch nicht ins allgemeine Bewusstsein gerückt ist.

Der ökonomische Fortschritt ging für Brasilien jedoch keineswegs schmerzlos vonstatten. Das Land wurde erst spät industrialisiert. Bis zur Mitte des 20. Jahrhunderts war Brasilien ein Agrarland mit Monokulturen: Holz, Zucker, Kakao, Baumwolle, Kautschuk, Gold und Kaffee waren die wichtigsten Ausfuhrprodukte.

Modernisierungsschub und Wachstum

Den ersten Anstoß, die Wirtschaft zugunsten industrieller Fertigung umzustrukturieren, gab der Zweite Weltkrieg, da er Brasilien von der Versorgung mit Gebrauchsgütern abschnitt und den Aufbau eigener Produktionsstätten erzwang. Für eine Industrialisierung im großen

Links: Seit 2006 versorgt Brasilien sich mit Rohöl selbst. Das Minaralölunternehmen Petrobras ist teils verstaatlicht, teils in Händen von Aktionären
Oben: Pause!

Stil mussten jedoch erst die Weichen gestellt werden. Als Juscelino Kubitschek 1955 Präsident wurde, erklärte er das Wirtschaftswachstum zur obersten Priorität. Er schuf ein Entwicklungsmodell, das im Wesentlichen von seinen Nachfolgern übernommen wurde: Der Staat betrieb eine aktive Industrialisierungspolitik, und ausländische Kapitalanleger wurden ermutigt, in Brasilien zu investieren.

Präsident Kubitschek finanzierte mit staatlichen Mitteln eine Vielzahl von Projekten zur Verbesserung der Infrastruktur (vor allem Autobahnen und Kraftwerke) und gewann ausländische Automobilhersteller dafür, in São Paulo Fertigungsbetriebe zu errichten. Staatliche Kredite flossen auch in den privaten Sektor, mit

54 ◆ Hintergrund

dem Erfolg, dass die brasilianische Wirtschaft in der Zeit von 1948 bis 1961 eine durchschnittliche jährliche Wachstumsrate von 7 % aufwies.

Ab 1970 erlebte Brasilien vier Jahre lang einen grandiosen wirtschaftlichen Aufschwung, der 1973 mit einer Wachstumsrate von 14 % seinen Höhepunkt erreichte. Obwohl das Wachstum in der zweiten Hälfte des Jahrzehnts abnahm, sank es nie unter 4,6 % und lag in den Jahren 1968 bis 1980 im Jahresdurchschnitt bei 8,9 %.

Die Jahre des Booms veränderten die Strukturen der brasilianischen Gesellschaft grundlegend. Die Großstädte des Landes, mit São Paulo an der Spitze, erlebten eine rasante Industrialisierung, und die Landflucht nahm ungeahnte Ausmaße an. Zwischen 1960 und 1980 wandelte sich Brasilien von einem Agrarland, in dem 55 % der Bevölkerung auf dem Lande lebten, zu einem städtisch geprägten Land, in dem Ende der 1970er-Jahre bereits 67 % der Bevölkerung in den großen Städten beheimatet waren, bis 2006 stieg dieser Anteil auf 85 %.

Nirgends wurde dieser strukturelle Wandel deutlicher als im Staat São Paulo. Da die Stadt São Paulo den Löwenanteil an Investitionen im privaten Sektor erhielt, wurde ihr Industriepark zum größten in Lateinamerika und einem der modernsten der Welt. São Paulos ureigenes

SCHWELLENLAND IN DEN STARTLÖCHERN

Brasilien gilt allenthalben als Schwellenland. Schaut man sich jedoch die Wirtschaftszahlen an, zeigt sich, dass mit diesem Land zu rechnen sein wird:

Mit einem Bruttoinlandsprodukt (BIP) von über 1050 Mrd. Dollar liegt Brasilien in der westlichen Welt auf Platz zehn. Von 2001 bis 2006 verdoppelte sich sein BIP und stieg 2007 wieder um 5,4 %.

Brasilien ist das mit Abstand am stärksten industrialisierte Schwellenland mit dem am weitesten entwickelten Binnenmarkt für Konsumgüter.

Es ist weltweit einer der größten Stahlproduzenten, der siebtgrößte Auto- und sechstgrößte Flugzeughersteller, der fünftgrößte Waffenexporteur.

Brasiliens Wasserkraftreserven übertreffen die aller anderen Nationen. Mit seiner Eisen- und Aluminiumproduktion rangiert das Land an sechster Stelle in der Welt, bei Bauxit an zweiter, und bei Zinn liegt es auf Platz fünf. Brasilien zählt außerdem zu den wichtigsten Produzenten von Gold und Mangan.

Als Exporteur von Kaffee, Orangensaft und Zucker liegt es weltweit auf Platz eins, als Erzeuger von Fleisch, Bananen und Sojabohnen an zweiter Stelle.

Die Landwirtschaft, früher Brasiliens bedeutendster Wirtschaftszweig, erwirtschaftet heute noch 5 % des BIP, (Industrie 31 %, Dienstleistungen 64 %). 64 % der Exporterlöse erwirtschaftet die Industrie.

Wirtschaftswunder ist bis heute unerreicht: Dieser brasilianische Bundesstaat allein erzielt ein größeres Bruttoinlandsprodukt als jeder andere Staat in Lateinamerika, Mexiko ausgenommen.

Weltmachtträume

Die Jahre des Wirtschaftswunders brachten nicht nur dramatische soziale und wirtschaftliche Umwälzungen mit sich, sie prägten sich auch tief im Nationalcharakter ein. Die Brasilianer hatten keine allzu hohe Meinung vom Wert und von der Leistungskraft ihres Landes gehabt und erlebten nun, wie in den 1970er-Jahren Wirtschaft und Wohlstand spürbar wuchsen.

len Banken aus den reichen arabischen Ländern mit Petrodollars überflutet. Auf der Suche nach attraktiven Investitionsmöglichkeiten konzentrierten sich die Bankleute auf Länder der Dritten Welt. Keines konnte es in Sachen Wachstum mit Brasilien aufnehmen, kein anderes besaß ein vergleichbares Potenzial an Menschen und Ressourcen.

Die Vertreter von Banken aus New York und London gaben sich in Rio, Brasília und São Paulo die Klinke in die Hand, wenig später folgten ihnen die Kollegen aus Frankfurt, Tokio und Paris. Die Spielregeln waren einfach. Die Generäle präsentierten ihre gigantomanischen Entwürfe

Die regierenden Generäle, von den Erfolgen ihrer Wirtschaftspolitik geblendet, träumten nun plötzlich davon, Brasilien bis zum Ende des Jahrhunderts zu einer führenden Weltmacht zu machen. Sie entwarfen gewaltige Entwicklungsprojekte für die Wirtschaft. Wie aber sollten diese Träume von der nationalen Vormachtstellung finanziert werden? Weder der brasilianische Staat noch der Privatsektor verfügte über die erforderlichen Mittel. Man benötigte also unbedingt einen neuen Partner.

Im Jahr 1974 tauchte dieser Partner auf. Nach der Ölkrise von 1973 wurden die internationa-

Links und Oben: Philips und Volkswagen investieren in Brasilien

und die Banken sagten riesige Dollarkredite zu. Die einzige Banksicherheit, die Brasilien bot, war sein gewaltiges Potenzial. Alles schien zum Besten zu stehen. Um die Sache weiter zu erleichtern, wurden die Anleihen zu niedrigen Zinssätzen vergeben, und man räumte günstige Zahlungsziele ein, indem man den Beginn der Rückzahlungen in die Zukunft datierte.

Konjunktur auf Pump

Allein im Jahr 1974 lieh sich Brasilien mehr Geld im Ausland, als es in den 150 Jahren zuvor selbst erwirtschaftet hatte. Als das Jahrzehnt dem Ende entgegenging, waren von den arabischen Staaten über die Banken 40 Milliarden Dollar nach Brasilien transferiert worden. Das Geld drängte geradezu ins Land und wurde in in Großprojekte investiert: ins Transportwesen (neue Autobahnen, Brücken, Eisenbahnen und U-Bahnen für Rio und São Paulo), in Industrieprojekte (Stahlwerke, ein petrochemisches Werk und mehrere Fabriken für Gebrauchsgüter), in den Energiesektor (Kraftwerke, Atomreaktoren, Erforschung von alternativen Energien und Erdölgewinnung), in die Nachrichtenübermittlung (Telefonnetz und Fernmeldesysteme).

Mit der zweiten Ölkrise von 1979 platzte die Seifenblase. Sie verdoppelte den Preis von Brasiliens Ölimporten. Zugleich schossen die Zinssätze in die Höhe, auf den internationalen Märkten brachen die Warenpreise ein. Die Folgen für Brasiliens Wirtschaft waren verheerend. Brasiliens Handelsbilanz wies 1979 ein Defizit auf, das fast dreimal so hoch war wie das von 1978. Zunächst wollten sich jedoch weder die Generäle noch die Kapitalgeber eingestehen, dass die Party vorbei war. Man lieh weiterhin Geld, nur finanzierte man mit den hereinfließenden Dollars jetzt die Ölimporte und tilgte die fälligen Zinsen.

Anhaltende Rezession

Drei Jahre weltweiter Rezession wirkten sich in Brasilien als lang anhaltende Wirtschaftskrise

ALKOHOL UND BIOSPRIT

Es war die weltweite Energiekrise 1973, welche die Suche nach einer Alternative zur Öl-Abhängigkeit ins Rollen brachte: Als erstes Land weltweit startete Brasilien eine Initiative zur Erzeugung von erneuerbarer Energie für Kraftfahrzeuge. Heraus kam ab 1975 ein regierungsgefördertes Programm, aus Zuckerrohr einen Ersatz für Erdöl herzustellen. Es wurde ein großer technischer Erfolg und brachte Brasilien an die Spitze der Ethanol-Technologie. 1989 fuhren bereits 90 % aller PKW's in Brasilien mit Alkohol, und auch dem Benzin sind ca. 20 % Alkohol beigemischt.

Allerdings – kein Wirtschaftserfolg ohne Nebeneffekt: Es entstanden riesige Zuckerrohr-Monokulturen, auf denen schlechtbezahlte Saisonarbeiter schufteten. Die Anzahl der so genannten Landlosen nahm zu. Und 1990 kollabierte das Projekt auch noch durch niedrige Ölpreise, die den Ethanol-Zusatz unrentabel machten.

Aber ab 2003 stieg der Konsum von Ethanol wieder stark an, und seit 2005 importiert Japan Ethanol aus Brasilien, die USA zeigten ebenfalls Interesse. Durch die sich ausbreitenden Monokulturen ist jedoch der Regenwald bedroht. Darüber hinaus wird der Anbau anderer Nutzpflanzen unrentabel im Vergleich und deshalb vernachlässigt, wodurch die Grundnahrungsmittel teurer werden.

aus. Viele mittelständische Betriebe mussten schließen und in der Industrie kam es zu Massenentlassungen. Viele Arbeiter, die einen guten Lebensstandard gewohnt waren, wurden durch die Arbeitslosigkeit in Verzweiflung gestürzt.

Die Krise schien sich gar zur nationalen Katastrophe auszuweiten, als Mexiko 1982 ein Moratorium seiner Auslandsschulden verlangte und damit in Lateinamerika eine Schuldenkrise auslöste, die auch zur Sperrung aller für Brasilien bestimmten Entwicklungsgelder führte.

Galoppierende Inflation

Die internationale Schuldenkrise, ausbleibende Investitionen des Auslands, Korruption und die mangelnde Effizienz der eigenen (zu 67 % staatlich kontrollierten) Wirtschaft setzten Brasilien Anfang der 1990er-Jahre schwer zu. 1993 erreichte die Inflation mit fast 2110 % ihren höchsten Stand. Der Cruzeiro verlor täglich (!) 1,7 %.

Brasiliens Mittelschicht gewöhnte sich daran, das Geld bei den Banken »über Nacht« anzulegen. Eine Praxis, die normalerweise nur international tätigen Bankfachleuten vertraut ist, wurde zur täglichen Übung des finanziellen Überlebens. Die Brasilianer studierten den Wirtschaftsteil der Tageszeitungen und trugen ihr Geld buchstäblich von Bank zu Bank, um die jeweils günstigsten Bedingungen zum Werterhalt der Einlage auszunutzen.

Für die Unternehmen war die richtige Anlagestrategie weit wichtiger als die effizienteste Warenproduktion, denn letztlich entschied sie über den erzielten Profit.

Schritte zur Konsolidierung

Vor der Schuldenkrise exportierte Brasilien in erster Linie Rohstoffe und Agrarprodukte und bezahlte mit den Einnahmen den notwendigen Import von Öl und Investitionsgütern. Ohne ausländische Geldanleihen war das Land nun gezwungen, seine Exporte erheblich zu steigern, um mit den Handelsüberschüssen seine Schulden abzuzahlen. Brasilien hat sich dadurch neue Absatzmärkte für seine Produkte erschlossen und der eigenen Industrie neue Möglichkeiten auf dem Binnenmarkt eröffnet. So war diese schmerzhafte Zäsur tatsächlich auch die Basis für spätere wirtschaftliche Erfolge.

Links: Eine Ethanol-Destillerie zur Produktion von Autokraftstoff aus Zuckerrohr
Oben: Arbeit auf dem Zuckerrohrfeld

Privatisierungswelle

Die Regierung Collor de Mello (1990–1992) zwang die brasilianische Industrie zu höherer Wettbewerbsfähigkeit, indem sie Schutzzölle und andere Importhemmnisse abbaute. Sie startete ein Privatisierungsprogramm; ineffiziente Staatsbetriebe mussten Stellen abbauen, wurden stillgelegt oder verkauft. Unter Präsident Cardoso (1994–2002) wurde der Privatisierungsprozess fortgesetzt. Das Programm verringerte den staatlichen Einfluss auf die Wirtschaft und dämmte die überhöhten Staatsausgaben ein.

Bis man der Inflation Herr wurde, verging noch geraume Zeit. Der Staat bekämpfte den

Wertverlust der Landeswährung zunächst damit, dass er praktisch alle Bereiche der Wirtschaft kontrollierte. Die Preise wurden per Gesetz kontrolliert, dann eingefroren *(Congelamento)*, schließlich doch wieder kontrolliert – ein ständiges Hin und Her, das nicht nur die Finanzplaner der Unternehmen zur Verzweiflung trieb. Zwischen 1986 und 1995 galten in Brasilien fünf verschiedene Währungen in Folge.

Der Plano Real

Der von Präsident Fernando Henrique Cardoso (damals noch Finanzminister) im Juli 1994 eingeführte *Plano Real* schien die Inflation endlich unter Kontrolle zu bekommen. Er schuf eine neue Währung, den Real, der sich am US-Dollar orientierte und die alte Währung Cruzeiro im Verhältnis 1:2750 entwertete. Er beendete damit ein großes Währungschaos. Ein Jahr später betrug die Inflationsrate »nur noch« 1,8 % monatlich – ein erstaunlicher Erfolg.

Die neue Währungsstabilität bedeutete für die Wirtschaft wie für die einfachen Bürger eine große Erleichterung. Endlich konnte man wieder einigermaßen zuverlässig planen. Brasiliens produzierendes Gewerbe wuchs einige Jahre beständig, das Land wurde für ausländische Investoren wieder attraktiv. Präsident Cardoso verdankte seine Wiederwahl 1998 vor allem seiner bis dahin erfolgreichen Wirtschaftspolitik.

Der Erfolg äußert sich auch in neuem Selbstbewusstsein. Brasilien hat in den letzten zehn Jahren 22 Klagen vor das Schiedsgericht der Welthandelsorganisation gebracht und meist gewonnen. Dabei griff das Land auch die europäische Zuckerordnung und die Subventionen der US-Baumwolle an. Im letzteren Fall entschied die WTO 2007 gegen die USA, wodurch Brasilien etwa vier Milliarden US-Dollar Strafzölle auf US-amerikanische Produkte erhielt.

Mit Lula ins neue Millennium

Die Wahl des linksgerichteten Lula da Silva 2002 wurde von den internationalen Kapital-

MERCOSUL: SÜDAMERIKAS FREIHANDELSZONE

Argentinien, Brasilien, Paraguay und Uruguay bilden seit dem Vertrag von Asunción von 1991 einen gemeinsamen Markt. Die Zollunion wird in Brasilien »Mercosul«, in den spanisch sprachigen Nachbarstaaten »Mercosur« genannt. Wie das Schengener Abkommen in Europa soll sie zwischen den vier südamerikanischen Staaten Grenzkontrollen überflüssig machen, den Warenaustausch vereinfachen und den freien Verkehr von Dienstleistungen garantieren. In der Praxis funktioniert dies leider nicht optimal, wie sich jeder Reisende, der die Grenzen auf dem Landweg überquert, überzeugen kann: Lange Schlangen von LKW's warten oft Tage auf ihre Abfertigung.

Außerdem erklärte sich der Mercosul zu einer Friedenszone, deren Mitglieder keine Massenvernichtungsmittel herstellen oder besitzen dürfen. Grenzüberschreitende Zusammenarbeit zwischen den nationalen Streitkräften soll das Konfliktpotential in Südamerika niedrig halten.

Jüngstes Mitglied ist Venezuela, das 2006 beitrat, sodass der Markt nun fast 270 Millionen Bürger in fünf Staaten umfasst. Alle Andenstaaten, also Chile, Bolivien, Peru, Ecuador und Kolumbien sind assoziiert, Mexiko ist interessierter Beobachter. Die Perspektive ist ein gemeinsamer südamerikanischer Markt mit 500 Millionen Menschen.

märkten zunächst mit Skepsis verfolgt. Mit der Zusammenstellung seines Kabinetts ließ der Präsident jedoch eine solide Finanzpolitik vermuten, und so reagierten die Finanzmärkte gelassen. Brasilien hat noch immer rund 211 Mrd. US-Dollar Staatsschulden (Stand 2008) – das bedeutet einen Schuldendienst von 6 % der jährlichen Wirtschaftsleistung im Jahr. Doch zahlte Brasilien in den letzten Jahren einige Schulden sogar frühzeitig zurück und ist nunmehr nicht mehr Weltmeister der Auslandsverschuldung, sondern steht nur noch an vierter Stelle.

Zu Beginn des neuen Jahrtausends fasste Brasiliens Volkswirtschaft wieder Tritt. Die Industrie reagierte auf die Öffnung des Binnenmarkts für ausländische Wettbewerber mit einer beachtlichen Effizienzsteigerung. Durch die Zollunion *Mercosul* (s. S. 58) und andere Handelsabkommen vergrößerte Brasilien seinen politischen und wirtschaftlichen Einfluss in Südamerika.

Investitionen in die Zukunft

Das Land darf sich jedoch auf den ersten Erfolgen nicht ausruhen. Die Regierung muss die Reformen fortsetzen und ausweiten. Vor allem sollten die staatlichen Ausgaben drastisch sinken und nicht länger die Einnahmen übersteigen. Das marode System der sozialen Absicherung muss dringend reformiert werden.

Entscheidend wird sein, ob es gelingt, die schnell wachsende Zahl junger Menschen, Brasiliens größtes Potential, so auszubilden, dass sie qualifizierte Arbeit finden. Das brasilianische Schulwesen müsste schnell und grundlegend reformiert werden. Im jetzigen Zustand ist es nicht geeignet, das große Land mit dem fehlenden akademischen Nachwuchs zu versorgen, ja, selbst mit der Vermittlung einer Grundausbildung scheint es derzeit überfordert. Die eklatante Verteilungsungerechtigkeit abzubauen, die Brasiliens Bevölkerung in wenige Reiche und eine große Masse Armer spaltet, hat Präsident Lula da Silva zu seinem Hauptziel erklärt.

Bedrohte Umwelt

Die forcierte Industrialisierung hat sichtbare Spuren in der Umwelt hinterlassen. Brasilien kämpft heute mit denselben Problemen wie Europa und die USA seit Jahrzehnten. Die Brasilianer sehen sich massiver Kritik an der Zerstörung der Amazonaswälder durch Bergwerksgesellschaften, Goldsucher, Rancher, Zellstoff-Fabriken und Roheisenwerke ausgesetzt und erkennen erst allmählich ihre Verantwortung für die Bewahrung eines bedeutenden Teils der Erde. Viele Brasilianer sehen Fragen

Links: Carajás im Bundesstaat Pará ist eine der weltweit größten Minen
Oben: Gas- und Ölförderung durch Petrobras in Urucu

des Umweltschutzes noch anders als die Europäer. Sie fühlen sich für Verbrechen angeprangert, die die reichen Nationen selbst begingen.

Dennoch haben Bürgerinitiativen und staatliche Stellen vielerorts begonnen, die Umweltverschmutzung zu bekämpfen. Für weitere Fortschritte auf diesem Gebiet braucht Brasilien internationale Hilfe, da drängende Probleme wie Wohnungsbau, Krankenversorgung und Ausbildung die staatlichen Mittel verschlingen.

Das Thema Umweltschutz lehrt den jungen Riesenstaat, dass er nicht alle seine Probleme allein lösen kann. Im Rahmen des weltweit gewachsenen Umweltbewusstseins wird Brasilien aufmerksam beobachtet. Einen herben Schlag erlitt die Umweltpolitik des Landes durch den Rücktritt der Umweltministerin Marina Silva im Mai 2008. Sie, die jahrzehntelang für den Erhalt des Regenwaldes gekämpft hatte, warf das Handtuch, weil sie in Regierung und Gesellschaft zu wenig Rückhalt erfuhr. Ersatz fand Lula in Carlos Minc, der zuvor für den Umweltschutz im Bundesstaat Rio de Janeiro zuständig gewesen war.

Zukünftiger Wachstumskurs

Seit dem Abbau von Handelsbeschränkungen ist Brasilien für Importe offen. In der Mehrzahl werden Ausrüstungsgüter eingeführt, die zur Modernisierung und Produktivitätssteigerung der brasilianischen Industrie benötigt werden. Sie tragen dazu bei, die Warenproduktion auszuweiten und dem Exportwachstum Kontinuität zu verleihen.

Mit dem Präsidenten Lula da Silva, der 2006 für eine zweite Amtszeit wiedergewählt wurde, könnte Brasilien wieder verstärkt in den Welthandel eingebunden werden. Er bemüht sich um einen engeren Schulterschluss mit den Mitgliedern des Mercosul und will mit den anderen lateinamerikanischen Ländern sowie den USA weitere Handelsabkommen schließen.

Neben dem industriellen Sektor werden die Bodenschätze des Landes weiterhin eine Schlüsselrolle in der brasilianischen Volkswirtschaft spielen. Brasilien ist in der Förderung von Gold und so begehrter Mineralien wie Bauxit, Titanium, Vanadium, Zirkonium, Beryllium, Niobium und Quarz führend. Was den Abbau von Eisenerz anlangt, konnte Brasilien alle anderen Nationen weit hinter sich lassen. Die Erzlager im Carajás-Gebirge Amazoniens könnten den Weltbedarf die nächsten 500 Jahre bequem decken.

Doch auch Brasiliens Banken sind nicht zuletzt durch die besonderen Umstände während der Inflation auf dem neuesten Stand. Der Plano Real zwang sie zwar einst, den Gürtel enger zu schnallen und Personal abzubauen, doch inzwischen profitieren sie von der Belebung des Handels mit den südamerikanischen Nachbarn.

Die Ölimporte belasten die brasilianische Zahlungsbilanz kaum noch: Seit 2006 exportiert das Land sogar schwere Öle und muss nur noch leichtere Sorten sowie Diesel einführen. Die Erschließung eigener Ölreserven ist ein wichtiges Ziel. Bedeutende Vorkommen in Amazonien und besonders im Atlantik sowie die Öffnung der petrochemischen Industrie für ausländische Geldgeber und Know-how lassen die Hoffnung zu, dass Brasilien in puncto Öl bald Selbstversorger werden kann.

2007 entdeckten Experten des staatlichen Unternehmens Petrobras rund 250 km vor der Hafenstadt Santos ein Erdölfeld mit geschätzten acht Milliarden Fässern Schweröl. Danach schnellte der Börsenkurs von Petrobras um 15 % hoch. Noch spektakulärer ist der Fund von 2008 unweit Rios: 33 Milliarden Barrel Öl werden dort vermutet – das wäre das drittgrößte Erdölfeld der Erde und der weltweit größte Fund seit über 30 Jahren. Allerdings steckt das Öl in einer dicken Salzschicht in über 2000 m Tiefe. Nur stabile Weltmarktpreise für das »schwarze Gold« könnten eine Erschließung rentabel machen. Petrobras fördert derzeit rund zwei Millionen Barrel pro Tag. Brasilien steht mit seinen Erdölreserven auf Platz 15 der Weltrangliste.

»Brasilien ist das Land der Zukunft – und wird es immer bleiben.« So sagt eine brasilianische Redensart, die viel über die Mentalität der Brasilianer und die Stimmung in diesem Land verrät.

Hoffnung auf den Tourismus

Ein weiterer Schlüssel zu mehr wirtschaftlichem Wachstum könnte eine Steigerung der Touristenzahlen sein. Noch stehen Rio, Salvador, Iguaçu und Manaus im Zentrum des touristischen Interesses. Aber der landschaftlich reizvolle, wenn auch bettelarme und unterentwickelte Nordosten hat vor allem Erholung suchenden Badetouristen viel zu bieten und könnte von einem Anstieg im Fremdenverkehr besonders stark profitieren.

Die wichtigste Herausforderung für die Staatsführung besteht darin, die achtgrößte Volkswirtschaft der Welt so weit zu konsolidieren, dass Brasilien im Kreis mündiger und unabhängiger Nationen eine seiner Größe angemessene politische Rolle spielen kann.

Auf dem Weg dorthin bedeutete die weltweite Finanzkrise von 2008/09 für Brasilien einen herben Rückschlag. Wie lange das Land braucht, um sich davon zu erholen, bleibt abzuwarten – und zu hoffen, dass das ewige Land der Zukunft bald zu einem Land des Heute wird.

Links: Menschenmassen in der U-Bahn von São Paulo
Oben: Broker in Aktion

Menschen aller Hautfarben

Brasilien wird häufig als ein großer Schmelztiegel bezeichnet. Tatsächlich ist man hier ausgesprochen stolz auf seine ureigene Herkunft, aber ganz bestimmt auch stolz, Brasilianer zu sein.

Brasiliens Vielfalt spiegelt sich in der Verschiedenheit seiner Menschen wider. Manche Brasilianer haben nichts weiter als die Sprache gemeinsam und nur eine vage Vorstellung von den geographischen Dimensionen und dem Reichtum der Kulturen ihres Landes. Sie verehren mehr als zwei Dutzend verschiedene Götter, und ihre Vorfahren kamen aus Asien, Afrika oder Europa.

Portugiesen in der Kolonie

Brasiliens bunter Bevölkerungs-Cocktail rührt aus der kolonialen Vergangenheit her. Während die spanisch-amerikanischen Kolonien von starren Bürokratien regiert wurden und England für die späteren Vereinigten Staaten von Amerika wenig Interesse zeigte, verfolgte Brasiliens Kolonialgesellschaft einen flexiblen mittleren Kurs. Die Portugiesen hatten mit den Puritanern Neuenglands nichts gemein, und sie waren auch keine habgierigen Höflinge, denen es nur darum ging, in den wenigen Jahren ihres Kolonialdienstes so viel wie möglich aus dem Land herauszupressen und dann nach Europa zurückzukehren. Nach Brasilien gingen ausschließlich Männer, die zwar die Bindungen zu ihrem Heimatland aufrechterhielten, sich aber ebenso mit ihrer neuen Heimat identifizierten und sich rasch einlebten.

In seinem klassischen Werk *Raízes do Brasil* (Wurzeln Brasiliens) schreibt der Historiker Sérgio Buarque de Holanda (Vater des berümten Songschreibers Chico Buarque): »Der brasilianische Mann ist frei, um ein großes Repertoire an

neuen Ideen, Perspektiven und Lebensformen anzunehmen und ohne Schwierigkeiten zu assimilieren.« Die Portugiesen kamen und blieben, weil sie Brasilien liebten – und vor allem die eingeborenen Frauen.

Ein Satz aus dem 18. Jh. verdeutlicht den Unterschied zu anderen Kolonisten: »Der Engländer schoss im Namen seines Gottes auf die Indianer. Der Portugiese zwinkerte seinem Gott zu und schlief mit den Frauen.« Kolonisten und eingeborene Frauen zeugten Mischlingskinder, die *Mamelucos* genannt wurden. Später entstanden durch die für Brasilien typische Vermischung weitere Rassen: *Cafuzos* aus der Verbindung von Indianern und Schwarzen und *Mulattos* von Schwarzen und Weißen.

Links: Strahlendes afro-brasilianisches Mädchen
Oben: Europäischer Einfluss ist besonders im Süden des Landes stark ausgeprägt

Das indianische Erbe

Alle Brasilianer verehren Pedro Álvares Cabral als Entdecker ihres Landes, doch verleugnen sie auch ihre indianische Vergangenheit nicht. Zahlreiche indianische Familiennamen aus der Kolonialzeit sind noch heute in Gebrauch: Ypiranga, Araripe, Peryassu – einige der vornehmsten Familien in Pernambuco und Bahia tragen solche ursprünglich indianischen Namen.

Sprachliche Anlehnungen

Der amerikanische Schriftsteller William L. Schurz stellte eine lange Liste von Begriffen aus der Tupí-Guaraní-Sprache auf, die ins moderne Portugiesisch und Englisch eingeflossen sind: *abacaxi*, *urubu* und *caatinga* gehören zu den 20 000 Wörtern unterschiedlicher Eingeborenensprachen, die Bestandteil des portugiesisch Vokabulars wurden, während die Tupí-Guaraní-Wörter *tobacco, hammock, tapioca, manioc* und *jaguar* ins Englische eingingen.

Überleben in Reservaten

Dennoch duldet das heutige Brasilien seine indianische Urbevölkerung nur am äußersten Rand der Gesellschaft. Um 1500, zur Zeit der Entdeckung durch die Europäer, dürften rund fünf Millionen Indianer in diesem Land gelebt

haben. Ailton Krenak, Vorsitzender der Brasilianischen Liga Indianischer Völker, geht davon aus, dass seit der Entdeckung rund 700 Stämme vom brasilianischen Boden verschwunden sind. Sie starben an Krankheiten, wurden ausgerottet oder vermischten sich mit anderen Rassen.

Etwa 180 Stämme sollen laut Krenak überlebt haben – in der Mehrzahl in Reservaten in Mato Grosso und Goiás, die ihnen vom Staat zugewiesen wurden, oder in Dörfern tief im Amazonasgebiet. Die Gesamtzahl der Indianer beträgt heute etwa 700 000.

Brasiliens *Mesticos* gehen indessen mehr und mehr in der weißen Bevölkerung auf. Nur zwei oder drei Prozent der Brasilianer, vor allem im Amazonasgebiet oder in den angrenzenden

INDIGENE SPRACHEN

Es gibt rund 180 verschiedene lebende Sprachen in Brasilien. Doch 130 von ihnen sind vom Aussterben bedroht, da sie von kaum mehr als etwa 600 Menschen gesprochen werden und mit deren Tod auch die Sprache in Vergessenheit geraten wird.

Die meisten Träger der indigenen Idiome sprechen zusätzlich portugiesisch. Es gibt im Amazonas und in Pará aber auch nach wie vor Menschen – überwiegend Frauen und Kinder –, die nur ihre eigene Muttersprache beherrschen: Mundurukú. Eine weitere indigene Sprache, die ausschließlich mündlich tradiert wird, ist Kayapó. Sie ist noch unter schätzungsweise 4000 Menschen in Gebrauch.

Staaten Maranhão, Piauí, Goiás und Mato Grosso sehen sich selbst als Mesticos. Im Norden und Nordosten jedoch sind viele, die sich Europäer nennen, eigentlich Mestizen.

Afrikanische Wurzeln

Die Brasilianer haben ihrem schwarzen Erbe gegenüber eine ambivalente Haltung. Lange Zeit war es tabu, von einem brasilianischen Rassismus zu sprechen. Erst in jüngster Zeit wurde das Problem der Diskriminierung der schwarzen Bevölkerung in den Medien thematisiert. Andererseits steht gerade in Bahia auch die junge Generation inzwischen ganz bewusst positiv zu ihrem reichen afrikanischen Erbe.

Nicht nur Samba und Bahia-Küche

Seit der Kolonialzeit hat die afrikanische Kultur Eingang in viele Bereiche des brasilianischen Alltags gefunden. Ihr Einfluss ist in der rhythmischen Samba-Musik ebenso festzumachen wie in der Küche Bahias mit ihren scharfen Gewürzen. In den Millionenstädten des brasilianischen Südostens nimmt die Bedeutung religiöser afrikanischer Kulte zu. Bahias berühmtester Schriftsteller Jorge Amado erzählt in seiner meisterhaften Kurzgeschichte *Die Geheimnisse des Mulatten Pedro,* wie sich der Mulatte Pedro Archanjo, Medizinalassistent und Amateurgelehrter, in den 1930er-Jahren einer Welle von Rassismus entgegensetzte, indem er nachwies, dass die meisten der stolzen »ersten Familien Bahias« reichlich Beimischungen schwarzen Blutes in den Adern hatten.

In der Vergangenheit hätten viele Brasilianer die Prägung durch diesen Einfluss geleugnet. Das um 1900 entstandene Gemälde *Die Erlösung des Ham* von Modesto Brocos ist dafür ein typisches Beispiel. Das Bild zeigt eine ältere schwarze Frau, die auf dem Sofa an der Seite ihrer Mischlingstochter und ihres weißen Schwiegersohns sitzt. Die Tochter hält voller Stolz ein strammes rosiges Baby auf ihren Knien, während die alte Frau den Blick gen Himmel erhebt, als wollte sie sagen: »Gott sei Dank!«

Die Bastion der afro-brasilianischen Bevölkerung ist der Bundesstaat Bahia. Mulatten dominieren entlang der Küste nördlich und südlich von Bahia und im Binnenstaat Minas Gerais.

Links: Als Straßenverkäufer tragen in manchen Familien sogar die Kinder zum Lebensunterhalt bei
Rechts: Ein Markthändler in Rio

Rassismus in Geschichtsbüchern

In den letzten Jahren wurden Brasiliens afrikanische Wurzeln wiederentdeckt und neu definiert. Man ist im Begriff, die rassistische Sicht der eigenen Vergangenheit zu revidieren. Brasilianische Geschichtsbücher enthielten noch um 1900 häufig Passagen, welche die schwarze Bevölkerung diskriminierten. So heißt es in einem Textbuch aus dieser Zeit: »Schwarze untersten Ranges, in der Regel aus dem Kongo kommend, wurden auf die Felder und in die Minen geschickt.« Die Präambel eines Anfang des 20. Jhs. verfassten Einwanderungsgesetzes stellt fest: »Die ethnische Zusammensetzung unserer Be-

völkerung muss bewahrt und entwickelt werden, indem man dabei den wünschenswerten europäischen Elementen den Vorrang gibt.«

Kunst und Kunsthandwerk

Liberal denkende Sozialwissenschaftler haben früh die Leistungen der ersten schwarzen Bewohner Brasiliens gewürdigt. Sie stellten klar, dass viele der Afrikaner hochentwickelte Fertigkeiten in der Bearbeitung von Holz und Stein besaßen. Viele der besten Schnitzarbeiten, welche die barocken Kolonialkirchen Bahias zieren, sind das Werk afrikanischer Sklaven. In Minas Gerais war es der Mulatte Antônio Francisco Lisboa, der die Weltsprache des Barock um eine eigenständige tropische Spielart bereicherte.

Widerstand der Westafrikaner

Mit den aus Westafrika verschleppten Sklaven – überwiegend Angehörige der Yoruba – gelangten auch deren Orixá-Gottheiten nach Brasilien. Die Yoruba-Kultur ist reich an rhythmischer Musik und Tanz, an Kunsthandwerk und mündlich überliefertem Brauchtum. Gilberto Freyre, der bekannte Soziologe aus Pernambuco, schrieb: »In Bahia waren viele dieser Menschen, hochgebildet und von vollendeter Körperstatur, in allen Belangen ihren Herren gleich oder gar überlegen – abgesehen natürlich von ihrem politischen und sozialen Status, der sie an der Entfaltung hinderte.«

Die Westafrikaner akzeptierten ihre Knechtschaft keineswegs immer mit Gleichmut. Auch die lange vorherrschende Meinung, die Behandlung der afrikanischen Sklaven sei in Brasilien weniger brutal gewesen als anderswo, ist längst widerlegt. Man weiß heute, dass Bahia noch in den Jahren 1807 bis 1835 von wenigstens elf heftigen Sklavenaufständen erschüttert wurde. Meist wurden die Revolten von den Malês, islamischen Afrikanern, die im katholischen Brasilien »Fremdkörper« waren, angezettelt.

Mehrere Historiker konnten nachweisen, dass zwischen 1532 und 1888, dem Jahr, in dem die Sklaverei in Brasilien verboten wurde, rund vier

BRASILIENS MORENOS

Eine Befragung des brasilianischen Instituts für Geografie und Statistik (IBGE) ergab, dass der Anteil der weißen wie auch der schwarzen Bevölkerung schrumpft, während sich immer mehr Brasilianer als Morenos – »Braune« – bezeichnen.

Obwohl die brasilianische Verfassung und zahlreiche Gesetze jeden Rassismus verbieten, ist nicht auszuschließen, dass viele Afro-Brasilianer es vorziehen, als »Morenos« zu gelten. Der bei der Befragung angebotene Begriff »Pardo« (Dunkelhäutiger) für Mischungen der Rassen Weiß und Schwarz wurde nicht verstanden, nicht akzeptiert oder gemieden, weil als rassistisch empfunden.

Millionen Afrikaner nach Brasilien verschleppt wurden und Hunderttausende bei ihrer Gefangennahme oder im Verlauf des Seetransports zu Tode gekommen waren. Das heißt, nach Brasilien kamen weit mehr Sklaven als in die USA.

Während der Kolonialzeit lag die Lebenserwartung eines schwarzen Jugendlichen nach seiner Versklavung durch einen Plantagenbesitzer oder den Eigentümer einer Goldmine im Durchschnitt bei etwa acht Jahren. Vor dem Einfuhrverbot von 1831 hielt man es für billiger, neue Sklaven zu kaufen, als für die Gesundheit der vorhandenen zu sorgen. Neue Studien belegen, dass einige Farmer sogar regelrecht Sklaven »züchteten«. 1835, dem Jahr der blutigsten Sklavenrevolte im Hinterland von Bahia, dürften in Brasilien mehr Schwarze gelebt haben – Sklaven und Freie – als Weiße. Das gewachsene schwarze Selbstbewusstsein und der Widerstand gegen die herrschende weiße Klasse hatten zur Folge, dass vier Provinzen Rassentrennungsgesetze erließen.

Erst am 13. Mai 1888 schaffte Brasilien als letztes Land der Welt die Sklaverei offiziell ab. Man schätzt, dass damals 500 000 Menschen die Freiheit erlangten.

Auf der untersten Stufe der Gesellschaft

Das Land leidet bis heute unter der schlechten ökonomischen Stellung der Schwarzen und Mulatten, die – ein Teufelskreis – noch immer zu Diskriminierung führt und oft genug sozialen Aufstieg unmöglich macht.

In Brasilien wirkt sich die Rassendiskriminierung aber auch subtiler aus. Percy da Silva, Koordinator für afro-brasilianische Angelegenheiten in der Regierung des Staates São Paulo: »Die Schwarzen sind zwar keine Sklaven mehr, aber es ist unbestritten, dass sie nicht die gleichen Möglichkeiten haben wie die Weißen. Wir sind in hohem Grad stigmatisiert, werden als minderwertige Menschen angesehen.« Und so gibt es in Brasilien kaum schwarze Kabinettsmitglieder, so gut wie keine schwarzen Diplomaten, wenige schwarze Spitzenmanager und nur eine Hand voll Schwarzer im Parlament, obwohl Brasiliens Bevölkerung zu mehr als 40 % schwarzer oder brauner Hautfarbe ist.

Diskriminierung und Anpassung

Die ökonomische Situation der Schwarzen dokumentiert ausführlich ein Bericht, den das staatliche Geographische und Statistische Institut Brasiliens (IBGE) 2004 veröffentlichte.

Die Weißen stellten danach 51,4 % der Bevölkerung, aber von den reichsten 1 % sind über 84 % Weiße. Fast die Hälfte der Weißen zwischen 18 und 24 Jahren gehen auf weiterführende Schulen, aber nur 16,5 % der Mulatten haben diese Chance. Das Durchschnittseinkommen eines weißen Brasilianers betrug im Jahr 2006 rund 420 US-Dollar im Monat, das der Schwarzen und Mulatten nur 240 US-Dollar – etwas mehr als die Hälfte also. Die Analphabetenrate

der unterschiedlichen Bevölkerungsgruppen liegt bei: 8,3 % der Weißen, 19,6 % der Schwarzen sowie 21,1 % der Mulatten und Morenos.

Das Erstaunliche in Brasilien ist der Mangel an schwarzem und braunem Selbstbewusstsein. Der Schriftsteller Millôr Fernandes gibt dazu folgende Einschätzung ab: »Man hört in Brasilien nicht viel von Rassismus, und das hat den einfachen Grund: Der schwarze Mann kennt seinen Platz, er wehrt sich nicht. Hätten die Schwarzen in Brasilien einen selbstbewussten Sprecher wie Martin Luther King, würde man den Rassismus erleben. Die Rassisten würden aus den Ecken hervorkriechen.«

Die brasilianischen Frauen

Die Frauen Brasiliens beginnen, sich ihren Platz in der Gesellschaft zu erobern. In der 1990er-Jahren z. B. druckte eine führende brasilianische Zeitung auf ihrer Titelseite Bilder von drei prominenten Frauen: Es waren die Finanzministerin, die Bürgermeisterin von São Paulo und die von Santos, Brasiliens größter Hafenstadt. Und im Jahr 2002 wurde mit Rosângela Matheus erstmals eine Frau Gouverneurin des Bundesstaates Rio de Janeiro.

All dies ist erfreulich – allerdings auch nur das Sahnehäubchen. Das Gros der Frauen hinkt bezüglich ihrer ökonomischen Situation noch immer den Männern hinterher. Folgende Zahlen ermittelte das IBGE 2004: 71 % der brasilia-

Links: Viele Familien leben in den Slums unter harten Bedingungen
Rechts: Plausch in der Straße

nischen Frauen sind mit bis zu 200 US-Dollar monatlich in der niedrigsten Einkommensgruppe zu finden, aber nur 55 % der Männer. Von allen, die insgesamt 11 Jahre Ausbildung genossen haben, verdienen Frauen nur 57 % vom durchschnittlichen Gehalt der Männer desselben Bildungsgrads. Und gemäß einer weiteren Studie von 2006 müssen sich Frauen auf der Managerebene mit 91 % dessen zufrieden geben, was ihre männlichen Kollegen gleicher Qualifikation bekommen. »Schreitet die Entwicklung im selben Tempo fort wie zur Zeit«, so die Studie, »dann werden die Frauen erst in 75 Jahren mit den Männern gleichgezogen haben.«

FRAUEN IN DER GESELLSCHAFT

Scheidung oder Abtreibung? Lange undenkbar! Aber der Widerstand weicht: War eine Scheidung früher ungesetzlich, wurde 1977 eine Bestimmung für die gesetzliche Trennung *(desquite)* verabschiedet. Danach konnte eine Frau Alimente fordern, auch wenn keine Partei erneut heiraten durfte. Heute darf ein *desquite* nach drei Jahren in eine Scheidung umgewandelt werden.

Zur Abtreibung kam im September 2005 eine Gesetzesvorlage ins Parlament, die den Schwangerschaftsabbruch gemäß einer Fristenregelung legalisieren sollte. Aber die katholische Kirche und Pro-Leben-Bewegungen verhinderten seine Billigung.

Europäische und asiatische Einwanderer

Wie die USA ist Brasilien ein Einwanderungsland. In manchen brasilianischen Städten belegen romanische Namen wie Carbalho, Fernandes, Rodrigues oder Sousa den Zustrom aus Portugal. In anderen tauchen Namen wie Geisel, Tolentino und Kobayashi auf und verweisen auf deutsche, italienische und japanische Einwanderer, die Ende des 19. Jhs. nach Brasilien kamen; denn nach der Abschaffung der Sklaverei fehlte es massiv an Arbeitskräften.

Erfolgreiche Italiener

Die ersten Einwanderer waren deutsche und Schweizer Bauern, die vorwiegend in den drei südlichen Staaten Rio Grande do Sul, Santa Catarina und Paraná siedelten, wo der Boden und das Klima denen in Europa ähnelten.

Gegen Ende des 19. Jhs. kamen italienische Immigranten. Sie ließen sich im Staat São Paulo und in Rio Grande do Sul nieder. Manche fanden auf den Kaffeeplantagen Arbeit, andere in der expandierenden Industrie São Paulos. Innerhalb einer Generation hatten sich die Italiener in ihren erlernten Berufen sowie in Handel und Wirtschaft etabliert. Nach zwei Generationen bildeten sie eine neue Elite. Einer der ersten in Brasilien errichteten Wolkenkratzer war das Martinelli-Gebäude in São Paulo. Das Itália-Gebäude ist mit 41 Etagen immer noch einer der höchsten Bauten Lateinamerikas.

Um 1900 lebten in Brasilien Einwanderer aus aller Welt. Nach den Unterlagen des Außenministeriums kamen zwischen 1884 und 1973 fünf Millionen Einwanderer ins Land. Die größte Zahl stellten mit 1,4 Millionen die Italiener. Aus Portugal kamen 1,2 Millionen, aus Spanien 580 000, aus Deutschland 200 000, aus Russland 110 000, einschließlich vieler Juden, die sich in São Paulo und Rio de Janeiro ansiedelten. Weitere 200 000 entstammten anderen europäischen Ländern wie Polen, Litauen und Griechenland.

Japantown und vorderer Orient

Der Ruf nach Einwanderern erreichte nicht allein Europa. Ab 1908 siedelten 250 000 Japaner nach Brasilien um. Die meisten leben in der Stadt São Paulo, vor allem im Stadtteil Liberdade, der ein echtes »Japantown« wurde (s. S. 196). Kinos zeigen Filme in japanischer Sprache, und ein bunter Straßenmarkt verkauft japanisches Kunsthandwerk und Lebensmittel.

Der Nahe Osten entsandte Anfang des 20. Jhs. 700 000 Einwanderer, vorwiegend aus dem heutigen Syrien und dem Libanon. In den Geschäftsvierteln um die Rua do Ouvidor in Rio de Janeiro und im Bereich der Rua 25 de Marco in São Paulo drängen sich Läden arabischer Einwanderer und ihrer Nachkommen wie in einem Basar dicht an dicht.

Regionale Besonderheiten

Der Prozess der Verschmelzung der verschiedenen Ethnien ist aber noch lange nicht abgeschlossen. Das ist auch an den vielfältigen regionalen Unterschieden und Besonderheiten zu

chen wurde. Sie hatten (…) das Gefühl, in ein anderes Land zu kommen.«

Paulistas und Nordestinos

Trotz des großen Einflusses der Medien und der starken Zentralisierung der politischen Macht ist der Regionalismus in Brasilien noch immer stark ausgeprägt: So reitet der weiße *Gaúcho* noch immer über die weiten Ebenen des Südens. Die strebsamen *Paulistas*, die aus aller Herren Länder stammen und vom Islam bis zum Schintoismus den verschiedensten Religionen angehören, sitzen in wichtigen Positionen in Banken, Fabriken und Verwaltungen.

erkennen. Das komplexe Muster des ethnischen Erbes enthält noch so starke Gegensätze, dass Euclides da Cunha, der Autor des großen Werkes *Os Sertões* (ein Roman über die Canudos-Schlacht in Bahia im Jahr 1897), über Soldaten, die aus dem Süden zum Dienst in den Nordosten abkommandiert worden waren, folgendes schreiben konnte: »Sie befanden sich jetzt in einem seltsamen Land mit anderen Bräuchen, anderer Landschaft, einer anderen Art von Menschen und sogar einer anderen Sprache, die auf eine sehr ursprüngliche, bildhafte Weise gespro-

Links: Rosângela Matheus wurde 2002 die erste weibliche Gouverneurin des Bundesstaats Rio de Janeiro
Oben: Tradition und Moderne: ein Gaúcho mit seinem Laptop

Die narzisstischen *Cariocas* scheinen hingegen nur zu arbeiten, um leben und feiern zu können. Die scheinbar gleichmütigen, hart arbeitenden *Mineiros* sind fast puritanisch in ihrer Religiosität und zeigen unglaublich viel Geduld und Anpassungsfähigkeit. Die oft kleinwüchsigen *Nordestinos* sind meist von dunkler Hautfarbe, leichtlebig, und sie praktizieren eine synkretistische Kombination von Katholizismus und afrikanischer Religion.

Schließlich sind da die *Sertanejos*, einfache Menschen aus dem Hinterland, deren religiöse Anschauungen tiefen Respekt für die Werke des Teufels, Heldentaten von Banditen oder die von Rom noch immer argwöhnisch betrachteten Wunder »ihres« Padre Cícero zeigen. ■

Die Ureinwohner – 500 Jahre Unterdrückung

Das Überleben der brasilianischen Indianer hängt in der Schwebe. Trotz einiger Erfolge – wie die Rückgabe von Land an die ureigenen Besitzer in den letzten Jahren – ist ihre Kultur extrem bedroht.

Lange Zeit ging man davon aus, dass beim Eintreffen der portugiesischen Karavellen nur etwa vier Millionen Ureinwohner in Brasilien lebten. Erst in jüngsten Veröffentlichungen schreiben brasilianische Ethnologen von über 30 Millionen. Keramikfunde im zentralen Amazonasgebiet und die großen kulturellen Unterschiede zwischen den einzelnen Indianerstämmen lassen den Schluss zu, dass manche eingeborenen Völker schon länger als bisher vermutet in Brasilien ansässig sind und vielleicht sogar über den Pazifischen Ozean nach Amerika gelangten.

Die Amazonasindianer haben keine Bauwerke hinterlassen, die den Stand ihrer Kultur vor Eintreffen der Weißen dokumentieren könnten. Die Tonscherben aus Grabungsfunden lassen aber die Annahme zu, dass sie nicht nur als steinzeitliche Jäger und Sammler umherstreiften. Vielmehr könnten auch in Amazonien schon in präkolumbischer Zeit befestigte und straff organisierte Städte existiert haben.

Die Weißen erobern Südamerika

Die ersten Portugiesen, die nach Brasilien gelangten, zeigten sich von der Unschuld und Großzügigkeit der Indianer beeindruckt. Auch Amerigo Vespucci, nach dem später Amerika benannt wurde, verfestigte 1503 in einem Bericht die Vorstellung von den »edlen Wilden«. Er schrieb: »Ich hatte das Gefühl, dem Paradies auf Erden nahe zu sein.« Einige Tupí-Indianer wurden von ihren »Entdeckern« nach Lissabon verfrachtet und einem staunenden Hofstaat präsentiert. In den ersten Jahren nach der Entdeckung Brasiliens behandelte man die Indianer wohl noch mit Respekt. Der Gier der Kolonisten und dem Mangel an Arbeitskräften auf den Zuckerrohrplantagen wurden jedoch schon bald alle moralischen Skrupel im Umgang mit der Urbevölkerung geopfert: Indianer wurden zu den ersten Sklaven Südamerikas.

Bandeirantes und Jesuiten

Berittene Suchtrupps, *Bandeirantes*, durchstreiften auf der Suche nach indianischen Leibeigenen das gesamte Hinterland Brasiliens. Ihre rücksichtslose Brutalität rief die Jesuiten auf den Plan, die zu den entschiedensten Gegnern der Sklaverei wurden. Doch auch die Missionare trugen zur Vernichtung der Indianer bei; ohne es zu wissen, schleppten alle weißen Einwanderer Masern, Grippe und andere Krankheiten nach Südamerika ein, gegen welche die

Indios keine Abwehr besaßen: Es starben mehr Indianer an Infektionen als durch Gewehre.

Ausbeutung versus Schutz

Dom Pedro II. ließ ab 1845 Indianer in Missionssiedlungen zusammenfassen, um ihre Arbeitskraft bei der Gummigewinnung am Amazonas zu nutzen. Als der Kautschukboom zu Ende ging und man die indianischen Zapfer nicht mehr brauchte, kursierten extrem rassistische Losungen. So plädierte 1908 Hermann von Ihering, der Direktor des Museums von São Paulo, ernsthaft für die Ausrottung aller in den Südstaaten Santa Catarina und Paraná verbliebenen Indios, da sie eine Bedrohung für die deutschen und italienischen Einwanderer darstellten.

In Brasiliens Millionenstädten lösten Berichte über General Candido de Silva Rondón einen Meinungsumschwung zu Gunsten der Indios aus: Seinen Einheiten, die im Mittelwesten Telegraphenleitungen verlegten, hatte er für den Fall, dass sie mit Indianern zusammenträfen, den berühmt gewordenen Befehl erteilt: »Sterbt, wenn es sein muss, aber schießt niemals!«

Rondón gründete 1910 Brasiliens ersten Indianerschutzdienst »SPI«. Rondônia – seit 1981 brasilianischer Bundesstaat an der westlichen Landesgrenze zu Bolivien – wurde nach dem General benannt, der erkannt hatte, dass die Indios nur überleben können, wenn man ihnen den Besitz ihrer angestammten Jagdgründe garantiert. Dessen ungeachtet wurden Anfang der 1980er-Jahre in Rondônia Regenwald und Indianerschutz dem anhaltenden Siedlungsdruck aus Südbrasilien geopfert. Der Untergang vieler Indianerstämme konnte nicht aufgehalten werden. Die SPI wurde 1967 nach Korruptionsskandalen aufgelöst und 134 der »Indianerschützer« mussten sich wegen Verbrechen an den Ureinwohnern vor Gericht verantworten.

Links: Mädchen mit traditioneller Körperbemalung
Oben: Cayapó-Indianer in Häuptlingstracht
Rechts: Einer unsicheren Zukunft entgegenblickend

DIE INDIANERSTIFTUNG FUNAI

Die »Fundação Nacional do Indio« wurde 1967 gegründet. Doch ist diese Einrichtung – eigentlich zum Schutz der Indianer gedacht – wie die SPI auch durch Korruption und Ineffizienz schwer belastet: In 17 Jahren sah man 24 Präsidenten an ihrer Spitze!

Fatal ist die Tatsache, dass FUNAI als Vormund für die Indianer tätig ist – um sie vor Ausbeutern und Geschäftemachern zu schützen, haben sie laut Verfassung nur eingeschränkte Geschäftsfähigkeit und kein Wahlrecht. Auch Grundeigentum können sie nicht veräußern, nur die Reichtümer der Flüsse und des Bodens nutzen, die industrielle Ausbeutung der Bodenschätze ist ausdrücklich ausgenommen.

Großprojekte und Militärdiktatur

Unter der Militärdiktatur (1964–1985) wurden die Ureinwohner Opfer einer gezielten Vernichtungspolitik. Im Zuge großangelegter Straßenbauprojekte sollte in den 1960er- und 1970er-Jahren das gesamte Amazonasbecken erschlossen werden. Selbst völlig unbekannte Indianerstämme, die wie die *Krenakroré* jeden Kontakt zu den Weißen vermieden hatten, gerieten nun unter Druck. Für die Generäle waren die isoliert im Dschungel lebenden Indios kaum mehr als ein Hindernis auf dem Weg zum Fortschritt.

Als Kettenfahrzeuge die Schneise der Fernstraße BR 080 in den Regenwald schlugen, wur-

de das Gebiet der Krenakroré durchtrennt. Der Kulturschock traf die Krenakroré mit voller Wucht. Viele starben an eingeschleppten Krankheiten.

Die letzten 79 demoralisierten Überlebenden, von Krankheiten gezeichnet, siedelte man Anfang 1975 in Brasiliens einziges funktionierendes Indianerreservat am Rio Xingú um. Es dauerte noch etwa zwei Jahre, bis die Krenakroré langsam wieder Lebensmut fassten.

Ausrottungsfeldzug

Erst 1985/86 wurden die von regulären brasilianischen Streitkräften zwischen 1968 und 1975 an den *Waimiri-Atroari* begangenen Verbrechen bekannt: der Bau der Fernstraße BR 174 (Manaus – Boa Vista) eskalierte nach anfänglicher Gegenwehr der Indianer zu einem Ausrottungsfeldzug von beispielloser Brutalität.

Lange nachdem der indianische Widerstand gebrochen war, wurde ein Lehrerehepaar in die von 31 Überlebenden des Genozids bewohnte Siedlung Yawará entsandt. Die Waimiri-Atroari dort waren fast ausnahmslos jugendliche Vollwaisen. Sie schilderten den Lehrern Egydio und Doroti Schwade ihre Erlebnisse mit Hilfe von Zeichnungen. Demnach setzte das Militär Maschinengewehre, Flugzeuge und Bomben – vermutlich sogar Giftgas – gegen die Indios ein.

Darcy Ribeiro, Anthropologe und Verfasser des Buchs *Indianer und Zivilisation,* befürchtete bereits 1969, dass von den 230 Indianerstämmen, die es im Jahre 1900 noch gab, inzwischen ein Drittel ausgelöscht worden sei. Neuere Zahlen der engagierten Gesellschaft für bedrohte Völker in Göttingen, die sich auf den Indianerrat CIMI in Brasilien beruft, sind wieder etwas positiver. Danach gibt es heute ungefähr 735 000 Indigene in 235 Völkern und 170 Sprachgruppen.

Die Macht der Medien

Im Jahr 1989 konnten sich die *Kayapó* im Kampf gegen ein geplantes Staudammprojekt durchsetzen, dem weite Teile ihres angestammten Landes zum Opfer gefallen wären. Mit einem spektakulären Auftritt vor der Weltbank hatten zwei junge Häuptlinge weltweites Medieninteresse auf das fragwürdige Projekt gelenkt. Brasilien, unter Präsident José Sarney zum zweitgrößten Schuldnerland internationaler Banken geworden, musste zurückstecken.

Als aber die internationale Aufmerksamkeit für die Belange der Kayapó nachließ, wurde Paulinho Paiakan, der fähigste Häuptling der Kayapó, der Vergewaltigung einer Weißen bezichtigt und mit hasserfüllten Kampagnen der brasilianischen Presse mundtot gemacht.

Viel Rauch um Nichts

Vor laufenden Kameras ließ Präsident Collor 1991/92 mehrere Feldflughäfen von *Garimpeiros,* brasilianischen Goldsuchern, die in das Land der *Yanomami*-Indianer eingedrungen waren, in die Luft jagen. Collors Ankündigung,

Links: Junge Yanomami-Mutter mit Kind
Rechts: Dieser Kayapo trägt herrlich leuchtendem Federkopfschmuck

das Land der brasilianischen Indianer vermessen und eingrenzen zu lassen, wurde im Ausland positiv aufgenommen. In der Praxis jedoch ist der Schutz des Yanomami-Gebiets, das die Größe Portugals knapp übertrifft, nicht durchsetzbar. Die Garimpeiros kehrten bald wieder an ihre Schürfplätze zurück und von den geschätzten 20 000 Yanomami auf brasilianischem Boden dürften mehr als die Hälfte umgekommen sein. Die Goldsucher überschritten die Landesgrenzen zu Venezuela und der Republik Guyana und sorgten so nicht nur für politische Spannungen zwischen Brasília und Caracas. Im venezolanischen Dschungel nahm die Zahl der an Malaria, Tuberkulose oder Hepatitis B erkrankten Yanomami infolge der Garimpeiro-Invasion ebenfalls sprunghaft zu.

Haben die Indianer eine Zukunft?

Der Anspruch auf 11 % des Staatsgebiets seitens der Indianer, die nur einen Anteil von unter 0,4 % an der Gesamtbevölkerung stellen, wird in Brasilien umstritten bleiben – insbesondere mit Blick auf die gut fünf Millionen landlosen Tagelöhner und angesichts der überfälligen und noch immer ausstehenden Landreform.

Der Indianermissionsrat (CIMI) zog 2008 folgende Bilanz: Landverlust, Raub, Gewalt, sklavenähnliche Arbeitsverhältnisse und Mord prägen noch immer den Alltag der Indianer. In Mato Grosso do Sul, wo Soja für Futtermittel und Zuckerrohr für die Ethanolproduktion in großem Maßstab angebaut werden, ist der Landmangel der etwa 40 000 Angehörigen des Guarani-Stammes extrem. Die Mordrate an ihnen stieg innerhalb eines Jahres um fast 100 %.

2007 befreiten Mitarbeiter des Arbeitsministeriums 1100 Guarani aus unwürdigsten Verhältnissen in Zuckerrohrfabriken. Mit den Goldsuchern kehrte zu den bedrohten Yanomami im Norden Brasiliens die Malaria zurück. Schon aufgegebene Staudammprojekte wurden unter der Regierung Lula wieder aktiviert und bedrohen sensible Ökosysteme sowie das Leben Tausender Ureinwohner.

Mit vereinten Kräften könnte es für die Indianer Brasiliens auch im 21. Jh. eine Zukunft geben – wenn man gerade im westlichen Ausland den Belangen der Ureinwohner auch künftig nicht mit Gleichgültigkeit begegnet. ■

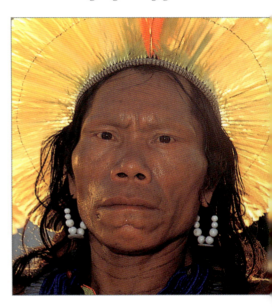

EIN SCHIER ENDLOSER ÜBERLEBENSKAMPF

Eigentlich spricht die Verfassung von 1988 den indigenen Brasilianern das Recht auf ihr traditionelles Land zu. Doch 1996 erließ Präsident Cardoso ein Dekret, das dieses Recht erheblich einschränkt: Es gesteht Firmen, Privatpersonen und Staatsbediensteten Widerspruchsmöglichkeiten gegen bereits geschütztes Indianerland zu.

Bis Anfang 2007 waren 851 indigene Gebiete bekannt, davon aber nur 325 offiziell registriert und damit unumstößlich anerkannt. Folgende fünf Schritte müssen die Volksgruppen vornehmen, um zu ihrem Recht zu gelangen: Identifizierung der Gruppe durch die FUNAI, Verlautbarung durch das Justizministerium, Vermessung und Abgrenzung des Gebietes, Unterschrift des Präsidenten und die Registrierung.

Wie schwer der Weg der Indios zu ihrem Recht ist, zeigt das Beispiel der *Area Raposa Serra do Sul* im Bundesstaat Roraima. Hier leben vier Volksgruppen, die *Macuxí*, *Wapixana*, *Ingaricó* und *Taurepang*. Im November 2000 begannen Soldaten ausgerechnet hier, eine Kaserne zu bauen. Anfang 2001 wurde ein Baustopp erwirkt, 2005 ratifizierte Präsident Lula die nötige Urkunde. Doch 2008 erhoben Senatoren, Reisproduzenten und der Bundesstaat Roraima Einspruch. Erst im März 2009 bestätigte der Oberste Gerichtshof endgültig die Rechtsgültigkeit des Indianergebietes.

Religion, Heilige und Volkshelden

Der Glauben vieler Brasilianer ist eine Mischung von indianischen, afrikanischen und europäischen Traditionen – oft voller Mystik und gespickt mit einer guten Portion Aberglauben.

Brasilien ist das größte katholische Land der Welt – wobei Millionen einheimischer Gläubiger ihre gleichzeitige Zugehörigkeit zu anderen Religionen keineswegs als Widerspruch empfinden. Der für das Land typische Synkretismus wird von einem breiten Spektrum unterschiedlichster Kulte beeinflusst. In ihm vermischen sich Elemente animistischer Rituale sowohl mit tradierten afrikanischen und indianischen Glaubensvorstellungen als auch mit römisch-katholischer Frömmigkeit.

Trotz des Versuchs kritischer junger Priester, der katholischen Amtskirche mit der Befreiungstheologie eine für die brasilianische Unterschicht attraktive Form praktizierten Christentums gegenüberzustellen, haben Candomblé, Umbanda, Pfingstkirchen, die evangelikalen Protestanten sowie unterschiedliche Sekten mit apokalyptischem Endzeitglauben anhaltenden Zulauf – während die römisch-katholische Kirche kontinuierlich Gläubige verliert.

Religion und Politik

Religion und Staat sind in Brasilien offziell getrennt. Da aber bis zum Ende des 20. Jhs. die breite Mehrheit der Brasilianer römisch-katholisch getauft wurde, war eine enge Beziehung zwischen der katholischen Kirche und dem Staat stets allgemein als Norm akzeptiert.

Weniger staatskonform allerdings mischten sich in den 1970er- und 1980er-Jahren die katholischen Bischöfe, Priester und Nonnen der Befreiungstheologie ein. Dem Beispiel Christi folgend, entschieden sie sich, für die Armen zu kämpfen und sich gegen die damalige Militär-

Links: Gebetsprozession im Tal der Morgenröte bei Brasília
Rechts: Franziskanerpater

diktatur zu stellen. Dafür wurden sie vom Militär wie auch vom Vatikan beschuldigt, Marxisten zu sein: Viele Priester, Nonnen und Kirchenmitarbeiter erlitten Inhaftierungen und Folter. 1984 wurde Leonardo Boff, ein führender Befreiungstheologe, zum Vatikan geladen, um von Kardinal Ratzinger, dem heutigen Papst Benedikt XVI., ins Kreuzverhör genommen zu werden. Boff reagierte so, wie es ihm das Gewissen gebot: Er bat darum, den Termin zu verschieben, da er mit der nationalen Versammlung der Prostituierten zusammenfiel, bei der er als Berater tätig war. »Schließlich«, so Boff, »sind Prostituierte die Ersten im Königreich Gottes.«

Mit dem Zulauf der Evangelikalen um die Jahrtausendwende hat die Verflechtung von Politik und Religion eine neue Qualität erhalten. Diese Kirchen betreiben eigene Radio- und Fernsehsender nicht nur zur Verbreitung ihrer Botschaft, sondern sie beziehen auch in politischen Wahlkämpfen massiv Stellung.

Die Stimmen der Vorfahren

Das Erbe der Indios ist zum Teil für Brasiliens tief verwurzelten mystischen Glauben verantwortlich. Die indigene Bevölkerung Brasiliens besteht aus etwa 235 Ethnien, sodass es viele verschiedene Formen der Lebensführung und Ansichten über das Leben nach dem Tode gibt. Allen gleich wichtig aber ist die Verbindung zu

Sklaven mitgebrachte Religion stark unterdrückt wurde, überstand sie selbst die Zwangschristianisierung ihrer Gläubigen.

Mit beispiellosem Missionseifer versuchten katholische Padres den Afrikanern durch *Irmandades* (Schwesternschaften) und *Confrarias* (Bruderschaften) Ersatz für zerrissene Familienbande zu schaffen. Gerade aus diesen christlichen Glaubensgemeinschaften entwickelten sich erste heimliche Keimzellen der afro-brasilianischen Candomblé-Religion: *Terreiro*-Kultstätten unterschiedlicher Größe und spiritueller Abstammung. Bahia und seine Hauptstadt Salvador wurden rasch zu Hochburgen des Can-

den Lebensräumen der Vorfahren. Davi Kopenawa Yanomami, ein Schamane aus dem Amazonas, sagt, dass viele Heimstätten der Geister durch die Weißen entehrt wurden.

Schamanen und andere indigene Führer wie Davi kämpfen für die Erhaltung ihres kulturellen Erbes: Da die mündliche Weitergabe ihre Wirksamkeit eingebüßt hat, sollten das traditionelle Wissen und die Mythologie heute in der Schule an die Kinder weitergeben werden.

Afrikanische Kulte

Afrikanische Kulte bilden den zweitgrößten Einfluss auf Brasiliens religiöse Kultur. Im Zuge des Sklavenhandels gelangten über 100 *Orixá*-Gottheiten nach Brasilien. Obwohl die von den

domblé: Schätzungsweise 8000 Terreiros gibt es heute im »schwarzen Rom« Brasiliens. Zusammengenommen sind die afro-brasilianischen Kulte, deren wichtigste Richtungen *Candomblé* und *Umbanda* sind, die nach Mitgliedern zweitstärkste religiöse Kraft im Land.

Candomblé und Trance

Unter dem Oberbegriff Candomblé werden verschiedene Religionen afrikanischen Ursprungs zusammengefasst. Neben Salvador ist die *Recôncavo* genannte ländliche Region, die an die Allerheiligen-Bucht *(Bahia de Todos Os Santos)* grenzt, das Kerngebiet des Candomblé. Charakteristisch für alle Candomblé-Gruppierungen ist die Verehrung der Orixá-Gottheiten. Orixás haben sehr menschliche Fehler, Schwächen und Vorlieben. Ihnen kommt die Vermittlerrolle zwischen dem Diesseits und dem Jenseits zu.

Die Anhänger des Candomblé glauben, dass sie in Trance mit ihren Orixás in direkten Kontakt treten können. Gläubige, die besonders leicht in Trance fallen, werden deshalb in langwierigen Initiationsriten, die sich manchmal über Monate hinziehen, auf ihre Aufgaben als Medien, als *Filha-de-Santo* (Tochter des Heiligen) oder *Filho-de-Santo* (Sohn des Heiligen) vorbereitet. Bei diesen Kulthandlungen wird den Novizen zunächst der Kopf kahlgeschoren, mit einer Rasierklinge die Kopfhaut eingeritzt und

mit *Aqua de Abô*, einem Kräutersud, mehrmals gewaschen. Auf dem Höhepunkt der Zeremonie werden nacheinander mehrere Opfertiere (Hühner, Tauben, Perlhühner und Ziegen) mit einem Ritualmesser geschlachtet. Das warme Blut der Opfertiere tropft auf die Köpfe der Novizen, rinnt über Gesicht, Nase und Mund.

Nach den Glaubensvorstellungen der Candomblé-Anhänger stehen die »wieder geborenen« Novizen für den Rest ihres Lebens unter dem Schutz ihrer jeweiligen Orixá-Gottheit, die ihnen auch einen Teil ihrer Charaktereigenschaften vererbt.

Links: Fröhliche Prozession in Bahia zu Ehren der Yemanjá
Oben: Trance-Medium bei einem Candomblé-Ritual

> Carrancas sind geschnitzte und bemalte Monsterköpfe, die die Binnenschiffer am Bug ihrer Boote anbrachten, damit sie mit ihren weit aufgerissenen Augen und gebleckten Zähnen Wassergeister abschreckten. Auf Kunsthandwerksmärkten des Nordostens werden Carrancas in Miniatur als Souvenir angeboten.

Im Gegensatz zu den afrikanischen Ursprungsländern wird der Candomblé in Brasilien hauptsächlich von Frauen getragen; meist steht eine Oberpriesterin, die so genannte *Mãe-de-Santo* (Mutter-des-Heiligen) an der Spitze der Hierarchie der jeweiligen *Terreiro*-Kultstätte. Zu den unbestreitbaren Verdiensten dieser religiösen Würdenträgerinnen gehört die mündliche Weitergabe von Kultur und Geschichte der afrobrasilianischen Bevölkerung (siehe Exkurs).

Synkretistischer Umbandakult
Die von westafrikanischen Sklaven nach Brasilien gebrachte Religion wurde von der christlichen Amtskirche lange verboten. Um ihre Orixás ungestraft verehren zu können, tarnten die Nachfahren der *Yoruba* und *Bantu* ihre Gottheiten von Anfang an mit katholischen Heiligen, woraus der für den afro-brasilianischen Candomblé typische Synkretismus resultierte.

Als Paradebeispiel für die brasilianische Vermischung verschiedenster Religionen gilt der synkretistische Kult *Umbanda*. Er ist wesentlich jünger als Candomblé und bedient sich im Pantheon der Orixás ebenso wie bei tradierten indianischen Glaubensvorstellungen und dem länd-

UNVERGESSENE VORFAHREN

Viele Oberpriesterinnen verfügen über ein erstaunliches geschichtliches Wissen. Sie kennen die Namen und genaue Herkunft sämtlicher Vorfahren von den Mitgliedern ihrer Kultgemeinschaft – und zwar bis in die Generation aus der gemeinsamen afrikanischen Heimat zurück. Im Detail können sie berichten, wie ihre Vorfahren aus ihren Dörfern verschleppt und nach Brasilien verschifft wurden.

Vor ihrem Tod geben die Priesterinnen ihr Wissen meist an jahrelang von ihnen unterrichtete Nachfolgerinnen weiter – und geben den Menschen der Kultgemeinschaft damit eine unschätzbar wertvolle Quelle für die Bestätigung ihrer eigenen Identität.

lichen Volkskatholizismus des brasilianischen Hinterlands. Das Nebeneinander von afrikanischen Göttern wie dem kriegerischen *Ogum* und dem satanischen *Exú* sowie typisch brasilianischen Gestalten wie *Caboclos,* dem zigarrenrauchenden *Pai João* oder *Pomba Gira,* einem Wesen, das sich als Prostituierte materialisiert, ist für die mystische Umbanda-Bewegung typisch. Experten schätzen die Zahl der Umbanda-Anhänger – schwarz *und* weiß! – auf 30 Millionen.

Volkskatholische Bräuche

An Bord der portugiesischen Karavellen gelangten religiöse Abhandlungen aus Europa erstmals nach Brasilien. Die Kolonisten brachten katholische Heiligenbilder mit und schufen nach ihrem Eintreffen vor allem zahlreiche geschnitzte Holzkrippen. Bis heute blieb vielerorts der Brauch erhalten, jedes Jahr eine ganz neue Figur hinzuzufügen und die Kleider des Christkinds nicht zu wechseln. Manche Gläubige sind sogar sicher, dass die Krippenszenen – will die betreffende Familie keine göttliche Strafe riskieren – in sieben aufeinanderfolgenden Jahren aufgebaut werden müssen.

In Verbindung mit dem reichen indianischen und afrikanischen Erbe Brasiliens entstanden zahlreiche landestypische volkskatholische Bräuche, die von tief verwurzelten mystischen Anschauungen begleitet werden. Besonders im Nordosten Brasiliens ist der Volkskatholizismus durch seine von der Bevölkerung wie Helden verehrten Protagonisten äußerst lebendig.

Padre Cícero und das Hostienwunder

Die berühmteste religiöse Gestalt des Nordostens ist Padre Cícero. Im ganzen Land werden kleine bemalte Gipsfiguren des wundertätigen, vom Vatikan ignorierten Priesters verkauft.

Berühmtheit erlangte Padre Cícero 1895 durch das »Wunder der Hostie«. Der Legende nach fiel Maria Araújo, eine ältere Frau aus seiner Gemeinde, während der Messe von Krämpfen geschüttelt zu Boden, nachdem sie aus seiner

Hand eine Hostie empfangen hatte. Seither verbreiten die *Repentista*-Sänger des brasilianischen Nordostens, dass sich auf der Hostie Blut in Form des »Heiligen Herzens« gezeigt habe.

Diese Moritatensänger und dünne Heftchen der *Literatura de Cordel,* der brasilianischen Vorwegnahme amerikanischer *comic strips,* verbreiteten Padre Cíceros Wunder in Windeseile im gesamten Nordosten. Die fanatischen Anhänger des Pfarrers waren von der magischen Kraft Padre Cíceros so überzeugt, dass sie das Wasser, mit dem seine Soutane gewaschen wurde, ebenso aufbewahrten wie seine abgeschnittenen Fingernägel. *Repentista*-Sänger verstiegen sich sogar zu dem Reim: »Padre Cícero ist Teil der Heiligen Dreifaltigkeit« – Rom war entsetzt.

Der blutige Feldzug von Canudos

Das »Wunder der Hostie« ereignete sich kurze Zeit vor Ausbruch des Canudos-Krieges. Antônio Conselheiro hatte den bevorstehenden Weltuntergang prophezeit und im Hinterland Bahias zahlreiche Anhänger um sich geschart. Die noch junge brasilianische Republik fürchtete die Entstehung eines Staates im Staat und glaubte in den *Conselheiristas* monarchistische Kräfte des entthronten brasilianischen Kaisers zu erkennen. Antônio Conselheiro und seine Gefolgschaft sahen hingegen in der neuen Republik den Antichrist, da sie die religiösen Eheschließungen seiner Sekte nicht staatlich anerkannte.

Die Republik entsandte Zehntausende von Soldaten, um die fanatische Glaubensgemeinschaft in Canudos zu vernichten. Conselheiros Männer wehrten vier Angriffe der Armee ab, aber 1897 überrannten die Soldaten den letzten, aus menschlichen Leibern gebildeten Verteidigungswall von Canudos und machten die dort verbliebenen Anhänger von Conselheiros samt Frauen und Kindern nieder.

Der Feldzug von Canudos, der Abertausende von Todesopfern forderte, ist eines der blutigsten Kapitel der brasilianischen Geschichte. Euclides da Cunha schildert den grausamen Glaubenskrieg im brasilianischen Hinterland in seinem Buch *Krieg im Sertão,* das zu den größten Werken der südamerikanischen Literatur zählt (1994 auf Deutsch bei Suhrkamp erschienen).

Padre Cícero – Symbolfigur des Widerstands

Die wenigen Überlebenden von Canudos flohen nach Juazeiro do Norte, wo sie sich den Anhängern Padre Cíceros anschlossen. Der volkstümliche Priester pflegte Kontakte zum legendären Sertão-Banditen Lampião (1897 bis 1938) und dessen Bande. Er wurde wie der populäre Outlaw zur Symbolfigur trotzigen Widerstands der benachteiligten, vom restlichen Brasilien vergessenen Hinterwäldler. Auch nach seinem Tod bleibt Padre Cícero die Symbolfigur der auf eine bessere Zukunft gerichteten Hoffnungen und Wünsche der Sertão-Bevölkerung.

Bis heute ist Padre Cícero für seine Anhänger der Messias, der nicht gestorben, sondern auf direktem Weg in den Himmel aufgenommen wurde. Ihr Heilsbringer – so glauben sie – wird wiederkehren, das dürre Hinterland ergrünen lassen und in einen Paradiesgarten auf Erden verwandeln, in dem Armut, Hunger und Durst unbekannt sind. Vorsorglich haben sie ein grünes Tal in der Umgebung der Stadt Juazeiro do Norte auf den Namen *Garten von Gethsemane* umgetauft.

Längst ist Cíceros Pfarrkirche Ziel von Pilgerfahrten, wurde der Priester von seinen Anhängern mit einem riesigen Denkmal geehrt. Alljährlich am 20. Juni reisen Tausende von schwarz gekleideten Anhängern nach Juazeiro und ehren ihren »aufgefahrenen« Heiligen mit

VOTIVGABEN

Die Wallfahrtskirche in Juazeiro (s. S. 272) ist mit Votivgaben, meist aus Holz geschnitzte menschliche Körperteile, angefüllt. Sobald ein Anhänger Cíceros von einer Krankheit genesen ist, erfüllt er ein Gelübde, indem er ein Abbild des verletzten Körperteils im Rahmen einer Pilgerfahrt nach Juazeiro im Exvoto-Raum der Kirche aufhängt.

Die Kirche Senhor do Bonfim in Salvador da Bahia (s. S. 243) hat eine Kapelle für Votivgaben, die buchstäblich bis an die Decke mit Wachsnachbildungen von Körperteilen vollgestopft ist. Auch in Silber, Holz oder gemalt gibt es alle möglichen Gliedmaßen – verletzt, krank oder missgebildet.

Ganz links: Prozession mit Marienfigur in Salvador da Bahia
Links: Manche Christen hängen auch afrikanischen Kulten an
Rechts: Statue des als Heilsbringer verehrten Padre Cícero

langen Prozessionen. Alle in Juazeiro do Norte ansässigen Frauen tragen freitags und am 20. Tag des Monats schwarze Kleider.

Schutzpatrone

In den ländlichen Gemeinden Brasiliens zählen die Patronatsfeiern zu den Höhepunkten im Festkalender. Jede Ortschaft ehrt wenigstens einen Schutzheiligen. Während jedoch in der Millionenstadt Rio de Janeiro das alljährlich am 20. Januar begangene Fest zu Ehren des von Pfeilen durchbohrten Märtyrers São Sebastião nur eine Feier von vielen ist, steht Óbidos am Amazonas Jahr für Jahr am 12. Juli ganz im Zei-

BAHIAS FARBIGER BISCHOF

Salvador ist Brasiliens älteste Diözese und gleichzeitig am stärksten afrikanisch geprägt. Doch mussten die katholischen Gläubigen fast 500 Jahre warten, bis 1998 mit Dom Gílio Felício der erste farbige Bischof in die Hauptstadt Bahias berufen wurde.

Er trat seine Aufgabe in einer schwierigen Situation an: Die Beziehungen zwischen der Erzdiözese und den Organisationen des Candomblé und des »Movimento Preto«, den Bürgerrechtsverbänden der schwarzen Bevölkerung, waren sehr gespannt. Sehr bedacht vermied der südbrasilianische Kardinal, der Salvador 2002 wieder verließ, daher in seinen Messen jede Form von Synkretismus.

chen der Schutzpatronin Sant'Ana. Die gesamte Bevölkerung nimmt dann zumindest an den profanen Veranstaltungen des Kirchenfests teil.

Die Jungfrau von »O«

Im brasilianischen Volkskatholizismus werden zahlreiche Schutzheilige verehrt, die nur bedingt ins Weltbild der Amtskirche passen. So versuchte der Klerus die Verehrung der Jungfrau Maria als *Liebe Frau von der Unbefleckten Empfängnis* zu fördern und ihre wesentlich populärere Darstellung als die *Liebe Frau von »O«*, eine volkstümliche Umschreibung für die schwangere Jungfrau, zu unterdrücken. Dennoch verehren viele Brasilianer die Jungfrau von »O« als *Liebe Frau vom 25. März* – dem logischen Zeitpunkt der »unbefleckten Empfängnis«, wenn man von Weihnachten neun Monate zurückrechnet. Von Schwangeren wird die Liebe Frau von »O« hingebungsvoll verehrt, da die Schutzheilige im Ruf steht, Geburtsrisiken mindern zu können.

Mit Hilfe von São Antônio unter die Haube

Unverheiratete Mädchen auf der Suche nach einem Ehemann hoffen hingegen auf *São Antônio*. Statuen des heiligen Antonius halten das Jesuskind in den Armen, und in einer Mischung aus Aberglauben und Frömmigkeit nehmen ihm die heiratswilligen Mädchen das Kind weg. Das – weiß der brasilianische Volksmund – erzürnt den Schutzheiligen so sehr, dass er alles in seiner Macht Stehende unternimmt, um den kleinen Jesus wiederzubekommen – selbst wenn er für das diebische Mädchen einen Mann finden muss. Erst nach der Hochzeit legt die frisch vermählte Braut dankbar das Jesuskind in die Arme des Heiligen Antonius zurück.

Nossa Senhora de Aparecida

Brasiliens offizielle Schutzpatronin ist die dunkelhäutige *Nossa Senhora de Aparecida* (Unsere Liebe Frau der Erscheinung). Die schwarze Heilige erfährt ähnlich großen Zuspruch wie in Polen die berühmte Madonna von Tschenstochau und wurde vom Vatikan anerkannt.

Eine zerbrochene Figur der Nossa Senhora de Aparecida »erschien« vor mehr als drei Jahrhunderten: Sie tauchte in einem Netz auf, das Fischer aus den Fluten des Paraíba-Flusses zwischen Rio und São Paulo zogen. Heute pilgern jährlich über drei Millionen Wallfahrer zu ihrer

Statue, die in der Basilika Aparecida an der Autobahn zwischen Rio und São Paulo steht.

Zahllose Legenden von angeblichen Wundern ranken sich um diese Heilige. Gegen Ende der 1970er-Jahre wurde ihr Bildnis Ziel eines Anschlags. Ein Fanatiker beschädigte es so stark, dass es von Spezialisten des Kunstmuseums in São Paulo aufwändig restauriert werden musste. Alljährlich am 12. Oktober, dem Ehrentag der Schutzpatronin, pilgern Hunderttausende zu der Wallfahrtsstätte, manche kriechen auf wundgescheuerten, blutenden Knien zu der Heiligen. Und das brasilianische Fernsehen berichtet von Gläubigen, die riesige Holzkreuze Hunderte Kilometer weit zur Basilika Aparecida schleppen, um ihr Gelübde zu erfüllen.

entfernten Tal der Morgenröte *(Vale do Amanhecer)* bei Planatina über 25 000 Gläubige. Sie sind überzeugt, zu den Auserwählten zu gehören, die das Ende der Welt überleben.

Mystische Energie, religiöse Erwartung und messianische Bewegungen haben in Brasilien eine lange Tradition: Schon vom Portugiesenkönig Sebastião, der im Jahr 1578 mit seinem Heer von 18 000 Kreuzrittern in Marokko niedergemetzelt wurde, hieß es, er würde in Brasilien wieder auftauchen, das trockene Land fruchtbar machen und ein Binnenmeer entstehen lassen, eine These, die auch Antônio Conselheiro vertrat. Heute gilt Francisco »Xico« Cândido Xavier als Brasiliens wichtigster Spiritist. Er bezieht sich auf den Pestalozzi-Schüler Allan Kardec (1804–1869), einen Europäer, der im Jahr 1957 zur 100. Wiederkehr der Erstveröffentlichung seines in Paris erschienenen Werkes *Buch der Geister* von der brasilianischen Post mit einer Sondermarke (Auflage 5 Mio.) geehrt wurde.

Propheten des Weltuntergangs

Zur Jahrtausendwende erhielt in Brasilien eine steigende Zahl selbsternannter Prediger des Weltuntergangs regen Zulauf: Rund um die Hauptstadt Brasília ließen sich zahlreiche *Millennarismus*-Sekten nieder. Sie erwarten die Ankunft von Raumfahrzeugen aus fremden Galaxien und wollen mit extraterrestrischen Ufos in Kontakt treten. So leben im 60 km von Brasília

Die evangelikale Explosion

Bis 2000 hatten die evangelikalen Kirchen ihre Mitgliederzahl in einem Zeitraum von neun Jahren auf 26 Millionen verdoppelt – obwohl Evangelikale in Brasilien eher skeptisch betrachtet werden. Skandalöse Bilder mancher bekannter Priester der Pfingstbewegung wurden oft im staatlichen Fernsehen gezeigt. ∎

Links: Vergoldeter Altar der Igreja da Ordem Terceira de São Francisco, Salvador da Bahia
Oben: Den Heiligen huldigen in Bom Jesus da Lapa in Bahia

Körperkult

Brasilien ist bekannt als das Land der schönen Menschen – aber auch der Schönheitschirurgen. Das beständige Arbeiten am eigenen Körper kann sehr anstrengend sein, doch Altern gilt als großes Tabu.

Lange bevor Supermodel Gisele Bündchen auf die internationalen Laufstege kletterte, rühmte man Brasilien als das Land der exotischen Schönheiten. Phantasievolle Träume wecken die Bilder bezaubernder, halbnackter Frauen, deren strass- und federgeschmückte Luxuskörper sich zu Sambarhythmen drehten. Ganz zu schweigen vom »moralischen Minimum«, dem brasilianischen Tanga mit dem Spitznamen »Zahnseide«.

Es gibt aber auch starke Anzeichen dafür, dass die *cariocas*, wie die Einwohner Rios sich nennen, dieses Image leid sind. 2005 verordnete die Stadtverwaltung ein Verbot von sexistischen Postkarten mit Strandschönheiten. Die Damen-Bademode ist zwar nach wie vor auf ein Minimum an Textilverbrauch beschränkt, jedoch gilt Oben-ohne als absolut verpönt: In Rio wurden deshalb schon ausländische Frauen verhaftet.

Arbeite an deinem Körper!

Der Kult um den Köper wurzelt im täglichen Leben – vor allem in Rio. Die »cidade maravilhosa«, so möchte man glauben, stachelt den Ehrgeiz der Menschen an, ebenso hinreißend schön zu werden wie sie. Sobald die Sonne aufgeht, betreten die Selbstdarsteller Ipanemas Strandbühne, das Epizentrum des Körperkults. Durchtrainierte, braun gebrannte Achtzigjährige in knappsten Badehosen begrüßen die Sonne mit einer Reihe von Yoga-Dehnungen. Pummelige Teenager hieven sich über Trimmgeräte, während sie das Meer betrachten. Dabei ist der Wahn der perfekten Figur hier ein demokratischer; Alter oder Armut stecken keine Grenzen.

Links: Strandschönheit
Rechts: Sich fit zu halten, bedeutet harte Arbeit

Dahinter steht die Philosophie: Willst du einen tollen Körper, musst du daran arbeiten.

Die südbrasilianischen Städte treten in ihrem Gesundheitswahn sogar in Konkurrenz mit den USA. Überall in Brasilien findet man Naturkostläden, Biorestaurants sind der neueste Schrei. Weizengras, bekannt als *clorofilia*, ist vielerorts erhältlich und wird als Saft den Erfrischungsgetränken beigemischt. Der positive Effekt: Es wirkt entgiftend und reinigend für den Körper.

Plastik-Parade

Die Diktatur der Formen ist die Kehrseite der bisweilen tragischen Jagd nach dem Idealbild. Es ist quasi unmöglich, als Model oder Schauspieler(in) zu arbeiten ohne vorherige

Schönheitsoperation. In Bezug auf plastische Chirurgie steht Brasilien weltweit an der Spitze. Julianna Borges, die für den Titel der Miss Universum 2002 antrat, machte keinen Hehl daraus, dass sie 19 Schönheitskorrekturen über sich ergehen ließ. Und sie war gerade erst 22!

In Brasilien kann man sich das Antifaltenmittel Botox sogar zu Hause in den Kühlschrank legen, um es bei Bedarf zu spritzen. Wie eine Seifenoper flimmert täglich die TV-Show »Vorher – Nachher« über plastische Chirurgie über die Bildschirme der Nation. Sich einer Schönheitsoperation zu unterziehen, beurteilt man hier nicht als Zeichen von Eitelkeit oder Selbstbetrug, sondern als Menschenrecht. Krankenhäuser bieten kostenlose operative Narbenkorrekturen an, und der Spitzenchirurg, der auch Niki Lauda operierte, arbeitet einen Tag pro Woche umsonst für die Armen von Rio.

In der Vorbereitungszeit des Karnevals stehen die Menschen für die Operationen förmlich Schlange, und die Chirurgen arbeiten rund um die Uhr. Jedes Jahr vor Karneval drohen die Silikonvorräte auszugehen, wenn die Nachfrage nach Brust- und Po-Implantaten Rekordhöhen erreicht. Zum weltweit extravagantesten Fest der Körper und der Körperlichkeit wollen eben viele ihr Aussehen aufpolieren.

SPA-RESORTS

Diese Art von Erholungsurlaub ist noch relativ neu in Brasilien, doch der Trend zu schönen und gesunden Körpern verlangt nach Wellness-Resorts und die traumhafte Landschaft mit endloser Küste bietet für diese Art von Urlaub ideale Bedingungen.

An der Costa Verde und speziell in Guarujá, 70 km von São Paulo entfernt, entstanden luxuriöse Spas mit allen branchenüblichen Angeboten. Die Programme bieten Yoga-Kurse, Diätberatung, Kajaktouren, Trekking im Regenwald und natürlich jegliche Art von Massagen. Einige Angebote setzen eine gewisse Fitness voraus, andere dienen einfach der Entspannung und Verwöhnung.

Natürliche Schönheit

Einer der störenden Aspekte in der Präsentation von Schönheit in Brasilien ist ein latenter Rassismus. Ob man durch ein Magazin blättert oder durch die TV-Programme zappt: Die meisten Models und Schauspielerinnen sind hellhäutig. Gisele Bündchen kommt aus Südbrasilien, wo viele deutsche Einwanderer leben. Sie repräsentiert ein europäisches Schönheitsideal.

Die dunkelhäutige Roberta dagegen lebt in der *Cidade de Deus,* der Favela (s. S. 168), die durch Fernando Meirelles Film »The City of God« (2003) berühmt wurde. Schön und intelligent, hatte sie das Glück einer Ausbildung in einer Kooperative, wo man ihr das Knowhow des Laufstegs vermittelt hat.

Im Kampf gegen die Vorurteile einer Branche, welche die Meinung vertritt, als Dunkelhäutige hätte Roberta keine Marktchancen, hat sie sich mit vier anderen Models zusammengeschlossen, die bereits in internationalen Magazinen Erfolg hatten. Aber trotz bester Fotos weigern sich die Agenturen, ernsthaft mit Roberta und ihren Freunden zu arbeiten. »Sie denken, wir wären etwas Schlechteres, weil wir aus einer Favela kommen, und halten uns für Drogendealer.« Als Reaktion darauf haben die Vier das Projekt *Beleza Pura* (»Natürliche Schönheit«) gegründet und geben darin jungen Talenten aus ihrer Gemeinde ihre Erfahrungen weiter.

und Augenringe verschwinden – für einige Monate, bevor der Prozess von Neuem beginnt.

Die Vorteile dieser Behandlungsmethode gegenüber einer Operation sind mannigfaltig: Sie ist billiger, unblutiger und weniger schmerzvoll. Dabei sind es keinesfalls nur die älteren, die sich diese Behandlungen »gönnen«, schon Zwanzigjährige beginnen damit.

Safer Sex

Das Spiel mit Schönheit ist auch ein Spiel mit der Sexualität. Sex ist kein Tabu. Diese Freizügigkeit hat den Sextourismus angekurbelt. Brasilien steht hierin nach Thailand auf Platz zwei

Botox Bonanza

Nicht nur chirurgische Behandlungen bekommen immer mehr Anhänger. Viele Dermatologen beklagen, dass sie immer mehr Patienten haben, die eine Schönheitsbehandlung wollen und weniger solche, die über echte Hautprobleme klagen. Riesenmengen Botox werden täglich in die Gesichter mit sich unzufriedener Brasilianer gespritzt. Botox wird aus Botulinumtoxin gewonnen und erzielt die erwünschte Wirkung, indem die Muskeln zeitweise gelähmt werden. Stirnfalten verschwinden, Lippen werden voller

Links: Sich die Haut zu bräunen, ist ein ernsthaftes Anliegen
Oben: Supermodel Gisèle Bündchen verkörpert den Traum von der blonden Schönheit

im internationalen Vergleich. Außerdem hat UNICEF für das Land die weltweit höchste Rate der Kinderprostitution errechnet. Exakte Zahlen sind nie zu bekommen, doch die Angaben reichen von 500 000 bis zu 2 Millionen Kindern.

Als Land mit einer der höchsten Aids-Raten sah sich Brasilien gezwungen, eine »Safer Sex«-Kampagne zu verfolgen. Kondome findet man sogar in den Minibars der Hotelzimmer in größeren Städten. Darüber hinaus bietet Brasilien eine kostenlose Aids-Behandlung. Unabhängig vom Preisroulette der Pharmakonzerne produziert der Staat heute in Eigenregie Medikamente für einen Bruchteil der Kosten und konnte damit die Aids-Todesrate über die letzten zehn Jahre hin auf die Hälfte senken. ◼

Karneval

Der Karneval von Rio ist vielleicht das weltweit bekannteste Fest. Doch auch in Salvador, Recife und Olinda finden alljährlich beeindruckende Paraden statt.

Die Brasilianer sind nicht nur sehr musikalisch, sondern ein überaus vergnügter Menschenschlag. Dies hat jahrzehntelang Besucher angezogen. Die erste Welle von Karneval-Touristen erreichte das Land, nachdem Fred Astaire und Ginger Rogers 1933 in dem flotten Hollywood-Musical *Flying Down to Rio* die *Carioca* getanzt hatten.

Geschichte des Karnevals

Die Ursprünge des brasilianischen Karnevals liegen in Europa, doch die Herkunft des Wortes ist umstritten. Die einen sagen, »Karneval« leite sich vom lateinischen Ausdruck *carrum navalis*, einem römischen Festwagen, ab. Andere behaupten, es komme vom lateinischen *carne vale*, »lebewohl Fleisch«, da der Karneval die letzten Tage vor der Fastenzeit anzeigt.

Entrudo nannte man die ersten, in der Kolonialzeit aus Portugal importierten karnevalistischen Umtriebe. Das Werfen von Wasser- und Stinkbomben zählte noch zu den harmloseren Scherzen, die an den Feiertagen vor der Fastenzeit gemacht wurden. In Rio nutzten kriminelle Banden den Entrudo auch für gezielte Brandstiftungen, die sich gerne mal gegen die Häuser reicher Portugiesen richteten. Zu Beginn des 20. Jhs. wurde der Entrudo aus diesen Gründen verboten.

Höfische Maskeraden

Masken und Verkleidung kennzeichneten in Europa schon im 18. Jh. viele Karnevalsfeste. In Paris und Venedig glichen die Maskenbälle höfischen Bällen.

Rios erster Kostümkarneval fand 1840 im Hotel Itália statt, damals das gesellschaftliche Zentrum der Stadt. Die rauschende Ballnacht war in finanzieller Hinsicht ein Reinfall, und erst 1846 waren die Schulden so weit abgebaut, dass man ein zweites Kostümfest in Rio organisierte. Dann aber wurden rund um die Praça Tiradentes immer mehr Bälle veranstaltet, die auch bei Mitgliedern des Hofstaats beliebt waren.

Das ehrwürdige Teatro Municipal war 1932 Schauplatz des ersten offiziellen Karnevalsballs der Stadt Rio de Janeiro. Die werktätige Bevölkerung Rios liebt den Karneval bis heute vor allem wegen der Musik, des Tanzens und geselligen Trinkens.

Vorherige Seiten: Der Karneval setzt Energien frei
Links: Eine Show auf hohem Niveau
Rechts: Wilde Kostüme beim Fest der Feste

Karnevalclubs

José Nogueira Paredes gründete Rios ersten Karnevalsclub. Auf seiner Idee, Trommeln in einheitlichem Rhythmus zu spielen, basiert die Technik der *baterias*, der bis zu 300 Mann starken Rhythmusgruppen heutiger Sambaschulen.

Die Clubs der Arbeiter- und Mittelklasse nannten sich *Blocos*, *Ranchos* oder *Cordões*. Sie bereicherten den Karneval mit prachtvollen Kostümen, dekorierten Wagen und Musik, die sie dem Publikum bei Straßenumzügen vorführten. Seit 1900 ist die jährliche Innenstadtparade solcher Gruppen, der *Grandes Sociedades*, der Höhepunkt von Rios Karneval.

Bevor Rios Karneval mit den Paraden der Sambaschulen seinen Siedepunkt erreicht, gehören die langen Nächte den Clubbällen. Weit mehr Einheimische als Touristen toben sich bei den frivolen Feten der Clubs wie *Sirio-Libanes*, *Flamengo*, *Fluminense* und *Monte-Libano* aus. Auch der *Baile dos Gays* – der Ball der Homosexuellen in der Scala – ist nichts für Prüde.

Die Parade der Sambaschulen

Glanzstück des Karnevals in Rio ist die farbstrotzende Parade der berühmten Sambaschulen. Für den straff organisierten Aufmarsch der besten *Escolas de Samba* wurde die Avenida Mar-

Rio – die größte Show der Welt

Rios überschwänglicher Karneval kennt drei unterschiedliche Spielarten: ausgelassene Straßenfeten, äußerst freizügige Clubbälle und die farbenprächtige Parade der Sambaschulen.

Zum Auftakt des Karnevals am Zuckerhut übergibt Rios Bürgermeister einen überdimensionalen Stadtschlüssel an *Rei Momo*, den beliebten König der Narren und rundliches Symbol für Polygamie und Freizügigkeit.

Rios Karneval lockt alljährlich Tausende von Menschen an. Er durchbricht gesellschaftliche Konventionen und feste Rollen: Männer schlüpfen in Frauenkleider oder verkleiden sich – wie die Mitglieder des *Blocos das Piranhas* – als grell geschminkte Prostituierte.

quês de Sapucai nach Plänen Oscar Niemeyers zu der großen Karnevalsarena *Sambódromo* umgestaltet, die 60 000 Zuschauer fasst. Manche alteingesessene *Cariocas* (Einwohner Rios) haben ein zwiespältiges Verhältnis zu Niemeyers Monumentalbau, der das Karnevalstreiben für ihren Geschmack zu sehr in vorgeschriebene Bahnen lenkt.

Tatsächlich sind alle Elemente der Parade bis ins Einzelne festgelegt: Die Anzahl der Sambatänzer, die Zeit, die einer Schule für den Vorbeimarsch zur Verfügung steht, sowie die Bestandteile, die der bunte Festzug beinhalten muss. Die Mitglieder einer Jury kontrollieren und begutachten den Auftritt der Sambaschulen. Sie entscheiden mit ihrer Benotung über Sieg, Auf-

oder Abstieg einer Sambaschule in Rio: Das »karnevalistische Showbusiness« ist fast wie eine Fußball-Liga organisiert. Die Paraden sind auf zwei Nächte aufgeteilt: Am Karnevalssonntag und am Rosenmontag (Daten wie in Europa) tanzen jeweils sechs Sambaschulen. Die Reihenfolge des Auftritts wird ausgelost. (Infos über die 1. Liga bei der Organisation der besten Sambaschulen LIESA, www.liesa.com.br.)

Puxadores und Commissão de Frente

Wie ein roter Faden durchzieht jede Parade ein eigens für diesen Anlass komponiertes Sambalied, das das zentrale Thema des Umzugs musikalisch umschreibt und von mehreren stimmgewaltigen *Puxadores* während des 80-minütigen Defilees nimmermüde vorgetragen wird.

An der Spitze jeder Sambaschule marschiert eine *Commissão de Frente*: Würdenträger, Prominente oder beliebte Stars brasilianischer *Telenovelas*. Diese Vorhut gleicht einem symbolischen Direktorium und schreitet langsam voran – die letzte Ruhe vor dem karnevalistischen Sturm.

Porta-Bandeira und Mestre-Sala

Auf die Commissão de Frente folgen allegorische Festwagen und bis zu 5000 tanzende und singende *Sambistas* in fantasievollen Kostümen. Herzstück jeder Sambaschule ist ein Paar, das im aufwändigen Stil des 18. Jhs. verkleidet ist: die *Porta-Bandeira* (Fahnenträgerin) und ihr Partner, der *Mestre-Sala* (Tanzmeister). Unter besonders kritischer Beobachtung der Jury präsentiert die Porta-Bandeira singend, tanzend und Kusshändchen werfend die Standarte ihrer Sambaschule. Der Mestre-Sala umschwärmt seine Fahnenträgerin mit Tanzeinlagen.

Bateria und Baianas

Rund 500 Mann zählt das Heer der Rhythmusgruppe, die *Bateria*. Sie gibt Musikern und Tän-

DIE SAMBASCHULEN

»Deixa Falar« (Lass sie reden) nannte sich Rios erste Sambaschule aus dem Schwarzenviertel Estaçio de Sá, die erstmals 1928 an den Umzügen des Straßenkarnevals teilnahm. Neu waren die einstudierten Tanznummern und die hohe Mitgliederzahl.

1930 gab es schon fünf »Escolas de Samba«. Zwei Jahre später trugen Rios Sambaschulen erstmals ihren Wettstreit um Ruhm, Ehre und einen von der Stadtverwaltung ausgesetzten Preis aus.

Heute gibt es 58 registrierte Sambaschulen in Rio – unter ihnen sind die Escolas von Mangueira, Portela und Salgueiro die ältesten, bekanntesten und erfolgreichsten.

Links: Ein Meer bunter Tänzer bei der großen Parade in Rio
Oben: Glitzer und Glamour im Sambódromo

zern mit ihren Trommeln den treibenden Rhythmus vor. Wenn die Bateria in breiter Front durchs Sambódromo marschiert, vibriert die Luft im feurigen Takt der auf die Felle prasselnden Schläge. Der Bateria folgen Kostümgruppen – zu den beeindruckendsten zählen die *Baianas*, eine geschlossene Formation meist älterer Frauen, die in das für Bahia typische weit fließende Gewand gekleidet sind.

Zwischen den Formationen der kostümierten Tänzer führt jede Sambaschule *Carros Alegóricos* mit, aufwändig dekorierte Prunkwagen, die in erster Linie ein Fest fürs Auge sind. Auf den riesigen Karnevalswagen werden ganze Bühnen-

krönten Escolas dürfen am darauffolgenden Sonntag nochmals durchs Sambódromo defilieren, für Touristen eine gute Gelegenheit, das Spektakel der besten Sambaschulen mit relativ geringem Zeitaufwand zu erleben.

Dem Betrachter stellt sich die Frage, wer dieses grandiose Spektakel finanziert. Die meisten Sambaschulen existieren aufgrund von Finanzspritzen der *Bicheiros*. So heißen die mafiosen Clan-Chefs, welche die Gewinne der illegalen Lotterie *Jogo do Bicho* in die Ausstattung ihrer jeweiligen Escola de Samba fließen lassen. Als Gönner der Sambaschulen streben sie erfolgreich nach gesellschaftlicher Anerkennung.

szenen, Landschaften, Schiffe oder Paläste aus bemaltem Pappmaché, bunter Folie und Styropor gezeigt. Ganz oben auf den *Carros Alegóricos* winken die aufreizendsten Tangaschönheiten, die der jeweiligen Sambaschule angehören.

Parade der preisgekrönten Schulen

Die Bekanntgabe der siegreichen Sambaschulen findet am Donnerstag nach Karneval statt und gehört jedes Jahr zu den großen Ereignissen in Rio de Janeiro.

Es gibt drei Ligen von Sambaschulen: Die letzten der 1. Liga steigen ab, die Sieger der Liga A steigen auf. Es gibt auch eine Gesamtwertung der letzten fünf Jahre, die seit Jahren von *Beija Flor*, den Kolibris, dominiert wird. Die preisge-

Karneval im Nordosten

Rio ist nicht die einzige Stadt Brasiliens mit feurigem Karnevalstrubel. Nicht wenige Einwohner Rios bevorzugen sogar den ursprünglicheren Straßenkarneval im Nordosten des Landes. Dort sind Recife, Salvador und Olinda die wichtigsten närrischen Hochburgen.

Hier kennt man keine prunkvollen Kostümshows, die einem staunenden Publikum präsentiert werden. Alles ist einfacher und volkstümlicher: Statt teurer Paillettenroben trägt man zur mitreißenden *Música para Pular* (Musik zum Hüpfen) T-Shirt, Sporthose und Turnschuhe.

Oben: Filhos de Gandhi heißt eine Afoxé-Gruppe in Salvador
Rechts: Die Bateria gibt den Samba-Rhythmus vor

Recife, Olinda und Salvador da Bahia

Frevo (von *fervura*, kochend) ist die traditionelle Karnevalsmusik in Recife und Olinda und heizt kräftig ein. Zum Frevo können die Tänzer ihre Schritte frei wählen. Daher sieht man zum Karneval in Recifes Straßen tänzerische Hüpfbewegungen, die treffende Spitznamen wie »Krabbe« und »Schraubenzieher« tragen. Besonders geschickte Frevo-Tänzer nennt man *Passistas*. Sie treten gemeinsam auf und tragen einheitliche Kostüme: Knickerbocker, weites Hemd und einen bunten Schirm.

Die Altstadt Olindas wartet mit weiteren Attraktionen auf: Traditionelle *Maracatu*-Orchester und Festzüge, bei denen ein dunkelhäutiges Königspaar in Brokatgewändern unter einem reich verzierten Baldachin durch die Straßen geleitet wird. Aus dem Treiben ragen *Bonecos Gigantes* heraus, riesige Pappmaché-Puppen, deren Träger im Innern der drei bis vier Meter hohen Figuren ganz verschwinden.

Salvador da Bahia erlebt den Karneval im Rhythmus des Samba-Reggae, den bis zu zwölf Musiker auf Sattelschleppern live vortragen – so genannten *Trios Elétricos*, die mit Musikinstrumenten, Verstärkern und Lautsprechern bepackt sind.

Der Name Trio Elétrico geht auf die Band »Dodô, Osmar und Armadinho« zurück, die 1950 als erste Musikgruppe in den Straßen Salvadors Karnevalsschlager spielte. Sie montierten Lautsprecher, Verstärker und Generator in ein altersschwaches Automobil, schlossen Gitarren und Mikrofone an und begannen mit diesem ersten Trio Elétrico den bis heute andauernden Siegeszug der Musik aus Bahia.

In den letzten Jahren dominieren moderne Trios Elétricos mit aufpeitschender Tanzmusik die meisten Umzüge entlang der Atlantikküste Brasiliens. Den bis zu 18 m langen und über drei Meter breiten Sound-Vehikeln folgen Hunderte tanzbegeisterter junger Menschen durch Salvadors strandnahes Viertel Barra und rund um die Praça Castro Alves durch die historische Oberstadt. Nur in den schmalen Gassen des kolonialen Pelourinho-Viertels dominieren die traditionellen Karnevalsvereine der schwarzen Bevölkerung, die der afro-brasilianischen Candomblé-Religion nahestehenden Afoxés und die populären Blocos Afros. ■

WIE SAMBA ZUM GROSSEN GESCHÄFT WURDE

Es war Joãozinho Trinta, der die Samba-Parade in ihrer gegenwärtigen Ausprägung erfunden hat. Zu verlautbarer Kritik, die Paraden seien zu extravagant geworden und zu sehr aufs Visuelle ausgerichtet, hat er seine eigene Meinung: »Nur die Reichen genießen die Armut. Die Armen wollen Luxus.«

Immer beliebter wird es auch für Stars und für Touristen, als Gäste an den Paraden teilzunehmen. Man zahlt dafür bis zu 1000 US-Dollar für das Kostüm und das Recht hautnah dabei zu sein und mitzutanzen in der Truppe.

In der neuen Cidade do Samba (s. S. 167) können Besucher nun das ganze Jahr über einen Eindruck von einer Sambaschule bekommen. Die Sambastadt kostete 40 Millionen US-Dollar, für ein richtiges Samba-Museum werden noch finanzkräftige Sponsoren gesucht.

In den letzten Jahren wurde Samba zum großen Geschäft. Der Erdölriese Petrobras sowie Weltfirmen wie Nestlé und Coca Cola sponsern das Spektakel. 2006 bekam die siegreiche Samba-Schule *Vila Isabel* 1 Million US-Dollar als Prämie von der staatlichen, venezolanischen Erdölfirma PDVSA. Das Thema der Vorführung war die Einigkeit Lateinamerikas und der Befreiungsheld Simón Bolívar, Vorbild von Venezuelas modernem Helden, Präsident Hugo Chavez.

Feste in Brasilien

Brasilianer feiern gerne, nicht nur den rauschenden Karneval. Viele religiöse Feiern werden mit Musik, Tanz, Feuerwerk und reichlich Essen begangen. Besonders im armen Nordosten sind die Festtage eine willkommene Abwechslung im oftmals harten Alltag.

Feste feiern wie sie fallen – nach dieser Devise leben auch Brasiliens Katholiken. Auf die heiße Karnevalszeit folgt die Fastenzeit bis Ostern, wobei die *Semana Santa*, die Karwoche ähnlich verläuft wie in Europa. Zehn Tage vor Pfingsten begeht man in einigen Regionen die *Festa do Divino Espírito Santo* (Fest des Heiligen Geistes). Besonders in Alcântara in Maranhão und in Parati im Bundesstaat Rio de Janeiro wird dieses Fest, das portugiesischen Ursprungs ist, feierlich begangen.

In Alcântara dauern die Feierlichkeiten zwölf Tage lang. Dabei verwandeln sich die Bürger in historische Figuren aus der Kolonialzeit, darunter auch der *Emperador* (Kaiser), der einer Prozession und einer Messe auf dem Kirchplatz beiwohnt. Als herrschaftliche Geste begnadigt er einige Häftlinge aus dem örtlichen Gefängnis. Musiker, die *Folias do Divino*, spielen Tag und Nacht zum Tanz. Rote Banner mit einer weißen Taube werden gehisst – die weiße Taube symbolisiert die Erscheinung des Heiligen Geistes. Danach folgt Pfingsten, *Pentecostes*, das aber keine allzu große Rolle im Festekalender spielt.

Die Junifeste

Kurz nach Pfingsten beginnt einer der interessantesten Festereigen Brasiliens – die Junifeste. Die Feste der Heiligen Johannes, Antonius und Peter fallen alle in den Juni. Das Fest des hl. Antonius am 12. Juni bestimmen streng religiöse Feierlichkeiten. Der Heilige ist der Schutzpatron für alle, die etwas verloren haben, und für junge Mädchen, die einen Mann suchen.

Links: Boi-Bumba-Tänzer beim Volksfest von Parintins
Rechts: Feier für den heiligen Sebastian, den Schutzpatron von Rio de Janeiro

Die Feste des hl. Johannes und des hl. Peter sind fröhlicher. Das Johannisfest wird am 23. und 24. Juni gefeiert. Im Norden und Nordosten Brasiliens tanzt man Quadrillen und die ganze Nacht hindurch brennen auf Straßen und Plätzen Feuer. Den hl. Peter ehrt man am 28. und 29. Juni mit einem Feuerwerk, mit volkstümlicher Musik und einem Festessen. Der Heilige wird vor allem von Witwen verehrt: Sie stellen während der Festtage brennende Kerzen auf die Schwelle der Eingangstür.

Neben diesen religiösen Feiern gibt es im Juni noch die *Festa Junina*, das Junifest. Es erinnert an das einstige dörfliche Leben, das für drei Viertel der Brasilianer längst der Vergangenheit angehört. Viele trauern dieser Zeit aber immer noch nach. Zum Feiern werden an den Juniwochenenden in fast allen Städten, auch in Rio, die Straßen für den Verkehr gesperrt und in eine *arraial*, eine Dorfstraße, verwandelt. Kulinarische Stände bieten regionale Gerichte und Getränke an, manchmal auch Glühwein (im Juni ist Winter in Brasilien) und abends erhellen bunte Feuerwerke die Nacht. Bis zu 30 m hohe Papierballons werden mit heißer Luft gefüllt und entschweben in den Himmel.

In der letzten Juniwoche wird in Osasco, einem Vorort São Paulos, das größte offene Feuer Brasiliens (über 20 m hoch) entzündet. Es brennt eine ganze Woche lang.

Feste im Oktober

Auch der Oktober steht im Zeichen von Festen religiösen Ursprungs. Die Feiern zu Ehren der *Nossa Senhora de Aparecida* gipfeln am 12. Oktober im Nationalfeiertag. Im Oktober 1717 geschah in Guaratingueta, zwischen Rio und São Paulo, das »Wunder von Aparecida«.

Damals fuhr der Gouverneur von São Paulo durch die Stadt und bat in einem Fischerhäuschen um Essen für seine stattliche Gefolgschaft. Der Fischer und zwei seiner Freunde eilten zu ihren Booten am Fluss Paraíba, brachten jedoch trotz seines Fischreichtums keinen Fang ein. Nach einem Bittgebet warfen sie ihre Netze

SALVADORS SCHÖNSTE FESTE

Salvadors Festreigen beginnt am 1. Januar mit der Seeprozession zu Ehren des Schutzpatrons der Seeleute, *Bom Jesus dos Navegantes*. Mit Luftschlangen und farbigen Fähnchen geschmückte Fischerboote laufen bei dieser Gelegenheit aus, denn nach einer alten Legende sind Seeleute, die an dieser maritimen Prozession teilnehmen, vor dem Ertrinken sicher.

Mitte Januar folgt das nächste große religiöse Fest, die *Lavagem do Bonfim*. Anlässlich der Reinigung der Kirchentreppen der Bonfim-Wallfahrtskirche bilden Hunderte weiß gekleideter Baianas einen eindrucksvollen Pilgerzug von der Kirche Conceição da Praia, in der Unterstadt am Jachthafen, um anschließend, nach einer Prozession über mehrere Kilometer, gemeinsam die Stufen des Gotteshauses zu reinigen. In dem alten Brauch verschmelzen katholische Elemente mit afrikanischem Glauben zu dem für Bahia typischen Synkretismus. Ein viertägiges profanes Volksfest schließt sich unmittelbar an.

Wie in Rio wird auch in Salvador *Yemanjá* verehrt, allerdings zu einem anderen Zeitpunkt, am 2. Februar (s. S. 14). Zentrum der Feiern und Ausgangspunkt der darauffolgenden Seeprozession ist der Stadtteil Rio Vermelho, wo sich am Strand Praia da Santana neben dem kleinen Fischmarkt, ein unscheinbares Haus mit dem Altar für Yemanjá befindet.

noch einmal aus und – siehe da –, sie zogen eine schwarze Statue der hl. Jungfrau Maria aus dem Fluss. Danach erbeuteten sie so viele Fische, dass fast die Maschen ihrer Netze rissen.

1745 erbaute man für die Statue eine schlichte Kapelle. Der Kult der Jungfrau von Aparecida wurde rasch populär, und man errichtete ihr Mitte des 19. Jhs. eine größere Kirche. Die kleine Kapelle steht noch immer auf dem niedrigen Hügel und blickt auf die neue Basilika. 1931 wurde die Jungfrau von Aparecida vom Vatikan zur Schutzheiligen Brasiliens ernannt. Die Idee zum Bau einer dritten Kirche geht auf das Jahr 1900 zurück, als ein vom Vatikan beschlossenes Heiliges Jahr 150 000 Pilger nach Aparecida lockte. Der Grundstein wurde 1955 gelegt, und 1978 war die Kirche so gut wie fertig gestellt. Die Basilika ist so gewaltig, dass das Gotteshaus aus dem 19. Jh. im Schiff der neuen Kirche leicht Platz fände.

Volksfest in Rios Norden

Die Wallfahrtskirche *Nossa Senhora da Penha* zählt zu den wenigen Sehenswürdigkeiten der schmucklosen Nordzone Rio de Janeiros. Sie wurde auf einem kegelförmigen, rund 100 m hohen Granitfelsen erbaut. Während der Patronatsfeiern im Oktober erklimmen viele Pilger die zur Kirche führenden 365 Stufen auf Knien und Händen. Zeitgleich pulsiert unterhalb des Kirchenbergs ein Volksfest – mit Tanzmusik, Garküchen und großem Bierkonsum.

Círio de Nazaré – Fest im Amazonasgebiet

Ebenfalls im Oktober findet das größte religiöse Fest Brasiliens, der *Círio de Nazaré* in Parás Hauptstadt Belém statt. Alljährlich strömen über 1 Million Menschen zu dieser Prozession,

die sich am zweiten Oktobersonntag über eine Strecke von 6 km durch die *Via Sacra* in der Innenstadt wälzt. Mit Hilfe eines dicken, langen Taus wird ein geschmückter Wagen mit dem Bildnis »Unserer Lieben Frau von Nazareth« gezogen. Die Pilger, denen es gelingt, dieses Seil zu ergreifen, glauben, dass sie von der Heiligen belohnt werden. Sobald das Bildnis die Basilika erreicht, beginnt ein 14-tägiges Volksfest.

In der Círio-de-Nazaré-Geschichte geht es um den Jäger José de Sousa, der das meterhohe Bildnis im Wald fand. Sousa dachte, es würde ihm Glück bringen und stellte es in eine kleine Kapelle, wo es den kranken Nachbarn wohl eine wunderbare Heilung brachte. Die erste Prozession mit dem Bildnis fand 1793 statt.

Links: Die rituelle Reinigung der Treppen der Wallfahrtskirche zur Festa do Bonfim in Salvador da Bahia
Oben: Prozession zur Círio de Nazaré, dem größten religiösen Fest Brasiliens

Weihnachten in Brasilien

Weihnachten ist auch am Zuckerhut oder in Recife die wichtigste religiöse Feier des römisch-katholischen Kalenders. Die meisten Kinder glauben, dass der Weihnachtsmann (*Papai Noel*) an Heiligabend überall auf der Welt Geschenke verteilt. Er kommt durch ein offenes Fenster und legt die Geschenke in die Schuhe, die auf den Boden oder ans Fenster gestellt wurden. Wie in den USA denken sich die Kinder auch hier den Weihnachtsmann mit einem roten Anzug und in einem von einem Elch gezogenen Schlitten – obwohl die meisten von ihnen Schnee allenfalls aus dem Fernseher kennen.

Im 19. Jh. war das Weihnachtsfest in Brasilien wesentlich religiöser und familienbezogener als heute. Nach einem üppigen Abendessen an Heiligabend nahm man an der Mitternachtsmette und der anschließenden Prozession teil. Statt eines Weihnachtsbaumes stellen die meisten Familien eine Krippe, die *Presépio*, auf. Bis heute ist das traditionelle Herzstück der Familienfeier das Abendessen. Truthahn ist am beliebtesten oder, traditioneller, der *Bacalhau*, der portugiesische Stockfisch aus Kabeljau.

Reveillon – Silvester ganz in Weiß

Brasiliens schönstes Silvesterfest findet an Rio de Janeiros Copacabana statt. Mit Einbruch der Dunkelheit werden der berühmte Stadtstrand und die angrenzende Avenida Atântica das Ziel von Hunderttausenden – seit der Jahrtausendwende sollen es stets rund 2 Millionen sein, die hier die letzten Stunden des Jahres verbringen.

Die Einheimischen tragen für *Reveillon*, den Silvesterball, oder für ein festliches Abendessen makellos weiße Kleidung – eine Tradition, die ihre Wurzeln in den afro-brasilianischen Religionen Candomblé und Umbanda hat.

Denn an Silvester wird auch der Kult zu Ehren der *Yemanjá*, der eitlen Orixá-Gottheit des Meeres, gefeiert: Am Strand von Copacabana zünden *Mães-de-Santo*, weiß gekleidete Priesterinnen dieser Kulte, kleine Kerzen an oder las-

sen Miniaturboote zu Wasser, die mit Blumen, Spiegeln, Alkohol, Parfüm und Seife für Yemanjá beladen sind.

Der erleuchtete Strand ist schwarz vor Menschen, einige nehmen in der nächtlichen Brandung ein Bad – in voller Kleidung, andere sind ins Gebet versunken. Seit das Silvesterfest von Rio touristisch vermarktet wird, begehen manche Gläubige ihre Feier lieber an den Tagen vor und nach Silvester. Gegen Mitternacht endet das faszinierende Fest mit einem großen Feuerwerk, das grelle Lichtblitze und farbigen Funkenregen in den Nachthimmel zaubert. ■

Links: Silvesterfeuerwerk an der Copacabana
Oben: Opfergabe für Yemanjá am Strand von Rio

BOI-BUMBA

In der Stadt Parintins, 420 km östlich von Manaus auf einer Insel im Amazonas gelegen, leben 80 000 Menschen. Doch einmal im Jahr strömen rund 50 000 Besucher in den sonst eher beschaulichen Ort – mit dem Schiff oder dem Flugzeug –, um das nach Rios Karneval größte Volksfest Brasiliens zu sehen: *Boi-Bumba*. Es ist ein Fest der Farben, der wilden Tänze und prächtigen Kostüme, der überströmenden Fantasie und ohrenbetäubenden Trommelmusik, das sich um eine alte Kuhhirten-Legende entfaltet. Seit 1913 findet Boi-Bumba an den letzten drei Tagen des Monats Juni statt.

Bei der Darstellung der Boi-Bumba-Geschichte wetteifern zwei rivalisierende Truppen, die *Caprichoso* und die *Garantido*, miteinander um die Gunst des Publikums. Dieses feuert ihre favorisierte Gruppe nach Kräften an und trägt als Zeichen seiner Gunst auch die entsprechenden Farben: blau-weiß für die Caprichoso und rot-weiß für die Garantido. Überall in der Stadt hängen rote oder blaue Fahnen und Ballons. Jede der beiden Gruppen, die aus bis zu 3000 Tänzern und Darstellern sowie 500 Musikern bestehen kann, zieht durch die Straßen. Ziel ist der Spielort, wo die Boi-Bumba-Geschichte zur Aufführung kommt. Es gewinnt die Truppe, die den meisten Publikumsbeifall bekommt.

Die Legende handelt von dem schwarzen Kuhhirten Francisco, der seine Frau Catirina über alles liebt und ihr gern jeden Wunsch erfüllt. Eines Tages bittet die schwangere Catirina ihren Mann inständig um eine besondere Speise: Es gelüstet sie so sehr nach der saftigen Zunge eines Bullen. Francisco kommt der Bitte nach und schlachtet den Lieblingsbullen seines Herrn. Dann muss er fliehen! Im Dschungel trifft Francisco auf einen Schamanen. Ihm gelingt es, das Schicksal für Francisco noch einmal zu wenden. Gemeinsam rufen sie die Geister des Amazonas an, dem geliebten Bullen doch sein Leben zurückzugeben. Und tatsächlich, es gelingt. Francisco kann zurückkehren, und nun ist es an der Reihe des Herrn, einen Bullen zu schlachten, um seinen Kuhhirten zu Hause willkommen zu heißen.

Der Stoff der Boi-Bumba-Legende bietet sich geradezu dafür an, ihn fantasievoll auszuschmücken mit Dschungeltieren und volksnahen Charakteren. Die Geschichte wird in Tänzen erzählt, die von der *Toada* begleitet werden, einem eindringlichen Rhythmus aus der indianischen Musik des Amazonasgebiets. Jede Aufführung dauert bis zu drei Stunden.

Wie der Karneval ist aber auch das Volksfest von Parintins inzwischen kommerzialisiert worden. Laser-

Oben: Riesige Masken machen das Spiel bunt und lebendig

Shows, Feuerwerk und regionales kulinarisches Angebot bilden ein spektakuläres Rahmenprogramm. Große Brauereien treten als Sponsoren auf. Manche der bekannteren Toada-Sänger haben CDs herausgebracht.

Ursprünglich als *Bumba-Meu-Boi* bekannt, stammt die Geschichte wahrscheinlich vom Bundesstaat Maranhão aus dem 18. Jh. Während der großen Dürre von 1877 brachten Bauernknechte aus Maranhão sie auf der Suche nach Beschäftigung als Kautschukzapfer in den Amazonas mit. Die Grundfabel ist wohl europäisch, wurde aber von den schwarzen Sklaven der Region modifiziert. Die Handschrift der portugiesischen Jesuiten kann man in den Motiven Tod und Wiederauferstehung, Flucht und Erlösung erkennen. Wie im Alten Testament wird der »verlorene Sohn« mit großem Jubel empfangen – eine Szene, die auf der Bühne stets in wildem Tanz und explosiver Musik gipfelt.

Folkloregruppen aus Maranhão, Manaus und anderen Städten des Amazonasbeckens führen jedes Jahr im Juni ihr eigenes Bumba-Meu-Boi auf. Die südlichen Bundesstaaten pflegen ihr *Boi-de-Mamao* oder *Boizinho*, in manchen Teilen des Nordostens heißt es *Boi-de-Reis*. Und doch gibt es keinen Ort, der an die Inbrunst und das Spektakel von Parintins herankommt, wo das Fest zu einer der besten Mischungen indianischer, europäischer und afrikanischer Kulturelemente verschmolz, die man in Brasilien finden kann. ■

Die Küche – Fisch, Fleisch und Früchte

Meeresfrüchte und frischer Fisch aus den Flüssen oder dem Atlantik, beste Fleischqualität und tropische Früchte sorgen für ein üppiges kulinarisches Angebot jur jeden Geschmack. Dazu gibt's eiskaltes Bier, Wein aus Südbrasilien oder fruchtige Säfte.

R iesige Amazonasfische, saftige Steaks und ein opulentes Angebot an Früchten und Gemüse – brasilianische Lebensmittel bieten etwas für jeden Geschmack. Die meisten Speisen basieren auf portugiesischen und afrikanischen Gerichten, jeweils variiert durch die Einflüsse der vielen Einwandergruppen.

Gegrillt und scharf gewürzt

Meeresfrüchte, Sushi, Grillfleisch, Pasta und Salate sind überall erhältlich. Dennoch besteht das traditionelle Gericht für die meisten Brasilianer aus Reis, schwarzen Bohnen und *farinha,* dem Maniokmehl.

Das Lieblingsessen im ganzen Land ist *churrasco,* Gegrilltes – meistens Rind, aber auch Schwein, Lamm, Huhn oder Fisch. Halten Sie Ausschau nach Restaurants mit *rodizio*-Abgeboten: Dabei isst man zu einem Fixpreis Beilagen und Fleisch vom Spieß, so viel man kann.

Viele Brasilianer mögen zum Fleisch scharfe Pfeffersaucen *(pimienta)* oder *malaguetta*-Chilis. Sie bilden den Pfiff des Grillgerichts, weshalb viele *churrascarias* ihre Chilisaucen selbst mixen – nach streng geheimer Zubereitungsart, versteht sich.

Sehr populär ist das *comida a kilo,* das Bestellen nach Gewicht. Für Experimentierfreudige ist dies eine herrliche Gelegenheit, jeweils ein bisschen von allen unbekannten Speisen eines reichbestückten Büffets zu probieren.

Bahias Küche

Die bei weitem abwechslungsreichsten kulinarischen Genüsse des Riesenlandes bietet die afrikanisch beeinflusste Küche Bahias. Palmöl, Kokosnussmilch und Krabbenmehl sind die Hauptzutaten dieser Küche, dazu kommt oft

noch eine gehörige Portion Chili. (Mehr zu Bahias Küche erfahren Sie auf S. 235.)

Auch *Feijoada,* ein Nationalgericht Brasiliens, stammt aus Bahia. Es war einst das typische Essen der Sklaven: Zum Reis und den schwarzen Bohnen kamen die Fleischreste, die der Herrschaft zu minderwertig waren. Das Ergebnis war ein nahrhafter Eintopf. Dazu gehören neben dem Reis und den Bohnen vor allem Schweinezunge, -füße, -ohren und -schwänzchen sowie Rindfleisch, Kochwurst, Speck und Dörrfleisch. Das Fleisch wird über Nacht mariniert. Als Beilagen gibt's grünen Kohl, Maniokmehl und Orangenscheiben sowie die scharfe Sauce *molho do pimienta.* Traditionsgemäß nimmt man dieses Gericht samstags zu sich.

Der portugiesische Einfluss

Eines der beliebtesten Importprodukte aus Portugal ist *bacalhau*, der Stockfisch. Im Laden sieht der getrocknete Kabeljau wie graue Pappe aus, doch eingeweicht und gekocht verändert er sein Aussehen. Im Stehcafé findet man ihn als *bolinhos de bacalhau* wieder, Stockfisch-Bällchen mit Chili als Apetizer zum Bier. Ein schmackhafter Eintopf ist der *cozido* aus gekochtem Fleisch und Wurzelgemüse sowie Kohl und Kartoffeln.

Weitere regionale Spezialitäten

An der gesamten Atlantikküste – besonders natürlich im Nordosten – sind Meeresfrüchte und

Die Grundnahrung der Amazonas-Bewohner besteht aus Fisch, Kochbananen und Maniok. Wer Gelegenheit hat, einen *Dourado*, Dornwels oder diverse Barscharten wie *Pacu*, *Tucunaré* oder *Tambaqui* zu probieren, sollte nicht zögern. Dies sind Gaumenfreuden, die man andernorts nicht bekommt. Der *Pirarucú* kann bis zu 200 kg schwer werden, dieser Fisch hat keine Gräten, sondern Knochen: Angesichts der großen, festen Filets meint man fast, Kalbsfleisch auf dem Teller zu haben.

Die Spezialität des Nordens ist *pato o tucupi*, Ente im Tucupisud, wobei Tucupi aus dem Saft der Maniokwurzel hergestellt wird.

Fisch reichlich auf der Speisekarte zu finden. Häufig gibt es *peixe a brasileiro*, geschmorten Fisch, der mit *pirão* – das ist Maniok, der mit Fischbrühe gekocht wird, bis er eindickt, – serviert wird. *Carne seca o do sol* ist mit Salz konserviertes und sonnengetrocknetes Fleisch, das meist mit Kohl kombiniert wird.

In Minas Gerais gehören Schweinefleisch und Grünkohl zur Standardverpflegung und auch die *linguiça*, eine Kochwurst, zählt zu den regionalen Spezialitäten. Hinter q*ueijo minas* verbirgt sich Frischkäse mit Quittenmarmelade.

Links: »Acarajé« ist ein typisches bahianisches Gericht
Oben: Eine verführerische Auswahl regionaler Spezialitäten, serviert in traditionellen Tonschalen

GUARANÁ

Eine selten zu sehende, aber auch in Europa reichlich konsumierte Frucht ist die *Guaraná*. Die Indianer nahmen die koffeinhaltigen Samen der Kletterpflanze *Paulinia cupana* seit Jahrhunderten zu sich – pulverisiert als Getränk. Im 20. Jh. entdeckte die »Zivilisation« die Lianenart und fertigte daraus Erfrischungsgetränke (im Inlandsflug zu probieren, sehr süß!), Pulver, Tabletten und Aufputschmittel. Der Stoff soll aphrodisierend wirken – eine Eigenschaft, die zumindest den Herstellern ökonomisch hilft … Seine Zusammensetzung ist dem des Ginseng vergleichbar. In Europa gibt es Guaraná-Substanzen in Energy-Drinks, Schokolade und Bonbons.

Snacks

Salgadinhos sind die brasilianische Variante des *finger food*, die man in den allseits präsenten *lanchonetes*, einer Mischung aus Stehcafé und Schnellimbiss, bekommt. Es sind salzige, frittierte, meist überbackene Häppchen mit Huhn-, Krabben-, Palmherzen- oder Käsefüllung. Dazu gibt's *aipim frito*, frittierte Maniokstückchen.

Desserts und Süßspeisen

Die Brasilianer lieben es sehr süß. Variationen aus Obst, Kokosnuss, Milch, Eigelb und Schokolade werden angeboten. *Brigadeiros* sind Schokoladenbällchen, *cocadas* beliebte Süßspeisen aus Kokos. Nichts für Figurbewusste ist *quindim*, eine Kalorienbombe aus Kokos mit Ei, oder auch *doce de leite*, die Crème Karamel. Verlockend und in guten Restaurants auch unbedenklich genießbar ist das Speiseeis *sorvete*. Vor allem das riesige Angebot an Früchten – Sorten, die selbst den von Importen verwöhnten Mitteleuropäern oft unbekannt sind, – bietet eine breite Palette an Geschmacksrichtungen. Mit Zucker wird hierbei keinesfalls gespart!

Fruchtsäfte und Obst

Wasser- und Honigmelonen, Papayas, Ananas, Mangos (saisonbedingt) und diverse Bananensorten sind überall erhältlich und jedem bekannt. Exotische Früchte wie *jaca*, die kiloschwere Jackfrucht, *carambola* (Sternfrucht), bei uns meist zur Dekoration missbraucht, oder *graviola* (Sauersack), eine große Annonenart, sind wenigen geläufig. In Minas Gerais gibt es überall im Frühsommer (ab November) die herrliche *Jabuticaba*, die an Kirschen erinnert. *Açaí* aus dem Amazonasgebiet ist eine dunkelviolette Palmfrucht, die dabei ist, ein Exportschlager zu werden, da sie u. a. als potenzfördernd gilt. *Acerola* gilt als Vitamin-C-reichste Frucht weltweit und wird deshalb auch in Europa in konzentrierter Form in Apotheken und Reformhäusern angeboten. ∎

Rechts: Frischer Fisch Der Nordosten ist berühmt für Fisch, Krabben, Krebse und Hummer. Besonders schmackhaft ist der Seebarsch mit seinem festen weißen Fleisch.
Unten: Tropische Früchte Die große Auswahl an Früchten (hier Guavas) zu allen Jahreszeiten gehört zu den großen Vorzügen der brasilianischen Küche.

Links: Cachaça
Dieses hochprozentige Getränk wird aus Zuckerrohr destilliert und mit Früchten und Kräutern versetzt.

Kulinarisches ◆ 103

Café do Brasil

Kaffee und Brasilien – die Begriffe werden oft synonym gebraucht. Nach 1900 halfen die Erlöse aus dem Kaffee-Export der brasilianischen Wirtschaft auf die Sprünge, und noch immer ist die braune Bohne ein wichtiges Exportgut. Brasilianischer Kaffee wird kräftig geröstet, fein gemahlen, stark zubereitet und mit viel Zucker getrunken. Serviert mit heißer Milch – Café com leite – bildet er in Brasilien das typische Frühstücksgetränk.
Später am Tag wird er nur noch schwarz in kleinen Tässchen und niemals zu einer Mahlzeit gereicht. »Cafezinhos«, kleine Kaffees, setzt man seinen Gästen zu Hause und im Büro vor; dampfend heiß gibt es sie an allen »botequim«, den Stehbars, wo Mann sich zum Plausch trifft. Als Abschluss einer guten Mahlzeit eignet sich nichts besser als brasilianischer Kaffee.

Ganz links: Feijoada Brasiliens Nationalgericht – schwarze Bohnen und kleine Stücke von Trockenfleisch – war früher die typische Sklavenkost.
Oben: Teepause Grünen Tee (chimarão) trinkt man vor allem im Süden Brasiliens. Man benutzt ein Silberrohr mit installiertem kleinem Teesieb.
Oben: Nüsse Cashewnüsse gedeihen in Brasilien und bereichern viele Gerichte in Bahia.
Rechts: Zuckersüß Zuckerrohrstücke (cana) am Stiel sind sehr süß und vor allem bei den Kindern sehr beliebt.

König Fußball ist Brasilianer

In dieser wohl wichtigsten Weltsportart ist Brasilien die herausragende Mannschaft. Eine Fußball-WM ohne die grün-gelben Ballkünstler ist kaum vorstellbar.

Die Brasilianer haben das Fußballspielen nicht erfunden, aber sie haben es perfektioniert. Als einziges Land konnte Brasilien fünfmal den Weltmeistertitel erringen. Die Ballzauberer der brasilianischen Nationalelf stehen überall in der Welt hoch im Kurs. Mittlerweile spielen die Stars in Klubs rund um den Globus.

Englische Lehrmeister

Das Spiel mit dem runden Leder gelangte kurz vor 1900 nach Brasilien. Ein junger Engländer namens Charles Miller, in Brasilien gebürtig, der den Fußball während seines Studiums in England kennen gelernt hatte, brachte es nach São Paulo. Seine Eltern gehörten zu den ersten britischen Technikern, die in Brasilien Eisenbahnen, Häfen und elektrische Anlagen bauten. Als Charles Miller 1895 nach Brasilien zurückkehrte, spielte er schon so gut, dass er seinen Freunden vom São Paulo Athletic Club (SPAC), einem Club der englischen Gemeinde, die Grundfertigkeiten beibringen konnte. Es dauerte nur sechs Jahre, bis eine Fußball-Liga gegründet wurde. SPAC errang zwischen 1902 und 1904 dreimal hintereinander den Pokal.

1904 wurde der Pokal zum letzten Mal von englischstämmigen Spielern gewonnen. Auch der Rest der Brasilianer lernte rasch und schlug die Nachkommen der Engländer in ihrem eigenen Sport, der binnen kurzem im ganzen Land begeisterte Anhänger fand.

Links: Torschütze Ronaldo wird von seinen Mitspielern gefeiert, nachdem er den Sieg im WM-Endspiel 2002 perfekt gemacht hat

Rechts: Brasilien vor! Die brasilianischen Fußballfans gelten als besonders leidenschaftlich

Fußball – die nationale Leidenschaft

Fußball wurde in Brasilien zur nationalen Leidenschaft. Alle vier Jahre durchlebt die Nation während der Weltmeisterschaft den Karneval Ausnahmezustand. Wenn die brasilianische Mannschaft ihre Spiele austrägt, steht das ganze Volk Kopf, und die Einschaltquoten im Fernsehen errreichen Rekordhöhen. Manche Firmen stellen an den Fließbändern Fernsehgeräte auf, damit die Arbeit nicht vollständig zum Erliegen kommt. Andere schicken die Belegschaft bei wichtigen Spielen gleich nach Hause. *Futebol* gehört zu Brasilien so sehr wie der Samba.

Die wichtigen Spiele bringen so viele Zuschauer auf die Beine, dass in Brasilien einige der größten Fußballarenen der Welt errichtet wurden. Rios gigantisches, oval angelegtes Maracanã-Stadion konnte – als Stehplätze noch erlaubt waren – 200 000 dicht gedrängt stehende Menschen unterbringen. Doch nur im WM-Finale 1950 war es tatsächlich so voll. Im Morumbi-Stadion in São Paulo haben bis zu 120 000 und in fünf anderen brasilianischen Stadien zwischen 80 000 und 100 000 Zuschauer Platz.

Pelé – Idol und Sportsmann

Der berühmteste Fußballer aller Zeiten ist wohl Edson Arantes do Nascimento, der als Pelé Fußballgeschichte geschrieben hat. Der schmächti-

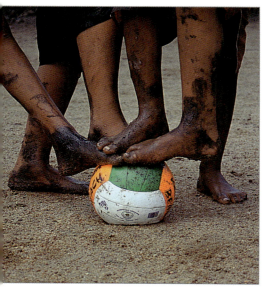

ge Junge aus dem Slum einer Kleinstadt im Staate Minas Gerais hatte noch nie Schuhe getragen, als er mit 15 Jahren einen Vertrag beim Fußballclub Santos unterzeichnete. Diesem Club blieb er 18 Jahre lang treu – unvorstellbar heutzutage. In über 1100 Spielen erzielte er 1088 Tore für seinen Verein; danach spielte er lediglich noch drei Saisons bei New York Cosmos, mit dem er 1977 zusammen mit Franz Beckenbauer auch US-Meister wurde.

1958, mit zarten 17 Jahren, verhalf er der Nationalmannschaft zu ihrem ersten Weltmeistertitel. Vier Jahre später wiederholte Brasilien diesen Erfolg dank Pelé – und Garrincha, einem weiteren legendären Fußballer des Landes. Für die Nationalelf erzielte er in 114 Spielen 95 Treffer, insgesamt sollen es 1282 gewesen sein. Sein Jubiläumstor, das 1000., schoss er 1969 vor vollen Zuschauerrängen im Maracanã-Stadion.

Als einziger Fußballer bislang gewann er drei WM-Titel. 1995 ernannte Staatspräsident Cardoso ihn zum Sportminister – ein Amt, das er drei Jahre lang bekleidete. *O Rei,* der König, wie er ihn seiner Heimat respektvoll genannt wird, wurde zum Vorbild für die Jugend.

Millionen junger Brasilianer aus fast allen sozialen Schichten träumen davon, in Pelés, Ronaldos oder Carlos Dungas Fußstapfen zu treten, als Fußballstars ähnlich berühmt zu werden und einen ebenso steilen sozialen Aufstieg zu schaffen wie ihre Idole. Doch nur wenige der talentierten Strandfußballer schaffen es bis zum Profivertrag bei einem der großen Clubs wie Botafogo, Flamengo, Fluminense oder Vasco in Rio oder Corintians in São Paulo und Grêmio in Porto Alegre. Jugendliche aus abgelegenen Fa-

FÜNFFACHER WELTMEISTER

Schweden 1958: Das Jahr der Entdeckung Pelés. Brasilien deklassierte den Gastgeber im Finale mit 5:2 und holte zum ersten Mal den ersehnten Pokal.

Chile 1962: Diesmal war Garrincha mit der Nummer 7 der Star. Pelé fehlte verletzungsbedingt bei den meisten Spielen – auch im Finale, das 3:1 gegen die Tschechoslowakei gewonnen wurde.

Das »Dreamteam« von 1970 in Mexiko: Nach Ansicht vieler Fußballexperten war dieses brasilianische Team das bisher beste. Fußballfans in aller Welt schwärmten von der Perfektion der Stürmer, dem Ballgefühl und dem Spielwitz. Man erinnert sich noch heute an Pelé, Tostão, Gerson, Carlos Alberto und Jairzinho – mit dem Titelgewinn von 1970 hatte der brasilianische Fußball seinen Höhepunkt erreicht.

USA 1994: Brasiliens Ballzauberer gewannen den vierten Titel. Fans in der ganzen Welt sangen *Tetra Campeão* (Viermal Meister). Aber so schwach präsentierte sich selten ein Champion: Nach 120 Minuten stand das Finale gegen Italien 0:0, im Elfmeterschießen vergab Roberto Baggio und Brasilien gewann.

Japan/Südkorea 2002: Nach dem Debakel im Finale in Paris 1998 war die Welt 2002 wieder in Ordnung, als Brasilien in Yokohama zum fünften Mal den WM-Titel erspielte. Ronaldo besiegelte mit zwei Toren den 2:0-Sieg über Deutschland im Endspiel.

velas sind allein aufgrund der großen Entfernungen zu den Stadien ohne Chance.

Die treuesten Fans der Welt

Brasiliens Fußballer gelten als die besten der Welt, ihre Fans als die begeisterungsfähigsten. Sie singen und tanzen vor, während und nach dem Spiel und vollführen auch bei 35 °C im Schatten ein ungeheuer temperamentvolles Spektakel, um ihre Mannschaft mit Sambatrommeln nach vorn zu peitschen. Nicht umsonst gelten diese Fans als der »zwölfte Spieler«.

Im ersten Halbjahr jedes Jahres tragen alle Bundesstaaten ihre regionalen Meisterschaften einstiger Größe. Sollten Sie auf Ihrer Brasilien-Reise gerade die Heimatstadt des neuen Landesmeisters besuchen, machen Sie sich auf ein fröhlich-ausgelassenes Erlebnis gefasst.

Fünffacher Weltmeister

Keine andere Fußballnation war bislang so erfolgreich wie Brasilien. Es nahm nicht nur bereits fünf Mal den Weltmeisterschaftspokal mit nach Hause, sondern ist auch das einzige Land, das sich seit 1930 jedes Mal ohne Ausnahme für die Teilnahme qualifiziert hat. Dies ist sicher auf den unvergleichlichen Spielstil zurückzuführen, den das Land entwickelt hat – und nicht zuletzt

aus, im zweiten Halbjahr spielen die besten Teams dann in der Nationalen Liga mit 20 Clubs. Daraus die ersten drei spielen im folgenden Jahr in der Copa Libertadores, einem Südamerika-Cup, ähnlich der Champions League in Europa. Die Sieger beider Ligen kämpfen alljährlich um den World-Supercup in Tokio. In den letzten Jahren sind jeweils die Paulistas (aus São Paulo) oder Mineiros (aus Minas Gerais) Landesmeister geworden, die berühmten Clubs aus Rio, Flamengo, Botafogo oder Vasca da Gama sind heute nur noch ein Schatten ihrer

Ganz links: Einen Ball und etwas Platz – viel mehr braucht's nicht, um Fußball spielen zu können
Oben: Brasilianische Fans sind als der 12. Spieler bekannt

auf das schier unerschöpfliche Reservoir an jungen, engagierten Nachwuchstalenten. Das Dilemma aller Vereine im Lande derzeit ist jedoch die Abwanderung der talentierten Spieler in die europäischen Superligen – ein einziger Punkt, in dem Pelé ihnen nicht zum Vorbild gereicht.

Die Welt zu Gast in Brasilien

Doch der allgemeinen Fußballbegeisterung tut dies keinen Abbruch. Vielmehr freut sich die gesamte Nation, quer durch alle Schichten, auf Brasiliens nächstes Großereignis in puncto Fußball: 2014 wird Brasilien zum zweiten Mal nach 1950 die Fußball-WM ausrichten und die Welt bei sich als Gast empfangen – wer könnte das besser als die enthusiastischen Brasilianer?

Musik und Tanz

In Brasilien findet praktisch jeder Musikgeschmack ein Angebot. Schier überbordend ist die Variationsbreite verschiedenster Stilrichtungen. Musik ist hier allgegenwärtig – auf der Straße ebenso wie in den Clubs, Bars und Konzerthäusern.

Am Samstagabend warten die brasilianischen Städte mit einem breit gefächerten musikalischen Angebot auf. Wollen Sie sich zu den Trommlern einer probenden Sambaschule gesellen? Oder lieber in einer Bar mit dem Besteck zu Sambarhythmen klappern? Hüfte an Hüfte zum vermeintlich einfachen Rhythmus eines *Forró* tanzen, mit dem eine vierköpfige Band aus dem Nordosten – Akkordeon, Basstrommel, Gitarre und Triangel – einen ganzen Saal voller Menschen zum Singen und Tanzen bringt? Oder aber die tangoähnliche Ballsaal-Virtuosität der altehrwürdigen *Gafieras* kennen lernen?

Sie können sich aber auch bei einem instrumentalen *Choro*, der auf *Cavaquinho* und Gitarre gespielt wird, unterhalten oder sich dem ohrenbetäubenden Dezibel-Trommelfeuer einer brasilianischen Rockgruppe aussetzen. In manchen der gehobenen Nachtclubs spielen Musiker neben Jazz auch Samba und Bossa Nova live. Brasilianische Diskotheken heizen ihrem Publikum nicht nur mit Techno und Rap, sondern auch mit den aktuellen Hits Brasiliens ein.

In den Clubs und Tanzlokalen der Arbeiter sind die *Duplas Sertanejas*, Gesangsduos in Cowboy-Outfit, besonders populär. Sie verkaufen seit geraumer Zeit in Brasilien die meisten Schallplatten. Sentimentale Strophen über Liebesgeschichten nähren die Sehnsucht des Stadtmenschen nach dem einfachen Leben auf dem Lande.

Im südbrasilianischen Bundesstaat Rio Grande do Sul hören sich die Gaúchos mitreißende Akkordeonmusik an und Rhythmen wie *Baião*, *Forró* und den schnelleren *Frevo* hört man überall dort, wo sich die Menschen aus dem Nordosten treffen oder niedergelassen haben.

In den Nachtclubs verschmelzen Jazzklänge mit der Melancholie eines Portugiesischen *fado*. Einheimische Schnulzensänger und die Legenden der MPB (*Musica Popular Brasileira*) – eine sehr brasilianische Form der Popmusik mit anspruchsvollen Texten – wie Roberto Carlos und Rita Lee sowie jüngere Vertreterinnen wie Daniela Mercury und Marisa Monte tragen poetische Lieder vor.

Die Gründer der Bewegung *Tropicalia* aus den 1970-er Jahren ziehen immer noch junge Zuhörer an: Gilberto Gil und Caetano Veloso locken mit sehr sensibler und vielschichtiger Musik. Veloso spielt außerdem mit seinem Sohn Moreno experimentelle Neo-Tropicalia-Musik, während Tropicalia-Diven wie Gal Costa und Maria

Bethania die Fans immer noch in ihren Bann ziehen. Der zeitlose Jorge Ben Jor, der James Brown Brasiliens, sieht sein Repertoire von Funk-Samba recovered von einer neuen Generation von Produzenten rund um den gesamten Globus.

Geschichte der brasilianischen Musik

Die ethnische Vielfalt der brasilianischen Nation erklärt, dass so viele Richtungen volkstümlicher Musik nebeneinander entstehen konnten. Jede Einwanderungswelle hinterließ ihre Spuren. Der musikalische Einfluss begann mit den ganz besonders in Brasilien auch auf seine ländlichen Wurzeln zurück, denn das Land gilt als besonders reiche Quelle traditioneller Volksmusik.

Neue Rhythmen

Die brasilianischen Musiker sind extrem kreativ im Aufgreifen und Verwandeln neuer Einflüsse und bringen ständig neue Rhythmen hervor. Bossa Nova, Lambada und Samba-Reggae sind nur einige der bekannteren Beispiele. Ein anderes Kennzeichen der brasilianischen Musik ist die Verschmelzung von verschiedenen Stilrichtungen.

portugiesischen Kolonialherren, den Jesuiten, den afrikanischen Sklaven und natürlich den indianischen Ureinwohnern und reicht bis zu den Einwanderern aus dem Europa des 19. und 20. Jhs.

Durch die Landflucht gelangten selbst Musik und Kultur des nordostbrasilianischen Sertão in die modernen Städte. Volkslieder der Música Sertaneja verkaufen sich in Brasilien heute weit besser als die gängigen Karnevals-Sambas, die ohnehin jedes Kind auswendig kennt. Der Sound der Stadt – Jazz, Pop und Rock – greift

Links: Spontane Tanzeinlage auf der Straße
Oben: Leben mit der Musik – nicht selten finden sich in den Favelas kleine Samba-Gruppen zusammen

INDIANISCH-JESUITISCHE FUSION

Nachdem sie ihre Missionstätigkeit begonnen hatten, erkannten die Jesuiten bald, wie sehr die Indianer auf Musik ansprachen und wie wichtig sie in ihren Riten war. So passten sie zur Verkündung des Evangeliums die katholische Liturgie dem indianischen Ritualgesang und seiner Choreografie an.

Allmählich wurde dann das gregorianische Kirchenlied von der indianischen Bevölkerung aufgenommen. An der Grenze zu Venezuela singen Indianer des Tucano-Stammes noch heute die Glorias, die die Salesianer-Missionare sie einst gelehrt haben.

Hintergrund

Schon die Musik der indianischen Ureinwohner lebte in erster Linie vom Rhythmus, nicht von der Melodie. Die Hauptinstrumente sind *Maracás*-Rasseln und bei manchen Indianervölkern einfache Flöten. Auch die Choreografien animistischer Zeremonien der Einwanderer nehmen bei den indianischen Riten unübersehbare Anleihen. Einige überlieferte Volkstänze wie die *Cabochlinhos* entspringen sogar unmittelbar der indianischen Inspiration.

Zum Erbe der brasilianischen Indianer in der aktuellen Musik gehören Rhythmusinstrumente, eine nasale Stimmlage, das im Refrain gesungene Wort und die Gewohnheit, den Vers mit einer tieferen Note zu beenden. Laut Mário de Andrade haben die Indianer die Tendenz der Portugiesen, hauptsächlich Lieder über enttäuschte Liebe zu kreieren, in ihre Musik integriert. Er sagt: »… für mich ist es klar, dass indianische Themen, die fast nie mit Liebe zu tun haben … uns zu einer vollständigeren lyrischen Betrachtung des Lebens verholfen haben.«

Portugiesisches Erbe

400 Jahre lang jedoch dominierte der Einfluss der portugiesischen Kolonialherren. Sie prägten die brasilianische Tonalität der Harmonie und führten den Vier-Schläge-Takt sowie die Synko-

CAPOEIRA

Capoeira ist ein Kampftanz, der in seinen Ursprüngen aus Afrika stammt und von Sklaven entwickelt wurde. Er ermöglichte es den schwarzen Leibeigenen – mit musikalischer Begleitung als Tanz getarnt – unentdeckt Verteidigungstechniken zu trainieren.

Einmal als Kampftechnik erkannt und gefürchtet, wurde der Tanz zwar verboten, aber insgeheim weiter betrieben. Erst 1937 hat man ihn wieder legalisiert. Damals gründete Mestre Bimba in Salvador die erste Capoeira-Akademie. Salvador ist heute das Zentrum des Capoeira, das weltweit populär geworden ist.

Die Begleitmusik wird von den *atabaques*, Trommeln, den *pandeiros*, Schellentambourins, und vor allem der *berimbau* erzeugt. Letztere stammt aus Angola und besteht aus einem gekrümmten Stock sowie nur einer Saite, die von einem Stab geschlagen wird. Ein offener Kürbis dient als Resonanzkörper.

Es kämpfen jeweils zwei Tänzer gegeneinander. Dabei werden sie von den anderen Capoeiristas und den Musikern umringt. Die Kampftänzer versuchen, mit kreisenden Bewegungen, Fußtritten und vorgetäuschten Angriffen den Gegner zu dominieren. Das Tempo steigert sich, Füße schießen haarscharf am Gesicht des Gegners vorbei, dazu erklingt rhythmische, immer schnellere Musik mit der singenden Berimbau – ein wahrer Augen- und Ohrenschmaus!

pierung ein, die sich später so gut mit den afrikanischen Rhythmen der Candomblé-Zeremonien vermischen sollten. Die Portugiesen brachten *Bandolim* (Mandoline), die zehnsaitige portugiesische Gitarre und Instrumente wie Dudelsack, Klavier, Bratsche und Harfe nach Brasilien.

Es war jedoch nicht die portugiesische Gitarre, die das Rückgrat der brasilianischen Volksmusik werden sollte, sondern die spanische. Auch das deutsche Akkordeon fand Eingang in die brasilianische Volksmusik, besonders im Süden und Nordosten des Landes. Fingerfertige Akkordeonspieler sind auch heute noch oft der Mittelpunkt ländlicher Feste.

Die Junifeste zu Ehren *São Joãos,* des heiligen Johannes, wären ohne die mitreißende Tanzmusik dieser *Sanfonistas* undenkbar. In letzter Zeit sind *Festas Juninhas* auch in den Städten im Norden und Nordosten Brasiliens wieder in Mode gekommen.

Neue Rhythmen aus dem Nordosten

Im Laufe der Zeit entwickelten die Menschen aus dem Nordosten einen Akkordeonstil, der mit der Spielweise der Europäer nichts mehr gemein hat. Pedro Sertanejo, Besitzer eines Forró-Tanzlokals in São Paulo, meinte nach einer Tournee durch Europa: »Sie schauten uns mit offenem Mund an und wunderten sich, wie wir diesen Rhythmus mit dem Akkordeon hinbekamen.«

König der Musik aus dem Nordosten war Luís Gonzaga (1912–1989), der Erfinder des *Baião*-Rhythmus. Seine Lieder handelten fast ausschließlich vom harten Leben im Nordosten und sind bis heute populär. Seine Komposition *Asa Branca,* das durchdringende Klagelied eines Bauern, den die Dürre von seinem Land vertrieb, wurde sogar zu einer inoffiziellen Nationalhymne.

Der Ursprung der meisten Tanzfeste ist eng mit dem katholischen Kalender verknüpft. Dies gilt für die *Reisados* (Besuch der Heiligen Drei Könige), *Pastorinhas* (gesungene und getanzte Krippenspiele) und an Pfingsten die *Festa do Divino*. Am ausgelassensten geht es jedoch auf den weltlichen Festen zu.

Zu ihnen zählen die *Congadas,* Aufführungen der iberischen Schlachten zwischen Mauren und Christen mit afrikanischen Einsprengseln, und vor allem *Bumba-meu-Boi.*

Das im ganzen Nordosten beliebte Volksspiel vereinigt afrikanische, indianische und europäische Elemente und wird in seiner ursprünglichsten Form im Bundesstaat Maranhão aufgeführt. Bumba-meu-Boi (frei übersetzt: Tanz, mein Ochse) ist ein buntes Straßenfest voller Rhythmus mit tradierter Handlung und vorgegebenen Figuren, wie *Pai Francisco* und seiner Frau *Mãe Catirina,* einem indianischen Schamanen, dem portugiesischen Arzt, dem dekaden-

ten Großgrundbesitzer und natürlich dessen Lieblingsochsen, dem *Boi estrela.* Es wird jedes Jahr mit großer Begeisterung gefeiert (s. S. 99).

Afrikanischer Einfluss

Die Mehrheit der Sklaven Brasiliens kam von der Westküste Afrikas, vor allem aus dem heutigen Angola, aus Guinea und aus dem Kongo. Darunter waren Nagôs (Yoruba), Bantus, Benim, Congos, Jebus, Jejes, Fulos, Minas, Mundubis, Haussas, Tapas, Bornos, Grumás, Calabares, Camarãos und die muslimischen Malês.

Anders als in den Vereinigten Staaten, wo die Spuren ihrer religiösen Rituale gänzlich ausgelöscht wurden, gelang es den brasilianischen Sklavenbesitzern nicht, die animistischen Ritua-

Links: Samba hat diesen ansteckenden Rhythmus, der alle auf die Tanzfläche zieht
Rechts: Bebel Gilberto – in den Fußstapfen ihres Vaters

le der Sklaven gänzlich zu unterdrücken. Solange das religiöse Zeremoniell samt den Festen weitab vom Herrenhaus stattfand, tolerierte man es. Erst später, als die Schwarzen versuchten, ihre Religion in die Städte zu tragen, griff die Polizei ein und so blieb ihnen nur noch der Ausweg, die von ihnen verehrten Orixás mit den katholischen Heiligen zu tarnen (Camouflage bzw. Synkretismus).

Ein Teil der Musikinstrumente, die heute von jeder Sambaband eingesetzt werden, stammt aus Afrika: *Agogô*-Doppel-Glocke, *Atabaque*-Trommeln, *Ganzá*-Rasseln, *Cuica* (eine kleine Trommel, von deren Fell eine Schnur gespannt

CHORO

Choro (weinen oder schluchzen) ist ein gefühlsbetonter Gesang zu Gitarrenbegleitung, kombiniert mit sinnlichen afro-brasilianischen Rhythmen. Der Komponist Heitor Villa-Lobos pflegte zu Beginn des 20. Jhs. in Rios Bars gerne Choro zu spielen – um in seinen berühmten Suiten *Bachianas Brasileiras* Elemente eines Johann Sebastian Bach mit populärer brasilianischer Musik miteinander zu vereinen.

Choro ist heute in vielen brasilianischen Städten sehr beliebt und wird von Choro-Fan, Samba-Ikone, Gitarrist und Komponist Paulinho da Viola gefördert. Er inspirierte auch die junge und beliebte Choro-Gruppe *Os Ingenous* aus Salvador.

ist, mit deren Hilfe sich ein quiekendes Geräusch erzeugen lässt).

Bei Tänzen wie den *Umbigadas* (wörtlich: Bauch-Kopf-Stöße) bildeten die Farbigen einen Kreis, klatschten, sangen und schlugen Rhythmusinstrumente, während jeweils ein Tänzer in der Mitte herumwirbelte. War sein Auftritt vorbei, stellte er sich vor jemanden im Kreis und forderte diesen mit einem Umbigada – einem Vorwärtswerfen der Hüfte – zum Tanzen auf.

Varianten der Umbigadas gibt es heute in den schwarzen Gemeinden ganz Brasiliens, sie heißen *Samba-de-roda, Jongo, Tambor-de-crioulo, Batuque* oder *Caxambu*.

Domingos Caldas Barbosa, der um 1740 in Rio als Sohn einer schwarzen Mutter und eines weißen Vaters geboren und in einer Jesuitenschule erzogen wurde, ist der berühmteste Komponist nicht nur von lasziven *Lundús*, sondern auch der *Modinha*, einer Musikart, die sich bis ins 20. Jh. durchsetzen sollte. Mitte des 19. Jhs. waren Modinhas bei Hofe sehr beliebt und wurden zu einer einzigartigen Form fast klassischer Kammermusik mit opernähnlichen Arien veredelt. Ende des Jahrhunderts waren sie jedoch wieder auf Straßenniveau gesunken: in den Laternen-Serenaden umherziehender Gitarristen.

Laszive Tänze made in Brasil

In der zweiten Hälfte des 19. Jhs. forderte man die Sklavenbands der ländlichen Plantagen und der städtischen Tanzsäle auf, moderne Tanzrhythmen aus Europa, wie Polka und Mazurka, nachzuspielen. Wenn sie unter sich waren, improvisierten sie und vermischten lebhaft hüpfende Polkas mit ihren eigenen sinnlichen Drehungen und Schwüngen. Das Ergebnis war der *Maxixe*, eine extravagante, rhythmische Form des Tango (siehe Exkurs).

Ein gescheiterter brasilianischer Zahnarzt, Lopes de Amorin Diniz, bekannt als *Duque*, sorgte zu Beginn des 20. Jahrhunderts als Tänzer und Lehrer des »Wahren brasilianischen Tangos« in Paris für Furore. 1913 trat er sogar vor Papst Pius X. auf, der bemerkte, der Tanz erinnere ihn an einen italienischen Tanz aus seiner Jugend. In Brasilien wurde der Maxixe jedoch weiterhin vom Klerus bis aufs Blut bekämpft.

Als Fred Astaire 1933 im Hollywoodfilm *Flying down to Rio* eine Version des Maxixe vorführte, war der Tanz in Brasilien fast ausgestorben. Die aggressiveren Sambas aus den Karnevalsparaden hatten die Oberhand gewonnen. Heute gibt es in Rio und São Paulo noch einige altehrwürdige Tanzlokale, meist *Gafieras* genannt, wo man staunenden Blickes jung gebliebenen Paaren zusehen kann, wie sie Hüfte an Hüfte Maxixes, Choros und Sambas aufs Parkett legen.

Der Siegeszug des Samba

Der Samba entstand aus den Umbigadas der Sklaven (*umbigo* = Bauchnabel oder auch *semba* genannt). Diesen ursprünglichen Samba – Bahia und Rio streiten noch immer darüber, wo der Samba entstand – nennt man heute *samba-roda*. Dabei bildet sich ein Kreis und ein Tänzer oder ein Paar tanzen in der Mitte, die Umstehenden klatschen den Rhytmus. Der Karnevals-Schlager *Pelo Telefone* von 1917 gilt als erster Vertreter dieses Genres. Ein Jahr zuvor hatte sich *Donga*, mit bürgerlichem Namen Ernesto dos Santos, den Titel als *Samba Carnevalesco* registrieren lassen und so den fortan gebräuchlichen Begriff für das künftige kompositorische Schaffen der Musiker Rios geprägt.

In den nächsten 50 Jahren verbreiteten sich zahlreiche Variationen des Samba, vom reinen *Samba do Morro* über die epischen *Enredos* der Karnevalsparade, bis hin zum *Samba-do-breque*, einem Samba, der plötzlich unterbrochen wird – meist für eine Einlage – und dann unvermittelt wieder einsetzt.

Da dem musikalischen Erfindungsreichtum keine Grenzen gesetzt sind und sich neue Musikstile in rascher Folge ablösen, entstehen neue Fusionen wie Samba-Rock, Jazz-Samba und Samba-Reggae. Aktueller Kassenschlager ist eine Form des Samba, die *Pagode* genannt wird und Tanzveranstaltungen im ganzen Land den Namen leiht.

Bossa Nova

Der Bossa Nova wurde am 22. November 1962 berühmt, als Antonio Carlos Jobim (1925–1994) in der Carnegie Hall, New York, sein berühmtes Konzert gab und Songs wie *Garota da Ipanema* spielte, die schon bald zu Klassikern werden sollten. Fünf Jahre davor war der Bossa Nova an der Copacabana zur Welt gekommen. Seine Vorläufer waren verjazzte Sambas, damals populär in den Nachtclubs von Rio, und der amerikanische Cool Jazz, die beide aus den Bebop-Sambas der 1940er Jahre hervorgegangen waren.

Die Schlüsselfigur bei der Entstehung des Bossa Nova war nicht der klassisch ausgebildete Antonio Carlos Jobim, sondern ein junger Gitarrist aus Zentralbahia – João Gilberto. Gilbertos einzigartiger Beitrag war ein Gitarrenstil, der die Jazzharmonien mit einem harten Begleitrhythmus verband. Legendär sind seine Aufnahmen mit dem amerikanischen Saxophonisten Stan Getz.

MAXIXE UND KOMMISS

Bei einem Ball zu Ehren einer deutschen Militärdelegation im Jahr 1907 bat der preußische Diensthabende die Musikgruppe, einen beliebten Maxixe zu spielen.

Schockiert von der Begeisterung, mit der seine Militärkapelle sich ins Zeug legte, strich Marschall Hermes da Fonseca, der damalige brasilianische Armeeminister, den Tanz aus dem Repertoire der Militärkapellen.

Fünf Jahre später musste er sich im eigenen Haus geschlagen geben, als seine Frau bei einer offiziellen Party eine temperamentvolle Kostprobe des Maxixe aufs Parkett legte.

Links: Caetano Veloso komponiert und singt schon seit den 1960er-Jahren und heute gern auch mal mit seinem Sohn
Rechts: Milton Nascimentos Popularität ist ungebrochen

SEU JORGE

2003 kam der schockierend reale Film *Cidade de Deus* (City of God) in die Kinos. Er spielt in einer der gewalttätigsten *Favelas* (Armenviertel) von Rio und wurde für vier Oscars nominiert. Ganz nebenbei machte er einen der talentiertesten jungen Sänger Brasiliens berühmt: Seu Jorge in seiner Rolle als *Knockout Red*. Die Rolle war von Co-Regisseur Fernando Meirelles für den schlaksigen Sänger eigens erdacht worden.

Jorge ist selbst in einer Favela aufgewachsen, entfloh aber der Armut und der meist kurzen Lebenserwartung mit Hilfe seiner Musik sowie seinem Engagement

am Stadttheater. Davor verbrachte er mehrere harte Jahre seiner Jugend als Straßenmusiker.

Als er für den Film gecastet wurde, war Seu Jorge bereits eine lokale Größe in Rios explodierender, neuer Musikszene. Mereilles kannte seine erste Band, *Farofa Carioca*, die elektronische Versionen der Funk-Samba-Hits von Jorge Ben Jor aus den 1960er-Jahren spielte. Jorge Ben Jor gilt wie Seu Jorge als überzeugter *Carioca* (Einwohner Rios) mit der Samba im Blut.

Jorge machte solo weiter und brachte das Album *Samba Esporte fino* (in Europa unter *Carolina* bekannt) heraus. Der Titelsong wurde ein internationaler Club-Hit, und erschien sogar auf einigen Alben in Europa: Die Welt entwickelte Interesse an der neuen Generation brasilianischer Musiker und ganz speziell an dem jungen Newcomer Seu Jorge.

Auf Betreiben von Meirelles wurde Jorge von Wes Anderson eingeladen, in seinem 2004 erschienenen Film *The Life Aquatic with Steve Zizou* mitzuspielen – an der Seite von Bill Murray, Anjelica Houston und Willem Dafoe. Jeder Kritiker erwähnte den rätselhaften schwarzen Typen mit dem roten Scheitelkäppchen, der bizarre portugiesisch-sprachige Versionen von David Bowies Erfolgssongs *Rebel, Rebel*, *Rock'n Roll Suicide*, *Life on Mars* und *Starman* sang.

Während der Filmaufnahmen produzierte Jorge sein zweites Soloalbum *Cru*. Das Album ist eine Sammlung von Songs, die von Seu Gorges fulminatem Gitarrenspiel getragen werden. Die Eröffnung bildet die helle, klirrende Samba-Gitarre *(cavaquinho)* mit ihrem erfrischenden Conterpart zum durchgängigen Sambarhythmus. Quietschende *Cuíca*-Trommeln kontrastieren mit der Stimme und die dumpfen Beats einer *Surdo* (große Karnevals-Basstrommel) animieren zum Tanzen. Jorges erotisch-langsame, im Bossa-Nova-Rhythmus gehaltene Version des Elvis-Songs *Don't*, die Neugestaltung von Serge Gainsbourgs *Chatterton* und das hinreißend romantische *Fiore de la Città*, das im Original vom Liedermacher Robertinho Brandt stammt, trugen alle dazu bei, dass dieses Album ein preisgekröntes wurde.

Groß geworden ist Seu Jorge mit akustischer, melodischer Musik. Seine Leidenschaft brennt für Live-Gitarren (gespielt von João Gilberto, Gilberto Gil oder Jorge Ben Jor) und für Zeca Pagozhino, »dem besten Samba-Sänger und Chronisten des Volkes«. Dabei räumt er auch dem Wave seinen Platz ein und erkennt die Bedeutung der elektronischen Generation an. Selbst arbeitet er meistens abseits der bahnbrechenden DJs, Produzenten, Laptopmanipulanten und Macher von Sound-Collagen wie Bid, DJ Dolores, MarceloD2, das Instituto Collective, Tejo, Black Alien & Speed oder der Elektro-Akustikerin Fernanda Porto.

Jorge ist ein altmodischer Sänger und Liedermacher im besten Sinne mit einem guten Gespür für Melodien und mit einem speziellen Talent für poetische Songtexte; und er ist gleichzeitig ein Botschafter der New-Wave Bewegung.

Als eine Ikone Rios hat er sich der Aufgabe verschrieben, das Leben in den Favelas zu verändern. Das Album *Cru* endet mit dem Song *Eu Sou Favela* (Ich bin die Favela), ein passenderweise spärliches und angespanntes Stück. »Eine Favela ist ein soziales Problem«, sagt er – und weiter: »Die Menschen in den Favelas sind würdevoll und stolz – und im Übrigen auch schick.« ◾

Oben: Der Mann wurde mit seiner Gitarre groß

João Gilberto wurde von einer Gruppe junger Leute, meist Studenten, die selbst mit einer kühleren Form des Samba experimentierten, bei einem Auftritt in einem Nachtclub entdeckt. So entwickelte sich der Bossa Nova eher in den Wohnungen und Bars von Rios schicker Zona Sul als in den Baracken. Der noch heute beliebte Dichter und Theaterautor Vinícius de Nello Moraes (1913–1980), ein eingefleischter Bohemien, sollte mit ausgesucht schönen Texten wie *Eu sei que vou te amar* (Ich weiß, dass ich Dich lieben werde) zum Protagonisten und Aushängeschild dieser Bewegung werden. Obwohl João Gilbertos Gitarrenstil eine ganze Generation brasilianischer Musiker beeinflussen sollte, traf der Bossa Nova in Brasilien, so wie der Cool Jazz in den USA, nur den Geschmack einer intellektuellen Minderheit und wurde nie zum Konsumartikel der breiten Masse.

Tropicalismo

Die nächste bedeutende Musikbewegung in Brasiliens populärer Musik war der *Tropicalismo*, eine Reaktion auf die Kühle des Bossa Nova und die ihm folgenden gesellschaftskritischen »Protest-Sambas« der 1960er-Jahre. Der Literaturprofessor Walnice Nogueira Galvão prägte die Bezeichnung für diese Lieder: *O dia que virá* (Der Tag der kommen wird), denn man befand sich mitten in der schlimmsten Phase der Militärdiktatur, von Zensur und Repression.

1968 wurde Geraldo Vandré, der Komponist des Protestliedes *Pra não dizer que não falei de flores* (Dies soll nicht heißen, dass ich nicht von Blumen sprach) verhaftet, gefoltert und ins Exil geschickt. 1967 schlug der Tropicalismo vollends ein, als die Bahianer Gilberto Gil und Caetano Veloso bei einem Musikfestival in São Paulo die Lieder *Domingo no Parque* (Sonntag im Park) und *Alegria, Alegria* (Freude, Freude) präsentierten.

Der Tropicalismo schockierte die Puristen genauso, wie seinerzeit Bob Dylan die Gemüter erregte, als er mit einer elektrischen Gitarre auf der Bühne erschien. Die beiden Bahianer setzten alle Mittel des Pop-Rock ein. Ihre Musik war laut und anarchistisch und vermischte Klangbilder Brasiliens mit internationaler Subkultur. Als die brasilianischen Konzertbesucher den ersten Schock überwunden hatte, tanzten sie mit, manche bis zur Ohnmacht.

Auch die Generäle reagierten: 1969 zwangen sie Caetano und Gil ins Exil. Als beide 1972 wieder zurückkehrten, hatte sich der Tropicalismo längst durchgesetzt. Noch 20 Jahre nach dem Beginn des Tropicalismo beherrschen die drei wichtigsten Liedermacher jener Generation die brasilianische Musikszene: Caetano Veloso mit seiner geschmeidig poetischen Vorstellungskraft und dem Kollektivbewußtsein immer einen Schritt voraus; Gilberto Gil, direkter, afrikanischer, rhythmischer, und Chico Buarque, Komponist und Intellektueller.

Aktuelle Vielfalt

Viele der heutigen Talente haben auf internationaler Ebene Erfolge erzielt: Milton Nascimento und Moraes Moreira ebenso wie der *Sambista* Paulinho da Viola, Hermeto Paschoal und Egberto Gismonti im Jazz, die Sängerinnen Gal Costa und Maria Bethania sowie die temperamentvolle und löwenmähnige Nordestina Elba Ramalho und Jorge Benjor mit seinen ewig jungen, wunderbar tanzbaren Sambas.

Rita Lee gilt bis heute als Ziehmutter des brasilianischen Rock. In den frühen 1980er-Jahren schlug der *Rock brasileiro* mit neuen Sängern und Gruppen in Brasiliens Musikszene ein. Wirklich neu am Rock brasileiro ist die zeitgenössische Sprache: sehr direkt, oft humorvoll,

Rechts: »Olodum« aus Salvador, einer der dynamischen Blocos Afro, wurde durch seine Zusammenarbeit mit Paul Simon in den 1990er-Jahren berühmt

spöttisch oder ironisch, geht sie frei mit Sex und Gefühlen um und schaut nicht durch den romatischen Schleier der Andeutungen, wie es Brasiliens katholisch-lyrische Tradition so liebt.

Sehr beliebt vor allem bei den weiblichen Musikfans Brasiliens ist der Romanzen-Interpret Djavan. Seit seinem ersten Hit 1976 *Flor de Lis*, ein sentimentaler Samba und heute längst ein Klassiker, ist Djavan ständig in den Hitparaden vertreten. Die meisten Brasilianerinnen können seine Texte mitsingen. Seine gefühlvolle Stimme, die anspruchsvollen, sehr poetischen Texte zusammen mit ebenso melodiöser wie rhytmischer Musik sorgen für eine ungebrochene Beliebtheit des farbigen Interpreten und Komponisten.

Re-Afrikanisierung

Echte musikalische Veränderungen gab es Mitte der 1980er-Jahre nur in Salvador, im Staat Bahia, wo eine noch nie dagewesene »Re-Afrikanisierung« eingesetzt hat. Sie begann in den späten 1970er-Jahren, als *Afoxés*, kulturelle Vereinigungen der Farbigen, die in enger Verbindung mit dem afro-brasilianischen *Candomblé*-Kult stehen, beim Karneval von Salvador Aufmerksamkeit erregten. In fließende weiße Gewänder gehüllt, zogen sie durch die Straßen, begleitet vom Klang afrikanischer *Agogôs* und Trommeln, die sonst bei religiösen Ritualen benutzt werden. Der Einfluss der Afoxés und der später entstandenen *Blocos Afros* – wie *Olodum*, *Ilê Aiyê* oder *Banda Didá* – reicht weit über den Karneval hinaus, sie sind Zentren einer Bewegung schwarzen Selbstbewusstseins.

Gleichzeitig fanden Schallplatten von Bob Marley ihren Weg nach Bahia. Die Fusion des Samba mit dem Reggae folgte auf dem Fuß – der *Samba-Reggae* entstand. Gilberto Gil gab ein mitreißendes Konzert mit dem Jamaikaner Jimmy Cliff. Inzwischen bringt jeder Karneval in Salvador wenigstens einen neuen Tanz und ein neues einheimisches Idol hervor. Zu den jüngeren Superstars aus Bahia zählen der charismatische Carlinhos Brown und *Axé*-Muse Daniela Mercury.

Olodum – von Erfolg gekrönt

Olodum, 1979 im Karneval gegründet, ist eine der bekanntesten Gruppen des Samba-Reggae,

DIE WAHRHEIT ÜBER »THE GIRL FROM IPANEMA«

Aufsehen erregte 2005 der Versuch einer Frau, ihre Boutique in Ipanema »The Girl from Ipanema« zu nennen. Denn die Erben der Rechte auf den Song, die Söhne der Komponisten Antonio Carlos Jobim und Vinicius de Moraes, erhoben dagegen Einspruch. Die Frau war Heloisa Pinheiro. Sie sei die 18-Jährige gewesen, welche die Musiker inspirierte, als sie 1962 an der Bar vorbeischlenderte, in der die beiden saßen.

Das Lied wurde berühmt durch eine Version von Stan Getz und Astrud Gilberto (1963) und seitdem Dutzende Male recovered von Ella Fitzgerald bis Frank Sinatra. Tatsächlich hatte Moraes den Song für eine Musical-Komödie mit dem Titel *Dirigível* komponiert. Der Text dieser Version, *Menina que passa* (Mädchen, das vorbeigeht), unterschied sich stark vom späteren englischen Text, geschrieben von dem amerikanischen Oscar-Preisträger Norman Gimbel.

Jobim und Moraes bestätigten, dass sie die verführerische Heloisa an der Bar vorbeibummeln sahen: Sie war »ein Mädchen mit einem goldenen Teint, eine Mischung aus Blume und Nixe, voller Ausstrahlung und Grazie, aber mit einem leichten Ausdruck von Trauer«, so schrieb Moraes später.

Heute ist die Bar bekannt als »A Garota de Ipanema« (Mädchen von Ipanema) und legt in der Vinicius-de-Moraes-Straße, mitten im mondänen Ipanema.

Musik und Tanz ♦ 117

einer Verschmelzung afrikanischer Beats mit karibischen und brasilianischen Rhythmen. Das historische Zentrum Salvadors erbebt unter dem dumpfen Klang der wuchtigen Surdo-Trommeln, wenn eine der eindrucksvollsten Bands Brasiliens loslegt. Kein Wunder, dass Olodum es zu internationaler Berühmtheit gebracht hat – nicht zuletzt durch ihre musikalische Zusammenarbeit mit den Topstars Paul Simon (»The Obvious Child«) und Michael Jackson (»They Don't Care About Us«). Heute fährt die Gruppe bis nach Europa auf Tournee.

Von Anfang an verband Olodum seine Musik mit politischen Forderungen nach der Gleichberechtigung der schwarzen Bevölkerung. Das Kulturzentrum von Olodum liegt direkt am Pelourinho-Platz in der Altstadt Salvadors. Viele der rund 300 ständigen Mitglieder, die sich hier allwöchentlich treffen, sind Straßenkinder. Durch die Musik entdecken sie eine neue Identität und sind stolz darauf – und bei ihrem Trommelrhythmus bleibt keiner mehr still.

Olodum organisiert außerdem Unterricht in Portugiesisch und Yoruba, Literatur und Datenverarbeitung und organisiert Workshops in Metall- und Holzbearbeitung.

Axé (sprich das x wie sch) ist eine rituelle, religiöse Begrüßung, die im Candomblé und Umbanda verwendet wird und »positive Energie« bedeutet. Dann dehnte sich der Begriff auf die neuen Musikrichtungen Bahias aus – zunächst abwertend gemeint, heute aber ausgesprochen positiv.

Axé – die positive Energie

Was einst ein ritueller Begriff war, beschrieb bald schon eine ganze Bewegung, ja, die gesamte neue, schwarz geprägte Musik Salvadors. Ein anfänglicher Versuch, Axé als »laute Karnevalsmusik« schlechtzureden, verstummte bald. Gruppen wie *Projeto Axé, Ilê Aiyê, Muzenza* und die bekannteren *Filhos de Gandhi* (»Kinder Gandhis«) verbreiteten die positive Energie mit Trommelwirbeln und politischen Texten. Diesen Erfolg wollte sich auch die Musikindustrie nicht entgehen lassen und produzierte während der 1990er-Jahre laufend neue Axé-Titel.

Spätestens als Daniela Mercury 1992 das Album *O Canto da Cidade* herausbrachte – es verkaufte sich in Brasilien zwei Millionen Mal –, entwickelte sich Axé zu einer der beliebtesten Musikrichtungen Brasiliens. Zu internationalem Erfolg gelangte auch die Sängerin Margareth Menezes. Beide Künstlerinnen stammen aus Salvador da Bahia. ■

Links: Megastar Marisa Monte
Oben: Carlinhos Brown in Aktion auf der Bühne
Rechts: Gilberto Gil, Musiker und einstiger Politiker

Kino

Brasiliens Kinoszene ist dynamisch, lebendig, kreativ und am Puls der Zeit. Ihre Regisseure und Schauspieler räumen internationale Preise ab, und die faszinierende Kulisse des riesigen Staates lockt Filmemacher aus aller Welt ins Land.

Ihren ersten Höhepunkt erlebte die brasilianische Filmindustrie in den 1940er-Jahren, als das *Atlântida Studio* in Rio de Janeiro eröffnete. Die nächsten 25 Jahre lang brachte es leichte Unterhaltungsfilme heraus, die beim Publikum breiten Anklang fanden. Der kostenlose Zugang Tausender Haushalte zum Fernsehen stoppte schließlich sein Wachstum. Doch gleichzeitig verlagerte sich auch das Interesse einzelner brasilianischer Filmschaffender. Sie wollten nicht mehr länger einem Hollywood-Kino der 1950er-Jahre nacheifern, sondern eigene – brasilianische – Themen und Ausdrucksformen finden. Es entstand das Cinema Nôvo.

Cinema Nôvo

Es war eine künstlerische, politische Filmbewegung der späten 1950er- und 1960er-Jahre. Als einer der Wegbereiter gilt Anselmo Duarte, dessen Film *O Pagador de Promessas* 1962 sogar die Goldene Palme von Cannes erhielt und für einen Oscar nominiert wurde. Ein weiteres Werk von ihm, *Vereda de Salvação,* wurde 1965 in Berlin mit den Goldenen Bären ausgezeichnet.

Ebenfalls ein Vertreter der neuen Richtung war Nelson Pereira dos Santos. Er wollte dem Publikum mit seinen Filmen die harte Lebensrealität Brasiliens vor Augen führen und durch den Film mit den Zuschauern in einen Dialog treten. Diesem Ziel – vom italienischen Neorealismus beeinflusst – näherte er sich mit dokumentarischen Ansätzen. Bewusst arbeitete Pereira dos Santos nur mit Laiendarstellern. Bekannt wurde insbesondere sein Film *Vidas Secas,* der 1964 zum Filmfestival in Cannes eingeladen wurde.

Und er war damals nicht der einzige. *Deus e diabo do sol* von Glauber Rocha war der andere, der 1964 am Wettbewerb um die Goldene Palme teilnahm, während Cacá Diegues' *Ganga Zumba, Rei dos Palmares* als Abschlussfilm der Kritikerwoche hervorstach.

Glauber Rocha sollte der wohl bekannteste Vertreter des Cinema Nôvo werden. Er widmete sich besonders den verarmten Menschen im Norden seines Landes. In seinem theoretischen Manifest von 1965 über das Cinema Nôvo stellte er fest, dass die »größte Originalität des Lateinamerikaners sein Hunger sei, sein größtes Elend aber, dass dieser Hunger zwar gefühlt, aber intellektuell nicht verstanden werde«. Klar spricht er sich für eine Ästhetik der Gewalt aus: Bevor diese primitiv werde, sei sie revolutionär.

Kein Wunder also, dass die engagierten Regisseure des Cinema Nôvo mit dem Militärregime aneinander gerieten. Rocha drehte 1969 noch seinen Film *Antonio das Mortes,* der von Unterdrückung und Aufstand sowie von brasilianischen Volksfesten und Riten erzählt. Doch wie viele andere Filmregisseure konnte Rocha seine Arbeit wegen politischer Repressalien nicht mehr ausüben und erklärte das Cinema Nôvo Ende der 1970er-Jahre endgültig für tot.

Nach der Militärdiktatur

Viele Filmschaffende waren zur Zeit der Militärdiktatur außer Landes gegangen. Hector Babenco nicht. Er war gekommen – im Jahr 1969 aus Argentinien, wo er als Sohn jüdischer Emigranten 1946 geboren war. Er war so fasziniert vom Cinema Nôvo, dass er blieb und hier das Filmhandwerk erlernte. Er drehte 1975 seinen ersten Kinofilm. 1978 erlitt er Morddrohungen wegen seiner Verfilmung des Dramas *Lucio Flavio* – und blieb. Der Erfolg gab ihm Recht und brachte seine Kritiker zum Schweigen: Sein Film erzielte das bis dahin viertbeste Einspielergebnis der brasilianischen Filmindustrie.

Ab dann ging es für ihn steil bergauf: Er wurde international bekannt mit seinem Film *Asphalt-Haie* über brasilianische Straßenkinder. 1985 drehte er in Hollywood *Beijo da Mulher Aranha* (Der Kuss der Spinnenfrau). William Hurt gewann den Preis als bester Darsteller in Cannes und bekam 1986 auch den Oscar. Der Film wurde außerdem als bester Film, für die beste Regie und das beste Drehbuch nominiert.

Internationale Laufstege

War Cannes gut für den brasilianischen Film, so war das Berliner Filmfestival noch besser: Hier gewannen brasilianische Filme eine Reihe von Preisen und bekamen gute Kritiken in den 1970er-, 1980er- und 1990er-Jahren. »Von allen europäischen Festivals war Berlin am meisten an unserer Filmproduktion interessiert«, sagte Walter Lima Jr., welcher 1969 den Silbernen Bären für *Brasil Ano 2000* gewann.

Brasiliens erstaunlichster Produzent war Luis Carlos Barreto, verantwortlich für *Dona Flor e seus dois maridos,* 1976. Regie führte sein Sohn Bruno. Der Film ist bis heute der erfolgreichste brasilianische Film mit mehr als 12 Millionen Kinobesuchern und einer Nominierung für den Golden Globe.

Links: »Der Kuss der Spinnenfrau« von Hector Babenco
Rechts: Szene aus »Central do Brasil«

Oscar-Nominierungen für den Regisseur Barreto in den Folgejahren stärkten das Selbstvertrauen der brasilianischen Filmemacher im qualitativen wie im kommerziellen Wettbewerb.

Weitere glanzvolle Preise

In den Jahren 1996 und 1997 wurden jeweils brasilianische Werke für den besten fremdsprachigen Film nominiert: zunächst Fábio Barretos *O Quatrilho,* eine Geschichte über italienische Immigranten, die als Wegbereiter den brasilianischen Süden besiedelten, dann folgte *O que é isso, Companheiro?* von Bruno Barreto. Dieser Film basiert auf der wahren Geschichte der Gei-

BRASILIEN ALS KULISSE

Rio und der Rest Brasiliens sind so vielfältig und faszinierend, dass sie als Kulisse auch unter ausländischen Filmemachern – ob Spielfilm, TV-Serie, Musikvideo oder Werbefilm – sehr beliebt sind.

Eine der ersten Produktionen die in Rio spielte, war Thornton Freelands Musical *Flying down to Rio* von 1933, in dem Fred Astaire und Ginger Rogers erstmals zusammen zu sehen waren. Andere Filme sind Alfred Hitchcocks Thriller *Notorious* (1946) mit Cary Grant, Ingrid Bergmann und Claude Rains, wie auch *Orfeu négro* vom französischen Regisseur Marcel Camus – eine Aufzählung, die sich problemlos bis heute fortsetzen ließe …

selnahme des amerikanischen Botschafters durch eine linksgerichtete Gruppierung 1969.

Walter Salles Jr., der an der University of Southern California School of Cinematic Arts die Filmkunst erlernte, musste erst 42 Jahre alt werden, bevor er seinen ersten internationalen Erfolg feiern konnte. Doch dieser geriet dafür fulminant: 1998 debütierte sein Film *Central do Brasil* auf dem Berliner Filmfestival. Stürmischer Beifall war die Resonanz: Salles gewann den Goldenen Bären für den besten Film und die weibliche Hauptdarstellerin Fernanda Montenegro den Silbernen Bären für die beste Darstellung. Über ein Jahr später erreichte der Sieges-

zug von *Central do Brasil* Hollywood mit einer Nominierung als bester ausländischer Film. Montenegro war als beste Schauspielerin nominiert, eine Premiere für brasilianische Künstler. Der weltweite Erfolg dieses Films – künstlerisch wie finanziell – brachte Brasiliens Kino und Salles selbst ins Rampenlicht.

Salles legte nach mit *Diarios de Motocicleta*, eine Geschichte über die Reise des jungen Che Guevara durch Südamerika. Dann folgte der englischsprachige Thriller *Dark Water*. Der nächste Film, *Linha de Passe*, erzählt von vier Brüdern, die alle einen anderen Vater haben und sich gemeinsam mit ihrer Mutter im Großstadtdschungel São Paulos durchkämpfen. Er war 2008 im Wettbewerb von Cannes vertreten.

Aber Salles steht nicht allein auf der internationalen Bühne. 2003 brachte Fernando Meirelles *Cidade de Deus* heraus, einen Film über das Leben in Rios Favelas. Er wurde von vielen Kritikern als der innovativste und beste Film des Jahres bezeichnet. Er gewann mehr als 50 internationale Preise und wurde für vier Oscars nominiert. 2005 entstand Meirelles' hoch gelobte englischsprachige Adaption von John Le Carres Roman *The Constant Gardener* – ein Film, der einen Oscar für Rachel Weisz als beste Nebendarstellerin sowie Nominierungen für Drehbuch, Schnitt und Musik erhielt. 2008 eröffnete seine Verfilmung von José Saramagos Roman *Die Stadt der Blinden* die Festspiele von Cannes.

Ein weiterer internationaler Erfolg für das brasilianische Kino war 2008 der Gewinn des Goldenen Bären als bester Film der Berlinale für José Padilhas *Tropa de Elite*. Der Film handelt vom brutalen Kampf einer Polizeielitetruppe gegen die Drogenkriminalität in den Favelas Rio de Janeiros und war in Brasilien ein großer Publikumserfolg.

Mehr von den Barretos

2008 wurde Bruno Barretos Spielfilm *Última Parada 174* als offizieller brasilianischer Beitrag für die Nominierung in der Kategorie des besten fremdsprachigen Films bei der Oscarverleihung 2009 ausgewählt.

Fábio Barretos letztes und wohl ehrgeizigstes Projekt ist ein Film über das Leben des brasilianischen Präsidenten Luiz Inácio Lula da Silva, basierend auf Denise Paranás Buch *Lula: O Filho do Brasil* (Lula: Brasiliens Sohn).

Brasilianische Filmfestivals

Für brasilianische Filmproduzenten ist es nicht leicht, neue Filme zu finanzieren. Dennoch überlebt die Industrie vor allem in Rio, wo auch Lateinamerikas wichtigstes Filmfestival *Festival do Rio* im September und Oktober stattfindet.

Renommiert sind auch das internationale Filmfestival von São Paulo, das im Oktober 2006 sein 30-jähriges Bestehen feierte, und das Gramado Filmfestival, welches im 2007 seit 35 Jahren bestand. Gramado, einst das wichtigste Festival für brasilianische Produktionen, vergibt heute seine Preise nicht mehr nur an brasilianische Filme, sondern auch an die besten Filme, die das übrige Lateinamerika zu bieten hat. ∎

Links: »Cidade de Deus« zeigt die Gewalt in den Favelas

TV GLOBO

Als Roberto Marinho im August 2003 starb, verhängte Brasiliens Präsident Lula eine dreitägige Staatstrauer, obwohl dieser weder ein ehemaliger Präsident noch überhaupt Politiker war. Marinho war »der« Medienzar Brasiliens – ein Herrscher über Geld, Firmen und Menschen, der wegen seines mächtigen Medienimperiums und in Anlehnung an Orson Welles' legendären Hollywood-Streifen bisweilen auch »Brasiliens Citizen Kane« genannt wurde.

Der Magnat verstarb im Alter von 98 Jahren zu einer Zeit, als sein Nachrichten- und Unterhaltungsnetzwerk 99,9 % aller brasilianischen Haushalte erreichte. Er war zeitlebens der Kopf des landesweit ausgestrahlten Fernsehsenders *Globo* und der weltweit viertgrößte Produzent von Fernsehprogrammen. Somit erreichte er 5 % des Fernsehpublikums weltweit. Nicht wenige Menschen betrachten Globos' marktbeherrschende Stellung als eine latente Bedrohung für die Demokratie. Das meiste im brasilianischen Fernsehen ist im günstigsten Fall oberflächlich und im schlechtesten manipulativ.

Das Fernsehen begann klein in Brasilien – und zwar 1950 mit *TV Tupi,* das die erste Ausstrahlung Südamerikas durch den Äther schickte. Der Durchbruch dieses Mediums aber erfolgte in Brasilien um 1960 mit der täglichen Ausstrahlung von Seifenopern durch den Sender *TV Excelsior.*

Marinho selbst begann seinen beispiellosen Werdegang in den 1920er-Jahren – und zwar ursprünglich als Verleger: Mit *O Globo* hatte er eine der wichtigsten Zeitungen Rio de Janeiros von seinem Vater geerbt. Etwa 20 Jahre später gründete er *Radio Globo* und etablierte das erste richtige Radiofunknetz Brasiliens. Weitere 20 Jahre später, im April 1965, folgte *TV Globo.*

Marinho agierte stets am Puls der Zeit. Die rasante Entwicklung der Medientechnik verfolgte er genau und er verstand es immer, den richtigen Zeitpunkt für den Einstieg ins jeweils neue Medium abzupassen. Großereignisse wie die Mondlandung 1968 oder die Fußballweltmeisterschaft von 1970, in der sich das brasilianische Team den Titel holte, – oder sogar die Übertragung der Karnevalsumzüge – trieben den Verkauf von Fernsehgeräten voran. Zwischen 1995 und 2000 schnellte in Brasilien die Anzahl der Besitzer von Fernsehgeräten um atemberaubende 30 % in die Höhe. Heute besitzen 90 % aller Haushalte einen Fernseher.

Marinho erkannte, dass leicht konsumierbare Radio- oder Fernsehkost das richtige Angebot für das Gros der Brasilianer war. Printmedien erreichten nur die gebildete Elite. Marinho gewährleistete also, dass TV Globo gebührenfrei empfangen werden konnte und ließ jeden Abend ein Programm ausstrahlen, das für ein möglichst breites Publikum interessant war. Einnahmen flossen über die Werbung reichlich herein.

So hatte jeder Besitzer eines Fernsehers Zugang zu TV Globo, während kaum jemand von den anderen Sendern des Landes – SBT, Bandeirantes, Record oder Cultura – Notiz nahm. Für viele bildete TV Globo die wichtigste Informations- und Unterhaltungsquelle.

Die Karriere von Roberto Marinho – einem der reichsten Männer Südamerikas – währte fast 80 Jahre. Seine Einflussnahme auf alle Medien erklärt die Dominanz von Globo in Brasilien, zu der es vermutlich in keinem anderen Land der Erde Parallelen gibt.

Mit drei *novelas* (Seifenopern) täglich, die mit den Nachrichten die beste Sendezeit zwischen 18 und 21.30 Uhr füllen, produziert der Gigant Globo heute rund 4500 Stunden neues Programm im Jahr. Die Serien sind auch ein Exportschlager und werden in ganz Lateinamerika wie auch in Europa gern gesehen. Werbung erbringt bei einer Zuschauerzahl von über 40 Millionen rund 60 % der Einnahmen des Senders.

Das Imperium von Roberto Marinho wird seinen Tod überleben, aber für diejenigen, die seiner Beerdigung beiwohnten, war dies sicher das Ende einer Ära. ■

Oben: Marinho mit Präsident Cardoso im Jahr 1999

Kunst und Künstler

Bereichert durch Künstler, die als Kinder von Immigranten aufwuchsen, blühte die Kunst in Brasilien ab den 1920er-Jahren auf. Heraus kam ein lebendiger Mix aus Tradition und Avantgarde – von den abstrakten Arbeiten von der Mitte des vorigen Jahrhunderts bis heute.

Brasiliens zeitgenössische Kunst passt nicht in die gängigen Schablonen. Erkennt man mexikanische Kunst schon auf den ersten Blick als solche, scheint die brasilianische eher international ausgerichtet und nur dezent brasilianisch gewürzt. Ivo Mesquita, Kenner der Szene, sieht als ein wesentliches Merkmal außerdem: »Die Fähigkeit, andere, aber auch uns selbst zu parodieren, unterscheidet uns von der larmoyanten Empfindsamkeit unserer spanischsprachigen Nachbarn.«

Brasilianische Künstler zählen zu den aktivsten Teilnehmern bei großen internationalen Ausstellungen wie den Biennalen in Venedig, São Paulo und Sydney oder der Documenta in Kassel. Zwischen brasilianischen Künstlern, die in der ganzen Welt arbeiten, und ausländischen Kunstschaffenden, die sich in Brasilien niedergelassen haben, findet bei diesen Großereignissen ein reger Austausch – *intercambio* – statt.

»Das lebendigste und facettenreichste Spektrum kreativer landestypischer Kunst wurde in Brasilien geschaffen«, schreibt der Kunsthistoriker Edward Lucie Smith, der innerhalb der lateinamerikanischen Avantgarde der brasilianischen den Vorzug gibt. Zu den »ortsgebundenen Werken« – große Skulpturen oder Installationen – zählen u. a. die Kunststoffvorhänge von Leda Catunda (geb. 1962), die riesigen Haarzöpfe von Tunga (geb. 1952), die unheimlichen Silhouetten, die Regina Silveira (geb. 1937) auf Decken und Wände gebracht hat, und die mächtigen Skulpturen von José Rezende (geb. 1945), deren elegante Formen durch fesselnde Oberflächenstrukturen plastisch werden.

Links: »A bicicleta com copos de leite« von Ivonaldo
Rechts: »Praia do Barbosa« von Dila

In der Malerei bestechen die expressionistischen Pinselstriche von Jorge Guinle (1947 bis 1987) und José Roberto Aguillar (geb. 1941), die atmosphärischen Straßenschluchten von Gregoriao Gruber (geb. 1950) und der Erotismus von Ivald Granato (geb. 1949). 1996 erhielt Ana Maria Pacheco (geb. 1943) als erste außereuropäische Künstlerin von der National Gallery in London ein Stipendium (s. Abb. S. 128).

Die Entstehung des Modernismus

Elan und Selbstbewusstsein der heutigen Generation brasilianischer Künstler überraschen, wenn man bedenkt, dass die Schönen Künste noch zu Beginn des 20. Jhs. von überkommenen europäischen Sichtweisen beherrscht wurden, die Rios 1826 gegründete Kaiserliche Akademie der Schönen Künste diktierte.

Gegen dieses Diktat begehrte man zunächst in São Paulo auf, das durch die immensen Gewinne der »Kaffeebarone« nach 1900 schwindelerregend schnell wuchs. Diese Neureichen waren von Traditionen unbelastet und steckten ihr Geld in Denkmäler, Fabrikhallen, Wohnhäuser und die Kunst. São Paulo wurde zum Kristallisationspunkt neuer kultureller Trends.

Als Beginn dieser neuen Ära gilt die 1922 in São Paulo abgehaltene »Woche der Modernen Kunst«. Aus heutiger Sicht war diese Veranstaltung sehr klein – es gab eine Kunstausstellung deren Kraft und Tapferkeit auf sie übergehen. In Brasilien wurde die Kunst durch Andrades Ideen von ihren traditionellen Fesseln befreit.

Bei der Öffnung der brasilianischen Kunst zur Moderne nahmen zwei Frauen eine Schlüsselrolle ein. Anita Malfatti (1889–1964) hatte bei Lovis Corinth in Berlin und in New York studiert. 1917 veranstaltete sie in ihrer Heimat eine bahnbrechende Ausstellung mit Bildern, die vor Farbe strotzten und an die Kühnheit Cézannes erinnerten. Die junge Generation war von ihren Arbeiten begeistert, weniger allerdings der bekannte Schriftsteller Monteiro Lobato, von dessen Verriss sie sich nie wieder ganz erholte.

im Foyer des städtischen Theaters sowie drei Tage lang Lesungen und Vorträge. Und doch bereitete die Ausstellung den Weg für neue Stilrichtungen: für die Würfel und Zylinder des Kubismus ebenso wie für Art-Déco und den italienischen Futurismus sowie die Metaphern des Symbolismus und des Surrealismus.

Sechs Jahre später prägte der Dichter Oswald de Andrade den Begriff *Antropofogia* (Kannibalismus), um den Umgang der brasilianischen Kunst(schaffenden) mit neuen internationalen Strömungen zu beschreiben. Andrades Wortschöpfung war inspiriert von den überlieferten Glaubensvorstellungen einiger Indianerstämme, die davon überzeugt waren, durch das Verspeisen ihrer im Kampf getöteten Feinde würde

Tarsila do Amaral (1886–1973) studierte bei Fernand Léger in Paris und schrieb: »Ich möchte in der Kunst das kleine Mädchen vom Lande aus São Bernardo sein, das mit Strohpuppen spielt.« Sie erreicht ihr Ziel durch die Reduktion der Formen und Farben auf das Wesentliche in einem unverstellt klaren Stil. Eine große Retrospektive in São Paulo 1998 brachte sie an die Spitze von Brasiliens Malern des 20. Jhs.

Emiliano di Cavalcanti (1897–1976), Maler und Konstrukteur, jobbte als Korrespondent einer brasilianischen Zeitung in Paris, wo er mit den großen Kubisten – Picasso, Braque und Léger – zusammentraf. In Brasilien verwandte er dann bald 50 Jahre darauf, Mulattinnen in unterschiedlichen Stilrichtungen zu porträtieren.

Art-Déco beeinflusste den in Italien geborenen Bildhauer Victor Brecheret (1891–1957) und Vicente do Rego Monteiro (1899–1970). Brecherets großes Denkmal der *Bandeirantes* in São Paulos Ibirapuera-Park lässt selbst monumentale Werke der Mussolini-Schule klein erscheinen. Monteiros Gemälde, die Bibelgeschichten oder Alltagsszenen der Indianer zeigen, ähneln den Darstellungen ägyptischer Halbreliefs.

José Pancetti (1904–1958) ist wohl Brasiliens beliebtester Impressionist, ein Ex-Seemann italienischer Abstammung, der nach wechselvollem Leben erst spät zum Malen kam. Er stellte überwiegend stimmungsvolle Landschaften dar.

blieb er den brasilianischen Arbeitern verbunden. Demonstrativ zeigte er auf seinen Gemälden ihre Hände und Füße übermäßig groß, als wollte er sie ausdrücken lassen: »Seht, sie sind das einzige Gut, das ich besitze.«

Portinari malte eine aufwühlende Serie über die verarmten Landarbeiter und Bauern Nordostbrasiliens, die von Dürre und Schulden um ihr Land gebracht worden waren. Er beeinflusste andere Künstler so nachhaltig, dass sein Stil als »Portinarismus« bekannt wurde.

Auch Carlos Scliar arbeitete eine Zeit lang im Portinari-Stil und thematisierte die Lebensbedingungen der Landarbeiter in Rio Grande do

Der Portinarismus

Cândido Portinari (1903–1962) war der Diego Rivera Brasiliens. Sein Fresko *Krieg und Frieden* schmückt das New Yorker UN-Gebäude und sein Gemälde *Entdeckung und Kolonisation* hängt in der Library of Congress in Washington. In seiner Jugend war Portinari Mitglied der Kommunistischen Partei und malte so besessen, dass er durch den ständigen Kontakt mit hochgiftigen Farben an Krebs erkrankte und jung starb.

Portinari stammte aus einer Familie armer italienischer Einwanderer, die sich in São Paulos Kaffeeplantagen verdingt hatte; zeitlebens

Links: Portinari-Fresko in Pampulha, Minas Gerais
Oben: Portinari thematisierte oft das Leben der Landarbeiter

Sul. Dann aber eliminierte er alle sozialkritischen Elemente aus seinen Bildern und konzentrierte sich auf Landschaften in geometrischen Formen. Sein Markenzeichen: eine quadratische Teekanne, zweidimensional in hauchzarten Pastelltönen dargestellt, wobei er Licht und Schatten äußerst sparsam einsetzte.

In Orlando Terluz' Landschaften dominiert dagegen ein kraftvolles, lehmiges Braun. Die Landbewohner seiner Gemälde sind von einer naiv-unbeschwerten Unschuld, ähneln den von Fulvio Pennacchi dargestellten Menschen. Pennacchi erzählt von ländlichen Vergnügungen, Festen und Jahrmärkten. Verglichen mit Portinaris ausgemergelten Figuren sehen seine Wanderarbeiter eher wie glückliche Familien auf einer Pilgerfahrt aus. Pennacchis hübsche, aber realitätsferne Bauerndörfer sind teilweise sogar im Baustil seiner Heimat, der Toskana, gemalt.

Alfredo Volpi (1896–1988), ebenfalls Einwanderer aus der Toskana, verabschiedete sich Ende der 1950er-Jahre von der figürlichen Malerei und konzentrierte sich auf ein einziges Sujet: wogende Massen farbiger Papierfähnchen, die bei kirchlichen Festen wie bunte Girlanden ganze Dörfer dekorieren. Volpi wurde als »Fähnchen-Maler« bekannt und reproduzierte seine Arbeiten später häufig als Siebdrucke. Es war das Zusammenspiel der Farben, das den Künstler an diesem Sujet so faszinierte.

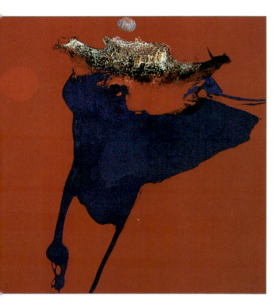

Abstrakte Kunst

1948 wurde in São Paulo das *Museu de Arte de São Paulo* (MASP), 1949 in Rio das *Museu de Arte Moderna* (MAM) eröffnet. Mitten in São Paulos Ibirapuera-Park errichtete man um die gleiche Zeit nach Plänen Oscar Niemeyers einen riesigen Biennale-Pavillon. Heute beherbergt das weitläufige Gebäude das *Museu de Arte Moderna* (MAM), und 1951 wurde hier die erste Biennale auf brasilianischem Boden eröffnet.

In São Paulo finden seitdem in ungeraden Jahren Biennalen statt, vielfältige Ausstellungen und Hunderte von Veranstaltungen, jeweils von September bis Dezember. Die Biennale förderte die Kunst der Avantgarde. In der ersten Zeit kamen die wichtigsten Werke aus dem Ausland – Picassos *Guernica,* Francis Bacons Triptychon und die riesigen Leinwände US-amerikanischer Expressionisten. Heute besteht jedoch ein wesentlich gleichwertigerer Austausch.

Ligia Clarke (1920–1988) und Hélio Oiticica (1937–1980), zwei *Cariocas* (Einwohner Rios), zählten zu den richtungsweisenden abstrakten Bildhauern ihrer Generation. Clarke schuf Serien von beweglichen Gummiraupen und Tierskulpturen aus Hartmetall. Oiticicas Werk ist besonders vielfältig – nie hörte er auf, nach neuen Formen künstlerischen Erlebens zu suchen.

Rubem Valentim (1922–1992) aus Bahia verwendete für seine Arbeiten Symbole der afro-brasilianischen *Candomblé*-Riten und schuf üppige geometrische Gemälde.

Regionale Kunst

Während Rio und São Paulo den Kunsthandel unter sich aufteilten und sich zu den wichtigsten Zentren internationaler Ausstellungen entwickelten, blieben viele brasilianische Künstler und Kunsthandwerker in ihren Heimatregionen verwurzelt. Obwohl die meisten nie eine Ausbildung genossen haben, rekrutieren sich immer wieder geniale Künstler aus ihren Reihen.

Es ist dieser Gegensatz zwischen Stadt und Land, aus dem die Biennale São Paulos ihre aufregende Spannung zieht: Die Begegnungen zwischen der Internet- und Video-Künstlergilde und einfachen Kunsthandwerkern aus dem Hinterland, die vielleicht ihren Geburtsort noch nie verlassen haben, oder auch indianischen Künstlern, die Objekte aus Federn, Holz und Knochen gestalten, sind hier das Besondere.

So bringt Minas Gerais fantasievolle Holzschnitzer und ideenreiche Töpfer hervor. Der Schnitzer Maurino Araujo wurde mit Aleijadinho, Brasiliens bedeutendstem Bildhauer des 18. Jhs., verglichen. Er hat sich auf einäugige, kurzsichtige, schielende und böse dreinschauende Engel spezialisiert. Aus dem brasilianischen Zentralplateau stammt auch Geraldo Telses de Oliveira (1913–90), dessen mandalaähnliche Holzschnitzereien Höhepunkte der volkstümlichen Skulptur darstellen.

In Goiás, dem Nachbarstaat Brasílias, arbeitet Siron Franco. Er zeichnet seine wilden Tiere in glühenden Farben und verleiht ihnen so magische Leuchtkraft. Besonders Schlangen und Capybaras, Nagetiere mit runden Schnauzen, haben es ihm angetan. Seine Menschen- und Tiergesichter tragen kühne, weiße, gelbe oder schillernde Linien um die Augen. (Sirons Vater, der einen kleinen Grundbesitz sein eigen nannte, war über den Verlust seines Landes so verzweifelt, dass er sich auf den Boden legte und so lange in die Sonne starrte, bis er erblindet war.)

Ende der 1980er-Jahre kam es in Goiás zu einem tragischen Unglück. Ein Analphabet stahl ein ausrangiertes Röntgengerät, das noch eine Kapsel mit radioaktivem Material enthielt. Fasziniert vom strahlenden Blau des Caesium 137, nahm der Mann die Kapsel mit nach Hause. Viele seiner Familienangehörigen starben an der radioaktiven Verseuchung. Siron Franco schuf darüber eine Serie von Gemälden.

João Camara aus Recife wurde Anfang der 1970er-Jahre durch seinen Protest gegen das Militärregime bekannt: Er zeigte Folteropfer mit zermalmten Gliedern, die allen anatomischen Gesetzen widersprechen.

Im benachbarten Olinda zeichnet Gilvan Samico in der volkstümlichen Holzschnitt-Tradition der *Literatura de Cordel*. Er gestaltete in kräftig-grobem Stil Balladen von Karl dem Großen und beschrieb legendäre Heldengestalten des Sertão, wie den charismatischen *Padre Cícero*, den berühmten Banditen *Lampião* und seine Braut *Maria Bonita*. Samicos Holzschnitte werden von Museen in aller Welt geschätzt.

In den 1960er- und 1970er-Jahren kamen Künstler aus der ganzen Welt in die Retortenstadt Brasília – mit dem Ziel, die monumentale Architektur Oscar Niemeyers mit dekorativen Arbeiten zu umrahmen: So schmücken Bruno Giorgis Meteore den spiegelnden See vor dem Palácio dos Arcos, Alfredo Ceschiattis Bronzeskulptur zweier sitzender weiblicher, ihr Haar kämmender Figuren sind der Blickfang am See beim Regierungspalast. Sein riesiges Engelmobile hängt von der hohen Decke der kelchförmigen Kathedrale von Brasília, worin der Atheist Niemeyer die Beichtstühle vergessen hatte.

Links: »Equador No. 2« von Manabu Mabe von 1973
Rechts: »Taboa na lagoa« von Ana Maria Dias

MANET IN BRASILIEN

Aus der Sicht brasilianischer Kunsthistoriker kann allein das von den Fluten in Rios Guanabara-Bucht glitzernd reflektierte Sonnenlicht den Impressionismus geboren haben. Ganze drei Monate des Jahres 1849 lag eine französische Fregatte in Rios Hafen vor Anker – an Bord kein Geringerer als der 16-jährige Edouard Manet, der zum »Vater des Impressionismus« werden sollte. Manet schrieb dazu: »Ich lernte viel in Brasilien, verbrachte endlose Nächte damit, das Spiel von Licht und Schatten im Kielwasser des Schiffs zu studieren. Tagsüber beobachtete ich vom Oberdeck den Horizont; so lernte ich für meine Kunst einen Himmel einzufangen.«

Aldemir Martins aus Ceará malt Pflanzen und Tiere des Nordostens. Er stellt exotische Früchte dar wie Genipapo, Jaboticaba, Caju-Nüsse und die Maracuja, die Passionsfrucht.

Beispiele der Kunst Bahias sind die Skulpturen von Mario Cravo Junior, der in seinen Werken *Keimung I, II* und *III* mit Holz und gefärbtem Polyesterharz experimentiert. Sein Sohn Mario Cravo Neto kreiert zerknitterte Formen aus Polyesterharz und Fiberglas und machte sich einen Namen als Fotograf.

Rio Grande do Sul ist bekannt für die kraftvolle Kunst seiner Bildhauer, wie etwa Vasco Prado, den trächtige Stuten zu faszinieren scheinen. Francisco Stockingers Bronze-Krieger und andere Metallarbeiten strahlen Unheil aus, mit nur angedeuteten Gesichtern und Gliedmaßen.

Gobelinkunst

Madeleine Colaco, die in Tanger geboren ist, erfand ihren eigenen Stil für Gobelins, der im Internationalen Teppichmuseum in Lausanne unter der Bezeichnung »brasilianischer Stich« firmiert. Jacques Douchez und Norberto Nicola aus São Paulo modernisierten die brasilianische Gobelinkunst mit abstrakten Designs und dem Einsatz unbestickter Materialien wie Pflanzenfasern. Sie und ihre Tochter Concessa nutzen Fauna- und Floramotive. Der in Frankreich geborene Jacques Douchez und São Paulos Norberto Nicola haben mit ihren abstrakten Designs die brasilianische Gobelinkunst modernisiert.

Naive Kunst

Jahrzehntelang diskutierten Kritiker, ob naive Kunst überhaupt als solche zu bezeichnen sei. Mittlerweile begreift man sie als Kunst – und noch dazu als eine Stilrichtung, die zur Zeit einen Höhepunkt erlebt, geprägt von einem hohen Standard in Stil und Technik.

Die naiven Künstler Brasiliens bearbeiten mit neuen Stilmitteln vielerlei Themen. Rudolfo Tamanini (geb. 1951), dessen Gemälde São Paulos Börse zieren, inszeniert lichtdurchflutete Küstenlandschaften mit atlantischem Regenwald, Sonne und Himmel, aber auch die Auseinandersetzung auf einem Balkon städtischer Häuserblocks. Ganz anders arbeitet hingegen Ernani Pavenelli (geb. 1942), ein ehemaliger Computerfachmann, der sich auf nostalgische

JAPANISCH-BRASILIANISCHE KÜNSTLER

In der Nachkriegszeit bildete sich eine ganze Schule japanisch-brasilianischer Künstler, die von Manabu Mabe (1924–97) angeführt wurde. Mabe kam als Landarbeiter nach São Paulo. In seinen Farben und Formen vermischt sich fernöstliche Harmonie mit brasilianischem Licht und kühnen Farbtönen. Mabes Bilder anzuschauen ist ein reines visuelles Vergnügen – weiße Pinselstriche explodieren in Feldern aus starken Rot-, Blau- und Grüntönen.

Mabes Sohn Hugo malte zunächst Landschaften von expressionistischer Vitalität, gestaltete dann seine Gemälde zunehmend abstrakter. Ähnlich die Kunst von Taro Kaneko aus dem ländlichen Hinterland São Paulos: Auch seine Landschaftsbilder gehen in abstrakte Kunst über. Rios Zuckerhut, die Guanaraba-Bucht und der Jaraguá-Gipfel im Norden São Paulos sind auf seinen vor explosiven Farben strotzenden Ölbildern kaum noch erkennbar. So ist Kanekos Meer goldfarben oder rot, seinen Himmel malt er grün oder orange, seine Berge gelb oder schwarz.

Geometrisch, mit nur zwei oder drei Farben arbeitet Tomie Ohtake, die 1913 in Kyoto geboren ist. Sie stammte auch aus einer Landarbeiterfamilie und begann erst spät zu malen. Ihr Bühnenbild für Madame Butterfly in Rios Thetro Municipal war ein Meilenstein in Lateinamerikas Bühnenausstattung.

Momente einer lange vergangenen Epoche spezialisiert hat: Er porträtiert Paare und Familien in Seurat'schem Pointilismus.

Der Künstler Ivonaldo (geb. 1943) setzt neben starken Farben auch seinen schrägen Humor ein – bei ihm haben Mensch und Tier ausdrucksvolle, lebhafte Augen, ob er nun aufreizende Bikinischönheiten beim Sonnenbad, von der Zuckerrohrernte erschöpfte Landarbeiter oder schüchterne Liebespärchen darstellt.

Dila, 1939 im Hinterland Maranhãos geboren, malt detailreiche Porträts des Lebens in der Provinz, Marktszenen, auf denen die Menschen feilschen und sich Früchte zu Bergen türmen.

und Flusslandschaften, die den Menschen in seiner Umgebung sehr klein erscheinen lassen.

Im ganzen Land hat sich nur eine einzige Galerie auf naive Kunst spezialisiert: die Galerie Jacques Ardies in São Paulo, unweit des zentral gelegenen Ibirapuera-Parks. Das Museum für naive Kunst in Rio de Janeiro hat leider wegen fehlender Finanzmittel geschlossen, es öffnet allerdings auf Anfrage für Gruppen oder Künstler. Dort befinden sich etwa 8000 Werke naiver Kunst aus dem ganzen Land, darunter das monumentale, 4x7 m große Gemälde »Rio de Janeiro, ich liebe Dich, ich liebe Deine glücklichen Menschen« von Lia Mittarakis. ∎

Isabel de Jesus (geb. 1938), eine ehemalige Nonne, ist international anerkannt für ihre traumhaften Fantasien in delikaten Gouachen. Vorzugsweise benutzt sie Türkis-, Purpur- oder Gelbtöne, coloriert zarte Zeichnungen von Katzen, Hunden, Fischen, Pferden und Kindern.

Viele naive Künstler konzentrieren sich mehr auf Pflanzen als auf Menschen. Francisco Severino malt Landschaften seiner Heimat Minas Gerais mit botanischer Genauigkeit. Ferreira, ein Fischer, und Edivaldo Barbosa de Souza, früher als Werbegrafiker tätig, schaffen Meeres-

Links: »Dunkle Nacht der Seele« von Ana Maria Pacheco
Oben: Eine der eindringlichen Fotografien von der Goldmine Serra Pelada von Sebastião Salgado

SEBASTIÃO SALGADO

Der überragende brasilianische Fotograf heißt Sebastião Salgado (geb. 1944 in Aimorés, Minas Gerais). Er lebt in Paris und arbeitet für Henri Cartier Bressons Bildagentur »Magnum«. Weltruhm erlangte Salgado mit Fotos der *Serra Pelada*, einer Mine im Amazonas-Staat Pará, in der Tausende Goldsucher das Edelmetall oft mit bloßen Händen aus der lateritroten Erde holten. Salgados fotografisches Auge zeugt stets von menschlicher Anteilnahme. Er spendete für UNICEF seine Reihe von Kindern in Afghanistan, Ruanda und anderen Krisengebieten. In Deutschland waren seine Arbeiten zuletzt im Herbst 2008 in Berlin ausgestellt.

Moderne Architektur

Die Großstädte Brasiliens besitzen einige erstaunliche moderne Bauwerke, entworfen von Männern, die Visionen hatten. Die größte Leistung ist wohl die Reißbrett-Hauptstadt Brasília.

Zu den renommiertesten Architekten der Welt gehören auch drei Brasilianer: Roberto Burle-Marx (1909–1994) wird als Meister der tropischen Landschaftsgestaltung verehrt, und der Stadtplaner Lúcio Costa (1902 bis 1998) gilt als Ahnherr der modernen brasilianischen Architektur. Zusammen mit Oscar Niemeyer (geb. 1907) haben sie im In- und Ausland zahlreiche Zeugnisse moderner Baukunst geschaffen. Zu Niemeyers bekanntesten Werken gehören das Pariser Parteigebäude der KP Frankreichs, der Campus der Staatsuniversität von Algerien sowie die Fassade des New Yorker UNO-Gebäudes. Burle Marx' Arbeiten stehen ebenfalls in der ganzen Welt verstreut. Sein Anwesen in Rio de Janeiro vermachte er nach seinem Tod der Nation.

Der Einfluss von Le Corbusier

Das mit Abstand wichtigste Wahrzeichen der zeitgenössischen brasilianischen Architektur ist Hauptstadt Brasília. Bei ihrer Planung Anfang der 1960er-Jahre wurden Ideen verwirklicht, die auf Le Corbusier zurückgehen.

Der legendäre französische Architekt hielt im Jahr 1931 auf Einladung Lúcio Costas einige Vorlesungen an Rio de Janeiros Akademie der Schönen Künste und vermittelte dort seine Auffassung vom Funktionalismus in der Architektur. Le Corbusier trat für klares Design, sparsamen Verbrauch des Baumaterials und für die strikte Trennung von Arbeits- und Wohnraum ein. Unter den begierig lauschenden Studenten saß auch der junge Oscar Ribereiro de Almeida Soares Filho, der später den Namen eines Onkels seines Vaters annahm und als Oscar Niemeyer Brasiliens berühmtester Architekt werden sollte.

Le Corbusiers fortschrittliche Ideen beeinflussten zunächst den Bau des »Palácio Capanema«. Rio de Janeiros zwischen 1937 und 1945 fertig gestelltes Erziehungsministerium gilt als das erste bedeutende Werk der modernen brasilianischen Architektur und nimmt viele der typischen Merkmale späterer Projekte des Teams Burle-Marx, Costa und Oscar Niemeyer vorweg.

Schon als Bürgermeister von Belo Horizonte förderte der spätere Präsident Juscelino Kubitschek die Arbeit von Burle-Marx, Costa und Niemeyer. Er ließ die drei in den 1940er-Jahren den Pampulha-Park gestalten: Sie schufen mitten in Belo Horizonte eine harmonische Seenlandschaft mit öffentlichen Gebäuden und Niemeyers revolutionärer Kirche »São Francisco de Assis«, die wegen ihrer futuristischen Fassade auf den Segen des Klerus lange warten musste.

Der Bau von Brasília

Als Juscelino Kubitschek 1956 Präsident wurde, bestimmte er Niemeyer zum Leiter des noch weit kühneren Projekts Brasília – die neue Hauptstadt sollte auf dem »Planalto central«, der weiten Hochebene des brasilianischen Westens, aus dem Boden gestampft werden.

Niemeyer schrieb für den Flächennutzungsplan der Stadt einen nationalen Architekturwettbewerb aus, den sein früherer Lehrmeister dem Platz der drei Gewalten spiegeln die Struktur der Wolken am Himmel darüber wider. Riesige Glasflächen reflektieren den Himmel und bilden einen einzigartigen Effekt. »Ich suchte Formen die die Gebäude deutlich kennzeichnen sollten, die ihnen Leichtigkeit geben, als ob sie nur zögernd den Boden berühren würden«, sagte Niemeyer Jahre später.

Burle Marx starb 1994, Costa vier Jahre später, doch Niemeyer ist immer noch tätig, mit über 100 Jahren arbeitet er in seinem Atelier hoch über Rio. Kritiker vermerkten ironisch, dass er nie in seiner »Traumstadt« Brasília lebte, sondern das mondäne Rio stets vorzog.

Lúcio Costa gewann. In der sechsköpfigen Jury saßen neben Niemeyer drei Mitglieder, die entweder mit ihm oder mit Costa befreundet waren, oder wie André Sivé bereits gemeinsam mit Costa am UNESCO-Gebäude in Paris gearbeitet hatten. So verwundert es kaum, dass Lúcio Costas Plan den Zuschlag erhielt.

Der Bau der neuen Hauptstadt war die letzte Bühne für Niemeyers Weg zu einem strengen Design und zu nüchternen Konstruktionen. Die blendend weißen Wände der Hauptgebäude auf

Links: Oscar Niemeyer, die Größe schlechthin in brasilianischer Architektur, ging nie Kompromisse ein
Oben: Die Zwillingstürme des Nationalkongresses in Brasília sind das Wahrzeichen des Regierungsviertels

Immer noch gilt Oscar Niemeyer als Brasiliens führender Architekt. Von ihm stammen die Entwürfe für das Sambódromo und das futuristische Museum für Moderne Kunst in Niterói. 1988 gewann er den Pritzker-Preis, den wichtigsten Architektur-Preis weltweit. In der Laudatio hieß es sinngemäß: »Niemeyer hat die Essenz der brasilianischen Kultur mit seiner Architektur erfaßt.« Er war und ist überzeugter Kommunist, hatte deshalb jede Menge Ärger, aber er blieb sich immer treu. In seinen Memoiren »Lebenslinien« schreibt er: »Ich schuf mein Werk mit Courage und Idealismus – und in dem Bewusstsein dessen, was wichtig ist: das Leben, Freunde und der Versuch, diese Welt zu einem besseren Platz zum Leben zu machen.« ■

Brasilien erleben

Moderne Metropolen, lebendige Kolonialstädte, einzigartige Landschaften und atemberaubende Strände – all das macht Brasilien so faszinierend. Und natürlich die Menschen hier mit ihrer ungemein facettenreichen Kultur.

Die Hafenstädte im Norden des Landes sind mit historischen Bauwerken reich gesegnet. Handelszentren der Kolonialzeit wie Salvador und Recife bieten den Besuchern eine kurzweilige Urlaubsmischung aus barocker Geschichte und Badespaß. Salvador da Bahia besitzt zudem eine ganz eigene Kultur – portugiesische und westafrikanische Einflüsse verschmelzen hier zu jener spannenden Kombination, die auch innerhalb der Vielfalt Brasiliens einzigartig ist.

Die Kette schöner Strände setzt sich nach Süden fort und erreicht in Rio, der tropischen Küstenmetropole, ihren Höhepunkt. Es liegt in einer herrlichen Gebirgs- und Küstenlandschaft und bietet Samba, Karneval und seine legendäre entspannte Lebenseinstellung. Búzios und Angra dos Reis, nur wenige Stunden von Rio entfernt, locken mit Traumstränden, Wassersport und vorgelagerten tropischen Inseln.

São Paulo steht dagegen ganz im Zeichen des Aufstiegs Brasiliens zur Wirtschaftsmacht. Sie ist die wichtigste Banken- und Börsenstadt Südamerikas und zugleich Zentrum einer Industrieansiedlung, an Fläche weit größer als das Ruhrgebiet. Auch Touristen haben diese Stadt im Visier, ist der Flughafen doch die wichtigste Drehscheibe im Land.

Je weiter man in Brasilien nach Süden reist, desto stärker ist der Einfluss mitteleuropäischer Einwanderer zu spüren. Dies gilt besonders für die Staaten Paraná, Santa Catarina und Rio Grande do Sul, in die deutsche, italienische und polnische Siedler kamen. Die Strände von Santa Catarina gelten als die schönsten Südbrasiliens und wer ins Binnenland reist, wird auf großartige Naturwunder stoßen: Paranás spektakuläre Iguaçu-Wasserfälle, das Pantanal, eine an Fischen und Vögeln reiche Sumpflandschaft, oder die küstennahe Urwaldregion der Mata Atlântica, in der ein Stück Atlantischer Regenwald zu entdecken ist.

Eine eigene Reise wert ist das Amazonasgebiet: Beginnend mit dem Amazonasdelta bei Belem, wo die riesige Schwemmlandinsel Ilha de Marajó eine sehenswerte Tierwelt beheimatet, kann man sich stromaufwärts bis Manaus einen Eindruck von der Lunge der Welt verschaffen. ■

Vorherige Seiten: Kolonialarchitektur in Salvador, der Hauptstadt des Bundesstaates Bahia – Bunte Sonnenhüte am Ipanema-Strand in Rio de Janeiro – Rios Guanabarabucht im nächtlichen Lichterschein
Links: Der Jabaquara-Strand auf der Insel Ilhabela

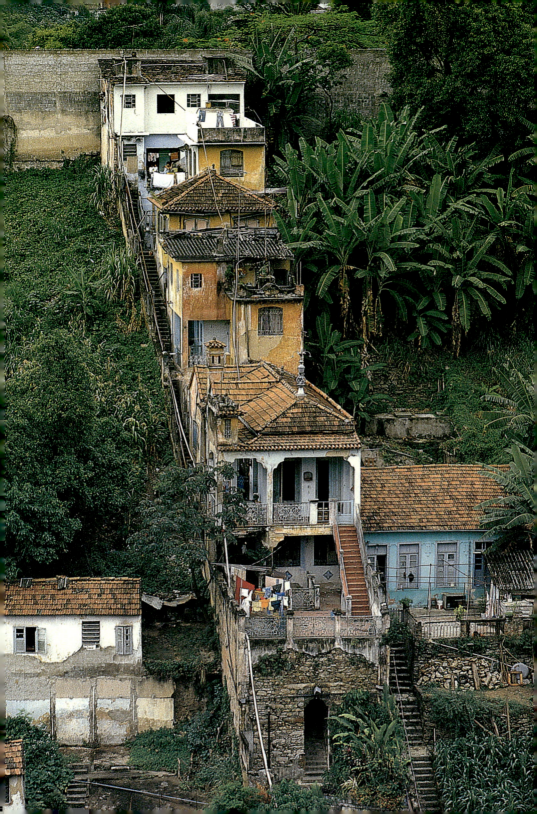

Der Südosten

Im Südosten lebt fast die Hälfte der brasilianischen Bevölkerung. Modern zeigt sich die Metropole São Paulo, selbstverliebt die andere, Rio de Janeiro. Mit barocker Architektur glänzt Minas Gerais.

Der Südosten umfasst die wichtigsten Metropolen Brasiliens und ist den übrigen Landesteilen wirtschaftlich viele Schritte voraus. Auch die Verkehrswege und die touristische Infrastruktur sind weiter entwickelt als im Rest Brasiliens.

Viele Einwohner in dem von den Millionenstädten São Paulo, Belo Horizonte und Rio de Janeiro gebildeten Dreieck genießen einen gehobenen Lebensstandard, der weit über dem Landesdurchschnitt liegt. Die Ansiedlung der verarbeitenden Industrie führte zum wirtschaftlichen Aufstieg São Paulos. Neben den sagenhaft reichen Gold- und Diamantenfunden in Minas Gerais waren ab dem 16. Jh. die Plantagen ein wichtiges wirtschaftliches Standbein Südostbrasiliens. Die Region produzierte Zuckerrohr und Baumwolle. Bis heute werden Rinder gezüchtet und Kaffee angebaut, in jüngster Zeit in großem Umfang auch Sojabohnen.

In den Bergwerken von Minas Gerais wird heute überwiegend Eisenerz abgebaut, das zum einen die einheimische Stahlindustrie mit Nachschub versorgt und zum anderen in alle Erdteile verschifft wird.

Im brasilianischen Südosten zeigt sich jedoch auch die Kehrseite des Fortschritts besonders deutlich: in Umweltverschmutzung wie in Cubatão und der sich schnell öffnenden Schere sozialer Gegensätze. Trotz dieser offenkundigen Ambivalenz ist der Südosten die meistbesuchte Region Brasiliens.

Zu den Besuchern zählen nicht nur Geschäftsreisende aus allen Teilen der Welt, sondern auch mehrere Hunderttausend Urlauber jährlich aus vielen Ländern. Die buchtenreiche Küste lockt sie mit Sonne, Trauminseln und feinsandigen Badestränden, in Rio verbunden mit dem sprichwörtlich unbekümmerten Lebensstil.

Das üppig-grüne Küstengebirge sorgt mit kühlen Temperaturen, angenehm feuchter Waldluft und herrlichen Aussichtspunkten für spannende landschaftliche Kontraste zur Millionenstadt Rio. Mehrere Nationalparks im Einzugsbereich der Metropole schützen wertvolle Reste des artenreichen Atlantischen Regenwalds, während die kahle Mittelgebirgslandschaft von Minas Gerais mit Städten wie Ouro Preto, Tiradentes, São João del Rei oder Congonhas do Campo wahre Schatzkästchen brasilianischbarocker Baukunst beherbergt und das Andenken an die Kolonialgeschichte und an das Entstehen der brasilianischen Kultur bewahrt. ■

Links: Farbenfrohe Häuser in Santa Teresa, Rio de Janeiro

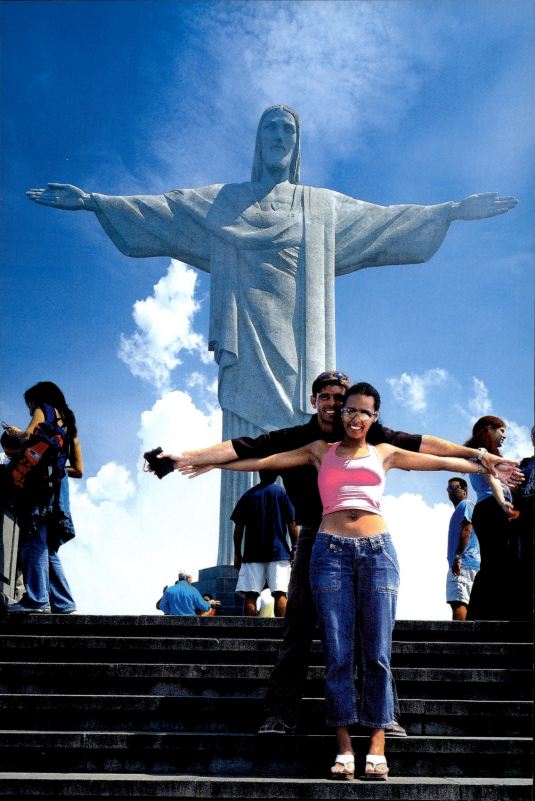

Unterwegs

Rio de Janeiro

Ehrfurcht und Stolz schwingen mit, wenn Brasilianer von Rio de Janeiro sprechen: Die Metropole am Zuckerhut nennen sie liebevoll »Cidade maravilhosa« – wundervolle Stadt.

NICHT VERPASSEN!

Museu d. Belas Artes
Santa Teresa
Zuckerhut
Copacabana
Ipanema
Corcovado
Parque da Tijuca
Lagoa Rodrigo

Links: Auf dem Corcovado
Unten: Gestylt zum Strand unterwegs

Kilometerlange Sandstrände, malerisch geschwungene Buchten und das wuchernde Grün des Tijuca-Parks verleihen Rio sein einzigartiges tropisches Flair, machen es zur schönsten Metropole Südamerikas.

Kegelförmige Granitberge, tropische Vegetation und der breite Saum berühmter Stadtstrände geben dem weißen Häusermeer der pulsierenden Millionenstadt seinen spektakulären Rahmen. Rio de Janeiros bekannteste Stadtviertel reihen sich an einer atemberaubenden Küste aneinander.

In den Straßenschluchten bewegen sich täglich etwa elf Millionen Menschen und über eine Million Autos, Lastwagen, Busse und Motorräder. Doch selbst das alltägliche Verkehrschaos kann die Begeisterung eines *Carioca*, eines Einwohners von Rio, für seine *Cidade maravilhosa* nicht schmälern. Sechs Millionen Menschen leben innerhalb der Stadtgrenzen von Rio. Um sich von den fünf Millionen Einwohnern in den wuchernden Vororten zu unterscheiden, nennen sie sich stolz *Cariocas da Gema* und betonen dabei den Zusatz *Gema*, der übersetzt »Kern« bedeutet.

Umkämpfte Guanabara-Bucht

Amerigo Vespucci, der am 1. Januar 1502 mit seiner portugiesischen Expedition in Rios natürlichem Hafen, der Bucht von Guanabara, vor Anker ging, glaubte in einer Flussmündung zu landen und verhalf der Stadt am Westufer der Bucht durch diesen Irrtum zu ihrem Namen: Rio de Janeiro, »Fluss des Januar«. Im Umkreis des Meerbusens hatten Tamoio-Indianer ihre Jagdgründe – auf sie geht der Name *Guanabara*, »Arm des Meeres«, zurück.

Im Lauf der folgenden Jahre wurde die Baía de Guanabara zum Sammelpunkt französischer Handelsschiffe. Die Franzosen trieben mit den Ureinwohnern regen Tauschhandel und errichteten an der Bucht eine Niederlassung. Ein Ritter des Malteser-Ordens,

Im Gegensatz zu alten Zeiten schippert man heute ganz friedlich durch die herrliche Bucht

Unten: Kühlende Wasserspiele auf der Praça Floriano

Nicolas Durand de Villegaignon aus der Provence, verfolgte als erster den Gedanken einer französischen Kolonie in Südamerika, die er »Antarktisches Frankreich« nannte. Er warb unter den in ihrer französischen Heimat verfolgten Hugenotten die ersten 80 Kolonisten an. Das aus drei Seglern bestehende kleine Geschwader, mit dem die Siedler 1555 in die Bucht von Guanabara einliefen, befehligte er selbst. Auf einer Insel in der Bucht errichteten die Franzosen ihre erste befestigte Siedlung: Ilha de Villegaignon.

Villegaignon begegnete den Ureinwohnern freundlich und achtete auf strikte Gleichbehandlung von Kolonisten und Indianern, neue Indianerstämme kamen als Verbündete hinzu. Gut 300 weitere Siedler aus Frankreich verstärkten die französische Kolonie.

Doch 1560 griffen die Portugiesen unter der Führung von Generalgouverneur Mem de Sá die Franzosen an. Mit Hilfe indianischer Verbündeter eroberten sie das *Fort Coligny* auf der Ilha de Villegaignon und schleiften die Festung. Fünf Jahre darauf fühlten sich die Portugiesen schließlich stark genug, den gesamten Meerbusen unter ihre Herrschaft zu bringen.

Estácio de Sá, ein Neffe Mem de Sás, gründete unweit des Zuckerhuts die von Palisaden geschützte Siedlung São Sebastião do Rio de Janeiro. Die nächsten Jahre konnten die Portugiesen die Angriffe der Franzosen anwehren. Als eine von Mem de Sá ausgerüstete Flotte die portugiesische Streitmacht mit Lebensmitteln und Soldaten aus Bahia und Pernambuco verstärkte, kam es am 20. Januar 1567 auf der **Ilha do Governador** zum entscheidenden Gefecht: Die Franzosen wurden aus der Capitania Rio de Janeiro vertrieben.

Rio wird Hauptstadt

Ende des 16. Jhs. gehörte Rio zu den bedeutendsten Ansiedlungen der Kolonie. Von seinem florierenden Hafen wurde vor allem Zucker nach Europa exportiert. Die Goldfunde im 18. Jh. veränderten Brasilien. Maultierkarawanen brachten das begehrte Edelmetall von Minas Gerais nach Paratí westlich von Rio de Janeiro, wo es nach Portugal eingeschifft wurde. Salvador verlor durch die Goldexporte an Bedeutung und wurde 1763 von Rio de Janeiro als Hauptstadt abgelöst.

Als der portugiesische Hofstaat 1808 vor Napoleon nach Brasilien floh, wurde Rio Hauptstadt des gesamten portugiesischen Reiches. König João VI. gründete Schulen, Theater und Universitäten, öffnete die Häfen für englische Waren und erlaubte Eisenhütten und Druckereien. Rio blühte auf und die Bevölkerung wuchs rasch auf 14 Millionen Menschen an.

1960 verlor Rio seinen Hauptstadt-Status an Brasília. Und dennoch: Nicht nur für Touristen aus aller Welt ist die *Cidade Maravilhosa* nach wie vor der Inbegriff Brasiliens.

Die historische Innenstadt

Aufgrund seiner geographischen Lage steht für Rio de Janeiros urbanes Wachstum nur begrenzter Raum zur Verfügung. Weite Teile der Altstadt sind daher bereits der Abrissbirne zum

Rio de Janeiro

Opfer gefallen. Dennoch ist das Stadtzentrum Rios noch immer reich an sehenswerten historischen Bauwerken.

Über dem stets belebten Platz **Largo da Carioca** A (Metrostation) erhebt sich das ehrwürdige Franziskanerkloster **Convento de Santo Antônio** B mitten im Herzen der Stadt. Mit dem Bau des Stifts wurde 1608 begonnen, die Hauptkirche jedoch erst 1780 vollendet. In der Krypta der Kirche liegen zwei Kinder der vom Volk verehrten Habsburgerin Leopoldine, Gattin des ersten Kaisers Brasiliens, Dom Pedro I., sowie zwei Söhne von Pedro II.

In der Nachbarschaft der Kirche entstand ab 1657 die Barock-Kapelle **Igreja da Ordem Terceira de São Francisco da Penitência** C, deren Innenraum reich mit Blattgold und feinen Schnitzereien der portugiesischen Meister Manuel de Brito und Francisco Xavier de Brito verziert ist. Xavier de Brito wurde später Lehrmeister des einzigartigen Aleijadinho.

Südlich des Largo da Carioca auf der gegenüberliegenden Seite der Avenida República de Chile zieht die 1976 eingeweihte **Catedral Metropolitana** D die Blicke auf sich. Das kegelförmige Schiff des futuristischen Kirchenbaus vermittelt ein eindrucksvolles Raumerlebnis: Bis zu 20 000 Menschen finden hier Platz. Sehenswert sind die großen Fenster, deren farbige Glasmosaiken von dem Südbrasilianer Konrad Lorenz stammen: In Blau sieht man über dem Eingang die Menschenrassen, gegenüber in Grün die Einheit der Kirche, rechts in Rot die Evangelisten, links in Gelb die Apostel.

Nördlich der Kathedrale liegt die **Praça Tiradentes** E, ein öffentlicher Platz, benannt nach dem Spitznamen *Tiradentes* (Zahnzieher) des Freiheitshelden Joaquim José da Silva Xavier. Er wurde am 21. April 1792 von der portugiesischen Kolonialmacht an dieser Stelle gehenkt. Heute ist der 21. April nationaler Feiertag. In der Mitte des leider sehr vom Verkehr umtosten Platzes steht jedoch keine Statue des Freiheitshelden, sondern des ersten Kaisers, Dom Pedro I. Das 1862 errichtete Denkmal zeigt den Herrscher hoch zu Ross, zu seinen Füßen Ureinwohner sowie Tiere, welche die vier wichtigsten Flüsse des Landes repräsentie-

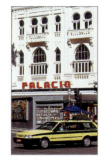

Eines der seltenen nostalgischen Gebäude im modernen Rio

Unten: Moderne Catedral Metropolitana

> **TIPP**
>
> Der Forró, Tanzmusik aus dem Nordosten, gewinnt auch in Rio Anhänger. Di treffen sie sich im Xote Coladinho bei den Arcos da Lapa, Do im Forró do Ballroom in der Rua Humanitá 110.

Unten: Üppiger Barock im Mosteiro de São Bento

ren: Amazonas, Paraná, Madeira und São Francisco.

Im 19. Jh. war der Platz Zentrum mondänen Nachtlebens; nur die Theater **João Caetano** und **Carlos Gomes** erinnern noch an diese rauschhafte Zeit. Mit reich verzierter Fassade präsentiert sich hier auch das **Real Gabinete Português de Leitura.** 1887 eröffnet, gilt es mit rund 350 000 Bänden als wichtigste Sammlung portugiesischer Literatur außerhalb Portugals (www.realgabinete.com.br, Tel. 2221-3138, Mo–Fr 9–18 Uhr, Eintritt frei).

An der Südseite des **Largo de São Francisco de Paula** ❻ erhebt sich das Portal der **Igreja de São Francisco de Paula.** Die 1801 vollendete Kirche kann Di–Fr 11–13 Uhr besichtigt werden. Zu sehen sind Gemälde des lokalen Malers Manuel da Cunha.

Spaziergang gen Norden

Auf Baupläne des Militäringenieurs Francisco de Frias da Mesquita, der zwischen 1603 und 1635 fast alle portugiesischen Festungsanlagen der brasilianischen Küste entwarf, gehen Kirche und Klosteranlage des **Mosteiro de São Bento** ❼ in der Rua Dom Gerardo 68 zurück (Zugang per Aufzug bei Nr. 40, Mo–Sa 8–11, 14–18 Uhr). Wie eine Trutzburg überragen Gotteshaus und Konvent, die zwischen 1633 und 1641 errichtet wurden, auf dem Morro de São Bento den Hafen Rios. Die Abtei zählt zu Brasiliens bedeutendsten Barockbauwerken. Im Inneren des Benediktinerklosters entdeckt man aus Jacaranda (Palisanderholz) geschnitzte Balustraden, Säulen und die Standbilder des Hochaltars von Frei Domingos da Conceiçao (1643–1718) sowie Malereien im Chor, die der aus Köln stammende Frei Ricardo do Pilar (1630 bis 1700) schuf. Messen mit gregorianischen Gesängen finden sonntags ab 10 Uhr statt, der Eintritt ist frei. Die Kapelle im Innern des Klosters mit dem prächtigen vergoldeten Hochaltar ist den Mönchen vorbehalten.

Der Klosterhügel ist einer der wenigen, die in Rios Zentrum aus der Kolonialzeit übrig blieben; die meisten wurden gesprengt und zur Auffüllung der Bucht verwendet. Ein trauriges Beispiel dafür ist der Morro do Castelo, der 1921/22 zusammen mit seinen herrli-

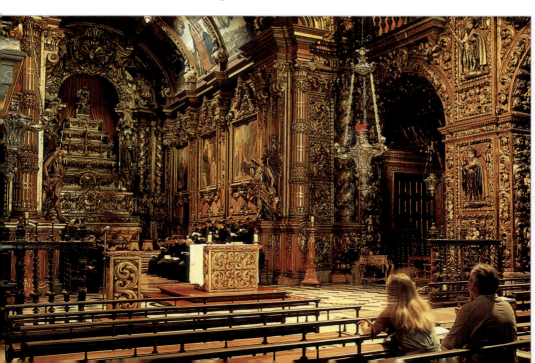

chen Kolonialbauten abgetragen wurde. Er bildete zuvor einen malerischen Hintergrund für die elegante Hauptstraße Rios, die heute als Bankenstraße bekannte Avenida Rio Branco.

Etwas verloren wirkt inmitten der Phalanx der Hochhäuser zu beiden Seiten der Avenida Presidente Vargas die zwischen 1775 und 1811 erbaute Kirche **Nossa Senhora da Candelária** ❶, Praça Pio X., Mo–Fr 8–16 Uhr. Ihr schöner klassizistischer Kuppelbau, erst 1877 vollendet, geht auf ein Gelübde eines spanischen Schiffbrüchigen zurück: Für seine Errettung versprach er der Madonna eine Kirche.

Nördlich unter der Stadtautobahn hindurch gelangt man zum Marinezentrum **Espaço Cultural da Marinha** ❶ (Avenida Alfred Agache, Tel. 2104-6191, Di–So 12–17 Uhr, Eintritt frei). Der Besuch lohnt sich vor allem für Marinefans mit Portugiesisch-Kenntnissen. Hier liegen historische Schiffe vor Anker – so das Torpedoboot »Bauru« und der Schlepper »Laurindo Pitta« (aus dem Zweiten Weltkrieg). Das Zentrum bietet Ausflugsfahrten zur Zollinsel (Ilha Fiscal) mit Besichtigung des Wasserschlösschens an (Do–So nachm.).

Schräg gegenüber der Candelaria-Kirche beginnt die Rua Primeiro do Março. In dieser verkehrsreichen Straße, deren Name an die offizielle Stadtgründung am 1. März 1565 erinnert, stehen zwei weitere Gotteshäuser. Die ehemalige Kathedrale der Stadt, die Karmeliterkirche **Igreja Nossa Senhora do Carmo** ❶, mit deren Bau 1761 begonnen wurde (Mo–Fr 8–17 Uhr). Anfang des 19. Jhs. diente sie als Capela Real: 1822 wurde hier Dom Pedro I., 1840 sein Sohn, Dom Pedro II., zum Kaiser von Brasilien gekrönt.

Durch einen schmalen Gang von der »kaiserlichen Kapelle« getrennt ist die **Igreja da Ordem Terceira do Monte do Carmo,** zwischen 1755 und 1770 erbaut. Sie besitzt in ihrem Inneren weißgoldene Vertäfelungen und im Noviziat einen Rokokoaltar, der Mestre Valentim zugeschrieben wird (Mo–Fr 8–15 Uhr).

Sehenswert ist in der nahen Rua do Ouvidor 35 die Kirche **Nossa Senhora da Lapa dos Mercadores,** die Kirche der Markthändler. Sie besitzt das älteste Glockenspiel Rios, bestehend aus zwölf Glocken. Ungewöhnlich ist ihr ellipsenförmiger Grundriss. 1999 restauriert, gilt sie nun wieder als Schmuckstück (Mo–Fr 8–14 Uhr).

Kulturzentren

Verschiedene öffentliche Gebäude Rios wurden in den letzten Jahrzehnten zu Kulturpalästen für die Öffentlichkeit umfunktioniert. Eindrucksvollstes Beispiel ist das prächtige **Centro Cultural Banco do Brasil** (Rua 1. de Março 66, Di–So 10–22 Uhr) mit Theater, Kino, einer Münzsammlung und Wechselausstellungen. Von 1906 bis 1986 diente der monumentale Kuppelbau als Nationalbank.

Ganz in der Nähe, Richtung Hafen, fällt ein niedriges weiß-ockerfarbenes Gebäude ins Auge, das ehemalige Zollhaus. 1820 erbaut, diente es zur Kontrolle der Waren der einlaufenden Schiffe. Seit 1990 hat hier das französisch-brasilianische Kulturinstitut sei-

> **TIPP**
>
> Das Espaço Cultural da Marina bietet auch Fahrten auf dem wundervoll restaurierten Schlepper »Laurindo Pitta« an (Do–So 13.15 und 15.15 Uhr, 1,5 Std. Dauer).

Unten: Friedliche Stimmung im Kloster de São Bento

> **TIPP**
>
> 2009 wurde das Opernhaus »Teatro Municipal« 100 Jahre alt! Es gibt Führungen (Info bei: www.theatromunicipal.rj.gov.br). Einzigartig ist das assyrische Café im Foyer.

Unten: Der Lesesaal der Biblioteca Nacional

nen Sitz, **Casa França-Brasil** (Rua Visconde de Itoboraí 78, Tel. 2332-5120).

Bummel durch die Kaiserzeit

Dieser Straße weiter folgend, gelangt man zu einer Passage, Travessa do Mercado, die zur Markthändler-Kirche führt. Links davon beginnt die schmale **Travessa do Comercio,** ein Gässchen, das noch den Charakter des Rio der Kaiserzeit ahnen läßt. In Straßenlokalen – oft in liebevoll restaurierten Gebäuden – nehmen die Büroangestellten der City hier ihren Lunch.

Über den **Arco dos Teles,** einen historischen Torbogen, gelangt man zur ausladenden Praça Quinze de Novembro. Hier befand sich das Machtzentrum der Monarchie – unweit des Hafens, einer Seefahrernation wie Portugal entsprechend.

Blickt man vom Torbogen nach links Richtung Fährhafen, gewahrt man eine kleine Pyramide. Diese bildet den Mittelpunkt des heutzutage kaum beachteten Brunnens, **Chafariz da Pirâmide,** von Mestre Valentim 1789 aus Granit erbaut und mit portugiesischem Marmor verkleidet. Lange Zeit nutzte ihn die Stadtbevölkerung zur Wasserversorgung, heute ist er leider versiegt.

Mittelpunkt des weiten Platzes ist der **Paço Imperial** Ⓚ, ein spätbarocker Palast. Das historische Bauwerk von 1743 diente zunächst den Generalgouverneuren Brasiliens, dann als kaiserlicher Stadtpalast, später als Münzanstalt und Postamt. Seit 1985 ist hier ein Kulturzentrum untergebracht mit einer Ausstellung über die Kaiserzeit sowie Theater, Kino und Restaurant (Di–So 12–18 Uhr, Tel. 2533-4407).

Direkt nebenan, an der Rua 1. de Março liegt der pompöse Eingang zu Rios Stadtparlament, dem **Palácio Tiradentes.** Die 12 m hohen Säulen im griechischen Stil symbolisieren demokratische Tradition, hier befand sich ab 1926 bis zur Hauptstadtverlegung 1960 das brasilianische Parlament. Im Foyer sind wechselnde Ausstellungen zu sehen, durch das Parlament führen Studenten gratis, Mo–Sa 10–17 Uhr. Davor beeindruckt die monumentale Bronzestatue des namensgebenden Freiheitshelden, der hier vor seiner Hinrichtung im damaligen Gefängnis einsaß.

> ### FUSSBALL UND SAMBA
>
> Das in nur zwei Jahren Bauzeit errichtete **Maracanã-Stadion** wurde zur WM 1950 eingeweiht. Im Finale, das Brasilien gegen Uruguay verlor, sollen 200 000 Fans im Stadion gewesen sein, heute lässt die FIFA nur noch die Hälfte zu. An spielfreien Tagen ist das »Fußball-Mekka« zu besichtigen (Eingang am Portão 16, Mo–Fr 9–17, Sa/So 9–15 Uhr, teurer Eintritt).
>
> Samba satt: Außerhalb des Karnevals kann man die 750 m lange Rua Marquês do Sapucai am **Sambodromó,** das von Oscar Niemeyer entworfen wurde, besuchen. Hier gibt's auch ein kleines Museum (Praça da Apoteose, Metro: Praça Onze, Mo bis Sa 9–17 Uhr, Eintritt frei). Fotos mit Karnevalskostümen kosten eine kleine Gebühr.
>
> 2006 wurde die **Cidade de Samba** eröffnet, die Einblick in die Probenarbeiten der Samba-Schulen gibt (s. S. 167).

Rio de Janeiro

Bedeutende Museen

Knapp 500 m in südöstliche Richtung vom Praça XV enfernt, liegt das schon 1922 eröffnete **Museu Histórico Nacional** ⓛ (Praça Marechal Âncora, Di–Fr 10–17:30, Sa/So/Fei 14–18 Uhr, Tel. 2550-9224, www.museuhistoriconacional.com.br). Im 1764 errichteten Marinearsenal untergebracht, zeigt es Möbel und Gemälde aus der Kaiserzeit, Kanonen, Kutschen und Sänften, Porzellan sowie Uniformen. Zu den Raritäten des Hauses zählt auch ein 1908 in Berlin gebautes Protos-Oldtimerfahrzeug, das dank Sponsoren sogar wieder fahrtüchtig ist.

Zeitgenössische brasilianische Kunst kann man im **Museu do Arte Moderna** Ⓜ, meist kurz »**MAM**« genannt, in Augenschein nehmen. Gezeigt werden Werke von Portinari, Segall, Malfatti sowie für Kinder einige Objekte zum Anfassen (Eingang in der Avenida Infante Dom Henrique 85, Di–Fr 10–18, Sa, So bis 20 Uhr, Tel. 2240-4944).

Das Museu do Arte Moderna liegt am nördlichen Rand der geschwungenen **Enseada da Glória,** einer Bucht, deren Strand im Rahmen der Erdaufschüttungen für den Parque do Flamengo zu einem Dreiviertelkreis ausgestaltet wurde. Etwa in der Mitte der Bucht ragt das Mahnmal für die Toten des Zweiten Weltkriegs in monumentaler Scheußlichkeit auf. Allerdings kann man von hier einen wunderbaren Rundblick genießen.

An der Praça Floriano

Die 33 m breite Avenida Rio Branco war schon zu Stefan Zweigs Zeiten eine überlastete Durchgangsstraße, doch lässt sich an der Praça Floriana immer noch die durchdachte Stadtplanung zu Beginn des 20. Jhs. ablesen. Die Prunkstraße war als kultureller Mittelpunkt Rios gedacht, **Opernhaus, Nationalbibliothek** und das **Museum der Schönen Künste** stehen hier einander gegenüber. Benannt ist der Platz nach dem zweiten Präsidenten Brasiliens, sein Denkmal steht in der Mitte des Platzes, den die Cariocas *Cinelândia* nennen, als Reminiszenz an die Zeiten, als hier etliche Kinosäle standen. Das Rathaus, **Palácio Pedro Ernesto,** ist der Grund, warum man hier öfters Demonstrationen erleben kann.

Der Zoo von Rio ist berühmt für seine exotischen Vögel (Jardim Zoológico, tgl. 9–17 Uhr)

Unten: Der eindrucksvolle Bogen des Sambódromo

Die Fahrt mit der Tram nach Santa Teresa ist ein Erlebnis – aber auch Taschendiebe sind unterwegs

Unten links und rechts: Pittoreskes Viertel Santa Teresa

Das **Museu Nacional das Belas Artes** ⓝ, Av. Rio Branco 199, besitzt eine umfangreiche Sammlung italienischer Barockgemälde sowie zahlreiche Werke brasilianischer und holländischer Meister wie Frans Post (Di–Fr 10–18, Sa, So 14–18 Uhr, Tel. 2240-0068).

Das 1909 fertig gestellte Opernhaus **Teatro Municipal** ⓞ verfügt über 2357 Sitzplätze und lässt das Pariser Vorbild erkennen. Seine bunten Glasfenster stammen aus Deutschland und das Kupferdach ist mit einem bronzenen Adler und sechs Statuen verziert.

Abgerundet wird das architektonische Ensemble im Herzen Rios von der **Biblioteca Nacional** ⓟ aus dem Jahr 1910. Sie gilt als größte Bibliothek Lateinamerikas und zählt zu den 10 größten Büchersammlungen weltweit. Die allgemeine Ausstellung kann Mo–Fr 9–20 und Sa 9–15 Uhr gratis besucht werden. Die besonders wertvollen Stücke – Gravuren von Dürer, Erstausgaben von Partituren Mozarts und Carlos Gomes' – sind nur Mo–Fr 9.30 bis 13.30 Uhr im Trakt »Divisão das obras raras« zugänglich (Tel. 2220-9484; Metro: Cinelândia).

Ein Blick zu den Indios

Im Viertel Botafogo, 10 Minuten vom Stadtkern entfernt, gibt das ethnologische **Museu do Indio** (Rua das Palmeiras 55, Metro: Botafogo, Tel. 3214- 8702, www.museudoindio.org.br, Di–Fr 9 bis 17.30, Sa, So 13–17 Uhr, So Eintritt frei) Einblick in eine Kultur im Überlebenskampf gegen die Moderne. Das Haus von 1880 ist ein typisches Wohnhaus des alten Rio. Im Garten haben Angehörige zweier Urwaldstämme, der *Xavantes* und der *Wajãpi,* originalgetreue Häuser errichtet.

Mit der Straßenbahn nach Santa Teresa

Rio de Janeiro bietet als letzte südamerikanische Metropole die Gelegenheit zu einer nostalgischen Straßenbahnfahrt. Die gelb bemalten, offenen Wagen der Trambahn, von den Cariocas liebevoll *Bondhino* (Bähnlein) genannt, sollten schon mehrfach moderneren Verkehrsmitteln weichen, aber die Einwohner liefen jedesmal dagegen Sturm. Als Sympathiebeweis malten sie kleine rote Herzchen auf die fast 60-jährigen Wägelchen.

So rumpelt also die alte Bimmelbahn der Stadt noch immer zwischen 5.10 und 23.40 Uhr über die **Arcos da Lapa** ❿, den ehemaligen Aquädukt aus dem Jahr 1728, biegt beim markanten Hochhaus der Petrobrás knirschend und knarrend in eine Kehrschleife, um schließlich mit einem kräftigen Ruck am altertümlichen Perron ihres kleinen Bahnhofs oberhalb der Rua Professor Lélio Gama zum Stehen zu kommen.

Von hier aus befördern die Bondinhos Passagiere zum einst von Bohemiens bewohnten Stadtteil **Santa Teresa** ⓡ hinauf. Das malerische Viertel ist geprägt von Kopfsteinpflastergassen und alten Häusern, mit schönen Gärten hinter hohen Mauern. Heute sind in Santa Teresa alle Bevölkerungsschichten vertreten, in der Nachbarschaft wuchert eine Favela. Für Touristen ist vor allem die Linie mit Zielbahnhof **Dois Irmãos** geeignet.

Die **Bar do Arnaudo** ist ein einfaches Restaurant an der Haltestelle Rua Alameda Alexandrino 316 b. Abends gibt's hier gelegentlich Livemusik (Di–Sa 12 bis 22 Uhr, So 12–20 Uhr).

Das Museu Chácara do Céu

Die Straßenbahnfahrt durch die gewundenen Straßen von Santa Teresa lohnt sich allein wegen der zu Beginn des 20. Jhs. in die Hügellandschaft gebauten Giebelhäuser und Villen, die die Strecke rechts und links säumen. Allerdings sieht man nicht allzu viel davon, wenn ganze Trauben von Schwarzfahrern auf den Trittbrettern der Bondinhos mitfahren.

Die bekannteste Sehenswürdigkeit in dem heute von Lebenskünstlern, Intellektuellen und Musikern bevorzugten Stadtteil ist das **Museu Chácara do Céu** Ⓢ in der Rua Murtinho Nobre 93, nur einen Steinwurf von der Trambahnstrecke entfernt. Zur Kollektion des von einem parkartigen Garten umgebenen Museums zählen Gemälde und Zeichnungen von brasilianischen Künstlern wie Cândido Portinari sowie der europäischen Moderne, darunter Braque, Debret, Degas, Miró, Monet,

Dalí, Picasso und Rousseau. Daneben sind zahlreiche orientalische Kunstgegenstände, portugiesische Azulejos und indische Bronze-Miniaturen zu sehen, die der Kunstsammler Raymundo Ottoni de Castro Maya von seinen Reisen mitbrachte. Von der zauberhaften Villa genießt man den Blick auf den Zuckerhut und die Glória-Bucht (Mi bis Mo 12–17 Uhr, Tel. 2224-8981, Mi Eintritt frei).

Wege gen Süden

Auf der Südseite der Glória-Bucht, oberhalb des wuchtigen Cabral-Denkmals auf dem Largo da Glória, nimmt die weiß gekalkte **Nossa Senhora da Glória do Outeiro** ⓣ den 61 m hohen Vorsprung eines dahinter ansteigenden Hügels ein. Zwei hintereinander liegende Achtecke verschmelzen zum ungewöhnlichen Grundriss der 1714 bis 1739 erbauten kleinen Kirche. Ihr Inneres ist mit portugiesischen Azulejo-Wandbildern verziert, die Kirchenbänke sind aus Palisanderholz, mit Leder bespannt. An Feiertagen wie dem 15. August (Mariä Himmelfahrt) wird das sakrale Kleinod mit Flaggen ge-

Einer der inzwischen seltenen, schön verzierten alten Briefkästen – hier an Rios Hauptpostamt

Unten: Die Sakristei von Nossa Senhora da Glória do Outeiro

Auf einer Bootstour durch die Guanabara-Bucht entdeckt man auch diesen kupfergrünen Palast auf der Ilha Fiscal

Unten: Die Einfahrt zur Guanabara-Bucht

schmückt, dann gleicht die auch als barockes Wahrzeichen Rios bekannte Kirche den Darstellungen auf zahlreichen Gemälden alter Meister. Sie war das bevorzugte Gotteshaus der kaiserlichen Familie.

Das Gebäude hinter dem Kirchlein birgt das **Museu da Imperial Irmandade.** Seine Ausstellung umfasst über 2000 sakrale Gegenstände und Exponate aus Stiftungen: Heiligenbilder, Juwelen, kostbares Silber und einige persönliche Gegenstände von Kaiserin Tereza Cristina (Mo–Fr 9–12, 13–17, Sa, So 9–12 Uhr).

Der zwischen 1858 und 1867 erbaute **Palácio do Catete** ⓤ liegt im recht ursprünglich gebliebenen Viertel Catete. Er diente früher als Residenz der brasilianischen Präsidenten, heute nimmt er das **Museu da República** auf. Die Einrichtung aus dem 19. und 20. Jh. ist erhalten geblieben, neben Gemälden wird auch das Testament von Präsident Vargas ausgestellt. Der ebenso charismatische wie umstrittene Regierungschef nahm sich hier 1954 das Leben (Rua do Catete 153, Di–Fr 12–17, Sa, So, Fei 14–18 Uhr, Tel. 2558-6350.

Die Guanabara-Bucht

Seit ihrer Entdeckung 1502 verzaubert Rios **Baia de Guanabara** die Besucher. Stefan Zweig schrieb in »Land der Zukunft« über seine Schiffsankunft in Rio: »Rio de Janeiro breitet sich aus mit weichen, weiblichen Armen, es empfängt in einer weit ausgespannten zärtlichen Umarmung, es zieht an sich heran, es gibt sich mit einer gewissen Wollust dem Blicke hin.« Zwei Festungen, eine aus dem 17. Jh., die andere vom 19. Jh., bewachen die Einfahrt der Bucht.

Ausflüge übers Wasser – z. B. nach Niterói oder zu den kleinen Inseln – bieten spektakuläre Ansichten auf Rio. Nicht umsonst sagen die zur Arroganz neigenden Cariocas: »Das Beste an Niterói ist der Blick auf Rio.«

Die billigste Art nach Niterói zu gelangen ist die Fähre, die im 15-Minuten-Takt vom Praça XV abfährt. Auch Tragflügelboote fahren regelmäßig hin und her, aber warum sollte man sich beeilen als Tourist?

Unweit des Fähranlegers in **Niterói** gelangt man zum spektakulären Wahrzeichen der Stadt, dem Niemeyer-Bau **Museu de Arte Contemporânea** (Mi-

RIO-NITERÓI-BRÜCKE

Ein spannendes Erlebnis ist eine Bustour über die gigantische Brücke von Rio in die Nachbarstadt Niterói, die die Guanabarabucht überspannt. Ihr offizieller Name ist **Ponte Presidente Costa e Silva.** Sie wurde am 4. März 1974 eröffnet und mißt 15,5 km, davon führen etwa 9 km übers Wasser.

Ihre sechs Fahrspuren verkürzen den Weg nach Niterói um rund 100 km. An ihrer höchsten Stelle erhebt sie sich 60 m über der Wasseroberfläche, darunter gleiten die Ozeanriesen zu Rios Hafen. Bei Sturm oder Unwetter wird der Verkehr über die Brücke eingestellt. Errichtet wurde das Megabauwerk von einer britischen Firma, die Kosten betrugen damals etwa 22 Millionen US-$.

Die Busse fahren ab dem innerstädtischen Busbahnhof, *Rodoviária*, Autofahrer müssen eine Maut entrichten.

rante de Boa Viagem, Di–Sa 11–19, So 13–19 Uhr, Sa Eintritt frei). Das runde Gebäude steht wie ein Ufo oberhalb der Bucht und zeigt Werke zeitgenössischer brasilianischer Künstler. Das Bauwerk selbst und der Ausblick sind fantastisch.

Jeden Sonntag um 10 Uhr morgens bieten Schoner (Escuna) Rundfahrten durch die Bucht an. Die beliebste der 84 Inseln ist die mit über 1 km² größte **Ilha da Paquetá,** auf der sich schon João VI. erholte. Die rund 2000 Einwohner bewegen sich nur mit Fahrrad oder Kutsche fort. Die Strände hier sind allerdings nicht zum Baden geeignet. Fähren legen von der Praça XV, Estação 1, von 5.15 bis 23 Uhr ab, sonntags nur zwischen 7 und 19 Uhr. Die Insel ist auch bei den Cariocas sehr beliebt, daher wird es sonntags oft voll.

Großartige Aussichtspunkte

Über die Einfahrt zur **Baía de Guanabara** wacht der Zuckerhut, eines der markantesten Wahrzeichen Rios. Der 396 m hohe, steil aufragende Granitblock ist für die Cariocas der **Pão de Açúcar** ❶. Seine glatten, fast vegetationslosen Felswände wurden 1817 erstmals von Kletterern bezwungen. Seit 1912 befördert eine Seilbahn Passagiere zum Gipfel, aber der Zuckerhut ist ein beliebtes Kletterziel für Freeclimber aus aller Welt geblieben.

Die erste, für nur 24 Fahrgäste ausgelegte Bergbahn versah ihren Dienst bis 1972; während ihrer fast 60-jährigen Betriebsdauer funktionierte sie einwandfrei.

Heute befördern rundum verglaste Kabinen, die bei der Verfilmung des James Bond-Films »Goldfinger« zu einer Statistenrolle kamen, bis zu 60 Passagiere in sechs Minuten zum Gipfel. Die Gondeln pendeln täglich zwischen 8 und 22 Uhr. Bei Windgeschwindigkeiten über 70 km pro Stunde wird der Fahrbetrieb eingestellt.

Von der Talstation an der **Praça General Tibúrcio** ❷ im Stadtteil Rio Vermelho geht die Fahrt im 30-Minuten-Takt zum 220 m hohen **Morro da Urca,** wo der zweite Streckenabschnitt zum Gipfelplateau beginnt. Bei großem Andrang fährt die Bahn auch öfter. Schon vom Morro da Urca bietet sich ein

TIPP

Am schönsten ist es auf dem Zuckerhut eine Stunde vor Sonnenuntergang. Von 10–11 und 14–15 Uhr sollte man ihn meiden; denn dann kommen viele Touristenbusse.

Unten: Die Seilbahn zum Zuckerhut fährt alle halbe Stunde

TIPP

Wer erhitzt vom Zuckerhut zurückkehrt, kann direkt bei der Talstation, an der Praia Vermelha, in die Fluten springen. Der Strand ist selten voll und hat moderate Wellen.

Unten: Copacabana – funkelnd im Dunkel der Nacht

grandioser Blick auf Rios meernahe Stadtteile **Leme** ❸, **Copacabana**, **Ipanema**, **Botafogo** und **Flamengo**, aber erst ganz oben reicht die Sicht im Osten bis zur Brücke nach **Niterói** und zum Küstengebirge **Serra dos Órgãos**, im Westen zum Zwillingsfelsen **Dois Irmãos** oberhalb des Stadtteils **Gávea**.

Die Strände – Mittelpunkt des Lebens

Von der Copacabana nahmen die Cariocas erst Notiz, als 1858 zwei Wale an der damals nur schwer zugänglichen Bucht strandeten und die Tageszeitungen darüber berichteten. Bis zum Ende des 19. Jhs. spielte sich Rio de Janeiros Strandleben ausschließlich an den heute zum Baden ungeeigneten Sandstränden entlang der Baía de Guanabara ab. Als ein Tunnel den beschwerlichen Weg über den Felsriegel zwischen den Stadtteilen Botafogo und Copacabana überflüssig machte, entwickelte sich das Villenviertel entlang der Copacabana rasch zum mondänen Seebad. Nun war der sanft geschwungene Vorzeigestrand mit der Straßenbahn bequem zu erreichen und mit dem *Copacabana Palace Hotel* entstand 1923 an der Avenida Atlântica die lange Zeit beste Unterkunft südlich des Äquators.

Da in Rio der Strand Mittelpunkt des täglichen Lebens ist, suchten und fanden die Cariocas mit fortschreitendem Wachstum der Millionenstadt immer neue Badestrände, die sie umgehend auch baulich erschlossen. In Sichtweite des Atlantiks wuchs die Stadt immer weiter, hinter den Stränden wurden neue Viertel aus dem Boden gestampft: erst das viel besungene Ipanema und das frankophile und teure Leblon, danach São Conrado. Heute zählen die *Condomínios* der Barra da Tijuca, umzäunte und rund um die Uhr bewachte Apartmentanlagen, zu den besten Adressen Rios.

Gesegnet mit kilometerlangen Stadtstränden, entwickelten die Cariocas einen Lebensstil, bei dem der Strand Dreh- und Angelpunkt ist – zumindest in den Vierteln, die direkten Zugang zum Meer haben. Zwischen Leme und Leblon verwaist die Stadt tagsüber – wer hier lebt, geht entweder zur Arbeit oder an den Strand. Dieses an sich kostenlose Privileg kann sich aber trotzdem gut die Hälfte der Einwohner Rios kaum mehr leisten: Aus den Vororten und den meisten Favelas ist die Anfahrt zu teuer und zu weit.

Für die Anrainer beginnt das alltägliche Strandleben dagegen schon in aller Frühe: Jogger traben an der Brandung entlang und erste Gesundheitsfanatiker stählen ihren Körper an den Trimmgeräten entlang der Rad- und Fußwege. Fitness ist oberste Bürgerpflicht an den Flaniermeilen der Narzissten vor Copacabana und Ipanema!

Später, nach dem Frühstück, kommen Kindermädchen mit Wickelbabys, ganze Familien mit Liegestühlen, Sonnenschirm und Picknickkörben sowie die ersten Verkäufer, die lauthals Getränke in Dosen oder *Picolés* (Eis am Stiel oder in kleinen Plastikschläuchen) anbieten. Die wachsende Armada bunter Sonnenschirme klappert auch *Ambulantes de Queijos* ab, »fliegende Käseverkäufer«, die auf Spießen Käse aus

Minas über ihren mit glühender Holzkohle gefüllten Blechdosen grillen.

Schüler und Studenten kommen vor, während und nach dem Unterricht an den Strand; Büroangestellte in der Mittagspause, übernächtigte Prostituierte, braun gebrannte Polizisten und bleiche Touristen folgen dann im Lauf des Tages. Oberflächlich betrachtet, mischen sich Jung und Alt und alle Klassen. Wer aber dieselben Strandabschnitte öfter besucht, wird merken, dass stets bestimmte Nachbarschaftszirkel kommen und auch meist unter sich bleiben.

Copacabana ❹

Rios berühmtester Strand fasziniert noch immer. Viel mag sich verändert haben, seit die luxuriösen Kasinos an der Avenida Atlântica in der zweiten Hälfte der 1940er-Jahre schließen mussten, aber die natürliche Schönheit und der Mythos des sanft geschwungenen Sandstrands scheinen zeitlos.

An dem von Hochhäusern und Hotels gesäumten Küstenabschnitt zwischen dem Morro do Leme und der Forte de Copacabana tummeln sich an Sommertagen Zehntausende von Sonnenanbetern und Badegästen. Über das Wellenmuster der gepflasterten Uferpromenade schlendern ganze Heerscharen von Spaziergängern.

Nach einem Niedergang in den 1960er-Jahren erholte sich die *Copa*, wie der Stadtteil und der berühmte Strand von den *Cariocas* genannt wird, in den 1980er-Jahren zusehends. Neue Luxushotels wurden errichtet, die Wasserqualität verbessert, die Sicherheit der Badegäste, die immer wieder die meterhohen Wellen und die enorme Strömung unterschätzen, durch Helikoptereinsätze erhöht sowie auch die Kriminalität mit teilweisem Erfolg bekämpft. Trotzdem sollte man auch heute zur Copacabana keine Wertgegenstände, Geld oder teure Designer-Jeans mitnehmen. Nur Luxushotels bieten ihren Gästen Strandliegen, Sonnenschirme und Handtücher sowie Personal zur Sicherheit.

Ein Highlight war das kostenlose Open-Air-Konzert der Rolling Stones vor dem Copa-Palace-Hotel im Februar 2006. Rund zwei Millionen Fans waren auf den Beinen, betuchte Cariocas kamen mit der Yacht direkt an den

Gekühlte Getränke von fliegenden Händlern finden am Strand reißenden Absatz

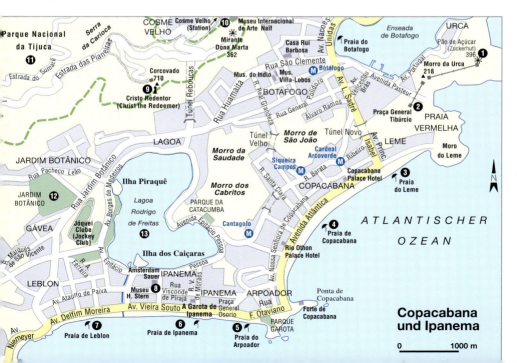

Copacabana und Ipanema

Obwohl Telefonzellen weit verbreitet sind, gibt es auch viele Telefon-Kioske an den Stränden

Unten links:
Landestypisches Strand-Entertainment
Rechts: Kunstvolle Skulpturen aus Sand

Strand. Der gesamte Stadtteil war für den Verkehr gesperrt, die U-Bahn verkaufte die Fahrkarten im Vorverkauf – alles war perfekt organisiert.

Silvester an der Copacabana

Besonders eng wird es in der Silvesternacht: *Reveillon* feiern 2,5 Millionen Cariocas traditionell in Weiß und an der Copacabana; selbst die überzogenen Preise der Restaurants und Strandcafés am berühmten Boulevard vermochten an diesem – alljährlich mit einem Großfeuerwerk begangenen – Brauch nichts zu ändern. In manchen Jahren wird der Strand dann für eine Nacht zur Bühne der Stars der *Música Popular Brasileira*. Phongewaltige Rhythmen aus den aufgetürmten Lautsprecherbatterien halten die gewaltige Menschenmenge in Bewegung.

In dem Gedränge fallen die ebenfalls weiß gekleideten *Candomblé*- und *Umbanda*-Anhänger zunächst kaum auf. Erst wenn sie der Brandung ihre Opfergaben für Yemanjá, die eitle Gottheit des Salzwassers, übergeben, erregen sie auch die Aufmerksamkeit der profanen Teilnehmer des Festes.

Arpoador ❺

Der Name dieses kleinen Strandes zwischen Copa und Ipanema bedeutet »Harpunier« und zeugt von einstiger Tätigkeit an dieser Landspitze. Diese Bucht ist besonders beliebt bei der surferprobten Jugend.

Ipanema ❻

In Ipanema haben Neureiche aus aller Welt sowie Mitglieder des alten einheimischen Geldadels ihr Zuhause. Bis zu Beginn des 20. Jhs. bestand Ipanema aus einer Handvoll über die Bucht verstreuter Sommerhäuser. Erst als die Bodenspekulation die Grundstückspreise an der Copacabana verdarb, fand der Stadtteil Beachtung: Familien der wohlhabenden Oberschicht Rios bauten ihre Villen nun bevorzugt in Ipanema.

Inzwischen sind die alten Residenzen weg und überwiegend durch architektonisch einfallslose Hochhäuser aus den 1970er-Jahren ersetzt. Dennoch blieben die begüterten Bewohner ihrem Viertel treu. Einkaufen, Ausgehen, Essen gehen – Ipanema bietet alles für Rios Reiche und Schöne und für Touristen gibt es viel zu sehen.

Rio de Janeiro

An der auch von Wellenreitern geschätzten Bucht von Ipanema trifft sich bis heute die *Jeunesse Dorée* der internationalen Gemeinde Rios und der Strandabschnitt beim *Posto 9* versammelt alles, was in Rio Rang und Namen hat. Die Wachtürme *(postos)* der Lebensretter sind aufsteigend nummeriert und dienen zur Orientierung am Strand, außerdem sind sie mit Duschen und WCs ausgestattet.

Der Mythos Ipanemas hat seine Wurzeln in den 1960er-Jahren. Vor der Zeit der Militärdiktatur war das Viertel das Zentrum junger Intellektueller und avantgardistischer Künstler. In den Strandbars und Straßencafés Ipanemas saßen und philosophierten Prominente wie der Dichter Vinícius de Moraes. Zusammen mit dem Komponisten und Musiker Antonio Carlos Jobim ersann er hier den später weltbekannten Bossa Nova *Garota da Ipanema* (s. S. 116).

Leblon ❼

Die Grenze zwischen den beiden benachbarten Stadtteilen Ipanema und Leblon bildet ein Kanal. Leblon ist noch etwas exklusiver und feiner als Ipanema. Gourmet-Restaurants und Edelboutiquen finden hier ihr Publikum. Die Avenida Niemeyer schlängelt sich südlich an den imposanten Zwillingsfelsen **Dois Irmãos** (Zwei Geschwister) vorbei. Links ragt das Sheraton-Hotel heraus, dessen »Hausstrand« (private Strände sind in Brasilien laut Verfassung verboten) **Praia do Videgal** sich die Hotelgäste mit den Bewohnern der nahen Favela teilen müssen, was auch problemlos funktioniert.

Rios grüne Lunge

In der Mitte von Rio ragt der dicht bewaldete Buckel des 710 m hohen **Corcovado** auf, gekrönt von der 1931 errichteten, 38 m hohen Christusstatue **Christo Redentor** ❾. Außer der serpentinenreichen Straße zum Gipfel des Corcovado führt auch eine rot lackierte Zahnradbahn aus Schweizer Produktion im 20-Minuten-Takt bis zur Bergstation (ab Rua Cosme Velho 513, tgl. 8.30 bis 18.30 Uhr). Am besten sitzt man in Fahrtrichtung rechts, dann hat man schon auf der Fahrt die beste Aussicht. Aufzüge und Rolltreppen bringen die Besucher die letzten Meter bis dicht

> **TIPP**
>
> Neben Edelsteinen zeigt das Museum Amsterdam Sauer den Nachbau eines Aquamarin-Bergwerks (Rua Garcia D'Ávila 105, Tel. 2512-1132, www.amsterdamsauer.com; Mo–Fr 9–19, Sa 10 bis 16 Uhr).

Unten: Joggen und Bummeln auf der kunstvoll gepflasterten Promenade von Ipanema

---

MODE UND EDELSTEINE

In Sachen Mode ist Ipanema der Trendsetter in Rio. Ipanemas Rua Visconde da Pirajá säumen Rios schickste Boutiquen. Neben Damen- und Herrenbekleidung, Lederwaren und Geschenkartikeln werden in den Auslagen auch funkelnde Juwelen gezeigt.

Brasilien ist der weltweit größte Edelsteinlieferant. An der Kreuzung der Rua Visconde da Pirajá mit der Rua Garcia D'Ávila haben die beiden Schmuckriesen **Amsterdam Sauer** (siehe Tipp in der Randspalte) und Hans Stern ihre Firmenzentralen. Das **H. Stern Museum** ❽ (Rua Garcia D'Ávila 113, Tel. 2259-7442, www.hstern.com.br; Mo–Fr 8.30–18.30, Sa 8.30–14 Uhr) zeigt eine faszinierende Sammlung großenteils unverkäuflicher Schmuckstücke und bietet mehrsprachige Führungen durch die Werkstätten der Fasser und Goldschmiede der Firma an.

Cosme Velho 513: Hier fährt die Bahn zum Corcovado ab. In der Nr. 822 lohnt das Herrenhaus einen Blick: Es ist als Filmkulisse sehr beliebt

Unten: Neben Schwänen der besonderen Art lassen sich auf der Lagoa Rodrigo de Freitas auch weiße Reiher gerne nieder

unter die ausgebreiteten Arme der Christus-Statue. Oben angekommen, genießt man einen atemberaubenden Blick über Rio, die vorgelagerten Inseln, auf den Zuckerhut, die Niterói-Brücke und an klaren Tagen sogar bis zur Serra do Mar, die grüne Bergkette.

Straße und Bahngleise verlaufen durch die üppige Tropenvegetation des Tijuca-Parks mit Jacabäumen und Orchideen. Der sekundäre Regenwald hat eine ehemalige Kaffeeplantage wieder mit seinem grünen Dach überzogen. Dom Predo II. eröffnete hier schon 1884 eine Dampfbahn, die 1910 durch den ersten elektrischen Zug Brasiliens abgelöst wurde.

Die Christusfigur auf dem »Buckligen«, das bedeutet Corcovado, wiegt 1145 t und ist wohl das wichtigste, nachts beleuchtete Wahrzeichen Rios. Der Sockel beherbergt eine Kapelle, in der sonntags um 11.30 Uhr die Messe gelesen wird.

Nahe der Talstation der Bahn birgt das **Museu International de Arte Naif** ❿ rund 8000 Werke. Leider ist es aus Geldmangel bis auf weiteres geschlossen (s. S. 129).

Parque Nacional da Tijuca ⓫
Mit dem Auto gelangt man von der Jesus-Statue zu den im Park verstreuten Aussichtspunkten, *Vista Chinesa, Mesa do Imperador* und *Mirante Dona Marta*. An der Mesa do Imperador soll Kaiser Pedro II. mit seiner Familie ein Picknick veranstaltet haben, bei herrlichem Rundblick auf die Lagune und die südlichen Stadtviertel. Der Kaiser galt als Naturfreund und genoss die Ausflüge aus der stickigen Stadtluft. Rio rühmt sich, als einzige Großstadt einen tropischen Wald in seinen Stadtgrenzen zu besitzen, 120 km² umfasst Rios »grüne Lunge«, Pedro II. ließ hier Wege, Brunnen und Terrassen anlegen.

Der Hauptzugang zum Park liegt im Stadtteil **Alto da Boa Vista,** an der Praça Viseu. Von hier führt eine kurvige Straße an Wasserfällen, Restaurants und einer Kapelle vorbei bis zur Estrada do Bom Retiro, unweit des höchsten Punktes im Park, dem **Pico da Tijuca** in 1022 m Höhe. Der letzte Teil der Strecke ist allerdings nur mit geländegängigen Fahrzeugen möglich. (Spezielle Jeeptouren bietet **Rio by Jeep** an, www.riobyjeep.com, Tel. 3472-6464.)

Rio de Janeiro **163**

Jardim Botânico ⓬

Unterhalb des Tijuca-Waldes liegt Rios Botanischer Garten, der **Jardim Botânico** (Rua Jardim Botânico 920; tgl. 8–17 Uhr). Der herrliche Park wurde 1808 auf Anregung Dom Joãos VI. angelegt, der sich von Gewürzimporten aus Asien unabhängig machen wollte.

Rios botanischer Garten ist der größte Südamerikas; sein 141 ha großes Gelände beherbergt neben 7000 Pflanzenarten aus aller Welt über 140 einheimische Vogelarten. Der Park ist inmitten der großstädtischen Hektik Rios eine Oase der Ruhe und Entspannung. Man kann hier Schulklassen beobachten, die im Schatten der Wipfel des alten Baumbestands Zeichnungen von Blättern oder Blüten anfertigen.

Beeindruckend ist die berühmte Allee aus den über 30 m hohen Königspalmen an der Zufahrt des Jardim Botânico. Besondere Aufmerksamkeit aber gebührt dem *pau brasil*, einem kleinen, rötlichen Baum, der dem Land seinen Namen gab. Er diente zur Farbgewinnung und war das erste Exportgut zur Kolonialzeit. Seine Farbe erinnert an rote Feuerglut *(brasa)*.

Lagoa Rodrigo de Freitas ⓭

Wenige hundert Meter weiter südlich glitzert die glatte Wasseroberfläche der **Lagoa Rodrigo de Freitas**, meist einfach Lagoa genannt. Der See ist über einen schmalen Kanal mit dem Atlantik verbunden und gehörte im 16. Jh. zu einer riesigen Zuckerrohrplantage der Familie Freitas. Diese wurde vom König enteignet, weil eine Schießpulverfabrik hier entstehen sollte.

Heute bietet der See Joggern, Radfahrern und Ruderern Möglichkeiten zu sportlicher Betätigung. Zur Adventszeit schmückt ein kitschiger Metallweihnachtsbaum den See, dessen Beleuchtung abends weithin sichtbar wird.

Jockey Club Brasileiro

Der ehrwürdige Reitklub Brasiliens wurde schon 1926 eröffnet, seit 1933 wird hier am ersten Augustsonntag der große Preis von Brasilien ausgetragen, das wichtigste Pferderennen des Landes. Wöchentlich finden hier Veranstaltungen statt (Sa, So nachmittags, Mo, Fr abends, Praça Santos Dumont 31, Tel. 2512-9988).

Rechts oder links? Ein guter Anbieter für Touren in den Tijuca-Park ist Jeep Tour (Tel. 21-2108-5800, www.jeeptour.com.br).

Unten: Blick in den japanischen Teil von Rios Botanischem Garten

Weniger bekannte Strände

Westlich von Leblon erstrecken sich die Strände, die unter den meisten Touristen weniger bekannt, aber von den Einheimischen umso mehr geschätzt sind.

São Conrado – starke Kontraste

Nur knapp 1000 m lang ist der helle Sandstrand von **São Conrado** ❶, der sich unterhalb des Zwillingsfelsens von Gávea ausdehnt und von dicht bewaldeten Hängen umschlossen wird. Wegen ihrer starken Brandung ist die Bucht von São Conrado ein beliebtes Ziel jugendlicher Surfer.

Der Südwestzipfel des Badestrands, die **Praia do Pepino,** ist die bevorzugte Landepiste der Drachenflieger, die von der Pedra Bonita (einem der Zwillingsfelsen) aus starten. Profi-Gleitflieger bieten Tandemflüge an, sicher ein unvergessliches Erlebnis: Start auf 510 m, Gleitflug über die traumhafte Bucht, weiche Landung am Strand (s. S.port).

In nächster Nähe der Luxus-Apartmenthäuser, Golfplatz und Shoppingmall wächst die Favela **Rocinha** den Berg hinauf: unverputzte Ziegelhäuser, scheinbar baufällige Hütten und mehrstöckige Betonbauten eng an- und aufeinander. 60 000 bis 80 000 Menschen leben hier. Rocinha ist wie eine Stadt in der Stadt – von der Klinik über die Polizeistation bis zum Hotel gibt es hier jede Infrastruktur (s. S. 166).

Rettungsschwimmer beobachten Rios Strände

Praia da Barra da Tijuca

Der nächste Strand, den man über die Avenida Niemeyer in Richtung Südwesten erreicht, ist der 18 km lange, kerzengerade Sandstrand der **Praia da Barra.** Sein breites Band säumt die Hochhäuser und Apartmentanlagen von Rios teurem Vorort **Barra da Tijuca** ❷. Der Stadtteil wächst beständig, denn der Zuzug wohlhabender Cariocas hält seit geraumer Zeit an.

In bewachten Wohnsilos, die mit Fitnesszentren, Swimmingpools und Tennisplätzen ausgestattet sind, bleibt die Oberschicht unter sich – selbst Besucher von Familien, die in einer dieser Wohnanlagen leben, müssen sich beim Pförtner ausweisen und erhalten nur nach telefonischer Rückfrage beim genannten Gastgeber Zutritt. Seit einer Serie von erpresserischen Entführungen sind die Sicherheitsvorkehrungen noch verstärkt worden.

Die Wohn- und Schlafstadt dehnt sich entlang des ersten Drittels der Praia da Barra aus, die hier stark frequentiert ist. An den Wochenenden füllen sich auch die weiter südwestlich gelegenen Küstenabschnitte mit Badegästen, Sonnenanbetern und Wellenreitern – die Uferstraße, die Avenida Sernambetiba, kann dann kaum alle anfahrenden Autos aufnehmen.

Die Brandung ist stark und daher für Wellenreiter und Schwimmer nicht ganz ungefährlich. In der Nähe des

Rio de Janeiro

Leuchtturms Farrol da Barra tummeln sich gelegentlich auch Windsurfer.

Als Kontrast zur größten Favela bietet Rio auch Lateinamerikas größtes Einkaufszentrum, **Barra Shopping** ❸, direkt an der Lagoa da Tijuca. Seit 1981 ist dieser Konsumtempel der Inbegriff westlichen Lebensstils US-amerikanischer Prägung fürs betuchtere Klientel (s. S. 170). Daneben gibt es noch 13 (!) weitere Malls allein im aufstrebenden Stadtteil Barra.

Barra ist außerdem ein Mekka für Formel-1-Fans. In den 1980er-Jahren fand auf der hiesigen Rennstrecke regelmäßig der Formel-1-Grand-Prix statt. Mit Nelson Piquet, der 1981, 1983 und 1987 Weltmeister wurde, hatte Brasilien damals zudem einen Ausnahmesportler in dieser Disziplin.

Pagode in der Barra

Als Antwort auf neuerdings recht schicke Kioske auf der Avenida Atlântica in Copacabana, haben sich in der Barra neben vielen Straßencafés auch mobile Verkaufsstände aller Art etabliert. Von Eis über kalte Getränke, grüne Kokosnüsse, Hot Dogs bis hin zu diversen Fast-Food-Gerichten gibt es hier fast alles fürs leibliche Wohl. Besonders an Wochenenden entwickeln sich diese Stände zu populären Treffpunkten. Die beliebtesten werden zu regelrechten *pagodes* (Rummel oder Schwof), wo man tanzt und einfach die Freizeit mit Freunden genießt. Live-Bands spielen dazu bekannte Samba-Melodien oder die neuesten Songs der letzten Karneval-Parade. Für Romantiker ist es keine Frage, es gibt keine Alternative zu Barras Sandstränden. Im Hintergrund der Sound der Wellen, Gitarren und Percussion spielen Samba – ein perfekter Abend mit Rio-Feeling!

Surfen und Schlemmen

Ein großer Felsblock trennt den 2 km langen Strand **Recreio dos Bandeirantes** ❹ von der benachbarten Praia da Barra. Sauberer Sand und nur schwacher Wellengang machen ihn an den Wochenenden zu einem gesuchten Ausflugsziel. Die Lagune von Marapendi, die sich hinter beiden Stränden erstreckt, steht unter Naturschutz.

Nur wenige Kilometer hinter Recreio dos Bandeirantes steigt die Straße steil an, überwindet einen bewaldeten Hügel, um sich anschließend wieder zum Meer hinunter zu winden. **Prainha** und **Grumari,** die beiden Badestrände, die nun folgen, werden vom Mata Atlântica, dem dichten Atlantischen Regenwald, malerisch umrahmt. Wegen ihres sauberen, klaren Wassers werden beide Strände regelmäßig von brasilianischen Medien unter den schönsten des Landes genannt. Damit sich daran nichts ändert, wurde der 4 km lange, grobkörnige Sandstrand von Grumari sogar zum Naturschutzgebiet erklärt.

Einer der vielen Drachenflieger schwebt über São Conrado. Wer selbst einen Versuch wagen will, findet hier viele qualifizierte Anbieter (s. S. 360)

São Conrado und Barra da Tijuca

> **TIPP**
>
> Ein Leben mit Kontrasten: Favela Tour bietet empfehlenswerte Halbtages-Touren durch die Rozinha an (www.favelatour.com.br, Tel. 3322-2727, mobil 9989-0074).

Unten: Sonnenuntergang am Leblon-Strand

Die in südwestlicher Richtung folgenden Strände **Praia do Inferno, Funda, Meia** und **Perigosinha** sind nur über Pfade zugänglich und daher schwer zu erreichen. Auch können sie die landschaftlichen Schönheiten von Grumari und Prainha nicht übertreffen. Wenig bekannt ist, dass es auch in Brasilien FKK-Freunde gibt. 40 km südwestlich von Rio ist der abseits gelegene **Abricó-Strand** für Liebhaber nahtloser Bräune reserviert.

Hügelabwärts erreicht man das urige Fischerdorf **Pedra da Guaratiba**, 60 km von Rio entfernt. Fischrestaurants buhlen um Gäste – sei es einfach-rustikal wie z. B. **Tia Palmira** (Barra de Guaratiba, Tel. 2410-8169, tgl. 11 bis 17 Uhr) oder elegant wie **Cândido's** (leckere Moquecas, Pedra da Guaratiba, Tel. 2417-2674, tgl. 11–18 Uhr).

Kulturelle Schätze

Neben Traumstränden und Schlemmerbuden hat der Süden Rios auch kulturelle Schätze zu bieten. Im **Museo Casa do Pontal** ❺ (Recreio dos Bandeirantes, Estrada do Pontal 3295, Tel. 2490-4013, www.museucasadopontal.com.br, Di–So 9.30–17 Uhr) sind rund 5000 Werke einheimischer Volkskunst zu bewundern. Der französische Designer Jacques van de Beuque sammelte im Laufe der Jahre Skulpturen, Schnitzereien und kuriose Objekte aus den unterschiedlichsten Materialien – sogar auch aus Brotteig – von 200 brasilianischen Künstlern.

Lieblingsprojekt des vielseitigen Roberto Burle Marx war sein Privatpark, der **Sítio Roberto Burle Marx** ❻, heute ein beliebtes Ausflugsziel der Cariocas. 1949 kaufte der Landschaftsarchitekt und Künstler 36 ha Land und kultivierte dort eine der größten Pflanzensammlungen Amerikas. Von 1973 bis zu seinem Tod 1994 wohnte er auf dem Anwesen, den Park vermachte er 1985 dem Institut für kulturelles Erbe (IPHAN). Sein Leitspruch »Der Garten ist die Natur, vom Menschen für den Menschen gestaltet« ist im Reich der über 3500 Pflanzenarten unmittelbar erlebbar. Die Besucherzahl ist begrenzt, daher ist eine Voranmeldung erforderlich (Estrada Burle Marx 2019, Tel. 2410-1412, Di–So 9.30–13.30 Uhr, E-mail: srburle-marx@alternex.com.br).

Rio de Janeiro

Nachtleben
Samba in Rio

Von Rios berühmten Samba-Shows hat in Leblon nur **Plataforma 1** (Rua Adalberto Ferreira 32, Tel. 2274-4022, www.plataforma1.com.br) überlebt; nahezu alle Hotels an der Copacabana und Ipanema vermitteln Tickets, die auch den Bus-Transfer einschließen. Leider hat die fehlende Konkurrenz negative Auswirkungen auf die Qualität der Show.

Zum Besuch der Proben von einer **Samba-Schule** ist man auf Taxis angewiesen, denn meist liegen die Quadras (Übungsräume) weit außerhalb. Die Escola de Samba **Salgueiro** (Rua Silva Telles 104, Tijuca, Tel. 2238-5564, www.salgueiro.com.br) zählt zu den renommierten Samba-Schulen. Preise und Termine (ab Juli an den Wochenenden) kann man an der Hotelrezeption erfahren oder der Tagespresse entnehmen. Vergessen Sie nicht, auch Ihre Rückfahrt vorab zu organisieren.

Seit 2006 bietet die Stadt zusammen mit der Samba-Liga LIESA einen ganzjährigen Überblick über die Arbeit der Sambaschulen in der **Cidade do Samba**. Die wichtigsten Sambaschulen, darunter auch die Seriensieger der Parade »Beija-Flor« (Kolibris), zeigen in 12 m hohen Hallen, die um einen zentralen Platz gruppiert sind, ihre Arbeit an Kostümen und Wagen (Di–Sa 10 bis 17 Uhr). Jeden Donnerstag ab 20 Uhr findet eine Show mit Umzug, Feuerwerk und Dinner-Buffet statt. Die »Samba-Stadt« liegt im Stadtteil Gamboa, direkt am Hafen (Rivadávia Correa 60, www.cidadedosambarj.globo.com, reservieren kann man per E-mail: reservas@cdsrj.com.br oder Tel. 2213-2503 und 2213-2546).

Besonderes Ambiente

An der Avenida Atlântica in Copacabana sind die meisten Gaststätten überteuert; etwas besser ist das Angebot in der Parallelstraße Avenida Nossa Senhora de Copacabana. Mit den meisten Terrassen der Straßencafés verhält es sich ähnlich. Sie sind nach Einbruch der Dunkelheit in erster Linie Kontaktbörse für Prostituierte.

Eine empfehlenswerte Churrascaria in »Copa« ist **Carretão** in der Rua Ronaldo de Carvalho 55 (Tel. 2543-2666,

> **TIPP**
>
> Für den Besuch des Sítio Roberto Burle Marx empfiehlt sich lange Kleidung sowie Mückenschutzmittel, besonders nach Regenfällen, weil dann die Luft feucht ist.

ROBERTO BURLE MARX

Der Landschaftsarchitekt, Künstler und Autodidakt in Botanik war Sohn einer Brasilianerin und eines Deutschen. Er wurde 1909 in São Paulo geboren und studierte mit 18 Jahren Musik und Kunst in Berlin. In Dahlem begann seine Leidenschaft für die Pflanzenwelt.

Zurück in Rio, studierte er bei Lúcio Costa, einem der kreativsten Köpfe Brasiliens. Neben dem Park, der seinen Namen trägt, gehört Rios Flamengo Park zu seinen bekanntesten Werken. 46 neue Pflanzen wurden von ihm klassifiziert, 26 davon tragen seinen Namen. Leidenschaftlich sammelte er auch Holzstücke, Steine, alte Türen, Tonkrüge oder Galionsfiguren, vieles davon ist in seinem Park zu sehen.

In der Retorten-Hauptstadt Brasília gestaltete er u. a. die Grünanlagen des Justizpalastes und den Dachgarten der deutschen Botschaft.

Unten: Über 3500 Pflanzenarten wachsen im Park von Roberto Burle Marx

RIOS FAVELAS

Die Favelas (Armenviertel) haben sich so im Stadtbild Rios etabliert, dass einige Fremdenführer sogar einen Besuch in der Rocinha, der größten Favela, in ihr Programm einschließen. *Favela* ist eigentlich eine Pflanze aus dem Nordosten. Der Ursprung der ersten illegalen Behausungen lag in der Sklavenbefreiung 1888 – denn wo sollten die nunmehr befreiten Sklaven wohnen? Dazu kamen die Heimkehrer aus dem Paraguaykrieg 1897; viele Favelas entstanden in den 1940er-Jahren.

In vieler Hinsicht bilden die Favelas das Herz brasilianischer Städte, sind sie doch die Keimzelle musikalischer Talente und Adresse der kreativsten Einwohner. Dieses kulturelle Potenzial wird kaum gewürdigt. Dabei kommen z. B. alle wichtigen Sambaschulen aus Rios Favelas, nach denen sie auch benannt sind.

Bedingt durch ihre Hanglage sind Rios Favelas optisch sehr präsent. Sie entstanden im Zuge von Rios rasantem Wachstum, das es ärmeren Familien unmöglich machte, die drastisch gestiegenen Mieten in der Innenstadt zu bezahlen. Gleichzeitig wurden die Fahrpreise der öffentlichen Verkehrsmittel so stark erhöht, dass die tägliche Anfahrt von den Vorstädten zur Firma für die Arbeiter unerschwinglich wurde. So kam es zu illegalen Hütten an den steilen Hängen Rios.

Ungefähr 70 % der Rocinha-Einwohner stammen aus dem verarmten Nordosten. Oft teilt sich eine sechsköpfige Familie ein Zimmer, wobei nur für die Erwachsenen ein Bett zur Verfügung steht – die Kinder schlafen auf dem Boden. Dabei haben fast alle Häuser einen Fernseher, Telefon und die meisten eine Stereoanlage. 80 % der Favelados haben Arbeit und die große Mehrheit ist nicht in Drogenhandel und Bandengewalt verwickelt, für die Rocinha berüchtigt ist.

Heute gibt es etwa 750 Favelas in Rio; knapp 20% der Einwohner Rios leben in ihnen. Im Lauf der Jahre haben viele Favelados ihre Behausungen verbessert, einige Slums verfügen heute über fließendes Wasser, die meisten haben elektrisches Licht – oftmals illegal abgezweigt. Auch der Immobilienhandel blüht: Besser gestellte Favelados ziehen in komfortablere Häuser um und verkaufen ihre Bude an Neulinge.

Dass man Favelas niemals ohne ortskundigen Führer betritt, versteht sich von selbst. Selbst die Polizei meidet die unübersichtlichen, verwinkelten Viertel, die von organisierten Banden der Drogenhändler kontrolliert werden. Vielfach wurden schon Unbeteiligte von Querschlägern aus Schnellfeuerwaffen getötet.

Entsprechend niedrig ist die Lebenserwartung in diesen Vierteln: Sie liegt bei mageren 48 Jahren (landesweiter Durchschnitt: 72 Jahre). Dazu tragen auch die häufigen Krankheiten bei, denn obwohl Favelados ärztliche Hilfe kostenlos in Anspruch nehmen können, reicht das Geld für die Medikamente oft nicht.

Was die Rocinha und Rios Favelas von den Elendsvierteln anderer südamerikanischer Großstädte unterscheidet, ist die unmittelbare Nachbarschaft zu den Wohnvierteln der Wohlhabenden. Über Jahrzehnte ist es der reichen, meist hellhäutigen Elite nicht gelungen, den Albtraum von armen, schwarzen Favelados, die sie überwältigen, abzuschütteln. Doch die Nähe hat auch Vorteile: Immerhin rekrutiert sich aus den Favelas das Heer von Billigarbeitern, die als Hausmädchen, Kinderfrau, Wachmann und Restaurantangestellte Dienst tun.

Anfang 2003 kam »Cidade de Deus« (City of God) in die Kinos. Der Film von Fernando Meirelles, der in einer echten Favela in einem Vorort von Rio spielt, zeigt auf schonungslose, aber menschliche Art das Zusammenspiel von Drogen, Verbrechen und Gewalt und erntete international höchste Anerkennung. Das lässt hoffen, dass Favela-Einwohnern künftig etwas mehr Respekt entgegengebracht wird. Dazu tragen auch Persönlichkeiten bei, wie die erste schwarze Gouverneurin Brasiliens, Benedita da Silva, die nach wie vor in der Favela Chapeu Mangueira lebt. ■

Links: Rios steile Hänge gelten eigentlich als unbebaubar

www.carretao.com.br). Gute Konzerte und Liveshows bekannter Größen gibt's im **Canecão** (Rua Venceslau Brás 215, Nähe Shoppingcenter Rio Sul, Botafogo an der Grenze zu Copacabana, Tel. 2105-2000, www.canecao.com.br).

Im aufstrebenden Stadtteil Lapa, einst berüchtigtes Rotlichtviertel, sind neben Antiquitätenläden auch einige Szenekneipen eingezogen, die meisten in der Rua do Lavradio. Im **Emporium 100** wird Samba und Bossa Nova live zum Essen präsentiert (Rua Lavradio 100, Di–Sa ab 21 Uhr). Eine außergewöhnliche Atmosphäre bietet **Rio Scenarium,** Tische sind zwischen Antiquitäten auf mehrere Stockwerke verteilt, die Barmixer bieten köstliche Cocktails im Interieur einer Apotheke an und zu leckeren *Salgadinhos* (Salzgebäck) genießt man Live-Musik vom Feinsten (Rua Lavradio 20, Tel. 3147-9000, www.rioscenarium.com.br, Di–Sa ab 19 Uhr, Eintritt, dafür kein Konsumzwang).

In der winzigen Kneipe **Yonza** (Rua Miguel Lemos 21b, Copacabana, Tel. 2521-4248, Di–So 12–24 Uhr) bekommt man ausgezeichnete Crêpes, Kaffee und Sandwiches in witzigem Ambiente (Comicstrips an den Wänden). Viele Einheimische treffen sich im Botequim **Manoel & Juaquim** (Av. Atlântica 3806, Copacabana, Posto 6, Tel. 2523-1128, Di–So 17–2 Uhr, Filialen u. a. in der Rua Siqueira Campos, an der Praça João Pessoa/Zentrum und in Ipanema: Rua Barrão da Torre 162, siehe www.manoelejuaquim.com.br). Abends am besten Radio-Taxi fahren!

Kulinarisches
Haute Cuisine
Rios beste Restaurants findet man in Ipanema, Leblon und im Stadtteil Jardim Botânico. Auch am Zuckerhut dominieren die französische und die italienische Küche die renommiertesten gastronomischen Adressen. Die brasilianische Küche mit ihrem afrikanischen Einschlag (Bahia!) ist jedoch durchaus einen unvoreingenommen Versuch wert (Adressen s. S. 171).

Churrasco
Kein Brasilien-Reisender sollte sich ein Abendessen in einer Churrascaria entgehen lassen. In diesen meist ziemlich großen Grillrestaurants kann man zu einem Festpreis am so genannten **Rodízio** teilnehmen, wofür man entsprechend Appetit mitbringen sollte. Beim Rodízio machen die Kellner immer wieder die Runde mit über Holzkohle frisch gegrilltem Rindfleisch, an dem man sich buchstäblich bis zum Abwinken satt essen kann.

Diese typisch brasilianische Form der Völlerei hat jedoch gewisse Spielregeln, die man kennen sollte: Natürlich werden zuerst die Beilagen und dann die weniger teuren Fleischsorten (am Spieß) aufgetragen, die echten Gaumenfreuden bleiben den Gästen vorbehalten, die bis zuletzt dabei sind. Um etwa eine ziemlich fette *Calabresa*-Wurst oder Hühnerherzen abzulehnen, genügt ein einfaches *Não, obrigado* (Nein, danke). In Churrascarias, die auf internationales Publikum ausgerichtet sind, gibt es kleine Täfelchen, die auf der einen Seite rot, auf der anderen Seite grün und mit *Sim, por favor* (Ja, bitte)

Kleine Polizeistationen wie diese gibt es viele in Rios Straßen

Unten: »A Garota de Ipanema« heißt das Café heute, in dem die Idee zu dem berühmten Bossa-Nova-Lied geboren wurde

Barra Shopping ist die größte Mall Lateinamerikas. Von vielen Hotels aus fahren Busse kostenlos hierher

Unten: Der beliebte Sonntagsmarkt von Ipanema, »Feira Hippie«, wurde in der Flower-Power-Zeit gegründet

bedruckt sind. So lässt es sich auch mit vollem Mund problemlos mit den Kellnern kommunizieren.

Kenner des kulinarischen Spiels zeigen dem Ober genau die Lage des Fleischstücks, das er für sie vom Spieß säbeln soll – oder sie fragen gezielt nach den delikaten Sorten *Alcatra, Fraudinha, Maminha* und *Picanha* oder *para terminar* (zum Abschluss) nach gegrillter Ananas (Abacaxi) – denn das erspart das Dessert.

Shopping

Die Cariocas schätzen die großflächigen Einkaufszentren – wegen der Vielfalt des Warenangebots, der Fastfood-Restaurants und vor allem wegen der Klimaanlagen. Zu Rios größten Shopping Malls zählen:

Rio-Sul (Av. Lauro Muller 116, Botafogo, Tel. 3527-7000, www.riosul.com.br, Mo–Sa 10–22 Uhr). Das erste im Zentrum Rios erbaute Einkaufszentrum ist von Copacabana und Leme nur eine kurze Fahrt (durchs Túnel Engenheiro Coelho Cintra) entfernt. Zahlreiche Boutiquen, Buchhandlungen, Restaurants, Snackbars, ein Supermarkt und mehrere Kinos unter einem Dach; an Karneval treten im Rio-Sul auch bekannte Samba-Schulen auf. Der **Canecão**-Konzertsaal (s. S. 169) ist gleich gegenüber.

Barra Shopping (Av. das Américas 4666, Barra da Tijuca, Tel. 3089-1050, www.barrashopping.com.br; Mo–Sa 10 bis 22, So 15–21 Uhr). 45 Minuten außerhalb von Rio liegt eines der größten Einkaufszentren Südamerikas: Modeboutiquen, mehrere Supermärkte, Restaurants, Eisdielen, drei Kinos, Theater und ein Kindergarten sowie ein weitläufiges Freizeitgelände (u. a. mit Bowlingbahn) sorgen gegen Abend und am Wochenende für regen Zustrom.

Cassino Atlântico (Av. Atlântica 4240, Copacabana, Tel. 2247-8709, Mo–Fr 9 bis 21 Uhr, Sa 9–20 Uhr). Wesentlich kleiner als die anderen Malls, aber mit einem Sortiment von Antiquitäten, Kunstgegenständen und Souvenirs eher auf Touristen eingestellt.

São Conrado Fashion Mall (Estrada da Gávea 899, São Conrado, Tel. 3322-0300, Mo–Sa 10–22, So 15–21 Uhr). Nationale und internationale Designermode; außerdem Antiquitäten, Buchhandlungen, Kunstgalerien, Raumausstatter, Restaurants, Snackbars und Kinos.

Shopping da Gávea (Rua Marquês de São Vicente 52, Gávea, Tel. 2274-9896; tgl. 9–22 Uhr). Einfach von Ipanema und Leblon aus zu erreichen. Abends wegen seiner drei Theater und des Kinos Rio Sul Cinema immer gut besucht.

Feira Hippie

Ein Rundgang über diesen in der Flower-Power-Zeit gegründeten Sonntagsmarkt bietet eine gute Gelegenheit zum Erwerb von Kunsthandwerk. Talentierte Maler, Bildhauer und Holzschnitzer stellen hier ihre Produkte aus, daneben ist auch der unvermeidliche Kitsch zu finden. Spezialitäten aus dem Nordosten kann man hier kosten oder Kräutersalben und Bioprodukte probieren (So 9–18 Uhr, Ipanema, Praça General Osório). ■

RESTAURANTS

Preise pro Person für ein dreigängiges Menu mit einem Getränk:
- ● = unter 25 US-$
- ●● = 25 – 40 US-$
- ●●● = 40 – 55 US-$
- ●●●● = über 55 US-$

◆ **Albamar**
Praça Marechal Ancora 184, Zentrum, Tel. 21-2240-8428, tgl. 12 bis 22 Uhr
Historisches Lokal in einem gußeisernen Marktturm, sehr gute Fischgerichte und brasilianische Küche. ●●

◆ **Antiquarius**
Rua Aristides Espinola 19, Leblon; Tel. 21-2294-1049; tgl. 12–24 Uhr
Mehrfach ausgezeichnetes Spitzenlokal mit unverfälschter Küche portugiesischer Tradition. ●●●

◆ **Cais do Oriente**
Rua Visconde de Itaboraí 8, Zentrum, Tel. 21-2233-2531, tgl. geöffnet
Gute Auswahl an internationaler Küche, gut bestückte Bar, Garten und Live-Musik in der Lounge. ●●●

◆ **Carlota**
Rua Dias Ferreira 64, Leblon, Tel. 21-2540-6821, tgl. geöffnet
Kleines, lässiges Bistro, sehr populär unter Rios Szene-Leuten. Serviert hervorragende innovative Gerichte. ●●●

◆ **Casa da Feijoada**
Rua Prudente de Morais 10, loja B, Ipanema, Tel. 21-2247-2776, tgl. geöffnet

Spezialist für Brasiliens Nationalgericht Feijoada für den ganz großen Hunger, dessen Tradition auf die Verköstigung hart arbeitender Landarbeiter zurückgeht. Traditionell wird es nur samstags, hier aber täglich serviert. ●●

◆ **Confeitaria Colombo**
Rua Gonçalves Dias 32, Zentrum, Tel. 21-2232-2300, Mo–Fr 9–20, Sa 9–17 Uhr
Zur Pause in Rios Fußgängerzone lädt dieses sympathische Restaurant mit seinem eleganten Spiegelsaal von 1894 ein. ●●

◆ **Da Brambini**
Av. Atlântica 514 b, Leme, Tel. 21-2275-4346, tgl. 12–1 Uhr
Sehr feine italienische Küche, fernab des Rummels. ●●

◆ **Gero**
Rua Anibal de Mendonça 157, Ipanema, Tel. 21-2239-8158, tgl. geöffnet
Seit der Eröffnung 2002 eine der heißesten Adressen für exquisite, italienische Küche vom Feinsten. ●●●●

◆ **Grottamare**
Rua Gomes Carneiro 132, Ipanema, Tel. 21-2523-1596, Mo–Fr nur abends, Sa, So ab mittags geöffnet
Sehr populäres und sehr gut besuchtes Seafood-Restaurant. ●●

◆ **Margutta**
Avenida Henrique Dumont 62, Ipanema, Tel. 21-2259-3887,

Mo–Fr nur abends, Sa, So ab mittags geöffnet
Charmantes Lokal mit hervorragenden Hummer, Gambas und anderen Köstlichkeiten des Ozeans. ●●●

◆ **Marius**
Av. Atlântica 290, Leme, Tel. 0800-707-9001 oder 21-2104-9000, 2542-2393, www.marius.com.br, Mo–Fr 12–16, 18 bis 24 Uhr, Sa/So 12–24 Uhr
Im Piratenlook gestyltes Fisch- und Fleischrestaurant. Für einen Festpreis kann man hier schlemmen – bereits das Vorspeisenbuffet lässt alle Diätpläne vergessen. Ein Highlight sind auch die Toiletten ... unbedingt reservieren, auch online möglich! ●●●

◆ **Olympe (ehemals Troisgrois)**
Rua Custódio Serrão 62, Jardim Botânico, Tel. 21-2537-8582, Mo–Sa 12 bis 15, 19.30–0.30 Uhr
Für viele das beste Restaurant der Stadt; kreative französische Küche vom Ex-Chef des Troisgrois. ●●●

◆ **Porção**
Rua Barão da Torre 218, Ipanema, Tel. 21-2522-0999, tgl. 12–1 Uhr

◆ **Porção Rio's**
Av. Infante Dom Henrique, Parque do Flamengo, Tel. 21-3461-9020, tgl. 11–1 Uhr
Zwei Lokale der in ganz Brasilien vertretenen Kette von Churrasco-Restaurants. In

Flamengo herrlicher Blick über die Bucht und den Zuckerhut. ●●●

◆ **Quadrifoglio**
Rua J.J. Seabra 19, Jardim Botânico, Tel. 21-2294 1433, tgl. geöffnet, Sa nur abends
Exquisite, leichte italienische Küche in freundlichem Ambiente. ●●●

◆ **Satyricon**
Rua Barão da Torre 192, Ipanema, Tel. 21-2521-0627, www.satyricon.com.br
Ein alteingesessenes Restaurant der Spitzenklasse, ohne Schnick-Schnack aber stets auf höchstem Niveau. Mediterrane Meeresfrüchte, Fisch und Pasta, dazu eine exzellente Weinauswahl. Samstags Meeresfrüchte-Buffet, abends Reservierung empfohlen! ●●●

◆ **Shirley**
Rua Gustavo Sampaio 610, Leme, tgl. 12–1 Uhr
Ein Mini-Restaurant mit wenigen Tischen, vielen Gästen und exzellenter spanischer Küche, eine Paella zum Schwärmen! Keine Reservierungen möglich, am besten vor 20 Uhr oder mittags kommen. ●●

◆ **Siri Mole**
Rua Francisco Otaviano 50, Copacabana, Tel. 21-2267-0894, Di–So mittags und abends, Mo nur abends
Eine der besten Adressen für brasilianische Küche in Rio mit vielen Spezialitäten aus Bahia. ●●

Bundesstaat Rio

An der Küste des Bundesstaates Rio de Janeiro reihen sich Traumstrände wie Perlen aneinander. Landeinwärts nehmen die kühlen Anhöhen des Küstengebirges reizvolle Städte wie Petrópolis auf, die ehemalige kaiserliche Sommerresidenz.

NICHT VERPASSEN!

Petrópolis
Nova Friburgo
Búzios
Arraial do Cabo
Angra dos Reis
Ilha Grande
Parati

Rio de Janeiros ❶ Umland stand touristisch gesehen jahrzehntelang im langen Schatten der Weltstadt. Zu Unrecht, denn der Bundesstaat Rio de Janeiro besitzt außer Rio, Samba und dem Zuckerhut eine ganze Reihe echter Attraktionen. In kontrastreicher Landschaft zwischen Küste und den dicht bewaldeten Bergen lohnt es sich, ganz unterschiedliche Orte zu entdecken und deren vielfältige Urlaubsmöglichkeiten zu nutzen.

Sommerfrische in den Bergen

So sehr die Einwohner Rios ihre Strände auch lieben, manchmal begeben sie sich gern zur Erholung in die kühle, erfrischende Bergregion nördlich der Stadt. Dieses Bedürfnis bestand schon in den ersten Tagen Brasiliens und war der Hauptgrund für die Gründung von Petrópolis und Teresópolis: Ersteres ist das Vermächtnis der Kaiser Pedro I. und Pedro II., der Monarchen des unabhängigen Brasilien.

Petrópolis ❷

Die 66 km von Rio entfernte Stadt mit über 300 000 Einwohnern ist ein Denkmal für Pedro II., der von 1831 bis zu seinem Abgang ins europäische Exil im Jahr 1889 Kaiser von Brasilien war (s. S. 42). Eine erste Vorstellung, wie diese Stadt aussehen sollte, entwickelte schon Pedro I., um 1830. Er kaufte in der **Serra Fluminense**, einem imposanten Gebirgszug, Baugrund für einen Sommerpalast. Diesen und die malerische Stadt darum herum ließ jedoch erst sein Sohn, Pedro II., errichten – Baubeginn war 1840. Er wollte sich hier einen Ausgleich zur sengenden Hitze Rios und dem schwül-heißen Klima in der Guanabara-Bucht schaffen.

Die Stadt ist berühmt für ihre rosé-farbenen Häuser, die zum Großteil die Mitglieder der Kaiserfamilie beherbergten, für ihre grünen, üppigen Privatgärten und Parks sowie die schlichte Schönheit ihrer Straßen.

Links: Der Bootsbug als Sprungturm, bei Angra dos Reis
Unten: Museu Imperial in Petrópolis

> **TIPP**
>
> Das Telefon im Museu Imperial wurde dem Kaiser von Alexander Graham Bell, dem Erfinder, persönlich überreicht. Es war das erste Telefon Brasiliens.

Aufstieg nach Petrópolis

Die Anfahrt in die Sommerresidenz führt durch eine der großartigsten Landschaften des Staates Rio. Bis auf 840 m schlängelt sich die Straße an den steilen Berghängen hinauf und überwindet auf kühnen Betonbrücken grüne Täler. Unterwegs sind noch die Reste der alten Straße nach Petrópolis zu sehen, einer gefährlichen, gepflasterten Strecke, welche die Straßenarbeiter des Königs früher ganzjährig ausbesserten.

Acht Kilometer vor Petropolis liegt unübersehbar der riesige **Palácio Quitandinha,** ein kurioses Gebäude aus dem Jahr 1944. Geplant war es als größtes Spielkasino Südamerikas inklusive 400 Luxus-Suiten. Doch schon zwei Jahre später war Schluss mit Roulette und Black Jack vor den Toren Rios: Das Glücksspiel wurde in ganz Brasilien verboten und blieb es bis heute.

Jahrzehntelang war das riesige Gebäude ungenutzt. Erst Mitte der 1990er-Jahre entdeckten Investoren das Objekt und richteten hier komfortable Apartments sowie ein Einkaufszentrum mit Fitnesscenter für eine betuchte Klientel ein. Einige der 14 Salons und das Theater sowie das Foyer mit riesiger Kuppel kann man besichtigen (Rua Joaquim Rolla 2, Di–So 9–17 Uhr).

Die Sommerresidenz Dom Pedros II.

Das Leben in Petrópolis spielt sich im Wesentlichen entlang der belebten **Rua do Imperador** ab, einem üppig begrünten Boulevard mit dem Flair vergangener Zeiten. Die teilweise noch mit Kopfsteinen gepflasterte Prachtstraße wird von einem ruhigen Kanal der Länge nach geteilt, und auf den sonnenbeschienenen Pflastersteinen warten Pferdedroschken wie an einem Taxistand von anno dazumal.

Das Gebiet um den kaiserlichen **Sommerpalast** an der Rua da Imperatriz ist mit Bäumen und Büschen begrünt und von gepflegten Wegen durchzogen. Der in Rosé gehaltene Palast beherbergt heute das **Museu Imperial** (Rua da Imperatriz 220, Di–So 11–18 Uhr, Tel. 24-2237-8000, www.museuimperial.gov.br).

Für eine Kaiserresidenz wirkt der Bau geradezu bescheiden. Museumsbesucher müssen zum Schutz der

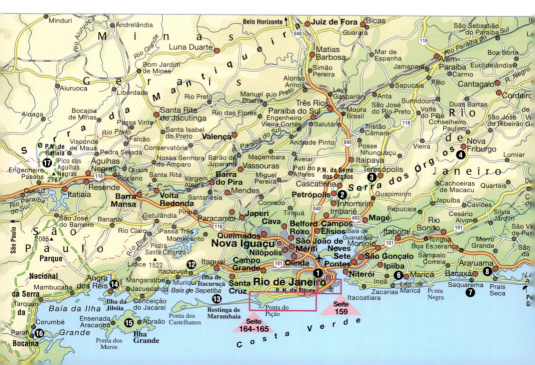

Bundesstaat Rio

kostbaren Böden aus Jacaranda- und Brasilholz Filzpantoffeln anziehen.

Die schlichten Möbel des Museums zeugen vom eher bürgerlichen Geschmack seines Erbauers Pedro II. Die im zweiten Stock untergebrachte Sammlung persönlicher Gegenstände des Kaisers, wie Teleskop und Telefon veranschaulichen Dom Pedros wissenschaftliche Neugier und sein Interesse an technischen Neuerungen.

Ebenfalls sehr interessant sind die **Kronjuwelen,** ein glitzerndes Gebilde mit 77 Perlen und 639 Diamanten, und die farbenprächtigen Umhänge aus der zeremoniellen Garderobe des Kaisers, etwa ein Umhang aus den leuchtenden Federn eines Amazonas-Tukans.

Die Fotografien des Monarchen im zweiten Stock zeigen jedoch, dass er sich offensichtlich in simplen Straßenanzügen wohler fühlte als in wallenden Repräsentationsgewändern. Die allseits beliebten Sound-and-Light-Shows gibt es auch in Brasilien, die kaiserliche Sommerresidenz wird jeweils donnerstags, freitags und samtags um 20 Uhr für 45 Minuten zu musikalischer Untermalung in farbiges Licht getaucht.

Andere sehenswerte Bauwerke

Am nördlichen Ende der Rua da Imperatriz erreicht man die französische, in neogotischem Stil erbaute **Catedral de São Pedro de Alcântara** (Di–Sa 8–12 und 14–18 Uhr). Die imposante Kirche wurde erst 55 Jahre nach Baubeginn im Jahr 1884 fertig gestellt, sie ist innen mit Carrara-Marmor ausgekleidet. Kaiser Dom Pedro II. sowie Kaiserin Dona Tereza Cristina liegen dort neben anderen Mitgliedern ihrer Familie begraben. Das Kaiserpaar starb zwar im Exil, wurde aber 1939, zwei Jahrzehnte nach der Aufhebung der Verbannung, in die kaiserliche Grabeskirche überführt.

Von der Kathedrale aus erreicht man über die Rua 13 de Maio an der Rua Alfredo Pachá den 1879 bis 1884 entstandenen **Palácio de Cristal**, den Kristallpalast (Di–So 9–18.30 Uhr). Die Konstruktion aus Glas und Eisen wird noch immer für Garten- und Kunstausstellungen benutzt. Der Palast ist fast ausschließlich aus Teilen errichtet, die aus Frankreich stammen.

Nicht weit ist es zur **Casa Santos Dumont** (Rua do Encanto 22, Di–So 9

Santos Dumont, Ingenieur und Exzentriker, war ein brillianter Kopf

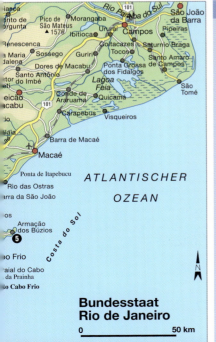

Bundesstaat Rio de Janeiro
0   50 km

ALBERTO SANTOS DUMONT

Rios Stadtflughafen Santos Dumont trägt den Namen des berühmtesten Erfinders Brasiliens. Alberto hatte 1891 im Alter von 17 Jahren in Paris ein Ingenieurstudium angetreten. Ausgestattet mit einem Vorschuss auf sein Erbe, konnte der Sohn eines Kaffeebarons unbesorgt leben.

Im Jahr 1898 flog er erstmals mit einem Ballon. Danach baute er insgesamt 11 Luftschiffe und gewann 1901 den Deutsch-Preis für die erste Umrundung des Eiffelturms mit einem Luftschiff. Das Preisgeld von 100 000 Franc spendete er Bedürftigen in Paris. Am 23. Oktober 1906 gelang ihm der erste Start eines Flugzeugs ohne Hilfe eines Katapults, wie es seinerzeit die Gebrüder Wright zum Abheben ihres Doppeldeckers benutzt hatten.

Alberto Santos Dumont konstruierte nach seinem ersten Fluggerät auch eine einmotorige Sportmaschine, die leistungsfähigere »Demoiselle« (Libelle), doch dann verlor er das Interesse an der zunehmend von den Militärs bestimmten Fliegerei. Zurück in Brasilien, beging er 1932 mit 59 Jahren Selbstmord – angeblich aus Kummer darüber, dass Flugzeuge für kriegerische Zwecke genutzt wurden.

Der Stadtflughafen von Rio, unterhalb des Zuckerhutes, ist zwar nach ihm benannt, außerhalb Brasiliens ist der Flugpionier jedoch weitgehend in Vergessenheit geraten.

Auf dem Markt in Brejal bei Itaipava (zwischen Petrópolis und Teresópolis) bekommt man solche Souvenirs

Unten: Der Hof einer typischen »fazenda« aus der Kolonialzeit

bis 17 Uhr). Man geht auf der Rua Alfredo Pachá Richtung Süden und biegt links ein in die Av. R. Silveira. Das ungewöhnliche Wohnhaus von **Alberto Santos Dumont** aus dem Jahr 1918, von ihm selbst entworfen, ähnelt einer Raritätensammlung. Es hat nur ein Zimmer, besitzt weder Tisch noch Küche (die Mahlzeiten für Dumont lieferte ein Restaurant an), es hat auch keine Treppe und kein Bett. Neben zahlreichen Erfindungen wird auch das spartanische Mobiliar ausgestellt: Regale und eine Kommode, auf welcher der legendäre Flugpionier schlief.

Teresópolis und Nova Friburgo

Nur 33 km hinter Petrópolis gelangt man auf steilen Bergstraßen bis nach **Teresópolis** ❸ (ca. 150 000 Einwohner), das zweite kühle Bergjuwel des Staates Rio. Das nach der Gattin Pedros II., Tereza Cristina, benannte Teresópolis wurde um 1880 geplant, doch erst 1891 gegründet, zwei Jahre nachdem das Kaiserpaar ins Exil gegangen war.

Die Stadt ist 91 km von Rio entfernt und schmiegt sich in einer Höhe von 871 m in unmittelbarer Nähe des faszinierenden Nationalparks **Serra dos Orgãos** in die Gebirgslandschaft der Serra Fluminense. Die von Wanderwegen erschlossenen Wälder des Parks beherbergen auch eine wie Orgelpfeifen aufragende Granitzinne. Der höchste Berg, **Pedra do Sino,** erhebt sich 2263 m hoch über den Meeresspiegel. Am beeindruckendsten ist jedoch eine steil empor zeigende Felsnadel mit dem treffenden Namen **O Dedo de Deus** (Der Finger Gottes, 1680 m).

Nur 71 km östlich von Teresópolis liegt **Nova Friburgo** ❹, ein um 1820 von einigen Immigranten aus dem Schweizer Kanton Fribourg gegründeter Ort in reizvoller alpiner Umgebung. Die ersten Siedler kamen auf Einladung des portugiesischen Königs João VI., heute ist die Stadt auf über 180 000 Einwohner angewachsen und für Liköre, Süßigkeiten und vor allem für reizvolle Dessous bekannt. Hunderte kleiner Fabriken bieten hier raffinierte Wäsche für die körperbewußte *mulher brasileira*, die brasilianische Frau.

Die landschaftlich spektakuläre Strecke von Teresópolis herauf ist berühmt

---

KOLONIALE FARMEN – FAZENDAS

Im 19. Jh., als Brasilien hauptsächlich Kaffee exportierte, entstanden große Plantagen im Hinterland von Rio de Janeiro. Das Land dafür wurde dem üppigen Atlantischen Regenwald im Paraíba-Tal abgetrotzt. Die neue Elite der Kaffeebarone baute sich luxuriöse Herrenhäuser, *fazendas* genannt. Als der Kaffeeanbau in den 1880er-Jahren unrentabel wurde, verlegten sich einige Plantagenbesitzer auf die Viehzucht. Andere waren gezwungen, ihre Gutshöfe zu verkaufen.

Die wenigen schönen Fazendas, die heute noch erhalten sind, beherbergen meist Hotels und Restaurants. In herrlicher ländlicher Umgebung gelegen, bieten sie allesamt Entspannung, Komfort und ein besonderes Ambiente – kulinarische Köstlichkeiten, auf Silbergeschirr vergangener Zeiten serviert, inklusive. Einige Häuser haben auch Outdoor-Sportarten wie Reiten und Kanutouren im Angebot.

Besonders empfohlen sind zwei Gästehäuser im ehemaligen Kaffeezentrum von Valença: **Pousada Fazenda São Polycarpo** (Tel. 24-9969-0060), schön ausgestattet mit Möbeln und Kunst des 19. Jhs., und die **Fazenda Ponte Alta** (Av. Silas Pereira da Mota 880, Barra do Piraí; Tel./Fax 24-2443-5159, www.pontealta.com.br), die originalgetreu und außerdem familienfreundlich ist. Auf der **Fazenda Pau d'Alho** (Tel. 24-2453-3033) gibt es keine Zimmer, aber einen unvergleichlichen Nachmittags-Tee im Kolonialstil (reservieren!).

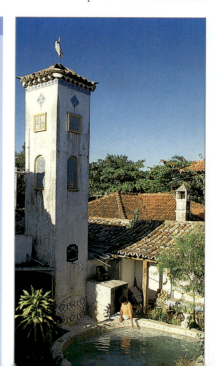

für herrliche Ausblicke, rauschende Wasserfälle, gute Wanderwege sowie empfehlenswerte Restaurants und Hotels am Weg – das Ganze ist bequem zu bewältigen auf einer zwischen Lumiar und Rio das Ostras bei Búzios neu asphaltierten Straße.

Strandparadies Búzios

In den Geschichtsbüchern steht es genau: **Armação dos Búzios** ❺ wurde zu Beginn des 16. Jhs. von den Portugiesen entdeckt. Viele Einheimische, die im Tourismus tätig sind, sind da aber ganz anderer Meinung. Sie versichern dem Besucher, Búzios sei im Grunde erst 1964 entdeckt worden, und zwar von Brigitte Bardot: Auf Einladung eines argentinischen Freundes verbrachte die französische Filmschauspielerin ein paar erholsame Tage in Búzios und rekelte sich fotogen an den damals noch unberührten Stränden des kleinen Fischerdörfchens. Paparazzi und Reporter ließen sich das Motiv nicht entgehen. Über Nacht erlangte der Ort im Sog der Popularität des Weltstars Bardot internationale Berühmtheit. Seither ist hier nichts mehr wie es war.

Aus dem ruhigen Fischerdorf, einst der Inbegriff eines verträumten Tropenparadieses, wurde ein übeteuerter Urlaubsort der argentinischen und brasilianischen Oberschicht. In den 1990er-Jahren hielt der Massentourismus Einzug und immer mehr Strandhotels wurden errichtet. Sicher, weiße Sandstrände, kristallklares Meerwasser und Kokosnusspalmen findet man hier noch immer, aber wie überall bringt das massive Wachstum des Strandparadieses auch Nachteile mit sich.

Vor, während und nach dem Karneval werden Búzios wie fast die gesamte Costa do Sol (Sonnenküste) östlich von Rio de Janeiro von Touristen regelrecht überschwemmt. Zu den knapp 23 000 Einwohnern des Ortes gesellen sich dann rund 100 000 sonnen- und vergnügungshungrige Gäste. Wirklich ruhig ist es in Búzios nur noch in den für brasilianische Verhältnisse recht kühlen Monaten Juni bis September.

Die Anfahrt von Rio per Auto oder Bus ist aufgrund der nun erhobenen Autobahngebühr schneller geworden; etwa zweieinhalb Stunden muss man dafür rechnen. Bequemer geht's per

TIPP

Búzios Trolley-Touren starten am Praia da Armação (Tel. 22-2623-2763). Sie kosten etwa 15 US-$, inkl. Imbiss und Getränken.

Unten: Ein Boot voller Erfrischungen am Strand von Búzios

Brigitte Bardot – hier ganz in Bronze – hat Búzios berühmt gemacht

Unten: Kinderspiel in Búzios

Flugzeug: Ab São Paulo und Rio fliegt Team Airlines nach Cabo Frio, 23 km vor Búzios, Weiterfahrt mit örtlichen Bussen oder Taxi (www.voeteam.com.br). Vom Busbahnhof in Rio verkehren in regelmäßigen Intervallen Linienbusse (Rodoviária Novo Rio, Tel. 3213-1800).

Mediterranes Flair

Dennoch konnte sich Búzios etwas vom mediterranen Flair bewahren, denn die Stadtväter begegnen dem Bauboom schon seit den 1970er-Jahren mit strengen Auflagen. Hochhäuser, die allzu viele brasilianische Stadtstrände verschandeln, dürfen hier nicht gebaut werden.

Die meisten Häuser, die in den letzten Jahren in Búzios geplant wurden, fügen sich gut in die Landschaft ein, und die Unterkünfte sind idyllische kleine *Pousadas*, familiäre Gasthöfe mit selten mehr als einem Dutzend Zimmern; eine Ausnahme ist das mit 167 Apartments ausgestattete Atlântico Búzios Convention & Resort (Estrada da Usina Velha 294, Tel. 22-2620-8850, www.atlanticobuzios.com.br).

Der alte Ortskern von Búzios wurde also von einer Hotelflut verschont, seine dörfliche Architektur blieb erhalten, obwohl teure Boutiquen, trendige Bars und internationale Besucher das Straßenbild inzwischen bestimmen. Geselligen Menschen bietet Búzios alles, was einen schönen Badeurlaub ausmacht.

In der unmittelbaren Umgebung von Búzios hat man die Wahl zwischen 23 Stränden, von denen manche in Buchten mit ruhiger See, andere an der rollenden Brandung des Atlantik liegen. Strände in Stadtnähe wie die **Praia dos Ossos** und die hufeisenförmige Bucht der **Praia Ferradura** sind auch zu Fuß leicht zu erreichen. Die abgelegensten Strände sind auch hier die idyllischsten, d. h. man muss entweder lange gehen (manchmal über Felsen) oder auf ungeteerten holprigen Straßen fahren. Dann stößt man jedoch auf Schätze wie die **Praia da Tartaruga,** deren Korallen vor allem zum Tauchen und Schnorcheln einladen, oder die herrlichen Strände **Azeda** und **Azedinha.** Die **Praia Brava** steht bei Wellenreitern hoch im Kurs, während die nur zu Fuß erreichbare **Praia Olho de Boi** Nudisten vorbehalten ist.

Zu Ausflugsbooten umgebaute Schoner wie der Zweimaster »Queen Lory« (Tel. 2623-1179), »Buziana« (Tel. 2263-6760) »Lady Gabi« (Tel. 2623-2312) oder die der Agentur Interbúzios (Tel. 2623-6454) klappern einige der schönsten Strände ab, haben Getränke und Verpflegung an Bord und ankern zum Schwimmen und Schnorcheln in abgelegenen Buchten der Inseln Rasa, Feia, Caboclo oder Branca.

Attraktionen der Rua das Pedras

In Búzios bieten zahlreiche Boutiquen modische Bikinis, T-Shirts, aber auch Designerware an. Die meisten Geschäfte liegen entlang der Rua José Bento Ribeiro Dantas, die kurz **Rua das Pedras** (Straße der Steine) genannt wird. Hier konzentrieren sich auch Bars, Restaurants und einige Diskotheken. Feinschmecker erwartet hier eine große

Bundesstaat Rio

Auswahl an brasilianischen Gerichten und Schöpfungen der internationalen Küche. Vorzüglich speist man in den Restaurants **Brigitta's** (Meeresfrüchte), **Satyricon** (italienische Spezialitäten) und **Sawasdee** (Thai-Gerichte), näheres unter Restaurants, S. 185. Besonders bekannt ist die Rua das Pedras seit Jahren auch für gute Crêpes.

Nach Einbruch der Dunkelheit liegt über dem ganzen Straßenzug Party-Atmosphäre, die meistens in der zentral gelegenen Crêperie **Chez Michou** ihren Kumulationspunkt hat. Von dort ziehen ganze Cliquen und Leute, die sich zufällig kennen gelernt haben, früher oder später am Abend in die benachbarten Diskotheken wie z. B. den Club **La Siesta**.

Die Hotelanlage **Vila Boa Vida**, in Buzios oberhalb der malerischen Ferradura-Bucht gelegen, steht unter deutscher Leitung (Tel. 2623-6767, www.vilaboavida.com.br).

Der einzige Wermutstropfen im Kelch des Vergnügens: Obwohl der internationale Jetset schon seit Jahren nicht mehr nach Búzios kommt, sind die Preise nach wie vor höher als in Rio de Janeiro.

Costa do Sol

Zwischen Rio und Búzios erstreckt sich die Costa do Sol mit schönen Badestränden. An der Küste vor der Stadt **Maricá** ❻ und dem benachbarten Dorf **Manoel Ribeiro** liegt der weite Strand **Ponte Negra**, ein von verwahrlosten Ferienhäusern gesäumtes Stück weißen Sands mit wildem, blauem Wasser, das vor allem Wellenreiter anlockt.

Bedeutende Surfwettbewerbe werden im 53 km entfernten **Saquarema** ❼ ausgetragen, einem der vier Ferienstrände im Gebiet zwischen den Seen der **Lagoa de Saquarema** und der weitaus größeren **Lagoa de Araruama**, die durch große, lang gestreckte Sandbänke vom offenen Meer getrennt werden.

Auf Saquarema folgen **Araruama** ❽ und **São Pedro d'Aldeia** ❾, beliebte Ferienorte der Cariocas; besonders während des Karnevals sind die Hotels

entlang der Lagunenkette und die Campingplätze überfüllt. An der Staatsstraße RJ 106 sieht man immer wieder Salzfelder, und bei Cabo Frio erstreckt sich ein riesiges Salinenareal.

Cabo Frio und Arraial do Cabo

Das 25 km von Búzios entfernte **Cabo Frio** ❿ (130000 Einw.) ist berühmt für den feinen weißen Sand an seinen Stränden und Dünen. In den Ferienmonaten beziehen viele Cariocas hier Quartier. Cabo Frio ist eine historisch interessante Stadt mit Ruinen aus dem 17. Jh. wie dem Fort São Mateus, der Kirche Nossa Senhora da Assunção aus dem Jahr 1660 und dem 1696 erbauten Kloster Nossa Senhora dos Anjos. In den letzten Jahren wurden in Cabo Frio einige sehr gute Speiserestaurants eröffnet und eine hübsche Hafenpromenade angelegt. Der Ort ist auch bekannt für die Herstellung von Bademoden, etwa 100 kleine Fabriken gibt es hier, die meisten Läden findet man im Stadtteil Gamboa.

Etwa 41 km von Búzios entfernt liegt **Arraial do Cabo** ⓫, der schönste Ab-

Immer eine gute Anlaufstelle für die ersten Infos

Unten: Praia do Forte, Cabo Frio

> **TIPP**
>
> Aufgrund der niedrigen Wassertemperaturen kann man hier bis zu 30 Meter tief sehen. Etwa zehn lizensierte Agenturen bieten Tauchausflüge von der Marina dos Pesadores in Praia dos Anjos an.

Unten: Angra dos Reis, einst ein geschäftiger Hafen, ist heute ein beliebter Badeort

schnitt der Sonnenküste. Arraial do Cabo hat 25 000 Einwohner. Der Ort blieb bisher vom internationalen Tourismus weitgehend unentdeckt, für den lokalen Markt ist er aber längst mehr als ein Geheimtipp. Neben vielen kleinen, einfachen Pousadas, sind nun auch Mittelklassehotels mit maximal 30 Zimmern, vorwiegend an der **Praia Grande** und der **Praia dos Anjos**, zu finden. Da die Wassertemperaturen hier relativ niedrig sind, besitzt Arraial das klarste Wasser des südlichen Brasilien mit optimalen Sichtverhältnissen und lockt daher vor allem Taucher und Harpunenfischer an. Genau wie Búzios begann Arraial als Fischerdorf, ist aber nach wie vor bekannt für sein täglich frisches Fischangebot. Die Fischer erklimmen die Sanddünen, um nach den Fischschwärmen Ausschau zu halten, Beweis für die Klarheit des Wassers.

Die Stadt liegt an der Spitze eines Kaps mit sieben ganz verschiedenen Stränden. Während einige ruhiges Wasser und im Hintergrund üppig grüne Berge aufweisen, sind die Surfstrände so stürmisch, dass die Brandung mit Getöse auf den Sand donnert.

Nur mit dem Boot erreichbar ist die ruhige Bucht der paradiesischen **Praia do Forno**, ebenso die vor der Küste liegende **Ilha do Farrol** mit der **Gruta Azul**, einer bei Ebbe 15 m hohen Unterwassergrotte mit je nach Lichteinfall hellblau gefärbtem Wasser, und der **Gruta Oratório** (10 m).

Costa Verde – die Grüne Küste

Die Costa Verde beginnt etwa 70 km außerhalb von Rio de Janeiro beim Dorf **Itacuruçá** und ist über die Küstenstraße BR 101, die Rio mit der größten Hafenstadt des Landes, Santos verbindet, zu erreichen. Allgemein wird mit der Grünen Küste der Abschnitt bis Trindade, etwa 270 km, bezeichnet; aber auch die Strecke weiter bis Santos büßt nichts an landschaftlicher Schönheit ein. Ihre üppige Vegetation und die tropische Mischung aus Bergen, Regenwald, herrlichen Stränden und unzähligen Inseln macht diesen Küstenabschnitt zu einem der aufregendsten der rund 8000 km Küste Brasiliens.

Die Küstenstraße schlängelt sich – vorbei an Fischerdörfern, Ferienzentren, Yachthäfen, Werften und Bauernhöfen – zum Teil sehr steil bergan oder bergab. An Abwechslung besteht kein Mangel und immer wieder bietet sich ein herrlicher Blick übers Meer.

Wenn Sie mit dem Mietwagen unterwegs sind, fahren Sie am besten tagsüber. Einerseits hat man nur dann den vollen Genuss der reizvollen Landschaft, andererseits ist die kurvenreiche Strecke gefährlich; auch gelegentliche Überfälle kommen nachts leider vor.

Ausflüge auf tropische Inseln

Beim Fischerdorf **Itacuruçá** ⓬ laufen morgens ab 10 Uhr Schoner mit bis zu 40 Passagieren zu Tagesausflügen zu den nahen Inseln der **Baía de Sepetiba** ⓭ aus dem Hafen aus. Im Fahrpreis ist ein Mittagessen mit Meeresfrüchten auf einer der Inseln enthalten. Die Schoner halten an der **Ilha do Martins**, der **Ilha de Itacuruçá** oder der **Ilha de Jaguanum** zur Badepause.

Einige der kleineren Inseln kann man auch in Eigenregie ansteuern, wenn man ein Boot mit Führer, i. d. R. ein einheimischer Fischer, mietet. Die Inseln **Pombeba** und **Sororoca** sind zu empfehlen.

Zum Übernachten bieten sich mehrere gute Hotels wie das **Hotel Ilha de Jaguanum** (Praia Cabeça do Boi) und das **Hotel do Pierre** (Praia de Bica, www.hotelpierre.com.br) an. Vorzügliche Fischgerichte bekommt man direkt am Hafen von Itacuruçá im Restaurant **Kakau Marina** (Av. do Canal, Tel. 2680-7429, 10–24 Uhr).

Inseln in der Angra dos Reis

Die Küstenstraße führt über Muriqui weiter nach **Mangaratiba,** wo ein großer Club Méditerranée mit 324 Apartments angelegt wurde. Dahinter erreicht man **Angra dos Reis** ⓮, die »Königsbucht«, mit 130 000 Einwohnern die größte Stadt an der Costa Verde. Im **Golf von Angra** liegen 365 Inseln verstreut, die größte ist die Ilha Grande. Das Wasser hier ist warm; ein sehr beliebter Zeitvertreib ist das Harpunenfischen entlang der Felsklippen sowie das Fischen in tieferen Gewässern. Das Fremdenverkehrsamt gegenüber der Bushaltestelle am Hafen hält Karten und Informationen über Hotels und Bootsausflüge bereit. Golfspieler wenden sich an das **Hotel do Frade,** das den einzigen 18-Loch-Golfplatz der Costa Verde besitzt. Hier werden jedes Jahr im Juni und November auch internationale Turniere ausgetragen (www.hoteldofrade.com.br).

Ilha Grande

Mit dem Boot kann man von Angra dos Reis in gut 90 Minuten die paradiesische **Ilha Grande** ⓯ erreichen, ein Naturreservat mit herrlicher, vielfältiger Fauna und Flora sowie einigen der schönsten Strände Brasiliens. Zur Insel verkehren auch Fähren ab Mangaratiba, die in **Vila do Abraão,** der einzigen größeren Siedlung auf dem Eiland, anlegen (Infos für Fähren ab beiden Orten: www.barcas-sa.com.br, Tel. 21-4004-3113).

Die 184 km² große Insel diente einst als Sträflingsinsel für politische Gefangene, als Quarantänestation für Einwanderer Anfang des 20. Jh. sowie in

> **TIPP**
>
> In der Casa de Cultura werden Capoeira-Kurse angeboten. Besucher sind willkommen mitzumachen – allerdings braucht man für diesen Sport eine gute Kondition!

Unten: Fischerboote in Itacuruçá

TIPP

Seit 2003 findet in Parati jedes Jahr im Juli oder August das mittlerweile renommierte Literaturfestival »Festa Literária Internacional de Paraty« statt (www.flip.org.br).

Unten: Hängematten zum Verkauf in Vila do Abraão. Im Hintergrund der Pico do Papagaio, Wahrzeichen der Ilha Grande

früheren Zeiten Piraten und Sklavenschmugglern als Versteck. Heute leben hier etwa 6000 Menschen; es gibt 130 Pousadas, 60 Restaurants, viele Boote und kein einziges Auto! Das gesamte Eiland ist verkehrsfrei, lediglich ein Traktor zur Müllabfuhr wird eingesetzt.

Mehr als die Hälfte der Inselbewohner leben im Hauptort Vila do Abraão. Hier sind auch die meisten Pensionen und Restaurants, Reisebüros und Tauchclubs angesiedelt.

Man sollte mindestens zwei bis drei Tage auf der Ilha Grande verbringen, neben mehreren einfachen Pousadas, stehen auch kleine Hotels und ein schmuckes Mini-Resort zur Verfügung (www.ilhagrande.com.br).

Man kann ein kleines Boot mieten und abgelegenere Traumstrände wie **Lopes Mendes**, **Peovetá** oder **Caxadaço** ansteuern. Die örtlichen Tour-Veranstalter bieten auch halb- oder ganztägige Rundfahrten um die Insel inklusive Verpflegung und Badestopps an. Vom Hafen fahren täglich mehrere Boote nach **Pouso**, von dort sind es noch zwanzig Minuten zu Fuß zum absoluten Strand-Highlight der Insel, vielleicht einer der schönsten Strände Brasiliens – **Lopes Mendes:** vier Kilometer weißer Sandstrand, kein einziges Gebäude, nicht einmal eine Hütte, nur Tagesbesucher, die per Boot oder zu Fuß ankommen. Mit etwas Glück sieht man beim Baden in den sanften Wellen Delfine und Meeresschildkröten.

Alljährlich am 29. Juni veranstalten die Fischer vor der Ilha Grande eine Meeresprozession zu Ehren ihres Schutzheiligen Petrus.

Wandern auf der Ilha Grande

Noch schöner ist es, frühmorgens von **Abraão** durch den tropischen Wald zum Strand zu wandern. 16 Wanderwege – Trilhas – sind auf der Ilha Grande ausgeschildert.

Die T 10 z. B. führt über 6 km nach Pouso und weiter zum Lopes-Mendes-Strand. Unterwegs sind Affen, Papageien und Tukane zu hören und oft auch zusehen. In Pouso gibt es Getränke und Speisen zu kaufen.

Eine größere Herausforderung ist eine Wanderung auf den Gipfel des Papageienschnabels, **Pico do Papagaio**,

das 982 m hohe Wahrzeichen der Insel, oft in einer Dunstwolke versteckt. Etwa sieben Stunden dauert die 11 km lange, schweißtreibende Wanderung hin und zurück. Man sollte unbedingt viel Trinkwasser und Mückenschutz mitnehmen, die Ausschilderung ist nicht optimal, besonders bei Nebel kann man sich leicht verirren, deshalb sind geführte Touren zu empfehlen.

Ein leichter Spaziergang ist hingegen der Rundweg T 1, der über 1700 m zum Aquädukt aus dem 19. Jh. und zu den Ruinen des Sträflingslazaretts führen.

Parati – lebendige Vergangenheit

Ab Angra führt die Küstenstraße am Golf entlang, zunächst an den beiden einzigen intakten brasilianischen Atomkraftanlagen und am malerischen Fischerdorf **Mambucaba** vorbei. Am anderen Ende des Golfes, 260 km von Rio entfernt, liegt **Parati** ❶, ein Juwel aus der Kolonialzeit, das zum UNESCO-Weltkulturerbe zählt.

1660 gegründet, erlangte Parati im 18. Jh. durch die Entdeckung von Gold und Diamanten im Nachbarstaat Minas Gerais Bedeutung. Die wertvolle Fracht wurde mit Maultierkarawanen nach Parati gebracht und von dort nach Portugal verschifft. Die Stadt, Endpunkt des *Caminho de Ouro* (s. S. 184), war auch die wichtigste Zwischenstation für Reisende und für den Handel zwischen São Paulo und Rio. Über 100 Jahre lang ging es Parati prächtig. Herrschaftliche Villen und Landgüter zeugen vom einstigen Reichtum.

Nach der Unabhängigkeitserklärung von 1822 verebbte der Goldexport nach Portugal, und man baute eine neue Straße an Parati vorbei, die Rio direkt mit São Paulo verband. Parati geriet in Vergessenheit, aber dank dieses Dornröschenschlafs blieb sein koloniales Stadtbild vollständig erhalten.

Der auffallendste und interessanteste Kirchenbau Paratis ist die **Igreja de Santa Rita de Cássia** (1722) in der Rua Matriz, ein Beispiel brasilianischer Barock-Architektur. Im angegliederten **Museu de Arte Sacra** (Tel. 24-3371-1620, Mi–So geöffnet) ist religiöse Kunst ausgestellt. In der Kirche **Nossa Senhora dos Remédios** am Nordende der Rua Matriz (1789–1873 erbaut) ist eine Gemäldesammlung untergebracht. Dass die Menschen in Parati auf ihre Vergangenheit und ihre Identität sehr stolz sind, zeigt sich im Kulturhaus **Casa de Cultura** (Rua Dona Geralda 37, tgl. außer Mo) mit der Stadtbibliothek.

Das historische Zentrum der Stadt ist weitgehend verkehrsfrei, jede Straße in Parati birgt eine Überraschung: Kunstgalerien, Kunsthandwerksläden, hübsche Pousadas und Häuser im Kolonialstil. Manche Innenhöfe der weiß getünchten Gebäude besitzen hübsche Gärten mit Farnen, Orchideen, Rosensträuchern, Veilchen und Begonien. Zwei der hübschesten Gärten sind in der **Pousada do Ouro** (sowohl im Hauptgebäude des Hotels als auch auf der anderen Straßenseite) und im Hotel **Coxixo** zu finden.

Ausflüge in die Umgebung

Auch in Parati liegen die besten Strände außerhalb des Ortes oder auf den 65

> **TIPP**
> Parati ist landesweit bekannt für seinen Zuckerrohr-Likör »Cachaça«, die Grundzutat für den »Caipirinha«-Cocktail.

Unten: Die Straßen von Parati sind gesäumt von farbenfroh gestrichenen Häusern

Vielfältige Einkaufsmöglichkeiten in attraktivem Ambiente

vorgelagerten Inseln. Am bequemsten erreicht man sie im Rahmen eines etwa fünfstündigen Ausflugs mit Schonern wie der 24 m langen »Soberno da Costa« (Tel. 24-3371-1114). In der Bucht von **Saco do Mamanguá** reihen sich Fischerdörfer an Ferienhäuser, die winzigen Inseln **Ilha dos Cocos, dos Meros** und **Deserta** eignen sich hervorragend zum Tauchen und Schnorcheln (Infos bei Paraty Tours oder bei Mr. Big, www.aquadive.com.br).

Nach einer fünfminütigen Autofahrt gelangt man zur **Fazenda Murycana**, die an der alten Goldstraße hinauf nach Cunha liegt. Dieses Landgut aus dem 17. Jh. bietet für jeden etwas: einen großen Zoo mit Wildkatzen, Affen und seltenen Vögeln, Wasserfälle zum Baden, ein rustikales Restaurant, hausgemachte Marmelade und eine Cachaça-Brennerei, wo man den Zuckerrohrschnaps in verschiedenen Geschmacksrichtungen probieren und kaufen kann (www.paraty.com.br/murycana).

Nationalpark Itatiaia

Im äußersten Westen des Staates, 174 km von Rio de Janeiro entfernt, erstreckt sich bis nach Minas Gerais der **Parque Nacional de Itatiaia** ⓱. Das Gebiet des 300 km² großen Nationalparks in der Serra da Mantiqueira wurde bereits 1937 unter Naturschutz gestellt; es war der erste Nationalpark Brasiliens. Er umschließt Atlantischen Regenwald mit Epiphyten wie Orchideen und Bromelien, Wasserfällen, Seen und Wanderwegen und bietet 360 Vogelarten einen idealen Lebensraum. Daneben sind auch 67 Säugetierarten vertreten, darunter Kapuzineraffen, Ozelot, Faultiere und Pakas, große Nager. Auch Bronzeleguane spazieren unbekümmert über die Straßen.

Die felsige Region im Bereich des **Pico das Agulhas Negras** (2787 m) bietet sich für Kletter- und Trekkingtouren an. Der kleine Ort Itatiaia liegt an der Fernstraße Rio–São Paulo (BR116); von hier sind es noch 14 km bis zum Parkeingang. Dort befindet sich ein kleines naturhistorisches **Museum** (Di–So 10 bis 16 Uhr). Empfohlene Unterkünfte: **Hotel Simon** (Tel. 24-3352-1230) und **Hotel do Ypê** (Tel. 24-3352-1453). Die Trockenzeit und somit beste Besuchszeit ist von Juni bis August. ∎

DER GOLD-PFAD

Nach Parati führte einst der historische *Caminho de Ouro*. Es ist der Maultierpfad, auf dem im 18. Jh. die Goldfunde aus dem Bundesstaat Minas Gerais zum Hafen von Parati gebracht wurden. Angelegt hatten diesen Weg schon die *Goianás*, der hier ansässige Ureinwohner-Stamm, zum Fischtransport ins Hinterland.

Heute wird die Route Stück für Stück wieder hergestellt und ist begehbar. Sie beginnt knapp 10 km westlich von Parati an der RJ 165 Richtung Cunha. Nach etwa 3 km erreicht man einen Wasserfall mit Bademöglichkeit. Ein Bauernhaus am Weg bietet Verpflegung an.

Man kann die Tour auch mit einer Jeepfahrt kombinieren, zu buchen bei Paraty-Tours (Roberto da Silveira 11, Tel. 24-3371-1327, www.paratytours.com.br), einem Anbieter, der auch weitere nützliche Infos bereit hält.

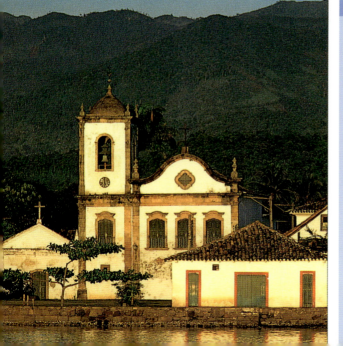

Unten: Paratis Kolonialarchitektur, in mildes Abendlicht getaucht

Bundesstaat Rio ◆ 185

RESTAURANTS

Preise pro Person für ein dreigängiges Menu mit einem Getränk:
- ● = unter 25 US-$
- ●● = 25 – 40 US-$
- ●●● = 40 – 55 US-$
- ●●●● = über 55 US-$

Petrópolis

◆ **Locanda della Mimosa**
Alameda das Mimosas 30, Vale Florido, Tel. 24-2233-5405, Do 20 bis 24 Uhr, Fr–So 12.30 bis 16 Uhr, 20–24 Uhr
Danio Braga gilt als einer der besten Chefs Brasiliens. Die wöchentlich wechselnde Speisekarte kombiniert italienische Küche mit eigenen Innovationen. ●●●●

◆ **Pousada Alcobaça**
Rua Agostinho Goulão 298, Corrêas, Tel. 24-2221-1240, tgl. durchgehend geöffnet
Kleines Gästehaus, außerhalb, mit Gemüsegarten, der die traditionelle Küche beliefert. ●●●

◆ **Solar do Imperio**
Avenida Koeler 376, Tel. 24-2103-3000, tgl. mittags u. abends geöffnet
Hotelrestaurant im Zentrum mit attraktiver Speisekarte und günstigem Mittagsmenü. ●●

Búzios

◆ **Bar do Zé**
Orla Bardot 382, Strand, Tel. 22-2623-4986, tgl. 18–24 Uhr

Gourmet-Restaurant, vor allem frischer Fisch wird gut zubereitet. ●●●

◆ **Brigitta's**
Rua das Pedras 131, Zentrum, Tel. 24-2623-6157, www.brigittas.com.br, tgl. ab 17 Uhr
Brigitta's ist ein Wahrzeichen. Shrimps und Hummer sind berühmt, aber es gibt auch Preiswertes. Alles schmeckt! ●●●

◆ **Chez Michou**
Rua das Pedras 90, Zentrum, Tel. 22-2623-2169, tgl. ab 17 Uhr
Ein legendärer Treffpunkt mittendrin. Günstige und leckere Crêpes. ●

◆ **Cigalon**
Rua das Pedras 265, Zentrum, Tel. 22-2623-6284, Mo–Fr 17–24 Uhr, Sa, So 13–24 Uhr
Französische Küche, ausgefallene Gerichte, große Dessertauswahl. ●●●

◆ **Satyricon**
Orla Bardot 500, Strand, Tel. 22-2623-1595, www.satyricon.com.br, tgl. 17–24 Uhr
Eine Institution – so wie das Mutterhaus in Rio auch. Italienische Küche, besonders mit allem, was das Meer zu bieten hat. ●●●

◆ **Sawasdee**
Orla Bardot 422, Strand, Tel. 22-2623-4644, tgl. 18–24 Uhr, von März bis Nov. Mi geschlossen
Thailändische Küche nach brasilianischer Art, offene Küche, ein wahrer

Augen- und Zungenschmaus. ●●●●

Ilha Grande – Abraão

◆ **Lua e Mar**
Rua da Praia, Strand, Tel. 24-3361-5582, tgl. 16–23 Uhr
Frischer Fisch und Meeresfrüchte, Moquecas – all das in nettem Ambiente. ●●

◆ **Toscanelli Brasil**
Praia da Bica im Resort Sagú, Tel. 24-3361-5660, tgl. 12.30–15.30 Uhr und 19.30–22.30 Uhr
Kleine Speisekarte, aber ausgewählte Spezialitäten. ●●●

Parati

◆ **Banana da Terra**
Rua Dr. Samuel Costa 198, Zentrum, Tel. 24-3371-1725, tgl. außer Di 12–24 Uhr
Meeresfrüchte mit lokalen Einflüssen. Die ungewöhnlichen Kombinationen lohnen den Versuch. ●●●

◆ **Bartholomeu**
Rua Dr Samuel Costa 176, Zentrum, Tel. 24-3371-5032, tgl. nur abends geöffnet
Gediegene Atmosphäre in historischem Gebäude. Hier gibt's argentinische Steaks. ●●●

◆ **Merlin o Mago**
Rua do Comércio 376, Zentrum, Tel. 24-3371-2157, tgl. außer Mi, 19–1 Uhr
Der deutsche Eigentümer hat sein Handwerk in Frankreich und Asien gelernt und nutzt seine gesammelten Erfahrungen für Kombinationen mit einheimischen Zutaten. ●●●

◆ **Refúgio**
Praça da Bandeira 1, am Hafen, Tel. 24-3371-2447, tgl. 12–23 Uhr
Fisch und Shrimps in reizvoller Umgebung genießen. ●●

Rechts: Morgens ruhig, am Abend In-Treff: »Chez Michou«

Unterwegs

São Paulo

São Paulo – wirtschaftlicher Motor des Landes und multikulturelle Metropole. Die Millionenstadt wartet mit unzähligen Restaurants und einem vielfältigen Kulturangebot auf. In ihrer Umgebung locken herrliche Strände und reizvolle Ausflugsziele.

Der Bundesstaat São Paulo ist mit 42 Millionen Einwohnern der größte, wirtschaftsstärkste und reichste Staat Brasiliens. Zu bieten hat er von allem ein bisschen: hochmoderne Industrie und kulturelle Highlights in seiner Metropole São Paulo, Strände, die denen von Rio in nichts nachstehen, eine Reihe attraktiver Urlaubsorte und nicht zuletzt weite Flächen Ackerlands, so fruchtbar, dass es die reichsten Ernten Brasiliens hervorbringt.

Beeindruckend ist die rasante wirtschaftliche und kulturelle Entwicklung, welche die Region durchlief. In den ersten dreieinhalb dokumentierten Jahrhunderten brasilianischer Geschichte (1500 bis 1850) war der Ort São Paulo ein Provinznest, Heimat lediglich für eine Handvoll Händler und Pioniere. Heute produziert der Staat São Paulo ein Drittel des Bruttosozialproduktes Brasiliens. Die Hälfte aller Firmen der verarbeitenden Industrie sind Mitglied der industriellen Vereinigung von São Paulo (FIESP), und etwa die Hälfte der 50 größten privaten Aktiengesellschaften Brasiliens haben ihren Hauptsitz hier. Kein Wunder, dass auch die Steuereinahmen São Paulos weit über dem Durchschnitt Gesamtbrasiliens liegen, ebenso wie auch der Verbrauch von elektrischem Strom z. B. überproportional hoch liegt.

Die Anfänge der Stadt

Mit São Vicente entstand im Jahr 1532 die erste Siedlung an der Atlantikküste des heutigen Staates São Paulo. Die Stadt São Paulo wurde erst 1554 gegründet. Jesuitenprovinzial Manoel da Nóbrega, der an der Vertreibung der Franzosen aus Rios Guanabara-Bucht maßgeblich beteiligt war, hatte eine Gruppe Padres in die abgelegene Region entsandt, darunter auch den 19-jährigen José de Anchieta, der den Beinamen »Apostel von Brasilien« erhielt. Er errichtete auf dem Hochplateau, das die Metropole heute völlig ausfüllt, eine erste Missionsstation namens São Paulo de Piratininga.

NICHT VERPASSEN!

São Bento
Teatro Municipal
Pinacoteca do Estado
Museu de Arte
Paranapiacaba
Embu
São Sebãstiaio

Vorherige Seiten:
São Paulo bei Nacht
Links und unten:
Aufstrebende Stadt

Durch die räumliche Distanz zu Salvador, der damaligen Hauptstadt im Nordosten der portugiesischen Kolonie, nahm São Paulo eine andere Entwicklung als Bahia und Pernambuco. Die Isolation der ersten Siedlungen führte zu einer starken Vermischung der Einwanderer mit den Frauen der Urbevölkerung. Die Nachkommen dieser Mischehen waren an Entbehrungen gewöhnt und hatten an Portugal wenig Interesse. Es entstand ein tatkräftig zupackender Menschenschlag, die berüchtigten *Bandeirantes* (s. S. 41).

Die Bandeirantes

Durch die indianische Hälfte seiner Abstammung Die Bandeirantes verfügten über die Fähigkeit, in unwegsamem Gelände Pfade zu finden, und über ein großes Durchhaltevermögen. Ihre portugiesischen Väter vermittelten ihnen die Lust an der Eroberung. Auf der Suche nach Indianersklaven drangen sie weit nach Westen in unbekanntes Land vor – ihren Gegenspielern, den Jesuiten, zum Trotz, welche die Urbevölkerung schützen wollten. Sie waren Abenteurer, die den Rio de la Plata und den Amazonas erforschten und in Minas Gerais, Goiás und Mato Grosso nach Gold und Diamanten suchten.

Dieser Individualismus der Bandeirantes wurde während des 19. Jh. in die politische Arena getragen. Pedro I., der portugiesische Kaiser, war in großem Maße von seinen aus São Paulo stammenden Beratern, angeführt von José Bonifácio de Andrade e Silva, beeinflusst. *Paulistas* heißen die Menschen, die im Staate São Paulo geboren sind; später in diesem Jahrhundert führten sie den Kampf gegen die Sklaverei an und halfen, die Republik von 1889 zu gründen.

Die Kaffeebarone

Doch São Paulos wahre Bestimmung war der Handel. Zu Beginn des 19. Jhs. begannen São Paulos Plantagenbesitzer, Baumwolle für den Export nach England anzupflanzen. Da aber Sklaven schon zu dieser Zeit knapp waren, fehlten Arbeitskräfte auf den Plantagen und die Produktion fiel hinter die der amerikanischen Konkurrenz zurück.

Findige Plantagenbesitzer investierten daraufhin ihre Gewinne in Kaffee, der sich weltweit wachsender Nachfrage erfreute. Der Zeitpunkt für den Markteintritt war ideal, denn noch gab es erst wenige Kaffeeproduzenten. São Paulos klimatische Bedingungen und die fruchtbare rote Erde, die *terra roxa*, stellten sich als ideal für den Kaffeestrauch heraus. Innerhalb eines Jahrzehnts überholte der Kaffee die Baumwolle als wichtigstes Exportprodukt.

Währenddessen wurde der Arbeitskräftemangel durch europäische Einwanderer behoben, die in den 1870er-Jahren gezielt angeworben wurden. Zwischen 1870 und 1920 kamen um die fünf Millionen Siedler nach Brasilien. Etwa die Hälfte siedelte sich in São Paulo an, meist als Arbeiter auf den Kaffeeplantagen. So entwickelte sich das verschlafene Nest São Paulo mit Hilfe der Kaffeebarone zum wichtigsten Wirtschaftsstandort Brasiliens.

Nun galt es, das Erreichte zu sichern. Die Kaffeebarone suchten nach Investi-

72 m ragt dieser Obelisk empor, der zu Ehren der Helden des Bürgerkriegs 1932 errichtet wurde

Unten: 60 000 Menschen leben in der Favela Paraisopolis im Morumbi-Viertel

> **TIPP**
>
> São Paulos Flughafen Guarulhos ist 30 km vom Zentrum entfernt. Airport-Shuttlebusse sind zuverlässig und viel günstiger als Taxis. Stationen gibt's an der Praça da Republica, am Busterminal Tiete und am Inlandsflughafen Congonhas. Spätestens 2 Std. vorm Check-in abfahren!

Unten: Früchteverkäufer in der Innenstadt São Paulos

tionsmöglichkeiten zur Absicherung gegen fallende Kaffeepreise und steckten ihr Kapital in die verarbeitende Industrie. Die Kernelemente des Erfolgs waren: eine innovative Handelselite, Kapital aus den boomenden Kaffeeexporten, ein beneidenswertes Gleisnetzwerk, ein erstklassiger Hafen, fähige und gebildete Arbeiter aus den Kreisen der europäischen Einwanderer und ein hohes Enegiereservoir durch Wasserkraftwerke an den Flüssen, die im Küstengebirge *Serra do Mar* entspringen.

Industrie und Migration

Der Weg für São Paulos Sprung zum Wirtschaftsgiganten war geebnet. Letzter Zündfunke aber war der Erste Weltkrieg. Er brachte einen Mangel an Importwaren aus Europa mit sich, der von der aufstrebenden Unternehmerschicht begierig ausgeglichen wurde.

Die Depression der 1930er-Jahre initiierte einen Migrationsprozess innerhalb Brasiliens, der den nach wie vor wachsenden Bedarf São Paulos an Arbeitskräften stillte. Noch in den 1960er- und 1970er-Jahren kamen bis zu 1000 Einwanderer täglich in die Metropole.

Freies Denken

Unterdessen setzte sich São Paulos Tradition der politischen und intellektuellen Unabhängigkeit bis ins 20. Jh. fort. Eine der ersten Regungen gegen die konservative Republik war eine Kasernenrevolte im Jahr 1924, angeführt von einigen jungen Armeeoffizieren. 1932 wurde der ganze Bundesstaat für einen dreimonatigen Bürgerkrieg gegen die Einmischung der Bundesregierung in innere Angelegenheiten mobilisiert.

Paulistas waren auch in vorderster Reihe einer künstlerischen Bewegung, welche 1922 spektakulär an die Öffentlichkeit trat. Die brasilianische Regierung veranstaltete damals in Rio de Janeiro eine Ausstellung zum 100-jährigen Jubiläum der Unabhängigkeit. Eine Künstlergruppe aus São Paulo boykottierte diese Veranstaltung und organisierte parallel eine »Woche der modernen Kunst« in São Paulo. Damit protestierte sie gegen die Dominanz europäisch-akademischer Kunstmaßstäbe und setzte sich für die Suche nach eigenständigen Ausdrucksformen ein.

> **BUNTER GLAUBENS-MIX**
>
> Die vielen Ethnien und Kulturen, die sich in São Paulo versammelt haben, brachten auch ganz verschiedene Religionen mit. Brasilien ist zwar insgesamt überwiegend römisch-katholisch, São Paulo aber die Stadt mit dem geringsten Anteil dieser Glaubensrichtung: Ein Drittel der Stadtbevölkerung bekennt sich zu anderen Überzeugungen.
>
> Vertreten sind verschiedene protestantische Kirchen ebenso wie Schintuismus und Buddhismus unter der großen asiatischen Gruppe. Der Islam herrscht unter der Million Menschen libanesischer Abstammung vor, rund 100 000 Mitglieder hat die jüdische Gemeinde. Auch Anhänger afrikanischer Kulte wie *umbanda* und *candomblê* gibt es in allen Schichten.
>
> So ist die Stadt São Paulo ein hervorragendes Beispiel von kulturellem und religiösem Synkretismus.

São Paulo

Diese Generation Intellektueller – die Malerin Anita Malfatti, der Schriftsteller Mário de Andrade, der Kritiker Oswald de Andrade, der Bildhauer Victor Brecheret und der Komponist Heitor Villa-Lobos – war es, welche die brasilianischen Künste und die Literatur des 20. Jhs. dominieren sollte.

Die Stadt São Paulo

São Paulo ❶, Hauptstadt des gleichnamigen Bundesstaates, ist eine Stadt der Gegensätze: Ihr moderner Industriepark, elegante Apartmentanlagen und herrliche Herrenhäuser zeugen vom Reichtum der Geschäftselite; das kulturelle und gastronomische Angebot konkurriert mit dem von New York und London. Das Zentrum der Stadt ist reich und gut entwickelt. Doch die Peripherie leidet an mangelnder Infrastruktur und dramatischer Armut. Die Hälfte der Bevölkerung hier überlebt mit einem Familieneinkommen von kaum 100 US-$ im Monat.

Dennoch ist São Paulo laut Lourenço Diaféria, einem anerkannten Journalisten der Stadt, selbst für ihre Ärmsten eine »Drehschleuder nach oben«. »São Paulo ist eine Migrantenstadt«, merkt er an. »Viele Menschen schaffen hier den Aufstieg, mögen sie aus noch so bescheidenen Verhältnissen kommen.«

Ethnische Mischung

Trotz dieser ökonomischen Gegensätze teilen auch die Paulistas die typisch brasilianische Freundlichkeit und Lebensfreude. Diese Geselligkeit wird auf Brasiliens große ethnische Diversität zurückgeführt, welche man in bestem Sinne in São Paulo erleben kann.

Im Großraum São Paulos leben 20 Mio. Einwohner, das sind fast 11 % der Gesamtbevölkerung des Landes. Damit ist die Stadt nach Tokio, Mexiko-Stadt, New York, Seoul und Mumbai die sechstgrößte Metropolregion der Welt. Gleichzeitig beheimatet sie die drittgrößte italienische Stadt der Welt, die größte japanische Stadt außerhalb Japans, die größte portugiesische Stadt außerhalb Portugals und die größte spanische Stadt außerhalb Spaniens. Im Gegensatz zu anderen Großstädten Brasiliens machen in São Paulo hingegen schwarze Menschen kaum 10 % der Bevölkerung aus.

TIPP

Die meisten Sehenswürdigkeiten São Paulos erreicht man mit der Metro. Wo nicht, nehmen Sie am besten das Taxi, nachts sowieso. Die Busse sind nicht zu empfehlen.

Unten: Von oben betrachtet, erkennt man die vielen ineinander verschlungenen Stadtautobahnen

TIPP

Auf der Praça da República findet sonntagvormittags ein Kunsthandwerkermarkt statt.

Unten: Engelhaftes vor der Catedral Metropolitana

Der Wirtschaftsgenerator

São Paulo empfängt jedes Jahr rund 20 Millionen Besucher, 57 % davon sind Geschäftsreisende. Dreiviertel der größten Handelsmessen Brasiliens finden hier statt. São Paulo beheimatet die Konzernzentralen einiger der wichtigsten Banken und Konzerne Brasiliens sowie von internationalen Blue-Chip-Firmen aus der Automobilindustrie, der Telekommunikation sowie der Elektronik- und Lebensmittelindustrie.

Die Einnahmen aus der Wirtschaftskraft seines Standortes steckt São Paulo zunehmend in den Dienstleistungssektor: Die Stadt verbessert die medizinische Versorgung und ihre Bildungseinrichtungen und bemüht sich, mit großen Einkaufszentren sowie Freizeit- und Kultureinrichtungen ihre Attraktivität noch zu steigern.

Das historische Zentrum

Herz des Zentrums ist der **Pátio de Colégio** A mit seinen weißen Wänden und einer luftigen Esplande. Hier liegen die Anfänge der Stadt, hatte der Jesuitenpater José de Anchieta 1554 doch an dieser Stelle die Missionsstation São Paulo de Piratininga gegründet. Der Nachbau einer 1896 rekonstruierten Kapelle sowie eines Kolonialhäuschens wurden denn auch nach ihm benannt. Außer einem beliebten Café beherbergt die **Casa de Anchieta** ein kleines Museum (Di–So 9–17 Uhr).

Es dauerte fast 100 Jahre, bis sich die kleine Siedlung São Paulo allmählich vergrößerte. 1632 entstand etwa 200 m von Anchietas Kapelle entfernt in der Avenida Rangel Pestana 230 die **Igreja da Ordem Terceira do Carmo** B. Leider ist die manieristische Fassade der Karmeliterkirche fast ganz hinter Bürogebäuden und einer protzigen Feuerwache versteckt. Ihr herrlicher barocker Hochaltar wurde im 17. Jh. aus Portugal eingeführt.

Die **Praça da Sé** C markiert die Südspitze des alten Stadtzentrums, das die Paulistas **Triângulo** – ein »Dreieck« zwischen den Straßen Boa Vista, Direita und der Avenida São Bento.

Die neogotische **Catedral Metropolitana da Sé** D wurde von 1912 bis 1954 südlich der Praça da Sé als Ersatz für einen baufälligen Vorgänger aus dem 18. Jh. errichtet. Sie fasst bis zu 8000 Menschen und besitzt eine Orgel mit ungefähr 10 000 Pfeifen. Hier befindet sich die Gruft der Bischöfe São Paulos (8–13 und 15–18 Uhr geöffnet).

Im Jahr 1642 entstand die **Igreja de São Francisco de Assis** E. 1647 wurde ein Kloster angebaut, in dessen Räume 1932 die Juristische Fakultät der Universität von São Paulo (USP) einzog. 1632 wurde die Kapelle des Laienordens **Capela da Ordem Terceira** gebaut, 1783 vergrößert und zur selbstständigen Kirche geweiht. Das Ensemble zählt zu den am besten erhaltenen Kolonialgebäuden São Paulos.

Mit der **Igreja de Santo Antônio** F erhielt die Stadt 1717 an der Praça do Patriarca eine weitere Franziskanerkirche. Das schlichte Gotteshaus ersetzte vermutlich eine Wallfahrtskirche, die seit Ende des 16. Jhs. an dieser Stelle stand. Heute wird die Igreja de Santo Antônio von den angrenzenden grauen Bürohochhäusern fast erdrückt.

Nordöstlich des Zentrums, auf dem Largo São Bento, errichteten die Benediktiner schon 1598 ein Kloster: **Mosteiro e Basilica de Sao Bento G**. In ganz Südamerika gelang es den Benediktinern ausschließlich in Brasilien Fuß zu fassen. Sehr spät erst, im Jahr 1920, erhielt das Kloster denn auch seine Basilika, errichtet nach einem Entwurf des Münchner Architekten Richard Beni. Wer will, kann die deutsche Orgel der Kirche mit ihren 6000 Pfeifen spielen hören: Täglich um 7 Uhr singen die Mönche gregorianische Choräle (Sa um 6, So um 10 Uhr). Im November und Dezember finden hier außerdem Konzerte anlässlich eines Musikfestivals statt. Nach dem frühmorgendlichen Konzert sollte man sich die Kekse aus der Klosterbäckerei schmecken lassen!

Bau Boom im Centro Novo

Im 20. Jh. erlebte die Innenstadt São Paulos einen rasanten Wandel. Der Höhepunkt des Kaffeehandels 1901 fiel zusammen mit der Einweihung des Bahnhofs Estação da Luz, erkennbar an dem englisch anmutenden Glockenturm. 1929 weihte São Paulos italienische Bevölkerung stolz das 30-stöckige **Edifício Martinelli H** in der Avenida São João 35 ein. Auf der anderen Seite der Anhangabaú-Unterführung entstand 1920 das imposante Hauptpostamt **Correio Central I** und in entgegengesetzter Richtung, an der Praça Antônio Prado, zieht seit 1939 das imposante Hochhaus der **Banco do Estado de São Paulo** die Blicke auf sich.

Hinter der **Praça do Patriarca** führt der **Viaduto do Chá**, der »Tee-Viadukt«, zum Viertel des **Centro Novo**, das Ende des 19. Jhs. angelegt wurde. Die Brücke überspannt das zubetonierte Tal des unterirdisch kanalisierten Flusses Anhangabaú und endet unmittelbar vor der Praça Ramos de Azevedo. Den Platz überragt das **Teatro Municipal J**, das 1903 bis 1911 unter Verwendung von Stilelementen aus Renaissance und Art-Nouveau in Anlehnung an die Pariser Oper erbaut wurde. Architekt war Francisco Ramos de Azevedo. Für die Innenausstattung wurde Marmor, Bronze und Onyx verarbeitet, ein 1,5 t schwerer Kristalllüster erhellt den Raum. Weltgrößen wie Enrico Caruso, Isadora Duncan und Anna Pavlova traten hier vor 1550 Zuschauern auf (Karten: Mo–Fr 10.30 bis 18 Uhr, Sa 12–16 Uhr, Tel. 3397-0327).

Im Anschluss an den Viaduto do Chá beginnt die Rua Barão do Itapetininga, die schnurgerade auf die **Praça da República** zuläuft. Südlich des Platzes stehen die höchsten Wolkenkratzer der Stadt: das **Edifício Copan,** ein Wohn- und Bürohauskomplex, dessen geschwungene Fassade nach Plänen Oscar Niemeyers gestaltet wurde, daneben der kreisrunde Hotelturm des São Paulo Hilton sowie das 1965 erbaute, 164 m hohe **Edifício Itália K** in der Avenida Ipiranga 344. Der Blick vom Terrassenrestaurant in den beiden obersten Stockwerken des Edifício Itália lohnt in jedem Fall einen Besuch.

Sehenswert sind auch die im neugotischen Stil erbauten Hallen des städtischen Marktes **Mercado Municipal L** an der Praça Dom Pedro II. im Nordosten des Stadtzentrums. Die Markthal-

Fast Food in einer schnellen City: Ein Hotdog-Verkäufer wartet auf Kundschaft

Unten: Typische Szene auf der Plaça da Sé

> **TIPP**
>
> »Circuitos Turísticos«, Stadtrundfahrten mit Park- oder Museumsführungen, beginnen So um 10, 12, 14 Uhr an der Praça República bei der Touristeninformation nahe der Rua Sete de Abril (Tel. 231-2922).

Unten: Der Stadtteil Liberdade – japanischer als Japan?

len wurden nach Plänen des berühmten Architekten Francisco Ramos de Azevedo gestaltet, der auch das Teatro Municipal an dem nach ihm benannten Platz entwarf. Dieser immer noch benutzte Markt ist schon wegen seiner 55 bunten Glasfenster einen Besuch wert (tgl. 7–18, So bis 16 Uhr). Im neu eröffneten Mezzanine des Marktes bieten Imbiss-Stände u. a. Spezialitäten spanischer, portugiesischer, einheimischer und japanischer Küche an.

Urbanes Wachstum

Bis in die Mitte des 19. Jhs. war das Viereck der Kirchen, die etwa ein Dutzend Straßen mit einstöckigen Gebäuden umranden, die Grenze der Stadt.

Doch im Jahr 1868 veränderte die Einweihung der Jundiaí-Santos-Eisenbahn für den Transport der Baumwolle das Gesicht São Paulos. Die Stadt dehnte sich aus. Rote Ziegel und Schmiedeeisen bestimmten nun das zuvor eher schlichte Stadtbild. 1901 wurde der Bahnhof **Estação da Luz**, dessen Wahrzeichen ein englischer Uhrturm ist, eröffnet; im selben Jahr feierten die Kaffeebarone eine Rekordernte. Mit der Steigerung der Kaffeeproduktion ging ein noch stärkeres Wachstum der Stadt einher. Zahlreiche Werkstätten und Warenhäuser entstanden rund um den Bahnhof.

Die Kaffeemagnaten waren die ersten, die an der Nordseite des Rio Anhangabaú in dem Bezirk **Campos Elíseos** bauten. Einige der Art-Nouveau-Villen stehen noch. Sie sind von hohen schmiedeeisernen Zäunen umgeben, deren Verzierungen aus Bronze und buntem Glas in der Sonne glänzen. Doch ist das Viertel heute nurmehr ein schwacher Abglanz vergangener Pracht. Später entstanden im nahe gelegenen **Higienópolis** und entlang der **Avenida Paulista** weitere Anwesen mit Prachtvillen, die aber angesichts ständig steigender Bodenpreise fast ausnahmslos wieder abgerissen wurden.

Rund um São Paulos altes Zentrum wuchsen während des Kaffeebooms Arbeiterviertel nach englischem Vorbild wie Vila Inglesa oder Vila Economizadora. Die ersten Immigranten wohnten dort. Die seit dem Beginn des Ersten Weltkriegs massenhaft ins Land strömenden japanischen und portugie-

LIBERDADE

Rund um die Rua Galvão Bueno liegt der Stadtteil »Liberdade«, São Paulos japanisches Viertel. Mit 1,5 Millionen Japanern findet sich hier die größte japanische »Stadt« außerhalb des Mutterlandes. Die ersten rund 800 japanischen Einwanderer kamen im Juni 1908, als das Dampfschiff Kasato Maru in Santos Hafen anlegte. Ihre Geschichte erzählt das kleine **Museu Histórico da Imigração Japonesa** (Rua São Joaquim 381, Tel. 3209-5465, www.nihonsite.com.br/muse, Di–So 13.30–17.30 Uhr, Metro: Linha 1 Azul, São Joaquim). Die meisten der 165 Familien gingen ins Landesinnere und bauten dort sehr erfolgreich Gewürze an. Erst ihre Kinder und Enkel kamen in den 1940er-Jahren nach São Paulo – damals entstand Liberdade.

Heute ist das Viertel bei Einheimischen wie Touristen gleichermaßen beliebt. Es bietet fantastische Einkaufsmöglichkeiten – hier bekommt man stets die neuesten Modetrends –, asiatisches Essen in Topqualität und ganz nebenbei eine ganz einzigartige Atmosphäre. Um japanisches Essen zu genießen, empfehlen sich das *Kinoshita* (Rua da Glória 168) mit seiner innovativ variierten traditionellen Küche und das *Sushi Yassu* (Rua Tomás Gonzaga 98) mit hervorragenden Sushi und einer großen Speisekarte. Einen Besuch wert ist auch der *asiatische Straßenmarkt* (So 9–19 Uhr) auf dem u. a. Dutzende von Garküchen Shrimps-, Fisch- und Fleischspießchen verkaufen.

São Paulo

sischen Einwanderer fanden dagegen in gesichtslosen Vierteln wie **Brás, Bom Retiro, Bela Vista** und **Liberdade** rings um das historische Zentrum ein beengtes Zuhause: São Paulos industrielle Expansion bescherte der Stadt auch die ersten Elendsviertel. Von der einstigen Not ist hier heute nichts mehr zu spüren, schon aber vom spezifischen Charakter jedes Stadtteils, verbunden mit der Herkunft seiner Bewohner.

Ethnisch geprägte Stadtviertel

Bela Vista im Süden des Zentrums, allgemein als Bixiga bekannt, ist São Paulos »Klein-Italien«. Die **Rua Treze de Maio,** das Herz dieses Viertels, setzt sich aus einer Reihe grün und rot gestrichener Cantinas und hübscher zweistöckiger Häuser zusammen. Mittendrin die Kirche **Nossa Senhora da Achiropita** Ⓜ, eine schmucke Mini-Basilika mit reich verzierten Säulen und einer riesigen Kuppel. Ihre Geschichte ist mit den italienischen Einwanderern des Viertels eng verbunden, denn das Bildnis der heiligen Jungfrau von Achiropita wurde vor 1918 nur von einer kleinen Zahl von Gläubigen verehrt – bei sich zu Hause. Nur während der alljährlichen Patronatsfeiern vom 13. bis 15. August war die Heiligenfigur der Öffentlichkeit zugänglich. An der Kreuzung der Rua Treze de Maio und der Rua Manoel Dutra wurde sie auf einem Holzaltar ausgestellt.

Durch Spenden der italienischen Einwohner Bela Vistas wurde aus der improvisierten Kapelle eine der sehenswertesten Pfarrkirchen São Paulos. An den Feiern für Nossa Senhora da Achiropita halten die *Paulistanos* italienischer Abstammung bis heute fest.

Bom Retiro, nördlich des historischen Zentrums in der Nähe der Bahnstation Luz gelegen, ist das ursprüngliche Viertel der arabischen und libanesischen Christen. In der Rua 25 de Março konzentrieren sich hier wie in einem lauten Basar Stoff- und Teppichläden Seite an Seite. Jüdische, muslimische und christliche Händler trinken Kaffee zusammen und unterhalten sich, als gäbe es keinerlei Spannungen im nahen Osten.

Östlich des Stadtzentrums erstreckt sich rund um das Pendlerterminal Roosevelt der Stadtteil **Brás.** Anfang des 20. Jhs. war er überwiegend italienisch, heute leben hier Migranten aus dem verarmten Nordosten. Sie arbeiten als São Paulos Busfahrer, Straßenarbeiter oder auf dem Bau. Ihre Kultur, reich an Elementen bahianischer Lebensart, ist an jeder Straßenecke zu spüren.

Nordestino (nordöstliche) Akkordeonspieler musizieren jeden Abend am nördlichen Ende der Praça da Sé. Untertags halten *repentistas* (Gitarrenspieler, welche auf Zuruf aus dem Publikum Stegreiftexte reimen) auf der luftigen São Bento Esplanade die Stellung. Außerhalb der U-Bahnstation Anhangabaú bewegen sich *capoeira*-Tänzer (s. S. 110) aus Bahia zum Klang der einsaitigen *berimbau*, und auf der Praça do Patriarca verkauft ein Kräuterhändler Alligatorenhäute, farblose Elixiere und Kräuter des Amazonas, die er in großen Säcken auf dem Gehweg lagert.

TIPP

Mitte August wird die Rua Treze de Maio im Viertel Bela Vista für die Feier zu Ehren der hl. Jungfrau von Achiropita abgesperrt. Tausende tanzen und trinken und verspeisen massenweise Pasta und Pizza.

Unten: Die Einkaufsstraßen der Stadt sind immer belebt

Die schmucke Fassade der katholischen Universität

Unten: Das monumentale Bandeirantes-Denkmal

Museen und Galerien

Während die Paulistanos in Brasilien als Workaholics bekannt sind, erzählt die Stadt selbst etwas ganz anderes: Sie hat das beste Kulturangebot des Landes, exzellente Parks und umfangreiche Freizeitmöglichkeiten. Wer, wenn nicht die Einwohner São Paulos, sollte dieses Angebot denn nutzen?

Hinter der Bahnstation und dem Park von Luz (Metro: Luz oder Tiradentes) erhebt sich das schöne neoklassizistische Gebäude der **Pinacoteca do Estado** ⓞ, 1905 von Ramos de Azevedo entworfen (Staatliche Kunstgalerie, Praça da Luz 2, Di–So 10–17.30 Uhr, Tel. 3229-9844, www.saopaulo.sp.gov.br, Sa Eintritt frei). Ihre Sammlung umfasst 5000 Exponate brasilianischer Kunst. Zu den Höhepunkten gehören Skulpturen von Vitor Brecheret, dem Erschaffer des »Bandeirantes-Denkmals« und das Gemälde »Leitura« von José Ferrez de Almeida Júniors, das Porträt eines lesenden Mädchens vor Palmen und einer gestreiften Markise.

Auf der anderen Seite der Avenida Tiradentes befindet sich São Paulos wichtigste Sammlung kolonialer Kunst.

Untergebracht in den verwinkelten Kreuzgängen und der Kapelle des ehemaligen Klosters Mosteiro da Luz, zeigt das **Museu de Arte Sacra** ⓟ (Avenida Tiradentes 676, Metro: Armenia oder Tiradentes, Di–So 11–19 Uhr, Tel. 3227-7687) mit rund 1000 Werken eindrucksvoll die Entwicklung der sakralen Kunst Brasiliens auf. Zur Sammlung gehören u. a. Ölporträts der ersten Bischöfe São Paulos, Altarschmuck aus Gold und Silber sowie geschnitzte Blattgold-Fragmente. Selten nur sieht man Holzschnitzereien von Mestre Valentim sowie von Brasiliens großem Bildhauer des 18. Jhs., Antônio Francisco Lisboa, besser bekannt als Aleijadinho (s. S. 209).

Die Räumlichkeiten bieten für diese Kunst einen stimmungsvollen Rahmen. Der barocke Hauptteil des Klosters wurde 1774 fertig gestellt, wobei Teile aus dem späten 17. Jh. stammen.

Im Westen der Stadt erhebt sich das **Memorial da América Latina** ⓠ, von Oscar Niemeyer aus ebenso verwegenen wie schwungvollen Betonbögen konstruiert und 1989 erbaut (Metro: Barra Funda). Die Gebäude vereinen ein bedeutendes lateinamerikanisches Kulturzentrum (Di–So 9–18 Uhr, Eintritt frei) mit einem Museum, einer Bibliothek, einem Vortragsaal sowie Ausstellungsräumen.

Das **Museu de Arte de São Paulo** ⓡ, kurz **MASP**, ist São Paulos ganzer kultureller Stolz (Metro: Trianon-MASP, Avenida Paulista 1578, Di–So 11 bis 18 Uhr, Do–20 Uhr, Di Eintritt frei). Begründer dieser bedeutenden Sammlung europäischer Kunst war Assis Chateaubriand. Er erwarb nach dem Zweiten Weltkrieg auf seinen Reisen durch die Alte Welt Werke europäischer Kunst und eröffnete 1947 dieses Museum.

Seiner Privatinitiative verdankt São Paulo eine unschätzbar wertvolle Gemäldesammlung mit fast 1000 Ausstellungsstücken – von antiken griechischen bis zu zeitgenössischen Werken. Dazu gehören heute Gemälde von Bellini, Bosch, Botticelli, Cézanne, Chagall,

Cranach, Degas, Delacroix, El Greco, Gauguin, Goya, Holbein, Manet, Monet, Matisse, Miró, Picasso, Raffael, Rembrandt, Renoir, Rubens, Tintoretto, Toulouse-Lautrec, van Gogh und Velasquéz.

Ungewöhnlich ist das Arrangement der Werke: Die Bilder sind in Reihen unter Glas so aufgestellt, dass man auf ihrer Rückseite Erläuterungen zum Kunstwerk sowie über den Künstler und seine Zeit findet. Auf diese Weise »liest« sich die Ausstellung wie ein Buch über Kunst – nur dass man in den Genuss der Originale kommt, anstatt mit Reproduktionen Vorlieb nehmen zu müssen.

Nicht zu vergessen: Das Museum beinhaltet auch eine Übersicht über die brasilianische Kunst – von den Hofmalern des 19. Jhs., Almeida Júnior und Pedro Américo, bis hin zu den Modernen des 20. Jhs. mit Portinari, Di Cavalcanti und Tarsila do Amaral.

Parklandschaften

Herrlicher alter Baumbestand, künstliche Seen, hübsche Pavillons, 1,6 Mio. m² Rasen und 200 000 Besucher an einem Wochenende sind die Kennzeichen des **Parque do Ibirapuera ❺**, São Paulos größtem Park (geöffnet 5–24 Uhr, Autoverkehr bis 18 Uhr, Eintritt frei). Der Landschaftsarchitekt Roberto Burle-Marx (s. S. 167) gestaltete den Park 1954 anlässlich des 400. Jahrestages der Stadt. Vor dem Gelände stehen zwei der bekanntesten Monumente São Paulos: der 72 m hohe **Obelisk mit Mausoleum** zu Ehren der Helden des Bürgerkriegs von 1932 und Brecherets **Bandeirantes-Denkmal.**

Sehenswert sind auch Park und Anwesen der **Fundação Maria Luíza e Oscar Americano ❼** gegenüber dem Gouverneurspalast (Palácio dos Bandeirantes) im Stadtteil Morumbi. Die 1974 gegründete Stiftung geht auf Oscar Americano de Caldas Filho zurück, einen Architekten und Sammler, der seinen Besitz im Gedenken an seine Frau Maria Luíza Ferraz Americano de Caldas der Kunst stiftete (Av. Morumbi 4077, Tel. 3742-0077, www.fundacao oscaramericano.org.br, Di–Fr 11–17, Sa, So 10–17 Uhr).

Neben dem 75 000 m² großen Landschaftspark zählen Werke von Di Ca-

TIPP

Der Eintritt in die meisten Museen und Galerien liegt meist nur bei 1 bis 3 €. Einzige Ausnahme ist das MASP, das an die 10 € verlangt.

Unten: Skulptur auf der 26. Biennale in São Paulo

KUNST IM PARK

Die vom Star-Architekten Oscar Niemeyer 1948 entworfenen Pavillons des Ibirapuera-Parks bilden São Paulos bedeutendstes Kulturzentrum. Seit ihrem Gründungsjahr 1951 findet hier stets in geraden Jahreszahlen São Paulos Biennale statt – heute das weltweit größte regelmäßig abgehaltene Kunstereignis. Von Oktober bis Dezember ist dort alles zu sehen, was in der Welt der Kunst neu und experimentell ist (http://bienalsaopaulo.globo.com).

Ganzjährig geöffnet ist hingegen das **Museu de Arte Moderna (MAM),** das über einen wellenförmigen Korridor mit dem Biennale-Pavillon verbunden ist. 2000 Gemälde, Fotografien und Skulpturen verschiedener zeitgenössischer brasilianischer Künstler des 20. Jhs. sind hier ausgestellt (Parque do Ibirapuera, Tor 10, Tel. 5549-9688, www.mam.org.br, Di–So 10–18 Uhr, Do 10–22 Uhr).

Im Instituto Butantã gibt es einige tausend Schlangen zu sehen

Unten: Solche Äffchen kann man im Jardim Zoológico besuchen

valcanti, Graciano, Guignard, Portinari, Segall und des Niederländers Frans Post, der im Gefolge Moritz von Nassaus im 17. Jh. nach Pernambuco gelangte, zu den Attraktionen der äußerst aktiven Stiftung. An zwei bis drei Sonntagen pro Monat finden in einem kleinen Pavillon klassische Konzerte statt.

Imperiale Denkmäler

Im ruhigen Ipiranga-Viertel erinnert das **Museu Paulista** ⓤ (Metro: Vila Mariana plus eine kurze Taxifahrt, Av. Nazaré, Di–So 9–16.45 Uhr) an ein wichtiges Ereignis in der Geschichte Brasiliens: Das Reiterstandbild vor dem Museum markiert den Platz, an dem Pedro I. die Unabhängigkeit Brasiliens vom einstigen Mutterland Portugal verkündete.

»Unabhängigkeit oder den Tod!«, rief Pedro am 7. September 1822 einem kleinen Gefolge zu – ein Akt, der als »Schrei von Ipiranga« in die Geschichte einging. Rund einen Monat später wurde er zum Kaiser Brasiliens gekrönt. Unter dem Standbild aus Bronze und Stahl wurden die sterblichen Überreste des Herrschers gebettet.

Das neoklassizistische Museumsgebäude birgt überwiegend historische Ausstellungsstücke. Ein Flügel zeigt Kunstgegenstände aus dem Familienbesitz Pedros I., ein anderer Möbel, landwirtschaftliche Geräte und Pferdewagen aus São Paulos kolonialer Vergangenheit.

Die Forschung der Universität von São Paulo über die indigene Bevölkerung Brasiliens hat Material gleich für mehrere Galerien zusammengetragen – darunter ein interessantes Exponat präkolumbischer Tonkunst, das von der Insel Marajó aus dem Amazonasgebiet stammt.

Andere Ausstellungsstücke ehren den Luftfahrtpionier Alberto Santos Dumont (s. S. 175) und die Milizionäre des Bundesstaats, die in der Tenentes-Revolte von 1924 kämpften.

Eine weitere Galerie zeigt Américos Gemälde »Independencia ou Morte« von 1888, eine Darstellung der Unabhängigkeitserklärung von Pedro I.

Zu Besuch bei Schlangen

Im Südwesten der Stadt, auf dem Gelände der Universität von São Paulo,

AUSSERHALB DER STADT

Zusammen mit dem weltweit bekannten Zoo von Brasília zählt São Paulos **Jardim Zoológico** ⓦ zu den wenigen Zoos Brasiliens mit artgerechter Tierhaltung (Água Funda, Av. Miguel Estéfano 4241, Tel. 5073-0811, Di–So 9–17 Uhr, Kinder bis 12 Jahre gratis). Der vor allem für seine Sammlung tropischer Vögel berühmte Zoo zieht jährlich Millionen von Besuchern an. Auf dem nahen Gelände von **Zôo Safári** kann man im eigenen Wagen oder mit Park-Bussen eine 4 km lange Strecke abfahren und scheinbar frei lebende wilde Tiere aus Afrika, Amerika und Asien beobachten (Água Funda, Avenida do Cursino 6338, Tel. 6336-2131, Mo–Sa 9.30–15.30 Uhr).

São Paulos Botanischer Garten **Jardim Botânico** ⓧ, ein 360 000 m² großer Park, wurde 1899 angelegt und beherbergt 700 Spezies einheimischer und ausländischer Bäume und Pflanzen (Água Funda, Av. Miguel Estéfano 3031, Tel. 5073-6300, Mi–So 9–17 Uhr).

Nördlich der Stadt befindet sich ein zauberhafter Park, **Horto Florestal**, auch als Albert Löefgren Park bekannt (Rua do Horto 931, tgl. 6–18 Uhr). 1896 gegründet, bietet er Spielplätze, Spazierwege und mit dem Pedra Grande einen Aussichtspunkt, von dem aus man ganz Nord-São Paulo überblicken kann. Im Park liegt auch das **Museu Florestal Octavio Vecchi** (Mo–Fr 9–11.30, 13.30–16 Uhr), das eine große Bandbreite einheimischer Hölzer zeigt.

liegt das **Instituto Butantan** ❼ (Avenida Vital Brasil 1500, Metro: Clínicas und Taxifahrt, Di–So 9–16.30 Uhr), das, 1901 gegründet, eines der weltweit führenden Institute für die Erforschung von giftigen Schlangen ist. Die geschmeidigen Reptilien sind überall – aufgewickelt in verschnörkelten Zellen hinter Glas, übereinandergestapelt in mit Gras ausgelegten Habitaten, ausgestopft und in Vitrinen gestellt, neben haarigen Spinnen und Skorpionen. Insgesamt gibt es einige tausend Schlangen auf dem Gelände. In regelmäßigen Abständen melken Mitarbeiter Gift aus ihren Zähnen.

Essen und Einkaufen

Für die meisten Paulistas als auch für Besucher von außerhalb ist São Paulo in erster Linie eine Stadt der Restaurants. Mit seinen vielen verschiedenen Ethnien, welche jeweils ihre eigenen nationalen Gerichte und Restaurants besitzen, hat São Paulo die Wertschätzung des Essens fast bis zur Anbetung kultiviert. Was dem Carioca (Einwohner Rios) sein Strandleben bedeutet, ist dem Paulista sein aktives Nachtleben, das meist mit einem guten Abendessen in einer der vielen Restaurants der Stadt beginnt. Die größte Ansammlung guter Restaurants gibt es im Jardim Paulistano, in der Cerqueira Cesar und im Itaim Bibi (s. S. 207). Obwohl die meisten Restaurants früh öffnen, füllen sie sich unter der Woche nicht vor 21 oder 22 Uhr, an Wochenenden sogar noch später. Mittwoch und Samstag sind die Feijoada-Tage in São Paulo. Feijoada ist eines der traditionellen Gerichte Brasiliens (s. S. 100). Diesen so unwiderstehlichen wie nahrhaften Eintopf aus schwarzen Bohnen und mehreren Fleischarten isst man am Besten zur Mittagszeit – ideal ist es, wenn man danach die Möglichkeit hat, ein Verdauungsschläfchen zu halten.

Anschließend bieten sich in São Paulo gleich mehrere Straßen zum Einkaufsbummel an. Die **Rua Augusta,** in der Nähe der Rua Oscar Freire im Jardim Paulista, ist der Anlaufpunkt für alle, die modische, exquisite Kleidung für Mann oder Frau suchen. Berühmte Boutiquen sind »Forum«, »Zoomp« und »Ellus«. Weitere Geschäfte in mehreren Galerien liegen

Wie in jeder anderen Stadt mag die Straßenkunst gut oder schlecht sein, auf jeden Fall stammt hier das meiste von einheimischen Künstlern

Unten: In São Paulo hat man – was Restaurants angeht – die Qual der Wahl

Ayrton Senna starb im Mai 1994 im Alter von nur 34 Jahren – aber seine Legende lebt weiter

entlang der Rua Augusta verstreut. In der **Rua Oscar Freire** und den Straßen der Umgebung (Rua Bela Cintra und Rua Haddock Lobo) findet man Designer-Kollektionen von Versace, Fendi, Montblanc, Armani, Kenzo, Thierry Mugler, Cartier und Tommy Hilfiger. Ein Spaziergang am Samstagmorgen durch diese Gegend erlaubt einen faszinierenden Einblick in den Lebensstil der Reichen und Berühmten Brasiliens.

Antiquitätenliebhaber sind am Besten mit einem der Märkte beraten, die am Wochenende in Museen und auf Plätzen abgehalten werden. Die bekanntesten sind der Markt am MASP (s. S. 198), wo man sonntags von 9–17 Uhr auf Schnäppchensuche gehen kann, und der Markt auf dem Parkplatz des Iguatemi Einkaufszentrums (Av. Faria Lima, So 9–17 Uhr), welches das älteste, eleganteste und für viele das beste ist. Das teuerste ist **Morumbi**. Das traditionellste ist **Ibirapuera**, ein kastenförmiges Gebilde in der Nähe des Parks. Das neueste ist das **Shopping Light**, eine Mall der gehobenen Preisklasse mit Boutiquen und Lokalen

in der Nähe der Anhangabaú-Metro-Station im Stadtzentrum.

Nachtleben

São Paulo hat eine scheinbar unendliche Anzahl an Bars (botecos), Nachtclubs und Discotheken. Die Entscheidung, wohin man geht, hängt vom Geschmack, Geld, der Jahreszeit und dem Alter ab – und zuletzt von dem, was gerade angesagt ist oder nicht.

São Paulos Nachtleben erwacht gegen Mitternacht. Seien Sie gewarnt, anstatt eines Eintrittsgeldes verwenden viele Lokalitäten eine Karte mit einem festgelegten Mindestverzehr, der am Ende des Abends bezahlt wird. Selbst Soft Drinks können teuer sein, und manche Lokale kassieren auch eine »Künstlerpauschale« für die Band.

Das abwechslungsreichste Nachtleben kann man in Itaim Bibi, Vila Olímpia und Vila Madalena finden, wo sich Künstler, Studenten und alternative Geister in einer der besten »sehen und gesehen werden«-Atmosphäre treffen.

Das beste Fassbier gibt es im »Original« (Rua Grauna, Moema, im Süden), den besten Blick über die Nacht bietet das »Skye«. Es liegt auf dem Dach des Hotels Unique (Av. Brigadeiro Luis Antonio 4700, Jardim Paulista), direkt neben dem gleichnamigen Restaurant.

Livemusik bietet das »Grazie a Dio!« (Rua Girassol 67, Vila Madalena), und gut tanzen kann man in der »CB Bar« (Rua Brigadeiro Galvao 871, Barra Funda). Wer aber nach einer wirklich romantischen und klassischen Lokalität sucht, ist am besten mit dem »Baretto« im Fasano Hotel beraten (Rua Vitorio Fasano 88, Jardim Paulista).

Die Bars auf der Rua da Consolação (zwischen der Alameda Jacé und der Alameda Tietê) bedienen in der Regel das homosexuelle Publikum.

Zigarrenraucher sollten den »Havana Club« im Renaissance Hotel (Alameda Santos 2233, Cerqueira César) aufsuchen – eine komfortable Zigarrenlounge sowie Bar mit Tanzfläche.

MAGIE DER FORMEL EINS

Brasiliens Formel-1-WM-Erfolge können sich mit denen der berühmten Fußball-Nationalmannschaft durchaus messen. Seit Emerson Fittipaldi 1972 mit dem angeblich bestechendsten Formel-1-Auto aller Zeiten, dem Lotus 72D Emmo, startete, haben brasilianische Motorsportler mehr Formel-1-WM-Siege auf ihr Land vereint als die Fahrer jeder anderen Nation. Auf Fittipaldi folgte Nelson Piquet, Gewinner von drei WM-Titeln, nach dem auch der Formel-1-Rennkurs in Rio benannt ist. Dann betrat Ayrton Senna die Bühne der Szene, der schillerndste Star in Brasiliens Motorsport.

Senna war zweiter hinter Alain Prost in der Anzahl der Formel-1-Siege: Er gewann 41, Prost 51 Rennen. Doch dann verstarb er im Mai 1994 viel zu jung im Alter von 34 Jahren beim Großen Preis von San Marino auf der Strecke von Imola, Italien. Er wurde eine der größten Legenden der Formel 1.

Ein Motivationsfaktor für brasilianische Fahrer sind die Erfolge auf der internationalen Bühne – erfolgreiche Sportler werden hier schnell zu nationalen Helden. Wie beim Massensport Fußball sind auch die Rennsporthelden umgeben von großer Verehrung. So auch Felipe Massa, der im Oktober 2006 den Brasilien Grand Prix auf São Paulos Interlagos-Rundkurs gewann – als erster Brasilianer, seit Senna hier 1993 den Sieg nach Hause brachte.

São Paulo

Für Cowboys und Cowgirls (sogar die brasilianischen, es gibt eine Menge) gibt es das »Jardineira Beer« (Av. dos Bandeirantes 1051, Vila Olímpia).

Diverse Amüsements

São Paulos Boom verwandelte es zu einem Magneten für Künstler von Rang aus aller Welt. Das Bolshoi-Ballett etwa, die New Yorker Philharmoniker, ein James Taylor und viele andere namhafte Stars und Künstler könnten hier in einer Spielzeit zu sehen sein.

Das Anhebi Kongresszentrum, die Credicard Halle, die Ibirapuera Sporthalle, das Stadttheater, die Direct TV Konzerthalle in Moema und das Alfa Real Theater neben dem Transamérica Hotel bieten hochmoderne Rahmenbedingungen.

Die besten Musicals werden im Tom Bra in Vila Olímpia gezeigt. Konsultieren Sie die lokale Presse für Details oder schauen Sie auf www.gringoes. com und folgen Sie den Links.

Was erotische Abendunterhaltung angeht, liefert sich São Paulo ein Kopf-an-Kopf Rennen mit Rio. Die Striplokale befinden sich auf der Rua Augusta in der Nähe des Caesar Park Hotels und erstrecken sich bis zur Rua Nestor Pestana in der Innenstadt. Andere sind auf der Rua Bento Freitas in der Nähe des Hiltons zu finden. In Itaim Bibi, in der Nähe von Ibirapuera, liegt das renommierte »Café Photo«.

São Paulos Umgebung

Um in den Bergen oder am Meer Urlaub zu machen, müssen die Paulistas ihren Heimatstaat nicht verlassen. Zu ihren beliebtesten Erholungsorten zählt **Campos do Jordão** ❷ in 1628 m Höhe im Gebirge **Serra de Mantiqueira.** Vor allem die alpin gestylten Chalets und Hotels des Städtchens locken in der kühlen Jahreszeit des antarktischen Winters die Touristen an. Im Juli wird in der Stadthalle Auditório Cláudio Santoro seit über 30 Jahren das Musikfest von Campos de Jordão, das Festival do Inverno, mit Klassik und Volksmusik abgehalten. Gleich daneben stehen im Skulpturengarten des **Museu Felícia Leirner** (Av. Dr. Arrobas Martins 1880, Di–So 10–18 Uhr) die Bronze- und Granitarbeiten der in Polen geborenen Künstlerin, größtenteils unter freiem Himmel.

Das Ortszentrum von Campos de Jordão bilden einige Fachwerkhäuser, über 50 Hotels und etliche Ferienhäuser reicher Paulistas. Das größte, der **Palácio Boa Vista,** ist der Wintersitz des Gouverneurs. Die Villa wurde in ein Museum umgebaut und kann mittwochs, donnerstags und an den Wochenenden besichtigt werden. Sehenswert sind das Mobiliar aus dem 19. Jh. sowie Ölgemälde von Künstlern aus São Paulo.

Im Reich der Erdbeeren

Die Stadt **Atibaia** ❸, 60 km nördlich von São Paulo an der Ferno-Dias-Schnellstraße, ist Zentrum des Pfirsich- und Erdbeeranbaus. Im Juni/Juli wird die **Festa do Morango** gefeiert, bei der von Erdbeermarmelade bis zum Fruchtlikör viel Leckeres zu haben ist.

Da Atibaia 820 m hoch liegt, ist die Luft hier rein und angenehm kühl. Bra-

Spaziergang am Fluss

Unten: Fachwerkhäuser auf 1628 Metern Höhe im Erholungsort Campos do Jordão

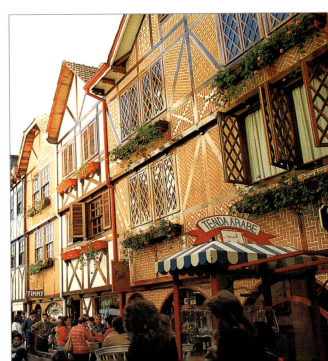

Auf dem Kunsthandwerkermarkt in Embu kann man bei der Entstehung mancher Produkte zusehen

siliens Gesellschaft für Amateurastronomen, die Dutzende von Teleskopen aufgestellt hat, machte Atibaia zu ihrem Hauptsitz, da die Stadt ideale klimatische Bedingungen für die Himmelsbetrachtung besitzt.

Neben dem idyllischen Stadtpark ist das Eisenbahnmuseum **Museu Ferroviario** sehenswert. Auch nostalgische Bahnfahrten werden geboten (Av. Jerônimo de Camargo 6308, Caetetuba, Tel. 4411-4499, www.atibaia.com.br/ptmusfer.asp, Sa, So, Fei 10–18 Uhr).

Eisenbahn-Nostalgie

Über die Schnellstraße nach Santo André erreicht man das 60 km von São Paulo entfernte **Paranapiacaba** ❹. In dem winzigen Ort scheint die Zeit buchstäblich stehen geblieben zu sein: Seit britische Eisenbahnarbeiter 1867 hier einen Bahnhof und typisch englische Reihenhäuser errichteten, hat sich kaum etwas geändert. Das 800 m hoch gelegene Paranapiacaba, »Meerblick« in der Sprache der Tupí-Guaraní, war letzter Halt an der Bahnstrecke Jundiai–Santos vor der atemberaubenden Trasse durch das Gebirge.

Heute bringt eine beeindruckende halbstündige Zugfahrt mit einer schnaufenden Lokomotive Touristen durch Tunnel und über enge Viadukte an den Rand des steil abfallenden Gebirges mit einer phantastischen Aussicht auf die Ebene von Santos.

Antiquitäten, Kunsthandwerk

102 km nordwestlich von São Paulo, erreichbar über die Via Pres. Castelo Branco, liegt das Städtchen **Itu** ❺. Sehenswert sind hier Häuserzeilen aus dem 18. und 19. Jh., einige reich bestückte Antiquitätenläden und zwei Museen.

Das **Museu Republicano da Convenção de Itu** zeigt Möbel und andere Gegenstände aus der Kolonial- und Kaiserzeit (Rua Barão de Itaim 67, Tel. 4023-0240, Di–Sa 10–16.45 Uhr, So 9–15.45 Uhr, Eintritt frei). Das andere ist das **Museu da Energia** (Di–So 10 bis 17 Uhr, Eintritt frei) und erzählt die Geschichte der Energiegewinnung.

Embu ❻ an der Regis-Bittencourt-Schnellstraße 27 km südwestlich von São Paulo ist ein Zentrum des Kunsthandwerks. Die beiden Hauptplätze

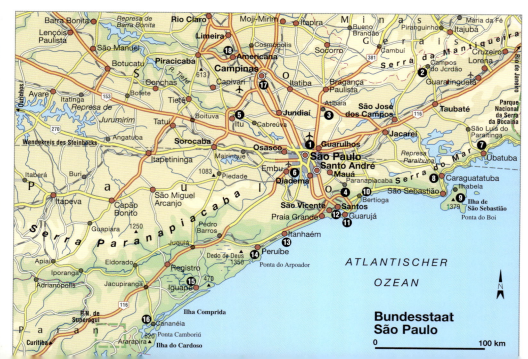

Embus und ein Netz von Fußgängerzonen verwandeln sich am Wochenende in ein riesiges Festival naiver Kunst und brasilianischer Kochkunst. An Holzständen kann man Keramik, Leder- und Metallarbeiten, Strickwaren und Batiken kaufen, Garküchen und Restaurants sorgen für das leibliche Wohl.

Holzschnitzer üben hier ihr Handwerk im Freien aus. Malerische Häuser aus dem 18. Jh. dienen als Läden für antike und rustikale Möbel. Die barocke Kapelle **Nossa Senhora do Rosário** wurde 1690 von Indianern errichtet. In einem Anbau ist das **Museu de Arte Sacra dos Jesuítas** untergebracht (Largo dos Jesuítas 67, Tel. 4704-2654, Di bis So 9–17 Uhr).

Strände, Buchten, Inseln

Ubatuba ❼, das nur 75 km von Paratí im Süden des Nachbarstaates Rio de Janeiro liegt, besitzt kristallklares Wasser, das ideal zum Schnorcheln ist. Ubatubas Buchten und Inseln säumen 85 km Strände.

Caraguatatuba ❽, 50 km südlich von Ubatuba an der Staatsstraße 55, besitzt viele Strände, aber kaum historische Stätten. Das Strandhotel **Pousada Tabatinga** bietet Wassersport und einen Golfplatz (www.pousadaportal databatinga.com.br).

Von Caraguatatuba aus lohnt ein Besuch von São Paulos schönster Insel, **São Sebastião** ❾, auch Ilhabela genannt. Zur Anreise fährt man 30 km südwärts auf der Staatsstraße 55; Fähren verkehren von der malerischen Stadt **São Sebastião** am Festland zum Hafen von **Ilhabela**, der mit 25 000 Einwohnern größten Siedlung auf der dicht bewaldeten Atlantikinsel.

Knapp 100 km weiter südwestlich, ebenfalls an der Küstenstraße 55, liegt das friedliche **Bertioga** ❿. Der kleine Ort wächst rasch, entlang der Praia da Enseada entstehen immer mehr Apartments und einfache Hotels.

Ungefähr 30 km südlich ändert sich das Bild: Vier- und Fünf-Sterne-Hotels des Luxus-Ferienorts **Guarujá** ⓫ reihen sich aneinander, manche Resorts haben für ihre Gäste am Strand strohgedeckte Cabanas errichtet. Weiß gekleidete Ober servieren Getränke im Freien. Guarujás beliebtester Strand heißt Enseada, eine 5 km lange, geschwungene Bucht, die von prächtigen Hotels und einem Radweg gesäumt wird und an Rios Copacabana erinnert. Der meistbesuchte Strand, die **Praia da Pitangueiras,** schließt sich unmittelbar an und nicht weit entfernt erstreckt sich der 1,5 km lange Strand **Pernambuco,** den São Paulos Schickeria zu ihrem Malibu gemacht hat. Villen aller Stilarten, umgeben von breiten Rasenflächen und hohen Zäunen, bieten ihren Besitzern herrliche Ausblicke auf die grüne **Ilha dos Arvoredos** vor der Küste.

Santos

Eine Autofähre pendelt zwischen dem Ortszentrum Guarujás und **Santos** ⓬, der größten Stadt an São Paulos Küste. Santos scheint sich mit seinem Schicksal abgefunden zu haben, es ist Hinterhof und Hafen São Paulos – mehr nicht. Die Stadt leidet an der Verschmutzung,

> **TIPP**
> Den besten Blick auf Santos hat man von der 1609 erbauten Capela Nossa Senhora de Montserrat. Es fährt eine Bergbahn hinauf (Mo–Sa ab der Praça Correia de Melo 33, Tel. 3221-5665).

Unten: Der São-Sebastiāno-Kanal bei der Insel Ilhabela

Von der Geschichte des Kaffees in Brasilien erzählt die Bolsa Oficial de Café in Santos

Unten: Auch an São Paulos Küste gibt es noch einige unberührte Strände

die bei der industriellen Nutzung ihrer Insel anfällt. Tanker qualmen durch die engen Kanäle, Frachtcontainer werden zu Hunderten in Hallen gestapelt.

Der Verfall setzt sich auch im alten Stadtzentrum fort. Die historische **Capela da Ordem Terceira do Carmo** aus dem Jahr 1710 ist kaum mehr als eine graue Fassade neben einem verfallenen Bahnhof, um das altehrwürdige Benediktinerkloster **São Bento** aus dem Jahr 1650 hat sich ein Slum gebildet.

Die **Bolsa Oficial de Café** in der Rua 15 de Novembre aber wurde jüngst renoviert. Sie beherbergt ein kleines Museum über die Geschichte des brasilianischen Kaffees. Im dazugehörigen Café kann man gleich nach der Ausstellung auch davon genießen.

Blütenweiß präsentieren sich außerdem die dem Meer zugewandten Fassaden von Santos. Im **Aquário Municipal** werden 90 Spezies tropischer Fische und Meeresschildkröten gezeigt (Av. Bartolomeu de Gusmão, Tel. 013-3236-9996, Di–So 8–18 Uhr). Im **Museu do Mar** unweit der Ankunftsstelle der Guarujá-Fähre sind ausgestopfte Haie und eine riesige, 148 kg schwere Muschel ausgestellt (Rua República do Equador 81, tgl. 9–18 Uhr, www.museudomar.com.br).

São Vicente und der südliche Küstenabschnitt

São Vicente, Brasiliens älteste Siedlung, hat ebenfalls nur wenig von seiner frühen Geschichte bewahrt. Den zentralen Strand **Gonzaguinha** ziert eine Reihe weißer und pastellfarbener Wohnhäuser mit vereinzelten Bars und Restaurants im Freien. Die Stadt ist das Tor zu Brasiliens meistbesuchtem Strand **Praia Grande,** einem endlos langen Stück Gischt, grau-braunem Sand und sich in der Sonne aalenden Körpern.

60 km weiter südlich, an der Staatsstraße 55 liegt die verträumte Kleinstadt **Itanhaém** ⑬. Teile der grauen Kapelle Nossa Senhora da Conceição stammen von 1534. Andere hübsche küstennahe Orte südlich von São Vicente sind das 80 km entfernte malerische **Peruíbe** ⑭, das 200 km entfernte **Iguape** ⑮ an der durch die lang gestreckte **Ilha Comprida** geschützten Bucht und das 280 km abgelegene **Cananéia** ⑯, wo Ausflüge zu benachbarten Inseln angeboten werden.

Nördlich von São Paulo

Zwei Städte nördlich von São Paulo lohnen eine Stippvisite, wenn man ohnehin in der Region unterwegs ist. Die Industriestadt **Campinas** ⑰ zählt annähernd 1 Mio. Einwohner. Zu den Sehenswürdigkeiten gehören die neoklassizistische **Catedral Metropolitana** (1883) am Largo do Rosário und 12 km außerhalb der Stadt die Kaffeefazenda **Monte d'Este** (Tel. 3757-1236) aus dem Jahr 1850. Herrenhaus und Sklavenhütten sowie alle Stadien der Kaffeeproduktion werden gezeigt.

Das nahegelegene **Americana** ⑱ trägt seinen Namen keineswegs zufällig. Die Stadt wurde nach dem amerikanischen Sezessionskrieg von geflohenen US-Südstaatlern gegründet, die hier billiges Land, Glaubensfreiheit und bis 1888 auch noch genügend Sklaven vorfanden. ∎

RESTAURANTS

Preise pro Person für ein dreigängiges Menu mit einem Getränk:
- ● = unter 25 US-$
- ●● = 25 – 40 US-$
- ●●● = 40 – 55 US-$
- ●●●● = über 55 US-$

◆ **Arabia**
Rua Haddock Lobo 1397, Cerqueira Cesar, Tel. 11-3061-2203, tgl. geöffnet
Geräumiges und komfortables Lokal, mit hervorragender libanesischer Küche. ●●

◆ **Baby Beef Rubaiyat**
Alameda Santos 86, Paraíso, Tel. 11-3141-1188 und Avenida Brigadeiro Faria Lima 2954, Itaim Bibi, Tel. 11-33078-9488, beide tgl. geöffnet
Sehr elegante Churrascerien, sie gehören zu den besten der Stadt. ●●

◆ **Cantaloup**
Rua Manuel Guedes 474, Itaim Bibi, Tel. 11-3078-3445, Mo–Fr mittags und abends, Sa nur abends, So nur mittags geöffnet
Eines der beliebtesten Lokale der Einheimischen. Moderne Küche in einer geschmackvoll restaurierten, ehemaligen Brotfabrik. ●●

◆ **Capim Santo**
Alameda Ministro Rocha Azevedo 471, Cerqueira Cesar, Tel. 11-3068-8486, tgl. geöffnet
Sehr preiswertes Mittagsmenü mit Meeresfrüchten, Fleisch und Salaten. Sonntags gibt es auch Krabben und Hummer auf der Speisekarte. ●●

◆ **Cheiro Verde**
Rua Peixoto Gomide 1413, Jardim Paulista, Tel. 11-289-6853, tgl. geöffnet
Vegetarier haben es in Brasilien nicht leicht, doch hier gibt es ein gutes Angebot in sehr netter, einfacher Atmosphäre. ●

◆ **Fasano**
Rua Vitorio Fasano 88, Cerqueira Cesar, Tel. 11-3062-4000, Mo–Sa nur abends geöffnet
Wer es sich leisten kann, speist hier vorzüglich. Eines der luxuriösesten Lokale der Stadt, italienischer Prägung im Hotel »Fasano«. ●●●●

◆ **Gero**
Rua Haddock Lobo 1629, Tel. 11-3064-0005, tgl. geöffnet
Eine Bistro-Variante des »Fasano« in gleicher Qualität, aber viel billiger und in modernem Ambiente. ●

◆ **Jardim de Napoli**
Rua Dr Martinico Prado 463, Higienópolis, Tel. 11-3666-3022, tgl. durchgehend geöffnet
Typische italienische Küche mit Pasta und Pizzen. ●

◆ **Koyama**
Rua 13 de Maio 1050, Bela Vista, Tel. 11-283-1833, Mo–Sa mittags und abends geöffnet
Außergewöhnlich gute japanische Küche in traditionell gestalteter Umgebung. ●●

◆ **Le Coq Hardy**
Rua Jeronimo da Veiga 461, Itaim Bibi, Tel. 11-3079-3344, Mo–Fr mittags und abends, Sa nur abends geöffnet.
Der Inbegriff eines französischen Lokals in der Stadt. Zum Dessert gibt es Verführungen in Schokoladenvariationen. ●●●

◆ **Massimo**
Alameda Santos 1826, Cerqueira Cesar, Tel. 11-3284-0311, tgl. geöffnet
Erstklassiges Restaurant in eleganter, großzügiger Umgebung, Manager und viele Politiker unter den Gästen. Sehr gute Weinkarte. ●●●

◆ **Panino Giusto**
Rua Augusta 2963, Jardim Paulista, Tel. 11-3064-9992, tgl. geöffnet
Leckere Sandwiches und leichte Gerichte als Snack zwischendurch. ●

◆ **Portucale**
Rua Nova Cidade 418, Vila Olímpia, Tel. 11-3845-8929, Di–Sa mittags und abends, So nur mittags
Traditionelle portugiesische Spezialitäten, sehr ansprechende Präsentation. ●●

◆ **Vinheria Percussi**
Rua Conego Eugenio Leite 523, Pinheiros, Tel. 11-3088-4920, Di–Sa mittags und abends, So nur mittags
Sehr gute, italienische Küche, exzellenter Service. ●●

Rechts: Schönes Ambiente im Quinta do Mandioca

Koloniale Pracht des brasilianischen Barock

Brasiliens verschwenderischer Barock gehört zu den beeindruckendsten Sehenswürdigkeiten im Osten des Landes

Die katholische Weltsprache des Barock setzte sich im Zuge der jesuitisch geprägten Gegenreformation ab 1740 in Brasilien durch. Bahia, Pernambuco, Rio de Janeiro und Minas Gerais wurden die wichtigsten Zentren dieses Stils. Hier arbeiteten portugiesische Baumeister nach Plänen, die den Traditionen ihrer europäischen Heimat entsprachen.

In den reichsten Städten mit den vielsagenden Namen Vila Rica de Ouro Preto (Reiche Stadt des schwarzen Goldes) und Diamantina verschmolz die koloniale Baukunst bald mit tropischen Elementen. Die nachrückende Generation der Baumeister schmückte die Kirchen nach dem regionalen Geschmack: Heilige mit Mandelaugen, Putten mit Kreolen- und Mulatten-Gesichtern sowie exotische Früchte und Blätter hielten Einzug in die sakrale Kunst. Konvexe Portale mit kreisrunden Fenstern und Türmen, selbst elliptische Grundrisse lösten die geraden Linien der europäischen Lehrmeister ab. ■

Oben links: Dekorativ Dieser fein gearbeitete Wasserspeier von 1749 ist nur eines von vielen Zeugnissen dekorativer Kunst in Tiradentes, Minas Gerais.
Links: Holzschnitzkunst Heilige mit indianischen Zügen und europäischer Kleidung.

Oben: Ländliche Schönheit Cachoeira in Bahia, eine Stadt mit feinen barocken Baudenkmälern, lockt zahlreiche Besucher ins Hinterland von Bahia.
Unten: Multikulturell Nossa Senhora da Conceição do Monte in Cachoeira musste wie alle Kirchen in Bahia für Europäer, Indianer und Afro-Brasilianer gebaut werden.

Barocke Architektur ◆ 209

Barocker Genius

Antônio Francisco Lisboa hat den brasilianischen Barock geprägt. Den Spitznamen O Aleijadinho (»das Krüppelchen«) erhielt er wegen einer Krankheit, die seinen Körper verunstaltete. Er verlor alle Zehen, konnte sich nur noch auf Knien rutschend fortbewegen, und seine ständig schmerzenden Finger trennte er wutentbrannt mit einem Meißel ab. Sein Sklave musste fortan die Werkzeuge an die verkrüppelten Hände des Bildhauers anpassen. Lisboa schuf dennoch Werke von Weltgeltung, vor allem in Ouro Preto, aber auch die Standbilder der zwölf Propheten vor der Kirche von Congonhas do Campo.

Links: Koloniales Salvador Barocke Formen und pastellfarbene Fassaden – die typische Mischung europäischen und brasilianischen Stils im Bezirk Pelourinho.
Oben: Paratí Kolonialarchitektur direkt am Wasser in dem Städtchen aus dem 18. Jh. am Rand des Staates Rio de Janeiro.
Unten: Christliche Symbole Reliefs und wie hier Schnitzfiguren von Jesus Christus sieht man überall. Die Jesuiten, die Brasilien missionierten, wussten genau, dass die dekorative Barockkunst die religiösen Brasilianer in Bann ziehen würde.

Minas Gerais und Espírito Santo

Minas Gerais machte ein Vermögen mit Gold und Edelsteinen und steckte einiges davon in prächtige Barockarchitektur. Der noch unbekanntere Bundesstaat Espírito Santo beeindruckt dagegen mit seiner Natur: Er beheimatet drei Nationalparks.

Minas Gerais ist mit einer Fläche von 587 000 km² der fünftgrößte Bundesstaat und das Zuhause von 20 Millionen Einwohnern, den *mineiros*. Die dichten Wälder der Provinz wurden nach den Goldfunden zu Beginn des 18. Jhs. abgeholzt. Minas Gerais heißt so viel wie: »Minen überall«. Tatsächlich bestimmt der Bergbau die ganze Region: Gold, später Diamanten und heute Eisenerz tritt von hier den Weg in die weite Welt an. Die Erde von Minas Gerais ist so eisenhaltig, dass feiner roter Laterit-Staub die Überlandstraßen überzieht und die Flüsse rotbraun färbt.

Die Mineiros

Mineiros unterscheiden sich deutlich von den anderen Brasilianern. *Prudência Mineira,* die sprichwörtliche Vorsicht der Einwohner von Minas Gerais, kennt und belächelt man in ganz Brasilien – der typische Wesenszug echter Mineiros wurde während der Pionierzeit geprägt: Ständig mussten sie die plötzliche Ankunft portugiesischer Steuereintreiber befürchten und ihr Hab und Gut geflissentlich verbergen.

Mineiros mögen stur sein, sie sind aber auch verantwortungsbewusst, zuverlässig und tüchtig. Sie hängen an allem Alten, seien es die Barockkirchen, die Dampflokomotiven in São João del Rei oder Erbstücke und Trödel. Die konservativen Einwohner von Minas Gerais zeigen sich aber auch für progressive Ideen aufgeschlossen. Auch das hat Tradition: Die Verschwörer der *Inconfidência Mineira* waren die ersten Brasilianer, die eine Loslösung vom kolonialen Mutterland anstrebten, und Präsident Juscelino Kubitschek, ein Mineiro, veranlasste den Bau der Hauptstadt Brasília, weil er die Zukunft der Nation in der Erschließung des dünn besiedelten Westens erkannte.

Ihre Geschichte

Mit dem Beginn des Goldrauschs ab 1695 wurde Minas Gerais systematisch erschlossen. Sein weites Hochland

NICHT VERPASSEN!

Cap. de São Francisco
Ouro Preto
Sabará
Mariana
Congonhas d. Campo
Tiradentes
Diamantina
Linhares

Links: »Prophet« von Aleijadinho
Unten: Ouro Preto

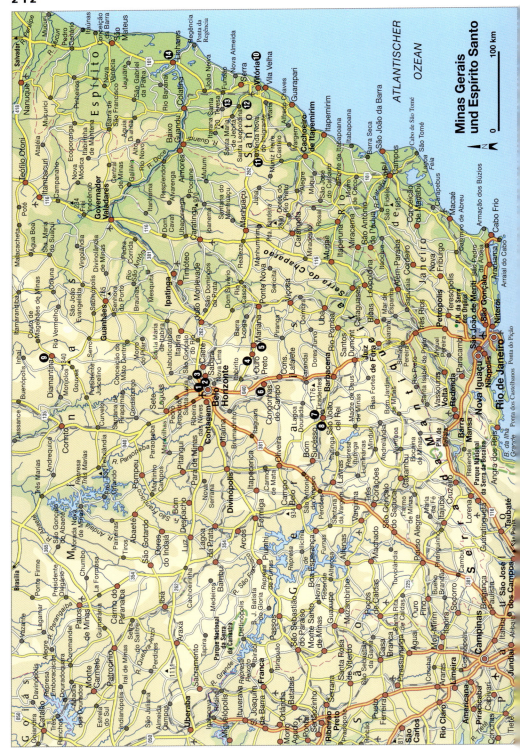

Minas Gerais/ Espírito Santo

türmt an den Grenzen zu den Küstenstaaten Espírito Santo und Rio de Janeiro steile Gebirgsketten auf. Noch bis ins 19. Jh. konnten nur Maultierkarawanen dieses natürliche Hindernis, das wie eine Barriere den Zugang nach Minas Gerais versperrte, überqueren. Durch diese Isolation waren die Mineiros gezwungen, eine eigene Landwirtschaft aufzubauen und eigene Produktionstechniken zu entwickeln. Auch diese Flexibilität unterscheidet die Mineiros von anderen Brasilianern.

Gold- und Diamantenfieber

Im 18. Jh. war das Gold von Minas Gerais ein bedeutender Wirtschaftsfaktor. Von 1700 bis 1820 wurden etwa 1200 Tonnen gefördert. Dies entsprach zu dieser Zeit in etwa 80 % der gesamten Weltproduktion.

Emboabas wurden Pioniertrupps genannt, die auf der Suche nach Gold meist wie Halbnomaden lebten. Europäische Abenteurer und verschleppte Westafrikaner, die der Sklavenhölle der Zuckerrohrfelder entkommen waren, schufteten gleichberechtigt als Goldwäscher – Rassismus und Plantagenwirtschaft konnten in Minas Gerais nie Fuß fassen.

Der Goldrausch in Minas beeinflusste auch die Wirtschaft europäischer Länder. Lissabon wurde mit Goldmünzen überflutet, die in Ouro Preto geprägt waren. Anstatt aber die eigenen oder brasilianische Manufakturen zu fördern, zogen die portugiesischen Könige es vor, sich mit englischen Waren einzudecken. Minas Gerais' Bodenschätze machten so paradoxerweise vor allem die britische Wirtschaft reich. Als abzusehen war, dass die Minen nach 100 Jahren erschöpft sein würden, schraubten die Statthalter Portugals kurzerhand die Abgaben hinauf.

Ab 1728 überstiegen die Diamantenfunde in Brasilien den Wert der Goldausfuhr. Portugal hatte gelernt und versuchte nun, sich ein Monopol zu sichern. Brasilianische Schürfer durften in den Tijuco-Diamantenminen grundsätzlich nicht arbeiten. Portugal schickte einen Gouverneur und Soldaten zum »Schutz der Minen«. Das Vorhaben misslang jedoch, denn auch der Statthalter war gegen Habgier nicht gefeit – er versetzte unterschlagene Edelsteine.

TIPP

»Achtung Gefahr!« Frauen dürfen nur stillgelegte Minen (etwa zur Besichtigung, s. S. 217) betreten. Ist eine Mine aber noch in Betrieb, so bringt eine Frau nach Überzeugung der »Capixas« (das ist der Spitzname für die Bewohner von Espírito Santo) den Bergleuten Unglück ...

Unten: Die Capela de São Francisco, entworfen von Oscar Niemeyer

Immer auf dem Laufenden in Ouro Preto

Unten: Reich verzierter Balkon in Ouro Preto

Rund um Belo Horizonte

Ouro Preto war bis 1897 die Hauptstadt von Minas Gerais, als feierlich **Belo Horizonte** ❶ zum Sitz der Provinzregierung erklärt wurde. Die Stadt des »Schönen Horizonts« war die erste Stadt des Landes, die vom Reißbrett weg entstand – 60 Jahre vor Brasília! Die geschäftige Metropole mit über 2,5 Mio. Einwohnern ist ein guter Ausgangspunkt für Ausflüge zu den historischen Städten im Umkreis.

Als Auftakt bietet sich in Belo Horizontes Vorort Pampulha der von Roberto Burle-Marx gestaltete **Pampulha-Park** ❷ an, wo seit 1943 die **Igreja São Francisco de Assis** von Oscar Niemeyer steht. Die Kirche missfiel dem Klerus so sehr, dass sie jahrelang nicht geweiht wurde. Cândido Portinari (s. S. 125), einer der bedeutendsten brasilianischen Maler, trug Porträts des hl. Franziskus und die 14 Stationen des Kreuzwegs bei. Heute ist die mit blau-weißen Kacheln (Azulejos) verkleidete Kirche das kulturelle Wahrzeichen der modernen Hauptstadt von Minas Gerais.

Als wahres Barockjuwel entpuppt sich das Kolonialstädtchen **Sabará** ❸, 23 km außerhalb von Belo Horizonte. Versteckt in einem Vorort steht hier die eigenwillig geformte **Igreja Nossa Senhora do Ó** (tgl. 9–17 Uhr). Sie ist der schwangeren Jungfrau geweiht. Ihre Wände und Decken sind mit Schnitzereien, Blattgold, biblischen Darstellungen und Chinoiserien verziert. In den fernöstlichen Darstellungen in intensiven Farben zeigten die portugiesischen Missionare ihre Erfahrungen in China.

Ganz in der Nähe steht auch Sabarás Pfarrkirche **Matriz Nossa Senhora da Conceição** (Praça Getúlio Vargas; tgl. 9–17 Uhr). Ihr Inneres haben Künstler aus Macao mit Chinoiserien verziert; besonders reich haben sie die Tür zur Sakristei bedacht. Die **Igreja Nossa Senhora do Carmo** (Di–Sa 9–11.30, 13 bis 17 Uhr) mit Werken Aleijadinhos und einer herrlichen Speckstein-Kanzel gleicht einer goldenen Schatztruhe.

Ouro Preto – barockes Weltkulturerbe

Das 100 km von Belo Horizonte entfernte **Ouro Preto** ❹ war im 18. Jh. das Zentrum des Goldrauschs. Der früher »Vila Rica de Ouro Preto« genannte Ort

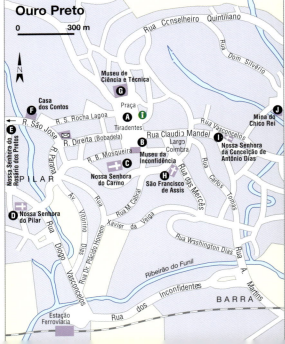

Minas Gerais/Espírito Santo

war ein gottverlassenes Bergdorf, als Bandeirantes auf der Suche nach Sklaven und Gold auftauchten. Bei Vila Rica stießen sie auf seltsames schwarzes Gestein und sandten Proben davon nach Portugal. Bald kam der Bescheid zurück, sie hätten Gold entdeckt; die schwarze Färbung stamme vom Eisenoxid im Boden. 1711 wurde die Goldgräbersiedlung zur Stadt erklärt und knapp 40 Jahre später war Vila Rica de Ouro Preto mit 80 000 Einwohnern größer als das damalige New York.

Mit den Goldgräbern kamen auch Jesuiten. Sie brachten die künstlerischen Ideen aus Europa mit und bestanden darauf, die mit dem Gold finanzierten Kirchen im Barockstil zu errichten. Sechs Museen, viele Kolonialhäuser und 13 malerisch auf Hügeln gelegene Kirchen verleihen Ouro Preto das Aussehen einer Märchenstadt. 1980 erklärte die UNESCO Ouro Preto zum »Kulturdenkmal der Menschheit«.

Tiradentes' Scheitern

Im Stadtzentrum liegt die geschichtsträchtige **Praça Tiradentes** ❶. 1792 wurde dort der abgetrennte Kopf des Dragonerfähnrichs Joaquim José da Silva Xavier (der ob seiner Nebentätigkeit den Beinamen *Tiradentes*, Zahnzieher, trug) zur Schau gestellt. Tiradentes und sechs Mitwisser wollten 1789 die Unabhängigkeit Brasiliens erkämpfen. Der Plan ihres Aufstands, die *Inconfidência Mineira*, wurde jedoch verraten.

Im **Museu da Inconfidência** ❷, früher diente das Gebäude als Rathaus und Gefängnis, sind eine Kopie von Tiradentes' Todesurteil sowie die Steinplatten der Gräber einiger Verschworener zu sehen (Di–So 12–17.30 Uhr, Tel. 3551-1121). Eine andere Abteilung zeigt Schnitzereien des wichtigsten Künstlers des Minas-Barock, Antônio Francisco Lisboa (1730–1814), Aleijadinho genannt (s. Exkurs S. 216).

Prächtiger Minas-Barock

Direkt am Kunstwerk kann man Aleijadinhos Werke z. B. in der Rokokokirche **Igreja Nossa Senhora do Carmo** (Di bis So 9.30–11, 13–16.45 Uhr) ❸ bestaunen. Das eckige Kirchenschiff wurde 1766 von Aleijadinhos Vater, Manuel Francisco Lisboa, entworfen. Aleijadinho änderte 1770 den Bauplan, indem er

TIPP

Von Rio aus kann man nach Belo Horizonte fliegen – reizvoller ist aber die etwa 6-stündige Fahrt durch schöne Landschaften mit dem Linienbus.

Unten: Das reizvolle Ouro Preto, in die sanfte Hügellandschaft geschmiegt

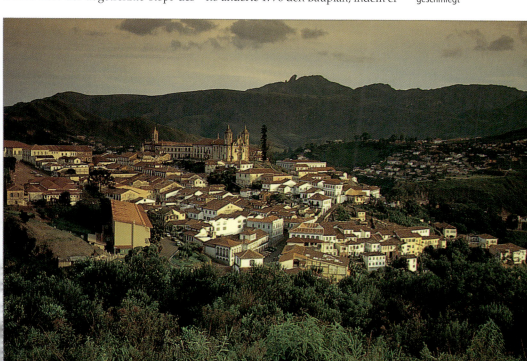

Typische Figürchen, die es in Ouro Preto zu kaufen gibt

Unten: Ausdrucksstarke Masken als Wasserspeier an einem Brunnen aus dem 18. Jh.

die Glockentürme in die Fassade integrierte und das Portal mit einem eleganten Bogengang versah. Die Veränderung war ein Kompromiss zwischen manieristischer Tradition und dem Minas-Barock. Neben den Schnitzarbeiten Aleijadinhos und Altarschmuck aus Gold und Silber findet sich hier auch ein Reliquienschrein mit einem Knochenstück des heiligen Clemens.

Im **Museu do Oratório** (tgl. 9.30 bis 17.30 Uhr, www.oratorio.com.br.) nebenan ist eine ungewöhnliche Sammlung von Reisealtären zu bestaunen – aus den unterschiedlichsten Materialien und in bizarren Formen. Hier zeigt sich der tiefe Glaube der Brasilianer in rührender Weise.

Unterhalb der Igreja do Carmo steht das **Teatro Municipal** (tgl. 12–18 Uhr), das älteste Theater Südamerikas. Es wurde 1769 als Casa da Ópera eröffnet und zeugt vom Reichtum des einstigen Vila Rica – es wird heute noch bespielt.

Sakrale Schatzkammern

Drei Häuserreihen westlich birgt die Pfarrkirche **Nossa Senhora do Pilar** D (Di–So 9–10.45, 12–16.45 Uhr) wahre Schätze: Ihr Äußeres ist unscheinbar, doch wie verschwenderisch erstrahlt sie innen! Francisco Xavier de Brito verzierte die Wände des zehneckigen Kirchenschiffs mit pausbackigen Putten und Heiligen, deren wallende Gewänder vor dem goldenen Hintergrund zu flattern scheinen. 434 kg Goldstaub wurden in die Farbe gemischt, mit welcher der Altar und die Schnitzereien überzogen sind. Im Hauptaltar thront die Madonna auf einem Pfeiler – daher der Kirchenname.

Hinter der auffälligen Barockfassade der Pfarrkirche **Nossa Senhora do Rosário dos Pretos** E (Di–So 12 bis 16.45 Uhr) wartet dagegen ein fast kahles Inneres. Die Kirche wurde 1770 bis 1785 von Sklaven in ihrer raren Freizeit errichtet – sie hatten genug Gold gespart für den Bau, jedoch fehlten dann die Mittel für eine üppigere Innenausstattung. Der einzigartige Grundriss – es sind zwei verschmolzene Ellipsen –, ihre konvexen Mauern, die geschwungene Fassade und die Glockentürme machen das Gotteshaus neben Rios Glória-Kirchlein zu Brasiliens architektonisch interessantestem Barockbau.

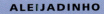

ALEIJADINHO

Der bekannteste Sohn *Vila Ricas* ist zweifellos »Das Krüppelchen« – Aleijadinho. 1730 als Antônio Francisco Lisboa, Sohn eines Architekten und Bildhauers, hier geboren, erkrankte er mit 47 Jahren schwer und unheilbar. Bis heute ist unklar, ob es Lepra, Syphilis oder schwere Arthritis war: Neben seinem Buckel verfielen zunehmend seine Gliedmaßen, bis er nur noch kriechen konnte bzw. von Gehilfen getragen werden musste. Hammer und Meißel befestigte man ihm in seinen letzten Schaffensjahren an den Handstümpfen.

Aleijadinho war sehr kreativ. Sein Vater unterwies ihn in Architektur, mit 20 lernte er bildhauern, schreinern, zeichnen und schnitzen an der Kunsthandwerksschule.

Die Barockkirchen und Museen in Minas Gerais sind dank seiner starken Ausdruckskraft heute Anziehungspunkte für Kunstbegeisterte aus aller Welt.

Minas Gerais/ Espírito Santo

Ungewöhnliche Museen

Auf dem Weg zurück zur Praça Tiradentes fällt in der Rua São José 12 der herrliche Bau der **Casa dos Contos** ❶ von 1782 ins Auge (Di–Sa 12.30–17.30, So 9–15 Uhr). Hier war während des Goldrauschs das Finanzamt. Goldmünzen und die technisch erstaunlich hoch entwickelte Gießerei, in der sie geprägt wurden, sind hier zu sehen.

An der Praça Tiradentes erhebt sich der ehemalige Gouverneurspalast. Er beherbergt Ouro Pretos Fachschule für Bergbau. Deren Sammlung wertvoller Erze und Kristalle ist mit 23 000 Stück eine der größten der Welt. Die schönsten Steine sind im angeschlossenen **Museu de Ciência e Técnica** ❶ ausgestellt (Di–Fr 12–17, Sa, So 9–13 Uhr). Es hat eine naturhistorische Sammlung und bringt uns auch die Sterne ganz nah – durchs Observatorium.

Aleijadinhos Meisterwerk

Am Largo de Coimbra besticht die ausgereifte Formgebung der 1810 fertig gestellten Kirche **São Francisco de Assis** ❶ (Di–So 8.30–11.30, 13.30–17 Uhr). Sie gilt als Höhepunkt des künstlerischen Schaffens von Aleijadinho. Die Reliefs über dem Haupteingang sind die Fortführung vorangegangener Arbeiten an der Carmo-Kirche. Ihre Räume sind geprägt vom harmonischen Zusammenspiel der Holz- und Specksteinarbeiten Aleijadinhos. Die plastischen Körperformen und gerafften Gewänder sind typisch für den Mineiro-Hochbarock. Das Deckengemälde »Glorificação da Virgem« gilt als die überragende Arbeit von Manuel da Costa Athayde (1762–1837).

Manuel Francisco Lisboa, Aleijadinhos Vater, vollendete 1760 die Kirche **Nossa Senhora da Conceição de Antônio Dias** ❶ (Di–Sa 8.30–11.45, 13.30 bis 17 Uhr, So 12–17 Uhr). Sie ist die letzte Ruhestätte von Aleijadinho, seinem Vater und seiner Frau Marília. Hinter der Sakristei im **Museu de Aleijadinho** sind noch einmal Werke Aleijadinhos sowie Dokumente zu seinem künstlerischen Schaffen ausgestellt.

Ausgediente Goldgruben

Am Ortsrand von Ouro Preto lädt die **Mina do Chico Rei** ❶ (Rua Dom Silvério 108, tgl. 8–17 Uhr, Tel. 3552-2866) zum Besuch ein. Das von Leibeigenen in den Fels getriebene Bergwerk wurde von 1720 bis zur Sklavenbefreiung im Jahr 1888 ausgebeutet; ein 1300 m langer Stollen kann besichtigt werden.

Interessanter ist die Mine **Mina de Ouro da Passagem** (tgl. 9–17 Uhr, www.minasdapassagem.com.br) 8 km außerhalb von Ouro Preto und 4 km vor Mariana. Hier kann man mit der Grubenbahn 120 m tief in die Schächte des 1719 angelegten Bergwerks fahren, in dem 35 t Gold gefördert wurden.

Mariana

Etwa 12 km von Ouro Preto entfernt liegt **Mariana** ❺, der Geburtsort von Athayde, dem wichtigsten Maler Minas in der Kolonialzeit. Mariana war die erste Hauptstadt des Bundesstaates, ihr Name erinnert an Maria Anna von Österreich, die Gattin des portugiesischen Königs João V.

Die Praça Minas Gerais im Zentrum wird von drei Barockbauten umrahmt:

Holzfresko in der Igreja de São Francisco

Unten: Üppiger Kirchenbarock in Mariana

Zartes Dekor in der Igreja de Santo Antônio

Unten: Die Zwillingstürme der Igreja de Santo Antônio in Tiradentes

dem Rathaus **Casa de Câmara e Cadeia** (1768) sowie den Kirchen **São Francisco de Assis** (1794) und **Carmo** (1784). Letztere stehen sich wie architektonische Zwillinge gegenüber, sind durch die Türme aber gut zu unterscheiden: die Franziskanerkirche hat eckige, die Karmeliterkirche runde. Die Sopraporte über dem Portal der Franziskanerkirche stammt von Aleijadinho.

Mariana ist Sitz der ältesten Bischofskirche von Minas, der Kathedrale **Matriz Nossa Senhora da Assunção** (1760), kurz **Sé** (Di–So 7–18 Uhr) genannt. Der Chor ist von Holzkuppeln umspannt. Sie zeigen die Taufe Christi, gemalt von Athayde. Stolz ist man in Mariana auf die deutsche Orgel (1701), die freitags um 11 und sonntags um 12 Uhr ertönt.

Hinter der Sé präsentiert das **Museu Arquidiocesano** Arbeiten Aleijadinhos und Athaydes sowie religiöse Kunst des 18. und 19. Jhs. (Rua Frei Durão 49, Di–So 8.30–12, 13.30–17 Uhr).

Congonhas do Campo

Minas Gerais' Süden besitzt einmalige Kunstschätze des späten Minas-Barock. Zum Weltkulturerbe gehört seit 1985 die Wallfahrtskirche **Basílica do Senhor Bom Jesus de Matozinhos** (1758 bis 1771) in **Congonhas do Campo** ❻, 83 km südlich von Belo Horizonte. Lebensgroße Statuen der zwölf Propheten von Aleijadinho beherrschen die Terrasse. Sie sind von ungewöhnlich strenger Ausstrahlung – und das letzte Werk des todkranken Meisters, der von 1800 bis 1805 wie besessen daran arbeitete. Daniel erkennt man am Löwen, Jonas am Wal. Besonders eindrucksvoll ist Habakuk mit der Schriftrolle.

Den Leidensweg Christi auf dem Ölberg stellte der Künstler durch 64 Holzfiguren in sechs Kapellen des Kreuzwegs dar: Am Fuß des steilen Hügels beginnend, passiert man erst die Darstellung des letzten Abendmahles, dann die Szene am Ölberg, die Gefangennahme, Dornenkrönung, Kreuztragung und schließlich die Kreuzigung. Vielleicht ist nirgendwo sonst so eindrucksvoll das Leiden Christi und die Verheißung für die Christen dargestellt worden wie auf diesem, von Königspalmen umrahmten Hügel.

Tiradentes und São João del Rei

135 km südlich von Belo Horizonte erreicht man den Geburtsort des 1746 geborenen Joaquim José da Silva Xavier, der nun nach dessen Spitznamen **Tiradentes** ❼ heißt. Mehr als alle anderen Städte in Minas Gerais bewahrte es sein koloniales Ambiente: Schieferstraßen, kleine Häuschen mit Sprossenfenstern, Spitzenvorhängen und hell bemalten Fensterläden, hin und wieder ein Pferdefuhrwerk. Dieses Ambiente lockte die Regisseure der Telenovelas an. Seitdem ist der verträumte Ort ein beliebtes Ausflugsziel der Brasilianer.

Zu sehen gibt's die imposante **Matriz de Santo Antônio** von 1732, die sich als eine der schönsten Barockkirchen Brasiliens auf einer Anhöhe erhebt. Das **Museu Padre Toledo** (Di–Fr 9–11.30 und 13–16.40, Sa, So 9–16.40 Uhr) gewährt einen Einblick in hiesiges Leben des 18. Jhs.: Pater Toledo gehörte zu den Aufständischen um den »Zahnzie-

her«. Der Brunnen an der Brücke über den Bach, **Chafariz de São José,** gehört zu den Hot-Spots bei den Fernsehfilmen, schließlich ist der barocke Wasserspender wirklich äußerst fotogen.

Das betriebsame **São João del Rei** ❽ mit gut 80 000 Einwohnern ist 14 km von Tiradentes entfernt. Die schönste seiner sieben Kirchen ist die 1774 erbaute **Igreja de São Francisco de Assis** an der palmengesäumten Praça Frei Orlando. Die schönen Proportionen, das reich verzierte Portal und zwei in die geschwungene Fassade integrierte Türme machen die Barockkirche einzigartig. Sonntags um 9.15 Uhr wird eine Messe mit Barockmusik gelesen.

Diamantina

Das Kolonialstädtchen **Diamantina** ❾ liegt bereits an der Grenze zum Dürregebiet Sertão, 285 km von Belo Horizonte entfernt, und steht seit 1999 unter UNESCO-Schutz. Weiße Häuser und Kirchen schmiegen sich an eine rostrote Hügelkette.

Diamantina war der Sitz des Gouverneurs João Fernandes und seiner geliebten Sklavin Chica da Silva. Ihr einstiges Wohnhaus steht in der **Praça Lobo Mesquita** (Di–Sa 12 bis 17.30, So 9–12 Uhr, Tel. 3531-2491).

Nicht weit entfernt wurde 1728 von Sklaven die **Igreja Nossa Senhora do Rosário dos Pretos** (Di–Sa 8–12, 14 bis 17.30 Uhr, So 8–12 Uhr) erbaut; die Heiligenfiguren dieser farbenfrohen Kirche sind daher alle Schwarze. Auf dem Platz vor der Kirche haben die Wurzeln eines Baumes das Kruzifix **Cruz da Gameleira** gespalten. Hier soll ein des Diebstahls bezichtigter Sklave hingerichtet worden sein. Der Todgeweihte soll prophezeit haben, dass »hier zum Beweis meiner Unschuld etwas Ungewöhnliches geschehen wird«. Kurz darauf sei der Gameleira-Baum aus dem Kreuz gesprossen.

Das **Museu do Diamante** bei der Kathedrale zeigt Bergbaugeräte, Dokumente, Mobiliar und Foltergeräte aus der Sklavenzeit (Di–Sa 12–17.30 Uhr, So 9–12 Uhr, Tel. 3531–1382).

Ganz in der Nähe steht das Gebäude der öffentlichen Bibliothek aus dem 18. Jh., die **Casa do Muxarabiê** (Mo–Fr 7.30–12, 13.30–17 Uhr), dessen Balkongitter berühmt ist.

TIPP

Das turbulente Leben der Chica – der schönen schwarzen Sklavin und Geliebten des Gouverneurs João Fernandes, der Seen und Jachten für sie bauen und Kirchtürme mit störendem Glockengeläut versetzen ließ – wurde in einer Telenovela, die auch in Deutschland zu sehen war, verfilmt.

Unten: Stilvolle Farbakzente an den Häuserfronten in Diamantina

> **TIPP**
>
> Präsident Kubitschek (s. S. 46) wurde in Diamantina geboren und wuchs hier auf. Sein einstiges Wohnhaus ist heute ein Museum (Casa de Juscelino Kubitschek, Rua São Francisco 241, Di–Sa 12–17.30 Uhr).

Unten: Rund um Diamantina gedeihen fast 300 verschiedene Orchideenarten

Und nicht zuletzt ist in der Rua da Glória 297 die **Casa da Glória** aus dem 18. Jh. zu sehen: In dem prunkvollen Gebäude residierten einst die königlichen Gouverneure (Di–So 13–18 Uhr).

Espírito Santo

Der Bundesstaat des »Heiligen Geistes« ist einer der kleinsten Brasiliens und hat nur gut 3 Millionen. Einwohner. Vom Massentourismus bislang verschont geblieben, avanciert er zwischenzeitlich zum beliebten Ziel für Outdoor-Touristen. Der Grund dafür sind seine 400 km Atlantikstrände sowie mehrere Nationalparks im Atlantischen Regenwald.

Die Hauptstadt

Vitória ❿, die Hauptstadt von Espírito Santo, wurde 1551 gegründet. Sie liegt sowohl von Rio de Janeiro als auch von Belo Horizonte 520 km entfernt. Mit 315 000 Einwohnern ist sie bis heute recht überschaubar geblieben.

Das historische Zentrum, **Cidade Alta**, der Hafenstadt liegt auf einer über fünf große Brücken mit dem Festland verbundenen Insel, die durch Aufschüttungen aus 36 Inseln entstand. In der Umgebung erstrecken sich einige attraktive Strände, und einzelne Bauwerke erinnern an die Zeit, in der die Stadt erbaut wurde.

Das **Convento de São Francisco** (Rua Soldado Abilio dos Santos 47, Di bis So 9–17 Uhr) stammt aus dem 16. Jh. und war das erste Franziskanerkloster im Süden Brasiliens. Es dient heute als Vitórias Bischofssitz.

Nicht weit entfernt steht mit der **Igreja Santa Luiza** (Rua José Marcelino) das älteste erhaltene Gebäude der Stadt. Heute dient es als Kunstgalerie (Mo–Fr 8–12, 14–18 Uhr). Die barocke Kirche **Igreja do Rosario** (Rua do Rasario, Di–So 9–17 Uhr) von 1765 zeugt vom Reichtum der Hafenstadt zur Kolonialzeit.

Einblick in die Kolonialgeschichte vermittelt der Besuch des **Palácio Anchieta** (Praça João Clímaco, Di–So 12 bis 17 Uhr) aus dem 18. Jh., in dem die Regierung des Bundesstaates sitzt.

Der neoklassizistische Bau des **Teatro Carlos Gomes** (Praça Costa Pereira) wurde der Mailänder Scala nachempfunden.

Die große Nachbarin

Über die majestätische, 3,3 km lange Brücke **Terceira Ponte** über die Bucht erreicht man die ältere und etwas größere Nachbarstadt **Vilha Velha**, die 1535 gegründet wurde und rund 350 000 Einwohner hat. Weithin sichtbar ist das Eremitenkloster **Convento da Penha,** das 1558 gegründet wurde. Es ist das bedeutendste religiöse Bauwerk in Espírito Santo (tgl. 5.30 bis 16.45, So ab 4.30 Uhr).

Ausflugsziele

Die gebirgige Landschaft rings um das 107 km westlich von Vitória gelegene, von Italienern gegründete **Venda Nova (do Imigrante)** ⓫ lockt Bergsteiger und -wanderer aus ganz Brasilien an, und **Santa Leopoldina** ⓬ (70 km nordwestlich von Vitória) wurde von Schweizern gegründet, worüber das Museu de Colono Auskunft gibt. Auch **Santa Teresa** ⓭, 10 km weiter nördlich, lohnt einen Tagesausflug: Am Rand diese Ortes erstrecken sich die Gärten des **Museu Mello Leitão,** wo man seltene Bäume, Schlangen, Kolibris und Schmetterlinge beobachten kann (Av. José Ruschi 4, Di–So 8–17 Uhr). Das Museum wurde von dem Kolibri-Experten Augusto Ruschi gegründet.

Nationalparks

137 km von Vitória entfernt liegt an der Küste vor **Linhares** ⓮ die **Reserva Biológica de Comboios** (tgl. 8–12, 13–17 Uhr, www.projetotamar.org.br, Tel. 3274-1213), ein Naturschutzgebiet mit einem 15 km langen Strand. Ein Posten des *Projeto Tamar* widmet sich hier dem Schutz der Meeresschildkröten. Besucher können in Bassins gehaltene Exemplare und – mit etwas Glück – schlüpfende Jungtiere beobachten.

Und es gibt noch zwei weitere Schutzgebiete bei Linhares: die private **Reserva Linhares** sowie die **Sooretama Reserva Biologica,** die von dem Umweltinstitut IBAMA betreut wird. Beide haben das Ziel, den Regenwald mit seiner Artenvielfalt zu schützen.

Nördlich von hier, nahe der Grenze zum Bundesstaat Bahia, liegt die kleine Stadt **Conceição da Barra.** Von dort erreicht man die kleine Stadt **Itaúnas** mit ihren einsamen Stränden und riesigen Dünen, einige sind über 30 m hoch. ∎

TIPP

Um die Schutzgebiete bei Linhares zu besuchen, braucht man eine spezielle Erlaubnis, die man über folgende Kontakte einholen kann:
Reserva Linhares, floresta@tropical.com.br sowie
Sooretama Reserva Biologica, olimpio@es.ibama.gov.br

Unten: Die Echte Karettschildkröte ist vom Aussterben bedroht

Der Nordosten

Die Region, die zu Beginn der Kolonialzeit am stärksten erblühte, besitzt auch die reichste Volkskunst des Landes. Paradiesische Strände, der bahianische Karneval und die lebendige Kultur sind die Attraktionen des Nordostens.

Den Nordosten teilen sich neun brasilianische Bundesstaaten, deren Fläche zusammen rund ein Fünftel des Landes ausmacht. Mit 52 Millionen Einwohnern ist die Region nach dem Südosten der am dichtesten besiedelte Teil Brasiliens. Dank Baumwolle, Tabak und vor allem des Zuckerrohrs erlebte der Nordosten zu Beginn der Kolonialzeit Brasiliens eine wirtschaftliche und kulturelle Blüte. Nachdem die Zuckerrübe in Europa den südamerikanischen Rohrzucker ersetzte, verarmte die Bevölkerung, Herrenhäuser und Plantagen verfielen.

Auf Grund der schlechten Arbeits- und Bildungschancen wandern viele *Nordestinos* in die Metropolen Brasiliens ab. Das Leben in ihrer Heimat wird dadurch erschwert, dass hier nur ein sehr schmaler fruchtbarer Küstenstreifen ausreichend Niederschlag erhält. Das Hinterland, der staubtrockene *Sertão*, wird hingegen regelmäßig von Dürreperioden geplagt. Die Bevölkerung des Nordostens konzentriert sich denn auch an der Atlantikküste und entlang des Rio São Francisco.

Im Gegensatz zum trostlosen Hinterland profitiert die Küstenregion von Industrieansiedlungen und vom internationalen Tourismus. Ihre paradiesischen Strände sowie ihr ganzjährig warmes und sonniges Klima machen die Nordostküste Brasiliens zu einem idealen Urlaubsziel. Inzwischen finden die Touristen aus aller Welt hier auch ausgezeichnete Hotels und Restaurants. Die architektonischen Schätze aus der Kolonialzeit, lebendige Volkskunst, interessantes Brauchtum, opulente Feste und der mitreißende Straßenkarneval Salvadors, Recifes und Olindas sind weitere einzigartige Attraktionen, mit denen der Nordosten verschwenderisch aufwartet.

Das afrikanisch geprägte Bahia nimmt kulturell eine Sonderstellung unter den Staaten an der Atlantikküste ein, die in der afro-brasilianischen Religion *Candomblé*, im Kampftanz *Capoeira* und in der einzigartigen bahianischen Küche Ausdruck findet. Bahias Hauptstadt Salvador ist zugleich koloniale Schatzkammer, Hort afrikanischer Traditionen und die mit Abstand kreativste Soundküche Brasiliens: Gut drei Viertel aller neuen Melodien und Rhythmen der *Música Popular Brasileira* (MPB) stammen von hier. ■

Vorherige Seiten: Bahianische Fischer holen ihre Netze ein

Unterwegs 227

Bahia

Bahia ist die Seele Brasiliens. In diesem Teilstaat haben sich afrikanische, europäische und indianische Einflüsse stärker vermischt als im übrigen Land – es entstand genau jene erfrischende Vielfalt, die den besonderen Reiz Brasiliens ausmacht.

NICHT VERPASSEN!

Porto Seguro
Ilhéus
Itacaré
Santo Amaro
São Félix
Chapada Diamantina
Lençóis

Links: Der Bahianer trägt die Farben seiner Orixá
Unten: Unterwegs in Porto Seguro

Das Land wurde im Jahre 1500 entdeckt, als der portugiesische Seefahrer Pedro Álvares Cabral in Porto Seguro an der Südküste Bahias an Land ging. An Allerheiligen des folgenden Jahres landete im heutigen **Salvador**, der Hauptstadt von Bahia, eine erste Gruppe von Siedlern, die von der portugiesischen Krone entsandt worden war. 233 Jahre lang, also bis 1763, war die **Cidade do Salvador da Bahia de Todos os Santos** (Stadt des Erlösers in der Allerheiligenbucht) die Hauptstadt Brasiliens.

Bahia ist der Staat mit der ersten medizinischen Fakultät des Landes, den ältesten Kirchen, der bedeutendsten Kolonialarchitektur und der größten Sammlung sakraler Kunst. Aus der Region gingen viele hervorragende Schriftsteller und Komponisten hervor.

Die Bücher des aus Bahia stammenden Jorge Amado (s. S. 229) wurden verfilmt und weltweit gelesen. Die facettenreiche Musik der Bahianer Carlinhos Brown, Gilberto Gil, João Gilberto, Baden Powell und Caetano Veloso hat in aller Welt Fans gefunden.

Bahia besitzt auch eine andere Seite, die Geist und Sinne anspricht. Der Mystizismus ist hier in allen Lebensbereichen spürbar. Er findet seinen Ausdruck in der Art, wie sich die Menschen kleiden, wie sie sprechen und miteinander umgehen, in ihrer Musik, selbst in dem, was sie essen. Der Mystizismus ist ein Grund, warum Bahia für die Brasilianer die Seele ihres Landes ist.

Die Wurzeln dieses Mystizismus liegen in Afrika. Noch heute ist die pantheistische Religion der westafrikanischen Stämme der Bantu und Yoruba in Bahia fester Bestandteil des Alltags. Auch viele hellhäutige Bahianer, die offiziell als Katholiken gelten, kann man bei Festen dabei beobachten, wie sie den Gottheiten der Candomblé-Religion Opfergaben bringen. Das Phänomen des Synkretismus, der Vermischung der Religionen, geht auf die Zwangschristianisierung der Sklaven zurück. Ihre eigenen *Orixá*-Gottheiten tarnten

TIPP

Wohnen in Cabana-Hütten: »Estância das Fontes« heißt Olivenças Campingplatz, der nur von einer Straße vom Meer getrennt wird und der auch über kleine Cabana-Hütten verfügt (Tel. 073-3212-2505).

Unten: Diese fröhlichen Figuren sind typisch für die Gegend

die Leibeigenen mit katholischen Heiligen. Noch heute wird bei der Wallfahrt zur Bonfim-Kirche Oxalá, der Vater aller Orixás, mit Jesus Christus synkretisiert, und die Göttin Yemanjá hat in der Rosenkranz-Madonna ihr katholisches Pendant.

Bahias Südküste

Das 127 000 Einwohner zählende **Porto Seguro** ❶ liegt ganz im Süden Bahias, 730 km von Salvador entfernt, und damit etwa auf halbem Weg nach Rio de Janeiro. Es gilt zusammen mit seinem Nachbarort Arraial d'Ajuda als das neue Mekka des inländischen Tourismus. In den letzten Jahren sind hier unzählige Hotels und Pousadas, Strandbars, Restaurants und Diskotheken entstanden. Im Sommer strömen Heerscharen junger Leute hierher, frönen dem Körperkult, dem Genuss eisgekühlten Biers und dem Straßenkarneval der Stadt, der sich an die närrischen Umtriebe in Salvador anschließt und von dort die besten *Trios Elétricos* mit den angesagtesten Bands übernimmt.

In der Umgebung des markanten Bergrückens des **Monte Pascoals,** wo die Portugiesen das brasilianische Festland im Jahr 1500 erstmals betraten, findet man noch letzte Wälder der Mata Atlântica, und mit den Kleinbussen, die in Arraial d'Ajuda auf Passagiere warten, kann man unverbaute Strände wie die **Praia Pitanga** und die Kolonialhäuschen von **Trancoso** aufsuchen.

Die einstige Hippie-Entdeckung **Arraial d'Ajuda** mit seinen 20 km langen, herrlichen Stränden, kleinen Pousadas und viel Nachtleben liegt auf der anderen Seite der Bucht. Man gelangt mit der Fähre dorthin.

15 km weiter südlich, mit Minibussen gut erreichbar, ist **Trancoso,** ein kleiner Badeort mit bunten Häusern, einer Kolonialkirche von 1656 und einem grasbedeckten Hauptplatz, O Quadrado, mit einem herrlichen Blick auf den Atlantik. Die traumhaften Strände locken in- und ausländische Besucher im Sommer in Scharen an, außerhalb der Saison ist die Gegend eine Oase der Ruhe. An der Praia da Taipe, 7 km außerhalb auf der Straße nach Arraial, hat der Club Med ein Resort für die betuchte Klientel errichtet, die gerne unter sich bleibt.

Die wichtigste Stadt an Bahias Südküste ist das 462 km südlich von Salvador gelegene **Ilhéus** ❷. Es wurde 1534 gegründet, entwickelte sich zur Kakaometropole Brasiliens und zu einem der bedeutendsten Exporthäfen des Landes. Die Blütezeit der Stadt war Anfang des 20. Jhs., als der Kakaohandel für Wohlstand sorgte, heute zählt Ilhéus ungefähr 225 000 Einwohner. Literaturfreunde kennen Ilhéus von Jorge Amados Romanen, besonders aus dem mit Marcello Mastroianni verfilmten Bestseller »Gabriela wie Zimt und Nelken«, der die Stadt als Schauplatz hat. Eine kleine Ausstellung über sein Leben zeigt die **Casa de Cultura Jorge Amado** (Rua Jorge Amado 21, Mo–Fr 9–12, 14–18 Uhr). Ilhéus feiert den Karneval ähnlich intensiv wie Salvador, daneben sind vor allem das Sebastianfest im Januar (11.–20.) und das Kakaofest im Oktober erwähnenswert. In der Umgebung locken herrliche Badestrände wie die **Praia dos Milionários, do Sul, Curupe** oder **da Concha**.

Das benachbarte **Olivença**, 20 km südlich, wartet mit Mineralquellen auf, die das Freibad **Balneario Tororomba** (Rua Lúcio Soub, Di–So 9–19 Uhr) versorgen, und mit ausgezeichneten Campingplätzen. Weiter südlich gilt das riesige Resort von Comandatuba Island als eines der besten im Lande, mit 21 km Strand, tropischem Garten, Spa, Golfplatz und eigener Landepiste.

Begehrte Ziele

Itacaré ❸ 70 km nördlich von Ilhéus ist eines der neueren Ziele an Bahias Küste. Die kleine Stadt mit 18 000 Einwohnern liegt an der Mündung des Contas-Flusses, der in der Chapada Diamantina (s. S. 233) entspringt. Pousadas und Restaurants haben eröffnet, um die wachsende Zahl an Besuchern zu versorgen, die von der bezaubernden Landschaft und den herrlichen Stränden angelockt werden. Ökotourismus ist hier verbreitet: Tauchen, Surfen und Trekking im Atlantischen Regenwald.

Weiter im Norden liegt die Halbinsel Maraú, eine kaum erschlossene, nicht ganz leicht erreichbare Idylle. Der Zauber dieses Ortes ist einmalig, es ist ein idealer Platz, um Erholung zu finden. Einige kleine Pousadas und ein exklusives Resort bieten Unterkunft. Im äußersten Norden der Halbinsel, in Barra Grande, wird es in der Hautsaison relativ voll, aber der nahe Strand **Taipús de Fora**, für Kenner einer der schönsten Strände Brasiliens, ist meistens ruhig. Maraú kann man in einem Tagesausflug von Itacaré besuchen.

Zu den besten Stränden der Region zählen auch die 15 km von Valença entfernte **Praia Guaibim** und die **Praia do Ponta do Curral**, ein der vorgelagerten Tropeninsel **Ilha de Tinharé** zugewandter Strand. Obwohl die von dichtem Grün überwucherte Insel nach wie vor für den Autoverkehr gesperrt ist, hat sie sich längst vom Aussteigertreff zum Touristenmagneten entwickelt. **Morro de São Paulo**, ihre größte Siedlung, wird auch von Katamaran-Fähren aus Salvador angesteuert.

Von der Ilha de Tinharé kann man bei ruhiger See zur benachbarten **Ilha de Boipeba** übersetzen mit ihrem schönen Badestrand **Praia Tassimirim**. Die

Bei Porto Seguro leben Pataxó-Indianer. Viele verkaufen Kunsthandwerk, so wie dieses Mädchen

---

JORGE AMADO

Die Werke des Schriftstellers Jorge Amado wurden in über 30 Sprachen übersetzt und in 52 Ländern publiziert. Er kam 1912 als eines von vier Kindern eines kleinen Kakao-Farmers in der Nähe von Ilhéus zur Welt. Seine Familie wurde von Großgrundbesitzern vertrieben, was in ihm den Blick für das Unrecht in dieser Welt schärfte.

Mit 15 war er Reporter in Salvador, danach studierte er Jura in Rio. Er schloss sich einer linken Partei an, musste dann nach Argentinien ins Exil. 1945 wurde er Abgeordneter für die Kommunisten, verließ aber 1948 erneut das Land. 1951 erhielt er den Lenin-Preis, er lebte in Paris und Prag, danach kehrte er nach Bahia zurück.

1932 beginnt er seinen sechsbändigen Zyklus über die Menschen und ihr Leben in Bahia. 1958 erscheint »Gabriela wie Zimt und Nelken«, sein bekanntester Roman, er wird ebenso wie »Doña Flor und ihre zwei Ehemänner« verfilmt. Diese Romane sind der Beginn einer neuen Schaffensphase, die durch tiefgründigen Humor gekennzeichnet ist, ohne die Sozialkritik zu vernachlässigen. Er wird in Brasilien sehr verehrt, seine 33 Romane weltweit gerne gelesen.

Er war ein Volksdichter, aber auch Mitglied der brasilianischen Literaturakademie und wurde mit Ehrungen überhäuft. Er starb am 6. August 2001 vier Tage vor seinem 89. Geburtstag und wurde wunschgemäß auf seinem Grundstück in Salvador beerdigt.

> **TIPP**
>
> Nur 15 km von Valenca entfernt liegt der herrliche Strand »Guaibim«, wo es auch gute Fischrestaurants und Bars gibt.

Boipeba-Insel ist mit Fähren auch von Valença und Cairu aus zu erreichen.

Über die Staatsstraße BR 101, die von Salvador über Cachoeira in Richtung Süden bis zum Staat Espírito Santo führt, gelangt man zum 400 Jahre alten Kolonialstädtchen **Valença** ❹. In ihrem historischen Zentrum kann man neben der 1757 erbauten Pfarrkirche **Nossa Senhora do Amparo** (Alto da Colina, tgl. 14–17 Uhr) auch Brasiliens erste Textilfabrik sehen.

Nördlich von Salvador – Linha Verde

Die Estrada do Côco (Kokosstraße, teilw. mautpflichtig) führt von Salvadors schönstem Stadtstrand Itapoã nach Norden und als »Linha Verde« bis zum benachbarten Bundesstaat Sergipe. Entlang der Fernstraße, die an Wäldern mit schlanken Kokosnusspalmen vorbei führt, reihen sich herrliche tropische Strände: **Jauá, Arembepe, Barra da Jacuípe, Abaí** und **Itacimirim**.

Eine der reizvollsten Gegenden Bahias beim 80 km außerhalb Salvadors gelegenen **Praia do Forte** schließt sich an. Dort wird der 12 km lange Sandstrand von über 100 000 Kokospalmen gesäumt. Der Ort ist bei Touristen sehr beliebt, und eine private Stiftung sorgt dafür, dass der Strand in seiner Schönheit erhalten bleibt. Für die Errichtung neuer Hotels gelten strenge Auflagen; für jede gefällte Kokospalme müssen vier neue gepflanzt werden.

In Praia do Forte unterhält die brasilianische Umweltbehörde das renommierte Zentrum des **Projeto Tamar** für die Erhaltung der Meeresschildkröten. Nachts kommen die Weibchen der gepanzerten Meeresbewohner an die Strände der Region, um zwischen 40 und 200 tischtennisballgroße Eier im warmen Sand abzulegen und zu vergraben. Die Mitarbeiter des Projeto Tamar bringen die Gelege vom Strand weg in Sicherheit und schützen so den Schildkrötennachwuchs vor Nesträubern. Wenn aus den Eiern die Jungen geschlüpft sind, drängen sie, ihrem Instinkt folgend, sofort ins Meer zurück.

Hinter **Imbassaí** und **Porto Sauípe** (ca. 65 km von Salvador) geht die Estrada de Côco in die **Linha Verde** über. Hier ist mit dem Komplex Costa Sauípe eine Ferienanlage mit fünf Luxusresorts entstanden. Zu den lohnendsten Badestränden an der Linha Verde zählen die von **Massarandupió** und **Barra do Itariri** (150 km von Salvador).

Den ursprünglichsten, 30 km langen Sandstrand spart sich die Linha Verde aber bis zuletzt auf: Um den 234 km von Salvador entfernten Küstenabschnitt von **Mangue Seco** zu erreichen, muss man sich von der Küste abwenden und bis ins benachbarte Sergipe hineinfahren. In Indiaroba zweigt man dann zum 12 km entfernten Hafenstädtchen **Pontal** ab. Dort bleiben die Fahrzeuge auf bewachten Parkplätzen zurück und man wird mit Motorbooten zum paradiesischen Strand von Mangue Seco übergesetzt: Man kann sich der Faszination dieser malerischen Küstenlandschaft aus sanft geschwungenen Wanderdünen, smaragdgrünem Meer, hohen Palmen, winzigen Fischerdörfern und weiten, menschenleeren Sandstränden schwerlich entziehen.

Unten: Skulptur am Zentrum zur Erhaltung der Meeresschildkröten des Projeto Tamar in Praia do Forte

Der Sertão Baiano

Fährt man von Bahias Küste 200 km landeinwärts, gelangt man ins ausgetrocknete Buschland, den *Sertão,* der einen regelrechten Aderlass erlebt. Die langen Dürreperioden treiben die Bauern in die Großstädte. Manchmal bleibt der Regen jahrelang aus. Wenn es endlich regnet, bringen die sintflutartigen Niederschläge oft mehr Schaden als Segen: Die kahle, rissige Erde kann das Wasser nicht aufnehmen und die Flüsse treten über die Ufer.

Ein guter Ausgangspunkt für einen Ausflug in den Sertão ist der Recôncavo, der fruchtbare Landstrich an Salvadors Allerheiligen-Bucht. Von dort gelangt man auf der Staatsstraße BR 026 etwa 80 km von Salvador in die Kolonialstadt **Santo Amaro** ❺. Brasilianische Musikfans kennen die Stadt (61 000 Einwohner) als Geburtsort der singenden Geschwister Caetano Veloso und Maria Bethânia. Entlang der gepflasterten Straßen und winzigen Praças wechseln sich rosa-weiße, stuckverzierte Häuser mit prächtigen Art-Déco-Fassaden in Pastelltönen ab, die mit glänzend weißen Mustern verziert sind. Diese dekorativen Hausfassaden zeugen vom flüchtigen Wohlstand der Tabakregion zu Beginn des 20. Jhs. und sind noch in vielen Kleinstädten des Nordostens zu finden. Einen Besuch wert ist der bunte Lebensmittelmarkt.

Reise zur Kolonialzeit

Cachoeira ❻ und das benachbarte **São Félix** sind 116 km von Salvador entfernt. In der Doppelstadt gibt es eine Vielzahl barocker Kirchen und sehenswerter Gebäude aus der Kolonialzeit. Von der Pfarrkirche **Nossa Senhora da Conceição do Monte** (Rua Conceição do Monte, nur im Nov. zu besuchen) hat man einen herrlichen Blick über den Fluss Paraguaça auf São Félix am anderen Ufer. Die 1702 erbaute Karmeliterkirche **Igreja da Ordem Terceira do Carmo** (Praça da Aclamação) besitzt einen barocken Hochaltar, Intarsien aus Macao und portugiesische Azulejo-Fliesenbilder. In der angrenzenden **Pousada do Convento** wurden Nonnenzellen zu Gästezimmern umgestaltet (Tel. 075-3425-1716, Fax 3425–1646).

Nicht versäumen sollte man einen Blick in das alte Postgebäude, **Correios**

Bauer aus Bahia

Unten: Der Strand von Praia do Forte, im Hintergrund die Kirche

e Telégrafos, mit einer schönen Jugendstilfassade. In der Rua Ana Nery wartet die Rosenkranzkirche, **Nossa Senhora do Rosario** aus dem 18. Jh. mit den typischen Azulejos auf.

Nebenan steht das Wohnhaus der Krankenschwester Ana Nery, die als »Mutter der Brasilianer« verehrt wird, da sie im 19. Jh. im Paraguay-Krieg Fronteinsatz leistete. Im selben Haus ist das **Museu Hansen Bahia** (Di–Fr 9–17, Sa, So 9–14 Uhr) eingerichtet. Der Hamburger Seemann Karl-Heinz Hansen kam als 40-Jähriger nach Bahia und entdeckte hier seine künstlerische Ader. Bis zu seinem Tod im Jahr 1978 schuf er rund 3000 Bilder und Holzschnitte.

Internationalen Ruf erlangte auch Bonifacio Silvia Filho, »O Louco« (der Verrückte) genannt. Der Barbier schnitzte in seiner Freizeit Pfeifenköpfe, bevor er sich an größere, meist religiöse Motive wagte. Sein »Letztes Abendmahl« gelangte sogar ins Völkerkundemuseum in Wien.

Am Hauptplatz, der **Praça da Aclamação**, steht das historische Rathaus. Hier riefen die Bürger am 25. Juni 1822 die Unabhängigkeit aus.

Das wichtigste Fest der Stadt findet zu Mariä Himmelfahrt (15. Aug.) statt und wird von den Schwestern der **Irmandade da Boa Morte**, des »Guten Todes«, veranstaltet. Die Vereinigung wurde im 19. Jh. zur Abschaffung der Sklaverei gegründet. Mitglieder dürfen nur schwarze Frauen ab 40 werden, die sowohl an die Jungfrau Maria glauben wie auch Candomblé praktizieren. Höhepunkt des Festes ist die nächtliche Prozession der ganz in Weiß gekleideten Bahianerinnen, die würdevoll den Sarg mit der Jungfrau tragen. Cachoeira ist als Candomblé-Zentrum bekannt. Rund 50 Kulthäuser gibt es hier. Die Sitzungen finden meist ohne Touristen statt und folgen strengen Regeln.

São Félix

Cachoeira (30 000 Einw.) ist seit 1885 über die Stahlbrücke *Rodoferroviária Dom Pedro II.* mit dem kleineren **São Félix** (13 000 Einw.) verbunden. Die Überquerung der historischen Brücke ist vor allem für Fußgänger aufgrund der losen Planken nicht ungefährlich. Gerhard Dannemann aus Bremen war 1889 erster Bürgermeister der Stadt. Im Stammhaus der Zigarrenfabrik Dannemann wurde ein Kulturzentrum eingerichtet. Dort, im **Centro Cultural Dannemann,** kann man Arbeiterinnen beim Zigarrenrollen zuschauen und Ausstellungen mit Werken zeitgenössischer Kunst besuchen (Av. Salvador Pinto 29, Di–Sa 7–12, 13–17, So 13–17 Uhr, Tel. 3425-2208, www.centroculturaldannemann.com.br).

Jaguaripe und Nazaré

Jaguaripe liegt am Ostufer des Jaguarflusses – wie der Ortsname in der Tupi-Guarani-Sprache auch sagt. Der 240 km südwestlich von Salvador entfernte Ort, der sich mit einigen Kolonialgebäuden aus dem 17. Jh. schmückt, wurde in den letzten Jahren zum Zentrum für den wachsenden Ökotourismus. Eine 45-minütige Bootsfahrt führt zu der von Jesuiten gegründeten Siedlung **Maragogipinho.** Vor 300 Jahren begannen die Mönche hier mit der Keramik-

> **TIPP**
>
> Der Wochenmarkt von Cachoeira mit einem breiten Angebot an Obst, Gemüse, duftenden Gewürzen und frischem Fisch findet samstags auf der Praça Maciel statt.

Unten: Auf dem Heimweg vom Einkaufen in São Felix

herstellung, die heute die größte ihrer Art in Brasilien ist. In verschiedenen Werkstätten kann man zusehen oder auch an der Produktion mitwirken.

12 km weiter gelangt man nach **Nazaré,** wo es in der Karwoche eine große Ausstellung gibt. In dem geschäftigen Ort mit 26 000 Einwohnern ist man stolz auf eines der ältesten, noch funktionierenden Kinos im Lande, Cinema Rio Branco.

Chapada Diamantina

Der **Parque Nacional Chapada Diamantina** ❼ besteht seit 1985 und umfaßt 152 000 ha, die das Kernstück des Sertão Baiano bilden. Die einzigartige Savannenlandschaft überrascht mit Gipfeln wie dem 2080 m hohen **Pico do Barbado,** mit vielen Wasserfällen und herrlicher Vegetation, wie z. B. seltene Orchideen, sowie mit sehenswerten Tropfsteinhöhlen und geräumigen Quarzitkavernen, von denen einige unterirdische Gewässer bergen. Die Regenzeit dauert von November bis April, mit recht starken Regenfällen bis Januar. Die Trockenzeit und somit beste Besuchszeit ist von Mai bis Oktober.

Das Wahrzeichen des Nationalparks ist der von Bodenbromelien und niedrigen Büschen bewachsene Tafelberg **Morro do Pai Inácio** (1120 m). Von hier oben bietet sich ein unvergleichlicher Ausblick auf die Nordhälfte des Parks, Wind und Wetter haben hier eine Canyon-Landschaft in die Felsschichten gemeißelt. Unterhalb der Klippen erstrecken sich weite Grassavannen, Bergquellen wirken der Trockenheit entgegen. Chapada Diamantina zieht viele Aktivurlauber an. Für Wanderungen sollte man aber einen Bergführer engagieren, da die Wege nicht markiert sind.

Cachoeira da Fumaça ist der spektakuläre und mit 340 m höchste Wasserfall Brasiliens. Guter Ausgangspunkt für einen Tagesausflug ist das 66 km entfernte Lençóis (s. S. 234). Per Auto gelangt man von dort in 2 Stunden ins Vale do Capão, wo der Wanderweg zum Wasserfall mit einem starken Anstieg beginnt. Die 1 km lange **Gruta das Areias** ist voll mit buntem Sand, der von Kunsthandwerkern genutzt wird.

Das riesige Parkgelände kann man von verschiedenen Orten rund um die Chapada Diamantina ansteuern – je

Kunsthandwerk aus Bahia: Farbiger Sand aus der Gruta das Areias wird mit viel Geschick zu Bildern geschichtet

Unten: Der majestätische Tafelberg Pai Inácio im Parque Nacional Chapada Diamantina

TIPP

Der Sobradinho-Stausee ist 320 km lang und hat eine Fläche von etwa 4200 km². Damit ist er der zwölftgrößte künstliche See der Erde. Die Staumauer ist bis 41 m hoch und 12,5 km lang. Eine 120 m lange und 17 m breite Schleuse ermöglicht es den Schiffen, die 32,5 m hohe Barriere zu überwinden.

nachdem, in welchen Teil man hinein will. Lençóis empfielt sich für den Norden, Mucugê für das Parkzentrum, Caeté-Açu im Capão-Tal für den Westen, Andarai für den Osten und Ibicoara für den Süden. Alle Wandertouren nehmen (inkl. Anfahrt) mindestens einen Tag in Anspruch, man sollte also eine Übernachtung einplanen.

Diamantenstadt Lençóis

Auf der schnurgerade nach Westen verlaufenden BR 242 erreicht man, 425 km von Salvador entfernt, das Kolonialstädtchen **Lençóis** ❽ (9000 Einwohner). Es entstand am Rand des Gebirges Serra do Sincorá, als im Jahr 1844 in der Chapada Diamantina Diamanten entdeckt wurden. Damals strömten Tausende von Glücksrittern in das Gebiet und stellten aus Leinentüchern provisorische Zeltverschläge auf – man nannte sie die *lençóis*, von *lenço* (Laken), eine Bezeichnung, die sich bis heute hält.

Der Diamantenrausch machte Lençóis zu einer wohlhabenden Kleinstadt. Die feine Gesellschaft trug die neueste Pariser Mode zur Schau und schickte ihre Kinder zum Studium in die französische Hauptstadt. Unter den schönen Kolonialgebäuden ist die Kirche Bom Jesus dos Passos mit ihren barocken Gemälden hervorzuheben. Um den allgemeinen Verfall zu verhindern, wurde das Städtchen 1973 unter Denkmalschutz gestellt.

In Lençóis ist nicht der Karneval das Hauptevent, sondern das Johannisfest im Juni. Daneben hat die Stadt ihre eigene Candomblé-Variante, den *jarê*. Zelebriert wird dieser Kult in den Tempeln im September, Dezember und Januar.

Ibotirama und Juazeiro

Gut 250 km westlich von Lençóis liegt an der Schnellstraße BR 242 **Ibotirama** ❾ am Rio São Francisco, einem Paradies für Angler. Von März bis Oktober, der Trockenzeit, fällt der Wasserspiegel und legt auf den **Flussinseln Gada Bravo** und **Ilha Grande** helle Sandstrände frei.

Von Ibotirama aus fließt der São Francisco nordostwärts zum Sobradinho-Damm und seinem riesigen Staubecken, einem der größten künstlichen Seen der Welt. Weiter flussabwärts kommt man nach **Juazeiro** ❿. In der Kolonialzeit diente die Stadt als Zwischenstation für Reisende auf dem Weg von den Staaten nördlich von Bahia nach Salvador. 1706 von Franziskanermönchen gegründet, war Juazeiro bereits gegen Ende des 18. Jhs. das wirtschaftliche Zentrum der Region. Heute zählt es 180 000 Einwohner. Bekannt ist das Städtchen für seine Galionsfiguren die *Carrancas*, halb-Mann, halb-Drache, aus Holz geschnitzt.

Das **Museu Regional do São Francisco** zeigt die Geschichte des Flusses São Francisco (s. S. 252) mit Ankern, Dampfsirenen, alten Lampen, Musikinstrumenten und den berühmten Carranca-Figuren (Praça da Imaculada Conceição 29, Tel. 074- 3811-3491, Di bis Fr 8–18, Sa 8–12 Uhr, So 16.30 bis 20.30 Uhr). Jeden Sonntag um 10 Uhr fährt gegenüber dem Orla Hotel ein Schiff zu einem Tagesausflug mit Badestopp auf dem Rio São Francisco. ∎

RESTAURANTS

Preise pro Person für ein dreigängiges Menu mit einem Getränk:
- ● = unter 25 US-$
- ●● = 25 – 40 US-$
- ●●● = 40 – 55 US-$

Lençóis

◆ **Beco da Coruja**
Rua da Rosário 172, Tel. 75-3334-1652, tgl. mittags, abends
Vegetarisches Restaurant mit dem Anspruch, auch fleischlose Gerichte lecker zuzubereiten. ●●

◆ **Burritos y Taquitos Santa Fé**
Rua José Florêncio 5, Tel. 75-3334-1083, Di–So 18–22 Uhr
Guter Mexikaner mit kleinem Garten, scharfe und andere schmackhafte Gerichte. ●●

◆ **Neco's Bar Restaurante**
Praça Maestro Clarindo Pacheco 15, Tel. 75-3334-1179, tgl. 19 bis 22.30 Uhr
Bestes Lokal für einheimische Küche, Spezialität ist gepökeltes Rindfleisch, reservieren! ●●

◆ **Os Artistas da Massa**
Rua da Baderna 49, Tel. 75-3334-1886, tgl. 12.30–22.30 Uhr, Sept.–Nov. geschl.
Exzellente italienische Küche; der Inhaber ist Jazz-Fan, mit der Bestellung kann man die Musik auswählen; kein Bier, nur Wein und Säfte. ●●●

◆ **Picanha na Praça**
Praça Otaviano Alves 62, Tel. 75-3334 1080, tgl. 11–24 Uhr
Freiluftrestaurant, riesige Fleischportionen auf Tischgrill gegart. ●

AFRO-BRASILIANISCHE KÜCHE

Wer mit der Küche von Bahia nicht vertraut ist, mag sie zunächst etwas schwer verdaulich finden. Anfangs in kleinen Dosen genossen, kommt man jedoch schnell auf den Geschmack, und später können viele Besucher Bahias von den afro-brasilianischen Gerichten gar nicht genug kriegen.

Die bahianische Küche hat sich zwar sowohl aus der portugiesischen als auch der afrikanischen Tradition entwickelt. Der allergrößte Einfluss aber kommt von den afrikanischen Sklaven, die ihre Gerichte aus ihrer Heimat mitbrachten und dann eine große Kreativität darin entwickelten, die portugiesischen Traditionen in ihre Speisen mit aufzunehmen.

Charakteristisch für die Küche im Nordosten Brasiliens ist der großzügige Gebrauch von *Malaguetta*-Pfeffer und dem rötlichen *Dendê*-Palmöl, dessen typischer Geruch unverkennbar ist. Viele Speisen enthalten Shrimps, geraspelte Erdnüsse, Maniok, Kokosmilch, Kochbananen, Okraschoten und Yams.

Eines der beliebtesten Gerichte dieser Region ist *Moqueca*, eine Mischung aus Fisch bzw. verschiedenen Meeresfrüchten mit Knoblauch, Zwiebeln, grünem Koriander, Pfeffer, Tomaten und dem allgegenwärtigen *Dendê*-Öl. Das Ganze wird bei geringer Hitze gebraten und mit Reis serviert, der in Kokosmilch gekocht wurde. In der Kolonialzeit wickelte man dieses Ragout in Bananenblätter und ließ es so in der Glut der Holzkohlenfeuer langsam garen – heraus kommt ein ausgesprochen delikates Essen von leicht breiiger Konsistenz.

Ein weiteres traditionelles Gericht ist *Vatapá*, entweder mit Meeresfrüchten oder Hühnchenfleisch zubereitet. Als Zutaten runden Dendê, Kokosnuss, gemahlene Erdnüsse und fein gehackte grüne Pfefferschoten dieses eintopfähnliche Gericht ab.

Acarajé, mit Krabben und Zwiebeln gewürzte Bohnenküchlein, zählen zu den Spezialitäten, die in den Garküchen der Bahianas in Dendê-Öl goldbraun frittiert werden. Sie kommen ebenso wenig ohne Malaguetta-Pfeffer aus wie der von erfahrenen Feinschmeckern besonders geschätzte *Xinxim de Galinha*, der mit Hühnchenfleisch, geraspelten Erdnüssen, getrockneten Shrimps und Gimgimbe-Wurzeln zubereitet wird. Der Pfeffer wird mit Zitronensaft und frischem Koriander zur dünnflüssigen Molho de Pimenta verfeinert. Kosten Sie also, bevor Sie nachwürzen!

Bahianische Köche bereiten ihre Speisen gerne in Tontöpfen zu, denn die meisten ihrer Gerichte werden in dem Geschirr serviert, in dem sie auch gekocht wurden, und Ton speichert die Wärme weit besser als andere Materialien. Denn die Tonschalen – z. B. gefüllt mit einer verführerischen *Moqueca de Peixe* (Fisch), *de Camarão* (Shrimps), *de Polvo* oder *Lula* (Tintenfisch), *de Lagosta* (Langusten), de Arraia (Rochen), *de Ostra* (Austern) oder *de Siri* (kleine Krebse) müssen noch dampfend vom Feuer kommen.

Ein wahres Gedicht sind die Desserts! Die weiß gekleideten Bahianas haben es in der Zubereitung der diversen Süßspeisen zu ausgesprochener Meisterschaft gebracht: Aus Kokosnüssen, Eiern, Ingwer, Milch, Zimt und Zitronen zaubern sie süße Köstlichkeiten. *Cocada branca*, ein Kokoskonfekt, das mit Zuckerwasser, Ingwer oder Zitrone verfeinert wird, verstehen sie ebenso zuzubereiten wie *Quindim*, goldbraune Küchlein aus reichlich Eigelb, Kokosflocken, Margarine, Milch und Puderzucker.

Bahianas mit Garküchen findet man in Savadors Pelourinho-Viertel und auch an den Stränden von Pietá und Itapoãn. Auf traditionelle Weise zubereitete afro-brasilianische Fisch- und Fleischgerichte serviert man außerdem in vielen Restaurants Salvadors (s. S. 247).

Beliebtestes Getränk ist die eisgekühlte *Cerveja* (Bier). Besonders Durst löschend und dazu gesund ist *Aqua de Côco* (Kokosmilch), frisch aus der grünen Kokosnuss.

Rechts: »Acarajé«-Küchlein in einer typischen Garküche

Salvador da Bahia

Die barocke Altstadt Salvadors wird seit ihrer Restaurierung wieder gern besucht. Viele Kolonialbauten erstrahlen in neuem Glanz und bieten den pittoresken Rahmen für Musik, Tanz, und Candomblé in den Straßen.

NICHT VERPASSEN!

Praça da Dé
Catedral Basílica
Igreja São Francisco
Museu Afro-Brasiliero
Largo do Pelourinho
Elevador Lacerda
Mercado Modelo
N. Senhor do Bonfim
Ilha de Itaparica

Links: Willkommen!
Unten: Zwischen Ober- und Unterstadt

Mehr als jede andere brasilianische Stadt nimmt **Salvador da Bahia** ⓫ alle Sinne für sich ein: Vor den verschnörkelten Portalen verfallender Klöster und barocker Kapellen verströmen die Garküchen weiß gekleideter Baianas den Duft von Kokosmilch und reifer Ananas. Zum monotonen Klang eines Berimbau-Musikbogens geben Capoeiristas Kostproben ihres akrobatischen Könnens.

Bis in die späte Nacht wird das restaurierte Pelourinho-Viertel täglich zur beliebten Barock-Flaniermeile; es lockt mit kleinen Musik-Kneipen, lebhaften Straßencafés, vielen eindrucksvollen Theateraufführungen und den weltweit berühmten *ensaios*, öffentlichen Proben der Percussionisten wechselnder Blocos Afros. Afrikanische Traditionen, synkretistische Religion und Mystizismus sind wesentliche Elemente im täglichen Leben der 2,9 Millionen Einwohner zählenden Metropole – die Quellen, aus denen Salvadors kreativste Künstler ihre Ideen schöpfen.

Koloniale Hauptstadt

Salvador wurde 1530 gegründet und 19 Jahre später zur ersten Hauptstadt Brasiliens, als der Lissaboner Hof mit Tomé de Souza den ersten Generalgouverneur des Landes bestellte und dieser die Siedlung über der Bucht Todos os Santos wegen ihrer strategisch günstigen Lage zu seinem Amtssitz wählte.

Salvador blieb bis 1763 Hauptstadt – und bis heute das Herz der brasilianischen Nation, der Ort, an dem afrikanische, europäische und indianische Elemente zu etwas prickelnd Neuem verschmolzen, wo aus Portugal Brasilien wurde.

Afrikanische Einflüsse

Bahia wahrt seine ureigene Kultur und Lebensformen. Seine begnadeten Baumeister und der Marmor stammten zwar aus Europa, während am stadtnahen Strand **Chega-Nego** – sein Name erinnert noch daran – Karavellen Millionen Sklaven aus Westafrika anlande-

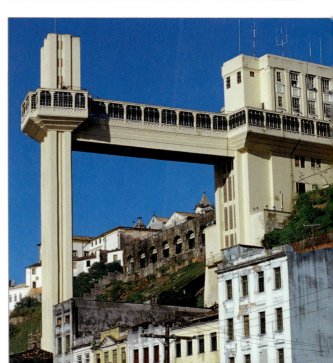

> **TIPP**
>
> **Capoeira-Kurse:** Wer Capoeira an Ort und Stelle ausprobieren möchte, wende sich an: Associação de Capoeira Mestre Bimba. Pelourinho, Rua das Laranjeiras 1, Tel. 3492-3197, www.capoeiramestrebimba.com.br
>
> **Bloco-Afro-Konzerte:** Mit Ilê Aiyê spielt einer der authentischsten Blocos Afro jeden Sa ab 22 Uhr in der Senzala do Barro Preto in der Rua do Curuzu 228 in Salvadors Stadtteil Liberdade auf. Karten und Info-Tel. 3256-1013.

ten. Trotz der gnadenlosen Unterdrückung schufen sie sich heimlich eine eigene Welt, die bis heute in rauschhaften religiösen Festen, zündender Musik und temperamentvollem Tanz, im ritualisierten Capoeira-Kampf sowie in der eigenständigen Landesküche ihren lebhaften Ausdruck findet. Durch ihre kulturelle Selbstbehauptung wurde Bahia zur schwarzen Seele Brasiliens – ein faszinierendes Kapitel der Geschichte.

Candomblé

Nach einem Sprichwort, das in Brasilien in Umlauf ist, besitzt Bahia 365 Kirchen – »eine für jeden Tag«. Für die Gläubigen der afro-brasilianischen Candomblé-Religion halten Salvador und sein Umland darüber hinaus bis zu 8000 *Terreiro*-Kultzentren ganz unterschiedlicher spiritueller Prägung bereit. Die Anhänger des Candomblé haben nicht die geringsten Zweifel, dass sich die von ihnen verehrten *Orixá*-Gottheiten in den Körpern ausgewählter menschlicher Medien materialisieren können (s. S. 76).

Zu manchen Candomblé-Festen sind auch angemeldete Besucher anderer Konfessionen zugelassen. Die meisten Feiern haben keine fest stehenden Daten. Infos über Veranstaltungen in den bekanntesten Terreiros wie *Casa Branca* (Av. Vasco da Gama 463) oder *Bate-Folha* (Mata Escura) erteilt die **Federação Nacional do Culto Afro-Brasileiro** (Pelourinho, Rua Alfredo Brito, Tel. 071-3321–1548, www.fenacab.com, fenacab@bol.com.br).

Candomblé-Feierlichkeiten sind religiöse Ereignisse mit Musik, Tanz und den Lieblingsspeisen der Orixás – von Besuchern wird daher Respekt, Taktgefühl und zurückhaltende Kleidung erwartet. Kurze Hosen und Röcke, weit ausgeschnittene Blusen sind unerwünscht, Kameras, Fotoapparate und Fotohandys streng verboten.

Capoeira

Auch Capoeira ist kein Touristenspektakel. Der Kampfsport wurde aus den friedlichen Stammestänzen der aus Angola nach Brasilien verschleppten *Bantu*-Sklaven entwickelt (s. S. 110). Im 19. Jh. gelangten Capoeiristas auch in die Städte, wo sie in den Terreiros Unterschlupf fanden und rasch zu Beschützern der Kultstätten wurden.

Man unterscheidet in Salvador und Bahia zwei Stilarten: Die traditionelle *Capoeira de Angola* und die stark von asiatischen Kampfsportarten beeinflusste, ausschließlich in Bahia beheimatete *Capoeira Regional*.

Erst in den letzten Jahrzehnten hat Salvador sein reiches afrikanisches Erbe wiederentdeckt, die Capoeira eingeschlossen. Sie ähnelt allen anderen ursprünglich afrikanischen Traditionen darin, dass ihre Geheimnisse von den Lehrern nur mündlich an die Schüler weitergegeben werden. Ritual und Rhythmus der Capoeira sind miteinander verschmolzen – auch ein Charakteristikum, das sie mit der gesamten afro-brasilianischen Kultur teilt.

Salvadors Capoeira-Schulen haben längst auch Schüler und Schülerinnen aus den USA und Europa. Die Zeiten, in denen Bahias berühmte Capoeira-Meister zwar hoch respektiert, aber

---

KARNEVAL – BIG BUSINESS IN BAHIA

»Karneval ist eine Erfindung des Teufels, die Gott gesegnet hat«, sagt der Bahianer Caetano Veloso.

Karneval ist auch in Salvador ein perfekt durchorganisiertes Spektakel, die oft verbreitete Meinung von der Spontanität im Vergleich zu Rios Megashow ist Geschichte. Der wesentliche Unterschied: In Salvador ist die Musik auf extreme Lautstärke elektrisch verstärkt, in Rio pure Livemusik. Jeder Block, *bloco*, mit rund 3000 Teilnehmern benötigt rund fünf bis sieben Stunden bis zum Ziel und bewegt sich in einer abgesperrten Zone. Ohne *abadá* gelangt man nicht in den *bloco*. Abadá ist der Teilnahme-Ausweis (im Vorverkauf erhältlich), bestehend aus Shorts und T-shirt, und wird streng kontrolliert.

Bahias Karneval wuchs in den letzten Jahren zu einem lukrativen Industriezweig: Das Straßenfest der Farbe und Heiterkeit beginnt nun bereits Anfang November im Städtchen Camaçari, erreicht schon Wochen vor dem offiziellen Karneval von Salvador zunächst in Ilhéus, dann in der ewig eifersüchtig konkurrierenden Nachbarstadt Itabuna seinen ersten Höhepunkt, wird in Porto Seguro verlängert und endet mit dem *Micareta* genannten närrischen Nachbeben in Feira de Santana in den letzten Apriltagen.

Und den Rest des Jahres treten die *Trios Elétricos* und die Bands nacheinander in verschiedenen Städten Brasiliens auf.

Salvador da Bahia

meist völlig verarmt starben, oder in denen Capoeiristas der Ruf von Gaunern und Straßenräubern anhaftete, sind durch die im Zuge der Re-Afrikanisierung entstandene wirtschaftliche Grundlage zum Glück überwunden.

Die Musik

Ende der 1970er-Jahre begannen ein paar dunkelhäutige Musiker aus Bahia, im westafrikanisch geprägten Umfeld von Salvador nach afrikanischem Vorbild zu musizieren. Anregungen in Sachen Rhythmus holten sie sich in den Terreiros des Candomblé, später auch von den jamaikanischen Vorbildern Jimmy Cliff und Bob Marley. Brasilianischer Samba und jamaikanischer Reggae verschmolzen zur prasselnden *Axé-Musik*, dem Samba-Reggae (s. S. 116).

Zentrum der Erneuerung

Musiker und Fans brachten Leben und einen unerwarteten Geldsegen in den verwahrlosten barocken Altstadtkern, der in der salzigen Seeluft buchstäblich zu zerbröseln drohte. Den zunächst ausschließlich von den farbigen Künstlern des Stadtteils getragenen Wandel griff 1992 Bahias damaliger Gouverneur Antônio Carlos Magalhães auf und begann, das historische Zentrum von Salvadors Oberstadt in einem städtebaulichen Kraftakt zu renovieren: Hunderte baufälliger Häuser aus dem 17.–18. Jh. wurden restauriert, kriminelle Banden vertrieben, potente Käufer gesucht und Investoren ermutigt.

Heute ist Salvador das innovative Zentrum der brasilianischen Musikszene, Rio und São Paulo weit hinter sich lassend. Bahias *Música para pular*, was wörtlich übersetzt »Musik zum Hüpfen« bedeutet, ist bei den jungen Großstadt-Brasilianern ebenso »in« wie Salvadors renovierte Oberstadt.

Cidade Alta – Salvadors Oberstadt

Der historische Kern der Oberstadt Salvadors ist das größte zusammenhängende Barockensemble Lateinamerikas. Es wurde 1985 von der UNESCO zum Kulturerbe der Menschheit erklärt, aber erst 1993/94 grundlegend restauriert. Seither lockt besonders das **Pelourinho-Viertel** die Besucher an. Jede Nacht wird der Stadtteil zur beliebten Barock-Flaniermeile mit vielfältigem Angebot: Kleine, peppige Musik-Kneipen, gute Restaurants mit afro-brasilianischer Küche, lebhafte Straßencafés, eindrucksvolle Theateraufführungen und vor allem die berühmt gewordenen *Ensaios,* die öffentlichen Proben der Percussionisten und Trommler wechselnder Blocos Afros, verleihen dem Barockviertel ein für Brasilien einzigartiges Flair.

Die Besichtigung des historischen Zentrums beginnt man am besten auf dem Platz **Terreiro de Jesus,** der sich unmittelbar an die lebhafte **Praça de Sé** Ⓐ anschließt. Die Mitte des Terreiro de Jesus ziert der gusseiserne Brunnen **Fonte da Deusa da Abundância** von 1857. Der Platz wird an drei Seiten jeweils von einem barocken Kirchenportal begrenzt: im Nordwesten von der mächtigen **Catedral Basílica** Ⓑ, im Nordosten von der Kirche **São Pedro dos Clérigos** Ⓒ aus dem 18. Jh. und im

Candomblé-Figuren bekommt man in Salvador praktisch an jeder Ecke

Unten: Schöne Kolonialhäuser im Pelourinho-Viertel

> **TIPP**
>
> Die öffentlichen Proben (bênçãos) von Olodum finden statt: Sa auf dem Largo do Pelurinho (kostenlos) und Di auf dem Largo Tereza Batista (Eintritt ca. 5 €, Karten und Info-Tel. 3321-2463). Beginn jeweils ab 21 Uhr.

Südosten vom Gotteshaus des Laienordens der Dominikaner, der **Igreja São Domingos de Gusmão** D aus dem 18. Jh. (Mo–Sa 8–12 und 14–17 Uhr).

Die **Catedral Basílica** (Mo–Sa 8–11.30 und 14–17.30 Uhr, So 10.30–12.30 Uhr, Barockkonzert am So 11 Uhr) war die Klosterkirche des schon 1675 begonnenen einstigen Jesuitenkollegs. Im Inneren zählt neben der vergoldeten Kassettendecke die prächtige Sakristei zu den herausragenden Sehenswürdigkeiten. Intarsien aus Schildpatt, Elfenbein und verschiedenen Edelhölzern zieren einer der größten erhaltenen Sakristeischränke und Azulejos die Wände.

Ein Teil der Abtei wurde im 19. Jh., also lange nach der Vertreibung der Jesuiten, zur ersten medizinischen Fakultät Brasiliens umfunktioniert. Später nahm sie auch das **Museu Afro-Brasiliero** G (Mo–Fr 9–18, Sa, So 10 bis 17 Uhr, mit Arbeiten des verstorbenen Argentiniers Carybé und einer Abteilung zur Capoeira sowie das **Museu Arqueológico e Etnológico** (Mo–Fr 9–17 Uhr) auf. Die Sammlungen verdeutlichen den starken afrikanischen Einfluss auf die bahianische Kultur.

Kirche und Kloster der Franziskaner, **Igreja e Convento de São Francisco** E, liegen am Ende eines sich an den Terreiro de Jesus anschließenden kurzen Fußgängerbereichs, dem **Largo Cruzeiro de São Francisco.** Im Inneren erwartet den Besucher eine Pracht von ungeahntem Ausmaß: Ein Feuerwerk an Verzierungen, kunstvoll geschnitzten Figuren und farbenfroh bemalten Ornamenten machen diese Kirche zu einem wahren Schmuckkästchen.

Der Kreuzgang des 1703–1713 erbauten Franziskanerklosters wird von großen Azulejo-Bildern aus Portugal geschmückt. Er ist Teil des Museums (Mo–Sa 8–17.30, So 7–12 Uhr). Die 37 blau-weißen Kachelbilder bilden einen Zyklus, der *Teatro Moral de la Vida Humana* (Moralisches Theater des Menschlichen Lebens) genannt wird und nach Vorlagen des flämischen Künstlers Otto Van Veen, einem Lehrer von Rubens, gefertigt wurde.

Die Kirche des Laienordens der Franziskaner **Ordem Terceira de São Francisco** F wurde 1703 erbaut und ist bei Brautpaaren der Oberschicht äußerst beliebt. Ihre an die spanische

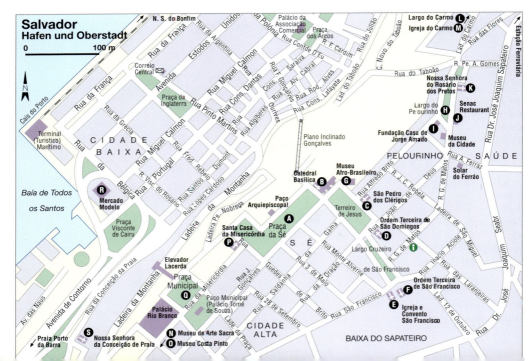

Kolonialarchitektur erinnernde Barockfassade ist mit einzigartigen Steinskulpturen verziert.

Das Pelourinho-Viertel

Vom Largo Cruzeiro gelangt man über die Rua Gregório de Matos oder die Rua João de Deus ins Altstadtviertel Pelourinho. Es erhielt seinen Namen von dem Pranger, der früher in der Mitte des gepflasterten Areals, des **Largo do Pelourinho** ❶, stand.

An der Stirnseite des abschüssigen Platzes ist in einem schönen Stadthaus die **Fundação Casa de Jorge Amado** ❶ untergebracht (Mo–Sa 9–18 Uhr). Im Foyer sind Fotografien und Gegenstände aus dem über 60-jährigen Schaffen des Schriftstellers (s. S. 229) sowie Objekte junger bahianischer Künstler ausgestellt. Einige Bücher von Amado kann man hier erwerben.

Im Nachbargebäude zeigt das **Museu da Cidade** seine überschaubare Sammlung afro-brasilianischer Kunst (Mo, Mi–Fr 10–18, Sa 13–17, So 9 bis 13 Uhr, Tel. 3321–1967). Im oberen Stockwerk gewinnt man einen guten Überblick über die wichtigsten Orixás des Condomblé-Kultes mitsamt den Namen der entsprechenden katholischen Heiligen.

Schräg gegenüber, an der Ostseite des Largo do Pelourinho, lockt das Restaurant **Senac** ❶ zur Einkehr (tgl. 11.30–15.30 Uhr, 18.30–23 Uhr). Hier werden die Gaumenfreuden Bahias zu einem reichhaltigen Buffet zusammengestellt – für diejenigen Besucher zum Probieren ideal, die mit den afrikanischen Namen der schmackhaften Gerichte noch nicht vertraut sind (Do–Sa um 19 Uhr Folkloreshow).

Am unteren Ende des Pelourinho-Platzes steht die blau getünchte Kirche **Nossa Senhora do Rosário dos Pretos** ❶ (Mo bis Fr 9–18, Sa 9–17, So 10 bis 12 Uhr) aus dem 18. Jh. Sie wurde von und für Sklaven errichtet, weil ihnen der Zutritt zu Gotteshäusern der weißen Kolonialherren versagt war. Es fällt auf, dass die Statue der Schutzpatronin im Hochaltar von weißer, die Heiligenfiguren der Seitenaltäre dagegen von schwarzer Hautfarbe sind.

Ist man am Fuß des Pelourinho-Hügels angekommen, führt eine steile Gasse, die Ladeira do Carmo, zum »Karmeliterplatz« **Largo do Carmo** ❶ hinauf. Die Restaurierung der 1723 erbauten **Igreja do Carmo** ❶ neben dem Karmeliterkloster aus dem Jahre 1585 rettete die Kirche vor dem Verfall. In der Rokokokirche des Laienordens, der **Igreja de Ordem Terceira do Carmo** aus dem Jahr 1639, wurde für die sakralen Kunstgegenstände ein **Museum** eingerichtet (Mo–Sa 9–13, 14–18 Uhr). Die Kirche selbst besitzt nur einfache Holzaltäre. Das angrenzende Stadtviertel, Santo Antônio, hat besonders von der UNESCO-Förderung profitiert und wurde behutsam restauriert, hier gibt es auch einige freundliche Pensionen.

Südlich des Zentrums

Wesentlich umfangreicher ist die Ausstellung mit religiöser Kunst des **Museu de Arte Sacra** ❶, die im Kloster **Santa Teresa** aus dem 17. Jh. besichtigt werden kann. Die Sammlung umfasst kunstvolle Azulejos, chinesisches Por-

Im Museu de Arte Sacra

Unten: Ein perfektes Styling bekommt man auch auf der Straße

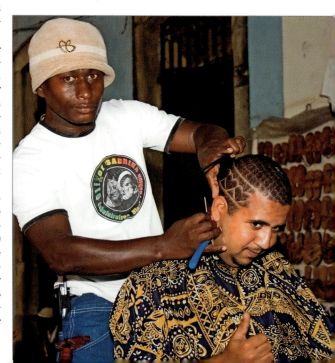

TIPP

An der Rampa do Mercado liegt der »Terminal Turístoco Maritimo«. Hier legen die Fähren (»Catamarans«) zur Ilha de Itaparica und zur Ihla dos Frades (s. S. 246) ab.

Unten links: Modern trifft alt – Internetzugang hinter verwitterter Fassade
Rechts: Man trifft sich auf der Straße

zellan und Rokoko-Möbel, Silber- und Elfenbeinarbeiten, Gemälde und Heiligenfiguren. Viele der Holzfiguren sind innen ausgehöhlt, um darin Gold und Edelsteine verstecken zu können (Rua do Sodré 276, Mo–Fr 11.30–17.30 Uhr).

Im Stadtteil Vitória zeigt das **Museu Carlos Costa Pinto** ⓞ Möbel aus dem 17. und 18. Jh., chinesisches Porzellan, edle Gläser und fein ziselierten Silberschmuck aus der Privatsammlung des 1946 verstorbenen Bahianers Carlos Costa Pinto besichtigen (Av. Sete de Setembro 2490, Mi–Mo 14.30–19 Uhr).

Am Weg zur Unterstadt

Vom Terreiro de Jesus kommend, überquert man erneut die Praça da Sé, den Platz der Kathedrale. *Sé* ist die portugiesische Bezeichnung für Bischofskirche und leitet sich vom lateinischen *sedes* für »Sitz« ab – gemeint ist der Bischofssitz. In der Rua da Misericórdia folgt die Kirche **Santa Casa da Misericórdia** ⓟ, die nach langer Restaurierung als **Museum** für sakrale Kunst wieder öffnete (Mo–Fr 8–17 Uhr).

Wenige Schritte weiter gelangt man zum **Praça Municipal** ⓠ, nach einem früheren Gouverneur auch Praça Tomé de Souza genannt. Die Regierung des Bundesstaates Bahia hat hier im **Palacio Rio Branco**, einem prächtigen Kolonialgebäude, ihren Sitz, schräg gegenüber sitzt die Stadtverwaltung im Rathaus, **Paço Municipal.** Weniger schön ist der klotzige Bau der Präfektur inmitten des Platzes. Von einer Terrasse genießt man hier einen traumhaften Blick auf die blau schimmernde Allerheiligenbucht.

Cidade Baixa – Salvadors Unterstadt

Mit dem historischen **Lacerda-Aufzug** gelangt man am schnellsten von der Ober- in die 72 m tiefer gelegene Unterstadt mit dem Hafen. Seit 1872 verbindet er die beiden Stadtteile miteinander. Die Kabinen Nr. 1 und 2 stammen noch aus der Gründerzeit, Nr. 3 und 4 von 1930; alle verfügen jetzt über Aircondition und helle Beleuchtung. Dennoch muss man hier vor Taschendieben auf der Hut sein.

Direkt vor dem unteren Ausgang des Aufzugs erstreckt sich die Rampa do Mercado, der Teil des Hafens, in dem

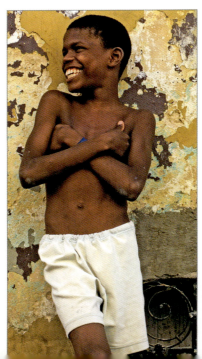

stets einige Fischerboote im trüben Wasser vor sich hin dümpeln.

Neben dem Hafenbecken liegt der **Mercado Modelo** ®, der 1971 im alten Zollhaus (Alfâdenga) an der Praça Visconte de Cairu Quartier bezog. Das 1984 durch einen Brand zerstörte Gebäude wurde aus Beton und Stahl neu erbaut. Kunsthandwerk, Souvenirs sowie alle Gegenstände, die im Candomblé eine Rolle spielen, werden hier zum Kauf angeboten. Im oberen Stockwerk kann man eine Stärkung zu sich nehmen und von der Terrasse aus den Capoeira-Tänzern darunter zusehen.

Zum Bau der Kirche **Nossa Senhora da Conceição da Praia** ⓢ wurden *Lioz*-Steine verwendet, die den aus Portugal ankommenden Schiffen im 18. Jh. als Ballast dienten. Das beeindruckende Deckengemälde stammt von 1773 (Largo da Conceição da Praia, Di–Fr 7–11.30 und 15–17, Sa, So, Mo 7–11.30 Uhr).

Das prächtige Gotteshaus besitzt eine monumentale Deckenmalerei von 1772, die in Bahia einzigartig ist. Alljährlich am 8. Dezember zu Maria Empfängnis ist die Kirche Mittelpunkt der Patronatsfeiern zu Ehren der Senhora da Conceição da Praia und am dritten Donnerstag im Januar Ausgangspunkt einer der malerischsten Prozessionen im Festkalender Bahias: Hunderte weiß gekleideter Bahianas sammeln sich hier, um anschließend zur *Lavagem do Bonfim*, einem stundenlangen Pilgermarsch, aufzubrechen.

Die Wallfahrtskirche Bonfim

Den größeren Teil der beachtlichen Pilgerschar, die in der rund 10 km entfernten Wallfahrtskirche **Nosso Senhor do Bonfim** alljährlich mit großer Inbrunst die Kirchentreppen reinigt, stellen die Anhänger des Candomblé. Sie nennen das synkretistische Fest **Águas de Oxalá** und verehren in Personalunion neben dem gekreuzigten Christus Senhor do Bonfim auch Oxalá, die ranghöchste Orixá-Gottheit. Die Lavagem do Bomfim ist damit ein Paradebeispiel für die bahianische Mischung von religiösen Symbolen des Katholizismus mit afrikanischem Brauchtum und zählt zu den wichtigsten Festen im reichen Festekalender der Stadt.

Stefan Zweig erlebte das Fest vor Jahrzehnten und schilderte es so: »Die

TIPP

Leckeres Eis mit Früchten, von denen ein Europäer noch nie gehört hat, gibt es nahe der Bonfim-Kirche. Nach Selbstauskunft das beste Eis des Subkontinents – testen Sie selbst! (Praça Gen. Osorio 87, tgl. 10–24 Uhr.)

Unten: Blick zur Oberstadt hinauf. Die Betonskulptur am Hafen heißt im Volksmund spöttisch »Hintern des Bürgermeisters«

> **TIPP**
>
> Folklore-Dinner: Im »Solar de Unhão«, einem Kolonialhaus aus dem 17. Jh. direkt an der Küste, ist ein Kulturzentrum mit Restaurant untergebracht. Tagsüber Museum für moderne Kunst mit Skulpturpark, abends Folkloreshow mit leckerem Buffet und Blick auf die Bucht (Av. do Contorno, Mo–Sa 21 Uhr, Reservierung nötig).

Unten: Bunt ist beliebt!

Kirche des Bonfim war ursprünglich eine Negerkirche, und ein Priester hatte der Gemeinde aufgetragen, vor dem Patronatsfest die Kirche und den Vorplatz gründlich zu reinigen. Die schwarzen Christen nahmen den Auftrag gemäß ihrem naiven Gemüt gerne an und verwandelten das Reinemachen in ein Fest. Sie rieben und fegten um die Wette, als wollten sie ihre eigenen Sünden abwaschen. Tausende drängten sich von nah und fern hinzu, immer mehr von Jahr zu Jahr. Und mit einem mal war aus dem Brauch ein Volksfest geworden.«

An die Bonfim-Kirche angegliedert ist das **Museu de Ex-Votos do Senhor do Bonfim,** in dem die Wachsnachbildungen von Körperteilen *(Ex-Votos)* hängen, welche die erfüllte Dankbarkeit der von körperlichen Gebrechen geheilten Gläubigen dokumentieren (Di–So 7–12, 14–18 Uhr, Tel. 3316-2196). Auf dem Kirchplatz verkaufen geschäftstüchtige Jungen bunte Bänder mit der Aufschrift *»Lembrança do Senhor do Bonfim«* (Andenken an unseren Herrn von Bonfim). Diese Bänder sollen mit drei Knoten am Handgelenk befestigt werden, die drei Wünsche symbolisieren. Bis die Bändchen abfallen werden sich die Wünsche erfüllen.

Stadtstrände

Salvadors am stärksten frequentierter Stadtstrand ist die **Praia Porto da Barra,** die im Schutz des Küstenbollwerks **Forte de Santo Antônio** mit Leuchtturm und dem Nautischen Museum liegt (Farol da Barra, Di–So 9–19 Uhr). Im Gegensatz zu manchen anderen zentrumsnahen Badestränden gilt sein Wasser als sauber.

Der nächste Strand ist **Ondina**. Hier finden sich einige große Hotels und auch der Zoo **Zoobotânico** (Alto de Odina, Di–So 9.30–17 Uhr). Die Strände entlang der Uferstraße werden von zahlreichen guten Restaurants sowie einfachen Imbissbuden gesäumt.

Ein halbes Dutzend Diskotheken findet man vor allem im Stadtteil **Rio Vermelho**. Hier lebte Jorge Amado sechs Monate im Jahr, den europäischen Sommer verbrachte er in Paris. Danach folgen **Mariquita** und **Amaralina** mit vielen Kokospalmen (Achtung vor herabfallenden Nüssen).

Die Besonderheit am **Pituba-Strand** sind die vielen *jangadas*. Das sind einfache Fischerboote, die zum Fischen mit einem Seil aneinandergehängt werden.

Die schönsten Strände Salvadors liegen in der Nähe des internationalen Flughafens: Piatã und Itapoã, Stella Maris und Flamengo. Der gelbliche Sandstrand von **Piatã** ist von Kokospalmen umstanden und verfügt über Beachvolleyball-Felder. Der Wellengang ist hier besonders sanft.

Der viel besungene Palmenstrand von **Itapoã** ist vor allem beim Leuchtturm (Farol) von Badegästen und Wassersportlern dicht belagert. Die Surfer bleiben wegen der starken Brandung in dem **Stella Maris** genannten Abschnitt im Wasser unter sich. Die **Praia Flamengo** steht dem bekannteren Strand von Itapoã an Schönheit in nichts nach. Palmen und Dünen, die sich auch in dem angrenzenden **Park von Abaeté** erstrecken, umrahmen den hellgelben Sandstrand malerisch.

Flamengo ist gleichzeitig auch die Endstation der städtischen Busse, die vom Stadtteil Barra aus an den Stränden die Badegäste einsammeln.

Wer motorisiert ist, findet weiter nördlich noch schönere, weniger belebte Strände – z. B. **Arembepe,** 30 km entfernt über die Estrada do Côco gut erreichbar, oder **Barra do Jacuípe,** noch weitere 5 km entfernt, an der Mündung des Jacuípe-Flußes gelegen.

Nachtleben

Das Nachtleben konzentriert sich vor allem in Pelourinho, dessen Altstadtstraßen abends vom heißen Sound erfüllt sind. Im Sommer findet fast täglich ein Konzert statt, viele davon gratis. Auch an den Stränden in Barra und in den Bars und Nachtclubs in Rio Vermelho ist immer was los.

Den **Campo Grande,** offiziell Praça 2 de Julho, ziert in der Mitte ein 26 m hohes Denkmal, das an den Sieg über die portugiesischen Kolonialherren erinnert. Hier befindet sich auch das wichtigste Theater Salvadors, das **Teatro Castro Alves,** mit einem großen Saal für Konzerte und Ballet und einer Freiluftbühne mit Platz für 6000 Zuschauer. Hier, in der Concha Acústica, finden oft sehr günstige Konzerte populärer Künstler statt. Im Theater wird auch

Von irgendwoher erklingt immer Live-Musik in Salvadors Straßen

Unten: Capoeira, der brasilianische Kampftanz

TIPP

Inselfähren: Fährpassagen kann man bis zu 30 Tage im Voraus buchen. Comab (Consortio Marítimo da Bahia) unterhält u. a. in den Einkaufszentren Barra, Iguatemi und Piedade von Salvador Verkaufsstellen. Ausflüge bietet die deutschsprachige Agentur und Wechselstube Toursbahia an (Praça José de Anchieta 4, Cruzeiro de São Francisco, Centro Histórico, Tel. 3322-4383, www.toursbahia.com.br).

Unten: Entspannung im Schatten am Strand

alljährlich eine Oper des Projekts *Barroco na Bahia,* einer Initiative des deutschen Paters Hans Bönisch, aufgeführt. Barroco na Bahia hat mehrere CD's aufgenommen und ist nun größter Produzent klassischer Musik im Lande.

Tagestouren ab Salvador

Eine der landschaftlich schönsten und größten der unzähligen Buchten Brasiliens ist die **Bahia de Todos os Santos,** die Allerheiligenbucht. Amerigo Vespucci taufte sie so in Gedenken an seinen Ankunftstag, den 1. November 1501. In dieser Bucht erstreckt sich über 240 km² die **Ilha de Itaparica** ⓬, die größte Meeresinsel Brasiliens. 14 km von Salvador oder 45 Bootsminuten entfernt – per Catamaran sogar nur 20 Minuten – ist dieses Eiland der beliebteste Anlaufpunkt der Bahianer in ihrer Freizeit. Dementsprechend dicht ist die Bebauung der Inselküste mit Wochenendhäusern und Hotels, der französische Club Med erbaute hier in **Conceição** sein erstes Resort in Brasilien.

Die Insel ist auch mit dem Auto erreichbar, dazu muss man aber den gesamten Recôncavo umfahren, um westlich von Nazaré über die Brücke auf den Südteil der Insel zu gelangen, das sind insgesamt 292 km.

Fast 50 000 Menschen leben auf der Insel, 22 000 davon allein im Hauptort **Itaparica.** Hier sind noch viele Kolonialhäuser aus dem 18. und 19. Jh. erhalten und die Kirche São Lourenço von 1610 erhebt sich auf dem schattigen Hauptplatz Praça Tenente João das Botas. Die Festung Forte de São Lourenço wurden von den Portugiesen 1711 auf den Ruinen einer Vorgängerkonstruktion der Holländer errichtet, von hier bietet sich ein wunderbarer Blick auf die Bucht.

Die Insel war immer auch beliebt bei Künstlern und Intellektuellen wie z. B. João Ubaldo Ribeiro (sein Roman »Sargento Getulio« ist auch auf Deutsch erschienen), der 1941 hier geboren wurde und in dessen Werken die Insel und Bahia eine wichtige Rolle spielen. An Wochenenden und Feiertagen ist die Insel sehr überlaufen. Aber gerade dann wird immer spontan gefeiert auf den Plätzen und Stränden – Musik darf in Brasilien nie fehlen! Zur Erkundung der Insel ist ein Fahrrad ideal, das man hier überall mieten kann.

Wer nur einen Tag zur Verfügung hat, dem empfiehlt sich ein Tagesausflug mit einem der umgebauten Schoner, *saveiros,* die von allen Reisebüros in Salvador angeboten werden. Der Trip beinhaltet den Shuttlebus vom Hotel und Drinks an Bord, die Besatzung und Guides machen Musik und die Tour somit zu einem wahren Vergnügen. Die meisten Boote legen auch einen Stopp auf der **Ilha dos Frades,** nordwestlich von Salvador, ein. Die Schiffe ankern und man kann schwimmen; die vielen Quallen deuten jedoch auf nicht sehr sauberes Wasser hin.

Auf der Ilha de Itaparica hat man dann Gelegenheit zum Mittagessen – z.B. gibt's leckeren Fisch im *Portal das Águas* am Bootssteg – und zum Bummeln. Die Rückfahrt wird musikalisch untermalt, bei Sonnenuntergang landet der *saveiro* wieder in Salvador: ein romantischer Tagesausklang! ■

RESTAURANTS

Preise pro Person für ein dreigängiges Menu mit einem Getränk:
- ● = unter 25 US-$
- ●● = 25 –40 US-$
- ●●● = 40 – 55 US-$
- ●●●● = über 55 US-$

Salvador bietet eine große Auswahl an Restaurants, oft in schönen, schattigen Gärten. Die Portionen sind meist gewaltig und können geteilt werden. Der Service ist nicht immer sehr effizient, Geduld sollte man mitbringen.

◆ **Agdá**
Rua Orlando Moscoso 1, Praia dos Artistas, Tel. 71-3461-3375, Di–So 11.30–23.30, Mo 11.30 bis 16 Uhr.
Krabben-Moqueca und Langostinos in Siri-Sauce sind hier top. Spezielle Menüs. ●●

◆ **De Comer**
Itapoã, Rua Boa Vista 49, Tel. 3384-7464, Do–Sa 12–24 Uhr, So 12 bis 20 Uhr
Spezialitäten aus dem Recôncavo für Mutige: Lambreta (Miesmuschel) in Weißweinsauce, Maniçoba (Maniok mit geräuchertem Schwein) oder Kiri-Kiri (ein Krabbengericht) gibt's hier zu probieren. ●●●

◆ **Galpão**
Unterstadt, Av. Contorno 660, Tel. 3266-5544, Mo–Fr 12–15, 19 bis 24 Uhr, Sa 18–1 Uhr

Moderne Küche, die französische Tradition mit einheimischen Einflüssen gelungen mischt. Entenbrust mit Ingwer sowie Fisch mit Paprika und Ananassauce gehören zu den Rennern. ●●●

◆ **La Lupa**
Rua das Laranjeiras 17, Pelourinho, Tel. 71-3322-0066, tgl. 12–15, 19 bis 23 Uhr
Das renommierte italienische Restaurant logiert stilvoll in einem historischen Gebäude mitten im Pelourinho-Viertel. ●●

◆ **Mama Bahia**
Rua Portas do Carmo 21, Pelourinho, Tel. 71-3322-4397, tgl. mittags und abends
Spezialisiert auf Fleisch, gutes Preis-Leistungs-Verhältnis. ●●

◆ **Manjericão**
Rua Fonte do Boi 3-B, Rio Vermelho, Tel. 71-3335-5641, Mo–Sa nur mittags
Gesunde Küche, vor allem Gemüse und Obst, wird in einem schönen Garten serviert. ●

◆ **Maria Mata Mouro**
Rua Inácio Acciole 8, Pelourinho, Tel. 71-3321-3929, tgl. 12–1 Uhr
Zeitgemäße Küche im Herzen der Altstadt, am Wochenende viel Betrieb. Nicht vom Namen abschrecken lassen, die Maria bringt niemanden um … ●●

◆ **Quattro Amici Pizzeria**
Rua Dom Marcos Teixeira 35, Barra, Tel. 71-3264-5999/2709, tgl. mittags und abends
Gute Pizzeria in restauriertem Gebäude aus dem 19. Jh. ●●

◆ **Soho**
Unterstadt, Av. Contorno 1010, Tel. 3322-4554
Bester Japaner der Stadt, exzellente Küche, Sushi vom Feinsten. ●●

◆ **Sorriso da Dadá**
Rua Frei Vicente 5, Pelourinho, Tel. 71-3321-9642, tgl. 11–24 Uhr
Sehr gute Bahia-Küche von Starkoch Dadá in nettem Ambiente, viele Eintopfgerichte. ●●●

◆ **Trapiche Adelaide**
Praça dos Tupinambas 2, Avenida do Contorno, Tel. 71-3326-2211, Mo bis Fr 12–16, 19–1, Sa 12–1, So 12–16 Uhr
Einer der schönsten Orte, um gehobene Küche mit herrlichem Ausblick zu genießen; internationale Gerichte, viel Krabben und Fisch. ●●●●

◆ **Uauú**
Pelourinho, R. Gregório de Matos 36, Tel. 3321-3089, Di–So 11.30–15, 19–23 Uhr
Gute regionale Küche in nettem Ambiente, oft voll, Zeit mitbringen! ●●

◆ **Yemanjá**
Avenida Octávio Mangabeira 4655, Jardim Armação, Tel. 3461-9010, tgl. 11.30–24 Uhr
Köstliche, authentische bahianische Küche, Moqueca ist hier der Favorit. ●●●

Rechts: Gutes Essen und freundliche Bedienung in Salvador

Afro-brasilianische Kultur

Von Beginn an war Brasilien multikulturell. Der Einfluss der afrikanischen Kultur ist heute auf dem Vormarsch – besonders in Bahia.

Mistura Fina – erlesene Mischung – ist eine häufig für Brasiliens Bevölkerungs-Mix gebrauchte Bezeichnung. Stolz schwingt dabei mit. Das winzige Portugal war nicht in der Lage, das riesige Brasilien zu besiedeln. Europäische Pioniere zeugten mit Indianerinnen Nachwuchs. Arbeitskräfte wurden als Sklaven aus Westafrika herbeigeschafft, konnten einen Großteil ihrer afrikanischen Kultur bewahren. Heute ist der Einfluss des Schwarzen Kontinents in Bahia am stärksten.

Candomblé und Umbanda sind stark von westafrikanischen Religionen beeinflusst und werden häufig auch neben dem Katholizismus praktiziert. In Salvadors Straßenkarneval haben Blocos Afro, die Vereine der dunkelhäutigen Bevölkerung, den Afro-Brasilianern seit 1975 einen wichtigen Platz zurückerobert. Die meisten Rhythmen der brasilianischen Musik stammen aus Bahia, und längst nicht nur in Salvador ist man stolz auf die afrikanischen Wurzeln der gesamten brasilianischen Kultur. ■

Oben: Axé-Rhythmen Olodum, die weltberühmte Trommlergruppe, präsentiert die afrikanischen Rhythmen in brasilianischer Interpretation.

Links: Umbanda-Priesterin Eine typische Mischreligion ist Umbanda. Der Kult huldigt afrikanischen, brasilianischen und europäischen Bildnissen.

Rechts: Schwarze Bildnisse Diese Figur des Preto Velho (Schwarzer Mann) ist eine der Tonfiguren aus dem Gebiet um Recife, die das afrikanische Erbe verkörpern.

Oben: Opfergaben Beim Yemanjá-Fest – in vielen Städten der Küste zwischen Dezember und Februar – werden der launischen Göttin des Meeres Blumen und Kosmetika geopfert, damit sie die stürmische See bändigt.

Afro-brasilianische Kultur ◆ 249

»Mama Africa«

In Brasiliens Kunst und Kunsthandwerk spiegelt sich in vielfältiger Form das afrikanische Erbe. Viele Gemälde und Skulpturen entstanden dank der Fertigkeiten, welche die Sklaven mit ins Land brachten. Besonders in den Holzschnitzereien und -skulpturen aus dem Nordosten lebt die Tradition des bilderreichen Kunsthandwerks Afrikas fort. Die Carranca-Bugfiguren etwa, die einst die schweren Holzboote des Rio São Francisco beschützten, zählen als Miniaturen zu den beliebtesten Touristen-Souvenirs.
Die Anhänger des Candomblé schmücken sich bei ihren Zeremonien mit Perlenketten in den Farben ihrer aus Afrika stammenden Orixa-Gottheiten. »Mama Africa« ist in Salvador da Bahia ebenso gegenwärtig wie die Reggae-Klänge des auch hier verehrten Bob Marley.

Rechts oben: Bunte Stoffbändchen »Fitinhas«, Glücksbringer, sind in Brasilien sehr beliebt. Sehr bereitwillig wird etwas als schlechtes oder gutes Omen gedeutet. Um das Handgelenk gebunden und dreimal geknotet, sollen sie, bis sie abfallen, drei Wünsche erfüllen. Besondere Kraft entwickeln sie als Geschenk.
Rechts: Gold und Gelb sind die Farben der mit der heiligen Lucia synkretisierten Gottheit Oxum, die, so glauben die Candomblé-Anhänger, seherische Fähigkeiten besitzt.

Oben: Freitagsgebete Viele Frauen aus Bahia praktizieren parallel zur katholischen Religion afrikanisch geprägte Candomblé-Rituale: Am Freitag feiern sie im Terreiro, am Sonntag in der katholischen Kirche. Für sie stellt dies in keiner Weise einen Gegensatz dar.

Sergipe und Alagoas

Die beiden kleinsten Staaten Brasiliens besitzen palmengesäumte Traumstrände, gut erhaltene Kolonialstädte und einen reichen Festekalender

NICHT VERPASSEN!

São Cristóvão
Laranjeiras
Aracaju
Penedo
Marechal Deodoro
Maceió

Unten: Schlanke Palmen – ein typischer Anblick an der Küste

Alagoas und Sergipe wurden vom Zuckerrohranbau geprägt. Wie in den Nachbarstaaten Bahia und Pernambuco war die Bevölkerung in zwei Lager gespalten: Großgrundbesitzer und Leibeigene. Immer wieder kam es zu Aufständen. Entlaufene Sklaven sammelten sich in von Palisaden geschützten *Quilombos* im Hinterland. Die größte dieser Fluchtburgen war **Palmares** im heutigen Staat Alagoas, sie zählte 30 000 Bewohner. 65 Jahre lang trotzte Palmares allen Angriffen der weißen Obrigkeit.

Der Bundesstaat Sergipe

Sergipe ist der kleinste Bundesstaat Brasiliens, so benannt nach dem Fluss, an dessen Ufer seine Hauptstadt Aracaju vom Reißbrett weg entstand.

São Cristóvão

Etwa 34 km südlich der Hauptstadt liegt die viertälteste Stadt Brasiliens: **São Cristóvão** ⓭ wurde 1590 gegründet und verfügt noch heute über viele gut erhaltene Gebäude aus der Kolonialzeit: den **Convento São Francisco** (1693), das Kloster mit der Kirche Igreja da Ordem Terceira do Carmo (1766; Praça Senhor dos Passos) und die Pfarrkirche **Nossa Senhora da Vitória** (17. Jh., Praça da Matriz). Sehenswert sind außerdem die Sammlungen des **Museu Histórico de Sergipe** auf der Praça São Francisco (Di–So 10–17 Uhr) und des **Museu de Arte Sacra** (Di–So 13–18 Uhr), das wertvolle sakrale Objekte Brasiliens aus dem 17. und 18. Jh. präsentiert.

Zwei Wochen nach dem Karneval findet die religiöse Prozession zu Ehren des Senhor dos Passos statt, in der Stadt gibt es aber nur einfache Unterkünfte. Jeden Freitag finden von der Praça da Matriz zur Praça São Francisco die *serestas* statt, fröhliche Umzüge mit Musik.

Laranjeiras

Laranjeiras, 34 km weiter nördlich, ist ein weiterer Ort mit reichem kulturellen Erbe, leider sind die meisten histo-

rischen Bauten in schlechtem Zustand. Sehenswert sind die Kapelle Sant'Aninha (1875) und die Jesuitenkirche Nossa Senhora de Comandaroba (1734), die einen barocken Hochaltar besitzt und über einen unterirdischen Fluchttunnel mit der Höhle **Grotto Furada** verbunden war. Die Kirche **Matriz do Sagrado Coração de Jesus** von 1791 hat eine deutsche Orgel aus dem 19. Jh. (Kirchen i. d. R. Di–Fr 13–17 Uhr.)

Die Stadt gilt als eine der Wiegen der afro-brasilianischen Kultur, daher lohnt sich das **Museu Afro-Brasileiro de Sergipe** (Rua José do Prado Franco 19, Tel. 3281-1710, Di–So 10–17 Uhr). Schwerpunktthema ist die Situation der Sklaven auf den Zuckerrohrplantagen. Unterkunft ist in der Stadt schwer zu finden, aber 16 km in Richtung Itabaiana liegt die herrliche Fazenda Boa Luz Parque (BR 235, km 16, Tel. 079-3281-4848, www.boaluz.com.br).

Aracaju – die Hauptstadt

Der Weg führt weiter nach **Aracaju** ⓮, der 1855 gegründeten Hauptstadt von Sergipe. Sie ist eine moderne Stadt mit 500 000 Einwohnern und – abseits der Touristenrouten – eine der preiswertesten im Nordosten. Ihr Name bedeutet verkürzt »Cajubaum der Papageien«. Die Caju-Frucht ist hier omnipresent. Wir kennen vor allem die daraus gewonnenen Cashewkerne, aber in den Tropen wird auch ihre Frucht verwendet – für Saft oder Eis zum Beispiel.

Bedeutende Sehenswürdigkeiten besitzt Aracajus nicht, wurde es doch im 19. Jh. auf dem Reißbrett entworfen. Zwei Häuserblocks vom Sergipe-Fluss stehen an der Praça Olimpio Campos die Kathedrale **Ns. Sr. da Conceição** von 1875 und der neoklassizistische **Gouverneurspalast** von 1863. Gegenüber der Kathedrale sind das **Centro de Turismo** sowie Kunsthandwerkgeschäfte mit regionalen Produkten.

Der Santo-Antônio-Hügel, auf dem die Stadt gegründet wurde, bietet einen herrlichen Rundblick über die Landschaft mit dem Sergipe-Fluss und dem Stadtstrand von Atalaia. Fahrten mit einem Katamaran zur Mündung des Rio Sergipe bei der Halbinsel Ilha de Santa Luzia mit Badeaufenthalt beginnen am Flusshafen Terminal Hidroviário (Praça Dr. Inácio Barbosa, Info-

Für die Einheimischen hier hat sich in den letzten Jahren einiges verändert

Unten links: Ein Surfbrett Marke Eigenbau in Maceió
Rechts: Hier steht Kokosmilch zum Verkauf

RIO SÃO FRANCISCO

Als einzigem Süßwasserreservoir des öden Hinterlands von Minas Gerais und Bahia kommt dem Rio São Francisco eine Schlüsselfunktion für die Entwicklung im Nordosten zu. Der mit 3000 km drittlängste Fluss Brasiliens mit den charakteristischen rotbraunen Wassermassen war lange Zeit auch die wichtigste Verkehrsader der abgeschiedenen Region, in der erst spät Fernstraßen angelegt wurden – bis heute ist das Gebiet nicht ans Eisenbahnnetz angeschlossen.

Seine Rolle als wichtigstes Transportmittel für Menschen und Waren hat viele Flusslegenden hervorgebracht. Der Fluss entspringt in den Bergen von Minas Gerais und durchquert vier weitere Bundesstaaten: Bahia, Pernambuco, Alagoas und Sergipe. Zwischen den beiden letztgenannten ergießen sich seine Wassermassen in den Atlantik.

Noch bis 1950 wurden Passagiere und Waren auf dem Rio São Francisco mit schweren hölzernen Booten befördert. Die 14–24 m langen »barcas« waren am Bug mit einer »carranca«, einer aus Zedernholz geschnitzten Galionsfigur, verziert. Die riesigen Köpfe der Carrancas ähnelten Löwen – der König der Tiere sollte Boot und Besatzung vor Wassergeistern schützen. Heute werden Carrancas, in Miniaturformat aus Zedernholz geschnitzt, z. B. in Petrolina in Pernambuco oder in Juazeiro in Bahia als Souvenir angeboten.

Die Barcas verschwanden, als der »Chico Velho«, der alte Junge, im Zuge des Baus von Staudämmen an seinem Unterlauf seine Bedeutung als Wasserstraße verlor. In Paulo Afonso (1955) und Sobradinho (1977) entstanden Wasserkraftwerke, die Recife und Salvador mit Strom versorgen.

Beim Bau von Sobradinho wurden 20 000 ungelernte Arbeitskräfte aus dem Nordosten beschäftigt. Sie arbeiteten in zwei Schichten zu 12 Stunden und wurden miserabel entlohnt. Schutzvorschriften für Arbeiter waren unter der Militärdiktatur (1964–1985) so unbekannt wie Entschädigungszahlungen oder Renten für Angehörige von Todesopfern. Arbeiter, die auf der Baustelle starben, ließ man nachts klammheimlich im frischen Beton der Staumauer verschwinden.

Nach dem Schließen der Schleusen am Sobradinho-Damm mussten 70 000 Menschen ihr Land verlassen; noch 300 km stromaufwärts kamen Ribeirinhos (Uferbewohner) ums Leben, weil man sie nicht vor den Wassermassen gewarnt hatte. Mitten im Dürregebiet des Sertão bildete sich ein Stausee, der etwa zwanzigmal größer ist als der Bodensee. Für viele Menschen am Chico Velho, deren Glauben an das Übernatürliche tief verwurzelt ist, erfüllte sich mit Sobradinho die Prophezeiung Antônio Conselheiros (s. S. 81) von einem Binnenmeer mitten im Sertão. In den katastrophalen Folgen des Staudammbaus sahen sie seine Ahnungen vom bevorstehenden Weltuntergang bestätigt.

Der Fluss bietet sich für Ausflüge an – man kann sie buchen ab Penedo in Alagoas, Ibotirama, Paulo Alonso und Juazeiro in Bahia sowie auf der anderen Flussseite ab Petrolina, Pernambuco, und ab Januária und Pirapora in Minas Gerais. Ab Petrolina lassen sich auch diverse Flussinseln erkunden. Die interessanteste ist die Insel Massangano, wo man die Sambagruppe Samba do Veio, eine der ältesten des Landes, erleben kann. Am Tag der Heiligen Drei Könige spielt die Band bis zum Morgengrauen.

Ein historischer Schaufelraddampfer, 1913 ursprünglich für den Mississipi gebaut, schiebt sich noch heute durch die Wassermassen des São Francisco. Er war jahrelang als Passagierdampfer von Pirapora nach Juazeiro im Einsatz, heute dampft er noch für Touristen bis nach Januária, zu buchen bei: Unitour, Rua Tupis 171, Belo Horizonte, Tel. 031-3201-7144. Leben und Leiden in der Umgebung des riesigen Stroms hat Jorge Amado in seinem Werk »Die Auswanderer von São Francisco« sehr einfühlsam beschrieben. ■

Links: Beim Einsteigen ist ein gutes Gleichgewicht gefragt

Tel. 3214-0781, Di–So 10 und 15 Uhr). Andere schöne Strände südlich von Aracaju sind **Abaís, Caueira** und die **Praia do Saco,** an der Mündung des Rio Real. Zur Übernachtung in Aracaju empfehlen sich die Hotels in Atalaia, das auch angenehmere Lokale hat.

Feste in Hülle und Fülle

Sergipe feiert die meisten Feste des Nordostens. Fast alle finden zwar an kirchlichen Feiertagen statt, haben jedoch auch einen heiteren profanen Teil. Zahlreiche Städte am Rio São Francisco, wie **Neópolis, Propriá** und **Canindé** veranstalten im Januar Bootsprozessionen zu Ehren des Schutzpatrons der Seefahrer, Bom Jesus dos Navegantes.

Im Juni werden die Heiligen Johannes, Antonio und Peter mit ausschweifenden Festen geehrt. Das Johannesfest in Aracaju zählt zu den drei wichtigsten im ganzen Land. Es werden *Quadrilhas* mit viel Forró-Musik aufgeführt, auch nationale Stars treten auf. Am Stadtstrand von Aracaju findet zwei Wochen vor Karneval der **Pré-Caju**, ein großer viertägiger Vor-Karneval, statt.

In Laranjeiras haben die Statuen der Schutzheiligen São Benedito und Nossa Senhora do Rosário dunkle Haut und werden am 6. Januar in der Kirche São Benedito von *Taieira*-Gruppen verehrt. Der 8. Dezember steht im Zeichen von Aracajus Schutzheiliger Nossa Senhora da Conceição und der Orixá-Gottheit Yemanjá.

Kulinarische Genüsse

Meeresfrüchte wie Gambas, Shrimps, Muscheln und Süßwasserkrebse aus dem Sergipe-Fluss sind in Aracaju im Überfluss vorhanden. Zum Nachtisch gibt's Kompott aus der Brotfrucht oder der Kokosnuss, sehr süß. Als Aperitif sind *Batidas* der Renner, diverse Fruchtsäfte mit Zuckerrohrschnaps (*Cachaça*).

Der Bundesstaat Alagoas

Fährt man von Maceió nach Süden, erreicht man den Rio São Francisco. Er trennt Sergipe von Alagoas, dem zweitkleinsten Staat Brasiliens.

Penedo

Ein Abstecher zur historischen Stadt **Penedo** ⓯ lohnt. 1565 gegründet, war die Stadt die erste koloniale Siedlung Alagoas' und gilt – in Anlehnung an die Barockperle in Minas Gerais – sogar als »Ouro Preto de Nordens«. Holländer und Portugiesen haben sich hier mit Gebäuden verewigt.

Die bereits im 17. Jh. erbaute Kirche **Nossa Senhora de Santa Maria dos Anjos** (Di–Fr 8–11.30 und 14–17 Sa/So 8–11 Uhr) wurde 1759 um eine spätbarocke Fassade erweitert und ist Teil des angrenzenden Franziskanerklosters, das noch einige Mönche beherbergt. Die **Kathedrale Nossa Senhora do Rosário** (Praça Barão do Penedo, Mo bis Fr 8–17, Sa, So 8–11 Uhr) von 1690 ist recht einfach, reizvoller ist die Kirche **Nossa Senhora da Corrente** (Praça 12. de Abril, Di–So 8–16 Uhr), die mit vergoldeten Altären und Azulejos beeindruckt. Auch das **Teatro Sete de Setembro** (Avenida Floriano Peixoto 81, Di–Sa 8–18, So 9–16 Uhr), 1884 als erstes Theater der Region erbaut, gehört zu den sehenswerten Monumenten der Stadt.

Die Touristeninformation an der Praça Olimpio Campos

Unten: Fisch und Meeresfrüchte aus dieser Region sind hervorragend

Diese hübschen Figuren werden hier überall hergestellt

Unten: Idyllisch speisen am Meer – ein Traum!

Mit der Fähre gelangt man nach **Neópolis** und von dort per Boot zur Mündung des São-Francisco-Flusses. Auch in **Piacabucu**, 22 km südlich, kann man Bootstouren buchen. 3 km von Neópolis entfernt liegt **Santana**, bekannt für Keramik und Porzellan.

Einsame Strände

Die Straße von Penedo nach Maceió passiert einige ruhige Strände wie **Japu, Miai de Cima** und **Barreiros**. Näher an Maceió liegt der gut besuchte Strand **Praia do Gunga**. Durch seine herrliche Lage zwischen Lagune und Meer gehört er zu den bekanntesten Stränden Brasiliens, vom kleinen Ort **Barra de São Miguel** genießt man einen schönen Blick zu diesem Strand.

Marechal Deodoro

Ein beliebter Strand ist die Praia do Francês, 7 km nördlich der historischen **Marechal Deodoro ⓰**. Die Stadt hieß ursprünglich Alagoas und war die erste Hauptstadt des Bundesstaates. Später wurde sie nach Feldmarschall Manuel Deodoro da Fonseca, dem ersten Präsidenten Brasiliens (1891), umbenannt. Sie hat 28 000 Einwohner und herrliche Kolonialbauwerke wie das 1635–84 errichtete Franziskanerkloster **Convento de São Francisco** (Praça João 23) mit dem **Museu de Arte Sacra** (tgl. 9–17 Uhr) oder die Pfarrkirche Nossa Senhora da Conceição von 1755. Mit ihren günstigen Winden ist die Praia do Francês ideal für Surfer, aber auch für Schwimmer, die ruhige Buchten hinter Riffen nützen können.

Maceió – die Hauptstadt

Maceió ⓱, die Hauptstadt von Alagoas, hat sich zum bedeutenden Touristenort entwickelt. Die Stadt mit jetzt 850 000 Einwohnern wurde 1815 an drei Lagunen aus einer Ansiedlung an einer Zuckerrohrplantage gegründet.

Maceió hat ein modernes Stadtbild, doch am sehenswertesten sind historische Gebäude wie das **Museu Pierre Chalita** mit religiöser Kunst im ehemaligen Regierungspalast (Praça Marechal Floriano Peixoto 44, Mo–Fr 8–12 und 14–17.30 Uhr), die 1870 erbaute Kirche **Bom Jesus dos Martírios** (Praça dos Martírios) und die Kathedrale **Nossa Senhora dos Prazeres** (Praça Dom Pe-

dro II.) aus dem Jahr 1840. Auch das anthropologische **Museu Théo Brandão** (Av. da Paz 1490, Di–Fr 9–12, 14–17, Sa/So 15–18 Uhr) lohnt einen Besuch.

Die Strände von Maceió sind berühmt für ihr smaragdgrünes Wasser. Vom Stadtstrand **Praia Pajuçara** legen bei Ebbe zahlreiche Jangadas (ehemalige Fischerboote) ab, die mit Urlaubern beladen zu den natürlichen Bassins in den vorgelagerten Riffen segeln.

Im Dezember herrscht in Maceió Hochbetrieb, wenn am Pajuçara-Strand eine gigantische Party mit Sport, Volkstanz und Kunsthandwerkermarkt stattfindet. Auch die **Festa Junina** vom 12. bis 30. Juni zieht die Massen an.

Nordküste von Alagoas

Weiter nördlich, Richtung Pernambuco, befinden sich einige der schönsten Strände an der Küste der Region. Die palmengesäumte Landstraße berührt die Küste die meiste Zeit über und erlaubt so einen leichten Zugang zu vielen Stränden. Die Strecke zwischen Barra da Camaragibe nach Porto de Pedras erinnert an vergangene, ruhigere Zeiten. Die Straße passiert mehrere kleine Dörfer, wo die Menschen Kunsthandwerk, Kuchen und Maniokmehl aus eigener Produktion verkaufen. Einige kleine, versteckte Wege führen zu einsamen Stränden, die selbst an belebten Tagen nur eine Handvoll Besucher aufweisen.

Der kleine Ort **Porto de Pedras** ist ein idealer Ausgangspunkt für den Strandbesuch. Das Dorf ist ein Juwel unter den Fischerdörfern und zieht sich über Kilometer hin. Die Strände reihen sich aneinander wie Perlen, alle sind besuchenswert: **Praia do Toque** und **Tatuamunha**, weiter nördlich **Japaratinga** und **Maragogi**, letzterer wurde von einer renommierten Zeitschrift unter die zehn schönsten des Landes gewählt. Viele kleine Pousadas bieten Quartier. Sie sind mit dem Bus zwar kaum zu erreichen, dafür bieten einige einen Abholservice an. Ein guter Tipp ist die Pousada da Amendoeira an der Praia do Toque, 20 m vom Strand, die luftige Bungalows mit Liegestühlen und echtem Wohlfühl-Ambiente bietet (www.pdamendoeira.com.br, Tel. 082-3295-1213). Das Taxi ab Maceió kostet rund 55 US-$.

TIPP

Die Praia da Gunga zählt zu den schönsten Stränden in Alagoas. Von Maceió aus erreicht man den hellen Sandstrand über das 29 km entfernte Fischerdörfchen Barra de São Miguel, wo man sich mit dem Boot übersetzen lassen kann.

RESTAURANTS

Preise pro Person für ein dreigängiges Menu mit einem Getränk:

● = unter 25 US-$
●● = 25 – 40 US-$

Aracaju

◆ **Casquinha de Caranguejo**
Av. Santos Dumont 751, Atalaia, Tel. 79-3243-7011, tgl. 11–2 Uhr
Beliebtes Lokal am Strand, immer voll, Krebse, Shrimps und Fisch sind lecker. ●●

◆ **O Miguel**
Av. Antionio Alves 340, Atalaia Velha, Tel. 79-3243-1444, Di–So mittags und abends, Mo nur mittags

Regionale Küche erster Güte, z. B. Carne de sol. ●●

Laranjeiras

◆ **Nico's Restaurante**
Praça da Matriz, Tel. 79-281-2883, tgl. mittags und abends
Im Zentrum, freundlich und gut, regionale Küche. ●

São Cristóvão

◆ **O Sobrado**
Praça Getulio Vargas 40, Tel. 79-3261-1310, tgl. mittags und abends geöffnet
Eines der raren Lokale der Stadt, gute regionale Küche in schönem Kolonialhaus. ●

Maceió

◆ **Carne de Sol do Picui**
Avenida da Paz 1140, Tel. 82-3223-5313, tgl. mittags und abends geöffnet
Viele Variationen der regionalen Spezialität Carne de sol. Ein Gericht reicht leicht für zwei. ●

◆ **Divina Gula**
Rua Engenheiro Paulo Brandão Nogueira 85, Stella Maris, Tel. 82-3235-1016, Di–Sa 12–2 Uhr, So 12 bis 24 Uhr
Szene-Treff und eines der besten Restaurants der Stadt. Netter Außenbereich, Fisch und Fleisch sind exzellent. ●●

Penedo

◆ **Oratório**
Avenida Beira Rio, Mo–Do 9–24, Fr–So 9–2 Uhr
Herrliche Lage am Fluss, frischer Fisch, Spezialität ist Pituzada, eine Art Moqueca mit Flusskrebsen. ●

Porto de Pedras

◆ **Peixada da Marinete**
Rua Avelino Cunha s/n, tgl. mittags und abends geöffnet
Einfach, aber sehr gut, Lagostada (Baby-Hummer) oder Fritada de aratu (Krabbenomelett) sind hervorragend. ●–●●

Unterwegs — Karte auf Seite 224

Recife und Pernambuco

Das lebhafte Recife und das barocke Olinda sind die größten touristischen Attraktionen des Bundesstaates Pernambuco. Außerdem gibt's hier lebendige Kunsthandwerkermärkte und die herrlichsten Sandstrände.

Pernambuco war im 16. und 17. Jh. Brasiliens reichster Teilstaat. In der Region gedieh Zuckerrohr prächtig, ein Heer afrikanischer Sklaven schuftete auf den Plantagen oder in den *Engenhos* (Zuckersiedereien) von Olinda und der Hafen von Recife entwickelte sich zum wichtigsten Umschlagplatz des profitablen Exportprodukts. Kaum verwunderlich, dass die Portugiesen um den Besitz Pernambucos kämpfen mussten: Zwischen 1630 und 1654 gelang es den Niederländern vorübergehend, die wirtschaftlich blühende Region besetzt zu halten.

41 Jahre danach veränderte das Gold von Minas Gerais die kolonialen Strukturen Brasiliens. Viele Plantagen im Nordosten wurden aufgegeben und Pernambuco konnte die ursprüngliche Bedeutung nie wieder erreichen.

Heute ist Recife eines der aufstrebenden Zentren des vom ganzjährig warmen Klima begünstigten Tourismus an der brasilianischen Küste und das benachbarte Olinda bewahrt reiche Schätze barocker Kolonialarchitektur.

Das Venedig Brasiliens

Recife ⓲, die Hauptstadt von Pernambuco, ist eine lebendige Metropole mit fast 1,5 Mio. Einwohnern. Ihr Name stammt von dem arabischen Wort für »befestigte Mauer«, das im Portugiesischen die Bedeutung von »Riff« annahm. Felsen- und Korallenriffe, die sich in einer Entfernung zwischen 90 m und 1 km parallel zur Küste von Recife erstrecken, nehmen den Wogen des Ozeans die Wucht. Hinter diesen Wellenbrechern bilden die breiten Sandstrände und das kaum bewegte Wasser eine überdimensionale Badewanne.

Im Jahre 1526 gründeten die Portugiesen in Pernambuco die erste befestigte Handelsniederlassung. 1535 folgten die Stadt Olinda und eine Siedlung auf der Insel Itamaracá, die jedoch nur als Zufluchts- und Verbannungsort Bedeutung erlangte. Ende des 16. Jhs. versandete Olindas Hafen und Recife wurde der Ankerplatz großer Segler.

NICHT VERPASSEN!

Teatro Santa Isabel
Capela Dourada
Boa Viagem
Ilha Itamaracá
Olinda
Caruaru
Fazenda Nova

Links: Verkauf von Kokosmilch am Strand
Unten: Der Staatsmarkt in Pernambuco

Reicher Fassadenschmuck in Recife

Die Besetzung Salvadors durch die Niederländer scheiterte 1625, doch schon im Frühjahr 1630 eroberten sie mit Hilfe von weiter nördlich abgesetzten Landungstruppen Olinda und Recife, ohne auf größeren Widerstand zu stoßen. Auf der Insel Itaparicá errichteten sie Fort Orange und unternahmen weitere Eroberungsfeldzüge.

1636 wurde Johann Moritz Graf von Nassau-Siegen (1604–1679) von den Niederländern zum Generalgouverneur von Pernambuco bestellt. Der Graf dehnte den holländischen Machtbereich nach Alagoas und Ceará aus.

Auf der Insel Santo Antônio, dem heutigen Stadtzentrum von Recife, errichtete er seinen Regierungspalast und machte die Stadt zu einem Zentrum kulturellen Lebens. Moritz von Nassau-Siegen ließ die Mangrovensümpfe trockenlegen. Die Inseln, auf die sich Recife nun rasch ausdehnte, ließ er durch mehrere Brücken miteinander verbinden – seither wird die Hauptstadt Pernambucos auch Venedig Brasiliens genannt. Heute überspannen im Zentrum Recifes über 16 Brücken den Rio Capibaribe und den Rio Pina.

Sehenswürdigkeiten in der Altstadt

Einen Spaziergang durch Recifes historische Altstadt beginnt man am besten an der **Praça da República** A mit dem 1850 im neoklassizistischen Stil erbauten **Teatro Santa Isabel** B, einem der schönsten Gebäude der Stadt (Mo–Fr 13–17 Uhr). Weitere Bauten aus dem 19. Jh. säumen diesen Platz: die Villa des Gouverneurs, der Justizpalast und der Gerichtshof, der gleichzeitig als Brasiliens älteste juristische Fakultät Teil der Katholischen Universität ist.

Dem Justizpalast gegenüber liegt die 1697 erbaute **Capela Dourada** C. Der Innenraum der »Goldenen Kapelle« wurde mit mehr Gold dekoriert als jede andere brasilianische Kirche, ausgenommen São Francisco in Salvador. Die Kirche ist eines der bedeutendsten Beispiele barocker Sakralarchitektur in Brasilien und wurde Ende des 17. Jhs. von Laienbrüdern des Franziskanerordens erbaut An den Gebäudekomplex aus Kirche und Kloster ist das **Museu Franciscano de Arte Sacra** angegliedert (Rua do Imperador 206, Mo–Fr 8–11.30 und 14–17, Sa 8–11.30 Uhr).

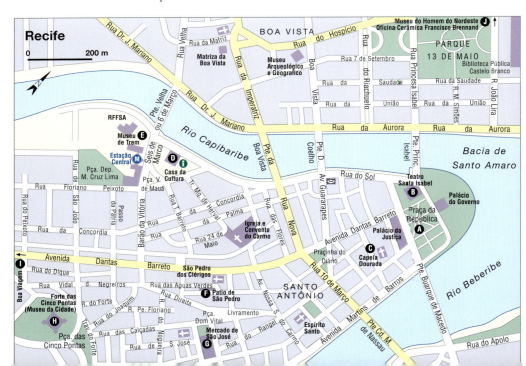

Recife und Pernambuco

Geht man vom Teatro Santa Isabel acht Häuserblocks die Rua do Sol hinunter, erreicht man die **Casa da Cultura de Pernambuco** D, das größte Zentrum für Kunsthandwerk in Recife. Das Gebäude diente vor mehr als 100 Jahren als Gefängnis, wurde aber 1975 umgestaltet. In die Zellen sind Geschäfte eingezogen, die geklöppelte Tischdecken, Keramikminiaturen und Lederwaren anbieten (Rua Florianao Peixoto, Tel. 3224-8492, Mo–Sa 9–18 Uhr, So 10 bis 17 Uhr).

Von der Casa de Cultura nur durch die Rua Barão da Vitória getrennt ist das Gebäude mit dem interessanten **Museu de Trem** E im alten Bahnhofsgebäude Estação Ferroviária. Neben historischen Dampfloks und Waggons sind auch alte Fahrkartenautomaten, Zugleuchten und Schilder ausgestellt (Praça Visconde de Mauá São José, Di bis Sa 9–12, 14–17, So 14–17 Uhr).

Weiter südöstlich, an der Rua Dantas Barreto, liegt der **Pátio de São Pedro** F. Diesen Innenhof der **Catedral de São Pedro dos Clérigos** (1782) nutzen Künstler am Wochenende für Folklore- und Musikdarbietungen. Ein kleiner Markt mit Souvenirs und Kunsthandwerk rundet das Programm ab. Behält man die südöstliche Richtung bei und überquert die Praça Dom Vital, so erreicht man den **Mercado de São José** G (tgl. 6–17.30 Uhr), der in einem Gebäude aus dem 19. Jh. untergebracht ist.

Den Süden des alten Stadtkerns sichert das **Forte das Cinco Pontas** H zum Rio Pino hin ab. Statt ursprünglich fünf, hat es heute noch vier Ecken. Es beherbergt das **Museu da Cidade**, wo Karten und Dokumente die Geschichte von Recife veranschaulichen (Mo–Fr 9–18 Uhr, Sa–So 13–17 Uhr).

Boa Viagem – der Stadtteil am Strand

Recifes moderner Stadtteil **Boa Viagem** I verläuft entlang dem gleichnamigen Strand. Die besten Hotels und einige der gehobenen Restaurants findet man hier. Die Uferpromenade mit ihren Verkaufskiosken ist ein beliebter Treffpunkt von Einheimischen und Touristen und Mittelpunkt des sozialen Lebens der Stadt. An der **Praça da Boa Viagem** findet abends und am Wochenende ein Kunsthandwerkermarkt statt. Die umgebenden Diskotheken und Bars sind nicht die allerbesten.

Das Nachtleben findet an der Strandpromenade Avenida Boa Viagem mit etlichen eleganten Restaurants und der parallel verlaufenden Avenida Conselheiro Aguiar statt. Hier gibt es unzählige kleine Bars und Cafes mit günstigen Preisen, z. T. mit Live-Musik.

Museu do Homem do Nordeste

Recife besitzt ein Dutzend Museen, aus denen eines herausragt: das **Museu do Homem do Nordeste** J (Av. 17 de Agosto 2187, Casa Forte, Tel. 081-3441-5500, Di, Mi, Fr 11–16, Do 8–16, Sa–So 13–16 Uhr). Wie der Name sagt, sind die Ausstellungen den Menschen des Nordostens gewidmet und vermitteln einen Einblick in Kultur und Geschichte der vom Zuckerrohr geprägten Region. Es zeigt Handarbeit, Kleidung, Keramik und Musikinstrumente des

Die Igreja de Sao Pedro in Recife ist ein interessantes Beispiel barocker Architektur

Unten: Porto de Galinhas hat besonders weichen, weißen Sand

Kokosmilch ist eines der erfrischendsten Getränke, wenn es heiß ist

Unten: Porto de Galinhas hat ein lebendiges Zentrum und herrliche Strände

Nordostens sowie die kuriose *Literatura de Cordel*, Heftchenromane, die in den Dörfern zum Verleih und Verkauf aushängen. Gegründet hat das Museum der bekannte Anthropologe Gilberto Freyre, der in Hamburg studierte und in England geadelt wurde. Sein Hauptwerk, »Herrenhaus und Sklavenhütte«, schildert Brasiliens Kultur- und Sozialgeschichte eindringlich.

Eine weitere Sehenswürdigkeit ist die **Oficina Cerâmica Francisco Brennand**, Werkstatt und Atelier von Francisco Brennand, einer der bekanntesten Künstlerpersönlichkeiten des Nordostens. Auf dem Gelände einer alten Ziegel- und Kachelfabrik sind Keramikskulpturen, handbemalte Kacheln und dezente erotische Plastiken zu sehen (Av. Caxangá, km 16, Várzea, Tel. 3271-2466, Mo–Fr 8–18 Uhr). Die handbemalten Töpfe und Statuen des 1927 geborenen Brennand sind bei Besuchern von nah und fern beliebt.

Herrliche Strände

Der Name »Pernambuco« stammt wie viele Ortsnamen in Brasilien aus der Tupi-Guarani-Sprache und bedeutet soviel wie »Meer, das an die Felsen schlägt«. Immer schon war die Küste sehr bedeutend für die Geschichte dieses Bundesstaates. Heute sind die sonnenverwöhnten Strände an der 187 km langen Küste zwischen Alagoas im Süden und Paraíba im Norden Ziel erholungssuchender Touristen.

58 km außerhalb von Recife gelegen, zählt **Porto de Galinhas** zu den beliebtesten Badebuchten an der Südküste Pernambucos. In einem Teil der 4 km langen Bucht sind die Wellen sehr kräftig. Der südlich angrenzende Nachbarstrand **Maracaípe** dient im Sommer als einer der Austragungsorte der brasilianischen Surfmeisterschaften.

Die Möglichkeiten für Wassersport sind in Porto de Galinhas fast unbegrenzt. In den letzten zehn Jahren sind zahlreiche gute Hotels, Strandbars und ansprechende Restaurants entstanden; der Ort ist im Gegensatz zu anderen Küstenstädten ganzjährig gut besucht.

Die besten Strände nördlich von Recife besitzt die **Insel Itamaracá**, 47 km von Recife entfernt. Auf dem Weg dorthin, an der Durchgangsstraße BR 101, liegt die historische Stadt **Igarassú**.

Recife und Pernambuco 261

Hier steht die älteste Kirche Brasiliens, die **Igreja de Cosme e Damião** aus dem Jahr 1535. In ihr werden die Gebeine der Zwillingsheiligen Cosmas und Damian aufbewahrt. Im benachbarten **Museu Histórico** (Largo São Cosme e São Damião, Di–Fr 7.30–12, 14–17 Uhr, Sa, So 8–12 Uhr) werden sakrale Kunst und Waffen aus dem 17. bis 19. Jh. ausgestellt. Im 1588 gegründeten Franziskanerkloster **Convento de Santo Antônio** (Rua Barbosa Lima, tgl. 7–18 Uhr) zeigt die Pinacoteca eine Ausstellung mit 200 Werken unbekannter Meister des 17.–18. Jhs. Viele Kolonialhäuser sorgen in Igarassú für ein historisches Ambiente.

Auf der Brücke zur Insel steht ein Polizeiposten, der daran erinnert, dass sich auf einem Teil der Insel ein offener Strafvollzug befindet. Gefangene mit Familien dürfen mit diesen leben und sind in der Arbeitswelt der Insel integriert. Auf der Insel Itamaracá sollte man **Fort Orange** sowie **Vila Velha**, der ersten, 1535 von den Portugiesen auf der Insel gegründeten Siedlung, unbedingt einen Besuch abstatten. Den zentralen Dorfplatz umstehen zahlreiche Gebäude aus der Kolonialzeit, die von der Kirche **Nossa Senhora da Conceição** aus dem 17. Jh. überragt werden. Die schönsten Strände Itamaracás sind die **Praia de Fort Orange, Forno da Cal, Lance dos Canções** und die **Praia do Fortinho**. Hier herrscht meist ruhiger Seegang, Kokospalmen und kleine Strandbars runden die angenehme Atmosphäre ab.

Denkmalgeschütztes Olinda

Für den Ortsnamen stand kein Indianer Pate, sondern ein portugiesischer Emissär, der angesichts der Schönheit der grünen Hügel vor der blauen See ausrief: *»O linda situação para una vila!«* – was für ein schöner Platz für eine Stadt. Noch heute kann man diese Einschätzung unterstreichen, für viele gilt Olinda als wertvollstes koloniales Juwel an Brasiliens Küste.

Olinda ❶❾ bettet seine barocken Architekturschätze wie ein Freilichtmuseum in die Hügel, von denen es auf Recife herabschaut. Die historische Stadt erhielt von der UNESCO schon 1982 den Titel des Weltkulturdenkmals. Die

TIPP

Der Karneval in Olinda beginnt eine Woche vor Rosenmontag. Eine Fülle von Umzügen findet im Viertel »Quatro Cantos« statt – zwischen den Straßen Prudente de Moraes, do Amparo, Bernardo Vieira de Melo und der Ladeira da Misericórdia.

Unten: Das barocke Kloster São Francisco in Olinda, schmeichelnd umrahmt von Palmen

Fröhliche Wandmalereien in Olinda

Unten: Olindas Schönheiten

Behörden nahmen die Auszeichnung so ernst, dass jetzt kein Fensterladen mehr ohne Zustimmung einer Kommission gestrichen werden darf. Auf die Restauratoren wartet jedoch noch jede Menge Arbeit – das tropische, salzluft-geschwängerte Klima hat mit barocken Gebäuden kein Erbarmen.

Stadtrundgang

Man lernt die Stadt am besten zu Fuß kennen. Enge Gassen, gesäumt von leuchtend bunten Häusern, barocken Kirchen, Straßencafés, Garküchen und Marktständen, winden sich durch das hügelige Olinda.

Startpunkt ist die **Praça do Carmo**, wo Brasiliens älteste Karmelitenkirche aus dem Jahr 1580 steht. Der holländische Maler Frans Post machte sie berühmt: Sein Gemälde beflügelte einst die Sehnsüchte der Europäer. Heute aber wartet die Kirche noch immer auf ihre überfällige Restaurierung. Über die Rua São Francisco gelangt man hinauf zur weitläufigen **Klosteranlage São Francisco** von 1585, das erste Franziskanerkloster Brasiliens (Mo–Fr 7–12, 14–17, Sa 7–12 Uhr). Die Kirche **Nossa Senhora das Neves** kommt einem Mitteleuropäer deplaziert vor, ist sie doch der »Jungfrau des Schnees« gewidmet.

An der Rua Bispo Coutinho wartet mit der 1575 erbauten **Igreja Nossa Senhora da Graça** die nächste Sehenswürdigkeit; das Gotteshaus war früher Olindas Jesuitenschule. Die Straße öffnet sich zum **Alto da Sé**, einem Platz auf dem Gipfel eines Hügels mit Rundblick über den Atlantik und Recife, das 6 km von hier entfernt liegt. Abends wird es hier lebendig: Klappstühle und Blechtische zahlreicher Bars und Garküchen laden zum Verweilen ein.

Die **Igreja da Sé** (tgl. 8–12, 14–17 Uhr) wurde 1537 als erste Pfarrkirche des Nordostens erbaut – zwei Jahre nach der Gründung Olindas. Sie ist jetzt die Kathedrale der Erzdiözese, aber recht einfach – lediglich einige Azulejos zieren den Raum. In der Nähe des vergoldeten Hauptaltars ist das Grab des legendären Bischofs der Stadt: Dom Helder Camara war in den aufgewühlten 1960er-Jahren einer der Verfechter der Befreiungstheologie.

Schräg gegenüber, im **Palácio Episcopal**, dem Bischofspalast, präsentiert

Recife und Pernambuco

das **Museu de Arte Sacra de Pernambuco** Schriften und Gemälde zur Geschichte Olindas (Rua Bispo Coutinho 726, Mo–Fr 9–12.45 Uhr).

Bevor man die Ladeira da Misericórdia hinuntergeht, sollte man noch einen Blick in die 1549 erbaute **Igreja da Misericórdia** (Rua Bispo Coutinho, tgl. 11.30–12.30, 17.30–18.30 Uhr) werfen, denn ihre feinen, vergoldeten Holzschnitzereien erinnern an die Schule Bouchers in Frankreich. Weiter unten residiert das **Museu de Arte Contemporânea** (Museum für zeitgenössische Kunst) in einem Gebäude, wo im 18. Jh. die Gefangenen der Inquisition festgehalten wurden (Rua Treze de Maio 149, Di–Fr 8–18, Sa, So 14–17 Uhr).

In der Stadt gibt es ein Luxushotel und viele kleine Pensionen. Olinda wetteifert mit der Hauptstadt Pernambucos Jahr für Jahr um den schönsten und sehenswertesten Karneval.

Ausflug von Recife

Der berühmte Markt von Caruarú und die Fahrt zum Freilichttheater von Fazenda Nova sind die letzten Stationen eines herrlichen Tagesausflugs von Recife entlang der Straße BR 232, die sich durchs Küstengebirge zur 88 km entfernten Sommerfrische **Gravatá** ❷⓪ hinaufwindet. Auf halbem Weg nach Gravatá weist in der Nähe von **Vitória de Santo Antão** eine riesige Flasche mit einem roten Krebs auf die Zuckerrohrschnapsfabrik von Pitú hin. Doch auch ohne diesen Hinweis würde der Reisende die Destillerie riechen, denn der *cachaça* »duftet« intensiv: Hier wird das Grundelement für den allseits beliebten Caipirinha hergestellt.

Je weiter man die kurvenreiche Bergstraße hinauffährt, desto kühler wird es. Statt Palmen gedeihen hier niedrige Nadelbäume. In Gravatá stehen die Sommerhäuser von Recifes Oberschicht, und die frische Bergluft lockt Wochenendurlauber in die Berghotels und Gasthöfe. Wenn in Recife Erdbeeren verkauft werden, stammen sie aus den hiesigen Plantagen.

Bunte Figürchen aus Ton

Nach weiteren 48 km auf der BR 232 erreicht man **Caruarú** ❷①. In der knapp 275 000 Einwohner zählenden Industriestadt findet täglich der größte

TIPP

Im »Casa-Museu de Mestre Vitalino« in Alto do Moura (Mo–Sa 8–12, 14 bis 17 Uhr) kann man sich anschauen, wie der Keramikmeister gelebt hat.

Unten: Die Herstellung dieser Caxixis-Figuren hat auch nach dem Tod des Erfinders noch Tradition

KERAMIKMEISTER

Als erster stellte Mestre (Meister) Vitalino in den 1930er-Jahren diese kindlichen, detailgetreuen, manchmal witzigen *Caxixis*-Miniaturen nach Vorbildern aus dem Alltag des Nordostens her. Die künstlerische Qualität seiner Arbeiten machte ihn sogar im Ausland bekannt.

Vitalino Pereira dos Santos blieb zeitlebens Analphabet und lebte sehr bescheiden in Alto do Moura. Er starb Mitte 1977 an einer Infektionskrankheit. Serienweise werden die Kopien der Kopien der Originalserien seiner Tonfiguren nun in Caruarú angeboten.

Vitalinos fünf Kinder arbeiteten mit ihm zusammen und führen die Familientradition heute fort. Andere namhafte Künstler sind Manoel Galdino (er starb 1996) und Luis Antônio. Beide fertigten Figuren an, deren Charaktere sich stärker an der heutigen Zeit orientierten.

Busse legen weite Strecken auf staubtrockenen Pisten zurück

Unten: Jesus, das Kreuz tragend, im Passionsspiel von Fazenda Nova

Kunsthandwerksmarkt Pernambucos statt. Die in Caruarú hergestellten Figürchen aus gebranntem und bemaltem Ton gehören zu den bekanntesten kunsthandwerklichen Erzeugnissen Nordostbrasiliens.

Vom Hauptplatz Parque 18 de Maio aus erstreckt sich der Markt über 3 km mit ca. 4000 Ständen, Haupttag ist der Samstag. Das chaotische Markttreiben ist nur von Einheimischen zu durchschauen, es wird praktisch mit allem gehandelt, nicht nur mit Kunsthandwerk. Kurios ist der sonntägliche Nachtmarkt, die *Feira da Sulanca*. Sie beginnt um 22 Uhr und endet am Montagmorgen um 10 Uhr. Dieser riesige Flohmarkt wird von rund 40 000 Menschen besucht.

Paixão de Cristo – Passionsspiele in Nova Jerusalém

Das verschlafene **Fazenda Nova** ㉒ ist 177 km von Recife entfernt. Die 3500-Seelen-Gemeinde musste jahrelang von den kärglichen Erzeugnissen des ausgedörrten Bodens leben, bis sie 1968 zum »Oberammergau Brasiliens« wurde. Die geniale Idee, im Hinterland Passionsspiele zu veranstalten, hatte Plínio Pacheco bereits 1951, als er bei der Lektüre einer Theaterzeitschrift auf das oberbayerische Vorbild stieß.

Familie Pacheco baute mit der Unterstützung der Provinzregierung das Freilichttheater von **Nova Jerusalém**, das der Stadt Jerusalem des Jahres 33 n. Chr. nachempfunden ist. Einmal im Jahr, an Ostern, erwachen Fazenda Nova und seine Bühne zum Leben: 70 000 Zuschauer strömen herbei, wenn Stars der brasilianischen Telenovelas und 450 Komparsen die Leidensgeschichte Christi, die **Paixão de Cristo** aufführen.

Riesenstatuen

Unweit des Theaters erstreckt sich der imposante **Parque das Esculturas** (tgl. 7–17 Uhr) als gigantischer Tribut an den Nordosten Brasiliens. Hier findet man immense Steinstatuen mit bis zu 20 t Gewicht, die das Volk des Nordostens und die Folklorehelden repräsentieren.

In einem Teil sieht man eine Waschfrau, einen Baumwollpflücker, einen Zuckerrohrschneider und einen Seiler. In einem anderen ist *Lampião*, der als brasilianischer Robin Hood verklärte Gangster, mit seiner Braut Maria Bonita zu sehen, alle Figuren sind etwa 3 bis 4 m hoch. Man sieht auch Figuren aus der reichen Folklore Pernambucos wie ein riesiges Seepferd, geritten von der Legendengestalt *jaraguá*, halb Mann, halb Monster, sowie einen *frevo*-Tänzer.

Der Name »Frevo« leitet sich vom portugiesischen *ferver*, kochen, ab. Frevo, eine Kombination aus verschiedenen Musikstilen, ist Mittelpunkt des Karnevals in Pernambuco. Denn im hiesigen Karneval gibt es keine Sambaschulen wie in Rio oder Trios Elétricos wie in Salvador. Die Menschen tanzen einfach in den Straßen mit Sonnenschirmen, die ihnen helfen sollen, die Balance zu halten. Gruppen porträtieren den *maracatu*, eine typische Legende aus dem Nordosten, welche die Geschichte des Candomblé und seine Wurzeln in der Sklaverei darstellt. ■

RESTAURANTS

Preise pro Person für ein dreigängiges Menu mit einem Getränk:
- ● = unter 25 US-$
- ●● = 25 – 40 US-$
- ●●● = 40 – 55 US-$

Recife

◆ **Boi Preto Grill**
Avenida Boa Viagem 97, Pina, Tel. 81-3466-6334, Mo–Do 12–16, 18 bis 24 Uhr, Fr, Sa 12–1 Uhr, So 12–23 Uhr
Der ideale Platz für Fleischliebhaber, denn hier gibt's herrliches Barbecue. ●●●

◆ **Chez Georges**
Avenida Boa Viagem 1906, Tel. 81-3326-1879, tgl. 19–24 Uhr
Hervorragende französische Küche, fantasievoll mit einheimischen Zutaten kombiniert. ●●●

◆ **Chica Pitanga**
Rua Petrolina 19, Boa Viagem, Tel. 81-3465-2224, tgl. durchgehend geöffnet
Die beste Wahl unter den Selbstbedienungsrestaurants. ●●

◆ **Famiglia Giuliano**
Avenida Engenheiro Domingos Ferreira 3980, Boa Viagem, Tel. 81-3465-9922, tgl. 12–1 Uhr
In einem etwas kitschigen Haus wird hier gute Küche serviert. Besonders berühmt ist die hiesige Feijoada. ●●

◆ **Mare Cheia**
Av. Beira Mar 1330, Praia da Piedade, Tel. 81-3341-1049, tgl. 12 bis 24 Uhr
Fisch und Meeresfrüchte werden hier frisch und lecker zubereitet. ●●

◆ **Buongustaio**
Av. Eng. Domingos Ferreira 467, Pina, Tel. 081-3327-5001, Mo–Sa 19–24, So 12–16 Uhr
Ausgezeichneter Italiener mit schmackhaften Eigenkreationen und ausgesuchter Weinkarte. ●●●

◆ **Yolanda**
Rua Francisco da Cunha 881, Boa Viagem, Tel. 81-3325-5395, tgl. 12–15, 19–1 Uhr
Trendige Küche mit italienisch-französischen Einflüssen und regionalen Zutaten. Das hausgemachte Eis ist zu empfehlen. ●●●

Olinda

◆ **A Manoá**
Rua Bispo Coutinho 645, Alto da Sé, Tel. 81-3429-6825, tgl. mittags und abends geöffnet
Herrlicher Blick aus dem oberen Stock, gute Fisch- und Fleischküche, samstags bestimmt Live-Musik die Atmosphäre. ●●●

◆ **Goya**
Rua do Amparo 157, Tel. 3439-4875, Mi–Mo 12–17, 18–24 Uhr
Nettes Ambiente in gepflegter Kolonialvilla, regionale, fantasievolle Küche, sehr aufmerksam serviert. ●●

◆ **Oficina do Sabor**
Rua do Amparo 355, Tel. 81-3429 3331, Di–Fr 12 bis 16, 18–24 Uhr, Sa 12–1, So 12–17 Uhr
Kreative Küche mit regionalen Zutaten, besonders Kürbis- und Krabbengerichte sind die Spezialität des Hauses. ●●●

Porto de Galinhas

◆ **Beijupirá**
Rua Beijupirá s/n, Qd. 9, Tel. 81-3552-2354, tgl. mittags und abends
Berühmt im Ort, exzellente Meeresfrüchte und Fisch. ●●●

◆ **Domingos**
Rua Beijupirá, Galeria Paraoby, Tel. 81-3552-1489, tgl. durchgehend geöffnet
Sehr gutes Preis-Leistungs-Verhältnis, gute Fischküche. ●●

◆ **La Crêperie**
Rua Beijupirá (gegenüber Banco do Brasil), Tel. 81-3552-1831, tgl. durchgehend geöffnet
Idealer Ort für ein legeres Essen. ●●

◆ **Munganga Bistrô**
Avenida Beira-Mar 32, Galeria Caminho da Praia, Tel: 81-3552 2480, tgl. mittags und abends. Gute Meeresfrüchtemenüs und Weinkarte. ●●

Petrolina

◆ **Maria Bonita**
Areia Branca, Tel. 87-3864-0422, tgl. geöffnet
Fantastische portugiesische Küche, guter Wein, freundlicher Service. ●●

Rechts: Austern mit Zitronensaft – eine Spezialität!

Fernando de Noronha

Der gesamte Archipel von Fernando de Noronha ist Naturschutzgebiet und gehört zum UNESCO-Weltnaturerbe. Auf der Hauptinsel stehen einige einfache Unterkünfte bereit. Sie zählt zu den weltbesten Tauchrevieren.

TIPP

Tauchtrips bietet die Tauchschule Atlantis, in der man deutsch spricht (Tel. 081-3619-1371, www.atlantis-noronha.com.br). Beste Pousada: Maravilha (Tel. 081-3619-0028, www.pousadamaravilha.com.br)

Unten: Beim Tauchen kann man Husarenfische beobachten

Dank seiner unverbauten Strände und dem kristallklaren Meer mit intakten Korallenriffen, Meeresschildkröten und Delfinen ist **Fernando de Noronha** ❷ ein wahres Naturparadies für Schwimmer, Surfer und vor allem auch Taucher (www.noronha.com.br).

Die 21 Inseln des Archipels ragen 360 km vor dem brasilianischen Festland aus dem Atlantik und sind die höchsten Gipfel eines unterseeischen Vulkangebirges, das sich aus 4000 m Tiefe erhebt. Die Inselgruppe wurde 1503 von Amerigo Vespucci entdeckt. Der portugiesische König überließ sie Fernão de Loronha, einem Adeligen und reichen Händler aus Lissabon, der zum Fuggerimperium gehörte. Er finanzierte eine Expedition und gab der Insel seinen – veränderten – Namen, betrat sie jedoch nie.

Wegen ihrer strategisch günstigen Lage eroberten die Niederländer die Inseln, bevor die Portugiesen sich hier endgültig festsetzen konnten. Unter Präsident Vargas wurde Fernando de Noronha 1938 zu einer Gefängnisinsel. Im Zweiten Weltkrieg richtete man hier eine Basis für amerikanische Marineflieger ein.

Maritimer Nationalpark

Fernando de Noronha erreicht man nur von Recife (zweimal tgl.) und Natal (einmal tgl.) aus mit Maschinen der Nordeste und Trip. Seit 70 % des 26 km² großen Archipels Teil eines maritimen Nationalparks wurden, steht er unter Kontrolle der IBAMA, der brasilianischen Umweltschutzbehörde, um den Fortbestand von Delfinen und Meeresschildkröten sicherzustellen. So besteht die Auflage, dass sich höchstens 480 Touristen gleichzeitig auf der Hauptinsel aufhalten dürfen und am Zugang des Strands **Praia da Atalaia** achtet ein Wächter darauf, dass das natürliche Schwimmbecken, das sich bei Ebbe hinter dem vorgelagerten Riff bildet, nicht von mehr als 30 Badegästen gleichzeitig benutzt wird.

Die naturbelassenen Strände von Fernando de Noronha sind die mit Abstand saubersten und ruhigsten Badebuchten Brasiliens. Den Preis für den Ferienaufenthalt im Einklang mit der Natur bezahlen die Touristen in Form einer gesalzenen Nationalparkgebühr pro Tag, die mit der Aufenthaltsdauer stetig steigt: Touristen sollen nicht länger als zehn Tage auf der Insel sein.

Zehntausende von Tölpeln und Möwen nisten auf Fernando de Noronha. Sie leben in riesigen Kolonien oberhalb der steilen Felswände, die den malerischen Traumstrand an der **Baía do Sancho** und die **Baía dos Golfinhos** (Bucht der Delfine) umschließen. Frühaufsteher können von hier oben beobachten, wie Hunderte Tümmler im Morgengrauen zum Ausruhen in die geschützte Bucht schwimmen. Noch vor Sonnenaufgang marschieren deshalb viele Touristen mit Taschenlampen den schmalen Pfad hinauf. Auch im Rahmen von halbtägigen Bootsausflügen mit umgebauten Kuttern, die im Hafen von Santo Antônio ihre Passagiere aufnehmen, kann man ganze Schwärme der Meeressäuger beobachten. Um die Tiere nicht zu stören, ist Schwimmen nur außerhalb der Baía dos Golfinhos erlaubt. Die neugierigen Delfine scheinen vom Motorengeräusch der Schiffsdiesel magisch angezogen zu werden; besonders verspielte nehmen gerne Kontakt mit Tauchern auf. Die **Baia do Sancho** ist ideal für Taucher, das kristallklare Wasser bürgt für eine ungetrübte Sicht auf die Unterwasserwelt zwischen den Korallenbänken. Der Strand gilt außerdem als einer der schönsten Brasiliens, ist aber nur schwer über einen schmalen Pfad oder eine rostige Leiter erreichbar.

Die **Baía do Leão** umgibt einer der schönsten Strände der Insel. Meeresschildkröten graben hier von Januar bis Juni nachts ihre Tischtennisball großen Eier in den Sand ein; dann ist der Besuch von 18–6 Uhr verboten, diese Einschränkung gilt auch für andere Strände wie der Baia do Sancho. Außerdem pflanzen sich im Noronha-Archipel zehn verschiedene Haiarten fort.

321 m misst die höchste Erhebung der Insel, der **Morro do Pico** – hoch aufragendes Wahrzeichen Fernando de Noronhas. ■

TIPP

Wichtig: Nehmen Sie genügend Bargeld, am besten in brasilianischen Reais mit. Geldautomaten sind Mangelware, Kreditkarten werden kaum genommen, Geldwechsel ist schwierig und man bekommt einen sehr ungünstigen Kurs.

Unten: Morro dois Irmaos, Fernando de Noronha

Unterwegs **269**

Von Paraíba nach Maranhão

Fischerdörfer, sanft geschwungene Dünen, palmengesäumte Sandstrände, interessante Naturparks und ein mystischer Wallfahrtsort im Landesinneren charakterisieren diesen Teil des Nordostens.

Von Paraíba, dem an Pernambuco grenzenden Bundesstaat, erstreckt sich ein schmaler Streifen tropischer Küste über Rio Grande do Norte bis zum Bundesstaat Ceará. Dahinter beginnt das dünn besiedelte Dürregebiet des Sertão mit der charakteristischen *Caatinga*-Landschaft, den Trocken- und Dornsavannen, aus denen wasserspeichernde Flaschenbäume herausragen.

In den abgelegenen Bundesstaaten Maranhão und in Piauí geht die semiaride Caatinga im Norden allmählich in den Regenwald des Amazonas über, während sie im Süden von ausgedehnten Wäldern der bis zu 20 m hohen Babaçú-Palme abgelöst wird, die wertvolles Pflanzenöl und Früchte liefert.

Hauptstadt mit viel Barock

João Pessoa ㉔, 675000 Einwohner, die Hauptstadt Paraíbas, ist von Recife nur 120 km entfernt. Palmen, Bougainvillea und Flamboyants verschönern das Zentrum der drittältesten Stadt Brasiliens, die mit Curitiba in Paraná um den Titel »Grüne Metropole des Landes« wetteifert: Immerhin gehören 470 ha Atlantischen Regenwalds zur Stadt.

Die wechselvolle Geschichte dieser Stadt spiegelt sich in ihrer Namensgebung wider: 1585 vertrieben die Portugiesen die Franzosen, die in der Gegend auf der Suche nach Brasilholz waren, und gründeten hier eine Siedlung. Als Portugal vom spanischen König regiert wurde, gab man der Stadt den Namen Filipéia. Im 17. Jh. waren die Holländer 20 Jahre lang in der Region tonangebend und nannten den Ort Fredriksstad. 1654 übernahmen wieder Portugiesen die Macht und tauften die Stadt nun Pahrayba, wovon Paraíba abgeleitet wurde. Dies blieb erst einmal so – bis 1930 der Gouverneur des Bundesstaates, João Pessoa, als Kandidat für das Amt des Vizepräsidenten an der Seite von Getúlia Vargas antrat. Nachdem er ermordet worden war, gaben die hiesigen Bewohner ihrer Stadt seinen Namen.

NICHT VERPASSEN!

João Pessoa
Natal
Canoa Quebrada
Fortaleza
Jericoacoara
São Luís
Alcântara

Links: Balancierkünste selbst im Wind
Unten: Natals Strände sind herrlich

»Mutterschaft«, eine Holzskulptur im Museu da Arte Popular

Unten: Am Ponta-Negra-Strand in Natal

Stadterkundung

Im barocken Herzen João Pessoas liegt das Franziskanerkloster **Santo Antônio**. Die Anlage wurde 1589 gegründet und bis 1779 erweitert; zu ihr gehören die Kirche **São Francisco**, die Kapelle des Laienordens Capela da Ordem Terceira de São Francisco, die mit Azulejos geschmückte Capela Dourada aus dem 18. Jh., das Museu Sacra und das Museu da Arte Popular (Praça São Francisco, 9–12, 14–17 Uhr). Die **Igreja de São Frei Pedro Gonçales** von 1843 wurde 2002 aufwändig restauriert (P. Varadouro, Di–Sa 9–18, So 15–18 Uhr).

Ebenfalls einen Blick in das Innere verdient das **Theatro Santa Roza** (Praça Pedro America, Mo–Fr 14–18, Sa, So 16–20 Uhr), das 1889 im Barockstil erbaut wurde und für Theateraufführungen und Ballet genutzt wird.

Die Strände

Nur 14 km von João Pessoas Stadtstrand Tambaú entfernt markiert der Leuchtturm **Farol do Cabo Branco** den östlichsten Punkt Amerikas. Weiter südlich führt die Landstraße PB 18 nach Conde und Jacumã, über die man die schönsten Badestrände dieses Küstenabschnitts erreicht: **Coqueirinho** und **Tambaba**, eine der wenigen Buchten Brasiliens, die teilweise für Nudisten reserviert ist – doch Männer haben hier nur in Damenbegleitung Zutritt.

Nur 10 km nördlich von Tambaú erstreckt sich die von einem vorgelagerten Riff gegen kräftigen Wellengang abgeschirmte **Praia do Poço.** Bei Ebbe, wenn sich das Meer zurückzieht, legen hier Jangadas, einfache Fischerboote mit dreieckigen Lateinsegeln, die hier die Szenerie an der Küste prägen, ab und befördern Touristen auf die **Ilha da Areia Vermelha**, ein winziges Eiland mit lateritrotem Sand. Ganze Schwärme bunter Fische sind im kristallklaren Wasser zu sehen.

Weiter nördlich führt die Landstraße PB 25 zu den Traumstränden **Praia do Oitero** und **Praia Campina** – mit schwacher Brandung, von der Sonne gelb gebrannten Kokospalmen und schiefen Fischerhütten.

Kurz vor der Grenze zum Nachbarstaat liegt die **Baía da Traição**, eine Bucht mit Fischerdörfern und einsamen Stränden. In Mamanguape gibt es

ein Schutzprojekt für die bedrohten Seekühe *(Peixe Boi)* und den Strand Prai de Tambá. Weiter nördlich in **Barra de Camaratuba** leben Nachfahren der Potiguaras – Ureinwohnern, die in der Nähe auch ein Reservat mit 9000 Menschen in 24 Dörfern bewohnen.

Rio Grande do Norte

Der Bundesstaat Rio Grande do Norte grenzt an Paraíba und nimmt den äußersten Nordosten des Kontinents ein.

Unbeschwertes Strandleben

Reist man aus Süden an, liegt 80 km vor Natal der heute sehr bekannte Badeort **Prai da Pipa**. Seit den 1980er-Jahren wurde er zum Inbegriff für unbeschwertes Strandleben. Surfer und Hippies waren die ersten, welche die Idylle entdeckten, danach folgten Künstler, Rucksackreisende und Naturliebhaber. Sie bevölkern nun die vielen, teilweise auch hochwertigen Pousadas. Berühmt-berüchtigt sind die Silvesterpartys, zu denen der nur 3000-Einwohner große Ort um ein Vielfaches anwächst. Hier sind auch viele der mittlerweile fast zur Plage gewordenen Buggys, offenen Geländewagen, unterwegs, mit denen die hohen Sanddünen rauf- und runtergerast wird.

Delfine

Echten Naturfreunden wird das Schauspiel der Delfine genügen, die von der Praia do Curral und der benachbarten Praia do Madeiro zu bewundern sind, beide nur bei Ebbe erreichbar. Das Umweltschutzgebiet **Santuário Ecológico de Pipa** (Ortseingang, Mo–Sa 8–17, So 8–13 Uhr) bietet auf 120 ha Aussichtspunkte zur Beobachtung der kleinen Wale sowie 16 gut ausgeschilderte Wanderwege. Weiter im Süden ist der Strand **Praia do Amor** besonders bei Surfern beliebt.

Der kleinere Schwesterort **Tibau de Sul** ist wesentlich ruhiger. Hier bietet sich eine Bootstour auf der Lagune Lagoa de Guaraíra an, über die man auch zum schönen Strand **Praia Guaraíras** gelangt.

Ehrgeizige Pläne

Kurz vor Natal hat der herrliche Strand von **Cotovelo** einen Nachbarn einer anderen Dimension: In **Eduardo Gomes** werden Brasiliens ehrgeizige Raketenpläne verwirklicht. Durch das Zentrum *Barreira do Infierno*, was soviel wie »Schranke zur Hölle« bedeutet, gibt es Führungen für Besucher.

Der beliebteste Badeort südlich von Natal ist das 14 km entfernte **Ponta Negra** mit der ortsfesten, 120 m hohen Düne Morro do Careca. Bars, Hotels und Diskotheken konzentrieren sich an Natals Stadtstrand Praia dos Artistas, der bei Flut auch Surfern gefällt.

Die Hauptstadt

Die 770 000 Einwohner zählende Hauptstadt **Natal** ❷ ist 185 km von João Pessoa entfernt. Ihr Name weist auf ihren Gründungszeitpunkt, nämlich Weihnachten 1599, hin.

Das bekannteste Museum der Stadt ist das **Museu Câmara Cascudo** (Av. Hermes da Fonseca 1398, Di–Fr 8–10.30, 14–16.30, Sa, So 13–17 Uhr). Es zeigt sakrale Kunst, Gegenstände der Amazonasindianer sowie Fossilien und ver-

Der Pilger zieht Kraft aus der Berührung der Padre-Cícero-Figur

Unten: Forte dos Reis Magos (Festung der drei Könige) in Natal

TIPP

Juzeiro wird das ganze Jahr über von Pilgern aufgesucht. Höhepunkte im Wallfahrtskalender aber bilden neben Allerheiligen noch der 24. März und der 20. Juli.

Unten: Sanddüne in Natal als Rutschbahn

mittelt Einblicke in die Lederherstellung und den Zuckerrohranbau. Im ältesten Stadtteil Ribeira (am Flussufer) wurden einige historische Gebäude restauriert, darunter das **Teatro Alberto Maranhão** (Mo–Fr 8–18 Uhr) von 1904. Wichtigste Sehenswürdigkeit und das Wahrzeichen der Stadt ist jedoch die sternförmige Festung **Forte dos Reis Magos** (tgl. mit Führung 8–16.30 Uhr), das am namensgebenden Dreikönigstag 1598 gegründet wurde.

Strände und Fischerdörfer

Der Weg nach **Genipabu** 30 km nördlich von Natal lässt sich durch eine Fähre zur Praia Redinha und mit Hilfe eines Buggys erheblich abkürzen; am Wochenende und in den Schulferien im Juli schwärmen von Natal Tausende dieser Strandflitzer aus. Den Strand von Genipabu überragt eine weithin sichtbare helle Düne, deren Sand so fein ist, dass er von Jugendlichen zum Schlittenfahren benutzt wird.

Wer einen ganzen Tag investiert, kann zu den 100 km entfernten Stränden beim Fischerdorf **Touros** ❷ Ausflüge unternehmen. Rustikale Gasthöfe und einige Strandbars grillen fangfrische Shrimps. Dünenlandschaft mit Caju-Nussbäumen und schlanken Kokospalmen umgibt die nahen Strände Perobras, Praia das Garças und Praia do Calcanhar, mit dem größten Leuchtturm Brasiliens (62 m). Abends finden sich besonders viele Urlauber beim Farol do Calcenhar ein, um den Sonnenuntergang zu beobachten.

Wallfahrten zu Padre Cícero

Die Abgeschiedenheit und der von der Dürre diktierte harte Daseinskampf ließen im Sertão eine Reihe religiöser Bewegungen mit eigenen Heiligen, Kulten und Wallfahrtsorten entstehen.

Nur mit dem Flugzeug ist das 480 km südlich von Fortaleza gelegene **Juazeiro do Norte** ❷ leicht zu erreichen. Die meisten Pilger kommen auf dem staubigen Landweg hierher, um dem Schutzpatron des Sertão, dem 1934 verstorbenen Padre Cícero Romão Batista zu huldigen. Der Priester wurde von der katholischen Amtskirche 1895 exkommuniziert, was seine Popularität bei den Menschen hier, die ihn als Messias verehrten, noch steigerte.

100 000 Wallfahrer pilgern an den Ehrentagen des Padre Cíceros nach Juazeiro do Norte, die meisten Ende Oktober, wenn eine viertägige Wallfahrt am 1. November mit einer großen Prozession endet. Die Gebeine des Paters ruhen in der **Capela do Perpétuo Socorro**. An der Colina do Horto erinnert eine 25 m hohe Statue an ihn (s. S. 78).

Spuren aus der Urzeit

Im Cariri Tal liegt auch die über 100 000 Einwohner zählende Universitätsstadt **Crato** und etwa 30 km weiter westlich der kleine Ort **Santana do Cariri** mit dem interessanten **Museu de Paleontologia** (Rua Dr. José Augusto 326, Di bis Sa 8–16, So 8–14 Uhr). Es ist eines der wichtigsten Museen im Lande für archäologische und paläontologische Funde, alleine 700 Fossilien sind zu sehen. Im nahen Lameiro kann man übernachten und die hügelige Gegend der **Chapada do Araripe** mit ihren Wasserfällen und natürlichen Pools erforschen. Das Hotel Pasárgada Parque hat Zimmer und Bungalows (Sitio Belmonte, Tel. 088-3523-2323) und bietet einen herrlichen Rundumblick.

Östlich von Juazeiro, wieder in Paraíba, liegt 6 km von der kleinen Stadt **Sousa** das **Vale dos Dinossauros.** Hier sind 52 Fußabdrücke von Dinosauriern zu sehen. Es gibt ein Besucherzentrum, ein Museum und verschiedene Wege zu den Spuren der faszinierenden Urzeitgiganten (tgl. 8–17 Uhr, beste Zeit ist zwischen Juli und Dezember).

Cowboys und Poeten

In extremem Kontrast zu den lebhaften Küstenstädten steht das dürregeplagte Hinterland von Ceará, das zu den ärmsten Gebieten Brasiliens zählt. Wenn die Dürre wieder einmal zu schlimm wird, packt der vom Gutsbesitzer entlassene *Vaqueiro* (Cowboy) seine Habseligkeiten und zieht in die Großstädte. Unter denen, die ausharren, gibt es wahre Poeten, die sogenannten *Repentistas*, die bei Dorffesten zu Akkordeon und Gitarre regelrechte Duelle im Stegreifdichten austragen. Lange vor dem Telefon, Fernseher und der Parabolantenne waren sie der zuverlässige Nachrichtendienst im gottverlassenen Hinterland Cearás.

Die Küste von Ceará

Ceará ist dreimal so groß wie Rio Grande do Norte und besitzt 560 km Atlantikküste, die von herrlichen Stränden und Süßwasserlagunen gesäumt wird. In den Dörfern der Küste, wo eine Brise die Hitze erträglich macht, betreiben Spitzenklöpplerinnen ihr Handwerk.

Einstiges Hippie-Paradies

Die südöstliche Küste des Bundesstaates weist eine Reihe sehr attraktiver Strände auf, beginnend mit **Canoa Quebrada**, etwa 60 km nördlich der Grenze zu Rio Grande do Norte und 9 km von Aracati, der nächsten Ortschaft entfernt. Canoa war in den 1970er-Jahren das Dorado der Hippie-Kultur. Brasilianische und ausländische Blumenkinder lebten hier in einfachen Fischerhütten. Der 13 km lange Strand hat auch wirklich eine paradiesische Ausstrahlung, hier und da dringt sogar Süßwasser aus den Felsen.

Der Verkauf von Flaschen mit farbigem Sand bringt ein wenig Geld ein

Unten: Frisch gepresster Fruchtsaft am Strand

Ein Angler mit seinem Fang

Unten: Fortaleza will hoch hinaus

Zu den diversen Strandabschnitten und Lagunen kann man mit Buggys gelangen, von der Lagoa de Cumbi genießt man eine herrliche Aussicht. Die Hauptstraße wurde asphaltiert, viele Kneipen reihen sich aneinander und sind nun Sinnbild der nachhaltigen Veränderung des einstigen Aussteiger-Paradieses.

Die erodierten Kalksteinriffs von **Morro Branco,** bei der Ortschaft Beberibe, 85 km südlich von Fortaleza liefern Material für die Kunsthandwerker der Region, während die wenig frequentierten Strände eine gute Alternative zu Fortalezas ungebremster Ausbreitung bieten.

Südöstlich der Stadt liegen mit **Prainha, Iguape, Barro Preto** und **Batoque** weitere breite Sandstrände mit Dünen und teils kräftigem Wellengang. In Iguape bieten Fischer Touristen Bootsausflüge mit ihren flachen Jangadas an und im Centro de Rendeiras verkaufen fingerfertige Spitzenklöpplerinnen ihre Arbeiten.

Ungefähr 30 km weit liegt **Aquiraz** von Fortaleza entfernt. Im 17. Jh. war der heute 61 000 Einwohner zählende Ort Cearás erste Hauptstadt. Die 1756 erbaute Pfarrkirche ist nach São José do Ribamar, dem Schutzheiligen des Staates Ceará, benannt. Hier gibt es am Strand Porto das Dunas ein sehr schönes Strandhotel, das Beach Park Suites Resort (www.beachpark.com.br).

Die Hauptstadt Fortaleza

Martim Soares Moreno errichtete an der Mündung des Rio Ceará 1611 ein befestigtes Lager, eben die **Fortaleza** ❷⓼. Das kleine Bollwerk leistete ihm während eines Angriffs der Franzosen gute Dienste; bei der Verteidigung erhielten die Portugiesen Unterstützung von den Indianerstämmen der *Tapuia* und *Tupinamoá*, mit denen er Freundschaft geschlossen hatte. Soares Morena soll splitternackt, den Körper mit Pflanzenfarben getarnt, Seite an Seite mit seinen indianischen Waffenbrüdern gekämpft haben, als er die Franzosen in die Flucht schlug.

Später erlag er den Reizen der schönen Indianerprinzessin Iracema, die noch heute als Schutzpatronin Fortalezas gilt. Diese Liebesgeschichte entdeckten auch Brasiliens Literaten, allen

Paraíba bis Maranhão

voran José Alencar, der ihr sein Epos »Iracema« widmete.

1649 besetzten die Holländer die Küste Cearás und errichteten auf dem Gebiet des jetzigen Stadtzentrums ein Fort. Fünf Jahre später vertrieben die Portugiesen wiederum die Niederländer und errichteten eine steinerne Festung names **Fortaleza de Nossa Senhora da Assunção**. Deren 1817 errichtete Rekonstruktion steht heute noch in der Av. Alberto Nepomuceno.

Fortaleza wurde zum Umschlagplatz für die Rinderzüchter aus dem Landesinneren. Viele Bandeirantes aus São Paulo ließen sich nieder, um riesige Farmen zu gründen, die heute noch existieren. Im Gegensatz zu den Zuckerrohrplantagen in Pernambuco und Bahia benötigten die Rinderfarmen in Ceará als Arbeitskräfte nur wenige afrikanische Sklaven, weshalb hier der indianisch-portugiesische Einfluss stärker als der afrikanische ist.

Stadtbesichtigung

Seit seiner Restaurierung 1991 strahlt das **Theatro José de Alencar** in Fortaleza wieder in altem Glanz (Praça José de Alencar, Mo–Fr 8–17, Sa 8–12 Uhr). Das gusseiserne Gerippe des Theaters wurde 1908 aus England importiert; an seinen offenen Innenhof schließt sich eine vom berühmten Landschaftsarchitekten Burle Marx geschaffene kleine Gartenanlage an.

Im Zentrum Fortalezas entstand in den letzten Jahren das **Centro Cultural Dragão do Mar** (Rua Dragão do Mar 81, Di–Do 9–17.30, Fr–So 14–21.30 Uhr). Das Ausstellungs- und Veranstaltungszentrum verfügt nicht nur über Bibliothek, Café und Planetarium, sondern wurde zum Zentrum des kulturellen Lebens in Fortaleza. Wechselnde Shows und Darbietungen lohnen immer einen Besuch. Ein Gürtel von Bars und Restaurants umgibt das Centro.

Marktstände bieten kunsthandwerkliche Erzeugnisse und Souvenirs wie geklöppelte Spitzen, vielerlei Lederwaren, Armreifen aus Schildpatt und Holzskulpturen an. Ein ähnliches Sortiment findet man im **Centro de Turismo** (Rua Senador Pompeu 550, Mo–Sa 7–19, So 8–12 Uhr). Manches kann man billiger im **Mercado Central** (Rua Maestro Alberto Nepomuceno) erstehen.

TIPP

Der Beach Park ist von Fortaleza knapp 30 km entfernt und nimmt den Strand bei Porto das Dunas ein. Neben Swimmingpools und Wellenbädern sind die bis zu 41 m hohen Rutschbahnen die Attraktion schlechthin (www.beachpark.com.br.)

Unten: Die Salzgewinnung ist sehr arbeitsintensiv

SALZGEWINNUNG

Die wirtschaftliche Basis der Menschen aus dem Bundesstaat Ceará setzte sich lange aus drei Komponenten zusammen: aus der Landwirtschaft zur Selbstversorgung, der Rinderzucht und der Salzgewinnung an der Küste. Der starke Wind und der hohe Salzgehalt des Meerwassers hier stellen die besten Voraussetzungen für die Produktion von Salz dar.

Bevor der Kühlschrank eingeführt wurde, hatte man das weiße Mineral hier bitter nötig, um die Lebensmittel haltbar zu machen. Gepökeltes Rindfleisch – es wird mit Salz eingerieben und dann in der Sonne getrocknet – gehört dadurch auch heute zu den typischen kulinarischen Spezialitäten der Region. In vielen Restaurants steht es auf der Speisekarte.

Meersalz wird in Fortaleza immer noch gewonnen, wenn auch die Nachfrage nicht mehr so groß ist wie früher.

Zweimal Weiß mit Blau in São Luís: Die Azulejo-Kacheln prägen das Bild der Stadt

Unten: Unterwegs in Sao Luís

Strände bei Fortaleza

Auch für Fortaleza gilt, dass die Strände umso schöner werden, je weiter sie von der Stadt entfernt sind. Südöstlich der Metropole sind wirklich unberührte Strände kaum zu finden.

Der 8 km lange Sandstrand **Praia do Futuro** östlich des Zentrums ist mit Duschen ausgestattet. Vom Stadtteil Iracema und Meireles pendeln Linienbusse zu diesem Küstenabschnitt. Die meisten Hotels und Appartmentanlagen der Stadt wurden an der **Praia de Meireles** aus dem Boden gestampft. Der Strand von Meireles erstreckt sich zwischen Praia de Iracema und der Volta da Jurema. Hier ist das Meer so verschmutzt, wie an der Praia de Mucuripe, die ein früherer Leuchtturm von 1840 überragt.

Zu Fortalezas ältesten Stadtteilen gehört **Iracema**, das nach der umfangreichen Restaurierung unter Denkmalschutz steht. Auch die legendäre Bar Estoril, die in den 1950er-Jahren ein Treffpunkt von Bohemiens und Künstlern war, wurde rekonstruiert. Zur Attraktion des Viertels hat sich die **Ponte Metálica** (ehemals Ponte dos Ingleses) von 1925 entwickelt, die bei Sonnenuntergang ein beliebter Treffpunkt ist. Die Volkskunst des Nordostens lebt auch in der 2,5 Millionen Einwohner zählenden Hauptstadt in Gestalt der mitreißenden *Forró*-Musik weiter. In *Forró*-Lokalen wie der berühmten **Pirata-Bar** (Rua dos Tabajaras 325, Praia da Iracema, geöffnet nur Mo) tanzen die Einheimischen, »bis der Boden Löcher hat«.

Westlich von Fortaleza, in den Hügeln von Ibiapaba liegt der Nationalpark **Parque Nacional de Ubajara** ㉙. Seine Höhlen weisen interessante Stalagmiten-Formationen auf, und eine Seilbahn bringt die Besucher zu Wasserfällen und üppiger Vegetation.

Traumstrände im Norden

Nordwestlich von Fortaleza findet man wirklich schöne Badebuchten erst weit hinter der **Barra do Ceará**. Ein beliebtes Ziel für Tagesausflüge ist **Cumbuco**, nur 23 km von Fortaleza entfernt. Der breite Strand besticht durch hellen, weichen Sand und wird von Dünen und einem Kokospalmenhain von der Süßwasserlagune Parnamirim getrennt. Fahrten mit Buggys und den Jangada-Fischerbooten sind ebenso möglich wie Reitausflüge auf Mulis.

Nach Norden führt keine Straße an der Küste entlang. Wenn man die landeinwärts verlaufende Fernstraße BR 222 bei **Croatá** verlässt, erreicht man über die CE 85 nach 106 km die Kleinstadt **Paracuru** ㉚ und ihre Nachbarorte Alagoinhas und Trairi. An der Küste vor **Trairi** erstrecken sich vier traumhafte Strände mit Kokospalmen, Wanderdünen und vom Wind geformten Felsen.

Die Landstraße CE 176 führt nach 140 km bis **Icaraí** ㉛. Unmittelbar vor dem Fischerdorf liegen die weiten Strände Moitas und Icaraí, deren starke Brandung die Surfer anlockt. 231 km von Fortaleza entfernt ist der Küstenort **Acaraú** ㉜, über den man mit einem geländegängigen Fahrzeug nahezu unberührte Strände wie Almofala, Torrões, Espraiado, Ipoeiras und Aranaú aufsuchen kann.

Die Pedra Furada, ein vom azurblauen Meer ausgehöhlter Steinbogen, ist das Wahrzeichen von **Jericoacoara** ❸, einem der zehn schönsten Strände Brasiliens. 317 km von Fortaleza entfernt, kann der Ort nur von Fahrzeugen mit Allradantrieb erreicht werden. Das ehemalige Fischerdorf wird von bis zu 50 m hohen Wanderdünen, Kliffs, Kokospalmen, Tamarinden-Bäumen, Seen und struppiger Caatinga-Vegetation malerisch eingerahmt. Das Gebiet steht unter Naturschutz. Die meisten Jeeps und Buggys fahren mit Propangas, und für elektrisches Licht in den einfachen Unterkünften sorgt ein Dieselaggregat. Viele Urlauber und Einheimische pilgern allabendlich auf die höchste Düne nahe des Ortes, um von dieser natürlichen Empore jede Farbnuance des Sonnenuntergangs verfolgen zu können.

Bundesstaat Piauí

Cearás nördlicher Nachbarstaat **Piauí** liegt noch etwas abseits der Pfade des internationalen Tourismus, besitzt aber im Südwesten mit dem 6221 ha großen Nationalpark **Parque Nacional Sete Cidades** (tgl. 8–17 Uhr, Besuch nur mit Führer möglich) ein interessantes Gebiet mit Fossilien und Felsmalereien, die man den *Tabajara*-Indianern zuschreibt. Der Park ist 180 km von der Hauptstadt **Teresina** entfernt.

In den Kavernen des 130 000 ha großen Nationalparks **Parque Nacional da Serra da Capivara** wurden über 30 000 prähistorische Höhlenmalereien von Tänzen, Ritualen, Jagd- und Alltagsszenen entdeckt. Man kann den Nationalpark von Petrolina in Pernambuco oder von Teresina in Piauí aus auf einer langen Marterpiste erreichen. Informationen zum Nationalpark Sete Cidades bekommt man auf portugiesisch bei der Umweltbehörde Ibama (Avenida Homeiro Castello Branco 2240, Teresina, Piauí, Tel. 086-3343-1342).

Der Besuch ist nur mit Führer erlaubt, der vor Ort gebucht werden kann. Die beste Jahreszeit für den Besuch ist die Trockenzeit zwischen Juni und Dezember. Das dazugehörige Museum des amerikanischen Menschen, **Museu do Homem Americano** (Tel. 086-3582-1567, Di–So 9–17 Uhr), zeigt eine interessante Ausstellung über die Völker Brasiliens.

Ein gekacheltes Restaurant-Schild in São Luís

Unten: Der Palácio dos Leves in São Luís

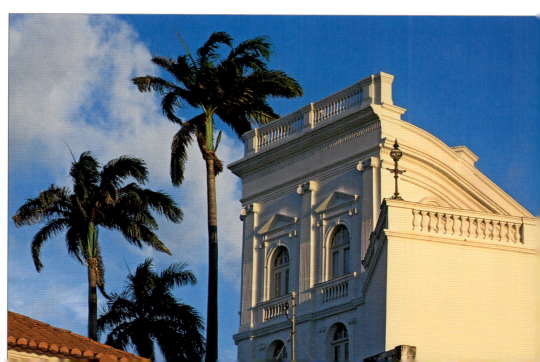

TIPP

Von Barreirinhas erreicht man mit dem Boot über den Rio Preguicas das kleine Dorf Cabure. Auf dem Weg dorthin lohnt sich ein Zwischenstopp am Leuchtturm von Mandacaru, um den fantastischen Blick auf den Nationalpark zu genießen.

Unten: Die unberührten Sanddünen von Lençois Marahenses

São Luís

Im nördlichsten Zipfel der Region zwischen Amazonasbecken und Sertão liegt **São Luís** ❹, Hauptstadt des Bundesstaates Maranhão, an der Westküste der gleichnamigen Insel. Die Stadt (900 000 Einw.) wurde 1612 von Franzosen gegründet, die aber drei Jahre später von den Portugiesen vertrieben wurden. 1641 fielen die Holländer auf der Insel ein, doch auch sie konnten sich hier nur drei Jahre halten.

Somit ist São Luis die einzige Stadt Brasiliens, die nicht von den Portugiesen gegründet wurde. Dennoch ist sie gerade für ihre vielen repräsentativen Bauten aus der portugiesisch geprägten Kolonialzeit bekannt. Die historischen Gebäude im Zentrum, der Praia Grande, nahm die UNESCO 1997 ins Weltkulturerbe auf.

Für die historische Altstadt von São Luis sollte man ausreichend Zeit einplanen. Herrlich sind die mit weißblauen Azulejos gekachelten Fassaden im Stadtkern. Die aus Portugal importierten Fliesen sind das optische Wahrzeichen der Stadt, der Reggae unüberhörbar das akustische.

Sehenswert sind die 1629 erbaute Kathedrale **Matriz da Sé** (Praça Dom Pedro II, tgl. 8–11.30, 15–18 Uhr), das 1817 gegründete **Teatro Arthur Azevedo** (Rua do Sol 180, Mo–Fr 15 Uhr, Tel. 3221-3317) und das **Centro de Cultura Popular** (Rua do Giz 221, Di–Sa 9 bis 19 Uhr).

Neben dem Karneval bilden die Patronatsfeiern sowie das Bumba-meu-boi (s. S. 99) im Juni Höhepunkte im Festkalender. Darüber hinaus gibt es eine sehr informative Ausstellung im ehemaligen Zollgebäude im Predio da Alfândega in der **Casa do Maranhão** (Rua do Trapiche, Di–So 9–19 Uhr).

Der am Standort des alten Fort São Luis errichtete **Palácio dos Leões** (Av. Dom Pedro II) von 1766 wurde 2002 vollkommen restauriert und beherbergt nun die Landesregierung.

Eine Ausstellung im **Memorial do Centro Historico** (Rua da Estrela 562, Mo–Sa 8–12, 13–18 Uhr, freier Eintritt) berichtet von der Erneuerung der Altstadt. Viele Modelle und Fotos vermitteln einen lebendigen Eindruck von den umfangreichen Arbeiten im vergangenen Jahrzehnt.

Paraíba bis Maranhão

Gute Hotels findet man an den Stränden von Ponta d'Areia, Santo Antonio, Calhau und Caolho. Über 5 km hinweg reihen sich dort Bars und Restaurants dicht an dicht. Vorsicht beim Baden an diesen Stränden, es gibt hier Strömungen und Strudel! Beobachten Sie am besten die Einheimischen.

Alcântara

Die halbverfallene Stadt **Alcântara** ❸❺ auf der anderen Seite der São-Marcos-Bucht, 22 km von São Luís entfernt, wurde im 17. Jh. von den reichsten Familien des Landadels gegründet. Im Umkreis der zentralen Praça da Matriz entstanden bis ins 18. Jh. über 300 Gebäude, von denen die meisten bald wieder verfielen. Über die Stadtgeschichte informiert das **Museu Histórico de Alcântara** (Praça Gomes de Castro, tgl. 9–14 Uhr). In der Stadt gibt es noch einen erhaltenen Pranger (Pelourinho) aus der Sklavenzeit. Die Karmeliterkirche, Ns. Sr. do Carmo ist noch relativ gut erhalten.

Von São Luis aus erreicht man das Städtchen am besten mit dem Schiff vom Stadthafen, Terminal Hidroviario (Av. Vitorino Freire), aus. Einige einfache Pousadas bieten ruhige Unterkunft abseits des Trubels der Großstadt.

In den 1950er-Jahren brachte die Dürre einige Seilmacher aus Ceará in das Fischerdorf **Raposa**. Ihre einfachen Holzhäuser auf Pfählen *(palafitas)*, die aus den nahen Mangroven hergestellt wurden, dienen als Läden und Wohnhäuser. Von hier können Bootstouren zur Insel Curupu organisiert werden.

Lencois Marahenses

Mit 155000 ha Sanddünen ist der **Parque Nacional de Lençois Marahenses** ❸❻ ein ökologisches Paradies. Während der Regenzeit von Dezember bis Mai bilden sich in den Senken der weißen Sandhügel Hunderte kristallklarer Seen. Von September bis Oktober fegen hier Stürme von bis zu 70 km/h über die Dünen, Brillen bieten dann Schutz. Eine neue Straße führt von São Luis in drei Stunden Fahrt nach **Barreirinhas**, direkt am Nationalpark. Der Ort entwickelte sich zum Eingangstor des Parks. Agenturen bieten Exkursionen mit dem Boot oder Jeeps an oder einen Kurzflug über den Naturpark. ■

Körbe, Matten – alles, was geflochten ist – steht hier in Barreirinhas zum Verkauf

---

RESTAURANTS

Preise pro Person für ein dreigängiges Menu mit einem Getränk:
- ● = unter 25 US-$
- ●● = 25 – 40 US-$
- ●●● = 40 – 55 US-$

Fortaleza

◆ **Cantinho do Faustino**
Rua Delmiro Gouveia 1520, Tel. 85-3267-5348, Di–Fr 12–15, 18–24, Sa 12–24, So 12–16 Uhr
Fantasievolle regionale Küche mit besten Zutaten von Land und Meer. ●●

◆ **Cemoara**
Rua Joaquim Nabuco 166, Mercure Apartments, Meireles, Tel. 85-3242-8500, Mo–Sa 12–15, 19–24, So 12–17 Uhr
Bacalhau, Fisch mit scharfer Sauce, alles ist gut. ●●●

◆ **Colher de Pau**
Rua Frederico Borges, 204 Varjota, Tel. 85-3267-3773, tgl. 11–24 Uhr
Eine Institution in der Stadt, Carne de sol frita (Dörrfleisch mit Banane) ist hier die Nr 1. ●

João Pessoa

◆ **Bargaço**
Avenida Cabo Branco 5160, Tel. 83-3247-9957, tgl. 12–24 Uhr
Populäre Bahia-Küche, Mini-acarajé als Innovation, Moqueca in Spitzenqualität. ●●

◆ **Mangai**
Avenida General Adson Ramalho 696, Tel. 83-3226-1615, Di–So 6–22 Uhr
Gutes Selbstbedienungsrestaurant für Eilige, aber von exzellenter Qualität. ●

Natal

◆ **Galo do Alto**
Rua Dr. Manoel de Araújo 142, Ponta Negra, Mo–Sa 18–24, So 12–18 Uhr
Öko-orientiert, modern, viel frischer Fisch. ●●

◆ **Camaroes**
Avenida Engenheiro Roberto Freire 2610, Ponta Negra, Tel. 84-3209-2424, tgl. 11.30–15.30, 18.30–24 Uhr
Sehr populäres Meeresfrüchterestaurant. ●●

São Luís

◆ **Senac**
Rua de Nazaré 242, Zentrum, Tel. 98-3232-6377, Mo–Do und Sa 12–15, Fr 12 bis 15, 20–24 Uhr
Mittagsbuffet zu Fixpreisen, sehr gute Qualität. ●

◆ **A Varanda**
Rua Genesio Rego 185, Monte Castelo, Tel. 98-3232-8428, Mo–Sa 12 bis 24 Uhr
Fischspezialitäten, 15 Min. mit Taxi ab Zentrum. ●

Der Amazonas

Wie winzig ist der Mensch angesichts der Weite des Amazonas. Auf dem gewaltigen Fluss durchkreuzen Schiffe einen tropischen Regenwald, in dem sich selbst Großstädte wie Belém, Santarém und Manaus zu verlieren scheinen.

NICHT VERPASSEN!

Belém
Ilha de Marajó
Soure
Carajás
Monte Alegre
Santarém
Manaus
Roraima

Vorherige Seiten: Amazonas-Bootsfahrt
Links: Auf dem Schiff
Unten: Hafen, Belém

Der Amazonas ist der wasserreichste Strom der Erde. Er führt ein Fünftel der gesamten Süßwassermenge, die weltweit in die Ozeane fließt. Sein Einzugsgebiet umfasst 7,2 Millionen km² in acht südamerikanischen Staaten. Mit 6570 km ist er nach dem Nil der zweitlängste Fluss der Erde. Seine Quellflüsse Rio Apurimac, Rio Ucayali und Río Marañón entspringen in den peruanischen Anden. Über 200 größere Nebenflüsse münden in den Amazonas, 15 davon sind länger als 2000 km.

Ozeandampfer können 3720 km des Stroms befahren und bis ins peruanische **Iquitos** vordringen. Selbst an seiner schmalsten Stelle, bei **Óbidos,** ist der Amazonas noch 1,8 km breit und über 100 m tief. In seinem Mündungsgebiet drängen auf einer Breite von 250 km Wassermassen und eine Sedimentfracht ins Meer, die den Atlantik noch 250 km vor der Küste trübt.

Lebensraum Amazonas

»Amazonas« bezeichnet nicht nur den wasserreichsten Fluss der Erde, sondern auch die tropischen Regenwälder des Amazonasbeckens. Das Ökosystem ist ein Treibhaus der Evolution: Fast ein Drittel aller bekannten Tier- und Pflanzenarten kommen hier vor – allein 2500 Fischarten, 50 000 höhere Pflanzengattungen und unzählige Insekten.

So unermesslich und üppig die Vegetation auch erscheinen mag, ihr Artenreichtum gedeiht auf Böden, die extrem kalkarm sind. Noch fataler als die Brandrodungen selbst sind ihre Langzeitfolgen für das ökologische Gleichgewicht am Amazonas: Ist die dünne Humusschicht erst einmal des schützenden Waldes beraubt, wird sie bei der nächsten Regenzeit einfach weggespült; auf den zurückbleibenden sandigen Flächen gedeiht nichts mehr.

Von der Weltöffentlichkeit wurde kaum bemerkt, dass die Zahl der Waldbrände seit 1994 erneut stark zunahm und sich das Tempo der Abholzungen am Amazonas wieder beschleunigt.

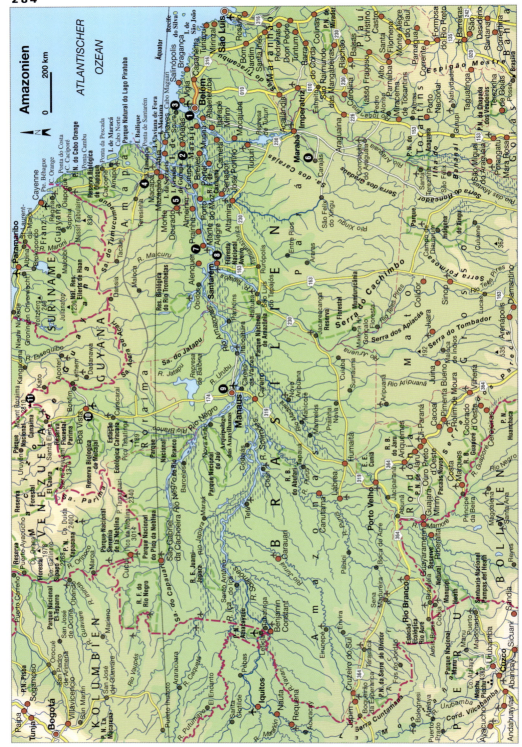

Der Amazonas

Entstehung des Flusssystems

Der Amazonas bildete sich vor 2 Mio. Jahren. Damals ergoss sich gut 120 km oberhalb der heutigen Stadt Santarém das Wasser eines mächtigen, von den Anden eingeschlossenen Amazonischen Meeres ostwärts durch die Enge von Óbidos. Es bahnte sich seinen Weg entlang einer 3500 km langen Senke zwischen den beiden geologischen Platten, aus denen sich Brasiliens Oberfläche zusammensetzt. Je nach Schwebstoffgehalt und der daraus resultierenden Färbung der aus unterschiedlichen Regionen kommenden Flüsse des Amazonas-Systems unterscheidet man Schwarz-, Weiß- und Klarwasserflüsse.

Schwarzwasserflüsse wie etwa der **Rio Negro** werden aus den sumpfigen Waldgebieten Oberamazoniens gespeist. Sie führen nährstoffarmes, kaffeefarbenes Wasser. Weißwasserflüsse wie der Río Marañón, der ab der brasilianischen Grenze **Rio Solimões** heißt, führen Schmelzwasser und Sedimente der geologisch jungen Anden mit; ihre trüben Fluten sind lehmgelb.

Klarwasserflüsse schließlich – der größte ist der **Rio Tapajós** – entspringen in den erdgeschichtlich alten Massiven von Guyana und Zentralbrasilien. Besonders in der Trockenzeit ist ihr Wasser klar und fast transparent.

Bei Manaus und bei Santarém treffen Ströme unterschiedlicher Färbung aufeinander und bieten ein einzigartiges Naturschauspiel: Statt sich zu vermischen, ziehen ihre Wassermassen aufgrund der voneinander abweichenden Fließgeschwindigkeiten, Säuregraden und Temperaturen kilometerlang fein säuberlich getrennt nebeneinander meerwärts.

Entdecker und Legenden

Als erster Europäer befuhr Francisco de Orellana (s. S. 290) das gesamte Amazonasbecken. 1542 vertraute er sich und seine Getreuen in einem Boot dem Strom an und wurde sechs Monate lang flussabwärts durch »das wunderbare Land und Reich der Amazonen« getrieben. Sein Chronist Pater Carvajal hatte eine Vision der klassischen Antike, welcher der Amazonas seinen Namen verdankt: Er sah Kriegerinnen, die sich eine Brust amputieren ließen, um leichter mit Pfeil und Bogen

Die »Tibouchina«, eine der vielen Pflanzen des Amazonas, gemalt von Margaret Mee

Unten: Beléms farbenfroher Hafen

Handgearbeitete Korbwaren aus Belém sind von guter Qualität

Unten: Der seltene blaue Hyazinth-Ara

agieren zu können, und »die wie zehn männliche Indianer kämpften«.

Als 1641 der spanische Jesuit Cristóbal de Acuña sein Werk »Eine neue Entdeckung des großen Amazonas-Flusses« veröffentlichte, erwachte in der ganzen Welt Interesse an der Erforschung des Amazonasgebiets. Dieses Buch enthielt Beschreibungen der Sitten, Anbaumethoden und Heilkräuter der Indianer. Der Autor kam zu dem Schluss, dass das Land am Fluss, wenn die Moskitos nicht wären, »ein einziges Paradies« sein könnte.

Gründliche Forschungsarbeit leistete ein Team von drei englischen Sammlern unter der Leitung von Alfred Russell Wallace. Seine Arbeit über die Vielfalt der Fauna und Flora des Amazonas beeinflusste Darwins Werk über die Entstehung der Arten. Zusammen mit Henry Walter Bates und Richard Spruce machte sich Darwin 1848 auf und entdeckte über 15 000 bisher unbekannte Tier- und Pflanzenarten.

Reichtum durch Kautschuk

Eine dieser Pflanzen war der Kautschukbaum. Die speziellen Eigenschaften seines Saftes führten den Amazonas Mitte des 19. Jhs. zu großem Reichtum, denn Brasilien besaß damals das Kautschukmonopol (s. S. 294).

Dies aber brach der Engländer Henry Wickham, der sich 1874 mit seiner Frau in Santarém niederließ. Er nutzte sein botanisches Wissen, um die Amazonas-Region in den wirtschaftlichen Ruin zu stürzen. Für nur 1000 englische Pfund lud er 70 000 Samen der »Hevea Brasiliensis« auf einen Mietdampfer und schmuggelte sie in Belém durch den brasilianischen Zoll. Wochen später gingen die Samen in einem Treibhaus der Londoner Kew Gardens auf, und ab 1912 wuchsen sie in Malaysia zu schädlingsfreien Kautschukplantagen heran – Brasiliens Kautschukboom war damit für immer vorbei.

Belém do Pará

Belém ❶, die knapp 1,6 Millionen Einwohner zählende Hauptstadt des Bundesstaates Pará, liegt am Nordwestufer des Rio Guamá. Die äquatornahe Metropole ist nur 145 km vom offenen Meer entfernt und seit Menschengedenken das Tor zum Amazonas. Belém

AUF DEM AMAZONAS PER SCHIFF

Die klassische Art des Reisens mit dem Schiff auf den beeindruckenden Wasserstraßen des Amazonasbeckens erfordert weit mehr Zeit als die meisten Touristen heutzutage mitbringen. Die Einheimischen nutzen hingegen unverändert Boote, um sich innerhalb der Region über große Strecken preisgünstig fortzubewegen.

Relativ komfortable Passagierschiffe privater Eigner pendeln zwischen Belém, Santarém und Manaus. Sie verdrängen zunehmend die traditionellen Amazonasboote, die wegen ihrer luftigen Bauweise und der an Deck aufgespannten Hängematten der Passagiere *Gaiola*, Vogelkäfig, genannt werden.

Bei Fahrten stromaufwärts halten sich die Boote in Ufernähe, um der stärksten Strömung auszuweichen: Für die Passagiere ist das gut, denn so sieht man wesentlich mehr. Erster Höhepunkt der rund 60-stündigen Reise nach Santarém ist die Durchquerung eines engen Gezeitenkanals beim Städtchen Breves auf der Ilha de Marajó. Auch die Amazonashäfen von **Gurupá**, **Almérim** und **Prainha** werden von einigen Booten angelaufen – diese Haltestellen sind eine willkommene Abwechslung während der auf die Dauer doch etwas eintönigen Fahrt. Glücklich, wer ein Kartenspiel dabei hat! Auch ist auf den Amazonasbooten gut beraten, wer ausreichend Trinkwasser, Sonnenschutz, Toilettenpapier und Nahrungsmittel im Gepäck hat.

ist der bedeutendste Exporthafen für tropische Harthölzer, Paranüsse, Pfeffer und Jute. Von November bis April kommt es hier täglich, wenn die Sonne ihren höchsten Stand überschritten hat, zum sogenannten Zenitalregen, sturzbachartigen Niederschlägen, die zum Glück nur kurz andauern.

Der historische Stadtkern

Die verschwenderische Eleganz der längst vergangenen Kautschuk-Ära, für welche die öffentlichen Parks, schmiedeeisernen Musikpavillons, stilvollen Bauwerke und von Mangobäumen gesäumten Prachtstraßen stehen, ist in Belém noch stärker präsent als im rivalisierenden Manaus. Während ihrer Belle Epoque verglichen französische Gäste die Stadt mit Marseille und Bordeaux. Heute schießen im Zentrum immer mehr Hochhäuser in den Himmel und verdrängen die alten, teils mit Azulejo-Fliesen gekachelten Fassaden.

Die Stadtbesichtigung beginnt man am besten an der Stelle der Festung, an der die Stadt 1616 als Santa Maria do Belém do Grão Pará gegründet wurde, am **Forte do Castelo** ❹. Darin befindet sich das modern gestaltete **Museu do Forte do Presépio.** mit seiner archäologischen Ausstellung. Außergewöhnlich ist die Marajoara-Keramik (Praça Frei Caetano Brandão 117, Di–Fr 10–18, Sa, So 10–20 Uhr). Von den Mauern der Festung aus kann man den Rio Guamá und den lebhaften Hafen von Belém sehr schön beobachten.

Unweit des Kastells wurde zu Beginn des 18. Jhs. das Jesuitenkolleg **Santo Alexandre** ❺ errichtet, heute beherbergt es das Museu de Arte Sacra (Di–Fr 13–18, Sa, So 9–13 Uhr). Die dazugehörige Kirche ist eine der wenigen noch gut erhaltenen des Jesuitenordens im Lande, der um 1767 aus ganz Südamerika vertrieben wurde.

Ebenfalls an der Praça Frei Caetano Brandão steht mit der **Catedral da Sé** ❻ die Bischofskirche in barockem Baustil. Ihr Inneres ist neoklassizistisch ausgestattet. Neben einer Orgel aus dem Jahr 1781 fallen in ihrem Schiff 28 kupferne Kandelaber ins Auge sowie ein schönes Gemälde der Jungfrau auf dem Hauptaltar de Portugiesen Carvalho. Von hier beginnt die alljährliche Prozession des Cirio von Nazaré.

> **TIPP**
>
> Gute Infos gibt es bei PARATUR, dem offiziellen Tourismusbüro des Bundesstaates Pará an der Praça Waldemar Henrique/Ecke Av. Assis de Vasconcelos, nahe den umgebauten Docks. Auch Englisch und Spanisch wird gesprochen, freundlich und kompetent. (Tel. 91-3212-0575, Mo–Fr 13–18 Uhr, www. paratur.pa.gov.br)

Unten: Pilger in der Prozession des Círio de Nazaré in Belém

> **TIPP**
>
> Wer plant, Belém im Oktober zur Círio-de-Nazaré-Prozession zu besuchen, sollte unbedingt eine Hotelreservierung vornehmen. Über eine Million Gläubige besuchen dann die Stadt.

Einen Straßenblock weiter stehen an der Praça Dom Pedro II zwei große Paläste. Der **Palácio Lauro Sodré** ❶, einst Gouverneurssitz, beheimatet heute das Museu do Estado (Praça Dom Pedro II, Di–Sa 10–18, So 10–14 Uhr). Wie auch die meisten Kirchen Beléms wurde er von dem aus Bologna stammenden Architekten José Antonio Landi (1708 bis 1790) erbaut. Der andere Palast ist der 1883 errichtete **Palácio Antônio Lemos** ❷, auf dem Höhepunkt des Kautschukbooms in portugiesischem Kolonialstil ausgeführt. Hier bietet das **Museu de Arte de Belém** eine interessante Ausstellung mit Zeugnissen über die wechselvolle Stadtgeschichte (Di bis Fr 9–18 Uhr Sa, So 9–13 Uhr).

Der Markt

Beléms rund um die Uhr geschäftiger Markt am Hafen heißt **Ver-o-Peso** ❻, was übersetzt »Achte auf das Gewicht« lautet. Besucher sollten sich jedoch in der Umgebung des pittoresken Markts, an dessen Hafenmauer die ganze Fülle an Fischen und tropischen Früchten des Amazonasgebiets angelandet wird, vor Taschendieben in Acht nehmen. Am besten die Kamera festhalten und alle Wertsachen im Hotel lassen, dann kann man in aller Ruhe das Geschehen auf diesem vielleicht spannendsten Markt des Kontinents beobachten! Allein die Vielzahl der oft riesigen Amazonasfische ist beeindruckend. Etliche Stände bieten das unverzichtbare Dendê-Palmöl an, Berge von Maniokmehl und noch nie gesehene Früchte. Die dunkelviolette Açai, eine Palmfrucht, wird als Saft oder Süßspeise angeboten und gilt als Vitaminbombe, die gerade international entdeckt wird.

Neben den beiden Markthallen lockt ein faszinierendes Labyrinth überdachter Marktstände, die Heilkräuter und Amulette für Umbanda-Rituale verkaufen. Gürteltierschwänze, Seepferdchen, Geschlechtsorgane von Süßwasserdelfinen, Schildkrötenpanzer und winzige, zur Geburtenkontrolle benutzte Ananas werden neben Kräutern gegen Rheuma und Herzprobleme angeboten.

Östlich der im 20. Jh. aus Glasgow importierten eisernen Markthallen wurden an der Avenida Castilhos França bis zur **Praça W. Henrique** ❼ die al-

ten Docks **Estação das Docas** in eine touristische Flaniermeile mit Gastronomie, Theater und Souvenirshops verwandelt. In den ehemaligen Lagerhallen drängen sich jetzt unterschiedlichste Restaurants, einige mit eigener Brauerei. Dort kann man in den klimatisierten Räumen seinen kalten Chopp (Fassbier) genießen oder auf der Terrasse mit Blick auf den breiten Strom (Di–Do 10–1, Fr–So 9–3 Uhr, Mo geschl.).

Icoaraci ❽, eine knappe halbe Stunde von der Stadt entfernt, ist ein Zentrum moderner Keramik, das sich an der präkolumbischen Marajoará-Töpferei der Indios orientiert.

Um die Praça da República

Über die von Mangobäumen gesäumte Hauptverkehrsstraße Av. Presidente Vargas gelangt man vom Hafen zur parkartig gestalteten **Praça da República** ❶. Umgeben von üppigem Grün, erinnert hier die verspielte Architektur eines Musikpavillons und der Bar do Parque an die vergangenen guten Zeiten des Kautschukhandels.

Den südlichen Teil der Praça da República nimmt das von 1868 bis 1874 in neoklassizistischem Stil erbaute **Teatro da Paz** ❿ ein (Führungen Di–Fr 9.30, 11, 12.30, 14.30, 16, 17 Uhr, Sa nur vorm. Tel. 3224-7355). Der von griechisch inspirierten Säulen gezierte Prunkbau ist weniger bekannt als die Oper von Manaus, aber ähnlich reich ausgestattet – u. a. mit einem Deckenfresko von Domenico de Angelis. Es bietet rund 1000 Zuschauern Platz.

Beléms wichtigste Kirche für die Gläubigen ist die 1909 erbaute **Basílica de Nazaré** ⓚ mit mehreren beeindruckenden Marmorarbeiten und farbigen Mosaiken (Praça Justo Chermont, Di bis So 6.30–11.30, 15–18 Uhr). Sie ist der Mittelpunkt der Círio-de-Nazaré-Prozession, die von den Jesuiten zur Christianisierung der Indianer eingeführt wurde und stets am zweiten Sonntag im Oktober über eine Million Gläubige nach Belém führt. Die verehrte Marienstatue wurde im Jahr 1700 in einem Wald bei Belém gefunden.

Grüne Lungen

Das renommierte **Museu Emílio Goeldi** ⓛ umgibt ein hübscher botanischer Garten mit tropischen Pflanzen und einem kleinen Zoo mit Schildkröten, Kaimanen, Aquarien und Vögeln (Rua Magalhaes Barata 376, Nazaré, Di–Do 9–11.30, 14–17 Uhr, Fr–So 9–11.30, Sa, So 9–17 Uhr). Noch besser zum Entspannen eignet sich der 16 ha große Stadtgarten **Bosque Rodrigo Alves** mit 2500 Baumarten, Orchideen und einem Teich mit Amazonasfischen, Schildkröten und Kaimanen (Av. Almirante Barroso 2305, Di–So 8–17 Uhr).

Ausflüge von Belém
Marajó-Insel

Die **Ilha de Marajó** ❷ an der 250 km breiten Mündung des Flusses ist mit 48 000 km² größer als die Schweiz, hat jedoch nur 250 000 Bewohner. Weit zahlreicher sind die großen schwarzen Wasserbüffel, die sich im flachen, sumpfigen Norden der Insel suhlen oder als Zugtiere für einfache Karren dienen. Auf der von Riedgras, Mangroven und Palmen bewachsenen Insel findet man auch hübsche Sandstrände

> **TIPP**
>
> Die Marajó-Insel hat eine Fülle von Pflanzen und Tieren zu bieten – darunter allein mindestens 360 verschiedene Vogelarten. Auch der grazile Rote Ibis ist hier an verschiedenen Stellen zu beobachten.

Unten: Ilha de Marajó an der Mündung des Amazonas

DAS VERSUNKENE EL DORADO

Die Suche nach dem Gold unvorstellbar reicher Städte ist Bestandteil vieler Legenden, die sich um die Eroberung Südamerikas ranken. Als sie hörten, dass der König eines sagenhaften Dschungelreichs, am ganzen Körper mit Goldstaub bedeckt, in einem heiligen See baden soll, tauften ihn die Spanier El Dorado, »den Goldenen«. Damit ist wohl ein Ritual des *Muisca*-Volkes in Kolumbien gemeint, die noch vor den Inkas eine Hochkultur unterhielten und Gold für ihre Götter opferten. Am Guatavita-See im Hochland nördlich der Hauptstadt Bogotas ließ sich der Häuptling mit Goldstaub bedecken und stieg dann mit Goldgaben in die Fluten. Im Goldmuseum in Bogotá ist das Prunkstück ein goldenes Floß, das diese Legende darstellt.

Legenden über gewaltige Reichtümer kursierten in der Alten Welt schon kurz nach der Entdeckung Brasiliens. Anfang des 20. Jhs. fielen Oberst Percy Fawcett, der von der Idee besessen war, in Amazonien untergegangene Zivilisationen aufzuspüren, Aufzeichnungen in die Hände, nach denen der schiffbrüchige Abenteurer Diego Alvarez im 16. Jh. zahlreiche Gold- und Silberminen sowie Edelsteine gefunden haben musste.

Auch Francisco de Orellana, der als erster Europäer das gesamte Amazonasbecken durchquerte, war ein Eroberer, der am Ruhm des Vaterlands oder an der Errettung heidnischer Seelen weit weniger interessiert war als am Gold El Dorados. Orellana hatte in Peru, wo sich die Konquistadoren am Gold der Inkas bereichert hatten, an der Seite Pizarros gekämpft. Im Jahr 1540, als Pizarro wieder eine Expedition zur Suche nach Edelmetall, Ländereien und Zimt startete, stieg er zum Vize-Kommandeur auf. Er wurde von seinem Oberbefehlshaber getrennt, als dieser von feindseligen Indios zum Rückzug nach Ecuador gezwungen wurde. Orellana schlug sich mit einigen seiner Leute nach Osten durch. Indianer berichteten ihm von Kriegerinnen, in deren Dörfern die Männer benachbarter Stämme nur einmal im Jahr bei einem festlichen Fortpflanzungsritual geduldet würden. Ihre Siedlung sei mit goldenen Fruchtbarkeitssymbolen überreich verziert. Orellana suchte vergeblich nach diesen Schätzen.

Der portugiesische Forscher Francisco Raposo hat möglicherweise Spuren des von einem Erdbeben verwüsteten Königreichs von El Dorado entdeckt. Im Jahr 1754 beschrieb er Ruinen einer prächtigen Stadt mit gepflasterten Straßen und Plätzen, Wandmalereien und Statuen sowie Goldmünzen.

Dieser faszinierende Ort blieb für alle Zeit verschollen. Auch der exzentrische Fawcett, der 1925 von der Existenz von Resten uralter Siedlungen im abgelegenen Hinterland Mato Grossos ausging, fand ihn nicht. Der Brite unternahm mehrere Expeditionen im Westen Brasiliens, als er einen 25 cm großen schwarzen Stein in die Hände bekam, von dem er glaubte, Raposo hätte ihn in der Ruine gefunden. Von seiner letzten Reise im Mai 1925, die er mit seinem Sohn Jack und einem Freund unternahm, kehrte er nicht mehr zurück. Im Verlauf der Jahrzehnte wurden mehrere Expeditionen gestartet, um die Verlorenen zu finden. Wilde Spekulationen machten die Runde. Eine Legende meint, Fawcett hätte seinen Verstand verloren und vermutet ihn als Häuptling eines abgelegenen Indianerstammes irgendwo im Dschungel.

Auf der Jagd nach dem großen Goldschatz kommen auch heute noch Tausende von *Garimpeiros* (Goldsuchern) nach Amazonien. Serra Pelada, Roraima, Rio Madeira und Mato Grosso sind nur die jüngsten Stationen dieser rastlosen Suche nach dem Edelmetall, das schon die ersten Europäer in den Dschungel lockte. Besonders Serra Pelada zieht die Goldsucher magisch an, 1980 fand man dort Gold und 1996 wieder. Jedesmal wurde ein neuer Goldrausch ausgelöst, in der Hoffnung so vieler, reich zu werden durch das gelbe Metall, das die ersten Weißen in den Busch lockte. ∎

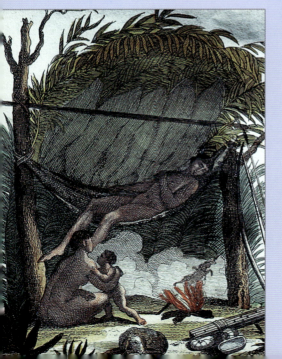

Links: Ein idealisierendes Bild vom Leben der Indios

Der Amazonas

und Fazendas mit mehr als 2500 Rindern. Hier werden vor allem die indischen Rassen gezüchtet.

Man kann mit der Fähre nach Camará auf der Ilha de Marajó übersetzen (s. rechts). Von dort geht es per Minibus nach Salvaterra und per Flussfähre weiter nach **Soure ❸**, der »Hauptstadt« am Ostzipfel der Insel. Direkte Schiffe nach Soure fahren seltener, brauchen auch länger (ca. 4 Std.). Per Charterflug geht's in 15 bis 30 Minuten ab dem kleinen Flughafen Júlio César (neben dem Airport), organisiert vom Belém Aeroclub (Tel. 91-233-3868).

Neben einigen Hotels und Pousadas auf Marajó nehmen auch einige Farmen Gäste auf. Platz für 12 Personen hat die Fazenda Camburupuy (www.marajo.tur.br, Tel. 91-3741-1361); 6 Zimmer für max. 20 Gäste die Fazenda Sanjo (www.sanjo.tur.br, Tel. 91-3228-1385). Sie organisieren auch Ausflüge zu *Igarapés* (natürlichen Kanälen), zu den an Krebsen reichen Mangrovenwäldern und zu verschiedenen Stränden der Insel. Einer der schönsten und auch in der Regenzeit leicht erreichbaren Strände ist die **Praia da Salvaterra.**

Zum Äquator

Direkt südlich von **Macapá ❹**, der nordwestlich des Amazonas-Deltas gelegenen Hauptstadt des Bundesstaates **Amapá,** verläuft der Äquator. Ein Monolith, die *Marca Zero* (Rodovia Juscelino Kubitschek, km 2, 7.30–18 Uhr), markiert seinen Verlauf.

Ein beliebtes Fotomotiv ist das große Fort **Fortaleza de São José do Macapá** (Av. Cândido Mendes, Tel. 3212-5118, Di–So 9–18 Uhr). Es wurde 1782 von den Portugiesen aus Lissabonner Ziegeln erbaut.

Im **Museu Sacaca** (Av. Feliciano Coelho 1509, Di–So 9–18 Uhr) kann man einer Führung zu Nachbauten von typischen Flusshäusern beiwohnen.

Unbedingt sehenswert ist der **Mercado dos Produtos da Floresta,** in dem allerlei leckeres und auch kurioses aus der Region sowie Handwerksarbeiten der Indios verkauft wird.

Zerplatzter Traum

Wer will, kann von Macapá nach **Monte Dourado ❺** und zum Jari-Projekt fliegen, das sich über 1 400 000 ha erstreckt. Es ist der Rest eines in den

TIPP

Die staatliche Schifffahrtsgesellschaft ENESA (Tel. 3249-3400) unterhält Fähren zur Marajó-Insel. Vom Hafen Icoaraci, nördlich von Belém, fährt die Autofähre täglich um 6.30 Uhr ab und legt nach 2 Std. in Camará auf Marajó an. Vor dem Almacen Nr. 10 in den alten Docks fährt die Personenfähre jeden Morgen nach Camará und braucht dafür 3 Std.

Unten: Die Eisenerzmine in Carajás – ein umstrittenes Projekt

Der legendäre Piranha

1960er-Jahren missglückten Versuchs des amerikanischen Milliardärs Daniel K. Ludwig, den Naturwald am Rio Jari durch schnellwachsende Eukalyptus-Plantagen zu ersetzen, um Zellstoff und Papier herzustellen.

Die Carajás-Mine

Einen Eindruck ganz anderer Art vermittelt der Besuch der **Carajás-Mine**, 550 km südlich von Belém, in den Bergen der Serra dos Carajás. Dort lagern 56 % der Eisenerz- und 63 % der Kupfervorkommen Brasiliens; die Region ist zudem reich an Bauxit, Mangan, Nickel und Zinn.

In den 1980er-Jahren ließ General Figueiredo im Rahmen eines bis heute umstrittenen Projekts mit der Förderung der Bodenschätze beginnen: Auf einem 840 000 km² großen Gebiet entstanden in **Carajás** ❻ riesige Tagebau-Minen, Stahlwerke, eine große Aluminiumfabrik und ein Flugplatz.

Am Rio Tocantins wurden der stark kritisierte **Tucuruí-Staudamm** mit einem 7960-MW-Wasserkraftwerk sowie als Exportweg eine 890 km lange Bahnlinie durch den Dschungel gebaut, auf der seit 1986 die Erze zum ebenfalls neuen Hochseehafen **Ponta da Madeira** bei São Luís befördert werden.

Per Schiff nach Manaus

Wer viel Zeit mitbringt, kann auch mit dem Schiff den Amazonas hinauffahren (s. S. 286). Dabei lassen sich der Dschungel, das Leben am und mit dem Fluss, die Einheimischen und die kleinen Dörfer am besten erleben. Die gesamte Strecke von Belém nach Manaus dauert mehrere Tage, man kann aber auch nur Teilstrecken fahren.

Monte Alegre

Nach etwa 50 Stunden Fahrt laufen die Linienschiffe **Monte Alegre** ❼ an. Das kleine Dorf wurde berühmt, als Anne Roosevelt in den Höhlen der Umgebung indianische Wandmalereien entdeckte, die Anlass gaben, die gängigen Theorien der Besiedlungsgeschichte Amazoniens neu zu überdenken.

Santarém

Der überaus lebhafte Flusshafen von **Santarém** ❽ (272 500 Einwohner) liegt auf halbem Weg zwischen Belém und

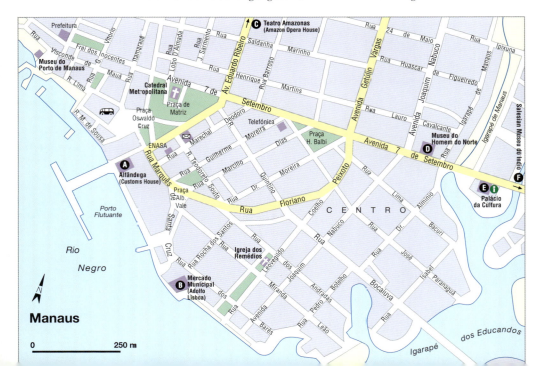

Manaus, am spektakulären Zusammenfluss des klaren Rio Tapajós und des lehmgelben Amazonas. Die Stadt, die im Jahr 1661 von Jesuiten als Missionsstation gegründet wurde, um ausländische Interessen vor der Ankunft der Portugiesen vom inneren Amazonasgebiet fernzuhalten, war einst das Zentrum einer blühenden Indiokultur.

Die Passagierschiffe unterbrechen ihre Fahrt in Santarém, um Fracht zu löschen oder neu zu laden. Die Wartezeit kann man nutzen, um über den Markt der Stadt zu bummeln. Santaréms Markthallen sind überschaubarer und kleiner als die in Belém und Manaus, aber die Auswahl fangfrischer Flussfische ist hier genauso reichhaltig wie in den großen Städten.

Auf den gefliesten Verkaufstischen der Fischstände sind goldschuppige Dourados, stattliche Tucunarés und fleischfressende Piranhas sauber nebeneinander aufgereiht. Auch der besonders fetthaltige Tabaquí und der Pirarucú, der größte bekannte Süßwasserfisch, der bis zu 2 m lang und über 100 kg schwer werden kann, fehlen nicht. Die stark gebogenen Schuppen des Pirarucú, der ausgewachsen nur mit der Harpune gefangen werden kann, werden als Nagelfeilen benutzt.

Von Santarém aus lassen sich Ausflüge unternehmen, so z. B. eintägige Bootstouren den Tapajós flussaufwärts bis **Alter do Chão.** Der kleine, 38 km von Santarém entfernte Ort hat schöne weiße Strände sowie im **Centro de Preservação do Arte Indígena** eine Sammlung indianischer Gebrauchs-, Kult- und Kunstobjekte zu bieten (Rua Dom Macedo Costa s/n, tgl. geöffnet).

Die Hotels in Santarém organisieren außerdem Touren in das Urwald-Reservat **Floresta Nacional do Tapajós** mit authentischem Primärwald.

Urwaldmetropole Manaus

Der Bundesstaat Amazonas ist der Flächengigant im fünftgrößten Land der Erde. Er umfasst 1 577 800 km² und ist damit größer als Deutschland, Frankreich und die Iberische Halbinsel, hat aber nur knapp 3,5 Mio. Einwohner. Etwa die Hälfte davon lebt in der Hauptstadt **Manaus** ❾ die heute eine staatlich subventionierte Freihandelszone mit 1,7 Mio. Einwohnern ist. Die

Im Hafen von Manaus werden Bananen verladen

Unten: Das restaurierte Teatro Amazonas erstrahlt bei Nacht

Dies stolze Monument vor dem Teatro Amazonas symbolisiert die vier Erdteile, in die man die Welt im 19. Jh. einteilte

Unten: Bei einer Fluss-Kreuzfahrt lernt man den Amazonas auf gemütliche Weise kennen

Stadt besitzt nur noch wenige Bauwerke, die an ihren sagenhaften Reichtum während der Zeit des Kautschukbooms erinnern. Doch mittlerweile bemüht man sich, die historische Bausubstanz wieder instand zu setzen. Durch das geschärfte Umweltbewusstsein in den westlichen Ländern entwickelte sich auch der Öko-Tourismus in den letzten zwei Jahrzehnten zu einer wichtigen Einnahmequelle.

Stadtrundgang

Manaus lebt am und vom Fluß, deshalb liegt es nahe, hier den Rundgang zu beginnen. 1906 erbauten britische Ingenieure das Zollgebäude **Alfândega** ❹ aus schottischen Backsteinen. Um die bis zu 14 m variierenden Pegelstände des Rio Negro auszugleichen, setzten sie Schwimmdocks aus importierten Teilen zusammen. An der Mauer neben der Brücke zum Hafen werden die Pegelhöchststände notiert. Für die wachsende Anzahl der Kreuzfahrtschiffe ist ein neues Hafengebäude entstanden mit Geschäften und Cafés.

500 m weiter südlich steht die Markthalle von Manaus, der **Mercado Municipal** ❺ (Rua dos Barés, 8–18 Uhr), der den »Les Halles« von Paris nachempfunden und auch von Gustave Eiffel entworfen wurde.

1896 entstand nach zwölfjähriger Bauzeit das Opernhaus von Manaus, das **Teatro Amazonas** ❻ (Praça São Sebastião, Tel. 3232–1768, Besichtigungen Mo–Sa 9–16 Uhr), nachdem mehrere europäische Ensembles über zu kleine Aufführungsräume geklagt hatten. Zum Auftritt des italienischen Startenors Enrico Caruso in der Amazonas-Oper kam es deshalb nicht, weil während einer Cholera-Epidemie in Manaus eintraf. Caruso wollte sein Schiff nicht verlassen und reiste unverrichteter Gesänge wieder ab.

Säulen und Treppengeländer des Theaters sind aus englischem Schmiedeeisen, die Bühnenvorhänge wurden in Frankreich bemalt, wo auch die Lüster und Spiegel hergestellt wurden. Der Marmor kam aus Carrara, Fliesen aus dem Elsass, die Leuchter waren aus Muranoglas, nur das Tropenholz kam aus dem nahen Urwald. Feierliche Eröffnung war an Silvester 1896. Doch schon 1907 hob sich der Vorhang zum

KAUTSCHUK-REICHTUM

Die Eigenschaften des Stoffes, der Manaus zu einer der reizvollsten Städte der Welt machte, hatten die Omagua-Indianer entdeckt. Französische Reisende des 18. Jhs. waren davon fasziniert.

Goodyears Entdeckung der Vulkanisierung (1844) und Dunlops Erfindung des aufblasbaren Reifens (1888) ließen die Kautschukpreise explodieren. Die Produktion wurde von 156 t im Jahr 1830 auf 21 000 t im Jahr 1897 gesteigert.

Manaus erlebte einen grandiosen Boom. Die Städte hatten keine Arbeitskräfte mehr, Tausende kamen aus den Dürregebieten des Nordostens und arbeiteten als Gummizapfer oder *seringeiros*.

Es floss ein unsagbarer Reichtum in die Stadt, extravagante Bauten wurden errichtet. Die Gummibarone schickten ihre schmutzige Wäsche zum Waschen nach Lissabon und die Kinder nach Paris.

Der Amazonas

letzten Mal, und die Feuchtigkeit setzte Gebäude und Interieur erheblich zu. In den 1980er-Jahren fand eine Totalrestaurierung statt, sodass die Oper 1990 mit Bizet' *Carmen* wieder eröffnen konnte. Alle 700 Plüschsitze waren im Nu ausverkauft. Mittlerweile findet sogar alljährlich im Mai/Juni das Opernfestival von Manaus statt.

Der Platz vor der Oper ist mit schwarzen und weißen Steinen gepflastert, deren Wellenmuster das Zusammentreffen der Flüsse symbolisiert. Das Monument in der Mitte stammt von Domenico de Angelis und stellt die vier Erdteile dar, in die man die Welt im 19. Jh. unterteilte.

Museen und Paläste

Die Amazonasmetropole ist nicht gerade eine Museumsstadt, aber das **Museu Homem do Norte** ❹ (Av. Sete de Setembro 1385, Mo–Fr 8–12, 14–17, Sa 8-11 Uhr) lohnt wegen der Ausstellung über die Bewohner Nordbrasiliens.

An derselben Prachtstraße erbaute gegen Ende des Kautschukbooms der deutsche Gummibaron Waldemar Scholz sein Herrenhaus, den Palácio Rio Negro. Ab 1918 diente das Palais der Provinzregierung, heute beherbergt es das Kulturzentrum **Palacio da Cultura** ❺, das Kunstausstellungen veranstaltet (Av. Sete de Setembro 1540, Mo–Fr 10-17, Sa, So 14–18 Uhr). Im Restaurant des Palacio werden Sonntag nachmittags Konzerte gegeben.

Einen Einblick in die traditionelle Lebensweise der Indios und Ribeirinhos vermittelt das **Salesianische Museu do Índio** ❻ (Rua Duque De Caxias 296, Mo–Fr 8.30–11.30, 14–16.30, Sa 8.30–11.30 Uhr). Es bleibt nicht aus, dabei auch vom Schwinden ihrer Kulturen erzählen zu müssen.

In der Umgebung von Manaus

Ausgesprochen interessant ist ein Besuch des **National Amazon Research Institute (INPA)** (Alameda Cosme Ferreira 1756, Tel. 92-3643-3193, www.cr-am.rnp.br, Di–Fr 9–11 und 14–16, Sa, So 9–16 Uhr) im Stadtteil Aleixo, 30 Minuten vom Zentrum entfernt (Bus 618 oder 508). Studenten führen die Besucher durch das Amazonas-Forschungsinstitut, das auf die Mitarbeit von namhaften internationalen Wissenschaftlern

Die dekorative Heliconia wächst als Strauch – in Deutschland gibt es sie als Zimmerpflanze

Unten: Die berühmten wagenradgroßen Blätter der Victoria-Regia-Seerose

EIN GESCHEITERTER PLAN

Schon immer war der Amazonas ein Land, das Sehnsüchte geweckt und die Träume reicher Männer, die meisten von ihnen Ausländer, geschürt hat. Doch so manches dieser mit Enthusiasmus verfolgten Vorhaben endete in Enttäuschung und Scheitern.

So auch das des sonst so erfolgreichen Henry Ford. Er war essentiell auf den Import von Kautschuk angewiesen, um Reifen für die Autos herstellen zu können, die er in Detroit produzierte. Daher suchte er nach einer Möglichkeit, sich von dem teuren britischen Kautschuk, den die Briten in Malaya produzierten, unabhängig zu machen, und fasste den Entschluss, in einer Plantage selbst Kautschuk anbauen zu lassen.

Wo anders als in Brasilien, wo der Kauschukbaum heimisch war, konnte dies Vorhaben klappen? Für diesen Standort sprach zudem, dass Henry Ford in São Paulo eine Autofabrik besaß – und für diese saß der Gumminachschub vom Amazonas quasi um die Ecke.

Der Rio Tapajós war der Platz seiner Wahl: In der Nähe von Santarém pachtete er 10000 km^2 Land, stampfte hier eine Retortenstadt aus dem Boden und nannte sie »Fordlândia«. Leider war das Land für den intensiven Anbau von Kautschukbäumen nicht geeignet. Das Projekt scheiterte an der unzureichenden Vorsorge gegen Pflanzenkrankheiten, denen die nach sechs Jahren erwartete Ernte zum Opfer fiel.

Doch Henry Ford gab noch nicht auf. Er startete einen neuen Versuch in *Belterra,* das er ein Stück weiter flussaufwärts am Rio Tapajós gründete. Dieser zweite Anlauf sollte das Scheitern Fordlândias wieder wettmachen. Ford kümmerte sich diesmal sehr um die Belange der Arbeiter. Für die Manager aus den USA wurden in dem neu geschaffenen Ort *Vila Americana* schöne Häuser gebaut. Die Plantagenarbeiter wurden ausgesprochen gut entlohnt, und Ford errichtete eine Infrastruktur mit Wasserleitungen und Schulen. Und dennoch: Wie Stephen Nugent in seinem Buch »Wide Mouth: the Amazon speaks« erzählt, wurde bis 1940 nur sehr wenig Gummi produziert.

Ein oder zwei Einheimische, die auf der Kautschukplantage mitgearbeitet haben, erinnern sich noch: Sabia z. B., ein etwa 80-jähriger Indio, sitzt in seinem sauberen kleinen Haus neben dem alten Sägewerk und kann Nugents Berichte aufgrund seiner eigenen Erfahrungen heraus bestätigen. Er erzählt aus seinen Tagen als Vorarbeiter:

»Einige wenige US-amerikanische Pflanzer waren auch hier. Aber sie hatten kein Geschick darin, die Kautschukbäume anzupflanzen. Man kann einen Kautschukbaum an eine Stelle pflanzen und es ist gut. Aber dann kann es sein, dass der nächste Platz, nur wenige Meter davon entfernt, nicht geeignet ist und der Setzling eingeht.«

Über dreieinhalb Millionen Bäume wurden gepflanzt. Aber die Durststrecke, bis das Projekt hätte rentabel werden können, war zu lang. Als schließlich 1945 auch noch synthetisches Gummi erfunden wurde, gab Henry Ford endgültig auf. Er stellte sofort alle Zahlungen ein und verkaufte die Stadt für 250000 US-$ an die brasilianische Regierung, nachdem er 25 Millionen investiert hatte.

Die Gemeindeverwaltung erhält die Infrastruktur weiter aufrecht. Und – neue Häuser müssen in derselben Weise geplant werden, wie Henry Ford dies vorsah. Die Reste von Vila Americana kann man besichtigen: Es gibt noch die breiten Straßen, eine Kirche und einige übrig gebliebene Kautschukbäume, an deren Stämmen man noch die Schnitte erkennt, die die Gummizapfer ihnen zum Auslassen des Baumsafts beigefügt haben.

Rund 2 km entfernt besteht noch die kleine Siedlung *Pindobal,* der einstige Hafen Belterras. Doch nur sehr wenige Frachtschiffe legen hier heute noch an. Statt dessen sieht man Kinder auf den rostigen Resten eines Bulldozers spielen. ∎

Links: Traditionelle Methode des Gummizapfens

Der Amazonas

zählt. Im Minizoo sind auch Flussdelfine und Seekühe zu bestaunen.

Aktivitäten und Ausflüge

Das **Hotel Tropical** an der Praia da Ponte Negro, 20 km außerhalb der Stadt, ist das beste Hotel von Manaus mit über 600 Zimmern. Seine Architektur hat zwar wenig Tropisches, dafür sind aber die beiden Swimmingpools, die Tennisplätze, Bogenschießanlage, ein kleiner Zoo mit Jaguar, Ozelot und Papageien sowie vor allem der Rio Negro außerhalb der Überschwemmungszeiten zum Schwimmen in dieser ansonsten eher eintönigen Stadt echte Attraktionen.

Vom Hotel aus werden täglich Bootsausflüge 9 km flussaufwärts zum **Lago Salvador** und zum **Guedes Igarapé** (ein Wasserlauf im Regenwald) durchgeführt. Touristen können angeln, schwimmen, spazieren gehen und in einem schwimmenden Restaurant essen. Nach Sonnenuntergang kann man mit Kanus in die Seitenarme, Igarapé, fahren und mit der Taschenlampe nach Kaimanen suchen, die roten Punkte ihrer Augen sind weithin sichtbar.

Exkursionen auf dem Amazonas

Die meisten Reisebüros in Manaus bieten Tagesausflüge mit dem Boot flussabwärts zum **Encontro das Aguas** an, dem Zusammenfluss von Rio Negro (Schwarzwasser) und Solimões (Weißwasser). Das ist die Stelle, an der das dunkle, warme und klare Wasser des Rio Negro auf den helltrüben Solimões trifft, und die beiden, 20 km lang nebeneinander herfließen, ohne sich zu vermischen.

Unterwegs fährt das Boot auch am **Lago de Janauary** vorbei, um hier die Vitória-Régia-Seerosen mit ihren wagenradgroßen Blättern zu bestaunen. Manche dieser Bootsausflüge halten an der Insel **Terra Nova,** wo die Bewohner ihr Geschick beim Gummizapfen zeigen und auf indianisch getrimmten Souvenirs anbieten.

Eine der führenden Agenturen in der Stadt ist die etablierte Amazon Explorers (Tel. 92-3633-3319, www.amazonexplorers.com.br). Auch Swallows and Amazons (Tel. 92-3622-1246, www.swallowsandamazonstours.com) ist empfehlenswert.

Ausflug auf dem Rio Negro

Unten: Moderne und Tradition auf einem Amazonasboot

Die »Pupunha«-Palmfrucht findet man auf allen lokalen Märkten

Unten: Im Hafen von Manaus

Dschungel-Lodges

Besser als bei den Tagesausflügen lernt man Flora und Fauna des Amazonas bei einem Aufenthalt in einer der Dschungel-Lodges kennen, die in den Galeriewäldern des Flusses errichtet wurden. Die Aufenthalte werden meist als zwei-, drei- oder viertägige Pauschalpakete angeboten und haben in der Regel stolze Preise. An nährstoffarmen Schwarzwasserflüssen wie dem Rio Negro finden Moskitos keine Lebensgrundlage. Die Plagegeister sind hier daher weit weniger stark vertreten als an nährstoffreichen Flüssen mit weißem Wasser wie dem Rio Solimões.

Das **Amazon Village** ist 1½ bis 3 Stunden (je nach Wasserstand) flussabwärts am Ufer des Puraquequara-Flusses (Zitteraal-Flusses) gelegen. Holzbungalows mit Toilette und Kaltwasserduschen stehen in lockerer Anordnung im Wald, Strom für die 45 Bungalows liefern riesige Batterien, die nach Manaus zum Aufladen gebracht werden müssen. Im Buffet-Restaurant wird leckeres Essen serviert. Es sind aber sehr viele Reisegruppen dort und Tierwelt ist kaum zu sehen. Die Lodge gehört seit vielen Jahren zwei Schweizern (www.amazon-villa ge.com.br).

Auch die **Amazon Eco Lodge** gehört einem Schweizer. Sie ist die älteste im Gebiet, was man ihr auch anmerkt, dennoch bietet sie den meisten Abenteuer-Touch. Sie liegt 100 km östlich von Manaus. Allein schon die 3-stündige Anreise mit Jeep und Speedboot sind ein Erlebnis. Die 24 Hütten sind auf Baumpontons befestigt, sodass man direkt von der Hütte ins Wasser springen kann. Ein Aussichtsturm und ein Canopy-Weg bieten die Möglichkeit, das Dschungelleben zu beobachten. Man benutzt ein Gemeinschaftsbad und auch die Toiletten gemeinsam (www.naturesafaris.com).

Die **Uakari Lodge** liegt im Mamiraua Naturreservat, das größte Schutzgebiet im Überschwemmungswald, am Zusammenfluß der Flüsse Solimões und Japurá. Diese schwimmende Lodge bietet zehn Zimmer mit Sonnenenergie. Aufgrund der Abgeschiedenheit ist viel Tierwelt zu beobachten. Anreise per einstündigen Flug bis Tefé und anschließender vier- bis fünfstündiger Bootsfahrt (www.mamiraua.org.br).

RÜCKZUGSGEBIET DER YANOMAMI

Die rund 24000 verbliebenen *Yanomami*-Indianer – die größte und noch am wenigsten angepasste Ureinwohnergruppe Brasiliens – leben grenzübergreifend zum Teil im brasilianischen Bundesstaat Roraima und zum Teil in Venezuela. Die Region ist geprägt von den bis zu 1000 m hohen Parima-Bergen, einer Landschaft mit zerklüfteten, bewaldeten Gipfeln und Schluchten. Die Yanomami leben traditionellerweise im und vom Wald und waren lange Zeit völlig ohne Kontakt zur Außenwelt – bis in der Region Gold entdeckt wurde.

Die begehrten Bodenschätze des Yanomami-Landes haben rücksichtslose Geschäftsleute und illegale Goldgräber angelockt. Es wird geschätzt, dass in den 1970er- und 1980er-Jahren 20 % der Yanomami an Krankheiten bzw. Gewaltübergriffen gestorben sind. 1992 wurde das Land der Yanomami endlich vermessen, doch auch die Deklaration eines Schutzgebietes hat die Übergriffe nicht gestoppt und das Militär erhöht seine Präsenz (s. auch S. 73).

Die Yanomami leben in großen, runden Gemeinschaftshäusern, den *yanos*, die bis zu 400 Menschen beherbergen können. Sie bauen sie in einem großen Ring um einen offenen Platz herum, der für Zusammenkünfte, Zeremonien und Tänze genutzt wird. Jede Familie hat ihren eigenen Herd und schläft in Hängematten, die um das nächtliche Feuer herum aufgehängt werden.

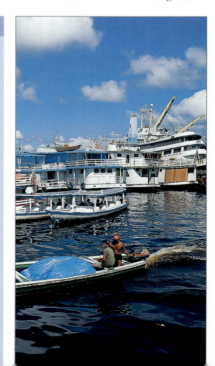

Der Amazonas

Wer für längere Bootsfahrten genügend Zeit hat, findet am Rio Negro mit dem **Anavilhanas Archipelago** das attraktivste Ausflugsziel, denn es liegt am huminreichen Schwarzwasser, in dem sich die Moskitos kaum vermehren können. Die meisten Reiseveranstalter in Manaus haben einwöchige Pauschalreisen im Angebot.

Günstiger fahren Touristen, die sich zu kleinen Gruppen zusammenschließen und ein Boot mit Führer chartern (Infos: Viverde Tourismo, Rua das Guariúbas 47, Parque Acariquara, Manaus, Amazonas, www.viverde.com.br). Mit diesen hervorragend ausgerüsteten Kajütbooten kann man auch Ziele wie den **Parque Nacional do Jaú** bei Novo Airão oder den **Parque Nacional do Pico da Neblina**, nördlich von São Gabriel de Cachoeira, per Boot ansteuern.

Die Fahrt ist ein echtes Erlebnis: Am Ufer sieht man Indianersiedlungen und kleine Rodungen, auf denen Caboclos von den Erträgen ihrer winzigen Äcker, dem Fischfang und dem Verkauf von Palmherzen und anderen Früchten an vorbeifahrende Boote ein bescheidenes Dasein fristen.

Roraima

Der Rio Branco fließt durch Brasiliens nördlichsten Teilstaat **Roraima,** dessen dichte, unberührte Wälder die Einzugsbereiche des Orinoco und des Amazonas voneinander trennen.

Boa Vista ⑩, die Hauptstadt Roraimas, war lange vom restlichen Brasilien isoliert. Seit 1977 verbindet die Staatsstraße BR 174 Manaus mit Boa Vista und öffnete die Region für Goldsucher (Garimpeiros) und Siedler. Der Indianerstamm der Yanomami, der zuvor unbehelligt an der Grenze zwischen Brasilien und Venezuela im Hügelland der Serra Parima siedelte, wurde durch die Goldfunde in seinem Gebiet zum Opfer einer regelrechten Garimpeiro-Invasion, die Umweltverschmutzung und Krankheiten brachte.

Roraima zählt zu den letzten Rückzugsgebieten der Ureinwohner Amazoniens. Der geheimnisvolle, flache **Tafelberg Roraima** ⑪ soll Sir Arthur Conan Doyles Novelle »Die verlorene Welt« beeinflusst haben und man glaubt zu wissen, dass hier irgendwo einst die legendäre Goldstadt des »El Dorado« stand (s. S. 290). ■

TIPP

Alle Wasseradern des Amazonasbeckens sind bei Sportfischern beliebt. Neben den Tucumaré, den goldgeschuppten Dourados, und zahlreichen anderen Süßwasserfischen werden auch Tabqué gefangen: am Rio Madeira (Juli–Sept.), am Rio Branco und Rio Negro (Febr.–März). Infos bei den Reisebüros in Manaus.

RESTAURANTS

Preise pro Person für ein dreigängiges Menu mit einem Getränk:
● = unter 25 US-$
●● = 25 – 40 US-$

Belém

◆ **Boteco das Onze**
Praça da Sé, Casa das Onze Janelas, Tel. 91-3224-8599, Di–So 12–24 Uhr
Ambiente und Speisekarte sind hier stimmig; gepflegtes Restaurant in historischen Mauern, Live-Musik sorgt für eine gute Atmosphäre. ●●

◆ **Lá em Casa/O Outro**
Rua Governador José Malcher 247, Nazaré, Tel. 91-3223-1212, Mo–Sa 12–15, 19–24, So 12–16 Uhr
Zwei Lokale in einem: »O Outro« serviert nur mittags im klimatisierten Raum. »Lá em Casa« öffnet bei gutem Wetter das Dach; dazu gibt's erstklassige regionale Küche – zum Beispiel hausgemachtes Eis aus süßen exotischen Früchten. ●●

◆ **Marujo's Bar & Grill**
Estação das Docas, Nähe Ver-O-Peso, Di, Mi 10–24, Do–So 10–3 Uhr.
Sehr schöne Atmosphäre besonders beim Sonnenuntergang, gute spanische Küche, Paella, Tapas und viel Fisch.

Manaus

◆ **Canto da Peixada**
Rua Emilio Moreira 1677, (Praça 14 de Janeiro), Tel. 92-3234-3021, Di–Sa 11.30–15.30, 18.30 bis 23.30 Uhr
Einfaches, aber sehr empfehlenswertes Fischrestaurant. ●

◆ **Choppicanha Bar und Churrascaria**
Rua Marques de Santa Cruz 25, Tel. 92-3631-1111, Mo bis Sa mittags und abends, So nur mittags geöffnet
Ausgezeichnete Churrascaria. Gegrillt wird sowohl Fleisch als auch frischer Fisch aus dem Fluss. Gute Steaks, auch das Huhn ist sehr schmackhaft. ●●

◆ **Fiorentina**
Rua José Pararegua 44, Tel. 92-3232-1295, tgl. 11 bis 15, 18–22.30 Uhr
»Der« Italiener dieser Stadt. Pizza, Pasta – kombiniert mit exzellentem Amazonasfisch, alles zu zivilen Preisen. ●●

◆ **Peixaria Moronguêtá**
Rua Jaith Chaves 30, Vila da Felicidade, Tel. 92-3615-3362, tgl. 11–23 Uhr
Sehr nettes Lokal mit Blick auf das Zusammentreffen der beiden verschiedenfarbigen Flüsse, den Amazonasfisch gibt's in fantasievoller Zubereitung. ●

Die Reichtümer des Amazonas

Der Fluss der Superlative und der weltweit größte Regenwald beheimaten ein Zehntel aller Pflanzen- und Tierarten der Erde.

Der Amazonas ist mit das Großartigste, was wir mit dem Namen Brasilien verknüpfen. Der Fluss, der in den peruanischen Anden entspringt, durchquert auf einer Länge von 6570 km das Kernland Südamerikas, bevor er am Äquator in den Atlantik mündet. Den Amazonas speisen etwa 1500 Nebenflüsse, von denen manche ihrerseits mächtige Ströme sind. Der Amazonas führt größere Wassermassen als jeder andere Fluss der Erde: Ein Fünftel der Süßwasserreserven der Welt entlässt er alljährlich in den Atlantik.

Im Mündungsbereich bildet der Fluss ein 300 km breites Delta mit vielen Kanälen und Inseln. Die Wucht, mit der sich die Wassermassen ins Meer ergießen, ist so groß, dass das Wasser noch 180 km vor der Küste süß schmeckt.

Der dichte, dunkle Amazonas-Dschungel wurde oft als die »große grüne Hölle« bezeichnet. Er hat sich seit 100 Millionen Jahren praktisch nicht verändert, da er keine Eiszeiten erlebt hat, die andere Großlandschaften in der Welt gestaltet haben. In manchen Gebieten siedeln noch immer Indianergruppen, an deren Leben sich seit vielen Jahrhunderten nichts geändert hat und die mit dem »Rest der Welt« noch keinerlei Berührung hatten. ■

Oben: Bootstour Mit dem Boot auf einem Nebenfluss des Amazonas: ein Erlebnis für die Sinne, für viele der Höhepunkt einer Reise in die Region.

Links: Kräftige Farben Die Kerne dieser Früchte vom Urucu-Baum liefern den roten Farbstoff, mit dem Indios sich Gesicht und Körper bemalen.

Oben links: Victoria Regia Die Seerose hat mächtige runde Blätter von bis zu zwei Metern Durchmesser.

Links: Pfeilgiftfrosch Das Gift des hell gefärbten Frosches benutzten Indianer für ihre Pfeilspitzen.

Oben: Wassermassen Der Rio Madeira, einer der vielen Nebenflüsse des Amazonas, durchquert den tropischen Regenwald auf einer Länge von über 1600 km.

Regenwald zerstört

In den letzten 30 Jahren wurden etwa 14 % der Amazonaswälder abgeholzt, am meisten im Osten des Beckens, das unter den Militärs mit einem ausgedehnten Straßennetz erschlossen wurde.
Auf den gerodeten Flächen wurde Gras für die Rinderzucht im großen Stil gesät. Die Böden laugten aus, die Farmer hinterließen unfruchtbares Land.
Nun droht neues Ungemach von Konzessionen für asiatische Holzkonzerne, welche die Harthölzer des Amazonas begehren, sowie von den großen Getreidefarmen aus Südbrasilien, welche die Wälder abholzen, um hier genmanipulierte Sojabohnen anzubauen.

Oben: Schwarzer Klammeraffe Das possierliche Tier hangelt sich mithilfe seines Schwanzes geschickt von Ast zu Ast.
Links: Kautschuk Im tiefen Regenwald leben noch Tausende Familien vom Zapfen der Latex-Flüssigkeit.

Oben: Im Ariaú Hotel In den Nächten kann man hier den Geräuschen des Tropenwaldes lauschen.
Unten: Der Tukan benutzt seinen großen Schnabel, um Körner und Samen aufzubrechen

Der zentrale Westen

Die Hauptstadt Brasília dokumentiert den Fortschrittsglauben der jungen Nation. Rundherum erstreckt sich weites, flaches Land, zum Teil Savanne, zum Teil Sumpfgebiet, reich an Fischen und Wasservögeln.

Die Region, die den Bundesdistrikt und die Hauptstadt umgibt, wird in Anlehnung an die Erschließung Nordamerikas häufig der »Wilde Westen« Brasiliens genannt. Anders als in den Vereinigten Staaten hat sich hier jedoch nur relativ wenig verändert, seitdem die ersten *Bandeirantes* auf der Suche nach Reichtümern und Indianersklaven das Gebiet durchstreiften und die Westgrenze Brasiliens durch ihre Expeditionen nach Westen schoben.

Schon die ersten Siedler in Goiás und Mato Grosso zündeten Dschungel und Savanne an, um Platz für ihre Viehweiden zu schaffen. Die Brandrodungen erreichen stets vor der Regenzeit ihren Höhepunkt. Wenn der Regen eingesetzt hat, schwärzen Rauchschwaden den Himmel so stark, dass der Flugverkehr ruhen muss.

Die weiten Cerrado-Savannen, die den größten Teil der Region ausmachen, sind noch immer sehr dünn besiedelt. Nur ein Teil der Menschen, die hier Land erschließen, können mit dem, was der Boden hergibt, auch ihre Existenz sichern – sie leben meist in großen, weit abgelegenen Viehfarmen. Mindestens ebenso viele sind gezwungen, auf der Suche nach einer besseren Zukunft weiterzuziehen. Vereinzelte staubige Siedlungen liegen an den Fernstraßen und in Mato Grosso und Rondônia haben noch einige Indianerstämme in kargen Reservaten ihre Rückzugsgebiete. Nur wenige von ihnen können an der traditionellen Lebensweise festhalten.

Seit 1960 nimmt der zentrale Westen mit Brasília die modernistische Hauptstadt des Landes auf, die zu einem Symbol der nationalen Einheit wurde. Mit der Verlegung der brasilianischen Hauptstadt von der Küste Rio de Janeiros in den geographischen Mittelpunkt Brasiliens hatte man auch das Ziel verfolgt, mehr Einwohner in den Mittelwesten zu locken

und die Entwicklung der großenteils noch archaischen Region voranzutreiben. Brasília verbindet jedoch bis heute nur wenig mit den Cerrado-Steppen in seiner Umgebung. Der intensive Anbau von Sojabohnen wurde zur Haupteinnahmequelle der Region. ■

Vorherige Seiten: Standbild des ehemaligen Präsidenten Juscelino Kubitschek vor dem Palácio de Justiça in der Hauptstadt Brasília
Links: Straßenbau in Mata Grosso

Brasília und Goiás

Brasília ist die erste im 20. Jahrhundert neu gebaute Hauptstadt der Welt. Es wurde 1987 von der UNESCO zum Weltkulturerbe erklärt; zuvor war dieses Prädikat nur Städten verliehen worden, die mindestens 100 Jahre alt waren

In seinem berühmt gewordenen Traum hatte der italienische Salesianer Dom Bosco im Jahr 1883 eine Vision von Brasília – er sah es als Stadt, in der Milch und Honig fließen. 1955 wählte Brasilien mit Juscelino Kubitschek einen Visionär zum Präsidenten, und in nur sieben Jahren wurde die neue Hauptstadt für 500 000 Staatsbedienstete und ihren Tross aus dem Boden gestampft. Heute leben in der von Lúcio Costa am Reißbrett entworfenen Retortenstadt und ihren wuchernden Vororten 2,4 Millionen Menschen.

Brasiliens neue Hauptstadt

Getreu seiner Maxime »50 Jahre in 5« machte Präsident Kubitschek den Aufbau Brasílias Ende der 1950er-Jahre zum Kern seiner Modernisierungskampagne. Er bestimmte 1956 Oscar Niemeyer zum Chef des Projekts Brasília. Schon als Bürgermeister von Belo Horizonte und als Gouverneur von Minas Gerais hatte Kubitschek die Talente des Architekten erkannt und gefördert. Niemeyer beschränkte sich auf die Planung der großen Gebäude, das Konzept des Flächennutzungsplans ließ er ausschreiben. Sein früherer Lehrmeister Lúcio Costa bekam den Zuschlag.

Die Erschließung des Gebiets

Die Bauarbeiten begannen im September 1956. Mit Hilfe von Luftaufnahmen hatte man die höchstgelegenen und flachsten Stellen der Hochebene **Planalto Central** im Herzen Brasiliens ermittelt. Zuerst baute man eine Landebahn für die Flugzeuge, die Baumaterial und schwere Maschinen heranschafften. So wurde **Brasília ❶** die erste größere Stadt der Welt, für deren Bau eine Luftbrücke eingerichtet wurde, denn die Straßenverbindung zum 740 km entfernten Belo Horizonte entstand erst später. Es folgten dann ein Staudamm und der See **Lago do Paranoá**.

Zum Zeitpunkt der Eröffnung durch Präsident Kubitschek im April 1960 wohnten bereits 68 000 Menschen in der neuen Hauptstadt. Die UNESCO

NICHT VERPASSEN!

Torre de Televisão
Monumento JK
Espl. dos Ministérios
Congresso Nacional
Cat. Metropolitana
Palácio da Alvorada
P. C. Sarah Kubitschek
P. N. d. Chapada d. V.

Links: »Die Krieger« von Bruno Giorgi
Unten: Wahrzeichen Congreso Nacional

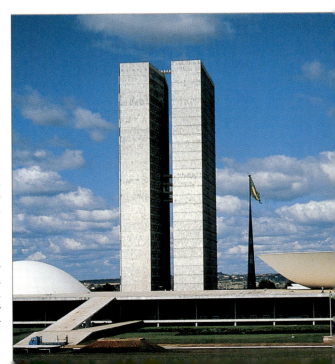

Wachposten vor einem der Ministerien

erklärte Brasília 1987 zum Weltkulturerbe. Und die Stadt arbeitet weiter an ihrem Erscheinungsbild: 2002 eröffnete sie die elegante Juscelino-Kubitschek-Brücke über den Paranoá-See.

Annäherungen

Die meisten Besucher der Stadt kommen mit dem Flugzeug an. Nach dem Flug über die kaum bewohnte Steppe des Hochplateaus erblickt man plötzlich eine Reihe hoher weißer Gebäude und einen künstlichen See. Beim Landeanflug erkennt man am ehesten die Form eines Flugzeuges, die Lúcio Costa wohl im Kopf hatte, als er den Grundriss der Stadt entwarf. Danach befinden sich im »Cockpit« die Gebäude der Exekutive, Legislative und Judikative, in der »First Class« die Ministerien und in der »Business« die Banken, Kirchen und Theater. Bleiben die Hotels und Einkaufszentren, passenderweise in der »Touristenklasse«.

Während Brasília aufgebaut wurde, war die Welt von der Vision einer völlig neuen Stadt begeistert. Danach begann das Interesse zu schwinden und Brasília wurde zum Synonym für fortschrittsgläubige Hybris. Denn mit dem Hauptstadtbau drehte sich auch die Schuldenspirale immer schneller, die Brasiliens Budget stark belastete.

Trotzdem sind die Brasilianer stolz auf ihr Jahrhundertwerk. Die meisten Brasilianer denken wie Lúcio Costa,

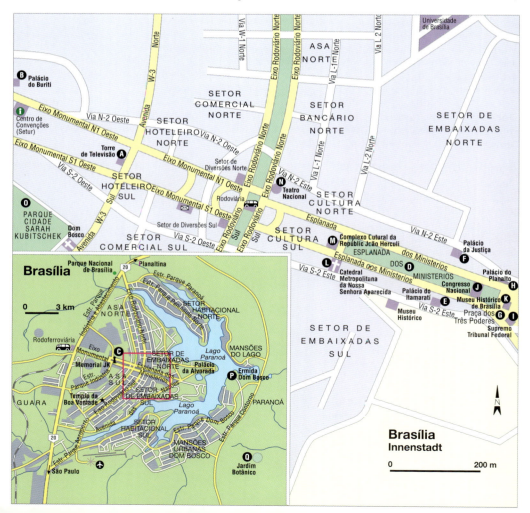

Brasília und Goiás

der sagte: »Das einzige, was für mich zählt, ist, dass Brasília existiert.«

Unverwechselbarer Grundriss

Der 75 m hohe **Torre de Televisão A** (Fernsehturm, Mo 14–17.45, Di–So 9 bis 17.45 Uhr) steht an der höchstgelegenen Stelle der zentralen **Eixo Monumental**. Der Stadtplan am Fuß des Turms macht die Anlage der Straßen und ihre Nummerierung verständlich.

Ein Aufzug führt zur Plattform des Turmes, wo man den Entwurf Lúcio Costas von oben betrachtet: An zwei geschwungenen parallelen Bogen liegen die Wohnviertel im Süden und Norden. An der in Ost-West-Richtung verlaufenden Eixo Monumental reihen sich die Botschaften und die meisten Regierungsgebäude auf. Man hat Costas Stadtplan auch als Pfeil- und Bogen-Muster beschrieben. Er selbst meint, dass sich sein Entwurf lediglich an der natürlichen Krümmung des Geländes oberhalb des Sees orientiert habe.

Der Regierungssektor

Folgt man der Eixo Monumental vom Fernsehturm nach Westen, stößt man an der von Springbrunnen gezierten Praça Municipal auf den **Palácio do Buruti B**, den Verwaltungssitz des Bundesdistrikts.

Ebenfalls in westlicher Richtung erreicht man das **Monumento J K C** (Di bis So 9–18 Uhr), das Kubitschek-Denkmal, das 1981 errichtet wurde. Es war der erste Entwurf Niemeyers – des Lenin-Preisträgers von 1963 –, den das Militärregime seit dem Putsch im Jahr 1964 zuließ. Die eigenartige sichelförmige Konstruktion auf dem Dach der Gedenkstätte, in der die Statue Kubitscheks steht, wirkt eher wie eine politische Geste des Architekten denn ein Symbol für Kubitscheks Überzeugungen. Im Inneren des Denkmals sind das Grab des Präsidenten, sein amerikanisches Auto sowie eine Sammlung von Erinnerungsstücken aus seinem Leben und zum Bau Brasílias zu sehen.

Nach Osten geht die Eixo Monumental in die **Esplanada dos Ministerios D** über. Eine Reihe von 16 blassgrünen, kastenförmigen Gebäuden säumt zu beiden Seiten den weiten Boulevard. Die Namen der Behörden prangen in goldenen Lettern an der Fassade.

Hoch oben auf dem Kubitschek-Denkmal thront seine Statue

Unten: Die elegante Juscelino-Kubitschek-Brücke im Licht des Sonnenuntergangs

> **TIPP**
>
> Den Besuch des Torre de Televisão kann man mit einer Stippvisite der Edelstein- und Quarzsammlung des Museu Nacional de Gemas verbinden (Tel. 3323-1881, Mo–Fr 10–18 Uhr, Sa 10–16 Uhr).

Unten: Die Rundungen im Design des Congreso Nacional zeugen von Oscar Niemeyers Handschrift

Da die Ministerien längst ihren Räumlichkeiten entwachsen sind, hat man Anbauten geschaffen, die durch Betonröhren mit der jeweiligen Zentrale verbunden sind. Ende der 1960er-Jahre wurden auf mehrere Gebäude Brandanschläge verübt, angeblich von Beamten, die damit gegen ihre Zwangsversetzung von Rio de Janeiro nach Brasília protestiert haben sollen.

Niemeyers Meisterwerke

Das Ende der Esplanade flankieren die beiden wohl schönsten Bauten Niemeyers: das Außenministerium, der **Palácio do Itamaratí** ❺ (Mo–Fr 14 bis 16.30, Sa, So 10–15.30 Uhr), das inmitten eines Teiches zu schweben scheint, und das Justizministerium, der **Palácio da Justiça** ❻ (Mo–Fr 9–11, 15–17 Uhr), an dessen Außenseite sechs künstliche Wasserfälle an die landschaftlich reizvolle Umgebung Brasílias erinnern.

Am äußersten Ende der Eixa Monumental erreicht man die **Praça dos Três Poderes** ❼ (Platz der drei Gewalten) – einer dichten, urbanen Ort politischer Symbole. Benannt ist der Platz nach der in der brasilianischen Verfassung verankerten Gewaltenteilung. Die Exekutive ist durch den Amtssitz des Präsidenten, den **Palácio do Planalto** ❽ (Führungen So 9.30–13 Uhr, Wachablösung zweistündl. von 8–18 Uhr), auf der linken Seite des Platzes repräsentiert, während der Oberste Gerichtshof, **Supremo Tribunal Federal** ❾ (Sa, So 10–18 Uhr), auf der rechten Seite die richterliche Gewalt verkörpert. Gegenüber mahnt die Gestalt der »Justitia« die Gerechtigkeit an, eine Skulptur von Alfredo Ceschiatti.

Die beiden Gebäude werden architektonisch übertrumpft von den Zwillingstürmen des Nationalkongresses **Congreso Nacional** ❿, dessen Silhouette eines der Wahrzeichen Brasílias ist (Tel. 3311-3343, Öffnungszeiten variieren, Führungen nach Anm., www.camara.gov.br). Auch die frühere Monarchie ist auf der Praça vertreten: Durch die schlanken Königspalmen hinter dem Kongressgebäude, die aus dem Botanischen Garten König Joãos VI. in Rio hierher verpflanzt wurden.

Rund um den Platz der drei Gewalten

Auf der Praça selbst stehen einige bemerkenswerte Skulpturen. Der stark geäderte Basaltkopf Präsident Kubitscheks ragt aus den Marmormauern des kleinen **Museu Histórico de Brasília** ⓫ heraus (tgl. geöffnet). Im Inneren sind eine Serie von Gemälden zur Geschichte Brasílias sowie die denkwürdigsten Zitate Kubitscheks ausgestellt. Interessant ist vor allem ein Modell der Stadt, an dem man gut den Grundriss erkennen kann. Gegenüber dem Planalto-Palast steht die Bronzeplastik der »Krieger« von Bruno Giorgi, eine Hommage an die Tausenden von Arbeitern, die Brasília erbaut haben.

Das **Pantheon Tancredo Neves** (Di bis So 9–18 Uhr) ist die jüngste Neuerwerbung auf dem Platz der drei Gewalten, ein Tribut an den Vater der Neuen Republik, der 1985 starb, noch bevor er als Präsident vereidigt werden konnte. Das düster wirkende Interieur des Pantheons birgt ein Wandgemälde

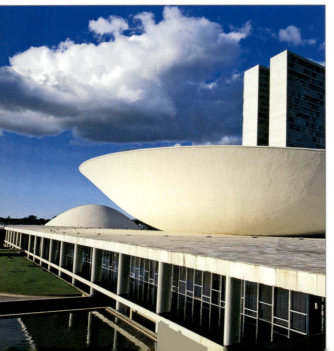

von João Camara. Es stellt die Geschichte eines Aufstands im 18. Jh. dar, der vom berühmten Revolutionär Tiradentes angeführt wurde. Im letzten Bild verschmilzt die Figur des Revolutionärs mit einem Christusbild.

Die kelchförmige Glaskuppel der **Catedral Metropolitana da Nossa Senhora Aparecida** ❶ (tgl. 8–17 Uhr) überragt das westliche Ende der Esplanada dos Ministérios. Die 4000 Menschen fassende Kathedrale ist ebenfalls ein Werk von Niemeyer. Den Weg zur nach unten führenden Eingangsrampe säumen die Skulpturen der vier Evangelisten, eine überdimensionale Scheibe symbolisiert die Hostie, daneben ist ein hoch aufragender Kelch. Die kühne Glaskonstruktion des Kirchendaches wird von 16 Betonrippen getragen. Sie symbolisiert die Dornenkrone Christi.

Unweit davon wurde der neueste Komplex an der Esplanada dos Ministérios errichtet, der **Complexo Cultural da Republica João Herculino** ❿. Er besteht aus dem Nationalmuseum und der Nationalbibliothek – zwei Gebäude, die 2006 nach Plänen von Niemeyer vollendet wurden.

An der Nordseite der Eixo Monumental erhebt sich das pyramidenförmige **Teatro Nacional** ⓝ (tgl. 9–20 Uhr), wo Großveranstaltungen und Ausstellungen stattfinden. Auf der anderen Seite der Monumentalachse steht mit der Dom Bosco Kirche, **Santuário Dom Bosco** (W-3 Sul, qd 702, Mo–Sa 7–19, So 7–12, 15–20 Uhr) ein willkommener Gegenpol zu so viel Beton. Es ist ein kubischer Raum, vollkommen mit mosaikartigen, in 16 Blautönen gehaltenen Fenstern umrahmt, die je nach Lichteinfall in unterschiedlichsten Farben leuchten. Das große Kruzifix aus Zedernholz wurde in Dreizehnlinden geschnitzt, einem von Österreichern gegründeten Ort in Südbrasilien.

Direkt am Ufer des Paranoá-Sees liegt sehr idyllisch der Präsidentenpalast, **Palácio da Alvorada,** »Palast der Morgenröte« (Mi 15–17.30 Uhr, nur nach Anm.). Die von vielen Pflanzen und einem Kanal umgebene Residenz – natürlich von Niemeyer entworfen – war eines der ersten vollendeten Bauwerke in Brasília. Das rechteckige Gebäude mit seinen Marmorsäulen wurde zu einem Wahrzeichen der Stadt.

Umwerfend ist der Raumeindruck unter der kelchförmigen Kuppel der Kathedrale aus farbigem Glas

Unten: Die Catedral Metropólitana mit den vier Evangelisten

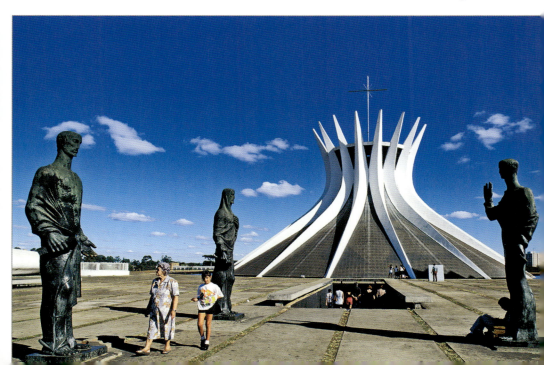

TIPP

Brasílias weitläufiger Parque da Cidade Sarah Kubitschek bietet neben verschiedenen Sportfeldern den Besuchern auch eine Kartbahn (tgl. 5–24 Uhr).

Unten: In Reih und Glied stehen die Ministerien

Die Wohnviertel

Um Brasília als lebendige Stadt und nicht nur als Park architektonischer Werke würdigen zu können, sollte man die Eixo Monumental und die angrenzenden Hotelviertel verlassen. Jeweils 5000 Menschen leben in den Wohnzentren, **Superquadras,** entlang der nördlichen und südlichen Flügel der Stadt. Jeder Komplex besteht aus sechs bis acht niedrigen Wohnblocks, die sich um schöne Grünflächen und Höfe gruppieren. Kleine Geschäftszentren, Nachbarschaftsclubs, Kinos, Kindergärten, Kirchen, Schulen und Restaurants sind gleichmäßig dazwischen eingestreut. Lúcio Costa gab seinen Wohnblocks eine neutrale Form, um die Mischung sozialer Schichten zu fördern. Dennoch leben heute nur Mitglieder der oberen Mittelschicht in den Gebäuden seines **Plano Piloto.** Die Grundstücks- und Mietpreise sind hier so hoch, dass eine soziale Trennung der Einwohnergruppen das Ergebnis ist.

Die Trabantenstädte

Aus den Brettersiedlungen der aus dem Nordosten zugezogenen Bauarbeiter entstanden ab 1961, nach brachialen Umsiedlungsaktionen durch die Militärs, die Trabantenstädte Braslândia, Ceilândia, Gauará, Sobradinho, Taguatinga und Planaltina. In diesen Armenvierteln sterben die Menschen noch immer an Infektionskrankheiten und das Pro-Kopf-Einkommen ist deutlich niedriger als im Zentrum. Die Einwohner Ceilândias gehören zu den ärmsten in Brasília – gut ein Drittel der Leute hier kann weder lesen noch schreiben.

Heute bewohnen Brasília selbst nur 22 % der Bevölkerung des Bundesdistrikts. Trotz der egalitären Struktur des Pilotplans sind die Klassenunterschiede hier fast noch stärker als im übrigen Land. Während das autogerecht konzipierte Stadtzentrum mehr und mehr zu einem – bei Einbruch der Dunkelheit menschenleeren – Architekturmuseum wird, gedeihen Spontanität und Vitalität Brasiliens aus der Not geboren in den Vorstädten. Es scheint, als habe Brasilien Brasília hier längst überholt.

Freizeit in Brasília

Für Entspannung bietet sich zunächst der **Parque da Cidade Sarah Kubitschek** ⓪ an, ein riesiges Parkgelände, das nach der Ehefrau des ersten Präsidenten der neuen Hauptstadt benannt wurde. Im Volksmund heißt er einfach Stadtpark, Parque da Cidade. Er liegt unterhalb des Fersehturms und bietet 42 ha Grünfläche zum Joggen, Radfahren oder einfach Erholen.

Etwas außerhalb, beim See Paranoá, findet man brasilianische Lebensart am **Pontão do Lago Sul** mit Geschäften, Restaurants, Bars, Antiquitätenläden und Kais. Die Jugend zieht es zum Pier 21, einem Shoppingcenter mit Bars, Restaurants, Buchläden und Kinos.

Dom Boscos Vision

Der Katholizismus wird in Brasília von der Kathedrale an der Eixo Monumental verkörpert, die der Atheist Niemeyer der Dornenkrone Christi nachempfand. Den heimlichen Hoffnungen in der Stadt scheint jedoch Dom Bosco,

der italienische Gründer des Salesianerordens, wesentlich näher zu stehen. Er prophezeite am 30. August 1883, dass eine bessere, humanere Kultur in einem Land aus Milch und Honig mitten im Herzen von Südamerika entstehen würde – und zwar bemerkenswerterweise exakt auf den Koordinaten der heutigen Stadt Brasília.

Das erste Gebäude, das auf dem Stadtgebiet mit Blick über den Paranoá-See errichtet wurde, war eine kleine Pyramide aus Marmor, die an Boscos Vision erinnern sollte. Die Kapelle **Ermida Dom Bosco** P (tgl. 8–18 Uhr) aus dem Jahr 1956 am Ostufer des Lago Paranoá ist nach ihm benannt. Herrlich schimmern ihre blau-violetten Glaswände. Von dem dreieckigen Mahnmal hat man einen einzigartigen Blick auf das Regierungsviertel Brasílias.

Unkonventioneller Spiritualismus

Brasília steht auch im Ruf, »die Hauptstadt des dritten Jahrtausends« zu sein, da hier gleichzeitig mehr als 400 Sekten blühen. Offensichtlich bilden diese Kulte für viele Menschen eine befriedigendere Alternative zu dem Leben in der »Stadt der Zukunft«. Beispiel dafür ist der **Templo da Boa Vontade** (Setor de Grandes Áreas Sul, qd. 915, 24 Std. geöffnet) im Süden der Stadt. Der ungewöhnliche Bau in Form einer offenen Pyramide folgt heiliger Zahlenmystik auf Basis der 7 und ihrer Vielfachen: Die Seiten sind 21 m hoch, die Spitze 28 m. Innen sind unschätzbar wertvolle Kristalle, gefunden im Bundesstaat Goiás, der größte wiegt 21 kg.

Zahlreiche Millennarismus-Sekten (s. S. 81) wurden in der Umgebung Brasílias gegründet. Am leichtesten zu erreichen ist jene im **Vale do Amanhecer** (Tal des Sonnenaufgangs) südlich von **Planaltina**. Jeden Sonntag kommen mehrere hundert Gläubige in das Tal, um in die Gemeinde aufgenommen zu werden, die von der ehemaligen Lastwagenfahrerin »Tante Neiva« gegründet wurde. Die bildlichen Darstellungen im Tempel beziehen ihre Motive in reichem Maß aus Brasiliens Indianerkulturen und die Segensriten sind vom Candomblé beeinflusst. Die Parade der Initianden, die in bunte Umhänge und Schleier gehüllt sind,

Ein Mitglied der New-Age-Community: Die Initianden tragen bunte Umhänge und Schleier

Unten: Menschenleere Savanne im Bundesstaat Goiás – die Hauptstadt ist nah und doch Welten entfernt

> **TIPP**
>
> Die beste Zeit zum Angeln am Araguaia-Fluss ist zwischen September und April. Den Angelschein geben die Filialen der Banco do Brasil heraus. Für andere Aktivitäten – z. B. Kajak- oder Wasserskifahren – kommt man am besten zur Trockenzeit zwischen Juni und Oktober hierher, wenn der Fluss seine weißen Strände freigibt.

Unten: Bauer in Zentralbrasilien

führt um einen mit astrologischen Symbolen geschmückten Teich herum.

Naherholung in Naturparks

Nur eine kurze Wegstrecke liegt zwischen der Dom-Bosco-Kirche im Südosten Brasílias, und dem **Jardim Botânico ❶** (Estrada de Unaí, Di–So 9–17 Uhr). Der Botanische Garten bietet die Möglichkeit, die für die Region typischen Pflanzen der *Cerrado*-Savannenlandschaft zu studieren. Der Garten ist Teil des **Parque Nacional de Brasília,** eines 30 000 ha großen Naturschutzgebiets. Dort leben in den niedrigen Cerrado-Wäldern zahlreiche Affen, Ameisenbären, Tukane, Papageien, Wölfe und andere Wildtiere. Wanderwege erschließen den Nationalpark, außerdem stehen den Gästen ein Besucherzentrum und ein Freibad zur Verfügung (ganzjährig tgl. 8–16 Uhr geöffnet).

Bundesstaat Goiás

Der Bundesstaat Goiás besteht aus Savannengebieten, die von mächtigen Flüssen durchschnitten werden. Dichte Galeriewälder säumen ihre Ufer. Weite Teile der Savanne werden zum Anbau von Sojabohnen genutzt.

Eine der größten Attraktionen des Staates ist die pittoreske Kolonialstadt **Pirenópolis ❷**, knapp 160 km westlich von Brasília, im Gebirgszug Serra dos Pirineus. Der 21 500 Einwohner zählende Ort wurde im 18. Jh. von Goldsuchern gegründet; seine gepflasterten Straßen und barocken Bauten lohnen einen Besuch.

Gut 180 km nördlich von Brasília erstreckt sich der **Parque Nacional da Chapada dos Veadeiros ❸**, ein Naturschutzgebiet mit herrlichen Wasserfällen und Felsformationen, in welche die Natur Wasserbecken wusch. **Goiás Velho ❹**, 340 km von Brasília, die ehemalige Hauptstadt des Bundesstaats, verfügt über gut erhaltene Gebäude und Kirchen aus dem 18. Jh.

Am Araguaia-Fluss

Wenn die Flüsse in der Trockenzeit im August weniger Wasser führen und weiße Strände und Sandbänke freigeben, ist das 600 km westlich von Brasília gelegene Hafenstädtchen **Aruanã ❺** Ziel von 200 000 Urlaubern aus der Bundeshauptstadt. Aruanã liegt wie **Barra dos Graças ❻** am 2200 km langen **Rio Araguaia,** der Goiás' natürliche Westgrenze bildet und Brasilien von Süden nach Norden durchfließt. Am Ufer werden Garküchen, Bars mit Generatoren und Tiefkühltruhen, Bühnen und Tanzflächen mit Lautsprechern und Scheinwerfern aufgebaut und die Nacht zum Tag gemacht.

Ruhiger geht es im Quellgebiet des Flusses, im **Parque Nacional das Emas ❼**, und stromabwärts auf der **Ilha do Bananal ❽** im benachbarten Bundesstaat **Tocantins** zu. Den nördlichen Teil der größten Flussinsel der Welt nimmt der **Parque Nacional do Araguaia ❾** ein. Während der Trockenzeit befahren Schiffe, die zu schwimmenden Hotels umgebaut wurden, die Nebenflüsse des Araguaia. Sportfischer – meist aus dem Triângulo Mineiro, dem Westzipfel von Minas Gerais – kommen in Scharen an den Fluss. ∎

RESTAURANTS

Preise pro Person für ein dreigängiges Menu mit einem Getränk:

● = unter 25 US-$
●● = 25 – 40 US-$
●●● = 40 – 55 US-$
●●●● = über 55 US-$

Adressen in Brasília sind am Anfang sehr gewöhnungsbedürftig, man vertraut am besten auf Taxis.
Die Begriffe sind aber einfach zu durchschauen: *Bloco* heißt Häuserblock, *Casa* bedeutet Haus, *Conjunto* ist eine Gruppe von Häusern und *Loja* heißt Lokal.

◆ **Alice**
QI 11, Conjunto 9, Casa 17, Lago Norte, Tel. 61-3368-1099/3577-4333, Mi–Sa 20–2 Uhr
Französisch-brasilianische Küche von hervorragender Qualität. Das »Alice« gilt als bestes Restaurant in Brasília. Die Chefin Alice de Castro wurde mehrfach ausgezeichnet. Dazu speist man in sehr angenehmem Ambiente: in einem Glasbau, umringt von den Pflanzen eines üppigen tropischen Gartens. Unbedingt reservieren! ●●●●

◆ **Bargaço**
405 Sul, Bloco D, Loja 36, Tel. 61-3443-8729; außerdem:
Pontão do Lago Sul, QI 10, Tel. 61-3364-6090, tgl. 12–24 Uhr

Dies Restaurant gehört zu einer Kette, die auch in sechs anderen brasilianischen Städten Häuser betreibt – alle von derselben guten Qualität. Ein reelles Preis-Leistungs-Verhältnis. ●●●

◆ **Carpe Diem**
104 Sul, Bloco D, Loja 1, Tel. 61-3325-5300, tgl. 12–1 Uhr
Preiswerte Menüs. Der Besitzer hat noch fünf weitere Lokale in diversen Einkaufszentren der Stadt. Berühmt ist das Restaurant für seine Feijoada (Bohneneintopf), die es traditionell jeden Samstag serviert. ●●

◆ **La Torreta**
Comércio Local Sul, qd. 215, Bloco A, loja 37, Tel. 61-3321-2516, Mo–Sa 12–17, 19–24, So 12 bis 17 Uhr
Sehr gute spanische Küche, zubereitet von einem Koch marrokanisch-katalanischer Herkunft. Meeresfrüchte und Fleisch aus der Region gehören zu seinen Spezialitäten. ●●●

◆ **Patu Anú**
Setor de Hab. Ind. Sul, Ql. 9, cj. 9, casa 4 (Lago Sul), Tel. 61-3369-2788, Di–Sa 20.30–2, So 13.30–18 Uhr
Hier sitzt man herrlich am Ufer des Sees, wenn man die Speisekarte studiert. Es gibt hier fantasievolle Gerichte mit vielen nationalen Zutaten, z. B. Krabben in Ingwer,

Paella mit schwarzem Reis oder Strauß in Pilzsauße. ●●●

◆ **Piantella**
202 Sul, Bloco A, Loja 34, Tel. 61-3224-9408, Mo bis Sa 12–16, 19–1.30, So 12–17 Uhr
Praktisch so alt wie die Stadt selbst, ist dieses Restaurant in Brasília eine Institution und besonders beliebt bei altgedienten Politikern. Es gibt gute Feijoada, italienische Pasta, saftige Steaks sowie zarten Flussfisch. ●●●

◆ **Spettus**
S. Hot. Sul, qd. 5, bl. E, Tel. 61- 3225-1596, tgl. 12 bis 24 Uhr
Hier kann man Fleisch essen, bis man nicht mehr kann. Es gibt einen Rodizio-Service und eine riesige Auswahl an frischen Salaten. ●●

◆ **Trattoria da Rosario**
Fashion Park, Bloco H, Loja 215 Lago Sul, Tel. 61-3248-1672, Di–Sa 12–15, 19.30–24, So 12 bis 17 Uhr
Wie der Name schon verrät: Sehr gute italienische Küche mit regionalen Spezialitäten aus dem Mittelmeerraum. ●●●

◆ **Vila Borghese**
Comércio Local Sul 201 Sul, Bloco A, Loja 33, Tel. 61-3226-5650, tgl. 12 bis 15, 19–24 Uhr
Variationsreiche, italienische Küche mit eigener Pastafertigung; Filet Mignon in Weinsoße oder die gegrillten Meeresfrüchte sind ausgesprochen schmackhaft. ●●●

Rechts: Mittagessen in der Sonne

Unterwegs

Im Pantanal

»Arche Noah Südamerikas« wird die einzigartige, tierreiche Sumpflandschaft des Pantanal zu Recht genannt. Der Westen Brasiliens bietet etwas »Wildwest«-Atmosphäre und kann auch mit einer touristengerechten Infrastruktur aufwarten

NICHT VERPASSEN!

Der Pantanal
Cuiabá
Chap. dos Guimarães
Campo Grande
Bonito

Links: Ufer des Aquidauna im Réfugio Caiman im Pantanal
Unten: Capybara-Wasserschwein im Pantanal

Die westlichen Provinzen des Landes nehmen ein gewaltiges Hochplateau von der dreifachen Größe Frankreichs ein, auf dem die nach Norden strömenden Nebenflüsse des Amazonas und die Flüsse entspringen, die südwärts in den Rio Paraná und nach Paraguay und von da in den Rio de La Plata münden.

Hartnäckig hält sich im Lande der Mythos, dass diese Region einst menschenleer war. Doch die ersten Bandeirantes aus São Paulo, die sich ihren Weg flussaufwärts nach Cuiabá, der Hauptstadt Mato Grossos, erzwangen, entdeckten gegen 1720 einen von zahlreichen Indianerstämmen bewohnten Dschungel. Einige dieser Stämme in Mato Grosso und in Rondônia bilden einen bedeutenden Anteil der überlebenden Indianer Brasiliens. Gelegentlich kommt es zu Zusammenstößen zwischen den ins Land drängenden Siedlern und Indianerstämmen, die für den Erhalt ihrer Reservate und Rechte kämpfen. Nur das von den Indios selbstverwaltete Reservat im Xingú-Nationalpark in Nordosten Mato Grosso funktioniert: Da es Außenstehenden nicht zugänglich ist, können die Indios hier ihrer Tradition gemäß leben.

Das Pantanal

Höhepunkt einer Reise in den Westen Brasiliens ist der Aufenthalt im **Pantanal** ❿, über 230 000 km² tropisches Sumpfland, das in der Regenzeit überschwemmt wird. Hier gibt es eine solche Fülle verschiedener Tierarten wie nirgendwo sonst in Amerika, neben den vielen Vögeln auch 80 Säugetier- und 50 Reptilienarten, darunter 13 stark gefährdete Arten wie Jaguar, Riesenotter und großer Ameisenbär. Wegen seiner außergewöhnlich hohen Tier- und Pflanzenvielfalt wies die UNESCO das Pantanal im Jahr 2000 als schützenswertes Weltnaturerbe aus.

Die Regenzeit

Grundlage des empfindlichen Ökosystems Pantanal sind die periodischen

> **TIPP**
>
> Vor einem Besuch des Pantanal sollte man sich unbedingt gegen Gelbfieber impfen lassen – spätestens zehn Tage vor der Reise. In Cuiabá, an der Praça da Republica, gibt das staatliche Tourismusbüro »Sedtur« viele hilfreiche Informationen (Tel. 65-3613-9300, Mo–Fr 8–18 Uhr).

Regenfälle. Von Oktober bis April fließt dem nördlichen Teil des Pantanal Regenwasser aus dem Bergland der Chapada dos Guimarães zu, während der südliche Teil etwas trockener bleibt. Die Flüsse steigen um mehr als drei Meter, überfluten die Ufer und verwandeln das Gebiet in eine riesige Sumpflandschaft (*Pântano* = Sumpf).

Tiere in der Trockenzeit

Nur die Trockenzeit (Mai bis Sept.) eignet sich zur Tierbeobachtung. Die meisten Vögel nisten zwischen Juni und September, und erst bei sinkenden Wasserständen drängen sich Kaimane, Hirsche und *Capivara*-Wasserschweine an den Ufern der letzten, von den Flüssen wieder abgeschnittenen Seen.

Im Pantanal lebt die weltweit artenreichste Population großer Watvögel: grazile Silberreiher, leuchtend orangerote Ibisse, rosafarbene Löffelreiher und Jabirú-Riesenstörche, die bis zu 140 cm groß werden können.

Man kann hier Kaimane beim Sonnenbad beobachten oder Riesenotter, Nandus und Würgeschlangen wie die *Boa constrictor* erspähen. Waldstörche bauen in den Baumwipfeln ihre Nester, schmackhafte Dourados reizen den Angler, und mit Glück bekommt man gar den scheuen Jaguar zu Gesicht. Obwohl das Pantanal auch von Zugvögeln wie Gänsen, Tyrannvögeln und Fischadlern aufgesucht wird, die zwischen Argentinien und Mittelamerika pendeln, bleiben die meisten der 650

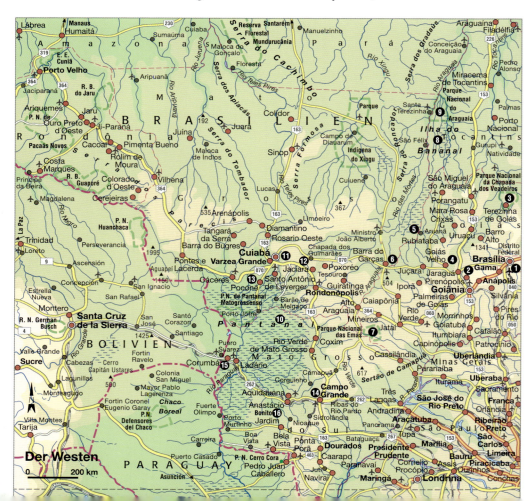

Vogelarten, die man hier antrifft, ganzjährig in dem nahrungsreichen Sumpfland. Auf der Jagd nach über 250 Fischarten folgen sie den wechselnden Wasserständen.

Mit 80 kg sind die Capivaras die größten Nagetiere weltweit. Sie bleiben in Gruppen am Ufer zusammen, immer achtsam darauf, den *Jacarés*, den Brillenkaimanen, auszuweichen. Die Brüllaffen sind nicht zu überhören, oft entdeckt man sie in den Bäumen, ebenso wie die kleineren Kapuzineraffen. Sumpfhirsche galten in den 1970er-Jahren als stark gefährdet. Seit sie besser geschützt sind, stieg ihre Zahl wieder beträchtlich an. Auch Wasch- und Nasenbären, Gürteltiere und *Nutria* (Sumpfbiber) sind zu entdecken, dagegen bleiben die nachtaktiven Pumas den Fotolinsen der Tierfreunde meist verborgen.

Cuiabá und Umgebung

Cuiabá ⓫ war die erste Siedlung im Westen, die 1719 von Bandeirantes gegründet wurde. Diese waren hier auf Gold- und Diamantenlager gestoßen. Der Ansturm der Goldsucher machte Cuiabá in der Kolonialzeit zur drittwichtigsten Stadt Brasiliens. Schon 100 Jahre zuvor war sie als Hauptlieferant von exotischen Vogelfedern für die Pariser Hutmacher zu ansehnlichem Wohlstand gekommen. Die Stadt zählt rund 500 000 Einwohner und ist das Zentrum eines Staates, in dem Holzhandel, Farmwirtschaft und Bergbau betrieben werden. Leider blieb von der Kolonialarchitektur in Cuiabá nur wenig erhalten. An die 1918 im neugotischen Stil erbaute Kathedrale, die **Igreja Nossa Senhora do Bom Despacho,** (Praça do Seminário, keine Besichtigung) ist das kleine Museu de Arte Sacra für religiöse Kunst angeschlossen.

Das **Museu do Índio Marechal Rondón** zeigt Kunsthandwerk und Lebensgewohnheiten der Indios in Mato Grosso (Cidade Universitária, Av. Fernando Corrêa da Costa, Di–Sa 7.30–11.30 und 13.30–17.30 Uhr). Sehenswert sind auch die Residenz des Gouverneurs und das Naturhistorische Museum, die **Fundação Cultural de Mato Grosso** (Palácio da Instrução, Praça da República 151, Mo–Fr 8–17.30 Uhr), mit anthropologischen und historischen Sammlungen.

Auch der vom Aussterben bedrohte Riesenotter lebt im Pantanal

Unten: Cowboys, in wildem Ritt durchs Wasser

TIPP

Cuiabás kulinarische Spezialität sind Fischgerichte. Versuchen Sie die »Mujica«, eine Suppe mit gewürfelten Filetstückchen des schmackhaften »Pintado«, Zwiebeln, Koriander und Maniok, die in einem Tongefäß zubereitet wird.

Unten: Tukane lieben süße Beeren

Der Nationalpark Chapada dos Guimarães

Der Hitze der Tiefebene kann man 67 km nördlich von Cuiabá entfliehen: Die **Chapada dos Guimarães** ähnelt einem Tafelberg und überragt die Ebene des Rio Paraguay und des Pantanal. Steile Felsabbrüche, von Wind und Wetter zerfurchte Canyons, Höhlen und atemberaubende Wasserfälle erwarten die Besucher.

Das Gelände des abwechslungsreichen, 33 000 ha großen Nationalparks (tgl. 8–17 Uhr) ist durch Erdpisten erschlossen und kann mit dem Mietwagen befahren werden – es empfiehlt sich aber, einen ortskundigen Führer mitzunehmen. Eine Straße windet sich durch den Steilhang **Portão de Inferno** (Höllentor), der den Rand eines jähen Sandsteinteilabbruchs markiert. Eine andere Sehenswürdigkeit ist der 86 m in die Tiefe stürzende Wasserfall **Véu da Noiva** (Brautschleier). Man kann das Naturschauspiel von oben bewundern oder eine halbe Stunde durch den dicht bewaldeten Canyon zur Sohle des – zu feinem Nebel zerstiebenden – Katarakts hinabwandern. Dringt man tiefer in die Chapada ein, gelangt man zur **Casa da Pedra**, einer natürlichen Höhle, die von einem gewaltigen Steingesims überdacht wird, und zur 1100 m langen **Caverna Aroe Jari**, deren Wände mit Höhlenmalereien bedeckt sind. Für den Besuch dieser Höhlen sind ortskundige Führer und eine entsprechende Ausrüstung nötig.

Das historische Städtchen **Chapada dos Guimarães** ❷ mit seiner 200 Jahre alten Kirche Nossa Senhora de Santana do Sacramento (Praça Dom Wunibaldo) grenzt an den Nationalpark und eigt sich als Standquartier. Außerhalb des Ortes markiert ein Denkmal den geographischen Mittelpunkt Südamerikas. Hier gibt es mehrere Unterkünfte wie das bezaubernde Hotel Penhasco (Sítio Talpinha, Bairro Bom Clima, Tel. 65-3301-1555, www.penhasco.com.br) und die Pousada Laura Vicunha (Rodovia Emanuel Pinheiro, km 62, www.pousadalauravicunha.com).

Das nördliche Pantanal

Das nördliche Randgebiet des Pantanal kann man mit Auto oder Flugzeug von Cuiabá aus erreichen. Reisebüros orga-

nisieren Transport, Unterbringung und Führer. Die besseren Agenturen arbeiten mit Hotel-Fazendas im Sumpfgebiet zusammen oder betreiben sie selbst. Neben den Hotels gibt es auch einfachere *Portos de Pesca*, Campingplätze, sowie Bootsverleihstellen mit Angelmöglichkeit. Moskitos muss man hier allerdings in Kauf nehmen.

Santo Antônio de Leverger, 28 km südlich von Cuiabá an der Staatsstraße BR 040, grenzt an das Sumpfgebiet. Von hier starten kleine Flieger zu den Hotels und Fazendas. Bei **Barão de Melgaço**, einst Zentrum der Zuckermühlen in dieser Gegend, kann man Boote leihen. In der Nähe liegt die Baia Chacororé, ein riesiger, flacher See voller Alligatoren, Löffelreihern und größeren Säugetieren, die am Ufer leben.

102 km südlich von Cuiabá liegt **Poconé** ⓭, der Ausgangspunkt für Fahrten auf der Transpantaneira-Straße. Die nahen Sümpfe wurden durch Goldsucher, Wilderei und Überfischen aus dem Gleichgewicht gebracht, die Straße verläuft durch einen landschaftlich reizvollen Teil des Pantanal. Entlang der Schotterpiste sammeln sich riesige Wassermengen. Man sieht Brillenkaimane und Vögel, ohne dass man den Wagen verlässt. Von Poconé führt die Transpantaneira 145 km und über 126 Brücken nach Süden bis Porto Jofre.

Der Süden des Pantanal

Zugang zum Süden des Pantanals hat man von den Städten Campo Grande und Corumbá aus. **Campo Grande** ⓮, die architektonisch reizlose Hauptstadt des Staates Mato Grosso do Sul, wurde 1889 gegründet und zählt rund 700 000 Einwohner. Ihre größte Sehenswürdigkeit ist das **Museu Dom Bosco.** Das Museum der Salesianer-Missionare beherbergt Ausstellungsstücke wie Gegenstände der Bororó-, Xavante- und Carajá-Indianer sowie präparierte Tiere des Pantanals (Rua Barão do Rio Branco 1843, Tel. 67-3312-6491, Di–Sa 8–18 Uhr, So 8–12 und 14–18 Uhr).

An der bolivianischen Grenze gegenüber Puerto Suarez liegt **Corumbá** ⓯, das 1778 gegründet wurde. In der Casa do Artesão, dem ehemaligen Stadtgefängnis, sind Leder- und Keramikarbeiten, indianisches Kunsthandwerk sowie einheimische Handarbeiten zu

Auf Angelfahrt während der Regenzeit

Unten: Der rotnackige »Tuiuiú« ist die größte Storchenart

TRANSPANTANEIRA

Eines der ehrgeizigen Projekte der 1970er-Jahre war der Bau der Transpantaneira, einer Straße von Luiabá nach Corumbá. Aber lokale Politiker und Umweltaktivisten sorgten für eine wesentlich kürzere Strecke. Heute führt die Straße über 145 km von Poconé nach Süden bis Porto Jofre. Die Strecke ist meistens in erbärmlichem Zustand, führt aber entlang einiger Flüsse und bietet deshalb die Gelegenheit, Tausende von Kaimanen an den Ufern zu beobachten. Trotz Wilderei, vor allem von Paraguay aus, schätzt man den Bestand an Kaimanen im gesamten Pantanal auf ca. 10 Millionen!

Es gibt auch Frachtboote, mit Rindern beladen, die in unregelmäßigen Abständen die 185 km auf dem Rio São Lourenço nach Corumba unterwegs sind. Wer mit dem Kapitän verhandelt, hat hier eine attraktive Transport-Alternative.

Goldsucher bei der Wäsche seiner kostbaren Ausbeute

Unten: Kaimane sind keine Seltenheit im Pantanal

sehen (Rua Dom Aquino Corrêa 405, Mo–Fr 8–11, 14–17 Uhr, Sa 8–11 Uhr). Der Ort liegt mitten im Pantanal, in seiner Umgebung wurden Fazendas zu Touristenquartieren umgebaut.

Bonito und der Silberfluss

Kristallklare Flüsse, Wasserfälle und Höhlen prägen die Landschaft der Serra do Bodoquena. Kein Wunder, dass der zentrale Ort **Bonito** ⓰ zum Ziel eines boomenden Ökotourismus wurde.

Der Ort (20 000 Einw.) selbst ist nicht sehenswert, aber modern und freundlich mit guten Bars und Restaurants und vor allem Tummelplatz der Tourenveranstalter. Ausflüge auf eigene Faust mit dem Mietwagen sind zwar möglich, aber recht kostspielig. Zudem gelten strenge Auflagen durch die örtliche Tourismusbehörde, und viele Plätze sind nur mit Führer zugänglich. Die meisten Attraktionen – es wurden allein 80 Höhlen entdeckt – liegen auf Privatland und kosten Eintritt. Angeln ist in dieser Region verboten. Von Februar bis April, der Hauptregenzeit, sind viele Orte kaum zu erreichen, der Juli ist hingegen ideal zum Tauchen.

Wassertouren

Der Silberfluss, **Rio da Prata,** etwa 45 Minuten Fahrt südlich von Bonito gelegen, hat kristallklares, meist nur 1 m tiefes Wasser und bietet Lebensraum für unzählige Pflanzenarten und Fische. Nach einem einstündigen Marsch beginnt die Tour am Zufluss des Olho d'Agua-Flusses. Von dort lässt man sich im Wasser etwa 2 km flussabwärts treiben – es ist ein Gefühl wie in einem Riesen-Aquarium. Die Touren beinhalten Flussführer, Schnorchel und Tauchanzug. Die Touren auf dem **Sucuri-Fluss** sind kürzer und besser geeignet für nicht so routinierte Schwimmer.

Das lokale Schwimmbad, **Balneiro Municipal,** 7 km Richtung Jardim, ist mit einem Motortaxi in fünf Minuten zu erreichen. Es ist ein natürlicher Pool im Formoso-Fluss, in der Trockenzeit ideal für Unterwasserbeobachtungen. Taucherbrillen gibt es zu leihen.

Die **Estancia Mimosa,** 26 km nördlich Richtung Bodoquena, bietet dreistündige Wanderungen durch einen Wald mit Wasserfällen und vielen Naturpools. Die Tour wird mit Mittagessen angeboten. ■

ÖKO-TOUREN UND LODGES

Das südliche Pantanal ist von Campo Grande und Corumbá, das nördliche von Cuiabá aus zu erreichen. Lodges werden teilweise über meist unbefestigte Landstraßen oder per Kleinflugzeug angesteuert, zur Regenzeit nur per Flieger oder Boot. Die Unterkünfte weisen die ganze Bandbreite – vom Hängematten-Quartier unterm Strohdach bis zum komfortablen Resort – auf. In der Regel beinhalten die Touren-Arrangements den Transport sowie Vollpension ohne Getränke. Zwei bis drei Nächte sollte man einplanen, um das Pantanal zu erleben. Die meisten Lodges unternehmen die Ausflüge frühmorgens und am späten Nachmittag, wenn es kühler ist und mehr Tiere zu sehen sind. Meistens gibt es eine Jeep-Safari, eine Bootstour, einen Reitausflug, eine Wanderung und eine Nachtsafari.

Budgetbewusste Reisende können vor Ort einen Guide buchen. Bei ihrer Ankunft an den Flughäfen oder der Busstation in Corumbá, Campo Grande oder Cuiabá werden die Touristen meist schon von Tour-Anbietern erwartet. Vorsicht ist bei Schnäppchen-Preisen geboten. Vor allem wer der Sprache nicht mächtig ist, sollte besser ein All-inclusive-Paket buchen – in Rio, in São Paulo oder vor Ort. Letzteres muss dabei nicht immer billiger sein. Für eine gute Qualität der Unterkunft und der Guides bürgen die nachfolgenden Adressen.

Von Campo Grande: Die *Pousada Aguape* ist eine nette Rinderfarm, ein Familienbetrieb seit über 150 Jahren inmitten eines Vogelbrutgebietes, für Ornithologen ideal! Einfache, gemütliche Zimmer, Pool, leckeres Buffet, englischsprechendes, freundliches Personal (Tel. 67-3686-1036, www.aguape.com.br). Zu den besten Unterkünften im südlichen Pantanal zählt die 530 km² große *Pousada Refúgio Ecológico Caiman* (Tel. 67-3242-1450, www.caiman.com.br) bei Miranda zwischen Campo Grande und Corumbá. Der Besitzer hat ein eigenes Wildreservat eingerichtet und geschulte Führer engagiert. Auf der Fazenda werden Bootsausflüge, Besuche der dazugehörigen Rinderfarm und Ausritte zu einem Reservat für Sumpfhirsche angeboten.

Die *Fazenda Rio Negro* ist nun im Besitz der NGO Conservation International. Hier arbeiten Naturforscher, die man begleiten darf. Auf dem Landweg ist die Lodge schwer erreichbar, daher bietet sie ungestörte Naturbeobachtung. Anreise per Kleinflugzeug ab Aquidauana (30 Min.) oder Campo Grande (1 Std.) (Tel. 67-3326-0002, www.fazendarionegro.com.br).

Von Cuiabá: In der Stadt ist *Anaconda Tours*, Avenida Isaac Póvoas 606, sehr hilfsbereit bei der Planung von Pantanaltouren, sorgt für den Transport und Flughafentransfer (Tel. 65-3028-5990, www.anacondapantanal.com.br). Die *Araras Eco Lodge* zwischen Cuiabá und Poconé bietet 19 rustikale Zimmer in fantastischer Landschaft (Tel. 65-682-2800, www.araraslodge.com.br). Das *Hotel Porto Jofre* (245 km von Cuiabá) hat 28 komfortable Bungalows mit Air-Condition, großem Pool, Landepiste und Motorbooten (Tel. 65-3637-1593, www.portojofre.com.br). Die *Pousada do Rio Mutum* hat 16 hübsche Bungalows mit Air-Condition, Pool, mitten im Wald. Dort leben viele Seeotter (nur März–Okt., Tel. 65-623-7022; www.pousadamutum.com.br).

Von Corumbá: Die *Passo do Lontra* ist eine große Lodge auf Pfählen am Ufer des Miranda-Flusses, 120 km von Corumbá entfernt. Sie bietet einfache Hängematten und komfortable Bungalows und ist auf Flussfahrten und Angeltouren spezialisiert (Tel. 67-3231-6569, www.passodolontra.com.br). Corumbá ist Ausgangsort für 5- oder 7-tägige, teure Flussexkursionen. Sie folgen den Läufen des Rio Paraguai, des Rio São Lourenço und des Rio Cuiabá. Über ein Dutzend schwimmender Hotels stehen in Corumbá für Exkursionen zur Verfügung. Zu den kleineren Booten zählen: *Cabexy* (4 Doppelkabinen, Tel. 67-3231-1559, www.pantaltours.tur.br) und *Pantanal Vip* (7 Kabinen, Tel. 65-9989-3530, www.pantanalvip.com.br). ■

Rechts: Entspannen in einer gut ausgestatteten Lodge

Die Iguaçu-Wasserfälle

Die gigantischen Wasserfälle liegen in einer traumhaften Landschaft und wurden zu Recht von der UNESCO als Weltnaturerbe deklariert. Die gewaltige Macht der Natur wird dem Besucher hier hautnah spürbar.

TIPP

Der beste Zeitpunkt: Im Jan. und Feb. ist der Wasserfall am beeindruckendsten, im Sept. und Okt. dafür weniger überlaufen.

Vorherige Seiten und unten: Die unvergleichlichen Iguaçu-Wasserfälle

Südamerikas wohl beeindruckendstes Naturschauspiel sind die **Cataratas do Iguaçu** ❶ im Dreiländereck von Argentinien, Brasilien und Paraguay. Nur die Victoriafälle im südlichen Afrika sind höher und übertreffen in der Regenzeit die Wassermenge des Iguaçu, diese sind jedoch mit 2700 m wesentlich breiter und landschaftlich unübertroffen.

Die Iguaçu-Fälle bestehen aus 275 Wasserkaskaden. In der Regenzeit donnern bis zu 6500 m³ Wasser pro Sekunde von einem fast 3 km breiten Basaltplateau herunter. Die bis zu 80 m hohen Wasserfälle sind von dichter Gischt eingenebelt, die das Licht der Tropensonne als Regenbogen reflektiert.

Zwei Nationalparks umgeben die Iguaçu-Wasserfälle, der größere mit 185 000 ha liegt auf der brasilianischen Seite, der mit 67 000 ha kleinere auf der argentinischen.

Der Teufelsrachen

Im Zentrum des Naturschauspiels liegt der Teufelsrachen **Garganta do Diabo**, eine Stelle, an der die Wassermassen von 14 Kaskaden mit ohrenbetäubendem Getöse in die Tiefe stürzen. Schmale Stege führen sowohl von der brasilianischen (von unten), als auch von der argentinischen Seite (von oben) bis an die Wasserfälle heran.

Die brasilianische Seite

Der brasilianische Parkeingang (Mo vorm. geschl.) liegt 15 km von der Stadt **Foz do Iguaçu** ❷ entfernt. Für Linienbusse und PKW's ist hier Endstation, nach Bezahlung des Parkeintritts geht's mit einem Shuttlebus weiter.

Gerade angekommen, genießt man bereits einen atemberaubenden Blick auf die argentinische Seite der Fälle mit der Insel San Martin. Es beginnt ein 1 km langer Weg zum Teufelsrachen. Kurz vorm Ziel ist ein Metallsteg zu bewältigen, der durch Gischtnebel führt (bei Hochwasser gesperrt). Nun sind Sie umgeben von spritzender Gischt, vom Grollen der Fälle und dem

üppigen Grün des Dschungels, der an den Ufern des Iguaçu-Flusses wuchert. Zurück zur Straße gelangt man mit dem Aufzug oder über eine Treppe.

Innerhalb des Parks werden Abenteuerlustige für Touren mit Schlauchbooten Richtung Teufelsrachen umworben. An Bord der Boote von **Macuco Safari** erlebt man die Wasserfälle am intensivsten. Die ungefähr eineinhalbstündige Tour beginnt mit einer kurzen Fahrt durch den Regenwald in offenen Wagen, die sich langsam dem Fluss nähern. Dann geht es per Boot bis knapp vor die weiße Wand aus Sturzbächen des herabdonnernden Wassers.

Die argentinische Seite

Reisebüros und große Hotels in Foz do Iguaçu organisieren Touren nach Puerto Iguazu auf der argentinischen Seite der Fälle. Gut zwei Drittel der Fälle befinden sich hier, und sie lassen sich hier gut erwandern. Vom Besucherzentrum fährt halbstündlich ein Zug mit offenen Waggons (Preis im Eintrittspreis inkl., letzter Zug: 16 Uhr, Park bis 18 Uhr geöffn.) bis zum Steg, der zum Teufelsrachen führt. Unterwegs kann man an der Station Cataratas aussteigen und zu zwei lohnenswerten Rundgängen gelangen. Der obere, einfache ist 650 m lang, der untere führt über eine Treppe abwärts und rund 1700 m an sensationellen Ausblicken vorbei und z. T. auch dicht heran an einige Fälle. Wer Zeit hat, kann auch eine Bootsfahrt zur Insel San Martin machen, bei Niedrigwasser ist dort ein reizvoller Badestrand.

Das Wasserkraftwerk Itaipú

Die Stadt Foz do Iguaçu (260 000 Einw.) erlebte durch den Bau des weltweit größten Wasserkraftwerks **Itaipú** (1990 fertiggestellt) einen enormen Bevölkerungszuwachs. Das Kraftwerk, sein Damm, das Staubecken und die Überlaufkanäle sind zur Touristenattraktion geworden. Das Besucherzentrum zeigt die beeindruckende Anlage – 20 Generatoren liefern 14 000 Megawatt, das ist ein Viertel des Strombedarfs Brasiliens und mehr als 90 % des beteiligten Paraguay – allerdings wenig von den Umweltschäden, Zwangsumsiedlungen, der Regenwaldabholzung und dem Verlust von Fauna- und Flora. ∎

TIPP

Wer Lust hat, oberhalb des Iguaçu-Flusses Bungee-Jumping zu machen, kann dies auf der brasilianischen Seite tun, auch Canopy, auf Seilen durch die Baumwipfeln gleiten, wird dort angeboten. Vor dem Nationalparkeingang liegt der Helioport, hier kann man einen 10-minütigen Hubschrauberflug über die Fälle buchen.

Unten: Die Stadt Foz de Iguaçu ist ein guter Ausgangspunkt für den Besuch der Wasserfälle

DIE TIERWELT

Trotz der Besuchermassen sind rund um den Wasserfall viele Tiere zu beobachten; denn durch den Nationalparkstatus ist die Region gut geschützt.

Hinter der Wasserwand des Teufelsrachen bauen sich Rußsegler sichere Nester. Am Flussufer sind Wasserschildkröten, Kaimane und deren Beute, die Capybaras (Wasserschweine), zu sehen. Immer wieder begegnen einem die *Coatis*, Nasenbären, die leider – trotz Verbots – häufig gefüttert werden und deshalb allzu zudringlich geworden sind. Kunstvolle Nestkonstruktionen erinnern an Webervögel. Es sind aber Kaziken, eine Stärlingsart, die Zwei-Kammer-Nester bauen und wesentlich größer als Webervögel sind. Tukane lassen sich gerne auf den Palmen nieder, kleine und große Papageien krächzen lauthals, und im Wald sind oft kleine Affen, *Macucos*, zu erkennen.

Südbrasilien 329

Südbrasilien

Die prosperierende Region im subtropischen Süden Brasiliens besteht aus den Bundesstaaten Paraná, Santa Catarina und Rio Grande do Sul. Das europäische Erbe, die Kultur der Gaúchos und spektakuläre Landschaften bilden den Reiz dieser Gegend

NICHT VERPASSEN!

Curitiba
Vila-Velha-Park
Morretes
Paranaguá
Santa Catarina
Florianópolis
Ponta de Garopaba
P. N. Aparados Serra

Links: Felsformationen in Vila Velha
Unten: Der Strand von Florianópolis

Der Süden Brasiliens unterscheidet sich vom Rest des Landes. Pinien lösen die Palmen ab, in den Tälern bewaldeter Mittelgebirgslandschaften bestimmen kleine Bauernbetriebe statt großflächiger Plantagen das Bild und unter den Einwohnern fällt die beachtliche Zahl von Blondschöpfen mit blauen Augen, Nachkommen europäischer Einwanderer, besonders auf. Ihre Vorfahren ließen sich hier vor allem deshalb nieder, weil sie Landschaft und Klima an ihre Heimat erinnerte – im Süden Brasiliens gibt es ebenfalls vier Jahreszeiten. Gehöfte und Häuser ihrer Siedlungen erbauten sie im alpenländischen oder osteuropäischen Stil.

Der Süden besitzt fruchtbares Ackerland und ist seit jeher die Kornkammer Brasiliens. Die Farmen von Paraná, Santa Catarina und Rio Grande do Sul sind die wichtigsten Getreidelieferanten Brasiliens. Paraná ist das Land der Getreide- und Sojaplantagen sowie der ausgedehntesten Pinienwälder des Landes. Über die Grasebenen von Rio Grande do Sul ziehen große Viehherden, argwöhnisch bewacht von den Gaúchos. Der Süden hat begonnen, einen Teil seines erwirtschafteten Reichtums in den Aufbau von Industriebetrieben zu investieren. Heute ist hier das Zentrum der blühenden Textil- und Schuhindustrie Brasiliens. Die Bewohner der drei Südstaaten genießen einen Lebensstandard, der dem São Paulos kaum nachsteht.

Paraná und das grüne Curitiba

Das im 17. Jh. von Goldsuchern entdeckte **Curitiba** ❸ ist eine geschäftige Metropole mit 1,8 Millionen Einwohnern auf einem Hochplateau in 930 m Höhe. Seit 1853 ist sie auch Hauptstadt von Paraná und erhielt den Beinamen »Hauptstadt der Ökologie«, da der Ex-Bürgermeister Jaime Lerner als erster im Land sich nachdrücklich bemühte, das Müll- und Verkehrschaos zu beenden und ein vorbildliches Nahverkehrssystem schuf. Dies würdigte die

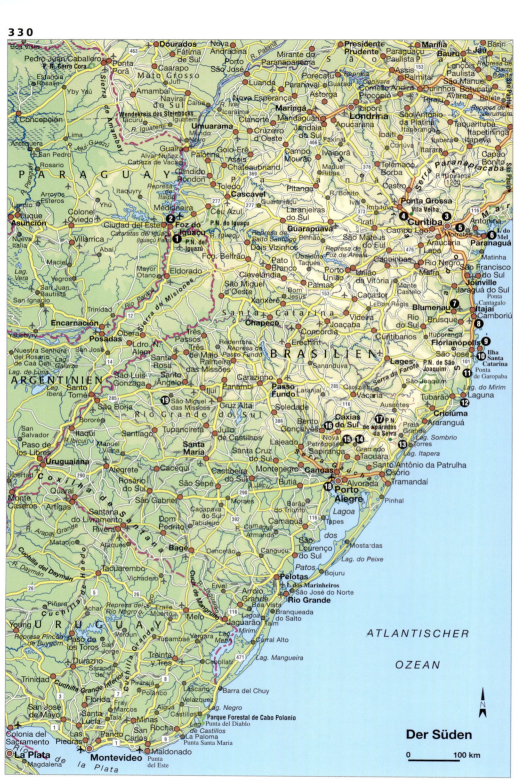

Südbrasilien

UNO 1990 mit der Vergabe ihres Umweltpreises. Zwei Jahre später wurde die Freie Umweltuniversität zur Erforschung und Vermittlung umweltfreundlicher Entwicklung gegründet.

In der zweiten Hälfte des 19. Jhs. erlebten Curitiba und der ganze Staat eine Einwanderungswelle aus Europa. Vor allem Polen, Deutsche, Italiener und Ukrainer siedelten sich an. In Curitibas Festkalender spiegeln sich die vielfältigen Kulturen der Herkunftsländer seiner Einwohner wieder.

Ein für seine Gastronomie überregional bekannter Stadtteil heißt **Santa Felicidade** und wurde 1878 von italienischen Immigranten gegründet. Hier findet man einige der besten Restaurants, Pizzerien und Weinstuben.

Curitiba ist sehr fußgängerfreundlich angelegt. Dass es seinen Ruf als »grünste« Stadt Brasiliens zu Recht genießt, davon kann man sich am besten vom Fersehturm **Torre Panorãmico** (Mercês, Di–So 11–20 Uhr) aus überzeugen, der sich 110 m hoch über die Stadt erhebt: 26 Parks besitzt die Stadt, auf jeden Bürger entfallen rund 50 m² Grünfläche. Der Bosque Alemão erinnert an die deutsche Einwanderung, der Bosque Papa João Paulo II. an den reisefreudigen Papst.

Einen Rundgang sollte man im Zentrum an der **Rua das Flores** (offiziell Rua Luiz Xavier) beginnen, einer ausgedehnten Fußgängerzone, die nach ihren schönen Blumenkörben benannt und von Geschäften, Boutiquen sowie von einladenden Cafés, Restaurants und Konditoreien gesäumt ist. Unweit davon betritt man das historische Zentrum Curitibas, den **Setor Histórico**, einige Häuserreihen um den gepflasterten Platz **Largo da Ordem**, der von der 1737 erbauten **Igreja da Ordem Terceira de São Francisco das Chagas** beherrscht wird. Die Kirche beherbergt das **Museu de Arte Sacra** (Di–Fr 9–12, 13–18, Sa, So 9–14 Uhr). Auf dem Hügel oberhalb der Kirche liegt das **Garibaldi-Mini-Shopping**, das Kunsthandwerk aus ganz Brasilien, Schnitzarbeiten, Töpfer- und Lederwaren zum Kauf anbietet. Nachts ist am Largo da Ordem jede Menge los, wenn die Straßencafés brechend voll sind und sich Musiker einfinden.

Schaut man den Hang hinab, sieht man hinter der **Praça Tiradentes** die neogotische Kathedrale der Stadt. Interessanter ist das quer über den Platz zu erreichende Regionalmuseum, **Museu Paranaense** (Rua Kellers 289, Mo–Fr 10–17, Sa, So 11–15 Uhr), das in einem prächtigen Jugendstilpalast, ehemals Gouverneurssitz, untergebracht ist. Im Museum sind archäologische Funde und eine große Sammlung über die Indianervölker der Region zu sehen.

Etwas außerhalb, aber sehr lohnend ist der 2002 eröffnete, futuristisch anmutende Bau von und für Brasiliens Stararchitekten. Das spektakuläre **Museu Oscar Niemeyer** (Rua Marechal Hermes 999, Centro Cívico, Tel. 3350-4400, Di–So 10–20 Uhr) wird aufgrund seiner Form auch das »Auge« genannt.

Die Felsformationen von Vila Velha

80 km westlich von Curitiba bei der Gemeinde Ponta Grossa liegt der Park

> **TIPP**
>
> Trachtenfest: An Curitibas buntem »Festival Folclórico e de Etnias« in der zweiten Augusthälfte nehmen Trachtengruppen der arabischen, deutschen, italienischen, japanischen, koreanischen, polnischen und ukrainischen Einwanderer teil.

Unten: Curitibas Botanischer Garten

> **TIPP**
>
> Das »barreado«-Eintopfgericht kann man in **Morretes** bei Armazem Romanus (Rua Visconde do Rio Branco 141) und in **Paranaguá** in der Casa do Barreado (der Rua José Antônio da Cruz 78) sowie in der Danubio Azul am Flussufer (Rua XV de Nov. 95) probieren.

Unten links: Bizarre Landschaft im Vila-Velha-Park
rechts: Triebwagen auf der Strecke nach Paranaguá

von **Vila Velha** ❹ (tgl. 8–16 Uhr). Auf dem sturmgepeitschten Plateau thronen bizarre Felsformationen, die sich in Jahrmillionen durch Wind und Regen gebildet haben.

Ein Minitouristenzug fährt zu einem Teil der spektakulären Felsen, doch am besten erkundet man den Park bei einem Spaziergang in diesem Gelände mit der zuweilen gespenstischen Mischung aus Schatten, rötlichen Felsen und dem Singen des Windes. In der Nähe sind zwei rätselhafte, etwa 100 m tiefe Krater, »Furnas« genannt, zu sehen, in denen sich kleine Seen gebildet haben. Ein Aufzug führt hinunter zum Wasser, wo man baden kann. Der Grund der nahe gelegenen Lagoa Dourada, eines fischreichen Sees, der unter Naturschutz steht, besteht aus Glimmer und reflektiert die schräg einfallenden Sonnenstrahlen goldfarben.

Bahnfahrt nach Paranaguá

Der interessanteste Ausflug zur Küste Paranás beginnt im Bahnhof von Curitiba, der **Estação Ferroviária,** Portão 8. Im Verlauf der atemberaubenden Zugfahrt entlang der Steilhänge der **Serra do Mar** werden 30 Brücken überquert und 13 Tunnels sowie unzählige Kurven passiert.

Die von 1880 bis 1885 fertiggestellte Bahnlinie kostete etwa 5000 Gleisbauarbeiter das Leben; die Gleise wurde stellenweise so nah an den Abgrund gebaut, dass man bei der gemächlichen dreistündigen Fahrt mitunter das Gefühl hat, man werde gleich ins Nichts abstürzen. Den besten Ausblick hat man auf der linken Seite.

Als Alternative zur Bahnstrecke bietet sich eine Bus- oder Pkw-Fahrt auf der 1873 konstruierten Küstenstraße **Estrada da Graciosa** an. Auch diese kurvenreiche, von blühenden Begonien gesäumte Strecke führt durch herrliche Täler, vorbei an malerischen Wasserfällen und durch intakte Abschnitte Atlantischen Regenwalds.

Von den Aussichtspunkten entlang der Straße sind Teile des alten Maultierpfades zu sehen, den die ersten portugiesischen Siedler benutzten, um den Berg bis Curitiba zu überwinden. Die Estrada Graciosa reicht von Curitiba bis ins 65 km entfernte Dorf **Morretes** ❺. Die 15000-Einwohner-Gemein-

de ist eine Art Ruhesitz vieler älterer Brasilianer und für junge Alpinisten Start- oder Endpunkt von Trekkingausflügen zum Gipfel des Pico do Marumbi (1539 m). Probieren Sie die regionale Spezialität *Barreado*, ein Eintopf-Gericht mit Rind- und Schweinefleisch, Zwiebeln und allerlei Gewürzen.

Paranaguá und Ilha do Mel

Das 1648 gegründet **Paranaguá** ❻ ist einer der wichtigsten Häfen Brasiliens. Von seiner langen Geschichte sind einige schöne Kolonialbauten erhalten geblieben (Rua da Praia). An der Rua XV de Novembro, wo das **Museu da Arqueologia e Etnologia** im Jesuitenkolleg von 1754 Gegenstände der Indianer und aus der Kolonialzeit zeigt, sind auch einige historische Bauwerke erhalten (Rua General Carneiro 66, Di–Fr 9–12, 13–18, Sa, So 12–18 Uhr).

Die schönsten Strände dieser Region findet man auf der **Ilha do Mel,** einem kleinen Inselparadies, das vom Strand **Praia Pontal do Sul** aus in 20-minütiger Bootsfahrt angesteuert wird. Der größte Teil der seit einem Sturm im Mai 1996 aus zwei Teilen bestehenden Insel ist ein Naturreservat mit natürlichen Wasserbecken, Höhlen und einsamen Stränden. Dort stehen die Ruinen eines Forts (18. Jh.) und eines Leuchtturms (19. Jh.). Auf der Insel fahren keine Autos und schwere Transporte werden mit Fischerbooten organisiert. Die unberührte Natur der Ilha do Mel und die kleinen familiären Pousadas in **Encantadas, Nova Brasília** und **Fortaleza** haben die Insel zu einem beliebten Ziel einheimischer Urlauber gemacht.

Eine Alternative für den Hin- und Rückweg nach Curitiba ist die **Estrada Graciosa,** eine kurvenreiche Schnellstraße, die die Vegetation eines üppigen Waldes durchschneidet. Vom Aussichtspunkt erkennt man die alten Maultierwege, für Unternehmungslustige eine mögliche Wanderroute.

Bundesstaat Santa Catarina

Im kleinsten der südlichen Staaten versteht man es, kräftig auf die Pauke zu hauen. Sein deutsches Erbe wird durch die Fachwerkarchitektur der Stadt **Blumenau** ❼ deutlich, in der seit 1984 alljährlich Südamerikas größtes Oktoberfest stattfindet. Das dreiwöchige Lederhosenspektakel lockt mit Bier und Blasmusik fast eine Million Besucher an und ist nach dem Karneval in Rio zur zweitgrößten Fete Brasiliens avanciert.

Blumenau ist auch eines der brasilianischen Textilzentren. T-Shirts von Hering (Rua Bruno Hermann 1421, Tel. 47-3321-3902) sind den asiatischen Billigwaren in Sachen Qualität um Längen voraus. In der modernen Shopping-Mall CIC (Rua 2 de Setembro 1395) bieten rund 100 Läden Kleidung zu guten Preisen. Die Geschichte der deutschen Einwanderer wird im liebevoll gestalteten **Museu da Familia Colonial** (Alameda Duque de Caxias 78, Tel. 47-3322-1676, Di–Fr 8–17, Sa 9–12, 14–16, So 9.30–12 Uhr) erläutert.

Der wirkliche Reichtum des Staates ist jedoch seine Küste mit herrlichen kilometerlangen weißen Sandstränden. Bekannt ist vor allem der lange Strand bei **Camboriú** ❽, der fast wie eine Ko-

Mit dem Rad auf Tour

Unten: In Blumenau wird die Tradition des Oktoberfests hochgehalten

| **TIPP** |

Im Mercado Municipal gibt es hervorragende »bolinhas de bacalhau«, kleine salzige Kabeljau-Küchlein.

Unten: Die Hercilio-Luz-Brücke führt zur Ilha Santa Catarina hinüber

pie der berühmten Copacabana wirkt, für seine Landschaft und die Party-Atmosphäre. Falls man Menschenmassen nicht so liebt, sollte man die Hauptsaison, den Südsommer von Dezember bis Februar, meiden: Dann wird dieser Strand zum »Mercosul-Treffpunkt«, wenn sich zu den Einheimischen auch die Argentinier und Uruguayer dazugesellen und gemeinsam Sonne, Samba und Caipirinha genießen.

In Brasilien kursiert die allgemeine Meinung, dass in Santa Catarinas Hauptstadt **Florianópolis** ❾ die höchste Lebensqualität aller Bundeshauptstädte des Landes herrscht. Sie ist eine ruhige Stadt mit 350 000 Einwohnern, deren an schönen Stränden reiche Umgebung eine große Zahl argentinischer Urlauber anlockt. Ihr Zentrum liegt auf der Ilha de Santa Catarina, während sich auf der Halbinsel des Festlandes die östlichen Viertel erstrecken. Es lohnt sich, einen Tag in Florianópolis zu verbringen.

Den Besuch beginnt am besten beim alten Zollgebäude, **Predio da Alfandega** (Av. Paulo Fontes), von 1875, das heute als täglich geöffneter Kunsthandwerkermarkt dient. In der benachbarten Markthalle **Mercado Municipal** (Mo-Fr 9–22, Sa 9–15 Uhr) kann man essen, trinken, einkaufen oder an den rund 150 Ständen einfach nur bummeln. Unweit davon liegt der zentrale Platz der Stadt, **Praça XV de Novembro,** der mit seinen riesigen Bäumen, darunter ein fast 150 Jahre alter Ficus, viel Schatten spendet. Die alten Florianopolistas erzählen der Jugend gerne, dass man sich verliebt, wenn man vier Runden um den Platz dreht …

Die Insel Santa Catarina

Die Insel **Ilha de Santa Catarina** ❿ besitzt 42 Strände, die von ruhigen Buchten bis zu stürmischer Brandung alles bieten. Die **Praia Joaquina** ist ein berühmter Surfertreffpunkt, an dem alljährlich internationale Wettbewerbe stattfinden. Wenige Minuten entfernt liegt die **Lagoa da Conceição,** ein hübscher Süßwassersee, der zwischen dem Gebirgszug der Insel und dem Meer eingekeilt ist. Dieser zentrale Teil der Insel ist bei Einheimischen und – überwiegend argentinischen – Touristen beliebt. Neben dem Campingplatz locken

Südbrasilien

an der Lagune eine Reihe teils hervorragender Fischrestaurants und Bars, wie etwa **La Locanda della Tortorella** (Rua Prefeito Acácio Garibaldi Santiago 755, Lagoa da Conceição, Tel. 3232-5325, Fr–Sa 20–24 Uhr, So 12–16 Uhr).

Die Strände an der Südküste der Insel sind die natürlichsten und oft nur auf unbefestigten Straßen zu erreichen. Man sieht die Hütten der Fischer, deren Frauen Spitzen klöppeln. Für einen Tagesausflug eignen sich die Strände von **Campeche** und **Armação**. Nördlich davon erstrecken sich die exklusiven Strände **Praia dos Ingleses, Canavieiras** und **Jureré**, wo sich Hotels und Wohnanlagen aneinander drängen.

Unweit, aber auf der dem Inland zugewandten Inselseite liegt das Dorf **Ribeirão da Ilha,** das zu den ersten portugiesischen Siedlungen auf der Insel gehörte. Die Siedler kamen um 1760 von den Azoren und zogen wieder eine Insel als Heimat vor. Viele alte Häuser stehen noch, ebenso die Kirche von 1806. Die meisten Besucher kommen jedoch wegen der hier traditionell betriebenen Austernzucht. Zu probieren ist diese Delikatesse z. B. bei Ostradamus (Rodovia Baldicero Filomeno 7640) an Tischen auf dem Bootssteg oder nebenan im Rancho Acoriano.

Strände an der Festlandküste

Über die 819 m lange Hängebrücke **Ponte Hercilio Luz** von 1926, die besonders unter nächtlicher Beleuchtung ein willkommenes Fotomotiv bildet, gelangt man wieder zum Festland.

Die wichtigsten Strände der Küste südlich von Florianópolis heißen **Ponta de Garopaba** ⓫, Morro dos Conventos, Praia do Rosa und Laguna. Garopaba ist Hauptquartier für Brasiliens Surfer, deshalb befinden sich hier auch die besten Surfbrett-Hersteller, wie Mormaii in der Avenida João Orestes de Araujo im Ortszentrum. In Praia do Rosa findet man schön gelegene kleine Pensionen, wie die Quinta do Bucanero (Estrada Geral do Rosa, www.bucanero.com.br) und die Pousada Caminho do Rei (Caminho do Alto do Morro, www.caminhodorei.com.br).

Der unbestrittene Spitzenreiter ist **Laguna** ⓬, ein 1676 gegründetes Kolonialstädtchen, das sowohl über histori-

> **TIPP**
>
> Reveillon in Laguna: In der Silvesternacht übergeben Anhänger und Priesterinnen der Umbanda-Religion ihre für Yemanjá bestimmten Opfergaben am Stadtstrand Mar Grossa dem Atlantik.
>
> **Unten:** In der Praia do Rosa ist ein Projekt zum Schutz und zur Erforschung der Wale beheimatet

WALE

Zwischen Juni und November kommt Leben in die Region um Garopaba und die Praia do Rosa: Denn dann ziehen sich Hunderte Exemplare der Südlichen Glattwale hierher zurück, um ihre Jungen großzuziehen. Der Bestand dieser 11 bis 18 m langen Walart ist gefährdet. Man kann die Wale und ihre Kälber vom Strand oder von einem Boot aus beobachten.

In Praia do Rosa ist das Schutz- und Forschungsprojekt Baleia Franca (www.baleiafranca.org.br) beheimatet. Es unterstützt Ausflüge zur Walbeobachtung, die das Vida Sol e Mar Resort von Garopaba aus organisiert. Die Fahrt auf den 9 m langen Booten dauert etwa zwei Stunden, ein Biologe des Forschungsprojekts begleitet das Schiff. Allgemeine Informationen über Wale gibt es bei www.wale.info, außerdem Richtlinien für die Beurteilung von Whale-Watching-Angeboten.

DER BRASILIANISCHE WEIN

Obwohl der Weinbau in Brasilien eine vergleichsweise kurze Geschichte hat, sind Trauben, Wein und Sekt ein nicht unbedeutender Faktor der landwirtschaftlichen Produktion. Rebstöcke gedeihen besonders gut im Küstengebirge von Rio Grande do Sul, dem südlichsten Bundesstaat. Weingüter umgeben die Städte Caxias do Sul, Bento Gonçalves und Garibaldi.

Nach 1875 ließen sich italienische Einwanderer in Rio Grande do Sul nieder; in ihrem Gepäck gelangten die ersten Rebstöcke ins Land. Die Italiener legten in der Serra Gaúcha Weinberge an, die jetzt ihre Nachfahren bearbeiten. Neben einigen Ortsnamen erinnert hier auch der Baustil mancher kleiner Gehöfte an die italienische Herkunft ihrer Erbauer, die aus dem Friaul, aus Venetien, der Lombardei und aus Trient stammten.

Kein Wunder also, dass sich das italienische Erbe auch in den kulinarischen Spezialitäten der Region niederschlägt: Eindeutig dominiert die italienische Küche das Angebot in den Restaurants dieser Region.

Idealer Ausgangspunkt für einen Besuch des brasilianischen Weinanbaugebiets ist **Caxias do Sul**, eine aufstrebende Industriestadt mit über 380 000 Einwohnern in den Bergen der Serra Gaúcha. Um seine Spezialitäten zu feiern, lädt die Stadt alljährlich im Februar/März zum öffentlichen Weinfest ein. Zu diesem Anlass bewirtet die Stadt ihre Gäste gratis mit Wein.

Der bekannteste Weinproduzent von Caxias ist *Castelo Lacave* (Tel. 54-3229-4822, Mo–Sa 9.30–20.30, So 10–17 Uhr) an der Nationalstraße BR 116 in Richtung Vacaria. Das Ziel ist kaum zu verfehlen, denn der Hauptsitz dieser Weinkellerei residiert im Nachbau eines französischen Schlosses samt Zugbrücke. Besucher werden nach telefonischer Anmeldung gern zur Besichtigung und Weinprobe gebeten.

Überall in der Gegend rund um die Städte verteilt findet man die typischen *Cantinas* – lokale Weinkellereien, die gerne auch ihre Weinberge und Keller zeigen (Januar bis März). Selbstverständlich kann man den Wein auch probieren, regionale Spezialitäten – Schinken, geräucherte Wurst, hausgemachte Pasta und Käse – dazu kosten und seine Lieblingssorte hinterher käuflich erstehen. Manche Cantinas besitzen auch ein eigenes Restaurant. Sehr empfehlenswert sind *Zanrosso* und *Tonet*, zwischen Caixos do Sul und Flores da Cunha gelegen. In Caxias do Sul selbst zieht die Cantina des Weinbergs *Granja Piccoli* (Rua Ludovico Cavinatoi 1127, Tel. 3211-9899) im Februar und März die Weinliebhaber an.

Die heimliche Hauptstadt der Weingegend ist **Garibaldi**: 60 % der brasilianischen Weine und 80 % der einheimischen Sektflaschen kommen von hier.

Am Ortsende von Garibaldi steht an der Straße nach Bento Gonçalves das Weinhaus *Maison Forestier* (Tel. 54-3462-1811, Führungen: Mo–Fr 9–16.30 Uhr, Sa–So 9–15 Uhr). Forestier ist einer der Spitzenerzeuger brasilianischer Tafelweine von hoher Qualität. An derselben Straße liegt *Chandon* (Tel. 3462-2499, www.chandon.com.br, Mo–Fr 8–11.30, 13–16.30 Uhr, Sa 9.30 bis 15 Uhr), wo man sich der Herstellung von *Esprumantes*, Schaumweinen, verschrieben hat und Önologen bei Führungen die Produktion erläutern.

Natürlich würdigt auch Garibaldi seinen Wein mit Festen. Regelmäßig lädt im März das »Festival Colonial« und im Oktober das »Festival do Frango e Vinho« mit viel Wein, traditionellen Gerichten – das Ganze gespickt mit italienischer Folklore – zum Feiern ein.

Mitte der 1970er-Jahre begann man in Garibaldi neue Rebsorten aus Europa und Kalifornien einzuführen und aufzupfropfen. Neben dem roten Landwein werden nun auch Weißweine gekeltert, die auch in die USA exportiert werden. Auch der Produktionsprozess wird modernisiert. So wird allgemein erwartet, dass die Qualität brasilianischer Weine langsam die der bekannten argentinischen und chilenischen Weine erreicht. ■

Links: Weinlese in Rio Grande do Sul

sche Bauwerke aus dem 17. bis 19. Jh. als auch über wunderschöne Badestrände verfügt. Die Lage der Inseln und Halbinseln zwischen den verschiedenen Lagunen und dem offenen Meer ist einzigartig. Auf der **Praça de Tordesillas** von Laguna steht ein Mahnmal, das an den 1494 zwischen Portugal und Spanien geschlossenen Vertrag erinnert, der die Neue Welt unter den Seemächten aufteilte. Die ursprünglich vorgesehene Trennungslinie verlief genau durch Laguna. Noch 1839 gab es hier blutige Kämpfe, als die Revolucão Farroupilha sich gegen die portugiesische Dominanz auflehnte, dieses Ereignis wird alljährlich in der zweiten Juliwoche nachgespielt. Der Leuchtturm **Santa Marta** von 1891 ist nur über eine Erdstraße (20 km) zu erreichen, lohnt aber des herrlichen Ausblicks wegen.

Rio Grande do Sul – Land der Gaúchos

Der südlichste Staat Brasiliens ist auch der eigenwilligste. Rio Grande do Sul grenzt an Argentinien und Uruguay und hat eine eigene Kultur entwickelt: Elemente portugiesischer, spanischer, italienischer und deutscher Tradition prägen den südlichsten Bundesstaat Brasiliens. Die Gaúcho-Kultur ist sein Markenzeichen: Hier treiben wettergegerbte Cowboys riesige Rinderherden über die Pampas-Steppen der **Campanha.** Sie tragen flache Hüte mit Kinnriemen, weite Hosen, rote Halstücher und Lederstiefel. Auch in ihren Trinkgewohnheiten unterscheiden sich die Gaúchos von den restlichen Brasilianern: Ihr traditionelles Lieblingsgetränk ist der *Chimarrão* (Mate-Tee), aus kleinen Kürbisgefässen getrunken.

Rio Grande do Sul gilt als Land des Machismo – ein Erbe der gewaltreichen Geschichte des Staates. Im 19. Jh. fanden hier blutige Kämpfe der separatistischen *Farroupilha*-Revolution statt, die bis heute den Stoff für Legenden und regionales Selbstbewusstsein liefern.

In Rio Grande do Sul werden die meisten Lederschuhe und Textilien Brasiliens hergestellt und die meisten Weine gekeltert. Dazu kommen riesige Vieh- und Schafherden, die ganz Brasilien mit Fleisch und Wolle versorgen. Die Universität von Porto Alegre, der Hauptstadt Rio Grande do Suls, zählt zu den renommiertesten Brasiliens. Neben São Paulo und Curitiba ist die Stadt ein Zentrum der Computer-, Informatik- und Dienstleistungsbranche.

Landschaftlich ist Rio Grande do Sul überaus vielfältig. Die 450 km lange Küste ist von tosender Brandung, sanft geschwungenen Dünen und Klippen geprägt. Die bekanntesten Felsformationen hat der Badeort **Torres** ⓭, 205 km von Porto Alegre entfernt. Andere beliebte Ferienzentren am Atlantik sind **Capão da Canoa, Xangri-Lá** und **Tramandaí**, 120 km vor den Toren Porto Alegres, während sich südlich der Hauptstadt zwischen dem Festland und den auf einer Landzunge aneinandergereihten Atlantikstränden die **Lagoa dos Patos,** die größte Süßwasserlagune Südamerikas, erstreckt.

Serra Gaúcha

Wenige Kilometer landeinwärts erreicht man die Serra Gaúcha, ein Küs-

»Mein Gewehr und ich«

Unten: Volkstanz in traditioneller Gaúcho-Kleidung

Wegweiser zu Weinkellereien in der Serra Gaúcha

Unten: Die Serra Gaúcha – ein Land der Weinberge

tengebirge, das zu einem der beliebtesten Ausflugszielen des Staates wurde. Pinienwälder, üppige grüne Täler, einsame Wasserfälle, glitzernde Flüsse und imposante Schluchten, die sich durch die Serra Gaúcha winden, bieten sich den Blicken der Besucher dar. In diese spektakuläre Landschaft strömten im 19. Jh. Tausende von deutschen und italienischen Immigranten und ließen sich entlang der Talsohle nieder. Noch heute künden zahlreiche Stein- und Holzhäuser von der Pionierzeit.

Schmuckstücke der Serra Gaúcha sind die Zwillingsstädte **Gramado** ⓮ und **Canela**. Gramado, wo alljährlich das bedeutendste brasilianische Filmfestival abgehalten wird, ist von Porto Alegre 141 km entfernt. Der 32 000 Einwohner zählende Ort hat sich, wie das benachbarte Canela, ganz dem Tourismus verschrieben: Dutzende kleiner Hotels, Gasthäuser und Chalets, alle im alpenländischen Stil erbaut, warten hier auf Gäste und bieten die regionale Spezialität *Café Colonial* an. Canela ist weniger mondän als Gramado, bietet aber günstigere Unterkünfte und ist näher an den attraktiven Naturwundern der Gegend. Im **Parque do Caracol** (tgl. 8.30–17.30 Uhr), etwa 9 km außerhalb von Canela, stürzt der Wasserfall **Cascata de Caracol** 131 m in die Tiefe. Ein Aufzug führt hinauf, Sportliche erklimmen die 927 Stufen. Auf dem Weg zum Park passiert man eines der ersten Häuser der deutschen Siedler. Das **Castelinho Caracol** (tgl. 9–13, 14.20–17.40 Uhr) wurde 1913 ohne Nägel ganz aus Tannenholz erbaut. Im kleinen Café gibt es Apfelstrudel.

Im nur 36 km entfernten Dorf **Nova Petrópolis** ⓯ ist das deutsche Erbe überall erkennbar. Viele öffentliche Gebäude und Wohnhäuser erinnern an Dörfer in Oberbayern. Im **Parque Aldeia do Imigrante** (Av. 15 de Nov. 1966, tgl. 8–18 Uhr), dem 10 ha großen Einwandererpark von Nova Petrópolis, wurde eine deutsche Kolonialsiedlung, wie sie hier in der Zeit von 1875 bis 1910 bestand, nachgebaut. Der Park besitzt auch einen Musikpavillon, in dem alle Veranstaltungen im Januar, Februar und Juli stattfinden. Während dieser brasilianischen Ferienmonate sind die kleinen Hotels und Gasthäuser von Nova Petrópolis meist ausgebucht.

Südbrasilien 339

Bento Gonçalves ⓰, 48 km nördlich gelegen, wurde 1875 von italienischen Einwanderern gegründet. Die Geschichte der etwa 95 000 Einwohner zählenden Stadt dokumentieren die Sammlungen des **Museu do Imigrante** (Rua Erny Hugo Dreher 127, Ortsteil Plenalta, Di–Fr 8–11.15, 13.30–17.15, Sa 13–17 Uhr, So 9–12 Uhr, Tel. 3451-1773). Bento Gonçalves ist das Eingangstor zum brasilianischen Weinbaugebiet, hier wird der meiste Wein angebaut und es besitzt die einzige Universität für Önologie des Landes (s. S. 336).

Die Itaimbezinho-Schlucht

Rio Grande do Sul besitzt spektakuläre Wasserfälle. Das bekannteste Naturwunder des Staates ist jedoch noch drei Stunden (120 km) entfernt. Die Straße dorthin ist voller Schlaglöcher und recht beschwerlich, doch die Anfahrt lohnt sich: Inmitten von Araúkarien-Wäldern scheint sich die Erde plötzlich zu öffnen. Im 10 250 ha großen Nationalpark **Aparados da Serra** ⓱ (Mi–So 9–17 Uhr) klafft die gewaltige **Itaimbezinho-Schlucht**. Der etwa 700 m tiefe, 7 km lange und stellenweise fast 2 km breite Canyon ist einer der größten Lateinamerikas. Gekrönt wird das Naturschauspiel durch den eindrucksvollen Wasserfall, *Véu da Noiva*, Brautschleier, genannt. In der Sprache der *Guarani* bedeutet *Itaimbé* »scharfer Stein«. Tatsächlich sieht die Schlucht aus, wie von einem Messer in die Erde hineingeschnitten.

Porto Alegre

Die Hauptstadt von Rio Grande do Sul ist **Porto Alegre** ⓲, sie zählt 1,5 Mio. Einwohner und ist damit die größte Stadt im Südzipfel Brasiliens. Sie lockt mit den besten *Churrascarias* des Landes, ist Durchgangsstation auf dem Weg nach Buenos Aires und Montevideo, dazu ein idealer Ausgangspunkt für Ausflüge in die Weinregion bei Bento Gonçalves. Die Metropole ist modern mit vielen Einkaufsmöglichkeiten, guten Hotels und Restaurants, aber arm an historischen Attraktionen.

Missões – Jesuitenland

Im Westen von Rio Grande do Sul erstreckt sich das historisch bedeutende Gebiet der Missionen. Hier siedelten

TIPP

Der Nationalpark »Aparados da Serra« verfügt über herrliche Wege für Wanderer, Mountainbiker und auch für Reiter. Zum Besuch der Schlucht beachten Sie die Wettervorhersage: Häufig entsteht hier Nebel, der die Sicht behindert.

Unten: Die Schlucht von Itaimbézinho

> **TIPP**
>
> In den Ruinen der Mission São Miguel wird abends eine interessante Tonbildschau über das Wirken der Jesuiten in diesem Gebiet gezeigt.

im 17. Jh. die Jesuiten, die schon ab 1549 ins Land kamen, in der Umgebung mehrerer Missionsstationen Indianer *(Guaraní)* an. Die meisten Historiker gehen davon aus, dass sie die Indios vor den Sklavenhändlern *(Bandeirantes)* schützen wollten, die immer wieder von São Paulo aus in die Gegend vordrangen. Andere sind der Ansicht, die Jesuiten wollten sich die Indianer durch ein Lehenssystem untertänig machen. In jedem Fall besaßen die Patres fast 150 Jahre lang die Herrschaft über das abgelegene Gebiet, was ihnen Misstrauen und schließlich die Vertreibung einbrachte. Östlich des Uruguay-Flusses gründeten die Mönche die **Sete Povos das Missões**, die sieben Missionsdörfer; in Paraguay gab es acht und in Argentinien weitere 15 Siedlungen.

Das Ende des als oft »Jesuitenstaat« bezeichneten Experiments begann mit dem Vertrag von Madrid von 1750, der das Gebiet Portugal zusprach. Daraufhin kam es zu Aufständen und ab 1754 zur Guerra Guaranítica. Schließlich wurden 1756 die Missionsstationen gewaltsam eingenommen, die Jesuiten vertrieben und die Indianer fast ausgerottet. In **São Miguel das Missões** ⓳, seit 1984 Weltkulturerbe der UNESCO, erinnern Ruinen an die dramatischen Ereignisse. Wer die Region besucht, sollte in der Stadt **Santo Angelo** (53 km entfernt) übernachten, wo Tagesausflüge angeboten werden. Weitere Missionsruinen sind auf der argentinischen Seite der nahen Grenze zu besichtigen. 1986 wurde an Originalschauplätzen, u. a. an den Iguaçu-Wasserfällen, diese dramatische Geschichte mit Robert de Niro und Jeremy Irons eindrucksvoll verfilmt (»Mission«).

Campanha – das Kernland der Gaúcho-Kultur

Die Seele des Staates sitzt nach dem Empfinden der Gaúchos in der **Campanha**, der einsamen Gegend an der Grenze zu Uruguay und Argentinien. Hier treiben Gaúcho-Cowboys Rinder- und Schafherden über die häufig sturmgepeitschten Steppen. In Städten wie **São Gabriel**, **Rosário do Sul**, **Bagé**, **Lavros do Sul**, **Santana do Livramento** und **Uruguaiana** sind Tradition und Kultur der Gaúchos feste Bestandteile des täglichen Lebens. ■

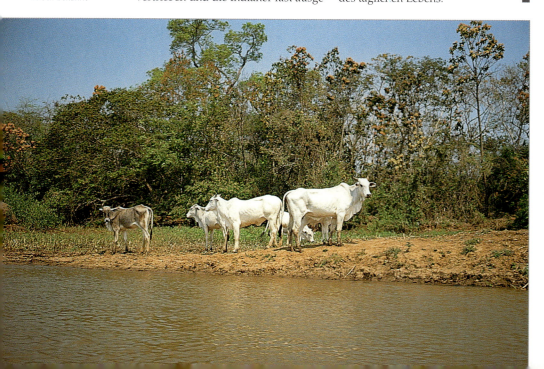

Unten: Südbrasilien ist für sein gutes Rindfleisch bekannt

RESTAURANTS

Preise pro Person für ein dreigängiges Menu mit einem Getränk:

- ● = unter 25 US-$
- ●● = 25 – 40 US-$
- ●●● = 40 – 55 US-$
- ●●●● = über 55 US-$

Curitiba

◆ **Boulevard**
Rua Voluntários da Pátria 539, Zentrum, Tel. 41-3224-8244, Mo bis Fr 12–14.30, 19.30 bis 24, Sa 19.30–24 Uhr
Das renommierteste Restaurant der Stadt. Der Chef hat seine Erfahrungen im multikulturellen São Paulo gesammelt. Der Schwerpunkt des Hauses liegt auf Fleisch, garniert mit einer hervorragenden Weinkarte. ●●●●

◆ **Durski**
Avenida Jaime Reis 254, São Francisco, Tel. 41-3225-7893, Di–Sa 11.30–14.30, 19.30 bis 23.30, So 11.30–16 Uhr
Ukrainische und polnische Küche, serviert in dem schönen Ambiente eines frisch renovierten Hauses aus dem 19. Jh. Empfehlenswert ist die Slawische Platte: Mit ihr bekommt man von jeder Spezialität etwas. Die Küche ist deftig. ●●

◆ **Madalosso**
Avenida Manoel Ribas 5875, Santa Felicidade, Tel. 41-3372-2121, Mo bis Sa 11.30–15, 19–23, So 11.30–15.30 Uhr

Es soll Brasiliens größtes Restaurant sein mit 4800 Plätzen und 52 Köchen. Hier gibt es von allem etwas. Der Service ist schnell, das Essen preisgünstig. ●

◆ **Scavollo**
Rua Emiliano Perneta 924, Batel, Tel. 41-3225-2244, tgl. 19–24 Uhr
Sehr gute Pizzaria mit schmackhaften Pastagerichten, recht günstig. ●

◆ **Schwarzwald**
Rua Claudino dos Santos 63, Zentrum, Tel. 41-3223-2585, tgl. 11–2 Uhr
Sehr beliebtes Lokal mitten im Zentrum. Der richtige Ort, um ein gepflegtes Bier zu Würstchen oder einem deftigen Schweinsbraten zu trinken – fast wie zu Hause ... ●

Laguna

◆ **Geraldo**
Ponta da Barra, am Flussufer gelegen, 10 Min. mit dem Boot, Tel. 48-9986-1599, Nov. bis April tgl. 11–23 Uhr, Mai–Okt. nur Sa,So.
Sehr gute Fischgerichte genießt man in herrlicher Umgebung. ●

Porto Alegre

◆ **Al Dente**
Rua Mata Bacelar 210, Auxiliadora, Tel. 51-3343-1841, Mo–Sa 19 bis 24 Uhr

Bester Italiener der Stadt, überwiegend norditalienische Küche, hausgemachte Pasta (Wartezeit!), außerdem gibt's Gnocchi und Risotto sowie eine Käseauswahl, die in Brasilien selten ist. ●●●

◆ **Barranco**
Avenida Protásio Alves 1578, Petrópolis, Tel. 51-3331-6172, tgl. 11–2 Uhr
Ein exzellentes Churrasco-Lokal. Man sitzt herrlich an gemütlichen Tischen unter Bäumen. ●●

◆ **Baumbach**
Av. Pará 1324, São Geraldo, Tel. 51-3346-4322, Mo–Sa 11.30–14, 19 bis 24, So 11.30–15 Uhr
Das »Baumbach« ist eines der besten deutschen Lokale der Stadt. Die Spezialitäten sind Eisbein, Bockwurst und Entengerichte. ●●

◆ **Na Brasa**
Rua Ramiro Barcelos 389, Floresta, Tel. 51-3225-5237, Mo–Fr 11.30–15, 19–24, Sa, So 11.30–24 Uhr.
Churrascaria mit Rodizio. Auch hier kann man Fleisch essen bis zum Abwinken. Dazu gibt's eine große Auswahl an frischen Salaten. ●●

◆ **Pampulhinha**
Avenida Benjamin Constant 1641, Floresta, Tel. 51-3342-2503, Mo bis Sa 11.30–14, 19 bis 23.30 Uhr, Feb. geschl.
Fisch- und Meeresfrüchte sind hier top, besonders der portugiesische Bacalhau (Stockfisch) gehört zu den Spezialitäten des Hauses. ●●

Rechts: Köstliche Gerichte mit Meeresfrüchten

Die neuen Reiseführer von Polyglott

Entdecken Sie Ihr Urlaubsland mit dem neuen Reiseführer von Polyglott. Einzigartig sind die komplett neuen Touren, die Sie auf Google Earth abfliegen können, die praktische flipmap und die Echt gut! Tipps.

Für über 150 Reiseziele.

Mehr sehen – mehr genießen

POLYGLOTT

www.polyglott.de

REISESERVICE

VERKEHRSMITTEL	344

Anreise
Mit dem Flugzeug 344
Mit dem Schiff 344

Unterwegs in Brasilien
Flugzeug 344
Bus 345
Mietwagen 246
Schiff 346
Bahn 346
Autostopp 347

Stadtverkehr
Bus 347
Taxi 347
Metro 347

UNTERKUNFT	348

Hotels 348
Jugendherberge und Camping 348
Ausgewählte Adressen 348

AKTIVITÄTEN	357

Kunst 357
Feste und Veranstaltungen 358

Sport 359
Aktivitäten für Kinder 360
Shopping 361
Brasilianische Speisen und
   Getränke 362
Spezialitäten der
   brasilianischen Küche 363

INFOS VON A–Z	364

Badebekleidung 364
Diplomatische Vertretungen 364
Elektrizität 364
Feiertage 365
Fotografieren 365
Geld 365
Homosexualität 365
Internet 365
Impfungen, Krankenversicherung 365
Kleidung und Reisezeit 365
Klima 366
Landkarten 367
Literaturtipps 367
Notfälle 367
Öffnungszeiten 367
Post 367
Reisedokumente 367
Sicherheit 368
Sonnenschutz 368
Telefon, Handy, Fax 368

Toiletten 369
Touristenbehören 369
Trinkgeld 370
Trinkwasser 370
Umgangsformen 370
Verlust 371
Zeitungen 371
Zeitzonen 371
Zoll 371

SPRACHE UND MINI-DOLMETSCHER	372

VERKEHRSMITTEL

Anreise, Reisen im Land und Stadtverkehr

Anreise

Inlandsflüge

Die meisten Reisenden steuern Brasilien mit dem Flugzeug an. Nachdem die einst größte Airline auf dem Subkontinent und Lufthansa-Star-Alliance-Partner der ersten Stunde, nämlich die brasilianische Fluglinie Varig, in starke wirtschaftliche Turbulenzen geriet, schied sie aus dem Verbund der größten Fluglinien aus und stellte die meisten Interkontinentalverbindungen ein, auch die mit Frankfurt und München.

Verbindungen ab Deutschland
Direktflüge von Frankfurt/M. nach São Paulo bieten täglich die Lufthansa und ihr neuer Partner TAM. Lufthansa fliegt außerdem täglich von München nach São Paulo. Die Metropole Rio de Janeiro wird leider von Deutschland nicht mehr direkt angeflogen, hier muss man in São Paulo umsteigen.

Verbindungen ab Europa
Nach Rio de Janeiro fliegen ab Europa die Air France ab Paris, die Iberia ab Madrid, die TAP ab Lissabon und British Airways ab London. Direktflüge nach Salvador, Fortaleza, Natal und Recife bietet die portugiesische TAP ab Lissabon. Außerdem bedienen Jets der TAM die Strecke Paris–São Paulo nonstop. Condor fliegt zweimal wöchentlich nach Salvador/Bahia. Der Flug dauert 10 bis 12 Stunden.

Die Fluggesellschaften
◆ Lufthansa, Lufthansa-Basis, 60546 Frankfurt/M., Info-Hotline: 0 18 05/83 84 26 (0,14 €/Min.), Fax 0 69/6 90 46 821, www.lufthansa.com
◆ Air France, Zeil 5, 60313 Frankfurt/M., Info-Hotline 0 18 05/83 08 30 (0,14 €/Min.), Fax 0 69/95 30 71 62, www.airfrance.de
◆ TAP Air Portugal, Baseler Str. 48, 60329 Frankfurt/M., Tel. 0 18 03/00 03 41, Fax 0 69/27 22 93 80, email@tap-airportugal.de, www.flytap.com
◆ TAM Brazilian Airlines, Carl-Ulrich-Str. 11, 63263 Neu Isenburg, Tel. 0 61 02/36 57 90, Fax 3 65 79 29, tam.frankfurt@tam.com.br
◆ Condor, Am Grünen Weg 1–3, 65451 Kelsterbach. Tel. 0 18 05/767-757 (0,14 € / Minute), reservation@condor.com, www.condor.com

Kompetente Beratung, auch bei reiner Flugbuchung bieten drei kleinere, auf Lateinamerika spezialisierte Reiseveranstalter:
◆ Ruppert-Brasil-Reisen, Grillparzerstr. 31, 81675 München, Gratistelefon: 08 00-2 72 74 54 www.ruppertbrasil.de
◆ Sol e Vida Reisen, Meilenberger Str. 8, D-82057 Icking-Dorfen, Tel. 0 81 71/48 04 36, Fax 0 81 71/48 03 96, www.solevida.de, info@solevida.de
◆ MILLER Reisen GmbH, Millerhof 2, 88281 Schlier, Tel. 0 75 29/97 13 61, www.miller-reisen.de, info@millerreisen.de

Transport vom Flughafen
Alle internationalen Flughäfen Brasiliens haben einen 24-Stunden-Service ihrer Wechselstuben und Informationsschalter, die helfen, einen Anschlussflug oder ein Taxi in die Stadt zu finden.
Für die Fahrt vom Flughafen in die Stadt nimmt man am besten ein so genanntes *Radiotaxi*. Der Preis, der sich nach Ihrem Zielort richtet, ist tariflich festgelegt und wird im voraus bezahlt. Ein Flughafenbus verkehrt in die City und hält auch bei den größeren Hotels. Erkundigen Sie sich beim Flughafen-Informationsschalter.

Schiff

Das Schiff ist, wenn man genügend Zeit hat, ein reizvolles Verkehrsmittel für eine Brasilienreise. Obwohl von deutschen Häfen keine Linienschiffe mit Ziel Rio de Janeiro ablegen, kann man im Rahmen einer Kreuzfahrt oder mit einem Frachtschiff, das mit Passagierkabinen ausgestattet ist, über den Atlantik nach Brasilien gelangen. Luxuriöse Kreuzfahrtschiffe wie die MS Berlin laufen gelegentlich im Frühjahr Häfen an der brasilianischen Atlantikküste und des Amazonasdelta bei Belém an. Die MS Rhapsody der Mediterranean Shipping Cruises steuert vor dem Karneval Rio de Janeiro an. Außerdem werden von verschiedenen Spezialreiseveranstaltern Kreuzfahrten bis nach Manaus angeboten.

Infos zu Frachtschiff-Reisen bei:
◆ Frachtschiff-Touristik, Kapitän Peter Zylmann, 24404 Maasholm, Tel. 0 46 42/9 65 50, Fax 67 67, www.zylmann.de.
◆ Frachtschiffreisen, Dipl.-Kfm. Werner Pfeiffer, Friedrich-Storck-Weg 18a, 42107 Wuppertal, Tel. 02 03/45 23 79, Fax 45 39 09, www.frachtschiffreisenpfeifer.de.
◆ Hamburg Süd Reiseagentur, Ost-West-Str. 59–61, 20457 Hamburg, Tel. 0 40/37 05-1 50, Info-Hotline 0 18 05/32 22 32 (0,14 €/Min.), Fax 0 40/37 05-24 20, www.hamburgsuec-frachtschiffreisen.de.
◆ SGV Reisezentrum Weggis, Seestr. 7, CH-Weggis, Tel. +41/(0)41 39 01-1 33, Fax +41/(0)41 39 01-4 09 info@frachtschiffreisen.ch www.frachtschiffreisen.ch.

Reisen im Land

Flugzeug

Die wichtigsten brasilianischen Fluggesellschaften für Inlandsflüge sind TAM, Gol und Varig. Daneben bedienen eine Reihe regionaler Luftlinien die kleineren Städte. Die großen nationalen Fluglinien haben ein ausgedehntes Streckennetz quer über das ganze Land. Ihre Verkaufsbüros sind an den Flughäfen und in den meisten Städten. Man kann die Flüge auch im Reisebüro buchen. Reservierungen lassen sich telefonisch vom Hotel aus machen.

Airpass
TAM bietet ein Rundflugticket an, das jedoch nur außerhalb Brasiliens erhältlich ist. Dieser *Brazil-Airpass* gestattet Inlandsflüge zu günstigen Konditionen. Es gibt verschiedene Arten von Airpässen, und die Airlines unterscheiden zwischen Passagieren, die mit ihnen oder mit anderen Fluglinien über den Atlantik geflogen sind. Derzeit kostet ein Kupon ca. 150,– €. Mindestabnahme sind vier Inlandsflüge (Ticket ist 21 Tage gültig). Es ist ratsam, die jeweils aktuellen Konditionen zu erfragen. Alle geplanten Strecken müssen beim Kauf des Airpasses aufgeführt werden.

Pendeldienste
Die großen Fluggesellschaften betreiben in Kooperation regelmäßige Pendeldienste zwischen Rio und São Paulo, die sogenannte *Ponte Aereo,* also Luftbrücke (jede halbe Stunde) jeweils auf den Inlandsflughäfen, also *Santos Dumont* in Rio und *Congonhas* in São Paulo. Auch nach Belo Horizonte (Airport Pampulha) und Brasília gibt es Flüge ab diesen kleinen Stadtflughäfen. Hier ist keine Reservierung nötig, man fährt hin und nimmt den nächsten Flieger, fast wie beim Bus-oder Bahnfahren.

Nationale Fluglinien
Die nationalen Fluglinien Brasiliens unterhalten für Rückfragen und Reservierungen Call-Center:
◆ Varig, Tel. 11-4003-7000, www.varig.com.br
◆ Nordeste, Tel. 0800-992-004, www.nordeste.com
◆ Rio-Sul, Tel. 11-3272-2590, www.rio-sul.com
◆ Trip, Tel. 0300-789-8747, www.voetrip.com
◆ bra, Tel. 11-5090-9313, 11-3017-5454
◆ Gol, Tel. 0800-701-213, www.voegol.com.br
◆ tam, Tel. 11-4002-5700, 0800-567-890 (gebührenfrei, mehrsprachig), www.tam.com.br
◆ Webjet, Tel. 0800-722-1212, www.webjet.com.br

Internationale Fluglinien
Die meisten Fluglinien unterhalten ihr Hauptquartier in São Paulo.
Die wichtigsten Telefonnummern:
◆ Aerolíneas Argentinas, Alameda Santos 2441, 14. Stock, Tel. 11-6445-3806, www.aerolineas.com.ar
◆ Air Canada, Avenida Paulista 949, 13. Stock, Tel. 11-3254-6630
◆ Air France, Avenida Chedid Jafet 222, Block B, 2. Stock, Tel. 11-3049-0900, 6445-2211, 0800-880 3131, Aeroporto de Guarulhos, Tel. 11-6445-2211, Verkaufsbüro in Rio: Tel. 21-3398-3429
◆ Alitalia, Avenida Paulista 777, 2. Stock, Tel. 11-2171-7610, 3191-8706, 0800-770-2344, Aeroporto de Guarulhos, Tel. 11-6445-3791, www.alitalia.com.it
◆ American Airlines, Rua Araújo 216, 9.–10. Stock, Tel. 11-4502-4000, 6445-3568, 6445-3508, www.americanairlines.com
◆ British Airways, Alameda Santos 745, 7. Stock, Tel. 11-3145-9700, 0800-176144, www.britishairways.com
◆ Canadian, Avenida Araújo 216, 2. Stock, Tel. 11-259-9066, Aeroporto de Guarulhos, Tel. 11-6445-2462
◆ Continental Airlines, Rua da Consolação 247, 13. Stock, Tel. 0800-554-777, Aeroporto de Guarulhos, Tel. 11-2122-7500
◆ Delta Airlines, Rua Marquês de Itu 61, 12. Stock, Tel. 11-3225-9120, 0800-221-121, Aeroporto de Guarulhos, Tel. 11-4003-21221, 6445-3926
◆ Ibéria, Rua Araújo 216, 3. Stock, Tel. 11-3218-7130, 3218-7140, Aeroporto de Guarulhos, Tel. 11-6445-2060
◆ Japan Airlines, Avenida Paulista 542, 3. Stock – Paraíso, Tel. 11-2288-6121, Aeroporto de Guarulhos, Tel. 11-3175-2270, 6445-2340
◆ KLM, Avenida Chedid Jafat 222, Block B, Tel. 11-309-0000, 0800-880-1818, Aeroporto de Guarulhos, Tel. 11-6445-2011
◆ Korean Airlines, Avenida Paulista 1842, 5. Stock, Cj. 58 – Ed. Cetenco Plaza Torre Norte, Tel. 11-283-2399, Aeroporto de Guarulhos, Tel. 11-6445-2840
◆ Lan Chile, Rua da Consolação 247, 12. Stock, Tel. 11-2121-9020, Aeroporto de Guarulhos, Tel. 11-6445-2824
◆ Lloyd Aéreo Boliviano, Avenida São Luís 72, Tel. 11-258-8111, Aeroporto de Guarulhos, Tel. 11-6445-2425
◆ Lufthansa, Rua Gomes de Carvalho 1356, 2. Stock – Itaim Bibi, Tel. 11-3048-5800, Aeroporto de Guarulhos, Tel. 11-6445-3906, Verkaufsbüro in Rio: Tel. 21-4503-5000
◆ South African Airlines, Alameda Itú, 852, 1. Stock, Tel. 11-3065-5115, 0800-118-383
◆ TAP, Praça José Gaspar 134, Tel. 11-2131-1200, 0800-707-7787, Aeroporto de Guarulhos, Tel. 11-6445-2150

◆ United Airlines, Avenida Paulista 777, 9. Stock, Tel. 11-3145-4200, 0800-162-323, Aeroporto de Guarulhos, Tel. 11-6445-3283

Bus
Komfortable, meistens pünktliche Busverbindungen gibt es zwischen allen größeren Städten. Die Entfernungen sind groß, daher können Busfahrten auch mehrere Tage dauern (z. B. Rio–Belém: 52 Stunden).

Bustypen
Für die 6-Std.-Fahrt von Rio de Janeiro nach São Paulo reicht der Linienbus mit verstellbaren Sitzen. Für längere Strecken empfiehlt sich der komfortable *»leito«,* ein Schlafwagen mit breiteren, voll ausklappbaren Liegesitzen mit Fußstützen sowie Getränkeservice (je nach Gesellschaft auch »Classis«, »Golden« o. ä.).

Fahrkarten und Reservierung
Tickets kauft man bis zu einem Monat im Voraus bei einem Reisebüro oder am Busbahnhof *(rodoviaria).* Während der brasilianischen Schulferien (Mitte Dezember bis Mitte Februar) und um Feiertage herum (Weihnachten/Neujahr, Ostern, Karneval) sollte man frühzeitig reservieren.

Busgesellschaften
Überregional gut ausgebaut sind die Netze folgender Gesellschaften:
◆ Itamepirim, Tel. 0300-789-2002, 0800-723-2121 www.itapemirim.com.br
◆ São Geraldo, Tel. 0800-780-0044, www.saogeraldo.com.br
◆ Progesso, Tel. 0300-789-3334, www.autoviacaoprogresso.com.br
◆ Bomfim, Tel. 0300-789-8844, www.bomfim.com.br
Die 0300er- und 0800er-Nummern sind in Brasilien gebührenfrei.

Mietwagen

In allen größeren Städten haben internationale Anbieter Niederlassungen. Die beiden größten brasilianischen Ketten sind *Localiza* und *Nobre*. Es gibt überall auch gute kleinere Unternehmen.

Mietbedingungen

Die Preise sind je nach Fahrzeugtyp, Ort und Saison sehr unterschiedlich. In der Regel ist es preisgünstiger vor Ort zu mieten – zumal in der Nebensaison –, wobei sich jedoch die Versicherungsbestimmungen von europäischen Maßstäben unterscheiden.
Oft kann man aber gerade im Rahmen eines Pauschalpakets schon in Deutschland günstig einen Mietwagen buchen.
Manche Firmen haben einen pauschalen Tagessatz, während andere pro Kilometer abrechnen. Bedenken Sie die riesigen Entfernungen, also ist ein Satz inklusive Kilometer in aller Regel empfehlenswert.
Die bekannten internationalen Kreditkarten werden akzeptiert. Alle Unternehmen verlangen einen Aufpreis, wenn Sie das Auto in einer Stadt mieten und in einer anderen wieder zurückgeben. Wenn Sie planen, den Mietwagen nur auf einer Strecke zu benutzen, sollten Sie ihn von einer der großen Ketten mieten, die mehr Zweigstellen unterhalten.
Sie können bereits am Flughafen, durch Ihr Hotel, über Reisebüros oder auch in Ihrem Heimatland entsprechende Mietvereinbarungen treffen. Ein internationaler Führerschein ist vorgeschrieben, wird aber nicht immer verlangt. Für einen Zuschlag kann man das Auto mit Fahrer mieten. Vor der Abfahrt unbedingt nach dem nötigen Treibstoff fragen, viele Autos fahren mit Alkohol – *Alcool*.

Engpässe

Die Buchung vorab von Europa aus ist zwar meist etwas teurer, dafür hat man aber die Sicherheit, vor Ort tatsächlich einen Wagen zu bekommen. Vor allem zu den Hauptreisezeiten (Juni, Dezember bis Februar) und an stark frequentierten Punkten (z. B. Pantanal) kann es vor Ort zu Engpässen kommen.

Im Straßenverkehr unterwegs

Autofahren in Brasilien ist für Europäer das reinste Abenteuer. Die Fahrer in Rio sind besonders berüchtigt für ihr wahnwitziges Spurenwechseln, Rasen und Missachten von Fußgängern und anderen Verkehrsteilnehmern. Fahren Sie defensiv und rechnen Sie mit allem!
In den großen Städten kann es sehr schwierig sein, einen Parkplatz zu finden. In Rio lässt man das Auto am besten im Hotel und fährt mit der Metro in die Stadt.
Wo auch immer man den Wagen parkt, taucht ein freiberuflicher Parkwächter auf. Er weist Sie in die Parklücke und bietet Ihnen an, ein Auge auf Ihr Auto zu haben und erwartet für seine (zweifelhaften) Wachdienste ein Trinkgeld. Der Gegenwert von 40 bis 50 Cents ist ausreichend. Es ist besser zu bezahlen, als das Risiko einzugehen, sein Auto mit kleinen Beschädigungen wiederzufinden.
Wer in Brasilien viel mit dem Auto unterwegs ist, kauft sich am besten den *Quatro Rodas*. Dieser Straßenführer, der Karten und Wegbeschreibungen enthält, wird an Zeitungskiosken verkauft.

Reservierung in Deutschland
◆ Avis: Tel. 01805/55 77.
◆ Hertz: Tel. 01805/33 35 35.
◆ Sixt/Budget: Tel. 01805/21 41 41.

Reservierung in Österreich
◆ Avis: Tel. 06/60 87 57.
◆ Hertz: Tel. 01 71/3 15 96.

Reservierung in der Schweiz
◆ Avis: Tel. 15/504 03.
◆ Hertz: Tel. 15/12 34.

Reservierung in Brasilien:
◆ Avis: 0800-198-456,
www.avis.com.br
◆ Hertz: 0800-701-7300,
www.hertz.com.br
◆ Localiza: 0800-992-000,
www.localiza.com.br
◆ Nobre: 0800-125-888,
www.nobrerentacar.com.br

Schiff

Auf dem Amazonas werden Exkursionen zu Wasser von einem oder zwei Tagen bis zu einer Woche oder länger angeboten. Die Schiffskategorien rangieren von luxuriösen Hotelbooten bis zu den traditionellen Amazonasbooten, auf denen man in der Hängematte übernachtet.
Auch auf dem São Francisco im Nordosten und in den Marschen des Pantanal in Mato Grosso, wo viele Leute zum Angeln gehen, werden Bootstouren veranstaltet.
Die Städte an der Atlantikküste und an den großen Flüssen haben Programme für Sightseeing-Touren oder Tagesausflüge per Boot. In vielen Städten verkehren Fähren über Buchten und Flüsse zu Inseln. Man kann auch komplette Schoner und Yachten mit Crew für Exkursionen mieten.

Bahn

Abgesehen von den Nahverkehrszügen der Metropolen ist die Bahn in Brasilien kein wichtiges Verkehrsmittel, das Gleisnetz ist klein. Einige Strecken sind für Touristen reizvoll, teils werden sie mit nostalgischen Dampflokomotiven befahren.
◆ Die 110 km lange Strecke Curitiba–Paranaguá im südlichen Bundesstaat Paraná verläuft durch eine spektakuläre Gebirgslandschaft.
◆ Im Amazonasgebiet kann man eine kurze Fahrt auf der historischen Strecke der Madeira-Mamoré-Eisenbahn machen. Die 16 km lange Trasse Porto Velho–Cachoeira de Teotonio im Bundesstaat Rondônia wird heute nur noch sonntags für Touristen befahren.
◆ Im Bundesstaat Minas Gerais befördern alte Dampflokomotiven die Passagiere zwischen São João del Rei und Tiradentes (12 km).
◆ Im Bundesstaat São Paulo klettert die Paranapiacaba-Dampflokomotive 48 km durch die Berge, wobei sie einen Teil des Weges durch eine Drahtseilbahn gezogen wird.
◆ Im Bundesstaat Rio de Janeiro verkehrt auf der 17 km langen Strecke Miguel Pereira–Conrado sonntags die von einer Dampflok gezogene Bergeisenbahn.

Autostopp

Diese Art der billigen Fortbewegung ist in Brasilien unbekannt und nicht empfehlenswert. Es kann gefährlich sein und bleibt sowieso meistens erfolglos. Auf abgelegenen Strecken machen allerdings auch Einheimische davon Gebrauch, wenn es nur sehr unzulängliche Busverbindungen gibt. Meistens kassieren die Fahrer dann aber für die Strecke. Wer es dennoch versuchen will, sollte LKW-Fahrer fragen, am besten an deren Rastplätzen, Tankstellen, Rasthäusern, etc. Sie freuen sich manchmal über Gesellschaft; Frauen alleine ist aber davon dringend abzuraten!

Stadtverkehr

Bus

Da sich nur ein kleiner Prozentsatz der Brasilianer ein Auto leisten kann, sind die öffentlichen Verkehrsmittel stets sehr voll.
In den größeren Städten gibt es Spezialbusse mit Klimaanlage, die zwischen den Wohngegenden und den Geschäftsvierteln im Zentrum verkehren. Zu deren Streckennetz gehören auch Verbindungen zwischen dem Flughafen, den großen Hotels und dem Stadtzentrum. Man steigt hinten ein, zahlt und geht anschließend durch das Drehkreuz, um sich einen Platz zu suchen.
Die Hotelrezeption ist mit Auskünften über Busrouten behilflich, aber vor allem mit Gepäck sollte man nur die Spezialbusse nehmen.
Auch bei Tageslicht sind in den überfüllten Bussen Taschendiebe am Werk. Wenn Sie auf öffentliche Busse angewiesen sind, vermeiden Sie zumindest die Stoßzeiten. Tragen Sie keine Wertgegenstände bei sich, halten Sie Ihre Umhängetasche vor sich und lassen Sie Ihren Fotoapparat in der Tasche.

Taxi

Taxis sind die beste Art, um in den Städten herumzukommen. Am besten nehmen Sie vor Ihrem Hotel ein Taxi, denn dort kann immer jemand den Fahrer auf Portugiesisch über Ihre Wünsche informieren.
Funktaxis *(Radiotaxis)* sind etwas teurer, aber sicherer und komfortabler. Obwohl die Fahrer der gelben Taxis, die man am Straßenrand anhält, niemanden ausrauben würden, versuchen doch manche, Touristen übers Ohr zu hauen. Versuchen Sie immer vorher den Normalpreis für die Strecke, die Sie fahren wollen, in Erfahrung zu bringen; die meisten Fahrten kosten nur wenige Dollar.
Die Flughafentaxis verlangen im Vergleich zu anderen Taxis gewaltige Preise, sind aber der Sicherheit wegen in jedem Fall den gelben vorzuziehen, da letztere gerne auf dem Weg vom oder zum Flughafen überfallen werden. Die Gauner wissen ja, dass der Tourist nun zwangsläufig alle Wertsachen mit sich führt!

Die Tarife

Wenn Sie ein Taxi an der Straße anhalten, vergewissern Sie sich, dass der Fahrer beim Einschalten des Taxameters den Code Nr. 1 eingeschaltet hat. Das schwarze Schildchen mit der Nr. 2 bedeutet, dass der Taxameter einen um 20 % höheren Preis berechnet, der unter folgenden Bedingungen gültig ist: sonn- und feiertags, nach 23 Uhr und bei Überschreiten der Stadtgrenze sowie bei sehr steilen Straßen. Außerdem dürfen die Taxifahrer während des ganzen Monats Dezember ausschließlich mit Tarif Nr. 2 fahren, um sich auf diese Weise ihr 13. Monatsgehalt zu verdienen.

Metro

Rio de Janeiro, Recife, Brasilia und São Paulo haben eine ausgezeichnetes, wenn auch nicht sehr ausgedehntes U-Bahn-Netz mit hellen, klimatisierten Waggons. Die Metro ist für den ausländischen Besucher eine sichere Möglichkeit, von einem Ort zum anderen zu gelangen, ohne sich zu verirren (*entrada* = Eingang, *saída* = Ausgang). Übersichtskarten helfen, sich zurechtzufinden. Das Streckennetz wird durch Busanschlüsse verlängert. Es gibt dafür kombinierte Bus-Bahn-Tickets. Die Buslinien, die als Erweiterung der U-Bahn dienen, tragen die Aufschrift »*integração*«.

São Paulo

Die beiden Linien in São Paulo kreuzen sich unterhalb der Praça da Sé im Herzen der Stadt und verkehren von 5 bis 24 Uhr. Die Nord-Süd-Linie verbindet Santana mit Jabaquara, die Ost-West-Linie fährt von Santa Cecilia nach Penha. Es gibt Haltestellen an den Busbahnhöfen der Überlandbusse und für den Busanschluss zum internationalen Flughafen Guarulhos.

Rio die Janeiro

Die beiden Linien in Rio verkehren zwischen dem Stadtzentrum und Copacabana. Auf der anderen Seite der Stadt ist die Endstation der Vorort Irajá im Norden (Haltestellen am Sambódromo und am Maracanã-Stadion). An beiden Endpunkten der Metro gibt es Streckenerweiterungen durch Buslinien. Die U-Bahn in Rio verkehrt unter der Woche, d. h. montags bis samstags, zwischen 5 und 24 Uhr, sonn- und feiertags von 7 bis 23 Uhr.

Recife

Die Metro in Recife verbindet die Innenstadt mit dem Busbahnhof TIP *(Terminal Integrado de Passageiros)*, 15 km vom Zentrum.

Fahrkarten

Es gibt nur einen Preis für den Einzelfahrschein *(unitário)*, auch wenn man von einer Linie in die andere umsteigt. Daneben gibt es kombinierte Fahrscheine, die auch in Bussen gültig sind (Metro-Omnibus). Die Fahrscheine werden an Haltestellen oder in den *integração*-Bussen verkauft. Die Preise sind deutlich angeschrieben.

UNTERKUNFT

Hotels, Jugendherbergen und Camping

Hotels

An Hotels herrscht in Brasilien keinerlei Mangel. Entlang der Atlantikküste, in allen größeren Städten und an den touristisch bedeutenden Orten reicht das Angebot vom Luxushotel internationalen Standards bis zur einfachen und familiären Pousada.
Die Klassifizierung der Hotels ist nicht durchgängig mit der europäischen vergleichbar. Zur Orientierung: Gerade im mittleren und unteren Preissegment kann es hilfreich sein, stillschweigend einen der angegebenen Sterne in Frage zu stellen. Europäischem Durchschnitt überlegen sind fast alle brasilianischen Unterkünfte hinsichtlich der Freundlichkeit des Personals und der Vielfalt des Frühstücks.
Einziges Manko: Nur in den besseren Unterkünften ist zumindest ein Teil des Personals an der Rezeption mehrsprachig. Im Süden ist Deutsch oft weiter verbreitet als Englisch. Rechtzeitige Zimmerreservierung empfiehlt sich vor allem zur Hauptreisezeit: Mitte Dezember bis Karneval und Ende Juni bis Mitte Juli.
Im Unterschied zur europäischen Terminologie versteht man in Brasilien unter einem Motel immer ein Stundenhotel (mit einem bewachten Tor für Pkw).

Jugendherbergen und Camping

Neben Hotels und Pensionen gibt es auch Jugendherbergen und Campingplätze. Die Dachorganisationen erteilen weitere Informationen:
◆ **Federação Brasileira de Albergues da Juventude (FBAJ)**, Rua General Dionísio 63, Botafogo, Rio de Janeiro, Tel. 21-2286-0303, Fax 2286-5652, www.hostel.org.br.
◆ **Camping Clube do Brasil (CCB)**, Rua Senador Dantas 75, 29. Stock, Rio de Janeiro, Tel. 21-2210-3171, Fax 2262-3143, www.campingclube.com.br

AUSGEWÄHLTE ADRESSEN

Unterkunft im Doppelzimmer mit Frühstück:
● = bis 100 US-$
●● = 100 bis 200 US-$
●●● = 200 bis 300 US-$
●●●● = über 300 US-$

Rio de Janeiro

◆ **Arpoador Inn**
Rua Francisco Otaviano 177
Ipanema
Tel. 21-2523-0060
Fax 21-2511-5094
www.arpoadorinn.com.br
Kleines, einfaches Hotel, aber mit einem großen Vorteil, da es direkt am kleinen Strand der »Harpuniere« liegt. Ein Zimmer mit Meerblick ist teurer, aber auch viel schöner und ruhiger, auf der Rückseite rollt nämlich der ständige Verkehr nach Copacabana. ●●

◆ **Caesar Park**
Avenida Vieira Souto 460
Ipanema
Tel. 21-2525-2525
Fax 21-2521-6000
www.caesar-park.com
Sehr guter internationaler Standard. Das 23-stöckige Caesar Park gilt seit seiner Eröffnung 1978 als das beste Hotel in Ipanema. Ideale Lage im Herzen Ipanemas und an der Strandfront. Sehr viele Geschäftsleute. ●●●●

◆ **Cama e Café**
Rua Pascoal Carlos Mango 5
Santa Teresa
Tel. 21-2224 5689
Fax 21-2221 7635
www.camaecafe.com.br
Cama e Café ist kein Hotel, sondern eine Agentur die Bed and Breakfast-Zimmer vermittelt in einer Reihe netter und historischer Gebäude meist in oder Nähe von Santa Teresa. Ausstattung und Preise variieren stark, die Website gibt ausführlich Auskunft. ●–●●●

◆ **Copacabana Palace**
Avenida Atlântica 1702
Copacabana
Tel. 21-2548-7070
Fax 21-2235-7330
www.copacabanapalace.com.br
Eine Oase der Ruhe mitten im hektischen Copa, gute Restaurants und ein exzellenter Swimmingpool. Einst das einzige Hotel am Strand, gehört es heute zur luxuriösen Orient-Express-Gruppe. Sehr unterschiedliche Zimmer bezüglich der Lage, Größe, Ausstattung und Preis! ●●●●

◆ **Excelsior Copacabana**
Avenida Atlântica 1800
Copacabana
Tel. 21-2195-5800
Fax 21-2257-1850
www.windsorhoteis.com.br
Dieses traditionelles Haus wurde komplett renoviert. Es liegt gleich neben dem Copacabana Palace, hat aber nur drei Zimmer je Stockwerk mit Meerblick. Diese kosten dann auch gleich sehr viel mehr. Großes Frühstücksbuffet. Pool auf dem Dach. ●●●●

◆ **Hostel Santa Teresa**
Rua Joaquim Murtinho 361
Santa Teresa
Tel. 21-3582-0827
www.riohostel.com
Hostel direkt in Santa Teresa, dem beliebten Wohnhügel nahe der Altstadt, mit Straßenbahn und viel Kolonialflair. ●

◆ **Ibis**
Av. Silva Jardim 32, Torre I.
Zentrum
Tel. 21-3511-8200
www.ibis.com.br
Im Stadtzentrum nahe am Tiradentes-Platz gelegen, bietet es den üblichen, einfachen Komfort der französischen Ibis-Kette. ●●

◆ **InterContinental Rio**
Rua Prefeito Mendes de Morais 222,
São Conrado

Tel. 21-3323-2200
Fax 21-3322-5500
Ein gutes Inter-Continental-Hotel mit allen Resort-Qualitäten, großer Pool und Garten. Weit ab von City und Copa, gut für Gäste, die länger in Rio bleiben. ◆◆◆◆
◆ **Ipanema Beach House**
Rua Barão da Torre 485,
Tel. 21-3202-2693
Fax 21-2268-0565
www.ipanemahouse.com
Nettes Hostel in einer schönen Villa, nur zwei Blocks vom Strand entfernt. Mehrbett- und Privatzimmer, gutes Preis-Leistungsverhältnis. ◆
◆ **Ipanema Inn**
Rua Maria Quitéria 27
Ipanema
Tel. 21-2523-6092
Fax 21-2511-5094
www.ipanemainn.com.br
Relativ günstiges Hotel, in guter Lage, kleine, aber komfortable Zimmer. Der Strand vor Ipanema liegt gleich um die Ecke. ◆◆
◆ **Leme Othon Palace**
Avenida Atlântica 656
Leme
Tel. 21-2122-5900
Fax 21-2522-1697
www.othonhotels.com.br
Traditionelles Hotel am Strand von Leme, nahe am Gourmettempel »Marius«. Auch der Zuckerhut ist nah, viele Einkaufsmöglichkeiten in der Nähe. ◆◆◆
◆ **Marina All Suites**
Avenida Delfim Moreira 696
Leblon
Tel. 21-2172-1000
Fax 21-2172-1110
www.hotelmarina.com.br
Berühmt für seine acht Designer-Suiten, Resultat einer Promotion der führenden Designer Brasiliens. Modernes Hotel an der Uferstraße im eleganten Leblon. ◆◆◆◆
◆ **JW Marriot Rio**
Av. Atlântica 2600
Copacabana
Tel. 21-2545-6500
Fax 21-2545-6555
www.marriotbrasil.com
Eines der neuesten Hotels der Stadt im bekannten Luxusstil der Marriot-Kette mitten an der Uferpromenade der Copa. Großer Spa-Bereich und Pool, kompletter Strandservice. ◆◆◆◆
◆ **Mercure Apartment Arpoador**
Rua Francisco Otaviano 61
Arpoador
Tel. 21-3222-9600
Fax 21-3222-9605
www.accorhotels.com.br
Apartmenthotel am Übergang von Ipanema zur Copa, gute zentrale Lage, viele Geschäfte und Restaurants in der Nähe, sowie die Strände von Arpoador, Copa und Ipanema. ◆◆◆
◆ **Portinari Design Hotel**
Rua Francisco Sa 17
Copacabana
Tel. 21-3222-8800
Fax 21-3222-8803
www. portinaridesignhotel.com.br
Jedes der elf Stockwerke ist individuell gestaltet in fantasievollem Design. Kein Pool, und ein Block vom Strand entfernt, aber toller Blick vom Dachrestaurent. ◆◆◆
◆ **Praia Ipanema**
Avenida Vieira Souto 706
Ipanema
Tel. 21-2141-4949
Fax 21-2239-6889
www.praiaipanema.com
Gut platziertes Hotel an der Uferstraße an der Grenze zu Leblon. ◆◆◆◆
◆ **Sheraton Barra**
Avenida Lucio Costa 3150
Barra da Tijuca
Tel. 21-3139-8000
Fax 21-3139-8085
www.sheraton-barra.com.br
Durch die wachsende Bedeutung von Barra da Tijuca, hat Sheraton als erstes Luxushotel in diesem wachsenden Stadtteil im Süden Rios eröffnet. Alle Zimmer haben Meerblick und Balkon direkt am Strand. Wer länger in Rio bleibt oder bei der Messe zu tun hat, ist hier gut untergebracht. Für kürzere Aufenthalte ist es zu weit ab vom Schuss. ◆◆◆◆
◆ **Sheraton Rio Hotel & Towers**
Avenida Niemeyer 121
Praia do Vidigal
Tel. 21-2274-1122
Fax 21-2274-8042
www.sheraton-rio.com
Unter Rios Fünf-Sterne-Hotels kommt dem Sheraton Rio Hotel & Towers eine Sonderstellung zu. Die weitläufige Anlage nimmt die gesamte Fläche der Bucht hinter der überschaubaren Praia do Vidigal ein und grenzt – als einziger Hotelkomplex der Zuckerhut-Metropole – unmittelbar an einen Badestrand. Seine 559 bestens ausgestatteten Zimmer sowie die 61 Suiten (40 bis 200 m²) verfügen jeweils über einen Balkon, von dem sich der Blick auf die nahen Strände von Leblon und Ipanema angenehm genießen lässt. ◆◆◆◆
◆ **Sofitel Rio Palace**
Avenida Atlântica 4240
Copacabana
Tel. 21-2525-1232
Fax 21-2525-1230
www.accorhotels.com.br
Das ehemalige Rio-Palace, berühmt und beliebt wegen seiner guten Lage an der Spitze von Copacabana und kurz vor Ipanema, guter Blick und mitten im Geschehen. ◆◆◆◆
◆ **Sol Ipanema**
Avenida Vieira Souto 320
Ipanema
Tel. 21-2525-2020
Fax 2247-8854
www.solipanema.com.br
Das Hotel Sol Ipanema verfügt in bester Lage über 90 gut ausgestattete Zimmer, die relativ schmal und lang zugeschnitten sind. Den Hotelgästen stehen ein Restaurant, Pool und die Dachterrasse offen, von der man die beste Panoramaaussicht hat. Zwischen dem Hotel und dem Strand der Reichen, Jungen und Schönen liegt nur der sechsspurige Boulevard Vieira Souto. ◆◆◆◆

Bundesstaat Rio

Angra dos Reis

Die folgenden Hotels befinden sich in herrlicher Umgebung mit vielen Sportmöglichkeiten.
◆ **Club Med Village Rio das Pedras**
BR-101 Norte km 445
Tel. 21-2688-9191

Reservierungen unter
Tel. 0800-2213-782
Fax 21-2688-3333
www.clubmed.com
Die Spitzenlage dieses Club Med im eigenen Tal und mit eigenem Strand ist unübertrefflich. ●●●
◆ **Hotel do Frade Golf-Resort**
BR-101 Sul km 123
Tel. 24-3369-2244
Fax 24-3369-2254
www.frade.com
Speziell für Golffans: 18-Loch Golfplatz, auf dem im Juni und November internationale Turniere ausgetragen werden. ●●●
◆ **Portogalo Suite**
BR-101 Norte km 71
Tel. 24-3361-1434
Fax 24-3361-1461
www.redeprotel.com.br
Sehr komfortabel, große Anlage mit vielen Wassersportmöglichkeiten. ●●●

Búzios

◆ **Casas Brancas Boutique Hotel & Spa**
Morro do Humitá 10
Tel. 22-2623-1458
Fax 22-2623-2147
www.casasbrancas.com.br
Ein sehr charmantes Boutiquehotel mit wunderbarem Blick über die Bucht von Búzios. Exzellentes Spa für gehobene Ansprüche. ●●●●
◆ **Pousada La Chimère**
Praça Eugenio Honold 36
Praia dos Ossos
Tel. 24-2623-1460
Fax 24-2623-1108
www.lachimere.com.br
Strandnähe, mit eigenem Pool, sehr nette Atmosphäre. ●●●
◆ **Vila Boa Vida**
Rua Q, Lote 12
Praia da Ferradura
Tel. 22-2623-2035
www.vilaboavida.com.br
Bungalows etwa 500 m vom Strand entfernt, deutsche Leitung, familiär. ●●●

Cabo Frio

◆ **La Plage**
Rua dos Badejos 40
Peró
Tel./Fax 22-2647-1746
www.laplage.com.br
32 Zimmer direkt am Strand, Pool, Strandservice, Sportangebote, Sauna. ●●●
◆ **Pousada Portal do Sol**
Rua Francisco Paranhos 76
Algodoal
Tel. 22-2643-0069
www.portaldosolpousada.com.br
Gute Lage, moderate Preise, nahe dem Teatro Municipal und nur 200 m vom Strand Praia do Forte entfernt. ●●
◆ **Pousada Porto Peró**
Avenida dos Pescadores 2002
Tel./Fax 22-2644 5568
www.pousadaportopero.com.br
Einfach, aber mit Pool, relativ preisgünstig. ●●
◆ **Pousada Portoveleiro**
Avenida dos Espardartes 129
Caminho Verde Ogiva
Tel./Fax 22-2647-3081
www.portoveleiro.com.br
Komfortables Hotel, mit Pool und Sauna. ●●●

Ilha Grande

◆ **Sagu**
Prai Brava
Vila de Abraão
Tel. 24-3361-5660
Fax 24-3361-9530
www.saguresort.com
Ein Mini-Resort vom Feinsten mit liebevoll gestalteten Bungalows, bestes Restaurant am Ort, fünf Gehminuten von Abraão entfernt. ●●
◆ **Pousada Ancoradouro**
Rua da Praia 121
Vila do Abraão
Tel. 24-336- 5900
Reservierungen unter
Tel. 21-2595-0940
Acht freundliche Zimmer direkt am Strand, Aircondition und Zimmersafe. ●●

Itacuruçá

Hotel do Pierre
Ilha de Itacuruçá
Tel. 21-2253-4102
www.hotelpierre.com.br
20 Minuten mit dem Boot vom Festland entfernt, mit Restaurant, Bars und Sportangeboten. ●●●

Itatiaia National Park

◆ **Hotel do Ypê**
Parque Nacional km 14
Tel./Fax 24-3352-1453
www.hoteldoype.com.br
Direkt an der Parkstraße gelegen, mit Vollpension. ●●●
◆ **Hotel Simon**
Parque Nacional km 13
Tel. 24-3352-2214
Fax 24-3352-1230
www.hotelsimon.com.br
Wundervolle Lage mit Orchideengarten, nettes Personal mit hilfreichen Tipps für Unternehmungen im Park. ●●●

Nova Friburgo

◆ **Fazenda Garlipp**
Estrada Niterói–Nova Friburgo
Km 71.5, Mury
Tel./Fax 24-2542-1330
www.turriserra.com.br
Sieben Bungalows und 22 Zimmer, mit Vollpension, Pool, Sauna, deutscher Eigentümer. ●●●
◆ **Pousada Vale das Flores**
Rua Jacy Linhares Ramos 224
Braunes
Tel. 22-2526-3503
www.valedasflores.com
Sehr freundlich, preiswert, mit herrlichem Blick, Sauna und Pool. Empfehlenswert: eine Off-Road-Tour mit dem Eigentümer Felipe. ●●

Parati

◆ **Casa do Rio**
Rua Antônio Vidal 120
Tel. 24-3371-2223
Eine Jugendherberge in einem prachtvollen Haus mit Garten und Hängematten am Fluss. Bootstouren und Jeepfahrten können organisiert werden. ●
◆ **Pousada Corsário**
Rua João do Prado 26
Chacará
Tel. 24-3371-1866
www.pousadacorsario.com.br
Ruhige Pousada mit Garten am Fluss, Pool, Sauna. ●●
◆ **Pousada do Ouro**
Rua Dr Pereira 145
Tel. 24-3371-2033
Reservierungen unter
Tel. 11-3813-3433
www.pousadaouro.com.br
Sehr zentrale Lage, luxuriöse Räume, Pool, Sauna. ●●●
◆ **Pousada do Sandi**
Largo do Rosario 1
Tel. 24-3371-2100
Reservierungen unter
Tel. 0800-232-100
Fax 24-3371-2038
www.pousadadosandi.com.br
Stilvolles Haus aus dem 18. Jh., mit individuell verschiedenen, aber allesamt sehr gemütlichen Räumen, gutes Restaurant, Pool und Sauna, im Zentrum. ●●●
◆ **Pousada Pardieiro**
Rua do Comércio 74
Tel. 24-3371-1370
Fax 24-3371-1139
www.pousadapardieiro.com.br
Bungalows im Garten, die zu einem Dorf gestaltet wurden, mitten im Zentrum gelegen, schöner Pool und herrlicher tropischer Garten. ●●●

Petrópolis

◆ **Casa do Sol**
Avenida Ayrton Senna 115, Quitandinha
Tel./Fax 24-2243-5062
www.casadosol.com.br
Nur 13 Zimmer, komfortabel, mit Pool und Sauna, eigenes Restaurant. ●●
◆ **Locanda Della Mimosa**
Alameda dos Mimosas 30
Vale Florido
Tel./Fax 24-2233-5405
www.locanda.com.br
Luxuriöse Pousada außerhalb von Petrópolis auf der Straße nach Vale Florido mit einem der besten Restaurants der Region. Pool, Sauna, keine Kinder unter 16 Jahren. ●●●
◆ **Pousada da Alcobaça**
Rua Agostinho Goulão 298
Correas
Tel. 24-2221-1240
Fax 24-2222-3162
www.pousadadaalcobaca.com.br
Spitzenhaus in einem wunderschönem Park, Haus von 1914 im Stil der Normandie, gutes Gartenrestaurant, Pool, Sauna und Tennisplatz. ●●●

Unterkunft ◆ 351

Teresópolis

◆ **Hotel Village Le Canton**
Estrada Teresópolis–Friburgo km 12
Vargem Grande
Tel. 21-2741-4200
www.lecanton.com.br
Herrliche Lage in einem grünen Tal in Rio de Janeiros Bergen, mit Pool, Sauna, Reiterhof, Fahrradverleih, Bogenschießanlage, Riesenschach, Rasenski – hier ist Langeweile verpönt. 106 gepflegte Zimmer. ●●●●
◆ **Rosa dos Ventos**
Estrada Teresópolis–Nova Friburgo km 22.6
Tel. 21-2644-9900
www.hotelrosadosventos.com.br
Sehr beliebte und luxuriöse Anlage mit eigenem See, 14 km Wanderwegen, Pferden, Fahrrädern, Pool, Sauna, Kanus, Tennis. Haus im Alpenstil; keine Kinder unter 14 Jahren. ●●●●

São Paulo Stadt und Bundesstaat

São Paulo

◆ **Blue Tree Towers Berrini**
Rua Quintana 1012
Brooklin Novo
Tel. 11-5508-5000
www.bluetree.com.br
Nahe dem Stadtflughafen Congonhas. Ideal für kurze Geschäftsreisen. ●●●
◆ **Caesar Park São Paulo Faria Lima**
Rua das Olimpiadas 205
Vila Olimpia
Tel. 11-3848-6767
www.caesar-park.com
Spitzen-Business-Hotel.
●●●●
◆ **Estanza Paulista**
Alameda Jau 497
Tel. 11-3016-0000
Reservierungen unter
Tel. 0800-726-1500
www.estanplaza.com.br
Eines der vielen Estanplazahotels in der Stadt. Exzellenter Service, informelle Umgebung. Nahe der Geschäftsstraße Avenida Paulista. ●●●
◆ **Fasano**
Rua Vitorio Fasano 88

Cerqueira Cesar
Tel. 11-3896-4000
www.fasano.com.br
Sehr elegantes Haus in einem der besten Viertel der Stadt. ●●●●
◆ **Hospedaria Mantovani**
Rua Eliseu Guilherme 269
Paraiso
Tel. 11-3889-8624
hospedariamantovani@terra.com.br
Empfehlenswertes unter den preiswerten Optionen in guter Umgebung. ●
◆ **Inter-Continental São Paulo**
Avenida Santos 1123
Cerqueira Cesar
Tel. 11-3179 2600
Reservierungen unter
Tel. 0800-118-003
www.intercontinental.com/saopaulo
Eine der besten Adressen der Stadt, sehr luxuriös, entsprechend teuer. ●●●●
◆ **L'Hotel**
Alameda Campinas 266
Jardim Paulista
Tel. 11-2183-0500
Reservierungen unter
Tel. 0800-130-080
Mitglied der »The Leading Small Hotels of the World«.
●●●●
◆ **Pergamon**
Rua Frei Caneca 80
Consolação
Tel. 11-3123-2021
Reservierungen unter
Tel. 0800-551-056
www.pergamon.com.br
Kombiniert Komfort mit Kunst und Design. Sehr gutes Preis-Leistungs-Verhältnis. ●●●
◆ **Pousada Dona Zilah**
Alameda Franca 1621/1633
Jardim Paulista
Tel. 11-3062-1444
www.zilah.com
Freundliches und bezahlbares, gemütliches Haus in einem aufstrebenden Teil der Stadt. ●●
◆ **Radisson Faria Lima**
Avenida Cidade Jardim 625
Itaim Bibi
Tel. 11-2133-5960
www.atlanticahoteis.com
Das Haus der bekannten internationalen Kette besitzt ein exklusives Damenstockwerk mit duftenden Bademänteln. ●●●

◆ **Renaissance**
Alameda Santos 2233
Tel. 11-3069-2233
www.marriottbrasil.com
Ein großes Geschäftshotel in sehr guter Umgebung.
●●●●
◆ **Tryp Higienópolis**
Rua Maranhão 371
Higienópolis
Tel. 11-3665-8200 und 3665-8201
www.tryphigienopolis.solmelia.com
Moderne Umgebung und zeitgemäßes Hotel der spanischen Kette, gut für Touristen und Geschäftsleute.
●●●

Atibaia

◆ **Estancia Atibainha**
Via Dom Pedro I km 55
Tel. 11-4597-3400
Fax 11-4597-1155
Reservierungen unter
Tel. 11-3331-3114
www.hotelestancia atibainha.com.br
95 Bungalows für Geschäftsleute, mit Businesscenter, bietet auch Erholung im großen Wellness-Bereich.
●●●
◆ **Village Eldorado**
Rod. Dom Pedro I km 75.5
Tel. 11-4411 0533
Fax 11-4411 0300
www.hoteiseldorado.com.br
Gut ausgestattetes Urlaubshotel. ●●●●

Campos do Jordão

◆ **Grande Hotel Campos do Jordão**
Avenida Frei Orestes Girardi 3549
Capivari
Tel. 12-3668-6000
Reservierungen unter
Tel. 0800-770-0790
www.sp.senac.br
Ein traditionelles Casino wurde in ein Hotel umgebaut, kombiniert Luxus mit atemberaubender Umgebung. ●●●●
◆ **Hotel Frontenac**
Avenida Dr Paulo Ribas 295
Capivari
Tel. 12-3669-1000
Reservierungen unter
Tel. 11-5505-9550
www.frontenac.com.br

Kombiniert modernste Ausstattung und persönlichen Service im klassischen europäischen Stil. ●●●●
◆ **Toriba**
Avenida Ernesto Diederichsen 2962
Tel. 12-3668-5000
www.toriba.com.br
Alpiner Stil mit lokalem folkloristischem Dekor und Panorama-Blick. ●●●●

Caraguatatuba

◆ **Pousada da Tabatinga**
Estr. Caraguatatuba–Ubatuba
Praia Tabatinga
Tel. 12-3884-6010
www.pousadadaportaldatabinga.com.br
Direkte Strandlage, mit Sauna und Tennisanlage. ●●●●

Guarujá

◆ **Casa Grande Hotel Resort & Spa**
Avenida Miguel Stefano 1001
Praia da Enseada
Tel./Fax 13-3389-4000
www.casagrandehotel.com.br
Ein gut ausgestattetes Hotel im Kolonialstil mit Spa. Das einzige brasilianische Resort in »The Leading Hotels of the World.« ●●●●
◆ **Delphin Hotel**
Avenida Miguel Stefano 1295
Praia da Enseada
Tel. 13-3386-2112
www.delphinhotel.com.br
Ähnliche Lage wie das o. a., aber etwas einfacher. ●●●

Ilhabela

◆ **Maison Joly**
Rua Antônio Lisboa Alves 278
Tel. 12-3896-1201
www.maisonjoly.com.br
Von Prominenten bevorzugt, eines der luxuriösten Hotels an der Küste. ●●●●
◆ **Pousada Canto da Praia**
Avenida Forca Expedicionaria Brasileira 793
Praia de Santa Teresa
Tel. 12-3896-1194
www.cantodapraiailhabela.com.br

Rustikale Eleganz in einem umgebauten Fischerhaus. ●●●

Santos

◆ **Avenida Palace**
Avenida Presidente Wilson 10
Gonzaga
Tel. 13-3289-3555
Fax 13-3289-5961
www.avenidapalace.com.br
Das Avenida Palace ist ein zwar einfaches, aber sehr angenehmes Hotel an der Küste. ●●
◆ **Mendes Plaza**
Avenida Floriano Peixoto 42, Gonzaga
Tel. 13-3289-4243
Fax 13-3284-8253
Sehr zentral gelegenes Haus, mit Fitnessraum und Business Center. ●●●

Ubatuba

◆ **Hotel Cassino Sol e Vida**
Rua Domingo Della Monica Barbosa 93
Praia da Enseada
Tel. 12-3842 0188
Fax 12-3842 0488
www.solevida.com.br
Direkt am Strand gelegen, hat das Sol e Vida viele Wassersportangebote. ●●●
◆ **Solar das Aguas Cantantes**
Estrada do Saco da Ribeira s/n
Praia do Lázaro
Tel. 12-3842-0178
www.solardasaguas cantantes.com.br
Das ist ein attraktives Hotel mit Garten, Pool und einem guten Restaurant. ●●●

Minas Gerais

Belo Horizonte

◆ **Comodoro Tourist**
Rua dos Carijós 508
Zentrum
Tel. 31-3201-5522
Fax 31-3201-5843
Einfaches, aber zentral gelegenes Hotel. ●●
◆ **Ouro Minas Palace**
Avenida Cristiano Machado 4001
Tel. 31-3429-4001

Fax 31-3429-4002
www.ourominas.com.br
Einziges Fünf-Sterne-Hotel der Stadt mit einem modernen Business-Complex und großem Wellnessbereich. 30 Minuten vom Zentrum, 10 Minuten vom Flughafen entfernt. ●●●●
◆ **Royal Savassi**
Rua Alagoas 699
Funcionarios
Tel. 31-3247-6999
www.roayltowers.com.br
Neues Hotel im aufstrebenden Stadtteil Funcionarios, mit Sauna. ●●●

Diamantina

◆ **Diamante Palace**
Avenida Sílvio Félicio dos Santos 1050
Tel./Fax 38-3531-1561
www.diamantepalacehotel.com.br
Komfortables Hotel mit Restaurant und Bar. ●
◆ **Pousada do Garimpo**
Avenida da Saudade 265
Consolação
Tel./Fax 38-3531-2523
www.pousadadogarimpo.com.br
Vielleicht die am besten ausgestattete Pousada der Gegend, freundlich, mit Pool. ●●

Ouro Preto

◆ **Estalagem das Minas Gerais**
Rod. dos Inconfidentes km 87
Tel. 31-3551-2122
Fax 31-3551-2709
Außerhalb der Stadt, schöner Blick, Restaurant und Pool. ●●●
◆ **Luxor Pousada**
Rua Dr Alfredo Baeta 16
Tel. 31-3551-2244
Reservierungen unter Tel. 0800-16-5322
Umgebautes Kolonialhaus im Zentrum, mit Restaurant. ●●
◆ **Pousada do Mondego**
Largo de Coimbra 38
Tel. 31-3551-2040
Fax 3551-3094
www.mondego.com.br
Attraktives Kolonialhaus direkt an Aleijadinhos Meisterwerk, der Franziskanerkirche.

Nett gestaltete Zimmer, aber sehr unterschiedlich groß und zum Teil sehr laut. ●●
◆ **Solar Nossa Sr. do Rosário**
Av. Getúlio Vargas 270
Tel. 31-3551-5200
Fax 31-3551-4288
www.hotelsolardorosario.com.br
Bestes Haus der Stadt, geschmackvoll eingerichtete Zimmer, im Hof ist es sehr ruhig, nach vorne genießt man einen schönen Blick. ●●●

Bahia

Arraial d'Ajuda

◆ **Hotel Pousada dos Coqueiros**
Alameda dos Flamboyants 55
Tel. 73-3575-1229 oder 3575-1373
www.pousadacoqueiros.com.br
Ein komfortabler und angenehmer Ort zum Bleiben. ●●●
◆ **Ponta do Apaga Fogo**
Arraial D'Ajuda
Tel. 73-3575-8500
Fax 73-3575-1016
www.arraialresort.com.br
Nicht billig, aber eine exzellente, anspruchsvolle Unterkunft. ●●●●
◆ **Pousada Etnia**
CX.P. 142
Trancoso
Tel. 73-3668-1137
Fax 73-3668-1549
www.etniabrasil.com.br
Eine kleine, exklusive Pousada im herrlich bewaldeten »global village« von Trancoso. ●●●

Ilhéus

◆ **Cana Brava Resort**
Rod. Ilhéus–Canavieiras km 24
Praia de Canabrava
Tel./Fax 73-3269-7000
www.canabravaresort.com.br
Viele Sportmöglichkeiten, eigener Strand, Pool, Sauna und eigener See zum Kajakfahren. ●●●

◆ **Transamérica Ilha de Comandatuba**
Estrada P/Canavieiras km 77
Una
Tel. 73-3686-1122
Fax 73-3686-1457
www.transamerica.com.br
Ein herrliches Inselhotel mit allem Komfort. Viele Freizeitmöglichkeiten durch den hauseigenen Golfplatz, Helioport, Jet-Ski, Tennis, Fahrräder, Pool und Sauna. ●●●●

Lençóis

◆ **Hotel Canto das Águas**
Avenida Senhor dos Passos 01
Tel. 75-3334-1154
Fax 75-3334-1279
www.lencois.com.br
Sehr schönes, komfortables Hotel in einem herrlichen Garten am Fluss. ●●●
◆ **Hotel de Lençóis**
Rua Altina Alves 747
Tel. 71-3369-5000
www.hoteldelencois.com.br
Mit seinem schönen Garten und dem Pool, ist dieses Hotel ideal für Familien. Liegt oberhalb der Stadt. ●●
◆ **Pousada Vila Serrano**
Rua Alto do Bomfim 8
Tel. 75-3334-1486
Fax 75-3334-1487
www.vilaserrano.com.br
Kleine und charmante Pousada, Schweizer Besitzer, kurze Entfernung ins Zentrum. ●●

Porto Seguro

◆ **Porto Seguro Praia**
BR-367 km 65
Praia de Curuipe
Tel. 73-3288-9393
Fax 73-3288-2069
www.portoseguropraiahotel.com.br
Nur 3,5 km von Porto Seguro entfernt, exzellentes Angebot. ●●●
◆ **Poty Praia Hotel**
Rua dos Ibiscos 140
Praia de Taperapuan
Tel. 73-2105-1500
Fax 73-2105-1515
www.poty.com.br
Eine der besten Alternativen für Reisende mit schmalem Budget. ●●

Unterkunft ◆ 353

Salvador

◆ **Bahia Othon Palace**
Avenida Oceânica 2456
Ondina
Tel. 71-203-2000
Fax 71-245-4877
www.othon.com.br
Komfortable Zimmer,
schöner Meeresblick und
zum Teil auch mit Blick auf
die Stadt. Service langsam,
Rezeption recht bürokratisch. ●●●●

◆ **Catherina Paraguaçu**
Rua João Gomes 128
Rio Vermelho
Tel. 71-3334-0089
www.hotelcatharina
paraguacu.com.br
Familiäres Hotel mit nur 32
Zimmern im angesagten Rio
Vermelho, Frühstück mit den
typischen Speisen der
Region. ●●

◆ **Catussaba**
Alamedas da Praia
Itapuã
Tel. 071-3374-8000
Fax 071-3374-4749
www.catussaba.com.br
Einziges Strandhotel der
Stadt, schöner Garten, mit
Pool, 256 Zimmer. ●●●●

◆ **Club Med Itaparica**
Rodovia Bom Despacho
Nazaré km 13
Ilha de Itaparica, Vera Cruz
Tel. 71-3881-7141
Reservierungen unter
Tel. 0800-707 3782
www.clubmed.com.br
Auf der magischen Insel von
Itaparica gelegen, mit allen
Möglichkeiten eines Strandresorts. ●●●●

◆ **Convento do Carmo**
Rua do Carmo 1
Pelourinho
Tel. 71-3327-8400
Fax 71-3327-8401
Luxuriöses Hotel in einem
restaurierten Kloster aus
dem 18. Jh. ●●●●

◆ **Pestana Bahia**
Rua Fonte do Boi 216
Rio Vermelho
Tel. 71-2103-8000
Fax 71-2103-8130
www.pestana.com
Komfortables Hotel direkt
am Strand mit Panoramablick. ●●●●

◆ **Pousada Redfish**
Ladeira do Boqueirão 1
Santo Antônio
Tel. 71-3243-8473 oder
3241-0639
Fax 71-3326-2544
www.hotelredfish.com
Restauriertes, historisches
Gebäude in der Nähe des
Pelourinho-Viertels,
englische Besitzer, gutes
Frühstück. ●●●

◆ **Solar dos Deuses –
Suites de Charme**
Largo do Cruzeiro do São
Francisco 12
Tel. 71-3320-3251
www.solardosdeuses.com.br
Eine weitere schöne
Pousada im historischen
Zentrum. ●●

◆ **Vila Galé Salvador**
Rua Morro do Escravo
Miguel 320
Praia de Ondina
Tel. 71-3263-8888
Fax 71-3263-8800
www.vilagale.com.br
Angenehmes Strandhotel
mit herrlichem Ausblick.
●●●

◆ **Villa Bahia**
Largo do Cruzeiro do São
Francisco 16
Tel. 71-3322-4271
www.lavillabahia.com
Kleines neues Boutiquehotel
im historischen Zentrum, direkt an der São-FranciscoKirche. ●●●

Sergipe und Alagoas

Aracaju

◆ **San Manuel Praia**
Rua Niceu Dantas 75
Atalaia
Tel. 79-3243-3404
Fax 79-3243-3179
www.sanmanuelpraiahotel.
com.br
Schönes Hotel nur einen
Block vom Strand entfernt,
mit Pool. ●

◆ **Pousada Mar e Sol**
Avenida Santos Dumont 314
Atalaia
Tel. 79-243-3051
Einfaches, preisgünstiges
Haus in Strandnähe. ●

Maceió

◆ **Hotel Praia Bonita**
Avenida Dr. Antônio Gouveia 943

Pajucara
Tel. 082-2121-3700
Sehr gute Lage mit Blick auf
den Strand von Pajucara.
Unbedingt Meerblickzimmer
verlangen! Viele Restaurants
und der Kunsthandwerkermarkt liegen in der
Nähe. ●●●

◆ **Ritz Praia Hotel**
Rua Eng. Mario de Gusmao
1300 Ponta Verde
Tel. 82-2121-4600
Nette Zimmer mit Klimaanlage, nur 50 m vom Strand
gelegen. ●

Porto de Pedras

◆ **Porto das Pedras**
Rua Dr Fernandes Lima 28
Centro
Tel. 82-3298-1176
Schöne koloniale Pousada
mit gepflegtem Garten.
Große Zimmer mit DVDSpieler, guter Service, leckeres hausgemachtes Frühstück. ●

Recife und Pernambuco

Olinda

◆ **Pousada do Amparo**
Rua do Amparo 199
Tel. 81-3439-1749
Fax 81-3429-6889
www.pousadadoamparo.
com.br
Attraktives, neu gestaltetes
Hotel in einem historischen
Gebäude. Luxusräume auf
Verlangen. ●●

◆ **Pousada dos Quatro
Cantos**
Rua Prudente de Moraes
441 Carmo
Tel. 81-3429-0220
Fax 81-3429-1845
www.pousada4cantos.
com.br
Klein und nett in einem
Gebäude aus dem 19. Jh.,
im historischen Zentrum gelegen. ●●

◆ **Sete Colinas**
Rua São Francisco 307
Tel./Fax 81-3439-6055
www.hotel7colinas.com.br
Im historischen Herzen der
Stadt gelegen, dazu mit
schönem Garten und einem
Pool. ●●●

Porto do Galinhas

◆ **Hotel Armação**
Lot. Merepe II, Quadra G1
Lote 1 A
Tel. 81-3552-1146
Fax 81-3552-5200
www.hotelarmacao.com.br
Familiäres Hotel mit drei
Schwimmbecken, Tennis.
Exzellentes Preis-Leistungs-Verhältnis. ●●●

◆ **Nannai Beach Resort**
PE-009, km 2
Praia de Muro Alto
Tel. 81-3552-0100
www.nannai.com.br
Anspruchsvolles Resort,
inklusive einigen Bungalows
mit privatem Pool. ●●●●

◆ **Pousada Tabapitanga**
PE-009, km 3
Praia do Cupe
Tel. 81-3552-1037
Fax 81-3552-1726
www.tabapitanga.com.br
Komfortable Bungalows.
●●●

◆ **Summerville Beach
Resort**
Gleba 6a
Praia de Muo Alto
Tel. 81-3302-5555
www.summervilleresort.
com.br
Große Anlage, schöner Pool.
Ideal für Familien. ●●●●

Recife

◆ **Hotel Atlante Plaza**
Avenida Boa Viagem 5426
Boa Viagem
Tel./Fax 81-3302-3333
www.atlanteplaza.com.br
Eines der besten Hotels in
Recife, am Meer, gute
Restaurants, tolles Frühstück. ●●●●

◆ **Best Western Manibu
Recife**
Avenida Conselheiro Aguiar
919
Boa Viagem
Tel. 81-3084-2811
Fax 81-3084-2810
www.hotelmanibu.com.br
Sehr gutes Hotel, exzellente
Leistung für angemessenen
Preis. ●●●

◆ **Mar Hotel Recife**
Rua Barão de Souza Leão
451, Boa Viagem
Tel. 81-3302-4444
Fax 81-3302-4445
www.marhotel.com.br

Reiseservice

Zimmer mit Balkon, mit superber Poolanlage. ●●●
◆ **Marolinda Residence Hotel**
Avenida Conselheiro Aguiar 755
Tel. 81-3325-5200
www.marolinda.com.br
Ein modernes Kunsthotel mit Schwerpunkt auf lokaler Kultur. ●●●

Im Nordosten

João Pessoa

◆ **Caiçara**
Avenida Olinda 235
Tambaú
Tel. 83-2106-1000
www.hotcaicara.com.br
Ein praktisches Hotel, mit der bekannten Best-Western-Qualität; nur zehn Minuten vom Zentrum und einen Häuserblock vom Strand entfernt. ●●
◆ **Littoral**
Avenida Cabo Branco 2172
Praia de Cabo Branco
Tel. 83-2106-1100
Fax 91-3241-0844
www.hotellittoral.com.br
Zimmer mit Seeblick, kleiner Pool. Das Malagueta-Restaurant bietet brasilianische und internationale Gerichte. ●
◆ **Tropical Tambaú**
Avenida Alm. Tamandaré 229
Praia de Tambaú
Tel. 83-3218-1919
Reservierung unter
Tel. 0800-701-2670
www.tropicalhotel.com.br
Futuristische Architektur direkt am Wasser, bei Flut sogar teilweise im Wasser, 175 komfortable Zimmer, Pool, Sauna, Zimmersafes. ●●●

Natal

◆ **Manary Praia Hotel**
Rua Francisco Gurgel 9267
Ponta Negra Beach
Tel./Fax 84-3204-2900
www.manary.com.br
Luxuriöses Strandhotel. Aircondition und Internetanschluss im Zimmer; Swimmingpool. ●●●

◆ **Ocean Palace**
Via Costeira, km 11
Ponta Negra Beach
Tel. 84-3220-4144
Freephone Tel. 0800-844-144
Luxus mit 5 Sternen, Strandhotel, Wi-fi Internet im Zimmer. ●●●
◆ **Praia Azul Mar**
Rua Francisco Gurgel 92
Ponta Negra Beach
Tel. 84-4005-3555
www.praia-azul.com.br
Ein weiteres Strandhotel, nahe an diversen Restaurants. Zimmer mit Safes und Internetanschluss. ●●
◆ **Tibau de Sul**
Marinas Tibau Sul
Avenida Gov. Alusio Alves 301
Tel. 84-3207-0078
www.hotelmarinas.com.br
Luxuriöse Bungalows mit Blick auf Fluss und Dünen. Angeln und Reiten sind möglich. ●●●

Fortaleza

◆ **Praiano Palace**
Avenida Beira Mar 2800
Meirelles
Tel. 85-4008-2200
Fax 85-4006-2223
www.praiano.com.br
Modernes, jüngst renoviertes Vier-Sterne-Hotel mit Standardzimmern, Suiten und Apartments. Gutes Restaurant. ●●●
◆ **Seara Praia Hotel**
Avenida Beira Mar
Meirelles
Tel. 85-4011-2200
www.hotelseara.com.br
Exzellentes Fünf-Sterne-Hotel, alle Zimmer mit Meerblick. Das Azul de Prata Restaurant ist spezialisiert auf französische Küchenspezialitäten. Zugang zu einem Swimmingpool von Olympiagröße. ●●●

São Luís

◆ **Pousada Portas da Amazonia**
Rua do Giz 129
Praia Grande
Tel. 98-3222-9937
www.portasdaamazonia.com.br
Schöne Pousada, gute Lage im historischen Zentrum in

einem attraktiven Bau aus dem 19. Jh. ●
◆ **Rio Poty Hotel**
Avenida dos Holandeses s/n
Ponta D'Areia
Tel. 98-3311-1500
Fax 98-3227-6576
www.riopotysaoluis.com.br
Großes, modernes Hotel am Ponta D'Areia Strand. Zimmer mit Panorama-Meerblick. Beautysalon, Hydromassage und Saunas sind vorhanden. Zwei Restaurants und drei Bars. ●●●

Amazonas

Belém

◆ **Beira-Rio**
Avenida Bernardo Sayão 4804
Guamá
Tel. 91-408-9000
Fax 91-249-7808
www.beirariohotel.com.br
Außerhalb der Stadt gelegen, mit Pool und Aircondition. ●●●
◆ **Hilton International Belém**
Avenida Presidente Vargas 882
Praça da República
Tel. 91-4006-7000
Fax 91-3241-0044
www.hilton.com
Nicht mehr up-to-date, aber zentral gelegen und sicher, gutes Frühstücksbuffet. ●●●
◆ **Regente**
Avenida Governador José Malcher 485
Nazaré
Tel. 91-3241-1222
Email: reserves@hregente.com.br
Einfach, aber gut. ●●
◆ **Zoghbi Apart Hotel**
Rua Ferreira Cantão 100
Tel. 91-3230-3555
Fax 91-3230-2000
www.zoghbi.com.br
Sauberes, freundliches und modernes Hotel mit kleinem Pool und Restaurant. ●●

Santarém

◆ **Santarém Palace**
Avenida Rui Barbosa 726
Tel. 91-523-2820
Fax 91-522-1779

Gute Preise, das zentrumsnah gelegene Hotel bietet Flussfahrten an. ●

Manaus

◆ **Ana Cássia Palace**
Rua dos Andradas 14
Zentrum
Tel. 92-3622-3637
Fax 92-3234-4163
hcassia@internext.xom.br
Nicht mehr neu, aber immer noch sehr charmant. Mit Pool und Sauna. ●●●
◆ **Best Western Lord Manaus**
Rua Marcílio Dias 217
Zentrum
Tel. 92-3622-7700
Reservierung unter
Tel. 0800-761-5001
Fax 92-3622-2576
www.bestwestern.com.br
Gute Lage in Zentrumsnähe, Best-Western-Qualität. ●●●
◆ **Holiday Inn Taj Mahal**
Avenida Getúlio Vargas 741
Zentrum
Tel. 92-3633-1010
Fax 92-3233-0068
tajmahal@internext.com.br
Vielleicht eines der besten Hotels in der Stadt, 170 Zimmer, 360°-Restaurant. ●●●●
◆ **Novotel**
Av. Mandi 4
Distrito Industrial
Tel. 092-2123-1211
Reservierung unter
Tel. 0800-703-7000
www.accorhotels.com.br
Komforthotel der französischen Hotelgruppe mit 166 Zimmern, Pool und Tennisplatz. ●●●
◆ **Tropical Experience**
Avenida Coronel Teixeira 1320, Praia da Ponta Negra
Tel. 92-3659 5000
Fax 92-3658 3034
www.tropicalhotel.com.br
12 km außerhalb der Stadt am Rio Negro-Fluss, 596 Zimmer in weitläufiger Anlage mit Minizoo, großem Garten, 2 Pools, Sauna, Bootssteg, Restaurants und Bars. ●●●●

Macapá

◆ **Macapá**
Av. Eng. Azarias Neto 17
Zentrum

Unterkunft ♦ 355

Tel. 96-3217-1350
Fax 96-3217-1351
76 Zimmer am Flussufer,
Pool, Zimmersafes. ●●●
♦ **Pousada Ekinox**
Rua Jovino Dinoá 1693
Tel. 96-3223-0086
www.ekinox.com.br
Im Zentrum, freundlich, gutes Restaurant. ●●

Brasília

♦ **Academia de Tenis Resort**
Setor de Clubes Esportivo Sul Trecho 04, Conjunto 05 Lote 1-B
Tel. 61-3316-6245 oder 3316-6252
Fax 61-3316-6264
www.academiaresort.com.br
Direkt am See gelegen, eines der wenigen Hotels mit Erholungswert in Brasiliens Hauptstadt. Mit Pool, Kino und 21 Tennisplätzen. ●●●
♦ **Blue Tree Park Brasília**
Setor Hoteleiro Norte, Trecho 01, Conjunto 1B, Bloco C
Tel. 61-3424-7000
Fax 61-3424-7001
www.bluetree.com.br
Modernes Hotel am See. Exzellente Ausstattung, eines der besten Häuser der Stadt. ●●●●
♦ **Blue Tree Towers Brasília**
Setor Hoteleiro Norte, Trecho 01, Lote 1B, Bloco A–B
Tel. 61-3429-8000
Fax 61-3429-8104
www.bluetree.com.br
Teil desselben Gebäudes wie das Blue Tree Park, aber vom See abgewandt, Pools, Spa und Hafen liegen zwischen den Hotels, zusammen bilden sie den Blue Tree Alvorada-Komplex. ●●●●
♦ **Carlton**
Setor Hoteleiro Sul, Quadra 5, Bloco G
Tel. 61-3224-8819
Fax 61-3226-8109
www.carltonhotelbrasilia.com.br
Gutes Businesshotel mit allen Annehmlichkeiten. ●●●
♦ **Kubitschek Plaza**
Setor Hoteleiro Norte, Quadra 2, Bloco E, Asa Norte

Tel. 61-3329 3333 oder 3329-3655
Fax 61-3329-3582
www.kubitschek.com.br
Sehr komfortables, modernes Hotel, Zimmer mit Balkon direkt an einem großen Einkaufszentrum und nahe diverser Restaurants. ●●●●
♦ **Meliá Brasília**
Setor Hoteleiro Sul, Quadra 6 Bloco D
Tel. 61-3218-4700
Fax 61-3218-4703 oder 4705-4701
www.solmelia.com
Modernes, internationales Hotel der spanischen Meliá-Gruppe. ●●●
♦ **Nacional**
Setor Hoteleiro Sul
Quadra 1, Bloco A
Tel. 61-321-7575
Reservierungen unter
Tel. 0800-644-7070
Fax 61-223-9213
www.hotelnacional.com.br
Hotel im alten Stil, aber exzellenter Service. Wochenendrabatte. ●●●●
♦ **Quality Suites Lakeside**
Setor Hoteleiro Norte
Trecho 01, Lote II
Tel. 61-3035-1445
Fax 61-3035-2144
www.atlantica-hotels.com
Angenehme Lage am See mit eigenem Hafen, Verleih von Jet-skis und Booten. Vergleichsweise preisgünstig. ●●●

Das Pantanal

Bonito

♦ **Muito Bonito**
Rua Cel. Pilad Rebua 1448
Tel./Fax 67-255-1645
reserves@muitobonito.com.br
Attraktives Hostel in guter Lage an der Hauptstraße. Komfortable Zimmer, hilfsbereiter englisch-sprechender Besitzer. Mit eigener Agentur, die Ausflüge organisiert. ●
♦ **Zagaia Eco-Resort**
Tel. 67-255-5601
vendas@zagaia.com.br
www.zagaia.com.br
Anspruchsvolles Resort, etwas außerhalb der Stadt, viele einheimische Touristen.

Die Zimmer sind modern und bequem, großer Pool und gutes Restaurant. ●●

Campo Grande

♦ **Bristol Exceler Plaza**
Avenida Afonso Pena 444
Tel. 67-3312-2800
exceler@bristolhoteis.com.br
www.bristolhoteis.com.br
Komfortables Hochhaus mit Pool, Tennisplätzen, freundlich, gutes Frühstück. Zentral, nicht weit vom Airport. ●●
♦ **International**
Allan Kardec 223
Tel. 67-3784-4900
hotelint@terra.com.br
www.hotelintermetro.com.br
Gutes, modernes Hotel nahe der Busstation. Kleiner Pool, bequem, unpersönliche Zimmer, sehr gutes Frühstücksbuffet. ●●

Corumbá

♦ **Pousada do Cachimbo**
Rua Alen Kardec 4
Bairro Dom Bosco
Tel. 67-3231-4833
cachimboresort@yahoo.com.br
www.pousadadocachimbo.com.br
Fünf Fahrminuten außerhalb der Stadt, bietet dieses traditionelle Farmhaus 14 komfortable Zimmer, Pool und Blick auf den Fluss. Freundlich und hilfsbereit. ●●
♦ **Santa Rita**
Rua Dom Aquino Correia 860
Tel. 67-3231-5453
hsrita@terra.com.br
Einfach, sauber und zentral mit Aircondition, netten Bädern, gutes Frühstück. ●

Cuiabá

♦ **Hotel Mato Grosso**
Rua Commandante Costa 2522
Tel. 65-3614-7777
Ein modernes Hotel mit guten Zimmern. ●
♦ **Hotel Mato Grosso Palace**
Rua Joaquim Murtinho 170
Tel. 65-3614-7000
www.hoteismattogrosso.com.br

Das sehr zentral gelegene Hotel bietet komfortable Zimmer und Suiten. ●●

Foz do Iguaçu

♦ **Bourbon Igaussu Golf Resort**
Avenida das Cataratas 6845 km 8,5
Reservierungen unter
Tel. 0800-701-8181
www.bourbon.com.br
Schöne Unterkunft in modernen Bungalows; 18-Loch-Golfplatz. ●●●●
♦ **Falls Galli**
Av. Costa e Silva 1602
Zentrum
Tel. 45-3520-1002
Fax 45-3520-1010
www.fallsgallihotel.com.br
Nähe Busbahnhof, mit Pool, Restaurant und Bar, Zimmersafes. ●●
♦ **Internacional Foz**
Rua Almirante Barroso 2006
Tel. 45-3521-4100
Fax 45-3521-4101
mercurefoz@accorhotels.com.br
www.internacionalfoz.com.br
Modernes Hotel im Zentrum mit sehr hilfsbereitem Personal. ●●
♦ **Mabu Thermas & Resort**
Av. das Cataratas 3175
Tel. 045-3521-2000
Reservierungen unter
Tel. 0800-41-7040
www.hoteismabu.com.br
Eines der besten Hotels an der Straße zu den Fällen, drei Thermalbecken, großer Park, See, Angelausrüstung, Sauna. ●●●●
♦ **Nadai**
Avenida República Argentina 1332
Tel./Fax 45-3521-5090
Reservierungen unter
Tel. 0800-645-5090
www.hotelnadai.com.br
Einfaches Hotel mit Aircondition, Swimmingpool und Sauna. ●●
♦ **San Martin**
Rodovia d. Cataratas km 17
Tel. 045-3529-8088
www.hotelsanmartin.com.br
Sehr schöne Parkanlage mit Pool, nur 300 m vom Nationalparkeingang entfernt. ●●●

Südbrasilien

Blumenau

◆ **Garden Terrace**
Rua Padre Jacobs 45
Tel. 47-326-3544
Großes Hotel, mit Restaurant, Bar, Reiseagentur. ●●
◆ **Grande Hotel Blumenau**
Alameda Rio Branco 21
Tel. 47-3326-0145
Fax 47-3326-1280
www.hoteisbrasil.com.br
Komfortables, modernes Hotel, mit gutem Restaurant, Bar und Pool. ●●●
◆ **Plaza Blumenau**
Rua 7 de Setembro 818
Tel. 47-231-7000
Reservierungen unter
Tel. 0800-471-213
www.plazahoteis.com.br
Luxuriöses Hotel, das beste in der Stadt, mit Business-Einrichtung. ●●●

Canela

◆ **Pousada Quinta dos Marques**
Rua Gravatai 200
Santa Teresinha
Tel. 54-3282-9812
www.quintadosmarques.com.br
Gestaltet für Entspannung pur, diese Pousada hat unter anderem alle erdenklichen Massagen mitten im Wald im Angebot. ●●●

Curitiba

◆ **Bourbon Curitiba Hotel & Tower**
Rua Cândido Lopes 102
Tel. 41-322-4001
Reservierungen unter
Tel. 0800-701-8181
www.bourbon.com.br
Wundervolles traditionelles und sehr schickes Hotel, 167 beheizte Zimmer (Curitiba kann kalt sein). ●●●●
◆ **Four Points by Sheraton Curitiba**
Av. Sete de Setembro 4211
Batel
Tel. 41-3340-4000
Reservierungen unter
Tel. 0800-555-855
www.starwood.com
Funktionelles, gutes Businesshotel, gewohnter Sheraton-Standard. ●●●●

◆ **Grand Hotel Rayon**
Rua Visconde de Nacar 1424
Zentrum
Tel. 41-3027-6006
Reservierungen unter
Tel. 0800-41-8899
www.rayon.com.br
Direkt an der »Rua 24-Horas« gilt es als bestes Hotel in der Stadt. ●●●●

Florianópolis und Strände

◆ **Blue Tree Towers Florianópolis**
Rua Bocaiuva 2304
Zentrum
Tel. 48-3251-5555
Reservierungen unter
Tel. 0800-150-500
www.bluetree.com.br
Toller Meeresblick, inmitten diverser Bars, Restaurants und Shoppingcenters. ●●●
◆ **Costão do Santinho Resort & Spa**
Rodovia Vereador Onildo Lemos 2505
Praia do Santinho
Tel. 48-261-1000
Fax 48-261-1200
www.costao.com.br
Es gilt als luxuriösestes und bestausgestattetes Resort im südlichen Brasilien. Tennis, Kanus, Fußball und natürlich Schwimmen. ●●●●
◆ **Intercity Hotel**
Avenida Paulo Fontes 1210
Zentrum
Tel. 48-3027 2200
Reservierung unter
Tel. 0800-703-7336
www.intercityhotel.com.br
Nahe des historischen Marktes, Zimmer mit Blick auf die Bucht. ●●●
◆ **Jurerê Beach Village**
Alameda César Nascimento 646
Praia de Jurerê
Tel. 48-3261-5100
Reservierung unter
Tel. 0800-480-110
www.jurere.com.br
Sehr gute Wassersportmöglichkeiten, Bungalows mit ein oder zwei Räumen. ●●●●
◆ **Pousada da Vigia**
Rua Con. Walmor Castro 291
Praia da Lagoinha
Tel. 48-3284-1789
Fax 48-3284-1408
www.pousadavigia.com.br

Direkt oberhalb eines Riffs gebaut, man genießt eine hervorragende Sicht. Frühstück bis 11 Uhr morgens. ●●●
◆ **Pousada Penareia**
Rua Hermes Guedes da Fonseca 207
Praia da Armação
Tel. 48-338-1616
www.pousadapenareia.com.br
Ideal für Paare, die einen entspannten Urlaub genießen wollen. Alle Zimmer mit Aircondition, Whirlpool und großen Veranden. ●●●
◆ **Garopaba/Praia Rosa**
Pousada Caminho do Rei
Caminho do Alto do Morro s/n
Tel./Fax 48-3355-6062 oder 3355-6071
www.caminhodorei.com.br
Sehr netter Ort, erbaut 1980 von idealistischen, jungen Leuten. Toller Blick und komfortable Zimmer, in hellen Farben gestaltet. ●●
◆ **Quinta do Bucaneiro**
Estrada Geral do Rosa s/n
Tel. 48-3355-6056
www.bucanero.com.br
Attraktive Pousada nahe am Strand, ca. 70 km von Florianópolis entfernt; mit hölzernen Balkonen und kleinem Pool. ●●

Gramado

◆ **La Hacienda Estalagem e Restaurante**
Estrada da Serra Grande 4200 (zu erreichen über RS-115, km 37 bis Taquara)
Tel. 54-3286-8186
Reservierungen unter
Tel. 51-3388-4678
www.lahacienda.com.br
Anspruchsvoller Nachbau einer kolonialen Farm der europäischen Immigranten des 18. Jhs. ●●●●
◆ **Varanda das Bromelias Boutique Hotel**
Rua Alarisch Schulz 158–193
Planalto
Tel. 54-3286 0547 oder 3286-6653
www.varandadasbromelias.com.br
Attraktiv und romantisch, schön gelegen am höchsten Punkt von Gramado. ●●●●

Laguna

◆ **Laguna Tourist**
Pra a do Gi km 4
Tel. 48-647-0022
Fax 48-647-0123
www.lagunatourist.com.br
Großes, modernes Hotel, am Strand gelegen; tolle Ausblicke, aller Comfort. ●●●
◆ **Taperoá**
BR-101 Norte Praia de Itapirubá
Tel. 48-356-0222
Fax 48-646-0294
Reservierung unter
Tel. 0800-480-222
D rekt am Strand, gute Sportmöglichkeiten. ●●

Nova Petrópolis

◆ **Recanto Suiço**
Avenida 15 de Novembro 2195
Tel./Fax 54-281-1229
15 Zimmer mit Aircondition; Bar, Restaurant und ein Swimmingpool. ●●
◆ **Porto Alegre**
Deville Porto Alegre
Avenida dos Estados 1909
Anchieta
Tel. 51-3373-5000
Reservierung unter
Tel. 0800-703-1866
www.deville.com.br
Exklusives Hotel, liegt günstig in Flughafennähe. ●●●●
◆ **Embaixador**
Rua Jerônimo Coelho 354
Zentrum
Tel. 51-3215-6600
Reservierung unter
Tel. 0800-7016-610
www.embaixador.com.br
Sehr komfortabel, netter, effizienter Service. ●●●
◆ **Lido Hotel**
Rua General A. Neves 150
Tel. 51-3228-9111
www.lidohotel.com.br
Kombination von Komfort und guter Lage. ●●
◆ **Plaza São Rafael Hotel**
Avenida Alberto Bins 514
Zentrum
Tel. 51-3220-7000
Fax 51-3220-7001
Reservierung unter
Tel. 0800-512-244
www.plazahoteis.com.br
Bestes Hotel in Porto Alegre, z. T. mit Blick auf Fluss, zwei gute Restaurants, Sauna, Internet, Heizung. ●●●●

AKTIVITÄTEN

Kunst, Sport, Aktivitäten für Kinder, Shopping, Brasilianische Speisen und Getränke

Kunst

Museen

Brasiliens historische Museen gehören nicht zu Hauptattraktionen im Lande. Es gibt zu wenig Finanzmittel für Neuanschaffungen und Pflege der vorhandenen Kunstwerke, mit einigen wenigen Ausnahmen. Die sehenswerten Museen sind in den jeweiligen Kapiteln erwähnt. Hinweise auf Wechselausstellungen findet man in den großen Tageszeitungen des Landes unter der Überschrift *Exposições*.

Kunstgalerien

Diese zeigen die Arbeit zeitgenössischer Künstler vor allem in den großen Städten mit einer entsprechenden Kunstszene, speziell in Rio de Janeiro und São Paulo. Die Kunstmuseen organisieren ebenfalls Wechselausstellungen, zu finden in den großen Tageszeitungen unter *Exposições*.
Die Bienale, die alle zwei Jahre in São Paulo (2010, 2012, etc.) von März bis Juni stattfindet, ist Lateinamerikas größte Veranstaltung über zeitgenössische Kunst.

Musik und Tanz

Die Brasilianer scheinen die Musik in sich zu tragen, Musik ist ein wesentlicher Teil ihrer Alltagskultur. Die berühmten brasilianischen Musiker waren und sind immer auch Sprachrohr des Volkes. Dies war besonders in Zeiten der Diktatur spürbar, da vor allem die MPB, die *Música Popular Brasileira*, nie völlig zum Verstummen gebracht werden konnte.
Eine Vielzahl an Musikstilen sind in den verschiedenen Landesteilen entwickelt worden, die meisten mit entsprechenden Tänzen. Der brasilianische Einfluss auf die Weltmusik ist überall zu spüren – besonders im Jazz.
Besuchen Sie ein Konzert eines populären Musikers oder fragen Sie im Hotel nach einem empfehlenswerten Nachtclub mit brasilianischer Live-Musik: Bossa Nova, Samba, Choro und Serenata sind sehr populär in Rio und São Paulo.
Wenn Sie zum Karneval nach Brasilien kommen, hören und sehen Sie jede Menge Musik und Tanz in den Straßen und am Strand, meistens Samba in Rio und Frevo im Nordosten. Es gibt auch Shows das ganze Jahr über, die einen Geschmack und eine Vorstellung von Brasiliens Folkmusik und Tanz geben (mehr über Musik, s. S. 108).
Ein Rockkonzert in Brasilien sollte man sich auf keinen Fall entgehen lassen, wenn man diese Art von Musik mag, denn die Atmosphäre ist unvorstellbar. Das Publikum wird fast zu einem Teil der Show, eine brodelnde, vibrierende, ständig in Bewegung befindliche Masse voller Begeisterung. Die Musik ist eine magische Mischung, unzweifelhaft Rock, aber gleichzeitig brasilianisch, mit Latino-Rhythmen, starken Percussions und der vollen Kraft der elektronischen Verstärkung.
Die Saison für die klassische Musik und Ballett beginnt nach dem Karneval und endet etwa Mitte Dezember, zu Beginn der Sommerferien. Neben der Präsentation lokaler Talente sind die großen brasilianischen Städte – vor allem Rio de Janeiro, São Paulo und Brasília – Ziele der internationalen Musikgrößen auf ihren Welt-Tourneen. Eines der wichtigsten Festivals klassischer Musik Südamerikas findet alljährlich im Juli in Campos do Jordão im Bundesstaat São Paulo statt.
Wenn Sie eine Musikshow oder ein Livekonzert erleben möchten, sehen Sie in der Wochenendausgabe der örtlichen Zeitung unter der Überschrift *Lazer* (Freizeit) nach. Dort findet man immer eine Liste der Clubs, Theater, Bars und anderer Veranstaltungsorte.

Capoeira

Dieser einzigartige, typisch brasilianische Tanz ist ein Relikt aus den Tagen der Sklaverei, als Kämpfe – oder besser jegliches Kampftraining – der Sklaven geheimgehalten werden mussten. Capoeira ist ein stilisierter Kampftanz, begleitet von ganz eigenen Rhythmen und Musik. Die Kämpfenden schleudern dabei ihre Füße mit eleganter Behendigkeit gegeneinander.
Jeweils zwei *Capoeiristas* führen die mit Handständen und akrobatischen Einlagen bereicherten Tänze aus, als ob es um einen Kampf ginge. Sie dürfen einander dabei jedoch nicht berühren. Bei guten Akteuren ist am Ende die Kleidung so blütenweiß wie zuvor. Diese Tradition ist vorwiegend in Rio und Salvador lebendig, wo es auch Akademien dafür gibt. Vielleicht haben Sie Gelegenheit, eine Capoeira-Vorführung auf der Straße oder am Strand zu sehen. Wenn nicht, lassen Sie es sich durch Ihr Hotel arrangieren.

Capoeira-Schulen:
◆ **Associação de Capoeira Mestre Bimba**, Rua das Laranjeiras 1, Pelourinho, Salvador, Tel. 71-3332-0639, Fax 3321-7191.
◆ **Associação de Capoeira**, Angola Navir Negreiro (ACANNE), 3° Travessa das Pintangueiras 54, Fazenda Grande do Retiro, Salvador, Tel. 71-3303-2370.

Theater

Wer Theatervorstellungen wirklich genießen will, muss natürlich der Sprache mächtig sein. Speziell in Rio de Janeiro und São Paulo gibt es eine Vielzahl von Aufführungen während der Saison,

FESTE UND VERANSTALTUNGEN

Januar

◆ **1. Januar – Neujahr:** In Salvador wird ein Fest zu Ehren des Bom Jesus dos Navegantes, des Schutzheiligen der Seeleute, mit einer farbenprächtigen Bootsparade gefeiert. Danach wird Samba getanzt, gegessen und getrunken.
◆ **6. Januar – Dreikönigsfest (Reis magos, Folias de Reis):** Vorwiegend im Nordosten Brasiliens, aber auch in Valença, im Hinterland des Staates Rio de Janeiro, finden zahlreiche folkloristische Feste zu Ehren der Drei Weisen aus dem Morgenland statt.
◆ **3. Donnerstag im Januar – Lavagem do Bonfim:** Eines der größten synkretistischen Feste Salvadors – die Katholiken verehren Jesus von Bonfim, die Candomblé-Anhänger Oxalá. Höhepunkt ist das symbolische Waschen der Kirchenstufen der Wallfahrtskirche von Bonfim.

Februar

◆ **2. Februar – Yemanjá-Fest in Salvador** (s. S. 96).

Februar/März

◆ **Karneval:** Die letzten drei bis fünf Tage vor Aschermittwoch wird in ganz Brasilien mit Hingabe Karneval gefeiert. Die spektakulärste Karnevalsparade ist in Rios Sambódromo; der Straßenkarneval in Salvador und Recife/Olinda ist ursprünglicher.

März/April

◆ **Ostern:** Karfreitag ist ein nationaler Feiertag. In Goiás und Ouro Preto, Mariana und Olinda finden farbenprächtige Prozessionen, teils mit kunstvoll gestalteten Blumenteppichen statt (Paixão de Cristo).
◆ **21. April – Tiradentes-Tag:** Zu Ehren des Helden der brasilianischen Unabhängigkeit finden an diesem Nationalfeiertag vor allem in Ouro Preto und im ganzen Bundesstaat Minas Gerais Feierlichkeiten statt.

Juni

◆ **Ende Juni Boibumbá** in Parintins, Amazonas (s. S. 99).

◆ **Festas Juninas:** Ende Juni werden vor allem im Nordosten eine Vielzahl von Straßenfesten zu Ehren der heiligen Johannes, Petrus und Antonius gefeiert. Die schönsten kann man in Aracaju, Areia Branca und Estância (Sergipe), Maceió (Alagoas) und Campina Grande (Pernambuco) erleben.
◆ **Ende Juni und Anfang Juli:** Bumba-Meu-Boi in São Luís, Maranhão.

Juli

◆ **2. Julihälfte:** Festival Internacional de Dança, in Joinville, Santa Catarina

August

◆ **Ab Freitagnacht vor dem 15. August:** Festa da Boa Morte in Cachoeira, Bahia. Synkretistische Feiern mit afrikanischem Essen, Elementen des katholischen Festes Mariä Himmelfahrt, zwei Prozessionen und Samba da Roda.

September

◆ **13. bis 20. September:** Porto Alegre feiert die Semana Farroupilha mit Gaúcho-Folklore, Musik, Caipirinha und viel gegrilltem Rindfleisch.

Oktober

◆ **12. Oktober – Nossa Senhora da Aparecida:** An diesem Nationalfeiertag wird die dunkelhäutige Schutzpatronin Brasiliens geehrt.
◆ **2. Oktoberhälfte:** Blumenau feiert Oktoberfest mit Bierfuhrwerk, Polka und deutschen Gastkapellen wie den »Wildecker Herzbuben«.

November

◆ **1. und 2. November:** Wallfahrt und Fest zu Ehren von Padre Cicero in Juazeiro do Norte, Ceará.

Dezember

◆ **31. Dezember, Silvester (Réveillon):** An einigen Stränden von Rio de Janeiro bringt man der Gottheit Yemanjá Opfergaben.

die in der Regel nach dem Karneval beginnt und bis November andauert. Kleinere historische Theater, wie z. B. in Ouro Preto, werden ebenfalls noch bespielt und haben ihren besonderen Reiz.

Kino

Die meisten internationalen Filme laufen in den großen Städten des Landes gleichzeitig mit Europa an, gelegentlich sogar früher. Wie bei uns wurden auch in Brasiliens Metropolen in den letzten Jahren die Kinosäle modernisiert und den Wünschen der Besucher angepasst. Vor allem die großen Shopping-Center locken mit einem Dutzend Kinosälen mit Parkplatz, Aircondition und bequemen Sitzen.
Senioren über 60 und Studenten mit Ausweis zahlen meistens 50 % (außer am Wochenende). Die meisten Filme laufen in der Originalversion mit protugiesischen Untertiteln, d. h. man versteht im Kino mehr als im Theater und durch die Untertitelung lernt man gleichzeitig etwas Portugiesisch.
Einige Filme aus Brasilien haben mittlerweile internationale Anerkennung gefunden, so z. B. der für den Oscar nominierte »City of God« von Fernando Meirelles (s. S. 120).
Es finden alljährlich mehrere Filmfestivals in Brasilien statt, das Rio-Festival im September, das São Paulos im Oktober und in der Kleinstadt Gramado in Südbrasilien findet ein international viel beachtetes, sechs Tage langes Festival im August statt.

Nachtleben

Informationen zum Nachtleben in den wichtigsten Städten finden Sie in den entsprechenden Kapiteln im Buch. Aber wie in den meisten Städten auf der Welt, kann auch in Brasilien ein heute total angesagter Ort nächste Woche wie ausgestorben sein.
Das legale Alter für Alkoholausschank in Brasilien ist 18, manche Bars und Clubs fragen junge Leute gelegentlich nach ihrem Ausweis, man sollte eine Passkopie dabei haben, das Original bleibt besser im Hotelsafe. Vielerorts kommt man abends nicht in Shorts in die Klubs.
Prostituierte frequentieren gerne bei Touristen beliebte Lokale, oft sind diese – besonders an Wochenenden – »Nebenerwerbstätige«, sie bessern sich ihr schmales Einkommen als Verkäuferin oder Haushälterin auf, in Brasilien ist dies leider sehr häufig.
In den Großstädten wie Rio und São Paulo findet man ein breites Spektrum an Freizeitaktivitäten wie Restaurants,

Bars und Clubs, die meistens bis in die Morgenstunden regulär geöffnet haben.
Auch in kleineren Städten findet man oft Clubs, Bars oder Discos, die lange geöffnet haben. Abseits der Touristenrouten aber schließen die Lokale an Wochentagen entweder früher oder ganz, da die Leute früh zu Bett gehen müssen.
Manche Bars mit Livemusik verlangen Eintritt oder einen Minimum-Konsum pro Person *(consumação mínima)*. Eigentlich ist dies gegen die Gesetze und Anlass ständiger Kampf mit Verbraucherschutzverbänden, die in Brasilien aber wenig Einfluss haben.
Livemusiker in Bars spielen meist eine Richtung der typisch brasilianischen Rhythmen – Samba, Choro, Frevo, Pagode, Sertanejo (Countrymusik) – sowie die immer aktuelle MPB, inklusive tropischen Rock'n'Rolls. Ein Schmelztiegel der Kulturen wie São Paulo bietet Jazz und Elektronikmusik genauso wie die beliebten »Coverbands«. Diese spielen die Hits der 1960er- und 1970er-Jahre von Größen der Rockszene wie The Doors, Led Zeppelin und Pink Floyd nach.
Viele Bars und kleine Restaurants bieten auch Essen und Musik von anderen lateinamerikanischen Ländern, besonders aus Mexiko, Argentinien und Peru. Auch arabische Küche und Shows sind, besonders in São Paulo, oft anzutreffen, die Libanesen bilden hier eine starke Minderheit.

Sport

Fußball

Fußball *(futebol)* ist Brasiliens Nationalsport und eine Leidenschaft, die alle Altersgruppen und sozialen Schichten sowie beide Geschlechter vereint. Während der Fußballweltmeisterschaft kommt das ganze Land regelmäßig zum Stillstand, weil jeder das Spiele im Fernsehen verfolgt.
Fußballfans sollten sich vom Hotel Karten für ein Spiel besorgen lassen. Es gibt auch organisierte Gruppenausflüge zu Fußballspielen. Die Fans zu beobachten, ist oft mindestens so spannend, wie das Spiel zu verfolgen. Besonders aufregend sind die Auseinandersetzungen zwischen den rivalisierenden Spitzenteams in Rios gigantischem Maracanã-Stadion, das über 100 000 Besucher fasst. Es kommt selten zu Gewalttätigkeiten, doch ist es auf jeden Fall empfehlenswert, einen reservierten Platz zu nehmen, anstatt auf den dicht besetzten, nicht überdachten Tribünen zu sitzen.

Wassersport

In einem Land wie Brasilien, das eine derart lange Küste, riesige Wasserwege im Inland und ein mildes Klima hat, wird Wassersport in vielen Formen getrieben.
Im Ozean zu baden, ist besonders im Norden und Nordosten ein Vergnügen, weil dort die Wassertemperatur das ganze Jahr über gleichbleibend angenehm ist. Viele Hotels und private Clubs haben Swimmingpools, öffentliche Badeanstalten kennt man in Brasilien nicht.

Segeln und Bootfahren

In fast jeder Stadt an der Küste kann man Boote, Angeln und Tauchgerät, Surf- und Windsurfbretter mieten. Segelboote, Motorboote oder Schoner-ähnliche Schiffe *(saveiros)* kann man komplett mit Ausrüstung und Mannschaft relativ günstig chartern. In Rio erkundige man sich an der »Marina da Glória« in der Innenstadt.

Tauchen

Die besten Tauchreviere findet man bei Fortaleza, Natal, Recife, Cabo Frio, Ilhabela, Ubatuba und Porto Belo. Bei Arraial do Cabo (nahe Cabo Frio) herrscht durch relativ niedrige Wassertemperaturen sehr gute Sicht unter Wasser. Die Vulkaninsel Fernando de Noronha (350 km vor dem Festland auf Höhe Recife) bieten ausgezeichnete Tauchgründe sowohl für Anfänger als auch für Könner.
Atlantis Divers, Vila dos Remédios, Tel. 81-3619-1371, www.atlantis noronha.com.br. Die Tauchschule auf Fernando de Noronha bietet ein vielfältiges Programm und hilft auch beim Organisieren der Anreise.

Autorennen

Brasilien hat eine Formel-1-Rennstrecke. Der Weltmeisterschaftslauf »Großer Preis von Brasilien« in Interlagos (São Paulo) findet im März oder April als eines der ersten Rennen der Saison statt. Von Deutschland aus organisieren verschiedene Spezialreiseveranstalter Reisen zu diesem populären Sportevent.
Rio verlor sein einstiges Formel-1-Rennen an São Paulo, hat aber jetzt auf dem *Autódromo Nélson Piquet* alljährlich ein Rennen der ChampCar-Serie und einen Motorrad Grand Prix. Brasilianische Fahrer gehören überall zur Weltspitze.

Joggen

Die Stadtstrände in Rio de Janeiro sind von breiten Gehwegen gesäumt und mit Kilometersteinen markiert – ideal zum Laufen. Sonntags ist in Flamengo die Autostraße ganz und in Ipanema zur Hälfte für die Jogger und andere Sportler reserviert, also der Autoverkehr verboten. In São Paulo ist der Ibirapuera Park der Lieblingort der Jogger.
Die bedeutendsten Laufwettbewerbe sind der Rio-Marathon (Tel. 21-2132-8888) und der berühmte São-Paulo-Silvesterlauf (Tel. 11-3763-4294), bei dem der Start im alten Jahr stattfindet und das Ziel im neuen Jahr erreicht wird.

Angeln

Für Petris Jünger gibt es eine enorme Auswahl an Revieren – sowohl am Atlantik als auch im Süßwasser, im Sumpfgebiet des Pantanal oder auch im Amazonasgebiet. Angelausrüstung kann man mit Boot und Guide mieten, besondere Exkursionen können organisiert werden, die Website www.amazonfishingadventures.com ist eine wertvolle Hilfe. Professionelle Fischer im Nordosten nehmen gelegentlich Passagiere auf ihren traditionellen Jangada-Booten mit. *Luft Turismo* (Tel. 11-6979-5353) organisiert Angeltouren im Sumpfgebiet Pantanal.

Campingtouren

Gute Tipps für Wander- und Campingtouren gibt der:
◆ **Camping Clube do Brasil**
Rua Senador Dantas 75, 29° Andar
Rio de Janeiro
Tel. 21-3479-4200 oder 0800-227-050
www.campingclube.com.br.
Der Camping Clube do Brasil besitzt Plätze überall im Land und organisiert auch Exkursionen in abgelegene Landesteile.
Wer eigene Touren organisieren will, sollte sich Informationen und Kartenmaterial besorgen vom:
◆ **Brasilianisches Institut für Geographie und Statistik – ibge**
Tel. 0800-218181
www.ibge.gov.br

Klettern und Höhlentouren

Brasilien gilt eigentlich nicht als typisches Wander- und Kletterparadies, obwohl der höchste Berg des Landes, *Pico de Neblina*, mit 3014 m höher als die Zugspitze ist. Allerdings ist der »Nebelberg« im äußersten Norden des dichten Regenwalds – wie der Name schon sagt – kaum jemals zu sehen. Es gibt aber noch jede Menge anderer Gipfel zu erklimmen, angefangen beim Wahrzeichen Rios, dem Zuckerhut. Es gibt Vereine, die Bergtouren organisieren und andere, die Höhlen-Exkursionen anbieten.
Folgende Organisationen sind kompetent und hilfsbereit:
◆ **Centro Excursionista Brasileiro**
Av. Almirante Barroso, 2–8 Andar
Centro
Rio de Janeiro CEP230031
Tel. 21-2252-9844 oder 2262-6360
www.ceb.org.br
◆ **Sociedade Brasileira de Espeleologia**
Caixa Postal 7031
Campinas S.P.
Cep 13076
Tel. 19-3296-5421
www.sbe.com.br

Fahrrad

Seit der 1992 von der UNO organisierten Umweltkonferenz in Rio de Janeiro, wurden gute Radwege in der Stadt am Zuckerhut entlang der Strände von Copacabana, Ipanema, Leblon, São Conrado und Barra angelegt. Sich ansonsten mit dem Fahrrad in den Stadtverkehr zu wagen, ist sträflicher Leichtsinn.

Öko-Tourismus

Dieser Terminus wird vielfältig benutzt – um nicht zu sagen missbraucht –, um jede Art von Tourismus als Natur- oder Abenteuerreisen zu vermarkten, ohne unbedingt eine Beziehung zur Umwelt zu haben. Natürlich gibt es auch wirklich ökologisch orientierte Touren, aber unter diesem Label findet man eben oft auch Piranha-Fischen oder Kaimanjagden im Amazonas oder Jeepfahrten über Waldpisten oder Dünen.

Golf

Golf ist in Brasilien noch nicht so populär wie in Europa, man spielt es vor allem in Rio, São Paulo und Búzios. Es gibt nur wenige öffentliche Golfplätze in Brasilien und die Golfclubs geben sich ein sehr exklusives Image. Auch als Gast ist nur schwer Einlass zu finden. Mit entsprechenden Kontakten oder über eines der Luxushotels kann man eventuell als Besucher eingelassen werden.

Gleitschirmfliegen

Das ist besonders in Rio populär, wo man von den Granithügeln abhebt und elegant über die Dächer gleitet, um dann am Strand zu landen. Auch ohne jede Erfahrung kann man sich im Tandemflug von einem Profi mitnehmen lassen. Kontakt über
◆ **Riotur**, Tel. 21-3322-2286
◆ **Rio Gliding**, konrad@globo.com, www.riogliding.com

Reiten

Das Pantanal, Heimat der brasilianischen Cowboys, ist sehr populär unter passionierten Reitern. Ein Geländeritt ist darüber hinaus ideal zum Beobachten der Fauna ohne Motorenlärm. Auch die alten Goldtrails in den Bergen der südlichen Bundesstaaten Brasiliens bieten sehr schöne Landschaftsritte. Die langen, offenen Strände vor allem im Nordosten sind ideal zum Galoppieren.

Jagen

Jagen ist illegal in Brasilien. Die einzigen erlaubten Schüsse sind die mit einer Kamera.

Tennis

Die meisten großen Hotels und vor allem die Resorts haben Tennisplätze. Öffentliche Plätze gibt es kaum, die meisten befinden sich in Clubbesitz. Seit der charismatische »Guga«, Gustavo Kuerten, das Grand Slam Turnier in Paris, die French Open, gewann, ist das Interesse an Tennis in Brasilien stark gestiegen, ohne jedoch derart populär zu werden wie in Deutschland zu Boris Beckers Zeiten. Dazu ist Tennis für die breiten Massen zu teuer und Fußball, Beachvolleyball und Wassersport einfacher und populärer.

Trekking

Dazu gibt es ausreichend Möglichkeiten in Brasilien: auf Waldwegen, in den vielen attraktiven Nationalparks oder in den Bergen. Allerdings ist es grundsätzlich zu empfehlen, einen lokalen Führer mitzunehmen, da verlässliche Wanderkarten oder gar Markierungen kaum anzutreffen sind.

Volleyball

Sowohl beim Feld- als auch beim Beachvolleyball sind Brasilianer Weltspitze – schließlich waren sie auch die Erfinder des Beachvolleyball und diejenigen, die diese Sportart zur Olympiadisziplin gemacht haben.
Am Strand, speziell in Rio, kann man stundenlang die Technik dieses Modesports, zwei gegen zwei, beobachten oder auch mitmachen.

Pferderennen

In Rio und São Paulos Oberschicht sind Pferderennen beliebt. Das Spitzenevent, der »Grande Premio do Brasil«, wird in der ersten Augusthälfte auf dem Rennkurs in Rio de Janeiro (Tel. 21-2512-9988) abgehalten. In São Paulo wende man sich an den Jockey Club (Tel. 11-2161-8300).

Aktivitäten für Kinder

Brasilianer lieben Kinder. Im Unterschied zu vielen westlichen Ländern gehören Kinder auch überall dazu – beim großen Familienlunch am Sonntag kann man dies in vielen Restaurants im ganzen Land bestens beobachten. Großfamilien verbringen viele Stunden an der Tafel, die Kleinen toben umher und keiner stört sich daran. In den Großstädten gibt es Kindertheater und -kinos, aber ohne Sprachkenntnisse sind die Kleinen überfordert, es sei denn, es ist ein Zeichentrickfilm.

Aktivitäten ◆ 361

Freizeit- oder Themenparks nach US-amerikanischen Muster sind sehr populär. Drei davon befinden sich in oder bei São Paulo:

◆ **Hopi Hari**, Itupeva, Rodoviaria Bandeirantes SP-348, km 70. Riesiger Vergnügungspark, 70 km nördlich von São Paulo. Es gibt 40 Attraktionen, drei Achterbahnen, darunter mit die »Montezum«, das ist die größte Holzachterbahn Lateinamerikas und fährt 103 km/h; eine 23 m hohe Nachbildung des Eiffelturms und Bootsfahrten mit Stromschnellen. Für alle Altersstufen ist etwas dabei: Wild-West-Shows, Karussell und Märchenschloss (Mo, Di geschlossen, die Öffnungszeiten variieren nach Saison, Infos unter Tel. 0300-789-5566, 11-3058-2207 und online bei www.hopiharicom.br).

◆ **Wet'n'Wild**, Rodoviaria Bandeirantes SP-348, km 72, 72 km nördlich von São Paulo. Wassererlebnispark (im Sommer Di–So 10–18 Uhr geöffnet, Tel. 11-4496-8000, www.wetnwild.com.br).

◆ **Playcenter**, Rua José Gomes Falcão 20, Barra Funda. Kostenloser Shuttlebus von der Barra-Funda-Metrostation. Traditioneller Vergnügungspark in São Paulo mit Achterbahn, Looping und Karrussels (nur an Wochenenden und Feiertagen 9–14 und 17–21 Uhr geöffnet, www.playcenter.com.br).

Shopping

Edelsteine

Der größte Reiz, in Brasilien Edelsteine zu kaufen, besteht – neben dem Preis – in der fantastischen Vielfalt, die man sonst nirgends auf der Welt findet. Es gibt Amethyste, Aquamarine, Opale, Topase, die vielfarbigen Turmaline – um nur einige der beliebtesten Kaufobjekte zu nennen –, ebenso Diamanten, Smaragde, Rubine und Saphire. Etwa 65 % der farbigen Edelsteine der Welt stammen aus Brasilien, das gleichzeitig ein internationales Zentrum des Edelsteinhandels ist. Die attraktiven Preise beruhen auf der zu 100 % einheimischen Produktion: vom Abbau der Steine in den Minen, über den Schliff bis hin zum Entwurf und der Verarbeitung zu Schmuck.
Die führenden Juweliere mit Verkaufsniederlassungen in ganz Brasilien sind H. Stern und Amsterdam Sauer. Die Steine werden hier mit gemologischem Gutachten verkauft. Es gibt außerdem einige gute moderne Goldschmiede in Rio, deren Schmuck aus der Masse herausticht, darunter Flavio Guidi (Tel. 21-2220-7285) und Pepe Torras (Tel. 21-2274-5146).

Lederwaren

Vor allem Schuhe, Sandalen, Taschen, Brieftaschen und Gürtel sind ein guter Kauf in Brasilien. Schuhe gibt es in Hülle und Fülle, handgemachte Lederwaren findet man auf den Straßenmärkten.
Neben den Straßenmärkten gibt es in manchen Städten Markthallen, in denen auch eine Vielzahl typischer, traditioneller Handarbeiten zum Verkauf stehen.

Keramik

Vor allem im Nordosten, wo Tonschüsseln, Wasserkrüge etc. noch im Haushalt benutzt werden, existiert ein großes Angebot. Ebenfalls aus dem Nordosten kommen primitive Tonfigürchen (sog. Caxixis), die Volkshelden, Gebräuche und Feste zum Thema haben. Die Marajoara-Keramik von der Insel Marajó im Mündungsgebiet des Amazonas ist mit charakteristischen geometrischen Mustern verziert.

Textilien

Handgemachte, geklöppelte Spitzen und bestickte Kleider werden vorwiegend im Nordosten, im Bundesstaat Ceará, hergestellt. Minas Gerais ist traditionell auf handgewebte Stoffe und Wandteppiche spezialisiert. In Blumenau werden hervorragende T-Shirts aus Baumwolle gefertigt: **Centro Comercial Hering**, Rua 15 de Novembro 759, Blumenau, Bundesstaat Santa Catarina, www.heringstore.com.br

Hängematten

Aus Baumwolle gewebte Hängematten sind in ganz Brasilien populär, doch vor allem im Norden und Nordosten werden sie anstelle von Betten benutzt. Dort ist auch der beste Ort, sie zu kaufen, manchmal mit Spitzen oder Häkelarbeiten gesäumt.

Holzarbeiten

In Brasilien gibt es schönes Holz. In den Souvenirgeschäften werden Salatschüsseln oder Tabletts verkauft; Holzschnitzarbeiten findet man auf den Kunsthandwerkermärkten. Vielleicht etwas sperrig für Ihren Koffer, aber sehr ungewöhnlich ist eine groteske Galionsfigur (carranca) der Boote auf dem Rio São Francisco – es gibt sie auch in Miniaturformat zu kaufen.

Kunsthandwerk

Indianisches Kunsthandwerk aus dem nördlichen Amazonasgebiet bietet Schmuck (Halsketten, Ohrringe), Gebrauchsgegenstände (Körbe), Waffen (Pfeil und Bogen, Speere) und Schlaginstrumente (wie auch die faszinierenden Regenstöcke, die das Geräusch fallenden Regens erzeugen). Die verwendeten Materialien sind Holz, Fasern, Dornen, Zähne, Klauen, bunte Federn, Muscheln und Samen.
In Minas Gerais werden überall Speckstein-Artikel verkauft. In den Souvenirgeschäften findet man sowohl dekorative als auch praktische Gegenstände: Kochtöpfe, Toilettensets, Buchstützen aus Quarz und Achat sowie Aschenbecher.
Naive Malerei ist in Brasilien sehr beliebt. Man kann solche Bilder in Galerien, auf Märkten und Basaren mit Kunsthandwerk kaufen.
Stroh und eine Vielzahl von Naturfasern (Bananenblätter, Palmrinde) werden vor allem im Norden zu Körben, Hüten, Taschen, Matten oder Pantoffeln verarbeitet.

Einige Geschäfte und Märkte für den Kauf von Kunsthandwerk sind:

Rio de Janeiro
◆ **Pé de Boi**
Rua Ipiranga 55, Botafogo
Tel. 21-2285-4395
Avenida Gen. San Martín 1219, Leblon.
◆ **Gaia Jóias**
Rua Fernando Mendes 28c, Copacabana
Tel. 21-2255-9646
◆ **Feira Hippie**
Praça General Osório, Ipanema.
Jeden Sonntag. Lebendiger Kunsthandwerksmarkt, der Künstler aus ganz Brasilien anzieht.

São Paulo
◆ **Amoa Konoya Arte Indígena**
Rua João Moura 1002
Tel. 11-3061-0639
Gutes Angebot an indianischem Kunsthandwerk: Körbe, Krüge, Pfeile, Federn, Holz und Steinobjekte, außerdem CDs.
◆ **Arte Nativa Aplicada**
Rua Dr Melo Alves 184
Tel. 11-3088-1811
Textilien, Tischmatten und Lampen im Ethno-Look.
◆ **Casa do Amazonas**
Alameda dos Jurupis 460, Moema
Tel. 11-5051-3098
Große Auswahl an indianischer Kunst und Handarbeit.
◆ **Cariri**
Rua Francisco Leitão 277, Pinheiros
Tel. 11-3064-6586
Großes Angebot an Kunsthandwerk aus ganz Brasilien – Körbe, bemalte Tonfiguren, Holzskulpturen und Hängematten.
◆ **Jacques Ardies Gallery**
Rua do Livramento 221
Tel. 11-3884-2916
Hier bekommt man Naive Kunst.
◆ **Kunsthandwerksmärkte:**
Praça de Republica: Malerei, Kleidung, Schmuck, Mineralien (Sa)
Liberdade: Handwerksarbeiten, Pflanzen, Speisen und Kleidung im japanischen Viertel der Stadt (So)
Praça Benedito Calixto: Hippiemarkt, mit Kunsthandwerk, indianischer Kleidung, Töpfereien und Schmuck (Sa)
São Paulo: Unterhalb des MASP Kunstmuseums. Antiquitäten (So)
Embu: In der Kleinstadt südwestlich von São Paulo. Kunstgegenstände, Kunsthandwerk, Pflanzen, Speisen und Livemusik (So).

Artindia-Läden werden von der staatlichen Indianerschutzbehörde FUNAI unterhalten. Hier sind die Adressen der Geschäfte in Belém, Manaus und Cuiabá:

Belém
◆ **Artindia**
Galeria Edificio da Assembléia Paraense, Loja 2, Zentrum
Indianische Kunst.

Manaus
◆ **Artindia**
Pavilhão Universal, Rua Guilherme Moreira, Praça Tenreiro Aranha

Cuiabá, Mato Grosso
◆ **Artindia**
Rua Pedro Celestino 301, Zentrum

Musik und Musikinstrumente

Ein nettes Mitbringsel sind die Schlaginstrumente, die die Samba-Bands benutzen. Man kann sie überall auf den Straßenmärkten kaufen. Dort bekommt man auch das etwas sperrige *Berimbau*, das den Capoeira-Tänzern als Rhythmus-Instrument dient. Wenn Sie brasilianische Musik mögen, kaufen sie einige Schallplatten oder CDs. Musik der MPB, Samba, Forro etc. sind in großer Auswahl erhältlich. Videofilme oder DVDs der großen Karnevalsparade, die bereits kurz nach dem Umzug erhältlich sind, sind ebenfalls schöne Geschenke. Eine gute Auswahl bieten:
◆ **Toca do Vinicius**
Rua Vinicius de Moraes 129, Loja C, Ipanema, Rio de Janeiro, www.tocado vinicius.com.br, Mo–Sa 9–23 Uhr, So 10–17 Uhr
Der Dichter Vinicius De Moraes (1913 bis 1980) schrieb die Texte zu weltberühmten Bossa Novas wie »A Felicidade« oder »Garota da Ipanema«. An ihn und an die Blütezeit des Bossa Nova erinnern Einrichtung und Dekoration dieses gut sortierten Buch- und Plattenladens.
◆ **Modern Sound**
Rua Barata Ribeiro 502, Copacabana, Rio de Janeiro, www.modernsound. com.br, Mo–Fr 9–21 Uhr, Sa 9–20 Uhr
Mitten im Copacabana-Viertel gelegen, ist Modern Sound »die« Adresse für alle brasilianischen und internationalen Tonträger. Selbst ausgesprochene Raritäten findet man in dem 1966 gegründeten und Ende 2000 auf über 1200 m² Verkaufsfläche erweiterten Mega Music Store.

Kaffee

Kaufen Sie Kaffee vakuumverpackt, dann bleibt er länger frisch. Allerdings ist brasilianischer Kaffee von anderer Qualität als der bei uns bevorzugte Hochlandkaffee aus der Arabica-Bohne, in Brasilien wird meist die Robusta-Sorte verarbeitet.

Brasilianische Speisen und Getränke

Natürlich bestimmen regionale Unterschiede in einem Land von der Größe Brasiliens zwangsläufig die Auswahl von Zutaten, Gewürzen, Früchten und Gemüsesorten. Und natürlich schlägt sich am Amazonas und entlang der Atlantikküste das reiche Vorkommen von Fisch auf dem Speiseplan besonders nachdrücklich nieder, während die Küche Südbrasiliens ohne die riesigen Rinderherden der Region wohl völlig anders aussehen würde. Im »Schmelztiegel Brasilien« fanden afrikanische, asiatische, europäische und indianische Elemente breiten Eingang in die Landesküche – mit regional oft ganz unterschiedlicher Gewichtung.

Typisch brasilianisch

Kein Wunder also, dass die brasilianische Küche kein Nationalgericht im herkömmlichen Sinne kennt. Noch am weitesten verbreitet – wenn auch nicht landesweit – ist der kalorienreiche Feijoada-Eintopf (s. S. 100). Heute haben zahlreiche Hotelrestaurants die Feijoada – allerdings in einer geradezu luxuriösen Variante – zu einem kulinarischen Großereignis kultiviert, das sich regelmäßig freitags und samstags auf ihren Speisekarten findet.

Frühstück und Abendessen

Weniger schwer ist das brasilianische Hotelfrühstück: Man trinkt Fruchtsäfte (*sucos*), Tee (*chá*) oder Milchkaffee (*café com leite*) und isst Brötchen (*pãozinos* oder *carecas*) oder (meist) helles Brot (*pão*), gekochten Schinken, Schnittkäse und ein buntes Potpourri einheimischer Früchte. Zumindest in den besseren Hotels umfasst das übliche Frühstücksbuffet außerdem Eier und Speck – als Zugeständnis an die ausländischen Gäste.
Für mitteleuropäische Maßstäbe wird das Abendessen in ganz Brasilien sehr spät eingenommen, meist erst ab 21 Uhr (serviert wird aber auch früher); und brasilianische Familien nehmen selbst ihre Kleinkinder mit, wann immer sie sich den Restaurantbesuch leisten können.

Multikulturelle Gaumenfreuden

In brasilianischen Großstädten ist die vielfältige Restaurantlandschaft ein Spiegelbild der multikulturellen Nation: So könnte man sich beispielsweise in São Paulo buchstäblich einmal um den Erdball futtern, ohne den Innenstadtbereich dafür zu verlassen. In Rio

SPEZIALITÄTEN DER BRASILIANISCHEN KÜCHE

Die exotischsten Gerichte gibt es in Bahia, wo das *Dendê*-Palmöl und die Kokosmilch afrikanischen Einfluss verraten. Die Baianos lieben reichlich Malaguetta-Pfeffer, der ähnlich scharf wie Cayennepfeffer ist, und die Grundlage vieler Gerichte sind Cashewnüsse, Garnelen und Erdnusscreme. Zu den berühmtesten Gerichten von Bahia zählen *Vatapá* (Maniokpaste) und *Moqueca* (s. S. 235). Außerdem:
◆ Ximxim de galinha – geschmortes Huhn mit Dendê-Öl, getrockneten Garnelen und Erdnussmus.
◆ Caruru – Garnelen und Okra-Schoten in Dendê-Öl gebraten
◆ Bobó de camarão – gekochte und pürierte Maniokwurzeln mit Garnelen, Dendê-Öl und Kokosnussmilch.
◆ Acarajé – Pastetchen aus in Dendê-Öl frittierten Bohnen gefüllt mit Vatapá, getrockneten Garnelen und Pfefferschoten.

An der ganzen Küste gibt es Fischgerichte, doch ist der Nordosten für seine Meeresfrüchte, Krabben und Hummer berühmt. Fisch und Meeresfrüchte werden oft in Kokosmilch gedünstet, doch machen vor allem Koriander, Limonensaft und Knoblauch die besondere Note brasilianischer Fischgerichte aus. Sehr delikat ist:
◆ Peixe a Brasileiro – gedünsteter Fisch. *Pirão* (Maniokmehl) wird mit dem Sud des Fisches zu einer Art Püree gekocht.

Ein Lieblingsessen ausländischer Besucher ist der *Churrasco*. Ursprünglich stammt er aus dem Süden, wo die Gaúchos das Fleisch über offenem Feuer grillten, heute ist Churrasco in ganz Brasilien verbreitet. Die meisten Churrascarias bieten den Spießbraten als *rodizio* an. Das kühlere Klima in Minas Gerais macht Appetit auf die herzhaften Bohnen- und Schweinefleischgerichte der Region. Die Mineiros essen viel Schweinefleisch und fertigen auch sehr gute Wurst daraus. Einige der herzhaften Spezialitäten:
◆ Tutu – pürierte schwarze Bohnen, die mit Maniokmehl zu einem Brei verdickt sind.
◆ Linguiça – ausgezeichnete, schmackhafte Schweinswürste.
◆ Queijo minas – frischer, milder weißer Käse.

Im Amazonasgebiet bekommt man einige exotische Gerichte und viele Früchte, die andere Landesteile nicht kennen. Aus den Flüssen kommt eine große Vielfalt an Fischen, darunter auch der Riesenbarsch *Piraruçu*. Unbedingt probieren:
◆ Pato no tucupi – Ente mit Tucupi-Sauce, die aus Maniokblättern zubereitet wird und auf die Zunge eine leicht betäubende Wirkung hat.
◆ Tacacá – eine Tucupi-Sauce mit Maniokstärke.

Auch aus dem kargen Nordosten kommen einige köstliche kulinarische Spezialitäten. Gerne isst man gegrilltes Kitz, dazu Kochbananen. Daneben gibt es:
◆ Carne seca, auch carne do sol genannt, – gesalzenes Dörrfleisch, häufig mit Kürbis serviert.
◆ Beijus – eine schneeweiße -Tortilla aus *Tapioka* (die Stärke, die beim Mahlen der Maniokwurzel austritt), gefüllt mit geraspelter Kokosnuss.
◆ Cuscuz – ein Pudding aus *Tapioka*, geraspelter Kokosnuss und Kokosmilch.

Zwei portugiesische Gerichte sind in ganz Brasilien sehr beliebt:
◆ Bacalhau – Kabeljau, der als Stockfisch importiert wird, auf verschiedenste Art zubereitet.
◆ Cozido – ein Gericht aus verschiedenen Fleischsorten, mit Gemüse gekocht (Wurzelgemüse, Kürbis und verschiedene Kohlsorten). Als Beilage dient *Pirão*, Maniok, in Fischbrühe eingedickt.
◆ Palmito – Palmherzen, delikat zubereitet als Salat, Suppe oder als Füllung kleiner Pasteten.
◆ Salgadinhos (kleine Salzige) sind Appetithäppchen zum Bier oder am Imbiss-Stand: kleine Pasteten, mit Käse, Speck, Shrimps, Hühnchen, Rinderhack oder Palmherzen gefüllt.

Viele brasilianische Desserts werden aus Früchten, Kokosnuss, Eigelb oder Milch gemacht. Aus Früchten, Fruchtsäften und aus Süßkartoffeln kocht man auch Kompott oder dicke Konfitüren, die mamn mit mildem Käse oder Quark isst. Auch Avocados verwendet man für Desserts, mit Zucker und Zitronensaft verfeinert. Köstlich sind auch die Eierspeisen auf portugiesische Art, vor allem:
◆ Quindim – eine reichhaltige Kokosnuss-Eiercreme.
◆ Bolo de aipim – Pudding, der aus geriebenen Maniok und Kokosnuss zubereitet wird.

de Janeiro ist die kulinarische Auswahl nur unwesentlich geringer, wohingegen Salvador vor allem für die exotischen Speisen westafrikanischen Ursprungs steht. Und Porto Alegre in Südbrasilien verkörpert schlicht das Epizentrum exzellenter Churrasco-Grillrestaurants. Der Mehrzahl der Reisenden noch unbewusst ist hingegen die Tatsache, dass Paraná seinen Einwanderern aus Polen, Russland und der Ukraine zahlreiche ost-europäische Spezialitäten und einschlägige Restaurants verdankt. Sehr beliebt sind aber auch besonders italienische Restaurants, die es in fast jeder Stadt vielfach gibt. In Rio Grande do Sul und Paraná haben sich auch etliche deutsche Gaststätten etabliert, deren deftige Küche viele Brasilianer schätzen.

Imbiss und Garküchen

Neben Restaurants erfreuen sich in Brasilien auch die oft von Portugiesen geführten Bäckereien oder die kleinen Stehbars mit Imbiss (*botequims*) großer Beliebtheit. Daneben gibt es im ganzen Land fliegende Händler, die auf riesigen Tabletts Süßigkeiten (*docinhos*) anbieten. Vor allem in Nordbrasilien verkaufen die weiß gekleideten Baianas aus ihren traditionellen Garküchen mit Krabben, Zwiebeln und einem Schuss Malaguetta-Pfeffer gewürzten Bohnenküchlein *Acarajés*.

Getränke

Brasilianer lieben es, in Gesellschaft ein oder mehr Gläschen zu trinken. Am Strand oder auf den Terrassen von Straßencafés wird meist eiskaltes Bier getrunken, entweder frisch gezapft (*chope*) oder aus der Flasche (*cerveja*).
Brasiliens ureigenes Getränk heißt *Cachaça*, ein Zuckerrohrschnaps ähnlich dem Rum, aber nicht in Fässern gelagert und mit einem ganz eigenen Aroma. Es gibt auch Flaschenfüllungen mit Früchten oder Orangenschalen darin. Die traditionellen Brennereien liegen in den Staaten Minas Gerais, Rio de Janeiro, São Paulo und im Nordosten, wo Zuckerrohr seit langem angebaut wird. Cachaça ist die Basis der Caipirinha. Das Rezept ist einfach: etwas Limette mit Schale, feiner Puderzucker, Cachaça und Eis.
Im Süden wird seit der Einwanderung aus Spanien und Italien auch Wein angebaut (s. S. 336). Am Rio São Francisco am 8. südlichen Breitengrad gedeiht seit einigen Jahren der weltweit dem Äquator am nächsten wachsende Rotwein, ein dunkelroter, sehr vollmundiger Cabernet Sauvignon.

INFOS VON A–Z

Praktische Informationen in alphabetischer Reihenfolge

Badebekleidung

FKK gibt's in Brasilien kaum, wurde in letzter Zeit aber in einigen Gebieten doch eingerichtet (siehe Strandbeschreibungen). Sie werden mit dem Schild *praia naturista* gekennzeichnet, Männer ohne Damenbegleitung werden dort nicht gern gesehen. Sonnenbaden »oben ohne« ist verpönt, da kommt schon mal die Polizei vorbei.

Diplomatische Vertretungen

Deutsche Botschaft
◆ Brasília, Avenida das Naçoes, lote 25, Tel. 61-443-7330, Fax 443-7508

Deutsche General- und Honorarkonsulate
◆ Belém, Travessa Campos Sales 63, Conjunto 404, Tel. 91-222-5666, Fax 222-5634
◆ Belo Horizonte, Avenida do Contomo 8000, Sala 1608–1613, Tel. 31-213-1568, Fax 213-1567
◆ Manaus, Brasmar Representações Ltda. Edifício Rio Negro Center, Rua Ventequatro de Maio 220, Sala 812, Tel. 92-633-5263, Fax 633-5203
◆ Porto Alegre, Rua Prof. Annes Dias 112, 11° andar, Tel. 51-224-9592, Fax 226-4909
◆ Recife, Avenida Dantas Barreto191, Edifício Santo Antônio, 4°andar, Tel. 81-424-3488, Fax 424-2666
◆ Rio de Janeiro, Avenida -Presidente Carlos de Campos 417, Laranjeiras, Tel. 21-2553-6777, Fax 255-30184
◆ Salvador, Rua Lucaia 281, Edifício WM, 2. Etage, Tel. 71-334-7106 und 334-2929, Fax 246-8542
◆ São Paulo, Avenida Brigadeiro Faria Lima 1383, 12° andar, Jardim Paulistano, Tel. 11-814-6644, Fax 815-7538

Österreichische Botschaft
◆ Brasília, SES, Av. das Naçoes, lote 40, Tel. 61)-243-3111, Fax 243-5233

Österreichische Generalkonsulate
◆ Rio de Janeiro, Avenida -Atlân-tica 3804, Copacabana, Tel. 21-2267-0048, Fax 2521-6180

Schweizerische Botschaft
◆ Brasília, SES, Avenida das Naçoes, lote 41, Tel. 61-244-5500, Fax 244-5711

Schweizerische Generalkonsulate
◆ Rio de Janeiro, Rua Cândido Mendes 157, 11° andar, Tel. 21-2242-8035, Fax 2252-3991
◆ São Paulo, Avenida Paulista 1754, 4° andar, Cerqueira César, Tel. 11-253-4951, Fax 253-5716

Notrufnummern

In Brasilien gelten landesweit folgende Nummern:
◆ Erste Hilfe: 192
◆ Zivilpolizei: 194
◆ Militärpolizei: 190
◆ Feuerwehr: 193
◆ Zivilschutz: 199

Diplomatische Vertretungen Brasiliens

In Deutschland
◆ Brasilianische Botschaft, Konsularabteilung, Wallstr. 37, 10179 Berlin, Tel. 030/7 26 28-01, Fax 72 62 83 21, www.brasilianische-botschaft.de, brasil@brasemberlin.de
Besucherverkehr: 9–15 Uhr
Zuständig für Anfragen aus folgenden Bundesländern: Berlin, Brandenburg, Bremen, Hamburg, Mecklenburg-Vorpommern, Niedersachsen, Sachsen und Sachsen-Anhalt.
◆ Brasilianisches Generalkonsulat, Stephanstraße 3, 4. Etage,
60313 Frankfurt am Main, Tel. 069/9 20 74 20, Fax 92 07 42 30, consbrasfrankfurt@tonline.de
Zuständig für Anfragen aus folgenden Bundesländern: Hessen, Nordrhein-Westfalen, Rheinland-Pfalz, Saarland und Thüringen (Mo–Fr 10–16Uhr).
◆ Brasilianisches Generalkonsulat, Widenmayerstr. 47, 80538 München, Tel. 089/2 10 37 60, Fax 29 16 07 68, www.brasilianisches-generalkonsulat.de. Zuständig für Anfragen aus folgenden Bundesländern: Bayern, Baden-Württemberg (Mo–Fr 9–15Uhr).

In Österreich
◆ Brasilianische Botschaft, Am Lugeck 1–5/15, 1010 Wien, Tel. 01/5 12 06 31, Fax 5 13 83 74, ausbrem@xpoint.at (Mo–Fr 10–13Uhr).

In der Schweiz
◆ Brasilianische Botschaft, Monbijoustr. 68, 3007 Bern, Tel. 031/3718-515, Fax 3713-394, brasbern@iprolink.ch
◆ Generalkonsulat, Zweierstr. 35/IV, 8004 Zürich, Tel. 01/291 35 33, Fax 291 53 33, zhbrcg@dial.eunet.ch (Mo–Fr 9.30–12.30, 13.30 bis 16 Uhr).

Elektrizität

Die Stromspannung ist nicht in ganz Brasilien einheitlich, in vielen Regionen sind 110 und 220 Volt üblich: Rio de Janeiro, São Paulo, Belém, Belo Horizonte, Corumbá, Cuiabá, Curitiba, Foz do Iguaçu. Eine Spannung von 220 Volt hat man in Brasília, Florianópolis, Fortaleza, Recife und São Luís. 110 Volt benutzt man in Manaus. Wenn Sie ohne elektrischen Rasierapparat Haarfön oder Computer nicht auskommen, erkundigen Sie sich am besten bereits bei der Reservierung des Hotels nach der Stromspannung.

Feiertage

Seit einigen Jahren ist gesetzlich vorgeschrieben, dass nationale Feiertage immer auf den jeweils nächstliegenden Montag zu verlegen sind.
- 1. Januar – Neujahr
- 6. Januar – Dreikönigsfest (Reis magos, Folias de Reis)
- Rosenmontag und Faschingsdienstag – Karneval
- Ostern – Karfreitag ist ein nationaler Feiertag.
- 21. April – Tiradentes-Tag
- 1. Mai – Tag der Arbeit
- 7. September – Unabhängigkeitstag
- 12. Oktober – Nossa Senhora da Aparecida
- 2. November – Allerseelen
- 15. November – Tag der Proklamation der Republik
- 25. Dezember – Weihnachten

Fotografieren

Sie können sowohl Kodakcolor- als auch Fujicolor-Filme für Farbabzüge in Brasilien kaufen und entwickeln lassen, ebenso Kodakchrome-Diafilme. Zubehör für Digitalkameras gibt es überall im Lande. Die kleinen Läden in den Hotels haben Filme, und die Fachgeschäfte, die man an den Werbeschildern der Filmmarken erkennt, führen Kameras mit Zubehör und entwickeln auch Filme. Die Arbeiten werden gut ausgeführt, in den großen Städten finden Sie auch einen 1-bis-2-Stunden-Service (in Rio im Rio Sul-Einkaufszentrum). Erkundigen Sie sich im Hotel nach einem guten Labor, zu dem Sie Ihre Filme bringen können. »Relavar« (= entwickeln), »revelaçao« (= Entwicklung), »film« (= Film), »slides« (= Dias). Für Touristen, die mit einer einfachen Fotoausrüstung einreisen, die offensichtlich nur für Urlaubsfotos bestimmt ist, gibt es keine Zollbeschränkungen. Die professionelle Ausrüstung muss am Zoll registriert und bei der Ausreise vorgewiesen werden. Erkundigen Sie sich vor der Abreise bei einer brasilianischen Vertretung nach den Einfuhrbestimmungen – es kann sein, dass Sie für bestimmte Ausrüstungsteile eine schriftliche Genehmigung benötigen. Tragen Sie in den Städten ihre Kamera immer in einer Tasche und lassen Sie sie niemals unbeaufsichtigt am Strand! Eine teure Fotoausrüstung sollte man vor der Reise versichern.

Geld

Brasiliens Zahlungsmittel ist der Real. Ein Real entspricht 100 Centavos. Es sind sowohl 1-Real-Münzen als auch Geldscheine im Umlauf. Außerdem gibt es Scheine zu 5, 10, 20, 50 und 100 Reais. Für 1 US-Dollar erhält man 2,30 Reais (Stand: Juni 2009).
Europäische Währungen waren in Brasilien früher unterbewertet. Anders die Euro: Man verliert kaum etwas beim Umtausch. Allerdings ist es sinnvoll, eine gewisse Menge an kleinen US-$-Scheinen mitzuführen, da diese für Trinkgelder praktisch sind (1-Euro-Scheine gibt es nicht, Münzen sind für Brasilianer wertlos). Den Euro-Kurs kennen Markthändler dagegen kaum. Man sollte als Reisekasse also am besten US-Dollars, Euros, Euro- oder US-Traveller-Schecks und die Kreditkarte mitnehmen. Die Reiseschecks sind versichert, beim Umtausch erhält man allerdings erheblich weniger!
In den größeren Städten gibt es Bankautomaten, wo man mit EC-Karten, die mit »Cirrus« oder »Maestro« gekennzeichnet sind, Geld in der Landeswährung Real (Reais) abheben kann. Infos zu den aktuellen Wechselkursen für US-Dollars und Euros, notieren alle brasilianischen Tageszeitungen (Ankauf = »compra«, Verkauf =»venda«). Banken, Hotels und Touristenbüros tauschen Devisen zu schlechteren Kursen als Wechselstuben, so genannte »Casas de Cambio«. Zum Tauschen von Travellerschecks muss man den Reisepass zeigen. Der Nennbetrag von Travellerschecks wird umgerechnet in Real, nie in US-Dollar ausbezahlt.
In den meisten Hotels, gehobenen Restaurants und Geschäften der urbanen Zentren kann man mit einer der gängigen Kreditkarten bezahlen. Hat man Hotels nicht im Voraus gebucht, ist eine Kreditkarte unerlässlich, ebenso beim Mieten eines Autos.
Beim Währungsumtausch in Banken wird nur mit dem offiziellen Kurs verrechnet. Die meisten Bankfilialen (nicht alle) haben eine eigene Abteilung für Geldumtausch (»cambio«).

Homosexualität

In Brasilien ist man sehr tolerant, vor allem seit Ende der bleiernen Zeit der Militärdiktatur. Der Karneval ist die Blütezeit für alle Homo- und Bisexuellen. In Rio und São Paulo gibt es entsprechende Clubs, in den Provinzen ist mehr Zurückhaltung angeraten.

Impfungen, Krankenversicherung

Brasilien verlangt kein Gesundheits- oder Impfzeugnis für die Einreise, und Sie benötigen auch keines, wenn Sie von Brasilien in ein Drittland einreisen möchten. Ausnahme: Wenn Sie innerhalb der letzten sechs Tage vor der Einreise nach Brasilien in Peru oder Bolivien waren, ist eine Gelbfieberimpfung zwingend vorgeschrieben! Besonders für Kinder ist eine Schutzimpfung gegen Kinderlähmung dringend anzuraten. Für den Dschungel und die Sumpfgebiete in Amazonien oder dem Pantanal im Bundesstaat Mato Grosso ist eine Gelbfieberimpfung zu empfehlen. Der Impfschutz besteht für die Dauer von 10 Jahren ab dem 10. Tag nach der Impfung. Außerdem ist für diese Gebiete eine Malariaprophylaxe anzuraten. Es gibt Medikamente, die zumindest für die Dauer der Einnahme einen gewissen Schutz vor Ansteckung mit Malaria bewirken. Erkundigen Sie sich vor der Abreise bei einem Facharzt für Tropenheilkunde oder beim Institut für Tropenmedizin. Es ist sinnvoll, für die Dauer der Reise eine private Auslandskrankenversicherung abzuschließen.

Internet

Aufgrund der Größe des Landes ist das Internet ein wichtiges Kommunikationsmittel, die Brasilianer waren denn auch früher »im Netz« als die meisten Europäer. Weil sich aber viele keinen PC leisten können, sind Internet-Cafes weit verbreitet und günstig. Verbindungsschnelligkeit und Qualität der Tastatur sind sehr unterschiedlich. Naturgemäß unterscheidet sich die portugiesische Tastatur von der deutschen, die vielen Sonderzeichen müssen ja untergebracht werden!

Kleidung und Reisezeit

Welche Kleidung Sie für Ihre Reise einpacken, hängt davon ab, wie Sie Ihren Urlaub gestalten wollen. In São Paulo ist man elegant, in kleineren Städten im Inneren des Landes eher konservativ. Für den Urwald, sind robuste Baumwollhemden oder -kleider und knöchelhohe Stiefel angebracht.
In gehobenen Restaurants der Geschäftsviertel großer Städte trägt Mann gern Krawatte. Als Tourist werden Sie Anzug und Krawatte kaum brauchen. Je weiter Sie in den Norden Brasiliens kommen, desto unüblicher ist formelle Kleidung. Nehmen Sie sich für offizielle, festliche Anlässe einfach einen leichten Sommeranzug mit.
Kurze Hosen für Frauen wie für Männer sind in Strandnähe üblich, in der Innenstadt trägt man sie normalerwei-

se nicht. In vielen Kirchen und einigen Museen hat man mit Shorts keinen Zutritt, und auch die traditionsbewussten Gafiera-Tanzhallen lassen keine Kurzbehosten, vor allem keine Männer, ein. Jeans werden viel getragen.
Zum Karneval ist es außerordentlich heiß. Deshalb sollte die Kleidung leicht und bequem sein. Alles, was bunt ist, passt beim Straßenkarneval. Die Geschäfte bieten eine reiche Auswahl an Kostümen an. Bei den meisten Karnevalsbällen in Rio geht es recht freizügig zu. Erkundigen Sie sich, bevor Sie Ihre Eintrittskarte kaufen.
Bei Reisen in den Süden Brasiliens, in die Berge von Minas Gerais oder zwischen Juni und August nach São Paulo kann es sehr frostig werden. Auch in Gegenden, wo es das ganze Jahr über heiß ist, brauchen Sie einen Pullover, eine Jacke oder ein Sweatshirt, wenn nicht für die kühleren Abende, so doch für die klimatisierten Hotels, Restaurants und Flugzeuge. Regenschutz sollte man in Brasilien immer dabeihaben.
Es ist vernünftig, ein Paar bequeme Schuhe mitzubringen, man kann sie aber auch vor Ort günstig kaufen. Menschen mit großen Füßen werden eher im Süden als im Nordosten oder Norden Schuhe finden.
Es gibt nichts Besseres bei Hitze als Kleidung aus Microfaser oder aus Baumwolle. Da Brasilien Baumwolle anbaut und exportiert, brauchen Sie nur das Nötigste für Ihre Reise einzupacken und können sich im Lande gut mit neuer Garderobe eindecken; Kleidung ist vergleichsweise preiswert.

Klima

Da sich der größte Teil Brasiliens auf der Südhalbkugel der Erde erstreckt, liegen Brasiliens heiße Sommermonate – in weiten Regionen zugleich die Hauptregenzeit – zwischen Oktober und März, während in der Zeit zwischen Juni und August der »Antarktische Winter« herrscht.
Innerhalb des riesigen tropischen Landes variieren Temperatur und Niederschläge von Norden nach Süden, vom Küsteninland und Tieflandgebieten (wie Amazonasbecken, Pantanal und Küstengebiet) zu höher gelegenen Gebieten stark.

Nordbrasilien

Im immerfeuchten Dschungelgebiet des Amazonasbeckens herrscht innertropisches Klima mit ganzjährig extrem hoher Luftfeuchtigkeit und kurzem, aber heftigem Zenitalregen am frühen Nachmittag.

Obwohl es keine ausgesprochene Trockenzeit gibt, gehen die Niederschläge zwischen Juli und Oktober (südlich des Äquators) deutlich zurück. Die Durchschnittstemperaturen liegen tagsüber zwischen 25 und 27,5 °C.

Entlang der Atlantikküste

Brasiliens Atlantikküste zwischen den Bundesstaaten Rio Grande do Norte und São Paulo besitzt ebenfalls ein heißes, feucht-tropisches Klima, aber mit geringeren Niederschlägen als im Norden und mit spürbaren Temperaturunterschieden zwischen Sommer und Winter. Ganzjähriges Baden ist nur an den Stränden des Nordostens möglich, die Buchten zwischen Natal und Fortaleza werden vom auflandigen Südost-Passat nur selten getroffen und bleiben daher fast immer von Regenschauern verschont. Während es im Nordosten das ganze Jahr gleichmäßig warm bleibt, schwanken die Temperaturen an Rios Küste und weiter südlich je nach Jahreszeit zwischen 18 und 40 °C. Zwischen Juli und September tragen die Einheimischen an der Copacabana nicht nur abends Pullover und Strickwesten.

Im Landesinneren

Der größte Teil des Binnenlandes hat ein semihumides Klima bis Ende März und einen relativ trockenen, kühleren Winter (Juni–August). Die Durchschnittstemperatur liegt bei 20 bis 28 °C. Ziemlich kühl kann es in höher gelegenen Orten wie São Paulo (800 m), Brasília (1000 m) und besonders in den Bergen von Minas Gerais werden. Die mittlere Tagestemperatur liegt in Ouro Preto im kältesten Monat unter 18 °C; nachts wird es in einem ungeheizten Haus dann ungemütlich. In der Zeit zwischen Mai und September fallen kaum Niederschläge.
In weiten Gebieten des nordostbrasilianischen Binnenlandes wie dem Sertão geht in normalen Jahren bis zehn bis elf Monate lang kein Regen nieder; mehrjährige Trockenphasen mit katastrophalen Dürren kommen in den Staaten Alagoas, Bahia, Ceará, Sergipe und Piauí sowie im Norden von Minas Gerais häufig vor.
Das Überschwemmungsgebiet des Pantanal hat hingegen ein feuchtheißes Klima mit Spitzentemperaturen um 45 °C.

Der Süden

Die Bundesstaaten Paraná, Santa Catarina und Rio Grande do Sul weisen ein feuchtes subtropisches Klima auf.

Im Süden des Landes sind die jahreszeitlich bedingten Temperaturschwankungen sehr ausgeprägt, so können an der Küste (Dezember–März) Höchstwerte bis zu 40 °C auftreten, während im südbrasilianischen Hochland, dem »Planalto meridional«, die Temperaturen (Mai–August) bis auf –10 °C sinken können.
Selten gibt es im äußersten Süden vereinzelte Schneefälle, eine geschlossene Schneedecke bildet sich allerdings nie.

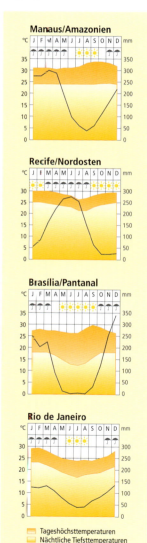

Infos von A–Z ◆ 367

Landkarten

Sie sind an den Flughäfen und in den Großstädten zu erhalten, am besten sind die Karten von Quatro Rodas. Der Verlag gibt auch alljährlich ein Reisebuch heraus mit praktisch allen Sehenswürdigkeiten und Stränden des Landes, inkl. Hotels und Restaurants, Öffnungszeiten etc. heraus, auf rund 1000 Seiten mit Landkarte (auf portugiesisch).

Literaturtipps

Geschichte, Land & Leute

◆ Beck, Hanno: Alexander von Humboldts Amerikanische Reise. Alte abenteuerliche Reiseberichte. Thienemanns Verlag, Edition Erdmann, Stuttgart o. J.
◆ Bernecker, Walter L., Eine kleine Geschichte Brasiliens, edition suhrkamp, Frankfurt/M. 2000.
◆ Christoph Columbus, Das Bordbuch 1492. Leben und Fahrten des Entdeckers der Neuen Welt in Dokumenten und Aufzeichnungen. Hrsg. und bearb. von Robert Grün. Thienemanns Verlag, Edition Erdmann, Stuttgart 2000.
◆ Goerdeler, Carl D.: Die Luftschlösser von Rio. Gardez Verlag, Remscheid 2000.
◆ Hart, Klaus: Unter dem Zuckerhut. Brasilianische Wirklichkeiten, Picus Verlag, Wien 2001.
◆ Hatoum, Milton: Zwei Brüder, Suhrkamp Verlag, Frankfurt/Main 2002.
◆ Kardec, Allan: Buch der Geister. Die Grundsätze der spiritistischen Lehre. Hermann Bauer Verlag, Freiburg 2000.
◆ Kohlhepp, Gerd (Hrsg.): Brasilien – Entwicklungsland oder tropische Großmacht des 21. Jahrhunderts? Attempo, Tübingen 2003.
◆ Léry, Jean de: Unter Menschenfressern am Amazonas. Brasilianisches Tagebuch 1556–1558. Albatros Verlag 2001.
◆ Lévi-Strauss, Claude: Traurige Tropen. Suhrkamp Verlag, Frankfurt/M. 2000.
◆ Lutzenberger, Pater Siegfried J.: Das grüne Gewissen Brasiliens. Lamuv Verlag, Göttingen 1994.
◆ Matussek, Matthias: Geliebte zwischen Strand und Dschungel, Hitzeschübe aus Rio, Picus, Wien, 2004.
◆ Nehberg, Rüdiger: Yanonámi, Überleben im Urwald, Ullstein 1988.
◆ Pollmann, Uwe: Im Netz der grünen Hühner. Lamuv Verlag, Göttingen 1997 Über die Situation der Straßenkinder von Recife.
◆ Novy, A.: Brasilien, Die Unordnung der Peripherie. Von der Sklavenhaltergesellschaft zur Diktatur des Geldes. Edition Weltgeschichte, Promedia Verlag, Wien 2001.

◆ Reuter, Astrid: Voodoo und andere afroamerikanische Religionen, Beck-Wissen, 2003
◆ Ribeiro, João Ubaldo: Brasilien, Brasilien. Suhrkamp, Frankfurt/M. 2000.
◆ Zweig Stefan: Brasilien – ein Land der Zukunft, Insel, Frankfurt/M. 1997.

Brasilianische Literatur

◆ Amado, Jorge: Dona Flor und ihre zwei Ehemänner. Eine Geschichte von Moral und Liebe. Piper, München 1981.
◆ ders.: Der gestreifte Kater und die Schwalbe Sinha. Eine Liebesgeschichte. Benziger, Düsseldorf 2002.
◆ Ders.: Gabriela, wie Zimt und Nelken, rororo 1988.
◆ Ders.: Tocaia Grande, Goldmann, 1989.
◆ Ders.: Jubiabá, Piper, 1992.
◆ Andrade, Mário de: Macunaíma, der Held ohne jeden Charakter. Suhrkamp, Frankfurt/M. 2001.
◆ Cunha, Euclides da: Krieg im Sertão, Suhrkamp, Frankfurt/M. 2000).
◆ Coelho, Paulo: Handbuch des Kriegers des Lichts, Diogenes, Zürich 2001.
◆ ders.: Elf Minuten, Diogenes
◆ Haus als Himmel und Erde. Erzählungen der brasilianischen Naturvölker. Gesammelt von Leonardo Boff. Patmos Verlag, Düsseldorf 2003.
◆ Fonseca, Rubem: Der Abkassierer, Krimi aus Rio, Piper.
◆ Guimarães, Rosa João: Mein Onkel der Jaguar, KiWi, 1994
◆ Lispector, Clarice: Die Nachahmung der Rose. Bibliothek Suhrkamp, Frankfurt/M. 1993.
◆ Dies.: Wo warst du in der Nacht? Bibliothek Suhrkamp, Frankfurt/M. 1996.
◆ Machado de Assis, Joaquim: Tagebuch des Abschieds, Friedenauer Presse, Berlin 2009.
◆ Queiroz, Raquel de: Maria Moura. Bastei Lübbe Taschenbücher, Bergisch Gladbach 2001.
◆ Ribeiro Tavares, Zulmira: Familienschmuck. Suhrkamp, Frankfurt/M. 1994.
◆ Scliar, Moacyr: Die Ein-Mann-Armee. Suhrkamp, Frankfurt/M. 2000.
◆ Torero, Jose Roberto und Pimenta, Marcus Aurelius: Das Land der Papageien. Fischer Taschenbuch, Frankfurt am Main 2002.
◆ Verger, Pierre: Schwarze Götter im Exil. Das Wunderhorn Verlag, Heidelberg 2004.

Notfälle

Medizinische Versorgung

Die guten Hotels vermitteln zuverlässige Ärzte, die meist mehrere Fremdsprachen beherrschen. Viele Hotels haben sogar einen eigenen Arzt im Haus. Auch Konsulate vermitteln Ärzte, die Deutsch sprechen. Das Rio Health Collective in Rio de Janeiro hat rund um die Uhr einen lokalen Auskunftsdienst (Avenida das Americas 4430, Sala 303, Barra da Tijuca, Tel. 21-3325-9300) in englischer Sprache.
Man bekommt in der Regel alle Medikamente ohne Probleme – für rezeptpflichtige ist häufig kein Rezept erforderlich. Dennoch sollte man Medikamente, die regelmäßig eingenommen werden müssen, in ausreichender Menge von zu Hause mitbringen. Aspirin, Verbandsmaterial, Sonnenschutz etc. sind überall erhältlich.

Öffnungszeiten

◆ Geschäftszeiten der Büros in den meisten Städten: Mo–Fr 9–18 Uhr.
◆ Banken: Mo– Fr 10–16.30 Uhr. Die Wechselstuben (»Casa de cambio«) arbeiten von 9–17/17.30 Uhr.
◆ Geschäfte: meist 9–17 oder 18 Uhr. Abhängig vom Standort können sie aber auch erst wesentlich später schließen.
◆ Einkaufszentren: Mo–Sa 10 bis 22 Uhr, in den Großstädten oft auch So.
◆ Große Kaufhäuser: Mo–Fr 9–22, Sa 9–18.30 Uhr.
◆ Supermärkte: Mo–Sa 8–20 Uhr, einige länger.
◆ Tankstellen: unterschiedlich (theoretisch rund um die Uhr).

Post

Die Postämter sind wochentags von 9 bis 18 Uhr geöffnet, samstags von 8 bis 12 Uhr. Größere Städte haben eine Zweigstelle mit 24-Stunden-Service. Postämter erkennt man an den Schildern mit der Aufschrift »Correios« oder »ECT« (Empresa de Correios e Telégrafos – Post- u. Telefongesellschaft). Die brasilianische Post bietet die üblichen Brief- und Paketdienstleistungen. Ein Luftbrief nach Europa dauert mindestens eine Woche. Man kann sich seine Post auch ins Hotel schicken lassen. Zwar sind auch manche ausländische Vertretungen bereit, Post für Bürger ihres Landes aufzubewahren, doch wird im Allgemeinen davon abgeraten.

Reisedokumente

Deutsche, Schweizer und Österreicher brauchen, wenn sie als Touristen einreisen, für einen Aufenthalt von maxi-

mal 90 Tagen kein Visum. Jeder Reisepass muss noch mindestens sechs Monate über das Rückreisedatum hinaus gültig sein. Geschäftsreisende müssen ihr Visum generell vor der Einreise bei einem brasilianischen Konsulat in ihrem Heimatland beantragen. Zeitlich begrenzte Visa werden an Ausländer ausgegeben, die in Brasilien arbeiten oder auf Geschäftsreisen dort unterwegs sind.
Es ist fast unmöglich, den Status eines einmal ausgestellten Visums nachträglich zu verändern.

Ein- und Ausreiseformular

Vor der Einreise wird an Bord der Flugzeuge das »Cartão de Entrada/Saida« genannte Formular an die Passagiere verteilt, das ausgefüllt bei der Grenzkontrolle vorgelegt werden muss. Den mit dem Einreisedatum gestempelten Durchschlag muss man bis zur Ausreise aufbewahren und dann abgeben. Bei Verlust ist eine hohe Strafgebühr zu bezahlen mit bürokratischem Aufwand, was im schlimmsten Fall den Verlust des Fluges bedeuten kann!

Sicherheit

Größere Geldbeträge, Reisedokumente und Flugscheine lässt man am besten im Hotelsafe. Bei Verlust oder Raub eines Tickets sind (getrennt aufbewahrte) Fotokopien ungemein hilfreich. Eine Kopie der Rechnung des Flugtickets gehört ebenfalls ins Reisegepäck.
Die Brasilianer kleiden sich leger. Neureiches Outfit sowie Schmuck und Uhren locken Probleme an.
Die vorsorgliche Notiz besonders wichtiger Telefon- und Faxnummern bzw. E-Mail-Adressen hilft, bei Schäden oder Verlusten Zeit zu sparen.
Sollte man wirklich überfallen werden: unbedingt Ruhe bewahren, keinen Widerstand leisten und einen vorsorglich in der Brusttasche mitgeführten, kleineren Geldbetrag aushändigen. So bleibt die eigene Haut heil.

Sonnenschutz

Unterschätzen Sie die tropische Sonne nicht. Am Meer weht meist eine angenehme Brise, sodass man bisweilen zu spät bemerkt, wie sehr die Sonne der Haut zusetzt. Vor allem Reisende, die dem Winter der Nordhalbkugel in Brasilien entkommen möchten und deren Haut vielleicht monatelang nicht mehr der Sonne ausgesetzt war, sollten unbedingt guten Sonnenschutz auftragen und zunächst während der heißesten Stunden des Tages das Sonnenbaden sein lassen. Je nach Hauttyp sollte man nicht unter Sonnenschutzfaktor 12 beginnen, besser ist 20 oder höher und auch die Füße, Ohren und Kopfhaut nicht vergessen!

Telefon, Handy, Fax

Klassische Münzfernsprecher sieht man in Brasilien nur noch selten. Die meisten öffentlichen Telefone in den größeren und mittleren Städten wurden auf Karten umgestellt.
Die Telefongesellschaften geben jeweils Telefonkarten über 20, 50, 75 und 90 Einheiten heraus, die man u. a. an Zeitungskiosken kaufen kann. Öffentliche Fernsprecher werden in Brasilien »telefone público« genannt; im Volksmund heißen sie wegen der Form des Schutzgehäuses auch »orelhão« (großes Ohr).
Sie sind für normale Ferngespräche, aber auch für R-Gespräche ausgelegt. Orelhões mit dem Schriftzug »Interurbana« sind für Ortsgespräche, mit dem Hinweis »Nacional« für nationale Ferngespräche und Fernsprecher mit dem Vermerk »Internacional« für die Gespräche ins Ausland ausgelegt.
An den meisten Busbahnhöfen und Flughäfen gibt es einen »posto telefônico«, eine Filiale der Telefongesellschaft, wo man entweder Telefonkarten kaufen oder ein R-Gespräch anmelden kann. Vorwahl für R-Gespräche nach Deutschland: 0008049

Ferngespräche ins Ausland

Von Brasilien aus kann man Ferngespräche in fast jedes Land der Welt führen, jedoch nicht von öffentlichen Münzfernsprechern. Die Ländervorwahlen für den Selbstwählverkehr sind auf den ersten Seiten des Telefonbuchs aufgelistet.

Vorwahlnummern

◆ Deutschland: 002149
◆ Österreich: 002143
◆ Schweiz: 002141

Zum Selbstwählen eines Ferngespräch ins Ausland beachten Sie:
1. Ländervorwahl
2. Ortsvorwahl ohne die erste Null
3. die Nummer der Telefongesellschaft (z. B. 21)
4. gewünschter Anschluss
◆ 000333 – Auslandsauskunft
◆ 000111 – Fernamt.
◆ R-Gespräche oder Voranmeldungsgespräche wickelt das Fernamt ab.
◆ 000334 – Gebührenauskunft.

Die Gebühren für internationale Gespräche sind tgl. zwischen 20 und 5 Uhr sowie So den ganzen Tag (Brasília-Zeit) um 20 % ermäßigt.

Ferngespräche innerhalb Brasiliens

Die Ortsvorwahlnummern finden Sie auf den ersten Seiten des Telefonbuchs. Für die Direktwahl innerhalb Brasiliens gilt:
1. Nummer der Telefongesellschaft (Prestadoria)
2. Ortsvorwahl (ohne Null)
3. Rufnummer.

R-Gespräche im Selbstwählverkehr

Sie wählen: 9 + Ortsvorwahl + Rufnummer
Eine Tonbandansage fordert Sie nun auf, Ihren Namen und die Stadt, von der aus Sie anrufen, nach dem Pfeifton auf Band zu sprechen. Wenn der angewählte Teilnehmer Ihren Anruf nicht als R-Gespräch akzeptiert, hängt er einfach auf.

Telefongesellschaften (prestadorias)

Für Ferngespräche innerhalb Brasiliens benötigt man die Vorwahl einer in der Zielregion aktiven Telefongesellschaft (in Klammern: Vorwahl/Kennung):
◆ CTBC Telecom (012) in MG, GO, MS, SP
◆ Tele Centro Sul (014) in SC, PR, MT, MS, TO, GO, DF, RO, AC, RS
◆ Telefónica (015) in São Paulo
◆ Ceterp (016) in São Paulo (Ribeurão Preto)
◆ Embratel (021) in ganz Brasilien
◆ Intelig/Bonari (023) in ganz Brasilien
◆ Telemar/Telenoreste (031) in RJ, MG, ES, BA, SE, AL, PE, PB, RN, CE, PI, MA, PA, AP, AM
◆ Sercomtel (043) in Paraná (Londrina)
◆ CRT (051) in Rio Grande do Sul
◆ Canbrá Telefônica (085) in RJ, MG, ES, BA, SE, AL, PE, PB, RN, CE, PL, MA, PA, AP, AM, RR)
◆ Vésper (089) in Brasília

Wichtige Telefonnummern

◆ 100 – örtliche Telefonvermittlung
◆ 101 – Inlandsfernamt für Ferngespräche innerhalb Brasiliens
◆ 102 – Auskunft
◆ 107 – Inlandsfernamt. R-Gespräche vom Münzfernsprecher können unter dieser Nummer gebührenfrei (ohne Jeton) angemeldet werden.

◆ 108 – Gebührenauskunft
◆ 130 – Zeitansage
◆ 134 – Weckdienst
◆ 135 – Telegrammdienst
Die Gebühren für Inlandsferngespräche sind täglich zwischen 23 und 6 Uhr um 75 % ermäßigt. Den halben Preis bezahlt man wochentags zwischen 6 und 8 Uhr morgens und von 20 bis 23 Uhr, samstags zwischen 14 und 23 Uhr und zwischen 6 und 23 Uhr an Sonn- und Feiertagen.

Handy

Deutsche Handys mit Tri-Band-Funktion können in Brasilien benutzt werden, stellen aber ein reizvolles Diebesgut dar! Es ist sinnvoll, sich beim jeweiligen Betreiber in Europa bereits nach den für Brasilien gültigen Roaming-Angeboten zu erkundigen.

Fax

Von einigen Postämtern und den meisten großen Hotels kann man ein Fax schicken – auch wenn man nicht in diesen Hotels wohnt.

Toiletten

Öffentliche Toiletten sind außer am Strand in Rio nur an Flughäfen, Busbahnhöfen und Einkaufszentren zu finden *(banho* oder *lavatório).*

Touristenbehörden

Die nationale Tourismusbehörde Brasiliens heißt EMBRATUR (Instituto Brasileiro de Turismo). Da jeder brasilianische Bundesstaat eigene Fremdenverkehrsbehörden und regionale Infobüros unterhält, ist es sinnvoller, allgemeine Anfragen direkt an die entsprechende Adresse zu richten.
◆ **EMBRATUR**, Setor Comercial Norte, Quadra 2, Bloco G, 70710500 Brasília, DF, Brasilien, Tel. (0055) 61-224-9100, www.embratur.gov.br
Die Tourismusbehörde von Rio ist in Deutschland repräsentiert:
◆ **Rio Convention & Visitors Bureau**, c/o TMC, Dreililienplatz 1, 65183 Wiesbaden, Tel. 0611/3 41 79 61, Fax 3 41 78 19, riodejaneiro@tmc-agentur.de

Regionale Tourismusbüros

◆ Aracajú: Centro de Turismo, Tel. 79-3214-8848, Centro de Cultura e Arte, Tel. 3255-1413, www.aracaju.se.gov.br
◆ Balneário Camboriú: Secretaria de Turismo, Avenida do Estado 5041, Central de Informações turísticas, Tel. 47-3367-8122, www.camboriu.sc.gov.br
◆ Belém: Belemtur, Avenida Governador José Malcher 592, Tel. 91-3282-4852, www.belem.pa.gov.br, Mo–Fr 8–18 Uhr
◆ Paratur, Avenida Assis de Vasconcelos, Praça Waldemar -Henrique, Tel. 91-3212-0575, Sprechzeiten Mo–Fr 8–17 Uhr
◆ Paratur – am Flughafen, Mo–Fr 8–23 Uhr
◆ Solar da Beira (Ver-O-Peso), tgl. 9–17Uhr,
◆ Belo Horizonte: Belotur, Rua Pernambuco 284, Funcionários, Tel. 31-3277-9777, belotur@pbH.gov.br, und am Flughafen Confins, Tel. 31-3689-2557 und 3689-2702. Sectur, Praça Rio Branco 56, Centro, Tel. 31-3272-8567
◆ Turminas, Praça da Liberdade, Funcionários, Tel. 31-3272-8567, www.turminas.mg.gov.br, setur@mg.gov.br
◆ Blumenau: Informações Turísticas, Rua Quinze de Novembro 1050, Tel. 47-3326-6931, Mo–Fr 8–19, Sa, So 9–15 Uhr, www.blumenau.sc.gov.br
◆ Brasília:Setur, Eixo Monumental, Centro de Convenções, Cep.70.070-350 Brasília, Tel. 3429-7635, Mo–Fr 19–17Uhr, www.infobrasilia.com
Die Fremdenverkehrsbehörde des Bundesdistrikts hat auch einen Pavillon vor dem Flughafengebäude (tgl. 7–23 Uhr, Tel. 3429-7635) sowie einen Informationsstand an der Praça dos Três Poderes, Mo–Fr 9–18, Sa, So 9 bis 19 Uhr, www.dicasde brasilia.com.br
◆ Búzios: Pórtico, Trevo Cem Braças, Tel. 0800-2249-999
◆ Situr, Praça Santos Dumont 111, Tel. 21-2623-2099, tgl. 9–21 Uhr, www.buziosonline.com.br
◆ Campo Grande: Morada do Baís, Avenida Afonso Pena, Ecke Avenida Noroeste 5140, Tel. 67-3324-5830, Di–Sa 9–19, So 9–12Uhr, www.pmcg.ms.gov.br
◆ Canela: Informações Turísticas, Largo da Fama 227, Tel. 54-3282-2200, tgl. 8–19 Uhr, www.canelaturismo.com.br
◆ Corumbá: Sematur, Rua Manuel Cavassa 275, Porto Geral, Tel. 67-3231-7336 und 3231-9747; Mo–Fr 8.30–12 und 13.30–18 Uhr
◆ Diamantina: Central de Turismo, Praça Mons. Neves 44, Tel. 38-3531-2972 und 3531-9532, www.diamantina.com.br
◆ Florianópolis:Portal Turístico, Praça Quinze de Novembro, Tel. 48-3271-7000 und 3212-3127, tgl. 8–20 Uhr, www.guiafloripa.com.br/turismo

◆ Fortaleza: Setur, Centro de Turismo, Rua Senador Pompeu 350, Tel. 0800-991516 und 3488-7411, Mo–Sa 7–19, So 8–12Uhr, www.fortaleza.ce.gov.br
◆ Außerdem Setur-Posten am Flughafen Pinto Martins, Tel. 85-3477-1667 und am Busbahnhof, Tel. 3256-4080 (Sprechzeiten: tgl. 6–-21 Uhr)
◆ Foz do Iguaçu: Secretaria de Turismo, Rua Almirante Barroso 1300, Tel. 45-3521-4276 und 0800-451516, Info-Stand am Flughafen und am Busbahnhof, www.fozdoiguacu.pr.gov.br
◆ Ilheus: Ilhéustur, Avenida Soares Lopes 1741, Tel. 73-3634-8142, Mo–Sa 9–18 Uhr, www.ilheus.ba.gov.br
◆ Itaparica: Informações Turísticas, Capela de Nossa Senhora de Bom Despacho (direkt beim Terminal der Fähren), Tel. 71-3633-3655, Sprechzeiten: tgl. 8.30–12 und 13.30–17.30 Uhr, www.itaparica.ba.gov.br
◆ João Pessoa: PBTur, Centro Turístico Tambaú, Avenida Almirante Tamandaré 100, Tel. 0800-2819229, tgl. 8–18 Uhr
◆ Außerdem Posten der PBTur am Flughafen, tgl. 10–16 Uhr, und am Busbahnhof, tgl. 8–18 Uhr, www.joaopessoa.pb.gov.br.
◆ Maceió: Setur, Avenida Dr. Antônio Goveia1143, Praia de Pajuçara, Tel. 82-3315-5700, tgl. 7–18Uhr, www.maceio.al.gov.br
◆ Manaus: Manaustur, Avenida Sete de Setembro 157, Tel. 92-3622-4986, Mo–Fr 8–12, 14–17 Uhr, www.manaustur.com.br
◆ Natal: Secretaria de Estado do Turismo, Avenida Afonso Pena 1155, Tirol, Tel. 84-3232-2500 und 3232-7248, www.natal.rn.gov.br
◆ Olinda: Secretaria de Turismo, Rua Bernardo Vieira de Melo 322, Mercado de Ribeira, Olinda, Tel. 81-3429-1988, www.olindavirtual.com

◆ Parati: Secretaria de Turismo, Avenida Roberto da Silveira/Praça Macedo Soares, Tel. 24-3371-1897, tgl. 9–21 Uhr, www.paraty.com.br
◆ Porto Alegre: Mercado Público, Praça Quinze de Novembro, Tel. 3225-0677, Mo–Sa 9–18 Uhr; Servíçio de Atençao ao Turístia, Rua Vasco da Gama 253, Bom Fim, Tel. 51-3212-0721, tgl. 9–21Uhr, www.portoalegre.rs.gov.br/turismo
◆ Casa de Cultura Mário Quintana, Rua dos Andrades 736, Tel. 51-3221-7147, Apparat 206, -Di–Fr 9–21, Sa, So 12–21 Uhr
◆ Usina do Gasômetro, Avenida Presidente João Goulart 551, Di–So 10–18 Uhr, außerdem Infostände an Flughafen und Busbahnhof
◆ Porto de Galinhas: Centro de Informações Turísticas, Rua da Esperança 118, Tel. 81-3552-1480, tgl. 9–15Uhr
◆ Porto Seguro: Bahiatursa/Secretaria de Turismo, Praça Visconde de Porto Seguro (Casa da Lenha), Tel. 73-3268-1390, www.portosegurotur.com.br
◆ Recife: Empetur, Centro de Convenções, Avenida Agamenon Magalhães, Salgadinho, Tel. 81-3427-8183, Mo–Fr 8–17 Uhr, außerdem Infostand im Ankunftsbereich des Flughafens, Tel. 81-3224-2361 und 3462-4960, www.recife.pe.gov.br
◆ Rio de Janeiro: Riotur, Rua da Assembléia 10, 9. Etage, www.rio.rj.gov.br/riotur. Die Fremdenverkehrsbehörde der Stadt unterhält im Ankunftsbereich des Flughafens (Galeão – Tom Jobim) Informationsstände, Tel. 21-3398-2245 und 3398-4077; außerdem an der Copacabana das Centro Integrado de Atendimento ao Turista, Avenida Princesa Isabel 183, Tel. 0800-707-1808 und 2542-8080
◆ Salvador da Bahia: Bahiatursa, Rua das Laranjeiras 12, Pelourinho, Tel. 71-3321-2463, tgl. 8.30–22 Uhr, www.salvador.ba.gov.br. Außerdem befinden sich Infostände im Ankunftsbereich des Flughafens, Tel. 71-3204-1244, tgl. 8.30–22.45 Uhr, im Shopping Barra, Tel. 71-3264-4566, im Einkaufszentrum Iguatemy, Tel. 71-3480-5511 und am Busbahnhof (Rodoviária) Tel. 71-3450-3871, www.bahia.com
◆ Entursa: Largo do Pelourinho 12, Sprechzeiten: Mo–Fr 9–17 Uhr. www.pms.ba.gov.br
◆ São Luís: Central de Serviços Turísticos, Praça Benedito Leite, Palácio do Comércio, Tel. 98-3212-6211. Mo–Fr 8–19, Sa 9–17 Uhr
Ein weiterer Informationsstand ist im Ankunftsbereich des Flughafens. www.saoluis.ma.gov.br
◆ São Paulo: Delegacia Especializada de Atendimento ao Turista, Avenida São Luís 91, Tel. 3214-0209, www.prefeitura.sp.gov.br und Rua São Bento 398, Tel. 3107-5642, www.portal.prodam.sp.gov.br
◆ Vitória: Infostand am Flughafen, Tel. 27-3382-6364, www.vitoria.es.gov.br

Informationen im Internet

◆ www.brasilien.de
◆ www.brasilianische-botschaft.de
◆ www.brazilinfo.de
◆ www.brasil-treff.com

Trinkgeld

Die meisten Restaurants addieren automatisch 10 % Bedienungszuschlag zur Rechnung. Wenn Sie aber darüber im Zweifel sind, fragen Sie am besten nach (»O serviço está incluido?«). Für besonders zuvorkommenden Service sollte der Kellner großzügig bedacht werden. Auch wenn viele Kellner eine saure Miene ziehen, wenn sie kein Trinkgeld sehen, ist der Kunde nicht dazu verpflichtet, etwas zu geben. In Imbissbars sind Trinkgelder freigestellt, man lässt meist das Wechselgeld liegen – auch eine kleine Summe wird gern gesehen.
Auf die Hotelrechnung wird ein Servicezuschlag von 10 % erhoben, doch ist diese Summe nicht immer für das Personal bestimmt. Wenn Sie so viel Trinkgeld wie zu Hause geben, wird man das als sehr großzügig ansehen. Einen allzu geringen Betrag könnte man als Beleidigung auffassen, und es wäre besser, gar nichts zu geben. Den Taxifahrern geben die meisten Brasilianer nichts. Doch auch hier gilt: War der Fahrer besonders hilfsbereit oder hat er auf Sie gewartet, zeigen Sie sich erkenntlich! Auf alle Fälle sollte man es einem Fahrer honorieren, wenn er hilft, das Gepäck zu tragen – einige Taxifahrer berechnen pro Tasche ca. 0,50 US-$. Dasselbe sollten Sie den Kofferträgern am Flughafen geben. Es genügt, dem letzten Träger das Geld auszuhändigen, denn es wird in einer Gemeinschaftskasse verwaltet.
Schuhputzern, Tankwarten und für kleine Dienstleistungen sollten Sie etwa ein Drittel oder die Hälfte von dem geben, was Sie zu Hause an Trinkgeldern dafür rechnen. Jungs, die sich anbieten, auf Ihr Auto aufzupassen, erhalten bei Ihrer Rückkehr zum Wagen etwa 0,50 US-$. Wenn sie vor Ihnen vor einem Nachtclub oder einem Theater im Voraus 1,50 US-$ fordern, ist es besser zu bezahlen, denn es könnte sein, dass Sie Ihr Auto zerkratzt wiederfinden.

Wenn Sie in einem Privathaus zu Gast sind, hinterlassen Sie für jeden Hausangestellten, der für Sie gekocht oder gewaschen hat, ein Trinkgeld. Fragen Sie Ihren Gastgeber, wieviel angemessen ist.

Trinkwasser

Das Leitungswasser sollte man in ganz Brasilien nicht trinken. In jedem Hotel gibt es preiswertes Mineralwasser in Flaschen, mit Kohlensäure (»com gás«) oder ohne (»sem gás«). Wenn es sehr heiß ist, sollten Sie viel trinken, um den Flüssigkeitsverlust auszugleichen – nichts Eisgekühltes, wenn Sie überhitzt sind, das bekommt dem Magen nicht.

Umgangsformen

Die Umgangsformen sind in Brasilien kaum anders als in anderen westlichen Ländern. Die Brasilianer können sowohl schrecklich förmlich als auch entwaffnend ungezwungen sein. Nachnamen werden so gut wie gar nicht benutzt. Doch auch wenn man sich allgemein nur mit dem Vornamen anredet, sind respektvolle Titulierungen – »Senhor« für Männer und »Dona« für Frauen – üblich. Das gilt nicht nur als Höflichkeit dem Fremden gegenüber, sondern auch als Respektsbezeigung für jemanden, der älter ist oder einer anderen Gesellschaftsschicht angehört.
Zwar ist es üblich, sich die Hand zu geben, wenn man einander vorgestellt wird; doch sobald man sich einmal begegnet ist, begrüßt man Bekannte wie Freunde und Verwandte mit Wangenkuss und herzlicher Umarmung. Männer und Frauen untereinander begrüßen sich so, die Männer geben sich statt dessen lieber die Hand und klopfen einander auf die Schulter. Wenn sie sehr vertraut miteinander sind, umarmen sie sich mit einem leichten Schlag auf den Rücken. Die Brasilianer sind großzügige Gastgeber und achten darauf, dass Gläser, Teller oder Tassen ihrer Gäste nie leer werden. Alle Brasilianer, selbst die ärmeren, lieben es, Partys zu geben. Obwohl die Männer in der brasilianischen Gesellschaft dominieren, zeigt sich der »Machismo« in einer milderen und subtileren Form als in den benachbarten lateinamerikanischen Ländern. Während die Brasilianer sonst allzeit höflich und zuvorkommend sind, erwarten sie als Autofahrer von den Fußgängern, dass sie auf sich selbst aufpassen und ihnen aus dem Weg gehen.

Infos von A–Z ♦ 371

Außerhalb der Metropolen gilt selbst für Geschäftstermine, dass man es mit dem vereinbarten Zeitpunkt nicht so genau nimmt, wie man es von Europa oder den USA gewöhnt ist. Für Brasilianer ist es weder ungewöhnlich noch verwerflich, zu einer Verabredung eine halbe bis ganze Stunde zu spät zu kommen, besonders bei Regenwetter. Ausländer sollten sich in Brasilien generell nicht zuviel für einen Tag vornehmen. Eine enge Terminplanung ohne Zeitpuffer scheitert in der Regel schon an der Summe der landesüblichen Verspätungen.
Die Stunden des Tages werden wie in Europa üblich durchnummeriert von 0 bis 24 Uhr, doch trifft man auch auf Stundenangaben mit den Zusätzen »da manha« – morgens, »da tarde« – nachmittags, »da noite« – abends.

Verlust

In der Regel gibt es an allen Flughäfen und Busbahnhöfen Fundbüros: *achados e perdidos*.

Zeitungen

Die englischsprachige »Latin America Daily Post« erscheint täglich in Rio de Janeiro und São Paulo. Neben innenpolitischen Nachrichten bringt sie Meldungen der internationalen Nachrichtenagenturen, Sport und Wirtschaftsberichte. Der »Miami Herald«, die lateinamerikanische Ausgabe von »International Herald Tribune«, und »Wall Street Journal« sind an vielen Zeitungskiosken in den größeren Städten erhältlich.
An größeren Zeitungsständen und in den Buchhandlungen der Flughäfen bekommt man eine große Auswahl internationaler Publikationen, darunter auch deutsche Zeitschriften und Magazine. In São Paulo erscheint immer noch eine deutsche Wochenzeitung für die Deutsche Einwanderergemeinde, die »Deutsche Zeitung«.
Die maßgebenden und angesehensten brasilianischen Blätter sind: »Folha de São Paulo«, »Estado de São Paulo« sowie die in Rio erscheinenden »Jornal do Brasil« und »O Globo«. Es gibt keine überregionalen Zeitungen.

Zeitzonen

In Brasilien gelten vier verschiedene Zeitzonen:
Standardzeit: *hora legal do Brasil* oder *hora do Brasília* also Hauptstadtzeit (MEZ minus vier Stunden, während der europäischen Sommerzeit: MEZ minus fünf Stunden) gilt im Nordosten, Osten, im Südosten und Süden sowie in Amapá, dem östlichen Teil des Staates Pará (inkl. Belém), in Goiás und Tocantins.
Zeitzonen im Westen: Mato Grosso und Mato Grosso do Sul, der westliche Teil von Pará, Rondônia, Roraima sowie der größte Teil des Bundesstaates Amazonas (inkl. Manaus) differieren noch um eine Stunde zusätzlich von der MEZ.
Der äußerste Westen: Das Bundesland Acre und das westliche Amazonasgebiet liegen in einer Zeitzone, die der MEZ sechs bzw. sieben Stunden nachgeht.
Fernando de Noronha: Auf den Inseln des Archipels 350 km vor der brasilianischen Küste und in Trindade beträgt der Zeitunterschied zur MEZ nur drei bzw. vier Stunden.
Kompliziert wird es wenn auch in Brasilien die Sommerzeit gilt, in der Regel von Mitte Oktober bis Mitte Februar, die dann im Nordosten und Norden nicht gilt! Die Brasília-Zeit wird dann um eine Stunde zur MEZ verkürzt, dann sind es nur noch minus 3 Std.

Zoll

Hinter der Passkontrolle kommen Sie auf den internationalen Flughäfen Brasiliens zu einer Säule oder einer Tafel, an der Sie per Tastendruck »nothing to declare« (nichts zu verzollen) angeben können.
Leuchtet eine grüne Lampe auf, können Sie den Bereich verlassen und einreisen, leuchtet eine rote Lampe auf, werden die Zollbeamten ihr Gepäck stichprobenartig kontrollieren.
Für Touristen sind persönliche Gegenstände, auch Schmuck, abgabenfrei. Zu den persönlichen Dingen zählen: ein Fotoapparat, ein Fernglas, eine Schreibmaschine und ein Radiogerät. Nahrungsmittel tierischen Ursprungs, Pflanzen, Früchte und Samen werden konfisziert. Geschenke dürfen den Wert von 100 US-$ nicht übersteigen. Zollfrei dürfen eingeführt werden: 25 Zigarren, 400 Zigaretten, 280 g Parfüm und zwei Liter Alkohol.
Wenn Sie Computer, PCs, Notebooks oder Laptops benötigen, sollten Sie vor der Abreise bei einem brasilianischen Konsulat eine schriftliche Genehmigung dafür beantragen. Bei der Einreise ins Land müssen Sie dann ihre Geräte registrieren lassen und sie bei der Ausreise wieder vorweisen.
Ein Arbeitsvisum berechtigt zu einem längeren Aufenthalt als ein Touristenvisum, man muss es aber vor der Abreise beantragen (s. Reisedokumente). Elektronische Geräte, deren Wert 300 US-$ nicht übersteigt, dürfen Sie mit einem Touristenvisum ohne Registrierung ins Land einführen und als Geschenk zurücklassen. Warenproben kann man zollfrei einführen, solange die Menge beim Zoll nicht den Verdacht erregt, dass sie verkauft werden könnten.
Erwerben Sie auf keinen Fall lebendige Wildtiere oder deren Felle und Häute (z. B. von Alligatoren, Schlangen, anderen Reptilien oder Säugetieren), oder Schildpatt der geschützten Schildkröten. Die Jagd dieser Tiere ist in Brasilien streng verboten, und bei der Einreise ins Heimatland gelten die Bestimmungen des Washingtoner Artenschutzabkommens, dessen Missachtung drastisch bestraft wird. Kaufen Sie auch keinerlei Drogen, die Kontrollen sind diesbezüglich in den letzten Jahren vor allem an den internationalen Flughäfen erheblich verschärft worden, auch Drogenhunde sind im Einsatz. Brasilianische Gefängnisse sind keine Erholungsheime!

SPRACHE UND MINI-DOLMETSCHER

Die Sprache verstehen

Die Landessprache ist Portugiesisch, doch in den großen Hotels und guten Restaurants spricht man auch Englisch. Wer Spanisch oder Italienisch spricht kann sich auf diese Weise gut verständigen.

Bei der Anrede benutzt man in Brasilien meist den Vornamen. In vielen Situationen, in denen man im Deutschen den Nachnamen verwenden würde, sagt man in Brasilien als Form respektvoller Anrede einfach »senhor« bei Herren (geschrieben Sr. und meist »Seu« ausgesprochen) und »senhora« bei Damen (geschrieben Sra.) oder »dona« (dies allerdings nur in Verbindung mit dem Vornamen). Wenn also João Oliveira oder Maria da Silva Sie mit Senhor Peter und nicht mit Senhor Müller ansprechen, sollten Sie umgekehrt Senhor João und Dona Maria zu ihnen sagen.

Im Portugiesischen gibt es drei verschiedene Möglichkeiten, sein Gegenüber direkt anzusprechen: die Pronomen der 2. Person (Du) »tu« und »você«. Mit dem Anredepartikel »o« für Männer und »a« für Frauen – also: »o senhor« und »a senhora« – kann man seinen Respekt für einen Angehörigen einer höheren sozialen Schicht oder einer anderen Altersgruppe ausdrücken oder höflich zu einem Fremden sein. »Tu« wurde ursprünglich wie in Portugal als Anrede unter Freunden und Verwandten gebraucht (vergleichbar dem deutschen Du), doch ist es heute in Brasilien gleichbedeutend mit »você«. In manchen Teilen Brasiliens, vor allem im Nordosten und im Süden, hört man häufiger das »tu«, doch wenn Sie sich an »você« halten, können Sie nichts falsch machen.

Allgemeines

Guten Tag.	Bom dia. [bõ dsehia]
Hallo!	Olá! [ola]
Wie geht's?	Como está? [komu‿ischta]
Danke, gut.	Tudo bem, obrigado (m.) / obrigada (w.). [tudu bẽj ubrigadu / ubrigada]
Ich heiße ...	Chamo-me ... [schamu‿me]
Auf Wiedersehen.	Até logo / Adeus. [ate logu / ade·usch]
Morgen	manhã [manjã]
Nachmittag / Abend	tarde [tardsehi]
Nacht	noite [nojtə]
morgen	amanhã [amanjã]
heute	hoje [oschə]
gestern	ontem [õntẽj]
Sprechen Sie Deutsch / Englisch?	Fala alemão / inglês? [fala‿aləmãu / inglesch]
Wie bitte?	Como, desculpe? [komu disehkulpə]
Ich verstehe nicht.	Não entendo. [nãu ĩntẽndu]

Sagen Sie es bitte nochmals.	Se faz favor, repita. [sə faseh fawor repita]
Bitte, ...	Se faz favor, ... [sə faseh fawor]
danke	obrigado (m.) / obrigada (w.) [ubrigadu / ubrigada]
Keine Ursache.	De nada. [də nada]
was / wer / welcher	o que / quem / qual [u ke / kẽj / kwal]
wo / wohin	onde / para onde [õndə / para õndə]
wie / wie viel	como / quanto [komu / kwãntu]
wann / wie lange	quando / quanto tempo [kwãndu / kwãntu tẽmpu]
warum	porquê [purke]
Wie heißt das?	Como se diz? [komu sə diseh]
Wo ist ...?	Onde está ...? Onde fica ...? [õndə‿ischta / õndə‿fika]

Können Sie mir helfen?	Podia-me ajudar? [pudia‿mə asehudar]
ja	sim [sĩ]
nein	não [nãu]
Entschuldigen Sie.	Desculpe. [disehkulpə]
Das macht nichts.	Não faz nada. [nãu faseh nada]

Sprache und Mini-Dolmetscher ♦ 373

Sightseeing

Gibt es hier eine Touristen-information?	Há por aqui uma informação turística? [a pur_aki uma ĩnfurmaßãu turischtika]
Haben Sie einen Stadt-plan / ein Hotel-verzeichnis?	Tem um mapa da cidade / uma lista dos hotéis? [tẽj ũ_mapa da ßidadə / uma lischta dus_oteisch]
Wann ist das Museum geöffnet / geschlossen?	A que horas o museu está aberto / fechado? [a ki_orasch u museu ischta_abertu / feschadu]
Wann ist die Kirche / die Aus-stellung geöffnet / geschlossen?	A que horas a igreja / a exposição está aberta / fechada? [a ki_orasch a igrescha / a ispusißãu ischta aberta / feschada]

Essen und Trinken

Die Speise-karte bitte.	A ementa, se faz favor. [a emẽnta sə fasch fawor]
Brot	pão [pãu]
Kaffee	café [kafe]
Tee	chá [scha]
mit Milch / Zucker	com leite / açúcar [kõ leitə / aßukar]
Orangensaft	sumo de laranja [ßumu də larãnscha]
Suppe	sopa [ßopa]
Fisch / Meeresfrüchte	peixe / mariscos [peischə / marischkusch]
Fleisch / Geflügel	carne / aves [karnə / awəsch]
vegetarisches Gericht	prato vegetariano [prato wəschətarjanu]
Eier	ovos [owusch]
Salat	salada [salada]
Dessert /	sobremesa [sobrəmesa]
Obst	fruta [fruta]
Eis	gelado [scheladu]

Wein weiß / rot / rosé	vinho [winju] branco / tinto / rosé [brãnku / tĩntu / rose]
Bier	cerveja [serweseha]
Aperitif	aperitivo [aperitiwu]
Wasser	água [agwa]
Mineralwasser	água mineral [agwa mineral]
mit / ohne Kohlensäure	com gas / sem gas [kõ gas / ßẽj gas]
Limonade	limonada [limonada]
Frühstück	café da manhã [kafe da manjã]
Mittagessen	almoço [almoßu]
Abendessen	jantar [schãntar]
eine Kleinig-keit	uma coisa pequena [uma kojsa pəkena]
Ich möchte bezahlen.	A conta, se faz favor. [a kõnta, sə fasch fawor]
Das Essen war sehr gut / nicht so gut.	Gostei muito da comida. / Não, não gostei muito da comida. [goschtej mũjtu da komida / nãu nãu goschtej mũjtu da komida]

Shopping

Wo gibt es …?	Onde há …? [õndə a]
Wie viel kostet das?	Quanto custa isto? [kwãntu kuschta ischtu]
Das ist zu teuer.	É caro demais. [e karu dəmaisch]
Das gefällt mir (nicht).	Eu (não) gosto disso. [eu (nãu) goschtu dissu]
Gibt es das in einer anderen Farbe / Größe?	Existe esse modelo noutra cor / noutro tamanho? [esischtə essə modelu notra kor / notru tamanju]
Ich nehme es.	Levo isto. [lewu ischtu]
Wo ist hier eine Bank?	Onde há um banco? [õndə a ũ_bãnku]

Ich suche einen Geld-automaten.	Onde posso encontrar uma caixa automática? [õndə possu inkõntrar uma kaischa_autumatika]
Ich möchte 100 g Käse / zwei Kilo Orangen.	Queria cem gramas de queijo / dois kilos de laranjas. [keria sẽj gramasch də kejschu / dojsch kilusch də larãnschasch]
Haben Sie deutsche Zeitungen?	Tem jornais alemães? [tẽj schurnajsch aləmãjsch]
Wo kann ich telefonieren / eine Telefon-karte kaufen?	Onde posso telefonar / comprar um cartão de telefone? [õndə possu telefunar / kõmprar_ũ kartãu də telefonə]

Im Hotel

Ich suche ein gutes / nicht zu teures Hotel.	Estou procurando um bom hotel / um hotel econômico. [ischtou prokurãndu ũ bõ otel / ũ otel ekonomiku]
Ich habe ein Zimmer reserviert.	Eu reservei um quarto. [eu reserwei ũ kwartu]
Ich suche ein Zimmer für … Personen.	Eu estou procurando um quarto para … pessoas. [eu ischtou prokurãn-du ũ kwartu para … pessoəsch]
Mit Dusche und Toilette.	Com chuveiro e toalete. [kõ schuwejru i twaletə]
Mit Balkon und Blick aufs Meer.	Com varanda vista para o mar. [kõ warãnda / wischta para u mar]
Wie viel kostet es pro Nacht?	Quanto é a diária? [kwãntu e a diaria]
Mit Früh-stück?	Com café da manhã? [kõ kafe da manjã]
Kann ich das Zimmer sehen?	Posso ver o quarto? [possu wer u kwartu]

374 ♦ Reiseservice

Haben Sie ein anderes Zimmer?	Não têm outro quarto? [nãu tẽj otru **kwar**tu]
Das Zimmer gefällt mir (nicht).	Eu (não) gosto deste quarto. [eu (nãu) **gosch**tu **des**ti **kwar**tu]
Kann ich mit Kreditkarte bezahlen?	Posso pagar com cartão de crédito? [**po**ssu pa**gar** kõ kar**tãu** də **kre**ditu]
Wo kann ich parken?	Onde posso estacionar? [**õn**də **po**ssu ischtasio**nar**]
Können Sie das Gepäck in mein Zimmer bringen?	Podem levar a bagagem para o meu quarto? [**po**dẽj le**war** a ba**ga**sehẽj **pa**ra u meu **kwar**tu]
Haben Sie einen Platz für ein Wohnmobil?	Têm lugar para um carro camping? [tẽj lu**gar** para ũ karu kam**ping**]
Wir brauchen Strom / Wasser.	Precisamos de corrente eléctrica / água [pre**ßi**samus də ko**rẽn**tə i**le**trika / **a**gwa]

Notfälle

Ich brauche einen Arzt / Zahnarzt.	Preciso de um médico / um dentista. [**pre**ßisu də ũ **me**diku / ũ dẽn**tisch**ta]
Rufen Sie bitte einen Krankenwagen / die Polizei.	Chame, se faz favor, uma ambulância / a polícia. [**scha**mə sə faseh fa**wor** uma ãmbu**lã**ßia / a po**li**ßia]
Wir hatten einen Unfall.	Tivemos um acidente. [ti**we**musch ũ aßi**den**tə]
Wo ist das nächste Polizeirevier.	Onde fica o posto de polícia mais próximo? [**õn**də **fi**ka u **posch**tu də po**li**ßia maisch **pro**ßimu]

Ich bin bestohlen worden.	Fui roubado. [**fui** ro**badu**]
Mein Auto ist aufgebrochen worden.	Assaltaram-me o carro. [asal**ta**rãu‿mə u **karu**]

Zahlen

0	zero [**sä**ru]
1	um [ũ]
2	dois [dois]
3	três [tres]
4	quatro [**kwa**tru]
5	cinco [**ßĩn**ku]
6	seis [**ßäis**]
7	sete [**ßä**ti]
8	oito [**oi**tu]
9	nove [**no**wi]
10	dez [däs]
11	onze [**õn**si]
12	doze [**do**si]
13	treze [**tre**si]
14	quatorze [ka**tor**si]
15	quinze [**kĩn**si]
16	dezesseis [dəse**ßäis**]
17	dezessete [dəse**ßä**ti]
18	dezoito [də**soi**tu]
19	dezanove [dəsa**no**wi]
20	vinte [**wĩn**ti]
21	vinte e um [wĩnt‿i ũ]
22	vinte e dois [wĩnt‿i dois]
30	trinta [**trĩn**ta]
40	quarenta [kwa**rẽn**ta]
50	cinquenta [ßĩn**kwẽn**ta]
60	sessenta [ßə**ßẽn**ta]
70	setenta [ßə**tẽn**ta]
80	oitenta [oi**tẽn**ta]
90	noventa [nu**wẽn**ta]
100	cem [ßẽi]
101	cento e um [**ßẽn**tu i ũ]
110	cento dez [**ßẽn**tu däs]
200	duzentos [du**ßẽn**tus]
300	trezentos [trə**sẽn**tus]
400	quatrocentos [kwatru**ßẽn**tus]
500	quinhentos [kiɲ**ẽn**tus]
600	seiscentos [ßäis**ßẽn**tus]
700	setecentos [ßätə**ßẽn**tus]
800	oitocentos [oitu**ßẽn**tus]
900	novecentos [nowə**ßẽn**tus]
1000	mil [mil]
2000	dois mil [dois mil]
3000	três mil [tres mil]
10 000	dez mil [däs mil]
100 000	cem mil [ßẽi mil]
1 000 000	um milhão [ũ mil**jãu**]

1.	primeiro/-a [pri**mäi**ru/-a]
2.	segundo/-a [ßə**gũn**du/-a]
3.	terceiro/-a [tər**ßäi**ru/-a]
4.	quarto/-a [**kwar**tu/-a]
5.	quinto/-a [**kĩn**tu/-a]

1/2	um meio [ũ **mäi**u]
1/3	um terço [ũ **ter**ßu]
1/4	um quarto [ũ **kwar**tu]
1/5	um quinto [ũ **kĩn**tu]
1,5	um e meio [ũ i **mäi**u]
10 %	dez por cento [däs pur **ßẽn**tu]

REGISTER

Orts- und Sachregister

A

Abstrakte Kunst 126
Acaraú 276
Afoxé 93, 116
Afrikaner 65
Agreste 29
Aids 85
Akkordeon 111
Aktivurlaub 13
Alcântara 95, 279
Amazonas 99
Amazonasbecken 25, **283**, 300
Amazonas (Fluss) **283**, 300
Americana 206
Angeln 299, 359
Angra dos Reis 181
Anreise 344
Äquator 291
Aracaju 251
Araruama 179
Architektur 130
Armação dos Búzios 177
Arraial d'Ajuda 228
Arraial do Cabo 179
Aruanã 314
Atibaia 203
Atlantischer Regenwald 269
Aussichtspunkte **6**
Autorennen 359
Axé 117

B

Baía de Sepetiba 180
Bandeirantes (Sklavenjäger) 34, 41, 70, 191
Bantu 227
Barocke Kunst 208
Barra dos Graças 314
Baumwolle 35
Befreiungstheologie 75
Belém 44, 97, **286**
◆ Catedral da Sé 287

◆ Forte do Castelo 287
◆ Icoaraci 289
◆ Museu Emílio Goeldi 289
◆ Palácio Antônio Lemos 288
◆ Palácio Lauro Sodré 288
◆ Praça da República 289
◆ Praça W. Henrique 288
◆ Santo Alexandre 287
◆ Teatro da Paz 289
◆ Ver-o-Peso (Markt) 288
Belo Horizonte 29, 214
◆ Pampulha-Park 214
Bento Gonçalves 339
Bertioga 205
Biosprit 56
Bloco Afro 93, 116
Blumenau 333
Boa Vista 299
Bodenreform 48
Bodenschätze 27, 30, 60
◆ Bauxit 27, 60
◆ Beryllium 60
◆ Diamanten 35, 211, 213, 234
◆ Edelsteine 30
◆ Eisenerz 27, 30, 60, 211
◆ Gold 27, 30, 35, 41, 43, 60, 211, 213, 290, 298
◆ Kaolin 27
◆ Niobium 27, 60
◆ Öl 61
◆ Quarz 60
◆ Titanium 60
◆ Vanadium 60
◆ Zinn 27
◆ Zirkonium 60
Bonito 322
Bootfahren 359
Bossa Nova 113
Brasília 27, 36, 47, 131, **307**
◆ Catedral Metropolitana da Nossa Senhora Aparecida 311
◆ Complexo Cultural da Republica João Herculino 311
◆ Congresso Nacional 310
◆ Ermida Dom Bosco 313

◆ Esplanada dos Ministerios 309
◆ Jardim Botânico 314
◆ Monumento J K 309
◆ Museu Histórico de Brasília 310
◆ Palácio da Alvorada 311
◆ Palácio da Justiça 310
◆ Palácio do Buruti 309
◆ Palácio do Itamaratí 310
◆ Palácio do Planalto 310
◆ Pantheon Tancredo Neves 310
◆ Parque da Cidade Sarah Kubitschek 312
◆ Praça dos Três Poderes 310
◆ Santuário Dom Bosco 311
◆ Supremo Tribunal Federal 310
◆ Teatro Nacional 311
◆ Torre de Televisão 309
◆ Vale do Amanhecer (Tal des Sonnenaufgangs) 313
Brejal 176
Bundesstaat
◆ Tocantins 314
Bundesstaaten 25
◆ Alagoas 253
◆ Amazonas 293
◆ Bahia 65, 76, 116, **227**
◆ Ceará 273
◆ Espírito Santo 220
◆ Goiás 41, 64, 65, 314
◆ Maranhão 65, 269
◆ Mato Grosso 41, 64, 317
◆ Minas Gerais 30, 35, 41, 45, 65, 126, 211
◆ Nordosten 108
◆ Pará 27, 44, 286
◆ Paraíba 269
◆ Paraná 30, 329
◆ Pernambuco 40, 257
◆ Piauí 65, 269, 277
◆ Rio de Janeiro **173**
◆ Rio Grande do Norte 271
◆ Rio Grande do Sul 30, 45, 108, 128, 329, 337
◆ Rondônia 71

♦ Roraima 73, 299
♦ Santa Catarina 30, 329, 333
♦ São Paulo 41, 54, 189
♦ Sergipe 250
♦ Südosten 65

C

Cabanagem 44
Cabo Frio 179
Cachoeira 231
Cafuzo 63
Camboriú 333
Campinas 206
Campingtouren 360
Campo Grande 321
Campos do Jordão 203
Candomblé 76, 116, 227, 238
Canela 338
Canudos-Krieg 79
Capoeira **110**, 181, 238, 357
Caraguatatuba 205
Carajás-Mine 27, 60, **292**
Caruarú 263
Cataratas do Iguaçu (Iguaçu-Wasserfälle) 326
Caxixis-Figuren 263
Cerrado (Feuchtsavanne) 27
Chapada Diamantina 233
Chapada dos Guimarães 320
Choro 112
Cinema Nôvo 118
Congonhas do Campo 218
Corumbá 321
Costa do Sol 179
Costa Verde 180
Cruzeiro (Währung) 57
Cuiabá 319
Curitiba 329

D

Darwin, Charles 286
Delfine 266, 271
Demokratie 50
Diamantina 208, 219
Diplomatische Vertretungen 364
Diskriminierung 67

Dom Pedro I. 35
Dom Pedro II. 35
Dschungel 298

E

Edelsteine 161, 361
Einkaufen 361
Einwanderer 30, 44, 68, 333
El Dorado 290
Elektrizität 364
Embu 204
Erster Weltkrieg 45
Evangelikale 75

F

Fahrrad 360
Favela 168
Fazenda Nova 264
Feiertage 364
Felsformationen von Vila Velha 331
Fernandes, Millôr 67
Fernando de Noronha 266
Feste 8, 14, 95, 253, 358
♦ Boi-Bumba (Parintins) 99
♦ Bom Jesus dos Navegantes 96
♦ Bumba-meu-boi 278
♦ Bumba-meu-Boi (Maranhaõ) 111
♦ Círio de Nazaré 97
♦ Cirio von Nazaré 287
♦ Festa do Divino Espírito Santo 95
♦ Junifeste 95, 111
♦ Lavagem do Bomfin 243
♦ Lavagem do Bonfim 96
♦ Nationalfeiertag 96
♦ Nossa Senhora da Penha 97
♦ Nossa Senhora de Aparecida 96
♦ Seeprozession für Yemanjá 96
♦ Semana Santa 95
♦ Silvester 98, 335
♦ Silvester (Rio de Janiero) 160
♦ Weihnachten 98
Film 118
Filmfestival 120

Florianópolis 334
Fortaleza 274
Fossilien 273
Fotografieren 365
Foz do Iguaçu 326
Franzosen 40, 147, 269
Frauen 67
Frevo 93
FUNAI (Fundação Nacional do Indio) 71
Fußball 105, 359

G

Garimpeiro (Goldsucher) 73
Geld 365
Gleitschirmfliegen 360
Goiás Velho 314
Golf 360
Gramado 338
Gravatá 263
Guarani 73

H

Höhlenmalereien 277
Höhlentouren 360
Homosexualität 365

I

Ibotirama 234
Icaraí 276
Iguaçu, Wasserfälle von 326
Iguape 206
Ilha da Areia Vermelha 270
Ilha de Boipeba 229
Ilha de Itaparica 246
Ilha de Marajó 289
Ilha de Santa Catarina 334
Ilha de Tinharé 229
Ilha do Bananal 314
Ilha do Mel 333
Ilha Grande 181
Ilhéus 229
Impfungen 365
Inconfidência Mineira 35, 211, 215
Inconfidência Mineirá 43
Indianermissionsrat (CIMI) 73
Indio 64
Indio-Reservate 64

Indios 34, 40, 41, 70, 76, 109, 110, 286, 317
Industrialisierung 54
Inflation 48, 50, 57
Informationen 364
Ingaricó 73
Itacaré 229
Itacuruçá 180
Itaimbezinho-Schlucht 339
Italiener 68
Itanhaém 206
Itu 204

J

Jaguaripe 232
Jericoacoara 277
Jesuiten 40, 70, 109, 339
João Pessoa 269
João VI. 35
Joggen 359
Juazeiro 234
Juazeiro do Norte 79, 272

K

Kaffee 35, 103, 191, 206
Kakao 29
Karneval 89
◆ Olinda 93, 261
◆ Recife 93
◆ Rio de Janeiro (Stadt) 90
◆ Salvador da Bahia 93, 238
Kautschuk 36, 286, **294**
Kayapó 72
Kinder 360
Kinderprostitution 85
Kino 118, 358
Kirche, katholische 75
Kleidung 365
Klettern 360
Klima 29, 30, 366
Körperkult 83
Krankenversicherung 365
Krenakroré 72
Küche 100, 235, 362
◆ Amazonas 101
◆ Bahia 100
◆ Minas Gerais 101
◆ Norden 101
◆ Nordosten 101
Kult,
    afrikanischer 76

Kultur, afrikanische 65, 111, 248
Kunst 123
Kunstgalerien 357
Kunsthandwerk 361

L

Laguna 335
Landflucht 54
Landkarten 367
Laranjeiras 250
Lençóis 234
Linhares 221
Linha Verde 230
Literaturtipps 367

M

Macapá 291
Maceió 254
Macuxí 73
Malês 66
Mameluco 63
Manaus 293
◆ Alfândega 294
◆ Mercado Municipal 294
◆ Museu Homem
    do Norte 295
◆ National Amazon
    Research Institute
    (INPA) 295
◆ Palacio da Cultura 295
◆ Salesianische Museu
    do Índio 295
◆ Teatro Amazonas 294
Marechal Deodoro 254
Mariana 217
◆ Mina de Ouro
    da Passagem 217
Maricá 179
Mata Atlântica
    (Küstenregenwald) 30
Maxixe 113
Meeresschildkröten 221, 230, 266
Mercosul 58
Mestico 64
Militär 36, 44, 45
Militärdiktatur 36, 48, 72
Monarchie 43
Monte Alegre 292
Monte Dourado 291
Morretes 332

Mulatto 63, 67
Museen 9, 357
Musica Popular Brasileira
    (MPB) 108
Musik 108, 357

N

Nachtleben 358
Naive Kunst 128
Natal 271
Niederänder 269
Niederländer 40, 257, 266, 275
Niterói 156
◆ Museu de Arte
    Contemporânea 156
Notfälle 367
Nova Friburgo 176
Nova Jerusalém 264
Nova Petrópolis 338

O

Öffnungszeiten 367
Öko-Tourismus 360
Olinda 261
Orixá-Gottheit 66, 76, 227, 238
◆ Exú 78
◆ Ogum 78
◆ Oxalá 228, 243
◆ Pai João 78
◆ Pomba Gira 78
◆ Yemanjá 98, 228
Ouro Preto 35, 208, 214
◆ Casa dos Contos 217
◆ Igreja Nossa Senhora
    da Conceição de Antônio
    Dias 217
◆ Igreja Nossa Senhora
    do Carmo 215
◆ Igreja Nossa Senhora
    do Pilar 216
◆ Igreja Nossa Senhora
    do Rosário dos
    Pretos 216
◆ Igreja São Francisco
    de Assis 217
◆ Mina do Chico Rei 217
◆ Museu da
    Inconfidência 215
◆ Museu
    de Aleijadinho 217

- Museu de Ciência
  e Técnica 217
- Museu do Oratório 216
- Praça Tiradentes 215
- Teatro Municipal 216
Outdoor-Abenteuer 8

P

Paixão de Cristo
  (Passionsspiele) 264
Pantanal 317
Paracuru 276
Paranaguá 333
Paranapiacaba 204
Parati 95, 183
Parque Nacional Chapada
  Diamantina 233
Parque Nacional
  da Aparados da Serra 339
Parque Nacional da
  Chapada dos
  Guimarães 320
Parque Nacional
  da Chapada dos
  Veadeiros 314
Parque Nacional das
  Emas 314
Parque Nacional
  da Serra da Capivara 277
Parque Nacional
  de Itatiaia 184
Parque Nacional
  de Lençois
  Marahenses 279
Parque Nacional
  do Araguaia 314
Parque Nacional
  Sete Cidades 277
Partido dos
  Trabalhadores (PT) 50
Pataxó 229
Pau brasil (Brasilholz) 39
Penedo 253
Peruíbe 206
Petrobas (staatseigene
  Ölgesellschaft) 36
Petrobras (staatliche
  Ölgesellschaft) 61
Petrópolis 173
Pferderennen 360
Pfingstbewegung 81
Pirenópolis 314
Planalto Central 27, 307

Plano Cruzado 49
Plano Real 50, 57
Poconé 321
Ponta de Garopaba 335
Portinarismus 125
Porto Alegre 339
Porto Seguro 228
Portugal 43
Portugiesen 40, 110,
  148, 266, 269
Post 367

Q

Quilombo 35, 250

R

Rassismus 65
Real (Währung) 57
Recife 40, 257
- Boa Viagem (Viertel) 259
- Capela Dourada 258
- Casa da Cultura de Per-
  nambuco 259
- Forte das Cinco
  Pontas 259
- Mercado de São José 259
- Museu da Cidade 259
- Museu de Trem 259
- Museu do Homem
  do Nordeste 259
- Oficina Cerâmica Francisco
  Brennand 260
- Pátio de São Pedro 259
- Praça da República 258
- Teatro Santa Isabel 258
Regenwald 25, 28, 56, 60,
  72, **283**, 301
Regionen 25
- Mittelwesten 25, 27
- Norden 25, 65
- Nordosten 25, 29, 61, 65,
  92, 225, 257, 259
- Süden 25, 30, 329
- Südosten 25, 29, 143
- Zentraler Westen 305
Reisedokumente 367
Reisezeit 365
Reiten 360
Religion 75, 192
Reserva Biológica
  Comboios 221
Reserva Linhares 221

Restaurants 11
Rezession 56
Rio Araguaia 314
Rio da Prata 322
Rio de Janeiro
  (Stadt) 29, 35, **147**
- Arcos da Lapa 155
- Biblioteca
  Nacional 154
- Catedral
  Metropolitana 149
- Centro Cultural
  Banco do Brasil 151
- Cidade do Samba 93, 167
- Convento de Santo
  Antônio 149
- Copacabana 98
- Einkaufszentren 170
- Espaço Cultural
  da Marinha 151
- Feira Hippie (Markt) 170
- Guanabara-Bucht 147
- Igreja da Ordem Terceira
  de São Francisco
  da Penitência 149
- Igreja de São Francisco
  de Paula 150
- Igreja Nossa Senhora
  da Candelária 151
- Igreja Nossa Senhora
  da Glória do Outeiro 155
- Igreja Nossa Senhora
  do Carmo 151
- Jardim Zoológico 153
- Largo da Carioca 149
- Largo de São Francisco
  de Paula 150
- Maracanã-
  Stadion 106, 152
- Mosteiro de São
  Bento 150
- Museu Chácara
  do Céu 155
- Museu do Arte
  Moderna (MAM) 153
- Museu do Indio 154
- Museu Histórico
  Nacional 153
- Museu Nacional
  das Belas Artes 154
- Paço Imperial 152
- Palácio Tiradentes 152
- Praça Floriano 153
- Praça Tiradentes 149

- Restaurants 171
- Rocinha (Favela) 168
- Sambodromó 152
- Sambódromo 90
- Santa Teresa (Viertel) 155
- Teatro Municipal 154
- Rio de Janiero (Stadt)
- Arpoador 160
- Barra da Tijuca 164
- Barra Shopping 165
- Christo Redentor (Christusstatue) 161
- Copacabana 159
- Guanabara-Bucht **156**
- Ilha da Paquetá 157
- Ipanema 160
- Jardim Botânico 163
- Jockey Club Brasileiro 163
- Lagoa Rodrigo de Freitas 163
- Leblon 161
- Museo Casa do Pontal 166
- Museu Amsterdam Sauer 161
- Museu da Imperial Irmandade 156
- Museu H. Stern 161
- Museu International de Arte Naif 162
- Palácio do Catete 156
- Parque Nacional da Tijuca 162
- Praça General Tibúrcio 157
- Praia da Barra da Tijuca 164
- Recreio dos Bandeirantes 165
- Rio-Niterói-Brücke 156
- São Conrado 164
- Sítio Roberto Burle Marx 166
- Strände 158, 164
- Zuckerhut (Pão de Açúcar) 157
- Rio São Francisco 252

S

Sabará 214
Salvador da Bahia 40, 96, 116, **237**
- Catedral Basílica 239, 240
- Cidade Alta 239
- Cidade Baixa (Viertel) 242
- Fundação Casa de Jorge Amado 241
- Igreja do Carmo 241
- Igreja e Convento de São Francisco 240
- Igreja Nossa Senhora da Conceição da Praia 243
- Igreja Nossa Senhora do Rosário dos Pretos 241
- Igreja Santa Casa da Misericórdia 242
- Igreja São Domingos de Gusmão 240
- Igreja São Pedro dos Clérigos 239
- Largo do Carmo 241
- Largo do Pelourinho 241
- Mercado Modelo 243
- Museu Afro-Brasiliero 240
- Museu Arqueológico e Etnológico 240
- Museu Carlos Costa Pinto 242
- Museu da Cidade 241
- Museu de Arte Sacra 241
- Nachtleben 245
- Ordem Terceira de São Francisco 240
- Pelourinho (Viertel) 239, 241
- Praça de Sé 239
- Praça Municipal 242
- Strände 244
- Wallfahrtskirche Nosso Senhor do Bonfim 243
- Zoobotânico 244
Salzgewinnung 275
Samba 93, 112, 113
Samba-Reggae 116
Sambaschulen 90, 91
Santarém 292
Santa Teresa 221
Santo Amaro 231
Santos 205
Santuário Ecológico de Pipa 271
São Cristóvão 250
São Félix 232
São João del Rei 219
São Luís 278
São Miguel das Missões 340

São Paulo 124
- Biennale 126
São Paulo (Stadt) 29, 41, 45, 68, **193**
- Biennale 199
- Bom Retiro (Viertel) 197
- Brás (Viertel) 197
- Catedral Metropolitana da Sé 194
- Correio Central 195
- Edifício Martinelli 195
- Einkaufen 201
- Fundação Maria Luíza e Oscar Americano 199
- Igreja da Ordem Terceira do Carmo 194
- Igreja de Santo Antônio 194
- Igreja de São Francisco de Assis 194
- Igreja Nossa Senhora da Achiropita 197
- Instituto Butantan 201
- Liberdade (Viertel) 196
- Memorial da América Latina 198
- Mercado Municipal 195
- Mosteiro e Basilica de Sao Bento 195
- Museu de Arte de São Paulo (MASP) 198
- Museu de Arte Moderna (MAM) 199
- Museu de Arte Sacra 198
- Museu Histórico da Imigração Japonesa 196
- Museu Paulista 200
- Nachtleben 202
- Parque do Ibirapuera 199
- Pátio de Colégio 194
- Pinacoteca do Estado 198
- Praça da Sé 194
- Teatro Municipal 195
São Pedro d'Aldeia 179
São Sebastião 205
Saquarema 179
Schiffstouren 286
Schlangen 200
Schutzpatrone 80
Schwarze 65, 67
Seekühe 271
Segeln 359
Sekten 81

Serra do Mar 29, 332
Serra Gaúcha 337
Sertão 29
Sertão (Buschland) 269
Sicherheit 368
Sklaven 34, 66, 70
Sklavenaufstände 66
Sklavenbefreiung 42
Sooretama Reserva
 Biologica 221
Soure 291
SparTipps 9
SPI, Indianerschutzdienst 71
Sprachen 64
Strände 7, 177, 178, 205,
 228, 254, 255, 270, 272,
 273, 276, 333
Synkretismus 77, 227

T

Tafelberg Roraima 299
Tanz 108, 357
Tauchen 180, 266, 359
Taurepang 73
Telefon 368
Tennis 360
Teresópolis 176
Terreiro-Kultstätte 76
Theater 357
Tiere 7, 300, 317,
 318, 327
Tiradentes (Ort) 218
Toada 99
Torres 337
Tourismus 61
Touristen-
 behörden 369

Touros 272
Trekking 360
Trinkgeld 370
Trinkwasser 371
Trio Elétrico 93
Tropicalia 108
Tropicalismo 115
Tucano 109
Tucuruí-Staudamm 292

U

Ubatuba 205
Umbanda 76, 77
Umweltschutz 59
Umweltschutzbewegung 37
Unabhängigkeit 43
Unterkunft 348
 ◆ Camping 348
 ◆ Dschungel-Lodges 298
 ◆ Fazenda 176
 ◆ Hotels 10, 348
 ◆ Jugendherbergen 348
 ◆ Lodges 323
 ◆ Spa Resorts 84
Ureinwohner 70

V

Vale dos Dinossauros 273
Valença 230
Venda Nova (do Imigran-
 te) 221
Verfassung 36, 45, 49, 71,
 73
Verkehrsmittel 344
Verlust 371
Vertrag von Madrid 41

Vertrag
 von Tordesillas 34, 41
Viehzucht 30
Vilha Velha 221
Vitória 220
Volkskatholizismus 78
Volleyball 360

W

Waimiri-Atroari 72
Wallfahrtskirche Nosso Sen-
 hor do Bonfim 79
Wapixana 73
Wasserfälle von Iguaçu 326
Wasserkraftwerk Itaipú 327
Wassersport 359
Wein 336, 339
Westafrikaner 66
Wirtschaft 53
Wirtschaftswunder 55
Wirtschaftszahlen 54

Y

Yanomami 72, 298
Yoruba 66, 111, 227

Z

Zeitzonen 371
Zoll 371
Zona da mata 29
Zuckerrohr 29, 35, 40,
 250, 257, 259
Zweiter Weltkrieg 36

Register ♦ 381

Personenregister

A

Acuña, Cristóbal de 286
Aguillar, José Roberto 123
Aleijadinho (Lisboa,
 Antônio Francisco) **216**
Aleijadinho (Lisboa,
 Antônio Francisco) 209,
 218
Alencar, José 275
Amado, Jorge 65, 227,
 229, 241
Amaral, Tarsila do 124
Anchieta, José de 41, 189
Andrade e Silva,
 José Bonifácio de 191
Andrade, Mário de 193
Andrade, Oswald de 124,
 193

B

Babenco, Hector 119
Banda Didá 116
Bardot, Brigitte 177
Barreto, Bruno 119, 120
Barreto, Fábio 119, 120
Barreto, Luis Carlos 119
Bates, Henry Walter 286
Benjor, Jorge 115
Ben Jor, Jorge 109
Bethania, Maria 108, 115
Boff, Leonardo 75
Branco, Castelo 36
Brecheret, Victor 125, 193
Brennand, Francisco 260
Brown, Carlinhos 116, 227
Bündchen, Gisele 84
Burle-Marx, Roberto 130,
 167, 214

C

Cabral, Pedro Álvares 34,
 39, 227
Camara, João 127
Campos Salles,
 Manuel Ferraz de 44
Cardoso,
 Fernando Henrique 37, 57
Carlos, Roberto 108
Catunda, Leda 123

Cavalcanti,
 Emiliano di 124
Ceschiatti, Alfredo 127
Clarke, Ligia 126
Colaco, Madeleine 128
Collor de Mello,
 Fernando 72
Conceiçao,
 Frei Domingos da 150
Conselheiro, Antônio 79, 81
Costa e Silva, Artur da 48
Costa, Gal 108, 115
Costa, Lúcio **130**, 307
Cravo Junior, Mario 128
Cunha, Euclides da 69, 79

D

Djavan,
 (Caetano Viana) 116
Dom Bosco 312
Dom Pedro I. 43, 191
Dom Pedro II. 42, 174
Douchez, Jacques 128
Duarte, Anselmo 118
Dumont,
 Alberto Santos 175
Dutra, Eurico Gaspar 46

F

Felício, Gílio 80
Fernandes, João 219
Figueiredo, Joao 36
Figueiredo, João 49
Filhos de Gandhi 117
Fonseca, Marschall
 Hermes da 35
Ford, Henry 296
Franco, Siron 126
Freyre, Gilberto 66, 260

G

Garrincha, Mané 106
Gilberto, João 113, 227
Gil, Gilberto 108, 115, 227
Giorgi, Bruno 127
Gismonti, Egberto 115
Gonzaga, Luís 111
Goulart, Joao 36
Goulart, João
 Belchior Marquês 47
Granato, Ivald 123

Gruber, Gregoriao 123
Guinle, Jorge 123

H

Holanda,
 Sérgio Buarque de 63

I

Ilê Aiyê 116
Ivonaldo
 (Veloso de Melo) 129

J

Jesus, Isabel de 129
João III. 34, 40
João VI. 43, 148
Jorge, Seu 114

K

Kaneko, Taro 128
Kolumbus, Christoph 34
Krenak, Ailton 64
Kubitschek, Juscelino 36,
 46, 53, 130, 307

L

Lee, Rita 108, 115
Lima Jr., Walter 119
Lisboa, Antônio Francisco
 (Aleijadinho) 65
Lisboa, Antônio Francisco
 (Alejandinho) 209, **216**

M

Mabe, Manabu 128
Mabes, Hugo 128
Malfatti, Anita 124, 192
Manet, Edouard 127
Martins, Aldemir 128
Matheus,
 Rosângela 67
Medici,
 Emilio Garrastazu 36, 49
Meirelles, Fernando 114,
 120
Mello, Collor de 57
Mello, Fernando
 Collor de 37, 50

Mello Palheta,
 Francisco de 35
Mendes, Chico 26, 36
Menezes, Margareth 117
Mercury, Daniela 108, 116
Mestre Vitalino
 (Santos, Vitalino
 Pereira dos) 263
Minc, Carlos 60
Monte, Marisa 108
Morais, Prudente de 35, 44
Moreira, Moraes 115

N

Nascimento, Milton 115
Nassau,
 Moritz Graf von 258
Nassau, Moritz von 40
Nello Moraes,
 Vinícius de 115
Neves, Tancredo 36, 49, 310
Nicola, Norberto 128
Niemeyer, Oscar 90, 126,
 130, 199, 214, 307, 311
Nóbrega, Manoel da 189

O

Ohtake, Tomie 128
Oiticica, Helio 126
Oliveira,
 Geraldo Telses de 126
Olodum 116
Orellana,
 Francisco de 285

P

Pacheco, Ana Maria 123
Padre Cícero 78, 272
Paiakan, Paulinho 72
Pancetti, José 125
Paschoal, Hermeto 115
Pavenelli, Ernani 128
Pelé 36
Pelé (Edson Arantes
 do Nascimento) 106

Pennacchi, Fulvio 125
Pilar, Frei Ricardo do 150
Pinto, Magalhães 48
Portinari, Cândido 125,
 155, 214
Powell, Baden 227
Prado, Vasco 128

Q

Quadros,
 Jânio 46, 47

R

Ramalho, Elba 115
Rezende, José 123
Ribeiro, Darcy 72
Rocha, Glauber 118
Rodrigues Alves, Paulo 44

S

Sá, Estácio de 148
Salgado, Sebastião 129
Salles Jr., Walter 120
Sá, Mem de 148
Samico, Gilvan 127
Santos, Nelson Pereira
 dos 118
Sarney, José 36, 49
Scliar, Carlos 125
Senna, Ayrton 37
Severino, Francisco 129
Silva, Chica da 219
Silva, Luís Inácio (Lula) 58
Silva, Luiz Inácio
 da (Lula) 37
Silva, Luíz Inácio
 da (Lula) 50
Silva, Marina 37, 60
Silva Rondón,
 Candido de 71
Silva Xavier, Joaquim
 José da (Tiradentes)
 43, 149, 215
Silveira, Regina 123
Sousa, Tomé de 34, 40

Souza, Edivaldo
 Barbosa de 129
Souza,
 Martim Alfonso de 34
Souza, Tomé de 237
Spruce, Richard 286
Stang, Dorothy 37
Stockinger,
 Francisco 128

T

Tamanini, Rudolfo 128
Terluz, Orlando 125
Tiradentes (Silva Xavier,
 Joaquim José da) 43, 215
Tiradentes (Xavier,
 Joaquim José da) 149

V

Valentim, Rubem 126
Vandré, Geraldo 115
Vargas, Getúlio 36, 45, 46
Veloso, Caetano 108,
 115, 227
Vespucci, Amerigo 34,
 39, 70, 147, 266
Villa-Lobos, Heitor 193
Villegaignon,
 Nicolas Durand de 148
Viola, Paulinho da 115
Volpi, Alfredo 126

W

Wallace, Alfred Russell 286
Wickham, Henry 36

X

Xavier,
 Francisco Cândido 81

Y

Yanomami,
 Davi Kopenawa 76

BILDNACHWEIS

Luiz Alberto/Getty Images 36 (unten links)
APA Photo Agency 136/137
AM Corporation/Alamy 192
Arco Images/Alamy 214 (unten)
Arnaud Chicurel/Hemis 267
The Art Archive/Museu Nacional de Belas Geoff
Arrow/Jon Arnold 274 (oben)
Artes Rio de Janeiro Brazil/Dagli Orti 125
Atlantis Divers 14 (unten)
Daniel Augusto Jr. 48
Ricardo Azoury 124, 213, 312
Ricardo Azoury/Corbis 319 (unten)
Robert E. Barber/Alamy 7 (Mitte)
Caetano Barreira/Corbis 335
Caetano Barreira/Latinphoto 339
Ricardo Beliel/Alamy 97, 109, 371
Steve J. Benbow/Axiom 134/135
Nair Benedicto 16/17, 71 (rechts)
Bertrand Gardel/Hemis 257
Jamil Bittar/Corbis 37 (unten rechts), 59
The Bridgeman Art Library 34 (alle), 35 (oben)
The Bridgeman Art Library/Getty Images 43
Cristiano Burmester/Alamy 138
Jan Butchofsky-Houser 253 (unten)
Camera Tres Fotographic 294 (oben)
Sandro Campardo/Corbis 117 (links)

Campos & Davis/APA 86/87, 89, 91, 95, 98 (links), 149 (unten), 155 (beide), 160 (oben), 162 (unten), 164, 166, 169 (beide), 170 (beide), 200, 343, 345, 349, 361
Campos-Davis 24, 78 (links)
Pedro Carrara/Alamy 236
Anthony Cassidy/Corbis 131
Angelo Cavalli/Getty Images 6 (oben)
Cephas Picture Library/Alamy 338 (beide)
Courtesy of Michael Clifford 253 (oben), 254 (oben)
Corbis 327
Vanor Correia/Latinphoto 68
Pedro Luz Cunha/Alamy 309 (oben)
Sue Cunningham 49, 50, 63, 70, 77, 115, 173, 175, 183, 188, 198 (beide), 201 (oben), 204, 206 (oben), 216 (oben), 217 (unten), 225, 229, 243, 253, 283, 286 (beide), 289, 292, 298 (oben), 304, 306, 321 (oben), 332 (rechts), 333 (unten)
Sue Cunningham/Alamy 23 (links), 207, 263
Patrick Cunningham/SCP 307
Salomon Cytrynowicz 73
Danita Delimont/Alamy 237
Dbimages/Alamy 3BR
Mark Downey/Lucid Images 82
Bruno Ehrs/Corbis 201 (unten)
eMotionQuest/Alamy 241 (unten)
Empics 104, 105
Douglas Engle/Corbis 117 (rechts)

Douglas Engle/Latinphoto 88, 264 (unten)
The Estate of Margaret Mee 285 (oben)
Mary Evans Picture Library 38, 40
FAN travelstock/Alamy 233 (unten)
Eric Carl Font/APA 4, 9 (oben u. unten), 65, 100, 101, 106, 139 (links), 143 (links), 147, 148 (beide), 149 (oben), 151, 153 (beide), 154 (alle), 156 (beide), 159, 160 (unten beide), 161, 162 (oben), 163 (beide), 167, 168, 176 (oben), 177, 178 (oben), 179 (oben), 180, 181, 182, 184 (oben), 185, 265, 346, 359, 370
Stéphane Frances/Hemis/laif 305
Robert Fried 1, 25, 27, 80, 293 (oben), 316, 322 (unten), 340
Robert Fried/Alamy 317
Patrick Frilet/Rex Features 254 (unten)
Daniel Frommer 15 (oben u. unten)
Johan Furusjo/Alamy 273 (unten)
Galeria Jacques Ardies 122, 123, 127
GardenWorld Images/G. Harper 220
Getty Images 157
Getty Images/SambaPhoto 205, 260 (unten), 334
Philippe Giraud/Corbis 3, 278, 282
Laurent Giraudou/hemis 211
Mike Goldwater/Alamy 84
Larry Dale Gordon/Getty Images 193
Günter Gräfenhain/SIME-4Corners Images 7 (oben), 146, 231

The Ronald Grant Archive 118, 119, 120
Robert Harding Picture Library/Alamy 279
Hemis/Alamy 221
Mike Hewitt/Getty Images 37 (Mitte links)
Marie Hippenmeyer/Getty Images 121
Jo Holz 12 (oben)
Peter Horree/Alamy 227, 247
Richard House 29, 72, 305 (unten)
Houserstock 230
Alan Howden/Alamy 62
imagebroker/Alamy 60
ImageState/Alamy 197
Volkmar Janicke 26, 195 (oben), 251 (unten rechts), 260 (oben), 298 (unten), 329
Jornal do Brasil 46, 47
Wolfgang Kaehler/Corbis 261
laif, Camera Press London 8 (unten), 274 (unten), 276 (unten), 277 (unten), 280/281, 285 (unten), 293 (unten), 294 (unten), 297 (oben), 309 (unten), 310
laif/Hahn 10 (unten)
laif/Piepenburg 11 (unten), 12 (unten), 14 (oben)
laif/Zanettini 11 (oben)
Mario Lalau/Latinphoto 199
Mauricio Lima/Getty Images 61, 189
Robin Little/Redferns 111
Jon Lusk/Redferns 116
Alex Maddox/Alamy 94, 99, 244
John H. Maier Jr. 23 (rechts), 64, 66, 75, 78 (rechts), 83, 90, 93, 98 (rechts), 113, 139 (rechts), 142, 165, 172, 176 (unten), 178 (unten), 179 (unten), 184 (unten),

384 ◆ Bildnachweis

222/223, 251 (unten links), 256, 272, 295 (unten), 302/303, 305 (oben), 308
John H. Maier Jr./Time Life Pictures/Getty Images 36 (unten rechts)
Ricardo Malta 92, 191 (oben)
Luiz C. Marigo/Bruce Coleman 28
Delfim Martins 30
Juca Martins 328, 332 (links), 337 (unten)
Stephanie Maze/Corbis 96
Eamonn McCabe/Redferns 114
Doug McKinley/Axiom 110
Vanja Milliet 39, 41, 44, 126, 206 (unten)
Tony Morrison/South American Pictures 58, 67
David Muenker/Alamy 232
Gianni Muratore/Alamy 194, 195 (unten), 245 (oben), 347
Vautier de Nanxe 22, 31, 53, 54, 57, 74, 108, 210, 214 (oben), 215, 216 (unten), 226, 233 (oben), 240, 245 (unten), 259 (oben), 270 (oben), 271 (oben), 275, 313 (unten), 322 (oben), 337 (oben)
Nature Picture Library 200 (oben)
Gregg Newton/Corbis 107
Robert Nickelsberg/Getty Images 36 (Mitte rechts)
Kadu Niemeyer/Corbis 311 (oben)
Richard Nowitz 18/19, 143 (rechts), 150, 153, 341
Ana Maria Pacheco 128
Beren Patterson/Alamy 8 (oben)
Photolibrary 20/21
Andrea Pistolesi/Getty Images 5, 331

Sergio Pitamitz/Corbis 269, 270 (unten)
Ingolf Pompe 158
Pousada Ilha do Papagaio 10 (oben)
Carol Quintanilla 196
Reuters/Corbis 112
Rolf Richardson/Alamy 6 (unten), 239 (unten)
Rickey Rogers/Corbis 51
Sebastiao Salgado/nbpictures 129
Vittorio Sciosia/Alamy 262 (unten)
Antonio Scorza/Getty Images 36 (oben links), 37 (oben rechts)
Andre Seale/Alamy 266
Sean Sexton/Getty Images 35 (unten)
Mauricio Simonetti 55, 321 (unten)
Ricardo Siqueira/Alamy 271 (unten)
David South/Alamy 228
Cardinale Stephane/Corbis Sygma 85
Stock Connection/Alamy 291
Tony Stone 324/325
Superstudio/Getty Images 203 (oben)
Dermot Tatlow/Panos Pictures 297 (unten)
Time Life Pictures/Getty Images 45
Topham Picturepoint 42, 202
Courtesy of Pepe Torras 7 (unten)
Matteo Torri/StockFood UK 315
Tourism Office of Ceará Government 13
Mireille Vautier 32/33, 79, 81, 217 (oben), 218 (beide), 231 (oben), 239 (oben), 241 (oben), 250, 251 (unten), 252, 258, 262 (oben), 264 (oben), 273 (oben), 276 (oben), 277 (oben), 290, 313 (oben), 314, 333 (oben)

Luis Veiga 336
Uwe Waltz GDT/Bruce Coleman Ltd. 317
Alan Weintraub/Arcaid 130
Martin Wendler/NHPA 319 (oben)
Paulo Whitaker/Corbis 56, 186/187, 191 (unten), 287
Courtesy of Wikimedia 219
Joby Williams 242 (links), 295 (oben), 320, 326
Peter M. Wilson/Alamy 76, 242 (rechts)
Steve Winter/Getty Images 69
Worldwide Picture Library/Alamy 52
Konrad Wothe/Bruce Coleman Ltd. 296

Im Bild

Seiten 102/103
alle Bilder Sue Cunningham außer Hemis/Alamy 102/103 (oben Mitte), Dave Houser 103 (rechts Mitte u. unten Mitte)

Seiten 208/209
Jan Butchofsky-Houser 208/209 (oben Mitte); Sue Cunningham 209 (oben rechts u. unten links); Dave Houser 208 (unten rechts); Volkmar Janicke 209 (Mitte rechts); Mireille Vautier 208 (oben links u. unten links), 209 (unten rechts)

Seiten 248/248
alle Bilder Sue Cunningham außer Dave Houser/Jan Butchofsky-Houser 249 (oben rechts); Mireille Vautier 249 (Mitte links)

Seiten 300/301
SCP 301 (unten rechts); Sue Cunningham 300/301 (oben Mitte), 300 (oben links u. Mitte), 301 (unten links); Patrick Cunningham/SCP 301 (Mitte rechts); Volkmar Janicke 300 (unten rechts); NHPA/James Carmichael Jr 300 (unten links); NHPA/Haroldo Palo 301 (Mitte links); NHPA/Martin Wendler 301 (oben rechts)

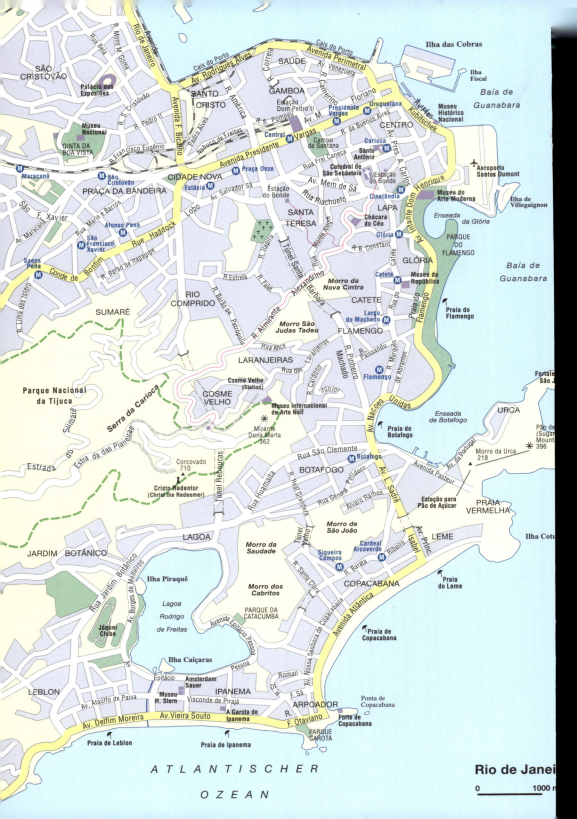